福祉社会へのアプローチ［上巻］

久塚純一先生古稀祝賀

［編集委員］
大曽根 寛
森田慎二郎
金川めぐみ
小西啓文

成文堂

久塚純一先生

謹んで古稀をお祝いし
久塚純一先生に捧げます

執筆者一同

はしがき

　我々が敬愛する久塚純一先生は、2018年7月16日にめでたく古稀をお迎えになられました。また2019年3月末をもって、長年勤務された早稲田大学を退職されました。本書は、久塚先生のご指導を受け、あるいは共に各分野において交流を重ねてきた研究者により、先生の古稀および退職をお祝いするために編まれた献呈論集です。このような形で、先生のご退職をお祝いすることができるのを、一同心よりうれしく思う次第です。

　久塚先生は、1971年に同志社大学法学部法律学科をご卒業になり、その後、九州大学大学院法学研究科修士課程および九州大学大学院法学研究科博士課程で研鑽を積まれました。1974年に九州大学法学部助手、1978年からは健康保険組合連合会にて社会保障研究室研究員として研究生活をスタートされました。さらに1981年には北九州大学（現・北九州市立大学）法学部専任講師に就任された後、翌1982年には北九州大学法学部助教授になられました。その後、1992年に早稲田大学社会科学部助教授として着任され、1993年には早稲田大学社会科学部教授、2004年に社会科学部と大学院社会科学研究科の２つを統合する「社会科学総合学術院」が設置された後は、早稲田大学社会科学総合学術院教授として、早稲田の杜にて27年の長きにわたり研究・教育に多大な尽力をされてこられました。

　この間、多くの研究者を育てられただけでなく、1988～2012年には通算11期にわたり日本社会保障法学会理事を務められましたが、うち1991年～2001年には日本社会保障法学会事務局長を務められるなど、学会に多大なる貢献をされてこられました。また、新宿区協働事業評価会会長や福岡県地方自治研究所所長の要職を務められてもおり、社会的な重責も多年にわたって果たされておられます。

　先生のご研究は、その量において他を圧倒するのみならず、社会保障法の諸問題を中心としながらも、壮年期以降は、社会保障そのものを複合的視点から論じられ、いわば比較福祉論と呼ぶべき新たなジャンルを開拓された点を特筆すべきでしょう。思えば、久塚先生の最初の単著である『フランス社会保障医療形成史──伝統的自由医療から社会保障医療へ──』（九州大学出版会、1991年）は、フランスの自由診療医療がいかなる形で社会保障医療として形成されていったかを、

歴史的観点から丁寧に論じておられるものですが、久塚先生がその後の研究のキーワードとされた「比較」「歴史」「ことば」等に対するこだわりの観点が随所にみられます。

　そして「福祉そのもの」を比較するという学際的観点からまとめられた集大成が、『比較福祉の方法』（成文堂、2011年）です。「比較福祉の方法論」そのものを問う同書は、授業の教科書としてこれを手にした学生のみならず、いわゆる研究者の研究の姿勢を問い直す挑戦的な著作でありました。さらに「歴史」や「ことば」と社会保障をめぐる論点については、近年の著作である『「議事録」で読む社会保障の「法的姿」：「結論」を得るための「理屈」』（成文堂、2017年）、『「ことば」と社会保障法：規範的独自性を探る』（成文堂、2018年）をもって集大成というべきでしょう。このように久塚先生の研究は、社会保障「法」学の分野を軽々と飛び越え、極めて大きな拡がりをもつものです。

　この久塚先生の研究の拡がりは、久塚先生のお人柄によるところも大きかったのではないか、といったら、久塚先生はどのように思われるでしょうか。久塚先生の研究室でなされることの多かった弟子たちへの研究指導では、久塚先生は煙草を燻られつつ柔和な笑顔で、しかし常にその研究の本質を抉り出す質問を投げかけてこられました。「安易な研究ではなく、物事の本質を意識する研究をしなさい」とのメッセージをその行動をもって常に訴えていらしたのだろうと思います。弟子たちにとって先生はいつまでも超えられない壁ではありますが、そんな先生に何とか追いつきたい、そして少しでも超えてみたい、その一心で皆が研究を続けてきたのではないでしょうか。

　本書に寄稿した研究者はみな、久塚先生のご業績のみならず、研究にあたって久塚先生がこだわってこられたスタイルからも、多くのものを学んできました。本書のタイトルを『福祉社会へのアプローチ』と致しましたのも、久塚先生が福祉社会を学際的に研究するという視点を、学問的にも社会的にも貫いてこられたことともちろん無関係ではありません。

　このように多くの分野に及ぶ久塚先生のご活躍のとおりに、本書には先生を敬愛する方々から、多彩なテーマに関する論稿が寄せられました。上下２巻1400頁にも及ぶ内容を、編者としてどのようにまとめるかはたいへん思案しましたが、いずれもそれぞれの執筆者が、福祉社会を法律分野や行政・政策分野等から横断的に論じるという趣旨で執筆された論考であることに鑑みて、各論考をお名前の

順に掲載することがふさわしいと判断しました。ここに久塚先生の今後ますますのご健勝とご活躍を祈念して、謹んで本書を謹呈したいと思います。

　末筆ながら、本書の刊行にあたってご尽力頂きました成文堂の阿部成一社長、また本書の編集実務に携わってくださった篠崎雄彦氏に記して御礼を申し上げます。

2019年4月

編集委員
大曽根　　寛
森　田　慎二郎
金　川　めぐみ
小　西　啓　文

目　次

はしがき

身体動作社会学と舞踊記譜法 …………………………安　部　直　子（ 1 ）

イタリアにおける女性と選挙──上下両院議員選挙を中心にして──
　…………………………………………………………池　谷　知　明（ 21 ）

高齢者の買物事情──居住環境・年齢による高齢者の買物事情の違い──
　…………………………………………………………石　塚　　　優（ 37 ）

原発再稼動問題と地域政治──川内原発の事例を通じて──
　…………………………………………………………出　水　　　薫（ 51 ）

医療・福祉における計画による需給調整に関する考察
　…………………………………………………………伊奈川　秀　和（ 85 ）

社会インフラ老朽化の政策過程──キングダンの「政策の窓モデル」
　による考察──………………………………………稲　生　信　男（ 105 ）

少子高齢化社会における社会保障政策選好と世代間対立
　…………………………………………………………遠　藤　晶　久（ 131 ）

抽象的現代社会における社会統合の「ありよう」
　…………………………………………………………呉　　　獨　立（ 149 ）

フランスにおける障害者雇用支援システム ………大曽根　　　寛（ 175 ）

地方公務員の退職勧奨における性別格差──1960年代の一般行政職
　を中心として──……………………………………大　森　真　紀（ 197 ）

ドイツにおける移民の貧困………………………………岡　本　奈穂子（ 213 ）

安全保障概念の再検討──グローバル化時代の学際的安全保障研究を
　求めて──……………………………………………奥　迫　　　元（ 233 ）

精神障害を持つ人におけるスティグマの認識・経験
………………………………………………………… オトウェル 菜美野 (257)

人体組織・人体構成体・人体情報の法的地位とその利用をめぐる
ルールづくり ………………………………………… 甲 斐 克 則 (289)

2019年のアフリカと日本 ………………………… 片 岡 貞 治 (317)

世界遺産の「顕著な普遍的価値」とツーリズムに関する基礎的研究
………………………………………………………… 片 瀬 葉 香 (337)

大学の社会貢献と地域連携教育の実践 …………… 加 藤 基 樹 (363)

日本の母子福祉法および母子寡婦福祉法からみる「ひとり親世帯」
の家族モデル──「法が想定する3つの家族モデル」からみる把握とその
変遷過程の分析─────────────────── 金 川 めぐみ (387)

議論からみる精神障害者に対する「強制」の検討
──「入院時」「入院中」「退院後」……………… 金 澤 由 佳 (411)

「困っている」のは誰か──幼児教育と保育の無償化に関する比較研究
序説──────────────────────── 鴨 川 明 子 (435)

ワーク・ライフ・バランス(WLB)理念の法的検討
──再構成に向けての一考察────────── 河 合 塁 (453)

イギリスにおける大学のガバナンスとコードによる規制
………………………………………………………… 川 島 いづみ (481)

ベーシック・インカムと社会保障給付──慎重論の立場から「貢献」
「参加」を考える──────────────── 衣 笠 葉 子 (513)

ワインと健康の社会史 ……………………………… 君 塚 弘 恭 (535)

ワーク・ライフ・バランスと公共的相互性──二元論の視座をとる
ことの意味──────────────────── 後 藤 玲 子 (553)

保険料拠出の意義と被保険者の地位に関するメモランダム
………………………………………………………… 小 西 啓 文 (571)

加齢と認知機能の変化──高齢化社会における技術と労働──
………………………………………………………… 駒 村 康 平 (593)

アーレントにおけるシェアのポリティクスの可能性をめぐって
　　——シェアと「善き生活」に関する一試論——………権　　安　理 (605)

ドイツの介護保険制度改革と高齢者介護の新たな選択肢
　　……………………………………………………斉　藤　弥　生 (623)

なぜ、日本では加害者家族がバッシングされるのか
　　——世間学の立場から——………………………佐　藤　直　樹 (641)

「ヴァナキュラー写真」と「ヴァナキュラーの写真」——終戦直後
　　に米国人が日本で撮影した写真をめぐって——………佐　藤　洋　一 (661)

平成の大合併と住民主体のまちづくり——熊本県の合併を事例として——
　　………………………………………………………澤　田　道　夫 (681)

なぜ在華紡は大事か ………………………………篠　田　　　徹 (709)

元子ども兵にみる平和への道のり——カンボジアを事例に——
　　………………………………………………………島　﨑　裕　子 (713)

身体動作社会学と舞踊記譜法

安 部 直 子

　一　はじめに
　二　身体社会学
　三　社会学における身体動作研究
　四　身体動作社会学のための方法論
　五　舞踊記譜法とは
　六　身体動作社会学と舞踊記譜法

一　はじめに

　「身体動作社会学」とは人の動きを社会学の観点から研究する目的で、筆者の博士論文において提唱した名称である[1]。ある一つの行動をとっても、その行動の仕方は人それぞれ様々である。例えば、歩き方においては万人万様であるだろうし、立ち方や姿勢の保ち方も一人一人によって様々な形をとるだろう。そして、日常的な行動の仕方や身体動作は「あえてこのように動こう」という意図的なものより自然に、無意識的におこなわれている。しかし、千差万別に見える行動の仕方にも、何か社会的な要因が働いているのではないかと問題提起するのが身体動作社会学の試みである。つまり我々が何気なく行っている動きは社会との関わりのなかで形成されて行われているのではないかと問うのである。例えば、所属するグループ（職業、文化）、社会層（エリート層、労働層）また日常での社会的役割（就業者、親、利用者）などによって、動き方が違ってくるのではないか、ということである。これらの問題提起は筆者が初めてするのでなく、社会学・文

---

[1] Abe N. (2012). Vers une sociologie du mouvement: Application de la notation Laban à l'étude des phénomènes collectifs dans le métro parisien. （タイトル訳：身体動作社会学へむけて。パリ地下鉄の集合現象研究へのラバン表記法の応用）、博士論文、フランス国立社会科学高等研究院 (Ecole des Hautes Etudes en Sciences Sociales)

化人類学で既に提起されている問題である。ピエール・ブルデューの「ハビトゥス」論やマルセル・モースの「身体技法」論において、身体動作の形成と社会的要因の関係は言及されている。

　本文では、研究対象が「身体動作」である場合に、この「動き」というものをどのように扱うかという研究方法論について取り上げる。人間・社会科学での人間の行動、動作、ジェスチャーについての研究では、様々な研究方法が考案され使用されている。本文では特に、動きの社会学的研究において舞踊表記法の利用を提案する。筆者は以前、ある教授から「舞踊表記譜を舞踊以外の研究に用いるのは分脈違いである」と批判を受けたことがあるのだが、この批判は全くの的外れと言っていいだろう。舞踊譜とは確かに歴史的に舞踊の現場で発明・発展されたものであるが、踊りという枠を超えて人の動きを対象としているものである。舞踊、舞踊表記に携わっている者は、人の動きとは何かを追求している者とも言えるだろう。その舞踊の現場で製作された表記譜には動きを観察・分析する要素が詰まっているのである。舞踊の現場で培われた専門性というものを社会科学の研究のために応用する事は、社会学における研究をより深めるのに役立つものであり、「分脈違いである」という態度は短絡的な、既成概念から抜け出すことのできない凝り固まった発想だと言えるだろう。

　以下、社会学において、身体、そして身体動作をどのような視点から研究しているかを簡単に紹介し（二、三）、次に社会学以外での人間社会科学分野において、「行動」「動き」に注目しているエソロジーと非言語コミュニケーションにおける方法論を紹介する（四）。次に、舞踊記譜法についての歴史と、舞踊譜の中でもラバン舞踊譜に注目したいと思う（五）。そして、ラバン譜の身体動作社会学における利用について議論する（六）。

二　身体社会学

　身体社会学は1980年代から英国の社会学者ブライアン・ターナー（Bryan S. Turner）とクリス・シリング（Chris Shilling）によって確立された社会学の一派であり、人間の身体性に注目し、それを社会・文化現象、シンボル、象徴の一つとして捉えるものある[2]。社会学の中では比較的新しい分野である。人間の身体は従来の社会学においても研究テーマとして常に扱われてきた。仏人社会学者ル＝

ブルトンによると身体社会学の発展経緯は以下のように区分される[3]。

1. 暗黙的に身体が取り扱われている社会学（Une sociologie implicite du corps）
社会学研究で、身体は一つの研究要因として扱われているが、身体だけに焦点が当られている訳ではない。身体は研究項目として取り上げられているが、分析においては二次的である。

2. 部分的に身体が取り扱われている社会学（Une sociologie en pointillé）
身体に関係する分析をするのだが、体系化されていない。身体の社会的使用に関するデータ更新や、分類にとどまる。

3. 身体社会学（Une sociologie du corps）
身体にのみ研究焦点があてられる。社会的、文化的論理を確立することを目指す。

ターナーは現代社会を身体的な視点から捉える事ができると主張した。ターナーが用いた「身体社会（somatic society）」という言葉では、身体は、拘束されかつ抵抗しながらも、政治や文化活動の影響を受ける社会システムそのものであるということを意味している[4]。ターナーによると、現代社会では身体の問題は重要かつ論争を呼ぶものであり、消費社会やフェミニスト運動、経済と密接に関係している。快楽主義や身体の欲求、また医療分野においても関わってくるものである。

ターナーは、ゴフマン、モース、ガーフィンケル、ブルデューらの従来社会学における身体のアプローチは（モース、ブルデューの社会学については次節で述べる）、

・身体は単に社会的実践の一連として取り扱われている。
・社会的な意味を持つ体系的な象徴であり、マリー・ダグラス[5,6]が言うとこ

---

2 Le Breton D. (1992). La sociologie du corps. Paris: PUF.
3 *Ibid*.
4 Turner B. S. (1992). Regulating Bodies: Essays in Medical Sociology. London: Routledge.
5 Douglas M. (1966). Purity and Danger: An Analysis of Concepts of Pollution and Taboo. United Kingdom: Routledge and Keegan Paul.

ろの社会の組織化や非組織化を示すメタファーとしての情報源として扱われている。

と言及し[7]、ここからターナー自身の身体社会学を立ち上げ、以下の様に提言した。

- 身体は生理学的かつ文化的である。身体は解釈と象徴の外的な表現として、またその構築と決定が行われる内的な環境として研究することができる。
- 個人の身体は、ある一定の集団の利益によって規制される。身体社会学は欲望に対する権威、圧力に注目するため、政治社会学ともいえる。

一方、シリングは身体とは個人的プロジェクトの一部として捉えている。つまり、身体は個人の感情を表現する場、自分自身を構築する媒体である[8]。シリングは、身体社会学によって扱われるテーマを以下のように分類している[9]。

- 身体解放運動における身体。1960年代に生まれたフェミニスト運動、中絶、医学的支援による妊娠等の問題。
- 消費社会における身体。現代社会の特徴の一つである消費社会においては身体が主要な役割をもっている。
- 高齢化社会における身体。高齢化社会において身体の衰退や老化が遅くなっている。
- エイズや汚染などの危機にさらされている身体。
- 技術との関係における身体。実体とサイボーグの境界。
- 政府、権力に対しての身体。

現在、身体社会学は幅広い分野において研究が進んでいる。しかしながら、新しい社会学の一分野として、その確固たるアイデンティティの確立には難しいものが見られる。第一に、社会現象は多かれ少なかれ身体と関連しているので、身

---

6 Douglas M. (1970). Natural Symbols: Explorations in Cosmology. London: Routledge.
7 Turner B. S. (1984). The Body and Society. London: SAGE Publications.
8 Shilling C. (1993). The Body and Social Theory. London: SAGE Publications.
9 Shilling C. (2005). The body in culture, technology and society. London: SAGE Publications.

体を研究対象とする場合、明確な境界を定めることが困難である。例えば、健康社会学、ジェンダーの社会学、食の社会学ではすでに身体を扱っている。これら分野と身体社会学との違いはあいまいである。さらに、身体の定義はかなり広い。身体社会学から、社会学的理論（社会的関係、グループや社会の形成、グループ内における規範やルールの形成など）が説明されることが期待される。身体動作に関して言えば、身体社会学は身体を扱うが、動作は注目されていない。次章では身体動作について言及しているいくつかの研究例、特にモースとブルデューの社会学を取り上げたい。

三　社会学における身体動作研究

1　マルセル・モースの身体技法論

社会学で身体研究、身体動作研究をするのに基本文献となるのはフランスの社会学・文化人類学者であったマルセル・モースの身体技法論である。モースは身体技法を「人から人へ、社会から社会へと伝統的な方法で身体の使い方を身につけて行く方法」と定義している[10]。モースは、英国人とフランス人の歩兵行進の仕方の違いを例に出し、文化に応じて身体動作が違うということに注目した。また性別や年齢の違いによっても、身体技法が異なる可能性があると指摘した。モースによる身体技法と身体行動は以下のように分類される。

・産科に関するもの
・子供に授乳・食べ物を与える方法
・離乳させる方法
・青年期・思春期への通過儀礼
・寝つく・寝る方法
・休息する方法
・動きかた、移動の仕方、踊り方、泳ぎ方、立ち方等の動作
・身支度の仕方
・飲食の仕方

10　Mauss M. (1934). Les techniques du corps. Journal de Psychologie, XXXII, N° 3-4 . In (1950), Sociologie et anthropologie, Paris: PUF.

・生殖の仕方

　これらは身体に関連する人間の行為であり、それぞれのやり方、仕方というのは伝統的な流れで世代から世代へと伝わって継承されてく。これらの行為を説明するにあたり、モースは文化的な違いにも着目し、身体技法は生理的・社会的・心理的なものであると定義した。身体技術が社会的・文化的に相違するという主張は、当時の社会学では新しい着目点であった。

2　ブルデュー
　仏人社会学者ピエール・ブルデューの「実践感覚」理論の中で、社会と身体の関係性が問われている。ブルデューは、人の考え方や感じ方のみならず、動き方、行動の仕方も「ハビトゥス」の形成に関わるとした。ハビトゥスとは「生存のための諸条件のうちで、或る特殊な集合（クラス）に結びついた様々な条件付により生産」されるものであり、「持続性を持ち、移調が可能な心的諸傾向のシステムであり、構造化する構造（structures structurantes）として、つまり実践と表象の産出・組織の原理として機能する素性をもった、構造化された構造」と定義される[11]。ハビトゥスによって、個人が社会の中でどのように行動するか、また社会を理解、解釈していくにあって、本人のやり方でありつつも、その個人が所属する社会層の他のメンバーらと共通する方法で振る舞えるのである。
　ブルデューは動き方、立ち方、ある空間において自身の位置のとりかた、また行動の仕方は個人が無意識に行っているものとした。また男女による歩き方の違いを描写し、性別による動きの違いを、狩猟採集社会に遡って労働分業の観点から分析した。労働分業から性別間の対比が生まれ、さらに労働と性別のつながりが生まれ、それが社会構成員の間で共有されハビトゥスが形成されるに至るのである。ブルデューは外部世界の影響を受け構成される人間の行動を「身体的ヘクシス（Hexis）」と名付た。身体的ヘクシスとは、立ち方、話し方、動き方など身体に関する傾向、つまり身体のハビトゥスである。身体の習慣は自然に構築されるのではなく社会的に作られ、ハビトゥスによって社会システム・象徴のロジックを理解できる。

11　ピエール・ブルデュ（2001）．実践感覚1（今村仁司、港道隆、訳）東京：みすず書房．

このようにブルデューの理論から、人間の動きを社会学の観点から研究することができる。身体はもちろん生物学的な側面をもっているのだが、私たちが生きる社会が身体動作に影響を及ぼしているのである。

四　身体動作社会学のための方法論

モースやブルデューによって身体動作が社会による産物であり、社会学の研究対象として可能だということが提言された。しかし、彼らの研究では人間動作のおおまかな描写はあっても、どのように動きの違いがあるのかという細かい描写まではされていない。その理由として社会学では具体的に身体を研究する方法論が確立されていないという理由が挙げられるだろう。ここでは社会学以外の分野において、身体行動・動作を研究対象とする場合にどのような研究方法が扱われているかを取り上げたい。

1　エソロジー（動物・人間行動学）における行動研究法

「エソロジー（Ethology）」という用語は、動物学者のイジドール・ジョフロワ・サン＝ティレール（Isidore Geoffroy Saint-Hilaire）によって1854年に初めて使用された。エソロジーとは動物学と生物学に由来する動物および人間の行動研究の学問である。1973年にカール・フォン＝フリッシュ（Karl von Frisch）、コンラート・ローレンツ（Konrad Lorenz）、ニコラース・ティンバーゲン（Nikolaas Tinbergen）らがノーベル賞生理学・医学賞を受賞した事により社会に認知される学問となった。

同時期に行動心理学では、心理的プロセスを客観化するための行動研究が進められており、反応が刺激から発生し、その反応を得るための条件付が可能であるという行動主義の研究が行われていた[12]。行動心理学における研究方法は、実験室または実験中の行動の観察に基づいており、このアプローチとは対照的にエソロジーでは研究対象が生息している自然環境における観察が重要だとし、行動観察に基づく研究方法を確立させた。エソロジーでは人間の行動も研究対象に入り、ヒューマンエソロジーと呼ばれ、1966年に生物学者ハンス・ハース（Hans

---

12　Watson J. B. (1924). Behaviorism. New Brunswik, London: Transaction publishers.

Hass）と動物学者のイレネウス・アイブル＝アイベスフェルト（Irenaus Eibl-Eibesfeldt）によって一学問として確立された。ヒューマンエソロジーは人間行動を研究するためのエソロジーの応用であり、人間行動の生得的な側面（系統発生要因）または後天的・文化的行動（個体発生要因）に焦点を当てている。本文ではエソロジーの研究内容については本来のテーマから離れてしまうので深く掘り下げないが、人間行動研究の方法論について少し取り上げたい。

　ヒューマンエソロジーでは、エソロジーと同様に、研究対象（動物・ヒト）がありのままの状況、自然に生活している状態の行動を観察する。主な研究プロセスは、対象となる行動の観察とその分析である。例えば、アイブル＝アイベスフェルトによる高度難聴障害（ろうあ）の子供の感情表現（笑い、微笑み、怒り、恐怖等の表情）の研究では、表情をカメラで撮影し、それぞれの表情を描写していく方法であった。ヒューマンエソロジーは今日、進化心理学という学問によって引き継がれているが、両者とも研究の対象は人間の行動であり、基本的な方法は行動観察による。カメラなどの記録装置を使い、実際の状況を撮影、記録した後に「エソグラム（Ethogram）」と呼ばれる行動目録を作成する方法が主流である。エソグラムとは、例えば、「歩く」「走る」「見る」といったように、それぞれの行動を識別するためのリストである[13]。行動目録のカテゴリーは研究目的によって作成・定義され、観察対象には動的な対象（動作）と静的な対象（姿勢）が含まれる[14]。また、進化心理学ではアンケートや質問表なども行動の動機を理解するために使用されている。

2　非言語コミュニケーションによる動作研究方法

　非言語コミュニケーションの分野では、言語以外のコミュニケーション方法を研究し、その対象はジェスチャー、表情、姿勢、体の向き、イントネーション、匂い等の様々な分野に及ぶ[15]。また、服装や化粧などの外装、舞踊、音楽、彫刻などの芸術活動、性別、年齢、社会的地位、出身地、健康、また苛つき、不安、

13　Eibl-Eibesfeldt I. (1967). Ethologie-Biologie du comportement. Paris: Naturalia et Biologia, Ed. Scientifiques.
14　Grammer K. (1990). Strangers meet: Laughter and nonverbal signs of interest in opposite-sex encounters. In Journal of Nonverbal Behavior, 14 (4), December 1990, pp. 209-235.
15　Kendon A. (1981). Nonverbal communication, interaction, and gesture. The Hague: Mouton Publishers.

陽気さなどの心的状態も言語以外のコミュニケーションツールとして考慮する事ができる[16]。このように非言語コミュニケーションは言葉以外の身体・感情によって現れる表現全てを含む。身体動作に関する非言語コミュニケーションでは特に、表情、身ぶり、姿勢に焦点が置かれ、コミュニケーションのプロセスにおいて身体動作がどのような役割を持っているのかが問われる。本文では、特に表情の動作研究方法と非言語コミュニケーションのためにレイ・バードウィスルが考案した動作表記法、キネジックスについて言及したい。

（1）表情の測定方法

我々は表情から様々な感情を読み取る事ができる。表情研究は非言語コミュニケーションの中でも主要な研究テーマの一つである。心理学者ポール・エクマンは文化を超える普遍的な感情表現として表情の研究を行った。エクマンによると人間には6つの基本的な感情があり、それは悲しみ、怒り、嫌悪、恐れ、喜び、驚きであると定義した[17]。エクマンは人間の普遍的な感情の研究をするために観察可能なあらゆる表情の分類ができる顔動作記述システムFACS（Facial Action Coding System）を考案した[18]。このシステムでは顔の動きを分類し、それぞれの動きに必要な筋肉が表記されている（例、ウインク－眼輪筋）。

エックス（Ex）とケンドン（Kendon）は、エクマンのFACSから独自のシステムを考案し、顔の動きの単位を列挙する代わりに、それに基づく記号を発明した[19]。このシステムは、言語的記述の代わりに記号による略語で表情を表記する方法で、記号を使うことにより、眉、口、目など顔のいくつかの部分と組み合わせることができ、また動きの継続時間を表記することができる。表情の表記に関して、エクマンは数字を、エックスとケンドンの表記法では記号を使用している。しかし、これらの方法では、厳密な意味で動きを記述するのではなく、ある一定の期間の表情の状態を記述している事にすぎない。彼らのシステムでは、表

---

16 Juslin P. N., Scherer K. R. (2005). Vocal expression of affect. In Harrigan J. A., Rosenthal R., Scherer K. R. (Ed.) The new handbook of methods in Nonverbal behaviour research, New York: Oxford University Press, pp.65-135.
17 Ekman P., Friesen W. V., Ellsworth P. (1972). Emotion in the human face: guidelines for research and an integration of findings. New York: Pergamon Presse.
18 Ekman P., Friesen W. (1972). Measuring facial movement with the Facial Action Coding System. In Ekman P. (Ed.) Emotion in the human face. Cambridge: Cambridge University Press.
19 Kendon A. (1990). Conducting interaction: Patterns of behavior in focused encounters. Cambridge: Cambridge University Press.

情の分類をすることを可能であるが、細かい表情の仕方の（例えば眉毛の上げ方）を区別することはできない。

（2）キネジックス——非言語コミュニケーションのための表記法

キネジックス（Kinesics）とはアメリカ人人類学者レイ・バードウィスル（Ray Birdwhistell）によって確立された、身体動作、身振り、姿勢等を、非言語コミュニケーションの観点から取り扱う研究分野である。バードウィスルはコミュニケーションの手段として身体の動きを研究し、独自の身体動作、評価・表記方法を考案した。キネジックス研究は言語学からインスピレーションを受けており、言語学における構造的・記述的な方法論に基づいている[20]。バードウィスルは動作を区分するために、言語学において音素（言語を構成する約30音）に相当するものを、動作の最小単位「kineme」と定義した。またある動きと違う動きが区別できる動作単位を「kine」と定義した[21]。バードウィスルの考案した表記法は、記号、アルファベットおよび数字が使用されている。バードウィスルの目的は、人間の動作、活動、行動の研究分野で利用できる普遍的な表記法を作り出すことであり、この表記システムを使って、身体の部分、動きの方向、体の位置、動作単位を表記することであった。しかしながら、バードウィスルの試みにもかかわらず、この方法ではすべての動きを表記する事は不可能であり、この表記システムの弱点は言語・記号論学者のポール・ブイサック（Paul Bouissac）によって以下の様に指摘されている[22]。

1．バードウィスルの表記システムは随意的である。
2．表記方法はいわゆる速記術である。
3．言語による記述を必要とする。
4．動きの区分・分解は主観的なままである。

さらに、運動の実行・継続時間はバードウィスルの主要研究項目なのであるが、表記法の中では、時間の表記はあまり考慮されていない。またブイサックが

20　Birdwhistell R. (1970). Kinesics and Context: Essays on Body Motion Communication. Philadelphia: University of Pennsylvania Press.
21　Winkin Y. (1981). La nouvelle communication. Paris: Editions du seuil.
22　Bouissac P. (1973). La mesure des gestes. The Hague, Paris: Mouton.

指摘している様に、言語による記述に大きく依存していることも無視できない。異なる文脈や文化における動作研究のために役立つ普遍的な表記法であるとは言い難い[23]。

3 まとめ

人間行動学（ヒューマンエソロジー）と非言語コミュニケーションは、それぞれ独自の人間行動観察・表記方を発展させた。しかしこれらの多くは最初に研究対象物があり、その対象物を表記するために考案された方法と言っていいだろう。また表記方法の多くは言語による記述に頼っているか、動作単位を略語で記する手段が大部分である。これらの方法では、厳密に動作（動きかた）を表記するには限界があるだろう。次章では舞踊における動作の表記に注目したいと思う。舞踊の世界において動きは主要な問題であり、様々な表記法が「舞踊譜」として考案され、利用されてきた。舞踊譜における動作表記のアプローチをいくつか紹介する。

五　舞踊記譜法とは

1　舞踊記譜法

舞踊記譜法は、15世紀からヨーロッパの舞踊の世界で作り始められ、記号や符号、簡単な人型のデッサンを使用し、動作を転写する方法である。音楽の世界で例えてみると分かりやすいのではないだろうか。音楽には楽譜という表記法があり、西洋音楽から発祥した五線譜では、五線譜上に音符を書いていき、音階やテンポ、音の強弱を表していく。音楽家は楽譜を読みそれぞれの楽器で楽譜に書かれている音楽を演奏する。ダンス表記法は、舞踊の世界の楽譜と例えることができるだろう。

ダンス界において動きを書き留めようとする試みは、中世の舞踊教師（Maître à danser）によって舞踊技法を保存し、かつ効率的に教示するという目的から始まった。人体の動きは、幅、高さ、奥行き、時間の4次元で行われるため、表記

23　Abe N. (2011). Application of the Kinetography Laban to studies in Social Sciences. International Council of Kinetography Laban/Labanotation. Proceedings of the Twenty-Sixth Biennial Conference. ICKL, Tampa, Florida, pp. 65-74.

するのも複雑になってくる。中世以来、数々の表記法が発明されている。ここでは、16世紀から作成された初期段階のものから現在に至るまでの舞踊記譜法の例をいくつか紹介したいと思う。

2　舞踊記譜法の歴史

1589年にトワノ・アルボ（Thoinot Arbeau, 1520-1595）によって作成、出版されたオルケゾグラフィ（Orchésographie）[24]は、ダンス界最初の手引書であり、最も古い表記法の一つである。この方法はダンスを単語で記述したもので動きを記号化したものではないが、ダンスを表記（記述）するという視点から言えば、革新的な試みであった。

1700年、フランスの舞踊教師、振付師ラウール＝オージェ・フイエ（Raoul Auger Feuillet, 1660-1720）は、「Chorégraphie, ou l'art de décrire la danse par caractères, figures et signes démonstratifs（コレオグラフィ、あるいは人物・図形・指示記号による舞踊記述法）」[25]を出版した。この出版物は1世紀以上にわたって大きな反響を呼び1706年にロンドン、1717年にドイツにて翻訳された。フイエは当時人気のあったコントルダンス[26]やアントレ・ド・バレエ[27]を記譜し、出版した。フイエの記譜法はステージ上の個々のダンサーの位置を幾何学的に表記し、ステップと舞踊記述を正確かつ体系的に記号化していくものである。

フランスの舞踊教師ピエール・ラモ（Pierre Rameau、1674-1748）はフイエの舞踊譜に触発され1725年に「ダンス教師（Le Maître à danser）」[28]を出版する。この書物では、ラモはイラストを使って、ダンサーの身体部位の詳細な位置を説明している。また同年に出版された「Abrégé de la nouvelle méthode dans l'art d'écrire et de tracer toutes sortes de danses de ville（街のあらゆる踊りの表記と、表記技法に関する新しい方法の概説書）」[29]では自ら記譜を発明し、ダンサーの位置と

24　Arbeau T.（1589）. Orchésographie. Langres Jehan des Preyz.
25　Feuillet R.-A.（1700）. Chorégraphie, ou l'art de décrire la danse par caractères, figures et signes démonstratifs. Avec privilège du roy, Paris: Chez l'auteur, ruë de Bussi, faubourg S. Germain, à la Cour impériale. Et chez Michel Brunet, dans la grande salle du Palais, au Mercure galant. M.DCC.
26　イギリスのカントリーダンスを起源とし、男女がグループになって踊る。
27　ダンサーが舞台上に出たり入ったりする場面。
28　Rameau P.（1725）. Le Maître à danser. Avec approbation, & privilège du roi, Paris: Chez Jean Villette, ruë Saint Jacques, à la Croix d'or. M. DCCXXV.

ステップを表記している。

　振付師、彫刻家でダンスの記譜を行っていたランドラン（Landrin）は、18世紀後半、ヨーロッパで流行したコントルダンスの舞踊譜を書き残した[30]。彼の舞踊譜では、楽譜と対応するように動きが表記されており、フイエの舞踊譜に比べるとより絵画的である。フイエがダンス技術の表記とヨーロッパ各国への普及を目指した一方、ランドランの舞踊記譜法は体系的な表記システムという点ではフイエよりも劣るが、より芸術的作品に近いものといえるだろう。

　バレエダンサーで振付師でもあった、アルチュール・サン＝レオン（Arthur Saint-Léon）は1852年に「Sténochorégraphie ou l'art de noter promptement la danse（ステノコレグラフィまたはダンスを素早く表記する技術）」[31]という舞踊譜を発明した。この舞踊譜は、動きのタイミングを正確にするために、舞踊譜と楽譜が並行して表記されており、サン＝レオン以前の舞踊譜で既に表記されていた脚と腕の動きだけでなく、上半身と頭の動きも記述されている。またサン＝レオンの舞踊譜では初めて人体を表す符号が使用された。

　ロシアのダンス教師であるフリードリヒ＝アルベルト・ゾーン（Friedrich Albert Zorn, 1816-1895）は、1905年に「Grammar of the Art of Dancing（舞踊技術の文法）」という古典舞踊の文法書を出版した[32]。この舞踊譜は、バレエマスターが正確なダンステクニックを教授するためのツールとして生み出された。ゾーンは、楽譜に対応するように、人物図のデッサンを使って、足、腕の位置、バレエテクニックである「プリエ」、「ルルベ」、「デガジェ」等を表記した。また、グループやダンスに使う道具の表記法も発明している。ゾーンの表記法では動きの時間を明確にするために、楽譜が使用されており、ゾーン自身の表記法には動きの時間（動きの継続時間、タイミング等）は考慮されていない。

　ロシアのダンサーであったウラジミール・ステファノフ（Vladimir Stepanov, 1866-1896）は、楽譜から構想を得、独自の表記システムを発明し、「Alphabet

---

29　Rameau P. (1725). Abrégé de la nouvelle méthode dans l'art d'écrire et de tracer toutes sortes de danses de ville. Paris: Chez l'auteur.
30　Landrin. (ca 1760-1785). Potpourri françois de contre danse ancienne tel qu'il se danse chez la Reine. Paris: Chez Landrin, Lahante, Mlle Castagnery.
31　Saint-Léon A. (1825). Sténochorégraphie ou l'art de noter promptement la danse. Paris: Braunus.
32　Zorn F. A. (1905). Grammar of the Art of Dancing, Theoretical and Practical. Boston, Massachusetts: A Dance Horizons Republication.

des mouvements du corps humain（身体動作のアルファベット）」を出版した[33]。この舞踊譜では、身体を屈曲と動作能力の観点から分析しており、基本的な方向、屈曲、伸展、回転、外転、内転を記述することができる。この表記は音符から発展させた表記術を使い古典舞踊だけでなく、一般的な動きも表記できるように作られている。

　ラバン舞踊譜は、ダンス教師・理論家、振付師であったルドルフ・ラバン（Rudolf Laban, 1879-1958）によって発明され、1928年に出版された。その後、ラバンの弟子アン・ハッチンソン、アルベルト・クヌストらによって、改良・発展された。主にアメリカでは「ラバノーテーション（Labanotation）」、ヨーッロッパでは「キネトグラフィ・ラバン（Kinetography Laban）」という名称にて現在でも様々な分野で使用されている舞踊譜の一つである。ラバン舞踊譜は動きを、1）時間、2）空間、3）身体の三つの要素から定義し、抽象的な記号を使用し、人の目に見える範囲のあらゆる動きを表記する事ができる。ラバン舞踊譜については六章にて詳しく述べる。

　ピエール・コンテ（Pierre Conté, 1891-1971）はエティエンヌ＝ジュール・マレー（Etienne-Jules Marey）のバイオメカニクス研究とルドルフ・ラバンの表記システムから構想を得、1931年に「Ecriture（エクリチュール）」という舞踊譜を出版した[34]。コンテは音楽の訓練を受けており、彼の表記システムは楽譜に強く影響されている。ステファノフの舞踊譜と同様に動きの特徴を音符により表記している[35]。

　会計士で、数学者でもあった英人ルドルフ・ベネッシュ（Rudolf Benesh, 1916-1975）はバレエダンサーであった妻の影響を受け、1955年に効果的に表記できる舞踊譜を発表した。古典的なダンスの動きのみではなく様々な人間の動きが表記できるように作られたこのシステムは、5線の譜面上に身体の位置と動きの軌道を表記していく[36]。すべての身体動作を素早く記録できるように設計されており、現在でもダンスの現場で使用されている舞踊譜記法の一つである[37]。

33　Stepanov V. I. (1892). Alphabet des mouvements du corps humain: essai d'enregistrement des mouvements du corps humain au moyen des signes musicaux. Paris: M. Zouckermann.
34　Conté P. (1931). Écriture de la danse théâtrale et de la danse en général. Niort.
35　Conté P. (1952). La danse et ses lois. Paris: Art et Mouvement.
36　Mirzabekiant E. (2000). Grammaire de la notation Benesh-Manuel élémentaire. Pantin: Centre national de la danse.

1958年に、イスラエルの舞踊家ノア・エシュコル（Noa Eshkol, 1924-2007）と建築家アブラハム・ウォッチマン（Avraham Wachman, 1931-2010）によって、エシュコル・ウォッチマン動作表記法（Eshkol-Wachman movement notation）が作られた。エシュコルは、ラバン表記法を学んだ後、ダンススタイルにとらわれず人間や動物の動きをすべて記録することのできる独自のシステムを開発する。動きは主に記号と数字で表され、上記に紹介した舞踊譜の中でも最も動きを抽象化したシステムといえるだろう[38]。

3　まとめ

舞踊表記譜はダンス、特にバレエテクニックの明確化、教授ツールとして中世から考案された。ダンス技術の発展に伴い様々な表記法が作成されたが、19世紀になるまでダンスを越えた動きの表記を目的とすることはなかった。

舞踊記譜法では異なる種類の方法（記号、シンボル、デッサン、数字）が使われており、舞踊譜研究者アン・ハッチンソンによると、1）文字・単語方式、2）軌跡の描画方式、3）Stick Figure（視覚的）方式、4）音符方式、5）抽象記号方式と、区分されている（表1）[39]。

これら様々な表記法の長所・短所を比較、評価することは各々の表記譜の規則、表記方法の詳細な知識なしでは難しい。しかし、各舞踊譜の限られた知識でも、時代とともにどのように動きの表記方法が変化してきたかを垣間見ることが

表1　舞踊譜タイプとその例

舞踊譜のタイプ	表記法例
1）文字・単語方式	アルボ
2）軌跡の描画方式	フイエ、ランドラン
3）Stick Figure（視覚的）方式	サン＝レオン、ゾーン、ベネッシュ
4）音符方式	ステファノフ、コンテ
5）抽象記号方式	ラバン、エシュコル・ウォッチマン

37　例えば、フランスのアンジュラン・プレルジョカージュのバレエカンパニーでは定期的に舞踊作品がベネッシュ舞踊譜によって表記、保存されている。
　　http://www.preljocaj.org/menu.php?lang=fr&m=1&a=5&nom_page=notation
38　Hutchinson Guest A. (1989). Choreo-Graphics: A comparison of dance notation systems from the fifteenth century to the present. London, New York: Gordon and Breach Publishers.
39　*Ibid.*

できるだろう。スッテプや舞台上での位置を表記するシステムから、動きのパターンだけではなく、すべての人の動きを表記できるようなシステムが発明されている。例えば、近年に発明された、ベネッシュ、ラバン、エシュコル・ウォッチマンはダンスを越えて、人の動きに注目を当て作り出された舞踊譜といえる。これは近年になって、ダンスの動きが古典的でパターンのあったものから様々かつ自由な動きが取り入れられるようになり、モダン、コンタンポラリーへと発展して行く過程とともに、舞踊譜も様々な動きを表記できるようなシステムへ発展してきたといえるだろう。

六　身体動作社会学と舞踊記譜法

ここでは、身体動作社会学において舞踊記譜法の応用に関して、その理由・利点と舞踊記譜法の中でも特にラバン舞踊譜の利用について議論したい。

1　ラバン舞踊譜とは

上記の舞踊記譜法の歴史の中でも触れたが、ラバン舞踊譜とは舞踊理論家であったルドルフ・ラバンによって考案された表記システムである。歴史的に見ると19世紀になって完成した比較的新しい舞踊譜といってもいいだろう。

ラバンは、動きを動的で一時的なアーキテクチャとして捉えている。つまり身体、または手足が空間のある地点から別の地点に移動することによって、「形 - 軌道（Forme-traces）」[40]と呼ばれる軌道を描く。動きとは空間に描かれる軌跡であり、ラバン舞踊譜はこの軌跡を表記することを目的としている。このためにラバンは動きの基本的要素である空間、時間、体の3つの概念を定義した。空間は動きの移動が行われる方向を指し、時間は動きの始まりと終わり、また持続時間を示し、体はどの部位が動いているのかを明らかにする。ラバンによる空間、時間、体の定義を以下詳しく見ていきたいと思う。

（1）空　間

空間は動きを分析するために不可欠な要素であり、ラバン舞踊譜では以下の質問が掲げられる。

40　Laban R.（1984）. Espace dynamique. Bruxelles: Nouvelle de danse.

・どの方角に向って身体、また体の部位は動いているか？
・観察対象となっている動きはどの空間に及んでいるか？

ラバンシステムでは、方向とレベルの2つの概念によって空間を表記して行く。方向は、垂直、矢状、水平の3つの面があり、動きを行なう主体が立っている姿勢から定義される。つまり、行動者がどの位置にいるにかかわらず、「前方」は常に行動者の前であり、「背後」は後ろ、「上」は頭上、「下」は立っている地面への方向と定義されている（表2）[41]。

空間におけるレベルは「上」「中」「下」と三つに分けられる（表3）。

方向は9つの軸に分かれており、各方向にはそれぞれ「上」「中」「下」の3つのレベルがあることから、全部で27の空間軸ができる。この数はあくまでも基本的な空間軸であり、表記に必要であれば方向、レベルをさらに細かく定義することもできる。この方向とレベルの組み合わせによって、動き開始と終了の位置が表記される。

表2　ラバン舞踊譜における主要方向の記号　　表3　ラバン舞踊譜における空間のレベル

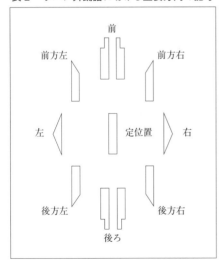
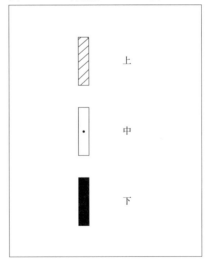

41　Challet-Haas J. (1999). Grammaire de la notation Laban, cinétographie Laban Volume 1. Pantin: Centre national de la danse.

(2) 時　間

時間は動きを理解するために必要不可欠な概念であり、動きを観察するときに以下の質問を常に頭の中に入れておくことが重要である。

・観察している動きはいつ始まるか？
・観察している動きの継続時間はどのくらいか？

継続時間が異なることによって表現される動きは変わって来る。例えば、腕を上げる動作でも速く上げる動作とゆっくり上げる動作では、同じ動作であっても全く違うクオリティを持った動きになる。ラバン舞踊譜の時間の表記は、方向記号を使って表現される。方向記号が長ければ動きの継続が長いことをあらわし、ゆっくりとした動きになる。逆に方向記号が短ければ継続時間が短いことを表し、速い動きとなる。時間は相対的に表記されるが、表記者が方向記号の長さとそれに見合う時間の割合を決めることができる。

(3) 体

動きを表記していくときに注意しなければならないのは、身体全体（体重）が移動しているのか、それとも体の一部（腕、頭など）が動いているのかをはっきりと区別することである。動きは体の構造によって制限され、また限界もでてくる。ラバン舞踊譜では肢体（腕、足など）、関節、体のゾーン（腹、腰など）、体の表面（腕の表裏、側面など）などに従って、分析することができる（表4）。

ラバン舞踊譜の目的は動きの軌跡を表記することであると上記で述べた。そのためにはまず身体全体もしくは部位の位置（動いていない静的なポジション）を定め、そこから身体、部位が動く方向に注目する。このようにラバン法によって、動きがある地点から別の地点へ移動する軌跡を詳細に表記する事ができるのである。

2　ラバン舞踊譜の身体社会学への応用

ラバン舞踊譜は文法的な規則を持つ言語として考える事ができる[42]。人間の動きを記号に変換していくというプロセスは、翻訳のプロセスと似ている。ラバン記譜法による動きの表記プロセスによって、無形の動きを客観的な研究対象とし

42　Goodman N. (1968). Langages de l'art. Nîmes: Editions Jacqueline Chambon.

表4　身体記号

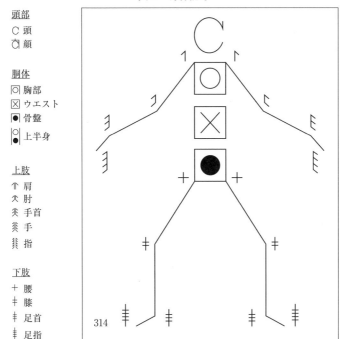

頭部
C 頭
⌂ 顔

胴体
◻|◯ 胸部
◻|✕ ウエスト
◼ 骨盤
◻|● 上半身

上肢
⇑ 肩
⇑ 肘
⇑ 手首
⇑ 手
⇑ 指

下肢
+ 腰
‡ 膝
‡ 足首
‡ 足指

出典：Knust A., Challet J. (trad.) (1992). Dictionnaire de Cinétographie Laban/Labanotation (extraits). Texte.

て取り扱う事ができる。つまり動きを記号化していくことによって、明示的に説明する事ができるのである。ラバン舞踊譜は単に動きを記録するだけではなく、動きを理解するツールでもある。動きを書き起こしていくという手段は文章を書く事が思考することにつながっているように、動きを観察する目を養い、動きの理解につながるのである。これまで述べてきたように、社会学において動きの研究は研究者の描写に頼っていることが多く、客観的または体系的な方法による研究は稀である。ラバン舞踊譜を利用することにより動きが具象化され、動きと社会背景との関わりをより明らかに研究することができるのである。

　社会学における動きに関する研究の中で、特に上記で取り上げたマルセル・モースやブルデューは性別、職業、階層帰属が我々の行動の仕方に影響を与えるという、動きと社会の関係性ついて取り上げた研究であった。しかしながら、これらの研究は体系的な方法論によってされたものではなく、研究者の経験的な視

点からの分析に留まっている。筆者がここで提案するアプローチは、研究者の描写による分析に留まっていた方法を実証的に研究することである。ラバン舞踊譜では、人々の行動の仕方を分析し、また個人間、異なるグループ等でのそれぞれの動きの比較することができる。例えば、ラバン表記法を使って密集した状況の地下鉄内の乗客の身体的技法に関する研究では[43]、実際の日常的な状況下で、動きや姿勢の違いを明らかにしている。この地下鉄における研究では、モースとブルデューが提起する身体技法を具体的に証明しようと試みたものである。

　ラバン舞踊譜を用いることによって、年齢、性別、社会・文化的帰属および階層帰属によって動きの仕方が違うということを、具体的にどのように動きが違うのかを注目しながら研究することができる。このようにラバン舞踊譜はダンスの分野で考案、発展、使用されてきたものであるが、社会学の身体行動における応用の利用価値は大きい。また身体動作社会学を行っていく上で、動きを具象化するプロセスは欠かせない。舞踊表記を使い無形の動きを有形の表記されたものに転換することによって、動きと社会との関係性を研究することができるのである。

43　Abe N. (2012). *Op. cit.*

イタリアにおける女性と選挙
―― 上下両院議員選挙を中心にして ――

池　谷　知　明

一　はじめに
二　共和制と女性の政治参加
三　1990年代の選挙制度改革
四　2017年上下両院選挙法・2018年上下両院選挙
五　結びに代えて

一　はじめに

　2017年11月に成立した比例代表制を主とする新選挙法（2017年11月3日法律第165号、以下2017年選挙法と略記）の下で2018年3月4日に行われたイタリア上下両院選挙は、予想に違わず明確な勝者を生まなかった。中道右派連合（フォルツァ・イタリアと同盟）が北部で勝利し、民主党を中心とする中道左派連合は退潮しつつも地盤の中部を守った。他方で南部はポピュリスト政党とされる五つ星運動が押さえた。両院で過半数議席を獲得した勢力が存在せず、またイデオロギー的にも地域的にも三極化したことにより、選挙後の組閣作業は難航した。3月23日に新議会が招集されたものの、同盟と五つ星運動が主導するコンテ連立政権が成立したのは6月1日のことであった。他方で、新議会で注目されるのは女性議員の増加である。すなわち上院（定数315名）で108名、下院（定数630名）で225名といずれもイタリア議会史上もっと多い女性議員が誕生した。女性議員の増大は2017年選挙法で規定されたクオータ制によるものである。この規定に注目しつつ、本小論は、クオータ制が導入されるまでのイタリアにおける女性と政治についての問題状況、法整備について、まず概略的に考察する。次いで、選挙制度におけるポジティブ・アクションについて検討する。合わせて上下両院の女性議員数の変化を概観しつつ、2017年選挙法および2018年上下両院選挙における女性議員の増加について考察を行う。

二　共和制と女性の政治参加

1　女性選挙権への「無関心」

　イタリアではファシズム期に一部の女性に地方選挙への参政権が認められたものの、普通選挙権の付与はファシスト体制の終了後のこととなった[1]。

　ファシストおよびドイツに対するレジスタンスが行われている最中に出された1944年6月15日国王代行立法命令第151号は第1条で、「全土解放後、新憲法を定めるための、直接、秘密、普通選挙によってイタリア国民が選挙する制憲議会によって、政体は選択される」ことを定めた[2]ものの、女性が有権者であるかについては言及がなかった。その後、1945年2月1日国王代行立法命令第23号で「選挙権が女性に適用される」（第1条）こと、男性有権者名簿とは別に「すべてのコムーネ（市町村に相当する基礎自治体）で女性有権者名簿をつくる」（第2条）ことが規定された[3]。しかし、この国王代行立法命令も、女性の被選挙権について規定していなかった。女性の被選挙権は、憲法制定議会選挙について定める1946年3月10日国王代行立法命令第74号で規定された（第7条）[4]。

　レジスタンスの最中から女性解放、女性選挙権を求める運動が起こっていた[5]

---

[1]　第二次世界大戦前のイタリア王国議会においても女性に国政における選挙権を付与することは議論されていた。なお、ファシズム期の1925年11月に一部の女性に対して地方選挙への参加が認められたが、翌26年に公選の市長（sindaco）に代わり任命によるポデスタ（podestà）制への移行に伴い、地方選挙そのものが停止された（Saraceno, 1998, 31-33）。男性に対しては1848年に制定されたサルデーニャ王国選挙法で識字と納税によって制限された選挙権が認められた。この条件は1861年に成立したイタリア王国に引き継がれた。1882年に初等義務教育を経た成年男子に選挙権を付与する選挙制度改革が行われた後、1912年に男性の普通選挙権が認められた（池谷、2010；池谷、2013）。

[2]　1946年3月16日国王代行立法命令第98号により、憲法制定議会選挙とは別に政体選択に関する国民投票を行うことになった。

[3]　ただし、第3条において、認められていない場所で売春を行う娼婦を選挙権付与の除外者としている。

[4]　選挙による地方行政を定めた1946年1月7日国王代行立法命令第1号第12条はコムーネが作成した選挙人名簿に登録されている選挙人に被選挙権を認めた。この国王代行立法命令に基づいて行われた、ファシスト体制崩壊後はじめてとなる地方選挙（1946年3月10日実施）で、2人の女性市長が誕生した。その後に行われた地方選挙も含めると、同年に計10人の女性市長が生まれ、およそ2000人のコムーネ議会議員が誕生した（Andreuccioli et al, 2018, 37, n. 15）。

[5]　1943年11月に女性保護団（GDD, Gruppi di Difesa della Donna）が結成された。翌44年9月にはイタリア女性連合（UDI, Unione Donne Italiane）が、同年10月にイタリア女性センター（CIF, Centro Italiano Femminili）が組織された。またUDIのイニシアティブで1944年10月に「投票の

ものの、女性への選挙権拡大に対する関心は低かった。新聞も注目せず、同時代の人々からも無視された状態だった。要するに、女性参政権は「ひっそりと」与えられた。女性への選挙権付与に関心が寄せられなかったのはなぜか。この問いに対しては、国王代行立法命令が出された時期は戦時中であり、そもそも選挙で選ばれる議員で構成される議会が停止されていた[6]ことが指摘される（Rossi-Doria, 1998, 41）。

動機は正反対であった[7]が、キリスト教民主党の指導者であるデ・ガスペリも共産党を率いていたトリアッティも、1944年の夏から女性への投票権の付与に努めていたが、両党内でも懸念と抵抗があった。一般に共産党、社会党の活動家は、女性は司祭の指示に従って投票すると考えていた。共和制移行後の最初の上下両院選挙（1948年4月18日実施）で、キリスト教民主党が単独過半数議席を獲得したが、左翼活動家の多くが、その理由を女性に選挙権を「譲歩」したことに求めていた。要するに、女性は非合理的な思考[8]をするものだという文化的ステレオタイプがあった（Rossi-Doria, 1998, 41-42）。

いずれにせよ、1946年6月2日に実施された政体選択に関する国民投票と同時に行われた憲法制定議会選挙において226人の女性が立候補し、うち21人[9]（定数556人）が当選したのであった。

2　第一共和制[10]の女性議員

1950年代から70年代にかけて、離婚法（1970年12月1日法律第898号）[11]の制定に代

　ための委員会」（Comitato pro voto）がつくられ、ここに女性団体が結集した（Turco, 2017, 7-8）

6　1928年の選挙法改正（1928年5月17日法律第1029号）により、下院（定数400名）選挙は、ファシスト代表議会が用意した候補者名簿への賛否を表明する信任投票へと変容した。さらに1939年に下院はファッシ・協同体院に改められ（1939年1月19日法律第129号）、議員は任命制となった。

7　キリスト教民主党は大衆政党をつくるとともにキリスト教的価値観を社会に根づかせることをもくろんでいた。教皇ピオ12世も家族の保護に始まってカトリックの諸価値を擁護する保障人的立場を女性に期待していた。共産党は女性解放、大衆としての女性との連帯、公共生活への女性の自発的参加を、進歩的デモクラシーおよびこれからのイタリアが必要とする新たな政治装置の根本的要素と考えていた（Turco, 2017, 9-10）。

8　女性が棄権することを懸念し、共産党、社会党、行動党が反対したものの、1946年2月5日の国民評議会で投票が義務とされた。投票の義務は、「市民的義務」としてイタリア共和国憲法第48条2項に規定された（Turco, 2017, 10）。

9　キリスト教民主党9人、共産党9人、社会党2人、凡人党1人。凡人党は1944年に創設された右翼政党。1949年に解党。

10　1992年に政界を襲ったタンジェントポリ（汚職都市）と呼ばれた全国的汚職事件後、イタリア政治は大きく変動した。1993年に選挙法が改正され、キリスト教民主党、社会党などの伝統政

表されるように、イタリアでは女性の保護、権利を定める法律が制定された[12]。離婚法に関しては、その廃止をめぐって国民投票[13]も実施された。

しかし、こうした法整備にも関わらず、女性が置かれた状態は変わらなかった。要するに、法学的・形式的なもので実質的なものではないという批判が寄せられ、また事実としての平等性を実現することが求められることになる（Rovero e Pizzetti, 1998, 81）。

政治の世界に目を向ければ、上下両院における女性議員の増加は停滞していた。第Ⅰ立法期[14]において上院で4人、下院で45人、両院計で49人の女性議員が誕生した。それぞれの院で増減はあるものの、両院の合計で第Ⅰ立法期を上回る女性議員が誕生するのは、第Ⅶ立法期を待たなければならなかった。

三　1990年代の選挙制度改革

1　ポジティブ・アクションの導入

1990年代に入り、女性に対する直接、間接の差別を事実としてつくりだしてい

党が没落する一方で、メディアの帝王と呼ばれたベルスコーニがフォルツァ・イタリアを結成して政界入りし、また北部の自治を訴える北部同盟が台頭した。ベルリンの壁の崩壊を受けて共産党は左翼民主党に改称するとともに社会民主主義路線へ方針を転換していた（1991年）。他方で右翼政党のイタリア社会運動も国民同盟に改称する。1993年選挙法の下で行われた最初の選挙である1994年3月上下両院選挙でベルスコーニ政権が誕生した。憲法改正はなかったものの、戦後の共和体制を象徴した比例代表制の廃止とキリスト教民主党を中心とする伝統政党が消失したことから、第二共和制に移行したと考えられるようになり、それ以前を第一共和制と呼ぶようになった（池谷、2012）。

11　正式名称は、「婚姻を解消する場合についての規律」である。カトリックが禁じる離婚を認めるか否かという問題だけでなく、夫に従属的な立場にあった妻の地位向上をめざす女性の権利の問題であり、また子供の養育を含めた家族の問題でもあった（Scirè, 2007, 2-3）。

12　たとえば以下のようなものがある。1950年8月26日法律第860号（働く母親に対する身体的経済的保護）、1963年2月9日法律第66号（女性が司法、警察などすべての公職に就く権利）、1963年1月9日法律第7号（結婚を理由とした解雇の禁止）、1971年12月30日法律第1204号（働く母親の保護）、1971年12月6日法律第1044号（託児所に関する法律）、1975年7月29日法律第151号（家族の新しい権利）、1977年12月9日法律第903号（労働問題における男女平等の取り扱い）。

13　イタリア共和国憲法第75条は、法律の一部または全部を廃止することに関する国民投票を規定する。離婚法廃止をめぐる国民投票は、この規定に基づく最初のものである。1974年5月12、13日に実施された国民投票（有権者37,646,322人、投票率87.72%）では離婚法廃止に賛成、反対の得票率はそれぞれ40.74%、59.26%で、離婚法廃止はならず、離婚が認められることとなった。

14　選挙から解散までの期間を立法期という。両院ともに5年の任期満了を待たずに解散されることがあるので、立法期の長さは同じではない。イタリアでは上下両院ともに解散され、同時に選挙が実施される。

表1　第一共和制における上下両院の女性議員数と比率*

	1948-53 I **	1953-58 II	1958-63 III	1963-68 IV	1968-72 V	1972-76 VI	1976-79 VII	1979-83 VIII	1983-87 IX	1987-92 X	1992-94 XI
上院（人）	4	1	3	6	11	6	12	14**	16**	22**	31
上院（％）	1.08	0.37	1.08	1.66	3.13	1.76	3.65	4.06	4.49	6.16	9.12
下院（人）	45	34	25	29	18	26	55	58	55	83	53
下院（％）	7.34	5.52	4.01	4.31	2.73	3.95	8.57	8.14	12.21	8.12	15.34
両院計（人）	49	35	28	35	29	32	67	72**	71**	105**	84
両院計（％）	4.99	3.96	3.1	3.38	2.87	3.2	6.82	7.05	6.88	10.13	8.46

*上院の定数（終身上院議員[15]を除く）は、237人から1958年に246人になり、さらに1963年に315人となった。下院の定数は574人から1953年に590人、1958年に596人、1963年に630（1963）となった。ただし、繰り上げ当選等に伴い、各立法期の議員数は定数を上回っている。
**終身上院議員1名を含む
　下院は https://storia.camera.it/deputati/faccette/leg_repubblica:*%7Cgenere:donna#nav を参照して作成。上院については第Ⅰ立法期 http://www.senato.it/leg/01/BGT/Schede/Statistiche/Composizione/SenatoriPerEta.html から第XI立法期 http://www.senato.it/leg/11/BGT/Schede/Statistiche/Composizione/SenatoriPerEta.html までを参照して作成。

る障害を除去することを目的とし、労働における男女平等を実現するためのポジティブ・アクションを導入した1991年4月10日法律第125号をはじめとして、男女平等を定める法律が制定された[16]（Rovero e Pizzetti, 1998, 81：高橋、2003）。

　なお、1984年に首相令によって内閣府に1984年に「男女平等・機会均等のための全国委員会」が設置されていたが、1990年6月22日法律第164号によって、構成、権限が明確にされた。

　ポジティブ・アクションは上下両院選挙制度においても見られる。1992年2月の汚職摘発から始まったタンジェントポーリに対する批判が高まる中で、上院選挙法の65％条項の廃止を求める国民投票（1993年4月）[17]の成立を受けて、議会は

15　大統領職にあった者（憲法第59条1項）に加えて、大統領は社会、科学、芸術および文学の分野における再校の功績により祖国の名誉を高めた市民を5名、終身上院議員に任命することができる（同2項）
16　たとえば以下のようなものがある。1992年2月25日法律第215号（女性起業家に対するポジティブ・アクション）に関する法、1996年25日法律第66号（性的暴力に対する規定）（Rovero e Pizzetti, 1998, 81-82：高橋、2003）。

上下両院の選挙法を改正（上院については1993年8月4日法律第276号、下院については同第277号、以下1993年選挙法と略記）し、いずれも議席の75％を小選挙区相対多数代表制で、残りの25％を比例代表制で選出する混合選挙制度が導入した（池谷、1998：池谷、2003：池谷 2015c）。小選挙区制を主とすることでイギリス的な二党制は無理だとしても左右二極による政治競合の展開と本格的な政権交代の実現をめざした選挙制度改革であった。ポジティブ・アクションの関係で注目されるのは下院の比例代表で、政党が提出する候補者名簿に男女の候補者を交互に登載することを義務づけた点である。上院では「男女の政治的代表の均衡に配慮する」ことが努力義務として規定された（高橋 2003）。

地方選挙制度について見ると、1990年代半ばに選挙制度が改革される中で、各レベルでクオータ制が導入された。コムーネ議会については、コムーネの人口が15,000人を超える場合は非拘束名簿式比例代表制で、人口15,000人以下の場合は名簿式多数代表制で行うと定められたが、いずれも名簿に登載される候補者のうち、一方の性が登載者総数の4分の3を超えてはいけないとされた。また県議会選挙においても名簿に登載される候補者のうち、一方の性が登載者総数の4分の3を超えてはいけないことが定められた（1993年3月25日法律第81号）。

州議会選挙制度は1995年に改革され、定数の80％が非拘束名簿式比例代表制で、20％を小選挙区で選出することとなった。比例代表においても、小選挙区においても、「すべての州および件の候補者名簿には男女いずれの候補者も候補者総数の3分の2を超えて登載できないことが定められた（1995年2月23日法律第43号第1条6項）。

2　クオータ制違憲判決と憲法改正

選挙制度へのクオータ制の導入は、しかし、1995年の憲法裁判所による違憲判決（1995年判決第422号）により頓挫した。裁判は、元々はコムーネ議会選挙に関するもので、上述の1993年3月35日法律第81号第5条2項の合憲性が争われた。この条項を、憲法裁判所は個々の女性に対する救済としてのポジティブ・アク

17　上院選挙法は定数のおよそ75％を小選挙区相対多数代表制で、残りの25％を比例代表制で選出すると規定されていた。しかし、小選挙区での当選には65％の得票率が必要であった。この要件を満たした当選者はきわめて少なかった。小選挙区で当選者が出なかった場合は比例代表で当選者を出していたため、実質的には比例代表制として機能していた（池谷、2015b）。

ションを是認しつつ、女性一般に対するポジティブ・アクションは、両性の平等を定める憲法第3条1項、すべての市民の平等と自由を阻害する経済的・社会的障害の除去を共和国の義務とする同2項および男女平等の公職就任権を規定する第51条1項に違反するとした。また、すべての市民が自由に政党を結成する権利を有すること規定する憲法第49条にも違反するとした。本裁判は、直接的には人口15,000人以下のコムーネ議会選挙におけるクオータ制について争われたものであったが、憲法裁判所は女性の政治的過少代表に対するポジティブ・アクションすべてを違憲とした（高橋、2003）。

　判決を受けて、憲法第51条1項が改正されることになった。すなわち憲法第51条1項は、「すべての男女の市民は法律で定める資格にしたがい、平等な条件の下に公務および公職に就くことができる」ことを定めていたが、続けて「その目的のため、共和国は適切な措置によって男女間の機会均等を促進する」と改正された[18]。こうして選挙におけるポジティブ・アクションに憲法上の根拠が与えられた[19,20]。

3　選挙法改正

　憲法第51条1項の改正後、県議会およびコムーネ議会に関する選挙制度について改正されなかったが、州議会選挙および欧州議会選挙についてはクオータ制が導入された（高橋、2011）。

　州議会選挙については、憲法第51条1項の改正に先立って、同117条7項により州法により選挙職へのアクセスについて男女均等を促進することが規定されており、これに基づき、2012年に地方組織における性代表の不均衡を改めることを

---

[18] 2003年5月30日憲法的法律第1号。憲法第2部「共和国の組織」の改正を任務としていた「憲法改正のための両院合同委員会」は、ポジティブ・アクションを含んだ改正案を検討していたが頓挫した。そのため個別条項の改正となった（高橋、2003）。

[19] 2009年に制定されたカンパーニュ州議会選挙法は「ジェンダーに基づく優先投票制度」（2009年3月27日州法第4号第4条3項）をはじめて導入した。憲法第51条1項改正後、最初となる女性への優先投票制度の合憲性を巡る裁判において、憲法裁判所は合憲と判断した（憲法裁判所判決2010年第4号）。ただし、「ジェンダーに基づく優先」という具体的措置の憲法適合性審査において改正条項には言及していない。なお、2010年の判決に先立って、ヴァッレ・ダオスタ州の「候補者名簿への両性の候補者の登載を義務づける」選挙法に対して違憲の提起がなされたが、憲法裁判所は2003年に合憲と判断した（2003年憲法裁判所判決第49号）（高橋、2011）。

[20] 1996年にプローディ内閣の下で無任所大臣として男女均等担当大臣が置かれ、翌年大臣の権限行使を補佐する機関として内閣府に男女均等推進庁を設置した（高橋、2003）。

めざすことが定められた（2012年11月23日法律第215号）。2016年には、州議会における選挙職への男女均等を促進することを定めた2004年7月2日法律第165号を改正し、以下の3点が定められた。第一に、選挙法が優先投票を規定している場合、名簿には同一の性が60％を超えないようにすることおよび2名の優先投票ができる場合には異なる性の候補者を選択すること、第二に、選挙法が優先投票を規定していない場合、名簿には異なる性の候補者を交互に登載し、一つの性が60％を超えないこと、第三に、選挙法が小選挙区制を規定している場合、同一のシンボルの下で立候補する候補者を合計したときに、一つの性が60％を超えないことである（2016年2月15日法律第20号）。

　欧州議会選挙[21]については、2004年に選挙制度が改められ、同年および2009年に実施される選挙に適用される暫定措置として、候補者名簿を全国合計したときに、一方の性が3分の2を超えないこと（2004年4月8日法律第90号第3条1項）と、この条件を満たさない名簿を提出した政党には選挙費用に対する補助金を削減することを規定した（同2項）。さらに2014年選挙を前にして、候補者名簿において一方の性が50％を超えないこと、候補者名簿に登載する上位2人の候補者の性は異ならなければならないこと、優先投票3人の性が同一であってはならないこととした（2014年4月22日法律第65号）。

4　上下両院選挙制度におけるポジティブ・アクション

　上下両院選挙制度については、2005年12月に改められ、1993年選挙法で導入された小選挙区相対多数代表制と比例代表制の混合選挙制度が廃止された（2005年12月21日法律第270号、以下2005年選挙法と略記）。2005年選挙法は、比例代表制による議席配分を基本としながらも、政権安定のために第1党にプレミアム議席を付与し、（下院のみではあるが）安定政権確立のために過半数議席を保証する[22]複雑な

21　欧州議会議員の選挙制度については、名簿式か単記移譲式いずれかの比例代表選挙に基づくことが定められている。イタリアは名簿式（3人までの優先投票が可能）の比例代表制を採用している。

22　プレミアム制は上院選挙制度においても導入されたが、「州を基礎として」（憲法第57条）として議員を選出することから州ごとに付与することとなった。そのため全国レベルで安定した多数派を形成することを保証しなかった。実際、2005年選挙法による最初の両院選挙（2006年4月9・10日）では、中道左派連合が下院で安定多数を確保したが、上院では過半数議席をわずか3議席しか上回らなかった。2013年2月24・25日に実施された両院選挙では上院で明確な勝者が生まれず、組閣に3か月以上かかった。

制度を規定した。しかし、ポジティブ・アクションの措置は見送られた（池谷、2015d）。

　国政選挙制度でポジティブ・アクションが導入されたのは、2015年下院選挙法[23]（2015年5月6日法律第52号）である。2015年下院選挙法は、プレミアム付き比例代表制を基本とした2005年選挙法の修正版とも言えるものであった[24]が、候補者名簿の作成においてクオータ制を導入した点が注目された。憲法第51条1項の公職就任への男女機会均等の規定に基づいて、候補者名簿には両性の候補者を交互に登載しなければならない。さらに、同一政党（連合）の筆頭登載者が一方の性で占める比率は60％を超えてはならないとした。また、筆頭登載者以外の候補者に対して優先投票を認め、有権者は選択した候補者名簿に登載された候補者2名に対して登載順位に関係なく優先的に投票できるが、その2名は異なる性でなければならないと定めた。

　2015年下院選挙法に基づく選挙は、しかし、実施されることはなかった。上院の権限縮小を含む憲法改正案が国民投票（2016年12月4日）で否決された[25]からである。また2015年下院選挙法が規定した決選投票制が憲法裁判所で違憲とされた[26]ため、2018年春までに予定された両院選挙までに選挙法を改正することになったからである。

四　2017年上下両院選挙法・2018年上下両院選挙

1　2017年選挙法

　2013年両院選挙後の、中道左派連合、中道右派連合、五つ星運動が支持率をほ

23　2013年2月の両院選挙を受けて制度改革、とりわけ選挙制度と上下両院が対等な議会制度についての改革が急務とされた。公選制から任命制に移行し、権限を縮小する上院改革を前提に、下院の選挙制度のみが改められることとなった。

24　憲法裁判所が最大得票政党連合の得票率とプレミアムによって与えられる議席率の乖離（2013年下院選挙では得票率29.55％の中道左派連合が約54％の議席を得た）を違憲とした（2014年憲法裁判所判決第1号）ため、多数派に対するプレミアム議席付与の条件を得票率40％とした。この条件を満たす政党ないし政党連合が存在しない場合は、上位2つの政党ないし政党連合で決選投票を行うことを定めた。

25　共和国憲法第138条は、上下両院それぞれで少なくとも三か月の期間をおいて引き続き二回の審議で表決されることを憲法の改正要件とする。二回目の表決で各議院の議員の三分の二の多数で可決されれば、国民投票に付されることなく成立するが、2016年の改正案は、三分の二の賛成を得ることができなかったため、国民投票にかけられることになった。

26　2017年憲法裁判所判決35号（高橋、2018）

ぽ同じくする三極化状態にあって、選挙法改正の議論は困難を極めた。中道左派連合、中道右派連合が支持し、五つ星運動が反対する中、最終的に成立したのは、上下両院ともに小選挙区相対多数代表制と比例代表制を組み合わせた混合選挙制度[27]である（2017年11月3日法律第165号、以下2017年選挙法と略記）。

クオータ制は2015年下院選挙法同様、導入された。上下両院ともに、比例区における候補者名簿には、男性候補者と女性候補者を交互に登載しなければならないこととなった。さらに、候補者名簿に登載される筆頭候補者を上院では各州で合計したときに、下院では全国で合計したときに、一方の性が60％を超えないことが規定された。小選挙区候補者についても、下院では全国で合計したとき、上院では州ごとに、一方の性が60％を超えてはならないとした。なお2015年下院選挙法で導入された優先投票の制度はない。

2 第二共和制における女性議員

第二共和制における上下両院の女性議員数と比率は表2に示したとおりである。選挙制度におけるポジティブ・アクションについて違憲判決が出る前の1993年選挙法によって行われた1994年3月上下両院選挙では、両院ともに女性議員は増加したが、違憲判決後の1996年、2001年の両院選挙ではその数は伸び悩んだ。

選挙制度との関連で言えば、1994年から2001年まで用いられた混合選挙制度は政党側に選択的な決定を要求すること、つまり小選挙区に候補者（選挙連合から1名）を指名するために政党間で協調しなければならない[28]ことで女性議員数が伸び悩んだとされる（Di Virgilio e Segatti, 2016, 55）。実際、2005年選挙法によって比例代表制へ移行した後の選挙について見ると、2006年、2008年、2013年と女性議員数は増加傾向にある。2013年両院選挙では、両院の合計で30％を超えた。

---

27 1993年選挙法は小選挙区が主であったが、2017年選挙法は上下両院ともに比例代表が主で議席の約61％を、小選挙区相対多数代表制で約37％を、残りの議席を海外選挙区で選出する。
28 1993年選挙法の下で行われた1996年上下両院選挙、2001年上下両院選挙では、小政党が大きく中道左派連合と中道右派連合に分かれて政権獲得をめざした。小選挙区においても左右二極の選挙競合が見られたが、当選者を出した政党はたとえば2001年選挙では下院で22、上院で23も存在した。これは比例代表における政党数（下院11、上院15）よりも多い。選挙連合内の取引により、小政党であっても小選挙区での当選が可能になったためである（池谷、2003）。

表2　第二共和制における上下両院の女性議員数と比率

	1994-96 XII	1996-2001 XIII	2001-06 XIV	2006-08 XV	2008-13 XVI	2013-18 XVII
上院（人）	29	26	26	45	62	93*
上院（％）	8.71	7.69	7.69	13.43	17.92	28.97
下院（人）	98	74	74	112	140	206
下院（％）	15.34	11.35	11.47	17.23	20.50	30.65
両院計（人）	127	100	100	157	202	299
両院計（％）	13.07	10.1	10.17	15.94	19.63	30.11

＊終身上院議員2名を含む。
　下院は https://storia.camera.it/deputati/faccette/leg_repubblica:*%7Cgenere:donna#nav を参照して作成。
上院については第XII立法期 http://www.senato.it/leg/12/BGT/Schede/Statistiche/Composizione/SenatoriPerEta.html から第XVII立法期 http://www.senato.it/leg/18/BGT/Schede/Statistiche/Composizione/SenatoriPerEta.html までを参照して作成。

3　2017年上下両院選挙と女性議員の増加

　2017年上下両院選挙法に基づいてはじめて行われた2018年3月4日の選挙では、ポジティブ・アクションの効果で女性議員が大幅に増え、上院では100人、下院では225人となった。定数に占める割合は、上院で34.8％、下院では34.6％で、イタリア議会史上もっとも高くなった。とは言え、選挙法が規定した立候補者の比率である40％を下回った。

　この結果は選挙前からある程度予測できた。まず小選挙区の候補者については、いずれの政党であっても男性候補者の比率は60％に近い一方で、女性は40％をわずか超える程度しか擁立しないことが予想された。比例区においても男性の筆頭候補者の割合が60％に近く、女性は40％をわずかに超える程度であれば、たとえ男女の候補者が交互に登載されたとしても男性議員の比率が高くなる。

　重複立候補が認められている点も考慮しなければならない。2017年選挙法は上下両院ともに1つの小選挙区と5つの比例区での重複立候補[29]を認める。男性候補者に比して女性候補者の方が重複立候補が多ければ、女性当選者は40％を下回ることになろう。要するに、選挙法が定める男女それぞれの候補者の比率は最大60％、最小40％であるが、これは重複立候補を含めた延べ人数の比率であり、候

29　1993年選挙法、2005年選挙法においても重複立候補は認められていた。2017年選挙法では、複数の選挙区で当選した場合、小選挙区で当選していれば小選挙区で、比例区のみで当選した場合には、得票率がもっとも低い選挙区で当選となる。

補者の実数比ではない。実数で比べたら一つの性、実際には男性の候補者が60＋*a*％になることもあり得る。

　実際の候補者についての分析（Berti e Cianfanelli, 2018）によれば、以上の予想通りの結果となった。2018年3月上下両院選挙における小選挙区についてみると、まず下院は小選挙区の定数232であるから、各政党は少なくとも93（最大で139）人の女性候補者を擁立しなければならない。しかし、実際の女性候補者数は民主党を中心とする中道左派連合、フォルツァ・イタリアと同盟を中心とする中道右派連合がそれぞれ93人で、五つ星運動でも100名であった。上院小選挙区の定数は116のため少なくとも45（最大で71）人の女性候補者を擁立しなければならないが、中道左派連合が46人、五つ星運動が48人、中道右派連合が51人と、下院小選挙区と同じく、選挙法が規定する最低限をやや上回ったに過ぎない。

　次に比例区の筆頭候補者数について主要政党別に見ると、下院（同25～38名）は、民主党、同盟が26人、五つ星運動が28人、フォルツァ・イタリアが30人であった。上院（選挙法の規定に従えば、10～23人）の場合、民主党、フォルツァ・イタリア、同盟が11人、五つ星運動が13人であった。小選挙区の場合と同様に、規定をわずかに上回るに過ぎない。

　重複立候補に関しては、主要政党ではいずれも女性候補者の方が多い。すなわち民主党では重複立候補した女性候補者が52人（比例区のみは内9人）であったのに対して男性候補者は34（同0）人であった。五つ星運動は重複立候補した女性候補者が45（同0）人、男性候補者は34（同0）人であった。フォルツァ・イタリアは同様に女性候補者が44（同12）人、男性候補者が22（同4）人であり、同盟が女性候補者33（同11）人、男性29（同15）人であった。

　以上のように、各政党とも、筆頭候補者については選挙法の規定をわずかに上回る女性候補者を擁立するにすぎなかった。また、女性候補者をより多く重複立候補させることにより、女性候補者数を合法的に「水増し」していたと言えるのである。

五　結びに代えて

　本小論は、クオータ制を導入した2017年選挙法の下で行われた最初の上下両院選挙で、イタリア議会史上もっとも多くの女性議員が誕生したことを受け、第二

次世界大戦後のイタリアの女性と選挙について、問題状況、法整備について概観した後、とくに第二共和制の選挙制度におけるポジティブ・アクションに焦点を当てて考察を試みた。紙幅の関係等で必ずしも十分な議論はできていないが、選挙権を含む女性の権利への無関心の時代から、形式的法整備が行われた時代を経て、実質的な平等を実現しようとする時代へと変化してきたことは理解されよう。選挙における男女平等の実現は地方議会選挙および1993年選挙法におけるポジティブ・アクションの導入により進展するかと思われたが、違憲判決により停滞する。しかし、憲法第51条１項が改正され、ポジティブ・アクションが違憲でなくなると、2015年下院選挙法でクオータ制が導入され、さらに2017年選挙法に引き継がれた。同選挙法で実施された最初の選挙である2018年３月上下両院選挙では議会史上最多の女性議員が誕生したが、他方で女性比率は選挙法の規定を下回り、真の男女均等はなお実現していない。

　他方で日本においては2018年５月に「政治分野における男女共同参画の推進に関する法律（平成30年法律第28号）」が成立した。この法律は、しかし、国政・地方議会選挙における候補者数を「できる限り男女均等」にするように政党などが「自主的に取り組むよう努める」ことを求めるだけである。衆議院の女性議員の割合は10.2％で193ヶ国中165位の日本は、同30位のイタリアの事例[30]を、大いに参考することができよう。

　イタリアにおける女性と選挙という本論文のテーマに戻れば、2017年選挙法が改正されないとして、今後の上下両院選挙で女性議員比率は上がるのか、あるいはポジティブ・アクションを強化した選挙制度改革が行われるのか。いずれにせよ継続的に注目していく必要があろう。また、イタリアにおける女性と選挙という点では、地方議会（コムーネ、県、州）、市長、州知事選挙、さらに欧州議会選挙などにおけるポジティブ・アクションと、それに伴う女性議員の増加などについても考察が必要であるが、それらについては他日を期したい。

参考文献

Andreuccioli, C., Borsi, L., Frati, M., e Senato della Repubblica, (a cura di), *Parità vo cercando: 1948-2018. Le donne italiane in settanta anni di elezioni*, Documento di Anal-

---

30　2019年１月時点での列国議会同盟の調査（http://archive.ipu.org/wmn-e/arc/classif010119.htm）による。

isi N. 13, Ufficio Valutazione Impatto, Senato della Repubblica, 2018.

Derossi, L., (a cura di), *1945. Il voto alle donne*, Franco Angeli, 1998.

Rossi-Doria, A., Una celebrazione inusuale, in Derossi, L., (a cura di), *1945. Il voto alle donne,* Franco Angeli, 1998.

Pedrazzani, A., Pinto, L,. e Sgatti, P., I candidati in tempo: un'analisi longitudinale delle candidature in Italia dal 1976 ad oggi, in Di Virgilio, A., e Segatti, P., (a cura di), *La rappresentanza politica in Italia. Candidati ed elettori nelle elezioni politiche del 2013*, Il Mulino, 2016.

Rovero, M., e Pizzetti, F., La Costituzione italiana e i diritti delle donne, in Derossi, L., (a cura di), *1945. Il voto alle donne*, Franco Angeli, 1998.

Saraceno, C., *Le donne dalla battaglia per il voto alla ≪ tutela ≫ fascista*, in Derossi, L., (a cura di), 1945. Il voto alle donne, Franco Angeli, 1998.

Taricone, F., e De Leo, M., (a cura di), *Elettrice ed elette. Storia, testimonianze e riflessioni a cinquant'anni dal voto alle donne,* Dipartimento per l'informazione e l'editoria, Presidenza del Consiglio dei Ministri, 1995.

Scirè, G., *Il divorzio in Italia. Partiti, Chiesa, società civile dalla legge al referendum (1965-1974)*, Bruno Mondadori, 2007.

Turco, L., Le 21 donne costituenti sono le madri della nostra Repubblica, in Fondazione Nilde Iotti, (a cura di), *Costituenti al lavoro. Donne e Costituione 1946-1947*, Guida Editori, 2017.

Nicolò, B., e Francesco, C., (a cura di), *Le candidature ai raggi X: quote rosa, uscenti e pluri-candidati* ... , https://www.youtrend.it/2018/02/24/candidati-partiti-quote-rosa-genere-donne-uomini-uscenti-pluricandidature/

池谷知明「1996年イタリア上下両院選挙――政党システムの変容を中心にして――」『選挙研究』第13号、1998年

池谷知明「2極化と破片化――2001年イタリア上下両院選挙」『選挙研究』第18号、2003年

池谷知明「有権者の創造と国民国家形成――一八八二選挙法を中心に――」北村暁夫、小谷眞夫編『イタリア国民国家の形成――自由主義期の国家と社会』日本経済評論社、2010年

池谷知明「第11章 第二共和制へ」、北村暁夫・伊藤武編『近代イタリアの歴史――16世紀から現代まで――』ミネルヴァ書房、2012年

池谷知明「1848年サルデーニャ王国選挙法と有権者の創造」『選挙研究』、第29巻1号、2013年

池谷知明「イタリアの選挙制度（6）――ファシスト体制下の選挙制度――」『月刊選挙』2015年6月号、2015年a

池谷知明「イタリアの選挙制度（8）――第一共和制の選挙制度――」『月刊選挙』2015年、8月号、2015年b

池谷知明「イタリアの選挙制度（9）――1993年選挙法――」『月刊選挙』2015年、9月号、2015年 c

池谷知明「イタリアの選挙制度（10）――2005年選挙法――」『月刊選挙』2015年、10月号、2015年 d

池谷知明「イタリアの選挙制度（11）――2015年選挙法――」『月刊選挙』2015年、11月号、2015年 e

池谷知明「イタリア2017年選挙法（1）――下院選挙制度――」『月刊選挙』2018年6月号、2018年 a

池谷知明「イタリア2017年選挙法（2・完）――上院選挙制度――」『月刊選挙』2018年7月号、2018年 b

高橋利安「イタリアにおける女性の政治参画の現状――クオータ制違憲判決から憲法改正による女性の政治参画促進へ――」『修道法学』第26巻、1号、2003年

高橋利安「イタリアにおける女性の政治参画とポジティブ・アクション－法律によるクオータ制導入の合憲性－」『修道法学』第28巻、2号、2006年

高橋利安「「ジェンダーに基づく優先投票」の合憲性――憲法裁判所判決2010年第4号の紹介――」『修道法学』第34巻、1号、2011年

高橋利安「イタリアにおける新選挙法の成立――2つの憲法裁判決と憲法改正国民投票の否決を受けて――」『修道法学』第40巻、2号、2018年

高齢者の買物事情
―― 居住環境・年齢による高齢者の買物事情の違い ――

石　塚　　優

一　はじめに――生活の郊外化――
二　高齢者の買物事情
三　高齢者の買物圏――年齢が高いほど環境からの影響が強い――
四　高齢者が「歩いて暮らせる街づくり」の買物圏
五　終わりに

一　はじめに――生活の郊外化――

　80年代後半から地方都市の中心市街地の衰退が始まる。その要因の一つに指摘されるのがモータリゼーションによる生活の郊外化である。首都圏や関西・中部圏の大都市で多い公共交通の利用は、地方都市には当てはまらない。道路が整備され自動車を利用する生活が進むにつれて、中心市街地の混雑緩和のために、路面電車が廃止される。これにより市街地へ続く公共交通機関は主としてバスとなり、交通手段の選択肢が減少した地方都市のモータリゼーションは加速する一方になる。郡部へ行けば尚のこと公共交通機関が少なくなり、自動車が主たる交通手段となりやすい。これと平行するように中央資本を背景にした大規模店・量販店が中心市街地への出店に必要な商店街との調整が進まず、地価の安い国道やバイパス沿いに十分な駐車場を備えて出店し、徐々に自動車による買物は郊外へと向かうことになる。同時に道路の整備が進んだことが中心市街地の混雑と駐車場確保の煩わしさを避けて、自動車による買物は郊外店へと向かうことになる。
　生活の郊外化の主要因は第一に地方の生活者の自動車保有台数の多さである。平成18年版国民生活白書（p. 274）によれば乗用車の世帯当たりの普及率は83.9％である。首都圏や関西圏、中部圏よりも地方都市の方が普及率は高く、世帯に1台から成人一人に1台に近い普及率になっていると思われる。待ち時間等の時間の制約がなく、自由に利用できる自動車があれば、買い物先は近い必要がない。

生活の郊外化は、地方都市で生活圏を郊外へと拡大し、中心市街地の賑わいが減少した。これを可能とした第二の要因は道路が整備されたことである。さらに、第三の要因は中心市街地にある。デパートや商店街のブランドショップを核とした商業施設周辺で人の回遊を誘う中心市街地は商品の物心性により人が集まったのである。それまで、徒歩で買物が可能な住宅地に大型スーパーも出店していたが、デパートや商店街のブランドショップの物心性を求めて人が集まったのであろう。しかし、1980年代後半に、中心市街地の商店街が大規模店・量販店に客を奪われることを懸念して、大規模店・量販店を商店街の核店舗として位置づけられなかったのである。
　1992年には大規模小売店舗法（2000年廃止）の規制緩和により地元商店街と調整不要となっても、大規模店・量販店の郊外への出店傾向は続いた。中心市街地で自動車の駐車場を探すより、広々とした駐車場がある郊外の大規模店・量販店のほうが都合がよい。しかも、郊外にシネマコンプレックスを含む複合施設やモールやアウトレット等が集積するに至り、地方都市の中心市街地も含めた商店街、小売店が衰退した。大資本によるドラッグストアやブックセンターなどの展開は薬局薬店や駅前本屋を淘汰した。このような変化により、駅前のデパート撤退後の店舗が空き家のまま長く放置される等の現象が多くの地方都市で現実となった。また、商店街や小売店の衰退は客の減少による閉店の他にも、店主の高齢化による後継者不足とともに店主の意識にも一因がある。商店街の衰退の第四の要因は老後の生活費はあるので店を誰かに任せるとか売却する意識はなく、閉店してもかまわないという商店主の意識がそれである。
　商店街の再生が模索されているが、多様な試みが一時的効果を示しても継続的・持続的で確実な方法はみあたらない。免許取得可能年齢以上の成人層の大部分が自動車運転を日常化し、自動車の運転の有無による生活の落差が地方では大きいのである。
　自動車の運転の有無による生活の違いは、高齢者に不利になるであろうし、商店街衰退や小売店、スーパーの閉店は日用品、食料品の買物を困難にする。さらに、斜面地に居住している高齢者は自宅に車庫がなく、自動車利用が難しい上に、坂道、段差、路面の傾斜等に、近くにあった商店街や小売店が消えて距離という障壁も加わったのである。
　このように、高齢者にとっては、近くの小売店や商店街、スーパーが閉店した

ために、日用品や食料品の買物に難しさが生じている。その困難さも年齢や居住地域の特性により異なっている。ここでは雑考として、斜面地に居住する場合や年齢等による高齢者の買物事情の違いを調査結果により紹介する。

二　高齢者の買物事情

　高齢者の買物圏として、いくつかの視点で買物圏の流動性を見てみようと思う。高齢化が現在も進行中であり、しかも世界的に oldest old（85歳～90歳以上の年齢層）が増加している。このためエリクソン，J. M.，はそれまで心理・社会的発達課題の中で老年期を第8段階と位置づけていたが、これに第9段階を加えるなど年齢の高い層に注目している。日本の現状では65歳～74歳と75歳以上の人口が同程度となり、今後75歳以上の人口が増加すると予測されている。商店（街）の店舗の閉鎖が続けば山間部に居住する高齢者のみではなく、都市部に居住する高齢者も日常的な食料や日用品の買物に困難が生じてい来ると予測できる。
　一方で高齢者の買物事情は山間部というは居住環境や年齢、同居家族の有無等により条件が異なると考えられるため、これらの条件の内、居住環境と年齢の違いによる買物事情を調査結果により比較する。調査手続きや対象者の基本属性については資料として末尾に示している。

1　居住環境の違いによる買物事情

　居住環境として都市部でも多く見られる坂道や段差が多い住宅地と普通住宅地の高齢者の買物事情を比較した。前者は炭鉱などで財を成した人が景観の良い斜面に好んで別荘を建てたり、料亭などが斜面に建てられた経緯がある。その後、景観を理由に住宅地も広がった。そこの居住者が高齢化し、同居する家族も少ないのが現状である。
　表1以降は「地域の生活問題に関するアンケート（2008、2009年）」と題して、65歳以上の市民世帯を対象に実施した調査結果である。坂道や段差か多い場所（以下、斜面地）に住宅が多い地域を対象としているため、平地居住者と斜面地居住者の結果を比較することにより、居住環境による買物事情の違いが見て取れると考える。表1は日常に利用する道路の危険性について、斜面地の住宅と普通（以下、平地）との危険性の感じ方の違いを示しているが、斜面地に居住する人

表1　坂道や段差がある場合と普通の場合の道路に感じる危険性

		日常利用道路の危険性				
		ある	ない	その他	無回答	合計
坂道や階段の多少	多い	766 76.2	203 20.2	11 1.1	25 2.5	1,005 100.0
	普通	276 34.5	481 60.1	20 2.5	23 2.9	800 100.0

$\chi^2 = 327.034$、df = 3、P<.01　　　　　　　　　　　　上段：実数、下段：構成比　以下同様
(「地域の生活問題に関するアンケート（2008、2009年）」より、以下同様)

表2　最も利用する店までの距離

		最も利用する店までの距離				
		500m以内	1km以内	1km以上	無回答	合計
坂道や階段の多少	多い	125 12.4	303 30.1	494 49.2	83 8.3	1,005 100.0
	普通	202 25.3	235 29.4	251 31.4	112 14.0	800 100.0

$\chi^2 = 88.154$、df = 3、P<.01

（表1～3では「坂道や階段の多い」と表記）が危険をより多く感じていることを示している。なお、回答総数は1,921人（表では無回答を省略、以下同様）である。また、この結果は統計的に有意であった。

　表2は最も利用する店までの距離を居住環境で比較した結果である。この結果から「1km以上」の距離を移動して買物をしている人は斜面地居住者が約5割であり、平地居住者の約3割を上回っている。また、「500m以内」で買物をしている人は平地居住者の方が4分の1と、斜面地居住者より高い比率を示している。

　平地居住者の約5割が「1km以内」で買物ができているのに対して、斜面地居住者は約4割であり、後者の買物距離が遠い傾向を示している。

　買物距離が遠い場合は徒歩以外に自家用車などの別の交通機関を利用している可能性がある。そこで、表3には「自家用車を所有していない」人の買物距離を示した。「自家用車を所有していない」人の比較からも斜面地居住者の買物距離が遠いことが分かる。

　しかし、この結果をそのまま「斜面地居住者の方が遠くの距離まで行って買物

表3　自家用車を所有していない人の買物距離

		最も利用する店までの距離				
		500m以内	1km以内	1km以上	無回答	合計
坂道や階段が多い	自家用車所有せず	55	85	114	34	288
		19.1	29.5	39.6	11.8	100.0
普通（平地）	自家用車所有せず	58	42	22	11	133
		43.6	31.6	16.5	8.3	100.0

坂道や階段が多い居住地では自家用車の有無により有意差（$p<.01$）が認められた

ができている」とは言い難い。買物をする店が500m以内に無いためである可能性が高い。この調査では、近くに店が無いのか、危険を感じながらも好んで遠くまで買物に行っているのか、この点を確認していない（斜面地居住地の近くにあったスーパーと小売店が調査時点に閉店したばかりであり、買物が遠くなっていた）。この点から買物事情として、居住環境の違いで買物距離が違うことは分かるが、斜面地居住者の方が買物圏が広いとは言い難い。むしろ、斜面地居住者が遠くまで買物に行かざるを得ない環境にあることを示唆している。

2　居住地域と年齢区分別による買物事情

上述のとおり、斜面という居住環境が高齢者の買物行動に不利に働いている様である。今後、高齢化が進み、85歳〜90歳以上人口が予測通り増加した場合、その年齢層の日用品や食料の買物は難しくなると予測される。そこで居住環境に年齢を加えて買物距離の違いを示したのが表4である（表中では「日常利用道路の危険性」の「その他」「無回答」を省略して表記しているため、合計に対し実数及び構成比の合計が一致していない）。

結果が示すとおり、斜面地居住では80歳未満でも80歳以上でも「日常利用道路の危険性」を感じる人が多い中で、年齢が高い方がより危険性を感じている（この差は小さいが統計的には有意である）。平地居住者も年齢が高い人が危険性を感じる率は高くなっているが、統計的に有意差はなかった。この結果は、年齢が高くなると環境からの影響をより感じるのは斜面地等の環境であることを示唆している。

最も利用する店までの距離では、同じ斜面地居住の80歳未満と80歳以上を比較すると、80歳以上では「500m以内」が増加し「1km以上」が減少する。店の有無で距離が決まるとしても、80歳以上になると近くの店を選ぶ傾向を示唆して

表4 80歳年齢区分に見る利用道路の危険性と店までの距離

		合計	日常利用道路の危険性		最も利用する店までの距離			
			ある	ない	500m以内	1km以内	1km以上	無回答
斜面地居住	80歳未満	678	512	143	82	202	345	49
		100.0	75.5	21.1	12.1	29.8	50.9	7.2
	80歳以上	265	208	47	39	83	112	31
		100.0	78.5	17.7	14.7	31.3	42.3	11.7
平地居住	80歳未満	520	177	319	125	160	165	70
		100.0	34.0	61.3	24.0	30.8	31.7	13.5
	80歳以上	222	79	128	69	65	52	36
		100.0	35.6	57.7	31.1	29.3	23.4	16.2

日常利用道路の危険性斜面地居住：$\chi^2=8.864$、df＝3、P＜.05
日常利用道路の危険性平地居住：$\chi^2=2.051$、df＝3、P＞.05
最も利用する店までの距離斜面地居住：$\chi^2=8.580$、df＝3、P＜.05
最も利用する店までの距離平地居住：$\chi^2=7.563$、df＝3、P＞.05

表5 自家用車を所有していない人の利用する店までの距離

		自家用車を所有していない人の最も利用する店までの距離				合計
		500m以内	1km以内	1km以上	無回答	
斜面地居住	80歳未満	38	53	70	21	182
		20.9	29.1	38.5	11.5	100.0
	80歳以上	16	32	41	13	102
		15.7	31.4	40.2	12.7	100.0
平地居住	80歳未満	34	28	14	7	83
		41.0	33.7	16.9	8.4	100.0
	80歳以上	23	14	8	4	49
		46.9	28.6	16.3	8.2	100.0

斜面地居住では年齢間で有意差（p＜.05）が認められた

いる（この結果は統計的に有意である）。平地居住者も同様の傾向を示し、その差は斜面地居住者より大きく見えるが、統計的な有意差はなかった。このように居住環境に加え年齢にも買物事情は影響される。

自家用車を自分や家族が所有していなくても80歳以上では、80歳未満と比較し

て、斜面地居住者がより遠くへ、平地居住者はより近くへ買物に行く傾向を示す（表5）。

その理由のひとつとして、調査時に聞いた話では、斜面地の住宅は下方から順に上へと住宅が建てられた訳ではなく、景観が良いことで、会社での地位の高い方がより上に住宅を建てる傾向があったことや、景観を求めて上方から住宅が建てられたとしたなら、上方に居住する人の年齢が高いであろうと推測できる。このため、年齢が高い方がより遠くまで買物に出かけざるを得ないと推測できる。

三　高齢者の買物圏──年齢が高いほど環境からの影響が強い──

1　居住環境で見る買物に利用する交通手段

より遠くへの買物には何らかの交通手段を利用する必要がある。この買物に利用する交通機関に関して、居住環境と年齢区分により確認した結果が表6である。

買物距離が「500m以内」であれば、斜面地でも平地でも交通手段は「徒歩」

表6　最も利用する店への距離と交通手段

			交通手段					
			徒歩	自転車	公共交通	自家用車	タクシー	店の配達、近所の人、その他	合計
斜面地居住	利用する店までの距離	500m以内	86	4	14	17	3	19	121
			71.1	3.3	11.6	14.0	2.5	15.7	100.0
		1km以内	132	10	51	106	15	61	292
			45.2	3.4	17.5	36.3	5.1	20.9	100.0
		1km以上	97	11	158	198	27	61	477
			20.3	2.3	33.1	41.5	5.7	12.8	100.0
平地居住	利用する店までの距離	500m以内	154	12	13	18	1	13	193
			79.8	6.2	6.7	9.3	0.5	6.7	100.0
		1km以内	146	5	38	38	5	14	223
			65.5	2.2	17.0	17.0	2.2	6.3	100.0
		1km以上	74	3	71	93	6	6	242
			30.6	1.2	29.3	38.4	2.5	2.5	100.0

日常利用道路の危険性斜面地居住： $\chi^2 = 207.663$、df = 12、P<.01
日常利用道路の危険性平地居住： $\chi^2 = 228.643$、df = 12、P<.01

表7　80歳未満の最も利用する店への距離と交通手段

	80歳未満の利用する店までの距離	交通手段						合計
		徒歩	自転車	公共交通	自家用車	タクシー	店の配達、近所の人、その他	
斜面地居住者	500m以内	63 76.8	2 2.4	12 14.6	12 14.6	2 2.4	9 11.0	82 100.0
	1km以内	96 48.2	8 4.0	31 15.6	80 40.2	4 2.0	35 17.6	199 100.0
	1km以上	74 21.9	9 2.7	109 32.2	149 44.1	15 4.4	32 9.5	338 100.0
平地居住者	500m以内	96 81.4	9 7.6	6 5.1	9 7.6	— —	8 6.8	118 100.0
	1km以内	102 65.8	4 2.6	23 14.8	31 20.0	4 2.6	8 5.2	155 100.0
	1km以上	61 37.7	1 0.6	39 24.1	62 38.3	2 1.2	5 3.1	162 100.0

斜面、平地共に距離による交通手段は有意差（$p < .01$）が認められた

が多い。前者では約7割以上、後者では約8割が「徒歩」である。距離が「500m～1km以内」になると斜面地では「徒歩」が5割未満に低下し、「自家用車」や「店の配達・近所の人が買ってきてくれる・その他」が増加する。これに対して平地では「徒歩」が6割以上存在し、「自家用車」利用もそれほど増加せず、「公共交通機関」が多少増える程度である。

距離が「1km以上」になると、斜面地居住者の「徒歩」は2割に減少し、「自家用車」と「公共交通機関」に集中する。一方、平地居住者では「徒歩」が3割、「自家用車」と「公共交通機関」を利用する人が同程度かそれ以上に増加するが、「店の配達・近所の人が買ってきてくれる・その他」は減少を示している。

2　年齢区分と居住環境で見る買物に利用する交通手段

居住環境による買物距離と交通手段の関連性を見たが、これに年齢区分を加えて買物距離と交通手段の関連性を示したのが表7と表8である。表7は80歳未満の斜面地居住者と平地居住者の買物距離による交通手段を示しているが、結果は

表8　80歳以上の最も利用する店への距離と交通手段

	80歳以上の利用する店までの距離	交通手段						
		徒歩	自転車	公共交通	自家用車	タクシー	店の配達、近所の人、その他	合計
斜面地居住者	500m以内	22 62.9	1 2.9	2 5.7	3 8.6	1 2.9	10 28.6	35 100.0
斜面地居住者	1km以内	31 40.8	1 1.3	20 26.3	15 19.7	11 14.5	26 34.2	76 100.0
斜面地居住者	1km以上	17 16.3	1 1.0	45 43.3	23 22.1	12 11.5	27 26.0	104 100.0
平地居住者	500m以内	53 79.1	3 4.5	6 9.0	7 10.4	1 1.5	5 7.5	67 100.0
平地居住者	1km以内	38 64.4	1 1.7	13 22.0	6 10.2	1 1.7	6 10.2	59 100.0
平地居住者	1km以上	12 25.5	— —	28 59.6	5 10.6	4 8.5	1 2.1	47 100.0

斜面地居住者は距離による交通手段に有意差（p＜.01）が認められたが、平地居住者では有意差が認められない

年齢を加えない表6に示した居住環境の違いと同様である。ただし、同じ80歳未満でも斜面地の方が「徒歩」、「自家用車」利用や「公共交通」利用に表6の結果との違いが認められる。

表8は80歳以上の斜面地居住者と平地居住者の買物距離と利用する交通手段の関連性を示している。80歳以上では居住環境による違いに加えて80歳未満との違いも顕著である。斜面地居住者は平地居住者に比べても80歳未満に比べても距離が短くても「徒歩」が少なく、80歳未満では距離が長くなると増加する「自家用車」利用が少ない。一方、「公共交通」利用や「店による配達、近所の人が買ってきてくれる、その他」が多い。

平地居住者の特徴は買物距離が伸びると「公共交通」利用が増加し、80歳未満での増加が著しい「自家用車」利用が1割程度でほとんど変わらないことである。

この結果は買物事情が、居住環境と年齢に影響され、年齢が高くなるほど居住環境に影響されることを示唆している。その意味で斜面地に居住する80歳以上の高齢者が買物行動では環境からの影響を最も受けていることが分かる。

表9　徒歩による買物圏

利用する店までの距離		徒歩	
		80歳未満	80歳以上
斜面地居住者	500m 以内	63	22
		76.8	62.9
	1km 以内	96	31
		48.2	40.8
	1km 以上	74	17
		21.9	16.3
平地居住者	500m 以内	96	53
		81.4	79.1
	1km 以内	102	38
		65.8	64.4
	1km 以上	61	12
		37.7	25.5

平地居住者は距離による有意差（p＜.05）が認められたが、斜面地居住者に有意差は認められない

四　高齢者が「歩いて暮らせる街づくり」の買物圏

　この調査時点で、「コンパクトシティ構想」や「歩いて暮らせる街づくり構想」が盛んであった。果して、10年が経過した構想は現在、不明であるが、買物の交通手段への回答の中で、最もよく利用する店まで「歩いて」行けている距離から、歩いて暮らせる買物圏が見えてくる。

　これまで見てきたように、居住環境と年齢などにより「歩いて暮らせる街」の範囲は異なることが分かる。生活の基本となる日用品や食料品の買物圏として「歩いて暮らせる街」を見ると、単純ではあるが、斜面地居住の80歳未満は、7割以上が「徒歩」で行けるのは「500m 以内」であり、これを超えた距離では「1km 未満」でも「徒歩」は5割を下回る。よって斜面地居住の80歳未満の「歩いて暮らせる買物圏」は「500m 以内」が望ましい。

　斜面地居住者の80歳以上の「徒歩」買物圏は「500m 以内」でも6割程度に低下するため、「500m 以内」でもギリギリの距離になる。

　平地であれば、年齢が高くなると買物の「徒歩」圏は短くなるが、80歳未満も80歳以上も買物距離は「1km 未満」をギリギリ買物圏と言えそうである。

　上述の結果に「自分で品物を選ぶ」などの他の要因も加味すれば、買物圏を一次圏や二次圏等として設定することもできると考えるが、徒歩圏内に小売店や商店街が無くなっている今日では、公共交通等も加味する必要があるかもしれない。また、買物頻度や持ち帰れる量、日用品と食料品等を加味して買物圏を設定する必要もあるだろう。徒歩で暮らせる範囲内に商店街・小売店・スーパーなどがあって欲しいのは、高齢者にとっては1km 以内までとなり、居住環境と年齢を加味すれば、500m 以内が適切な買物圏となる。

五　終わりに

　最近では、上述の商店街の衰退要因に加えて、さらに、通販の隆盛やネットスーパー等により、買物事情が変化している。また、中央資本の不調による傘下の地方店舗の閉鎖が相次いでいる。例えば、地方に進出したシネマコンプレックスを備えた複合施設は中央資本の不調により閉店し、そこへ転居してきた高齢者の買物事情が大きく変わった。不採算店舗の閉鎖はスーパーに留まらない。同じ中央資本の傘下にある地方都市の創業150年の老舗デパートが閉店を決めた。その地方都市は、現在でも観光地として日本で一、二という人気を誇り、かつて駅前に3つのデパートがあった。現在、駅前のデパートは1つのみで、歌にも唄われた駅前電車通りに殆ど人は見当たらず、歩いているのは殆どが高齢者である。空き店舗はそのまま放置され、閑散とした駅前電車通りに路地にあった居酒屋店が出てきている。中心市街地が別の場所に移動し、さらに、道路の整備が進んだために沿道の店舗と中心市街地との区別が不明確となり繁華街が分かり難い状態になっている。

　明治期に中央資本の傘下となった地方財閥が、その方針変更とともに消えて行ったような事情と同一視はできないが、中央資本の傘下となった地方都市の老舗店が消滅している。

　斜面地居住者は転居するにも家が売却できず、ままならない事情がある様であるが、生活の質や満足度はアイデンティティがある住んでいる家を核として環境に広がっているため、高齢で転居することはアイデンティティを失うことにもなる。買物環境としての交通手段や道路の路面の状態も生活の質や満足度に関わる重要な要因との報告もある。

　一方で中央資本の不調と、高齢化による需要の変化や単身の高齢者の増加、自動車を利用しにくい75歳以上が65〜74歳人口を上回る事態になったこともあり、生活の郊外化に一部で歯止めがかかっている。郊外店が自動車を利用できず、近くでの買物を望む高齢者や通販を無視できず、市街地へ戻ってきている。しかし、一人暮らしの高齢者が増加する中、80歳代以上の人口が増加し、ネットスーパーも通販も利用できない人が増加すると、昔々のように魚介類や雑貨、置き薬等、家々を訪ねて回っていた行商が復活するとは思わないが、山間部で公共交通

機関もなく、自動車運転が難しくなった高齢者を対象とした移動販売の例をマスメディアが報道しているのを見ると、行商を含め、買物形態の棲み分けが進みつつある。今後、高齢者の一人暮らしや夫婦のみ世帯の占める割合が更に高まり、oldest old も増加することで、地域包括ケアの中に介護のみではなく、食料や日用品の買物も加える必要が生じるかも知れない。

　　久塚先生には、このような機会を与えていただきまして、感謝致します。これまでも色々とご配慮をいただき、重ねて感謝致します。今後も、益々ご活躍されることと思っております。

参考文献

wikipedia「大規模小売店舗法」https://ja.wikipedia.org/wiki/ 大規模小売店舗法（2018年8月20日参照）

ウォーカー．A., ヘネシー．C. H. 編著／山田三知子訳『高齢期における生活の質の探求』ミネルヴァ書房、2009

エリクソン．E. H., エリクソン．J. M．／村瀬孝雄、近藤邦夫訳「ライフサイクル、その完結増補版」みすず書房、2001

経済産業省「大規模小売店舗立地法について」http://www.meti.go.jp/policy/economy/distribution/daikibokouritenporittiho.html（2018年8月20日参照）

平成18年版「国民生活白書」内閣府、2006

資　料

　　本文では北九州市立大学都市政策研究所が関門地域研究の一環として下記の手続きで実施した調査より得られたデータを使用した。

調査の手続き

A 調査

（1）調査の方法

　　　町内会自治会、校区社会福祉協議会、市社会福祉協議会の協力により町内会自治会役員が対象者の自宅に配布し、回答後封筒に入れて封をした調査票を回収する留め置き法による。

（2）調査対象　　　地区の65歳以上の居住者全員。

（3）調査期間　　　2009年2月6日～20日

（4）回収率等

　　　配布調査票数900票　回収調査票数870票　　有効票数870票　有効回収率96.7％

B 調査

（1）調査方法

　　　町内会自治会、校区社会福祉協議会、市社会福祉協議会の協力により町内会自治会

役員が対象者の自宅に配布し、回答後封筒に入れて封をした調査票を回収する留め置き法による。
（2）調査対象者及び対象者数　地区に居住する65歳以上の1,165人。
（3）調査期間　　2010年2月6日から3月11日。
（4）回収率等　配布調査票数　1,165　回収調査票数　1,057　回収率　　　90.7%
　　　　　　　有効票数　　　1,051　有効回収率　　90.2%

調査対象者の基本属性

		度数	構成比
	合計	1,921	100.0
性別	男性	740	38.5
	女性	1,166	60.7
	無回答	15	0.8
80歳区分	80歳未満	1,270	66.1
	80歳以上	527	27.4
	その他	109	5.7
	無回答	15	0.8
世帯構成	一人暮らし	581	30.2
	夫婦のみ	739	38.5
	親・子・孫等世帯	573	29.8
	無回答	28	1.5

		度数	構成比
	合計	1,921	100.0
年齢	65〜69歳	431	22.4
	70〜74歳	425	22.1
	75〜79歳	414	21.6
	80〜84歳	331	17.2
	85歳以上	196	10.2
	その他	109	5.7
	無回答	15	0.8
斜面や階段の有無	多い	1,005	52.3
	普通	800	41.6
	無回答	116	6.0

		度数	構成比
	合計	1,921	100.0
居住理由	生まれてから	250	13.0
	勤務地の関係	405	21.1
	環境のよさ	186	9.7
	便利のよさ	197	10.3
	結婚して	282	14.7
	その他	504	26.2
	無回答	97	5.0
望ましいと考える住まいの環境（複数回答）	今の環境	232	12.1
	病院が近い	1,108	57.7
	商店街が近い	747	38.9
	デパートが近い	39	2.0
	スーパーが近い	766	39.9
	娯楽施設が近い	26	1.4
	公共施設が近い	157	8.2
	交通が便利	804	41.9
	緑地や公園が多い	190	9.9
	その他	53	2.8
	移りたいとは思わない	173	9.0
	マンションが便利	37	1.9
	無回答	188	9.8

		度数	構成比
	合計	1,921	100.0
住んでいる地域で良いと思うこと・もの（複数回答）	自然環境	685	35.7
	景観	389	20.2
	住民の人間関係	713	37.1
	祭や行事	78	4.1
	地区の施設	156	8.1
	空気がよい	419	21.8
	車が入らない	205	10.7
	その他	85	4.4
	特にない	407	21.2
	無回答	69	3.6

原発再稼動問題と地域政治
——川内原発の事例を通じて——

出　水　　薫

　一　はじめに
　二　原発再稼働をめぐる地域政治の前提
　三　川内原発再稼動をめぐる地域の政治過程
　四　知事選挙への影響
　五　むすびに

一　はじめに

　2011年3月11日の東日本大震災に伴う津波により、東京電力（以下「東電」）の福島第一原子力発電所（以下、「原子力発電所」は「原発」と略記し、発電所名とあわせて「○○原発」と表記）は、旧ソ連のチェルノブイリ原発事故と同レベルと評価される未曾有の事故を起こした。曲折はあるものの、全国の原発は一旦すべて停止し、事故を踏まえ各種法制や関連組織は抜本的に刷新された。そして、新しい環境の下で、九州電力（以下「九電」）の川内原発1号機は、2015年8月11日に全国で最初に再稼働し[1]、同2号機も同年10月15日に再稼働した[2]。
　本稿[3]は、その川内原発の再稼働をめぐる事例分析である。本稿が、川内原発の再稼働をめぐる事例を対象に地域の政治過程を分析しようとするのは、以下のような前提による。
　2000年代以降の「分権改革」により団体自治が拡充され、自治体の自律的な活

1　九電のウェブサイト「川内原子力発電所1号機の原子炉起動について」を参照（http://www.kyuden.co.jp/notice_150811.html（最終閲覧2018年11月19日））。
2　九電のウェブサイト「川内原子力発電所2号機の原子炉起動について」を参照（http://www.kyuden.co.jp/notice_151015.html（最終閲覧2018年11月19日））。
3　本報告は、九電の玄海原発に関連する拙稿においておこなった部分的検討［出水］を踏まえ、さらに川内原発の再稼働を対象として2017年6月4日におこなった日本地方政治学会研究大会での報告と、上記二事例の比較を試みて2018年7月22日におこなった世界政治学会（IPSA）のパネルでの報告にもとづいている。

動の余地が拡大してきた。それにともない自治体における政治過程の再検討が必要となっている[4]。しかし自治体の日常業務は定型化されたものが多く、自治体固有の政治過程を観察・分析することには困難が伴っている。

本稿が対象とする原発再稼働の事例は、以下の三つの理由で地域における政治過程を検討するのに格好の事例であると考えられる。第一に、非日常的で、きわめて対立的な争点であり、論点や対立軸が顕在化しやすい。第二に、国を含む政府体系の主体相互の過程や、自治体内の複数主体の関与する過程など、地域の政治過程を包括的、かつ構造的に把握するのに適している。さらに第三に、全国で共通の争点にもとづく複数の事例を比較できる。まさに「未曾有の大災害は、通常はベールに覆われている日本の政治システム、政治と社会の相互関係の構造、そこに埋め込まれた機能を、いわば『輪切り』にするもの」として、きわめて示唆的な事例を提供していると言える［辻中：v］。それゆえ、福島第一原発事故を契機として、原発をめぐる政治研究が進められつつある。例えば本稿でも参照している、「大震災に学ぶ社会科学」シリーズには、示唆に富む、論考が多数収録されている。ただ、地域政治への関心から具体的な事例に接近する研究は、管見の限りない。

本稿では川内原発の再稼働の事例について、まず分析の前提を確認する。その上で、再稼働にいたる政治過程を「安全協定」の締結と、再稼働の「同意」形成に着目して分析する。最後に、それらが知事選挙に及ぼす影響を分析する。

二　原発再稼働をめぐる地域政治の前提[5]

1　地域における原発受容態勢

原発は、放射性物質を蓄積し、核反応を管理するという点で、リスクが高い施設である。そのため、その設置や運転が政治的争点となり対立を生じさせる「迷惑施設」でもある。原発の設置と運転には、反発や抵抗がつきものであり、それらを抑え、原発の建設と運転を受け入れさせるために、「立地自治体」（原発が立地する道県および市町村）への財政支援や経済支援、地域経済への波及効果を生じさせる利益誘導の態勢が構築された［出水：178-179］。それらを支えるのは、①

4　代表的な問題提起として［曽我・待鳥：序章、第1章］を参照。
5　本章は［出水］での検討を基礎に簡略化し、その後の研究の進捗を反映させたものである。

図1　旧来の原発受容態勢

財政的優遇（「電源三法」[6]）、②税制上の優遇、③電力事業者からの支援、④原発の建設や運営から派生する事業（雇用）である。これらを介した利益誘導により、長期的には立地自治体は原発への「依存」を深めた[7]。

他方で、原発は国の強い関与の下、民間企業としての電力会社が運営する施設であるため、運営における立地自治体の関与の余地は、きわめて少なかった。あくまでも立地自治体は、利益誘導などを利用して、異論や反対を抑制し、地域社会の「納得」を調達し続ける、いわば「下請け」的立場であり、したがって上記の態勢において立地自治体は、受動的な存在であった（図1参照）［出水：179］。

2　原発受容態勢の変化

しかし1980年代以降、国内外の事故や、それにともなう制度変革などが重なり、立地自治体の原発運営に関する介入の回路が、徐々に開かれてきた[8]。その前提となるのは、日本国内における相次ぐ事故や不祥事と、それにともなう地域社会の原子力に対する不安や不信である。

日本における原子力開発研究の第一人者である吉岡斉は、1995〜2010年を「事故・事件の続発と開発利用低迷の時代」と区分している。すなわち高速増殖炉もんじゅの事故を画期として、「原子力開発利用への国民の信頼が失墜した」時期と位置づけている［吉岡 2011：35］。

もんじゅ事故の翌年には、新潟県の巻町でおこなわれた原発建設の是非を問う住民投票で反対が多数となり、原子力施設運営への不信を基盤とした「「住民パ

6　1974年に制定された「電源開発促進税法」「電源開発促進対策特別会計法」「発電用施設周辺地域整備法」の総称。電気事業連合会のHPでは「これは立地地域に発電所の利益が十分還元されるようにする制度です。これによって、発電所立地にともない、立地地域に振興効果がもたらされてきています」と述べられている（http://www.fepc.or.jp/nuclear/chiiki/nuclear/seido/（最終閲覧2018年11月19日））。
7　「依存」の具体的なあり方については、［朝日新聞青森総局］や［朝日新聞特別報道部］などを参照のこと。
8　以下の部分は基本的に拙稿での検討をもとにしている［出水：179-183］。

表1　原子力「開発利用低迷の時代」関連年表

1995年12月	高速増殖炉もんじゅでナトリウム漏洩事故
1996年8月	新潟県巻町で原発建設の是非を問う住民投票が実施され反対が多数に
1999年4月	東海村のJCOウラン加工工場で臨界事故発生
12月	原子力災害対策特別措置法（原災法）制定
2002年8月	東京電力などによる原子炉損傷隠蔽などが発覚
2007年7月	新潟県中越沖地震により東京電力柏崎刈羽原発のすべての原子炉緊急停止

（筆者作成）

ワー」の噴出」状況が現れた［吉岡 2011：263］。このような状況に直面し、原発立地集中県である福島・新潟・福井の3県知事は、国に提言（1996年1月）をおこない、「原子力行政改革」とも言うべき過程が始まった［吉岡 2011：256-257］。政府は「原子力政策円卓会議」を設置し、原子力への不信を払拭すべく「改革」姿勢を示さざるをえなくなり、立地自治体の発言権は相対的に強まった。

さらに2000年代にかけて、原発立地自治体の原発の運営に対する能動的介入の二つの回路が形成され、強化された。大きな転機となったのは、1999年4月に発生した茨城県東海村のJCOウラン加工工場における臨界事故である。連続的な核分裂（臨界）が起こり、急性放射線障害で作業員2名が死亡した。事故直後には10キロ圏内の住民に屋内退避勧告が出された。この施設外への放射能の影響を伴う事故により、外国のように大規模で施設外に影響を及ぼす事故は日本国内では発生しえないとする「安全神話」が崩れたのである［吉岡 2011：287-290、NHK］。

この事故を契機として原子力災害対策特別措置法（以下、「原災法」）が1999年12月に制定された（施行2000年6月）。すでに「分権改革」（地方分権一括法の施行、2000年4月）が予定されていることも踏まえつつ、施設外に影響を及ぼす事故への対応を念頭に、立地自治体に防災上の新たな役割が負わされた［高橋：32-34］。

またそれらと並行して、立地自治体が電力事業者と締結している「安全協定」も、立地自治体の関与を強める方向で改定された。安全協定とは、いわゆる「紳士協定」であり、法的性質についての評価は確定していない。しかし原発の設置と運営に対する「地元同意」の象徴であり、「関係者にとって大変重みのあるもの」と位置づけられている。1969年に東電と福島県が最初に締結し、その後、すべての原発立地自治体に拡大し、標準化したものである［菅原：35-43］。その内

図2　防災と事故対応という回路

容としては、原発稼働の「事前了解」規定や、立ち入り調査権と措置の要求規定などが共通している［菅原・土屋 91-95］。これらの規定により、立地自治体は運転に関する実質的な「同意」権を獲得した（図2参照）。その結果、福島第一事故後の再稼働過程において、安全協定の改定や新規締結が焦点となるのである。

3　福島第一原発事故後の制度改編と政府の原発再稼働政策[9]

2011年の福島第一原発事故は、旧ソ連のチェルノブイリ原発事故と同水準の未曾有の事故であった。そのため、事故後、広範な法令や関連組織の改編がおこなわれた。

組織改編としては、2012年6月20日に、「規制体制の一元化」と「規制と利用の分離」の方針の下、原子力規制委員会設置法が成立し（6月27日公布）、同年9月19日に環境省の外局として原子力規制委員会と、その事務局とされる原子力規制庁が発足した[10]。また、この規制委員会の設置にあわせて、「原子力災害対策特別措置法」（以下、「原災法」と表記）や、「原子炉等規制法」[11]などの関連法令も改編された［城山ほか：158-159］。

また、2012年10月31日に、原災法の規定にもとづき、原子力規制委員会が原子力災害対策指針（ガイドライン）を策定した［小池：4、新藤：149-152、城山ほか：159-160］。これは、緊急かつ過酷な原発事故が発生した際に備える自治体の避難計画などの指針として設定されたものである。このガイドラインにおいて、とりわけ本稿の事例との関係で注目すべきは、原子力災害対策を重点的に実施する区域として、「緊急防護措置を準備する区域（UPZ[12]）」が設定されたことである。

9　以下の部分は、すでに公刊した拙稿の検討［出水：183-184］に、その後の研究の進捗を反映させたものである。
10　［小池 2015：1-3］や、［秋吉：129, 131］、［城山ほか：149-164］、［新藤 47-54、72-82］などを参照。
11　正式名称は、「核原料物質、核燃料物質及び原子炉の規制に関する法律」。
12　Urgent Protective action Planning Zone の略称。

原発から直線距離で30キロ以内の同区域の自治体は、「地域防災計画（原子力災害対策編）」を作成し実施する責務を、新たに負うことになった。つまり、地域において原発の影響を受けると想定され、防災と事故対応に関わる自治体が、旧来の立地自治体の他に、UPZ内自治体というかたちで増えたのである。これらの自治体は、新たな責務にともなう役割やコストも負うことになったのであり、原発受容態勢という利益誘導の枠組みに、積極的に介入する必要や動機が生じたということでもある[13]。

また、以上のような各種の措置が、原発運転の継続という前提でおこなわれたことも、本稿で検討する事例を考える上で見落とすことができない点である。すなわち、福島第一原発事故後、原子力規制委員会が発足した時点において、旧民主党政権は2030年代に脱原発を実現するとする「革新的エネルギー・環境戦略」を準備していた。ところが経済3団体の強い反発を受け、また政権交代で第二次安倍内閣が成立すると、この構想は霧散してしまった。さらに安倍内閣により2014年4月に改定されたエネルギー基本計画では、原発に基盤的な電源としての位置づけが与えられ、原発の再稼働を追求する環境が準備されたのである［山本：253-254］。

三　川内原発再稼動をめぐる地域の政治過程

1　川内原発の概要

九電は、玄海原発（佐賀県玄海町）と川内原発（鹿児島県薩摩川内市）の二つの原発を運営している。川内原発には、二つの原子炉があるが、いずれも福島第一原発とは異なる加圧水型軽水炉で、電気出力は89万キロワットである[14]。立地自治体は鹿児島県と薩摩川内市であり、UPZには、7市2町が含まれる（別表および地図を参照のこと）。

1964年に、当時の川内市は、原発の誘致決議をおこなった。その背景には、自然災害などによる財政的苦境があり、「経済振興策」と位置づけられた原発誘致

13　もちろんUPZ圏内に含まれる自治体においても、対象面積や市街地の展開の違いなどにより、利害や関心が一様ではないことに注意する必要がある。
14　九電のウェブサイト、川内原発の「概要」を参照（http://www.kyuden.co.jp/sendai_outline_index.html（最終閲覧2018年11月19日））。

図3　川内原発の位置と30キロ圏（UPZ）

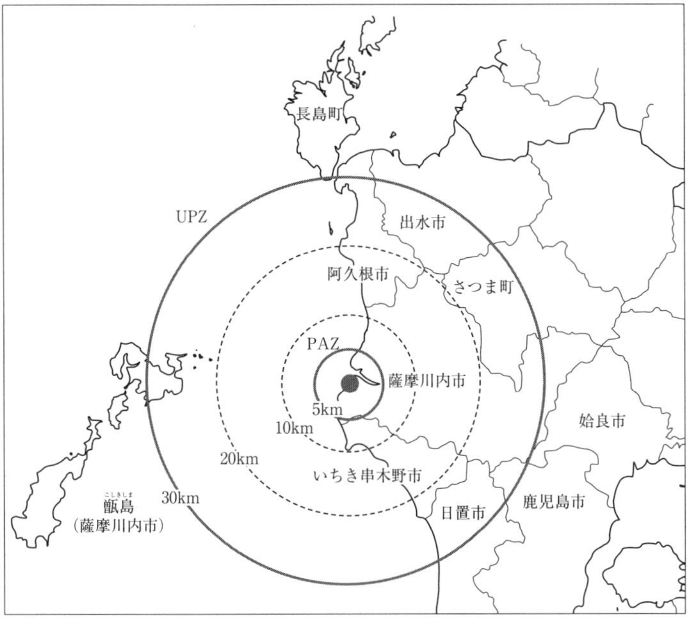

（内閣府統括官）

川内原発周辺自治体一覧

立地自治体	薩摩川内市、鹿児島県
半径5キロ圏内	薩摩川内市
半径10キロ圏内	いちき串木野市
半径30キロ圏内	阿久根市、出水市、日置市、姶良市、鹿児島市、さつま町、長島町

（筆者作成）

であった[15]。そして1970年に1号機、77年に2号機の建設計画が発表された[16]。ただ、漁業権をめぐる対立が市長選挙の争点となったり、建設の前提となる地盤調査資料の改ざん疑惑で国会の証人喚問がおこなわれるなど、建設には紆余曲折があった［橋爪：257-275］。その後、1979年に1号機、81年に2号機が着工し、

15　当時の川内市の財政状況や誘致運動の状況については［橋爪：251-254］。
16　この部分の川内原発建設の経過については九電のウェブサイト、川内原発の「発電所のあゆみ」を参照（http://www.kyuden.co.jp/sendai_history_index.html（最終閲覧2018年11月19日））。

表2　川内原発再稼働関連年表

2011年3月11日	福島第一原発事故発生
2011年5月1日	川内原発1号機が定期検査入りで停止
2011年9月1日	川内原発2号機が定期検査入りで停止
2012年5月5日	北海道電力の泊原発3号機が定期検査入りし、全原発が停止
2012年5月30日	政府が大飯原発3・4号機の再稼働を決定→7月に再稼働
2012年7月8日	鹿児島県知事選挙で現職知事が3選
2012年9月19日	原子力規制委員会および原子力規制庁設置
2012年10月31日	原子力規制委員会が原子力災害対策指針を策定
2013年6月19日	原子力規制委員会が「新規制基準」を規定
2013年7月8日	九州電力が川内原発1・2号機の審査を原子力規制委員会に申請
2013年9月15日	関西電力の大飯原発4号機が定期検査入りし、全原発が再停止
2014年3月13日	原子力規制委員会が川内原発1・2号機の審査優先を決定
2014年4月11日	新しいエネルギー基本計画を閣議決定
2014年7月16日	原子力規制委員会が川内原発1・2号機について新基準適合認定の原案を了承
2014年9月10日	原子力規制委員会が川内原発1・2号機について正式に新基準適合認定
2014年9月12日	経済産業相名で川内原発の再稼働方針を示す文書を県に提示
2014年11月3日	経済産業相が鹿児島県を訪問し、県知事などに川内原発の再稼働方針を説明
2015年8月11日	川内原発1号機が全国で最初に再稼働
2015年10月15日	川内原発2号機が再稼働
2016年4月14・16日	熊本地震が発生し震度7を観測
2016年7月10日	鹿児島県知事選挙で脱原発運動の支援を受けた新人が当選

（筆者作成）

それぞれ84年と85年に、営業運転を開始した。

　福島第一原発事故後、日本国内のすべての原発は一旦停止した[17]。2013年7月8日に、新規制基準が施行されると、九電は同日に川内原発の二つの原子炉の安全審査を原子力規制委員会に申請した[18]。原子力規制委員会は川内原発1号機に

17　福島第一原発事故後の全原発停止と部分的再稼働、再度の全原発停止の経過については、[山本] などを参照のこと。
18　原子力規制委員会ウェブサイトを参照（https://www.nsr.go.jp/activity/regulation/tekigousei/power_plants/index.html（最終閲覧2018年11月19日））。

ついて全国で最初に基準に適合していると認定、同機は、2015年8月11日に新規制基準の下で最初に再稼働した[19]。また2号機も、同年10月15日に再稼働した[20]。

2　「安全協定」締結をめぐる政治過程

　原発周辺の自治体のなかからは、政府の原発再稼働の姿勢を踏まえ、電力事業者との安全協定締結を求める動きが出てきた。それらは、福島原発第一事故を踏まえ、情報の提供など、様々な関心から、安全協定の必要性を認識しての動きであり、UPZが制度化される以前から始まっていた。

　すでに説明したように、原発の所在する立地自治体は、安全協定を梃子として、原発の運営に影響を及ぼせるようになっていた。新たに安全協定の締結を求める周辺自治体のなかからは、様々な利害や関心により、立地自治体と同等の内容の安全協定締結の要求が現れた。そのような要求は、利益誘導のあり方を含めた原発の運転をめぐる既存の地域秩序への挑戦という性格を帯びるものであり、安全協定という広義の「ルール」の形成が地域政治過程の争点として浮上してきたと理解できる[21]。

　川内原発周辺の自治体では、UPZ設定以前の2011年の段階で、日置市が30キロ圏内の9市町との安全協定締結を九電に要求した[22]。また2012年1月には、いちき串木野市が「立地自治体並み」の協定を求める意向を、鹿児島県に伝えた。地元紙によれば、このような周辺自治体の動きは、「調整役」であるべき鹿児島県が、他の原発周辺での動向を「様子見」しているために現れたという。同紙は、伊藤祐一郎知事が、周辺自治体と立地自治体との間に「差をつける意向」であるとも伝えていた[23]。

　ここから窺えるのは、鹿児島県の立地自治体としてのジレンマである。一方で鹿児島県は、広域自治体として、川内原発周辺町村の要求を調整し、九電と仲介する立場である。しかし他方で、県自身が立地自治体として、従前の秩序におい

19　九電のウェブサイト「川内原子力発電所1号機の原子炉起動について」を参照（http://www.kyuden.co.jp/notice_150811.html（最終閲覧2018年11月19日））。
20　九電のウェブサイト「川内原子力発電所2号機の原子炉起動について」を参照（http://www.kyuden.co.jp/notice_151015.html（最終閲覧2018年11月19日））。
21　佐賀県に所在する九電の玄海原発の再稼動をめぐる政治過程においては、安全協定の内容と締結をめぐって、長期にわたる混乱が続いた［出水 186-194］。
22　南日本新聞2012年4月8日。
23　南日本新聞2012年5月31日。

表3　川内原発UPZ内自治体の安全協定概要

		原子炉施設変更	異常発生時の立ち入り	異常発生時の連絡
立地自治体	鹿児島県	事前協議	立ち入り調査権	
	薩摩川内市			
UPZ内自治体（周辺自治体）	いちき串木野市	事前説明	県と同行	直接連絡
	阿久根市			
	出水市	規定なし	防災対策に関し県が調査する時に同行	
	姶良市			
	日置市			
	鹿児島市			
	長島町			
	さつま町			

（『南日本新聞』2013年3月27日づけ記事の表を筆者が一部改変）

て、相対的に優位な利益誘導を享受している。したがって県は、周辺自治体からの立地自治体と同等の安全協定締結要求と、自らが享受している優位を維持したいという立場との間で、いわば「板挟み」状態にあったと言えるだろう。それが、伊藤知事の立地自治体の安全協定と、新規協定に「差をつける」という発言の趣旨だと考えられる。

　UPZを設定した新たな防災指針が確定される直前の2012年7月から、UPZ内に含まれることになる鹿児島市、日置市、出水市、姶良市、長島町、さつま町が、九電と安全協定締結に関する協議を開始した。6市町は、立地自治体の安全協定と同様に、「立ち入り調査権を協定に盛り込むよう要望」した。しかし九電が、「これまで協定を結んだ他の自治体とのバランスがとれない」と難色を示した結果、立地自治体と同様の内容は盛り込まず「最終調整」がおこなわれた[24]。

　これら6市町とは別に、いちき串木野市と阿久根市は、すでに2012年1月から、県を窓口として、九電と協議をおこなっていた。いちき串木野市は、市の全域がUPZ内に入り、また阿久根市も、ほぼ全域がUPZ内に入るため、「立地自治体並み」の協定を希望していた[25]。ただ交渉は難航した。2012年12月17日の鹿児島県議会の原子力安全対策等特別委員会では、両市と九電の協議について、

24　南日本新聞2012年11月19日、20日。
25　南日本新聞2012年11月19日、20日、12月18日。

「締結のめどは立っていない」とされ、長期化の理由は示されないまま「両市の意向を盛り込めるよう交渉中」との答弁がなされている[26]。

　以上のような経緯を経て、まず2012年12月27日に、6市町が九電と安全協定を締結した[27]。すでに言及したように、当初6市町は、「立ち入り調査権」の規定を要求していた。しかし実際の安全協定は「事故時の迅速な情報提供が柱」となっており[28]、立地自治体である薩摩川内市や鹿児島県の安全協定とは、かなり異なる規定内容となった（表3参照）。結局、立ち入り調査については、「防災対策」に限定した上で、県の調査に同行することが規定された。これは立地自治体である鹿児島県が、安全協定上自らが有している調査権を媒介に、6市町の当初要求に対する「落とし所」を準備したと見ることができるだろう。九電社長は、「立地自治体と周辺自治体で「差がつくのは仕方ない」」と述べており、『南日本新聞』は九電の対応について、「原発の運転で自由度を保ちたいという電力会社の都合が透けて見えそうだ」と評している[29]。つまり6市町の立地自治体の要求を、九電が拒み、妥協策を準備したのが鹿児島県であったと考えられるだろう。

　すでに言及したように、いちき串木野市と阿久根市との交渉は難航していたが、最終的に2013年3月26日に、両市は九電と安全協定を締結した[30]。いちき串木野市長は、締結された安全協定について、「実質的に立地自治体と同等の内容」との評価を与え、九電社長も「そんなに差があるとは認識していない」と述べた[31]。表3に示しているように、結果として、いちき串木野市と阿久根市の安全協定は、6市町の協定より詳細で、立地自治体のものに近いが、立地自治体の協定と同じではない。「両市の協議が15カ月におよび難航したのは、九電が立地自治体並みの協定を拒んだから」という指摘があるが[32]、立地自治体並み協定に否定的な九電の立場を尊重しつつも、協定を複数類型にし、妥協点をつくり出すに

26　南日本新聞2012年12月18日。
27　「川内原子力発電所に係る原子力防災に関する協定書」。締結時には鹿児島県も立ち会った（http://www.pref.kagoshima.jp/aj02/infra/energy/atomic/documents/11396_20150129170848-1.pdf（最終閲覧2018年11月19日））。
28　南日本新聞2012年12月27日。
29　南日本新聞2012年12月29日。
30　「いちき串木野市と阿久根市の住民の安全確保に関する協定書」。締結時には鹿児島県も立ち会った（http://www.pref.kagoshima.jp/aj02/infra/energy/atomic/documents/11396_20150129170755-1.pdf（最終閲覧2018年11月19日））。
31　南日本新聞2013年3月27日。
32　南日本新聞2014年1月3日。

あたっては、協定の内容から見て、6市町の場合と同様に県の仲介があったと考えられるだろう。

3 再稼働「同意」をめぐる政治過程
(1) 懸念と要求の噴出

2013年5月10日の定例記者会見で伊藤知事は、川内原発の再稼働に関連して、薩摩川内市内で2か所、他に1か所の県内3か所での住民説明会開催の意向を示した。また再稼働に対する「同意」については、「県と薩摩川内市で十分」と述べた[33]。この時期は、原子力規制委員会の新規制基準づくりが大詰めを迎えている時期であり、この頃から、川内原発の再稼働へ向けた各主体の意向が顕在化しはじめる。

同年7月8日に、九電は川内原発1・2号機について新規制基準への適合審査を原子力規制委員会に申請した。九電は発電量の約40%を原発に依存しており、原発が運転できないことで、2012年3月期連結決算では1663億円の赤字となっていた[34]。さらに2013年3月期連結決算は、純損益3324億円で過去最悪の赤字を記録した。九電は同年5月1日に「33年ぶりとなる本格的な値上げ」をおこなったが、3570億円の積立金もすべて取り崩しており、財政的には、きわめて厳しい状況に直面していた。同年6月26日に開催された株主総会後の会見で、瓜生道明社長は「川内原発1、2号機の再稼働が1カ月遅れれば200億円収支が悪化する」と述べており、川内原発の再稼働は、九電にとって、まさに喫緊の課題であった[35]。

九電の川内原発再稼働への動きを受け、いちき串木野市長は、「準立地自治体として薩摩川内市と同等の説明を求める」と述べ、「準立地自治体」という自己規定を梃子に、再稼働過程への主体的な関与姿勢を、すでに示していた[36]。いちき串木野市では、4か月後の11月10日に市長選が予定されており、それを視野に、市民の関心を反映しての発言だとも考えられるだろう。実際、この選挙において現職に挑戦した新人は、「九電の事前了解に拒否権を持つ安全協定締結」を主張しており、原発関連の争点に関する市民の関心の強さを示唆していた（結果

---

33 南日本新聞2013年5月11日。
34 南日本新聞2012年12月25日。
35 南日本新聞2013年7月4日。
36 南日本新聞2013年7月9日。

は現職が3選)[37]。

　また他のUPZ内自治体においても、住民の関心の高まりを反映するかのように、議会が意見書などを採択する動きが相次ぐ。同年10月2日に姶良市議会が「拙速な再稼働を認めないよう求める」陳情書と、同趣旨を知事と国に要望する意見書を、賛成23、反対5で採択した[38]。さらに11月25日には、出水市議会が知事への「拙速な再稼働を行わず、慎重な対応を求める意見書」の提出を全会一致で可決した[39]。

　翌2014年3月13日の定例会合で、原子力規制委員会は川内原発1・2号機の審査を優先して進めることを決定した。地元紙は、「政府は「脱原発」世論を警戒、地元同意の範囲や理解の進め方など、再稼働への明確な手続きを示していない」とした上で、鹿児島県は「国に先駆けて再稼働の環境整備を進める形となっている」と評した[40]。また九電の川内原発が優先審査の対象になった理由について、全国紙の『朝日新聞』も企画報道において、立地県知事の協力姿勢に着目する一方、その前提として九電の「地元掌握力」に注目していた［朝日新聞特別報道部：22-65］。

　川内原発の再稼働が現実味を帯びる中、UPZ内自治体からは、住民の懸念を払拭するために、情報提供や説明を求める動きが強まる。例えば、同年3月18日に日置市長は、議会での一般質問に答え、鹿児島県が計画している住民説明会を日置市でも開催するよう求める考えを示した[41]。それを踏まえ、日置市議会は、3月27日に、同市を含むUPZ内のすべての自治体で住民説明会を開催することを求める鹿児島県への意見書を賛成多数で可決する。なお意見書では「「拙速な再稼働は行わず、住民の安全・安心の確保を最優先に対応する」ことも要請していた[42]。また3月28日の定例記者会見で、鹿児島市長も、安全協定を合同で結んだUPZ内6市町が連携し、鹿児島県に地元での住民説明会開催を求める方針を示した[43]。

37　南日本新聞2013年11月14日。
38　南日本新聞2013年10月11日。
39　南日本新聞2013年11月26日。
40　南日本新聞2014年3月14日。
41　南日本新聞2014年3月18日。
42　南日本新聞2014年3月28日。
43　南日本新聞2014年3月29日。

他方で、立地自治体である薩摩川内市においては、川内原発の早期再稼働を求め、5月12日に、「薩摩川内市原子力推進期成会」（川内商工会議所を中心に72団体で構成）が県議会に陳情書を提出した。陳情書は、「原子力規制委員会が新規制基準に適合すると判断した場合、安全性の確保を大前提に一日も早い再稼働に賛同する」よう求めた[44]。

この背景には、原発の停止に伴う地域経済の苦境がある。すでに述べたように、立地自治体の財政や地域経済は原発受容態勢の利益誘導に依存している。例えば、川内原発の場合、「通常運転」時には約750人が働いており、稼働13カ月ごとの定期検査時には、「ピーク時で約2500人の作業員が県内外から集まる」という。川内商工会議所の試算では、原発一基の定期検査で「宿泊や交通、飲食などの経済波及効果は約6億円」。二基分の定期検査と通常運転で、「年間25億円程度」とされている。したがって地域の商工業者にとっては「再稼働しなければ死活問題になる」（薩摩川内市ホテル旅館組合長）のである[45]。

このような状況下、伊藤知事は、川内原発の再稼働に関する住民説明会を、当初計画の薩摩川内市といちき串木野市に加えて、阿久根市、さつま町、日置市でも一回ずつ開くことにしたと、5月16日の定例記者会見で、明らかにした[46]。これは議会の意見書などの採択というかたちで顕在化してきたUPZ内自治体の懸念や不安に対応するためだと考えられる。実際にUPZ内自治体の懸念や不安はかなり強いようで、7月11日にも、姶良市議会が、川内原発の再稼働に反対し、廃炉を求める陳情書を採択し、同趣旨の意見書を可決（賛成21、反対1、欠席1、定員は24）した[47]。

ただ他方で、同一自治体内においても、再稼働に向けての姿勢は、必ずしも「一枚岩」ではない。例えば、そのような議会の動きに対し、姶良市長は「陳情を採択し、意見書も可決した。非常に重く受け止める」と述べつつも、再稼働の賛否については「判断の技術、根拠を持ち合わせず、判断する立場にない。姶良市は鹿児島県に含まれる」と述べ、「知事判断を容認する考え」を示していた[48]。したがって、このように各主体の意向や行動が錯綜する状況において、再

44　南日本新聞2014年5月17日。
45　南日本新聞2012年6月14日。
46　南日本新聞2014年5月17日。
47　南日本新聞2014年7月12日。
48　南日本新聞2014年7月12日。

(2) 「同意」の構築過程

2014年7月16日に、原子力規制委員会は、川内原発について、新基準への適応合格証の原案となる「審査書案」を了承し、実質的な適合認定をおこなった（9月10日に正式認定）。これにより、川内原発再稼働の焦点は、いわゆる地域の「同意」に移っていく。伊藤知事と薩摩川内市長は審査終了後の再稼働を容認する姿勢を示す一方で、出水市長は「30キロ圏内の自治体や住民の同意を求めるべきかどうか、6市町で協議する必要がある」との認識を示した[49]。再稼働の前提が整い、再稼働が具体化することで、再稼働への「同意」のあり方が争点として浮上してきたのである。

8月1日には、伊藤知事が、原発を所管する経済産業省（以下「経産省」）に、再稼働を求める文書を鹿児島県に提出するよう要請したことを明らかにした[50]。地元紙の表現によれば、「再稼働の責任を明確にしない政府に対応を迫った」のであり、すでに述べたような周辺自治体の不安や懸念への対応であったとと言えるだろう[51]。

この知事の要請に応えるかたちで、9月12日には資源エネルギー庁長官が知事と薩摩川内市長を訪ね、「政府として再稼働を進める。事故時は政府の責任で対処する」などとする政府方針を示した経済産業大臣（以下「経産相」）名の文書を手渡した[52]。記者会見で伊藤知事は「万が一、事故が起きた際の責任は政府が持つ」との一文が自らの要請で入ったことを明らかにし、「国の責任が明確になった」と語った。また薩摩川内市長は「安全性に対する国の責任が、より鮮明になった。判断に向け一歩も、二歩も前進」と述べた。つまり、立地自治体の2首長がともに、「国の責任」を確認した上で、再稼働に前向な姿勢を示したのである。

なお再稼働についての「同意」手続きについて問われた長官は、「自治体と九電が結んだ協定に基づき、どの範囲で了承を求めるかは、自治体ごとの事情もあり、国として一律に申し上げられない」と述べている[53]。結局、再稼働についての「国の責任」は確認する一方で、地域における「同意」手続きについては国が

---

49 南日本新聞2014年7月17日。
50 南日本新聞2014年8月2日。
51 南日本新聞2014年9月11日。
52 南日本新聞2014年9月13日。
53 南日本新聞2014年9月13日。

関与しない姿勢を示したことになる。このように、再稼働「同意」手続きにおいて国が主導権を発揮しないことについては、UPZ内自治体からも不満が示されていた。地元紙のインタビューで、阿久根市長は、「エネルギー政策は国がしかるべき手続きを踏んで決定すべきだ。再稼働は当然ながら一自治体が判断するものではない」と述べている[54]。

いずれにせよ、「同意」手続きについて明確な方向性が示されないまま、再稼働へ向けての動きは進行した。住民の不安や懸念は強まらざるをえず、とりわけ議会が、それを代弁することになった。例えば、9月30日に、いちき串木野市議会は、再稼働について同市の同意も得るよう知事に求める意見書を、賛成16、反対1の賛成多数で可決した。意見書では、同市が避難計画策定の義務を負っていることと、再稼働についての住民の「不安の声」を理由として挙げていた。また同日には、日置市議会も（同市は人口約5万人のうち約2万7千人がUPZ内に含まれる）、日置市長と市議会の同意なしに県は再稼働に同意しないよう求める知事宛ての意見書を、全会一致で採択している[55]。

ただ、ここで見逃してはならない点は、以上のような議会の動きと距離を置く、各自治体の首長の態度である。いちき串木野市議会の意見書採択について、同市長は、「地元同意の範囲について法的根拠はない。権限をくださいという立場にはない」とし、「国の責任で範囲を示すべき」として、意見書の趣旨に同調しない考えを示している。また同様に、日置市議会の県知事への意見書採択について、同市長は、「議会が慎重に審議したことで、大変重く受け止めたい。住民説明会を開いた上で総合的に判断したい」と述べつつも、議会の主張する内容を県に要求しない意向を示した[56]。このような状況については、住民の不安や懸念を単純に代弁しがちな議会に対し、法制上の制約や、県をはじめとする他自治体との関係を考慮せざるをえない行政体の責任者としての首長との違いが、反映している可能性を考える必要があるだろう。

（3）「同意」表明の最終局面

2014年10月15日に、鹿児島県議会議長が上京し、経産相と面会して鹿児島訪問を要請した[57]。また10月23日には、薩摩川内市長も上京して、経産相と会談し

54　南日本新聞2014年9月17日。
55　南日本新聞2014年10月1日。
56　南日本新聞2014年10月1日。

た[58]。いずれも直前の経産相の交代に伴い、政府の再稼働推進の方針に変更がないことを確認することで、再稼働に国が関与していることを明確にさせる意図があったものと考えられる。

　さらに自民党県議団に所属している県議会議長は10月24日に、自民党本部の原子力政策関連の会合に出席し、「鹿児島県では原発反対派の声一色で、県議会を取り巻く状況は孤立無援。再稼働へ向けた環境整備を早急にしていただきたい」と述べた。議長は、「政権与党の自民党は、新規制基準に適合した原発の再稼働は推進する立場。だが県議団は一枚岩とはいえない。来春の県議選が圧力となってのしかかっているからだ」との認識を後日、示している。また自民党県議団会長も、所属県議が、党本部の方針と有権者の反応の間で板挟みの状態にあるという認識を示している[59]。言及されているように、鹿児島県議会は翌年の4月に選挙を控えており、再稼働を進める立場にある政府および自民党と、再稼働に懸念や不安を強めている選挙民との間で動揺する自民党県議団所属の県議を納得させるべく、再稼働の「環境整備」を働きかけたのである。

　10月28日には、ついに薩摩川内市議会が、臨時会の本会議で、薩摩川内市原子力推進期成会（川内商工会議所会頭が会長）が提出した川内原発の再稼働賛成陳情を、記名投票の結果、賛成19、反対4、棄権1で可決した[60]。さらに、直後に開催された議会全員協議会において、市長は、「原発の再稼働を進めるという国のエネルギー基本計画について、立地自治体として理解することと判断した。苦渋の決断だ」と再稼働に同意する意向を表明したのである[61]。これにより慣習として確立されてきた旧来の同意「手続き」に照らせば、県次元の最終段階、すなわち知事の判断に焦点が移行することになった[62]。観点を変えれば、「同意」への関与を求めるUPZ内自治体からの要求を汲んだ新しい「手続き」の可能性は否定されようとしていたのである。

57　南日本新聞2014年10月16日。
58　南日本新聞2014年10月24日。
59　南日本新聞2014年10月31日。
60　南日本新聞2014年10月29日。
61　『日本経済新聞』ウェブサイト記事（2014年10月29日）（http://www.nikkei.com/article/DGXLASFB28H5X_Y4A021C1EA1000/（2018年11月19日最終閲覧）より）。
62　計画外停止した原発の再稼動についての「了承」や「同意」については、明示化された手続きがないとされている。ここでも、あくまで慣習としての手続きが尊重されているが、その最終段階は、立地同県知事の判断だと目されている［菅原：40］。

10月31日に伊藤知事は上京し、経産相と会談した。知事は川内原発の再稼働について「最終段階に来ている」との認識を示した上で、経産相の鹿児島への来訪を要請した。これを受け、経産相は11月3日に訪問すると表明した。知事には、再稼働の政府方針を地元で直接説明してもらうことで、県議会の理解を得ようという目論見があったと、地元紙は指摘している[63]。薩摩川内市での「同意」過程が示しているように、知事自身の再稼働同意を正当化する前提として、議会における再稼働陳情可決の必要があり、そのために担当相が議会に説明するという形式が必要だったのだろう。また所管官庁として経産省も、この知事の意図を理解し、協力しようとしたのだと考えられる。

　なお、以上のような立地自治体としての薩摩川内市や鹿児島県での動きと歩調をあわせるように九電も、川内原発再稼働へ向け、「同意」形成の最終局面に関与していた。すなわち10月30日から11月4日まで、社長が鹿児島県に来訪し、薩摩川内市を除くUPZ内の8市町の首長と個別に面会を実施して、再稼働の準備状況を説明したのである[64]。地元紙の報道によると、各首長は、おおむね再稼働に理解を示した。

　11月3日には、知事の要請に応えるかたちで、経産相が鹿児島県庁を訪問し、知事や県議会議長と会談をおこなった。経産相は、「政府として世界最高水準の新規制基準で安全性が確保された川内原発は再稼働を進める。万が一事故が起きた場合は、国が関連法令に基づき責任をもって対処する」と説明した。面談後の記者会見で知事は「再稼働の必要性を明快に説明していただいた」と述べた。また県議会議長は「国が前面に立つということだった」と述べ、「そろそろ議会として判断する時が来た」と語った。また県議会で多数を占める自民党県議団への説明には、自民党の幹事長代行が来訪して対応した。市内のホテルで開催された懇談には自民党県議団所属議員と、5人の鹿児島県選出国会議員が参加した。幹事長代行は、「政権与党として真剣に対応したい」と述べた。すでに言及したように、翌年の4月に選挙を控え、自民党県議団においても、「再稼働に反対意見を持つ県議が複数いた」とみられており、経産相と自民党幹事長代理の来訪は、「国の"後ろ盾"」を示すことで、再稼働へ向けて県議会の「同意」形成を後押しするものであった[65]。

63　南日本新聞2014年11月1日。
64　南日本新聞2014年11月3日。

11月5日には、鹿児島県議会の臨時議会が開会した。伊藤知事は、招集理由として、①原子力規制委員会の審査による川内原発の安全性確保の確認、②経産相による再稼働の必要性や事故時の国の責任の明示、③審査結果に関する住民説明会の実施、④薩摩川内市議会と市長の再稼働同意などを挙げ、「再稼働の判断で重要な要素になる県議会の意見を取りまとめていただきたい。私としても判断する時期に来ている」と述べた[66]。

　なお、この臨時会の開催は自民党県議団のみの調整で開会を決定していた。県議会の日程調整はすべての会派と並行しておこなうのが「慣例」だったため、反発した他会派から、1972年以来となる議長不信任案が提出された（本会議で否決）[67]。これらの経緯は伊藤知事と自民党県議団執行部が、かなり強引に主導していたことを示唆している。

　最終的に11月7日の臨時議会最終日の本会議で、薩摩川内市原子力推進期成会が提出した川内原発再稼働に賛成する陳情が、賛成38、反対9、欠席1で可決された。この議決を受け、伊藤知事は記者会見を開き、「やむを得ない。原発再稼働を進める政府方針を理解する」と述べ、再稼働への同意を表明した。自民党県議団には当初、「再稼働の判断が地元に丸投げされた不満」や「賛否に揺れる地元への配慮」から、「複数の議員が慎重姿勢だった」。しかし、すでに述べたように臨時議会開会前に議長が「環境整備」を政府や自民党に働きかけ、経産相と自民党幹事長代行が来訪し、動揺する一部県議も「国が責任を持つ姿勢を見せ、賛成しやすくなった」との指摘がある。また自民党県議団は臨時議会の最終日の朝まで方針確認を持ち越し、「議員が地元の理解を得る時間を確保したことも離反者を出さなかった要因とみられる」という評価もある[68]。

　なお、この臨時議会の招集のタイミングについて、伊藤知事は後日、「結論を出すのが遅れていたら、県議選などに大きな影響もあった。同意してなければ、原発だけがシングルイシューになっていた」との見方を示した。すなわち、他の要素を勘案しつつも、翌年の県議選が原発をめぐる単一争点化することを避けるためのタイミングで再稼働に同意したと説明したのである[69]。

65　南日本新聞2014年11月4日。
66　南日本新聞2014年11月6日。
67　南日本新聞2014年11月8日。
68　南日本新聞2014年11月8日。
69　2015年4月15日の定例会見での発言。南日本新聞2015年4月16日。

四　知事選挙への影響

1　知事選挙分析の前提

　以下では川内原発の再稼働問題が、県知事選挙に、どのような影響を与えたかについて考察する。県知事選挙に注目する理由は、原発再稼働をめぐる地域の政治過程において、知事がおかれる立場が、争点化のあり方を反映するものだと考えるからだ。

　すでに説明したように、一方で鹿児島県は、広域自治体として、域内市町村の要求、とりわけ新たに原発再稼働に関心と利害をもたざるをえなくなったUPZ内自治体の意向や要求を集約し調整する役割を担い、知事はそれを統括する立場にある。しかし他方で、鹿児島県自身が立地自治体として、従前の秩序において、相対的に優位な利益誘導を享受しているのであり、知事はそのような県の利益を代表する存在でもある。したがって鹿児島県は自身の立地自治体としての利益と、域内市町村の調整者としての役割との間で、ある種のジレンマを抱えるのであり、知事は、そのような緊張や対立をはらみうる二つの立場を象徴せざるをえない存在となる。したがって知事選挙は、そのような県のおかれた状況を反映し、再稼働をめぐる地域における政治過程の焦点を集約し、かつ地域の政治構造を反映したものとして、検討に値すると言えよう。

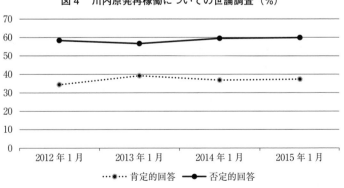

図4　川内原発再稼働についての世論調査（％）

（『南日本新聞』より筆者作成）

原発の再稼働という争点の選挙への影響を考えるにあたって、原発再稼働をめぐる住民世論の趨勢を確認する必要があるだろう。地元紙である『南日本新聞』は、福島第一原発事故以降、川内原発の立地県であることを意識し、定期的に川内原発の再稼働に関する世論調査を実施してきている。

おおむね本稿が対象とする期間において、世論調査の結果に、あまり大きな変動はなく、一貫して再稼働に否定的な回答が肯定的な回答より10ポイント以上多いという状況で推移していた（図4参照）。本稿では2012年と2016年の2回の県知事選挙を検討するが、2012年選挙では再稼働推進姿勢の現職が脱原発派の新人を退けたのに対し、2016年には脱原発派と選挙連合を形成した新人が現職に勝利している。このような選挙結果は、グラフに示された住民の世論分布を単純に反映しているものではなく、選挙連合の形成などの諸条件を勘案して考察する必要があることは言うまでもない。

自治体の首長選挙においては、「現職有利の構造」が指摘されている［河村・伊藤：323-324］。また自治体の首長選挙においては、「脱原発」の単一争点化は有効ではないとの指摘もある［本田 2014a：87］。また脱原発争点は、支持団体など選挙の動員組織との関連で、政党間および政党内不一致を招きやすく、それゆえに非争点化されがちであるという指摘もある［久保：276, 282-284］。これら先行研究の指摘を念頭におきつつ、以下では川内原発再稼働過程の影響を受けたと目される二度の鹿児島県知事選挙について検討していく。

2　2012年県知事選挙

2012年7月8日に実施された知事選では、現職の伊藤祐一郎知事が三選を果たし、脱原発運動を基盤に伊藤知事に挑戦した新人の向原祥隆（むこはらよしたか）候補は落選した。この選挙は、大飯原発再稼働および2030年代の原発再稼働ゼロという「革新的エネルギー・環境戦略」が当時の民主党政権により提示され、全国的に「脱原発」への関心が最も高まったとされる時期に実施された［山本：263-264］。しかし単一争点化を指向した新人を現職が破ったという結果は、表面的には先に言及した先行研究の指摘に合致するようにも見える。

この選挙で3選を果たした伊藤知事は、総務官僚（旧自治省）から2004年の選挙に出馬し初当選した。2004年の選挙は、前職の引退により新人のみで争われた。いわゆる「保守分裂」で多数候補が立候補した激戦であった。2008年の選挙

表4　鹿児島県知事選挙結果

2008年	伊藤（現職）		祝迫		
有権者総数	得票数	絶対得票率	得票数	絶対得票率	得票率差 （現職－対立候補）
1383599	382342	0.27633874	149795	0.10826475	0.168073987
2012年	伊藤（現職）		向原		
有権者総数	得票数	絶対得票率	得票数	絶対得票率	得票率差 （現職－対立候補）
1367172	394170	0.28831047	200518	0.14666626	0.141644212
2016年	伊藤（現職）		三反園		
有権者総数	得票数	絶対得票率	得票数	絶対得票率	得票率差 （現職－対立候補）
1368480	342239	0.25008696	426471	0.31163846	－0.061551502

（選挙管理委員会資料より筆者作成）

では、共産党が支援する候補を一騎打ちで破り再選された。

　伊藤知事は、二期目に川内原発の増設計画を容認し、九電の原発運営に協力的な知事であると見なされていた［朝日新聞特別報道部］。そこで福島第一原発事故を受け、川内原発の増設反対などに取り組んできた勢力は、2012年の知事選挙で、「脱原発」を争点化させるため、対立候補を擁立しようとした。結果として、出版社代表で、市民運動組織「反原発・かごしまネット」の事務局長を擁立する動きが起きる。擁立を模索するグループは、川内原発の再稼働などについて知事へ公開質問をおこない、その回答により実際に対立候補を擁立するか判断するとした[70]。しかし伊藤知事は選挙公約で答えるとして回答を事実上拒否する[71]。そこで2012年5月22日に、「反原発・かごしまネット」の向原事務局長が立候補を表明したのである[72]。

　前回選挙で伊藤知事の対立候補を事実上擁立し、支援した共産党は、鹿児島県委員会が5月31日に会見し、候補の擁立を見送り、向原氏を共産党として自主的に支援すると発表した。共産党が知事選の候補者を擁立しないのは1963年以来であった[73]。この時点で、脱原発を争点化しようとする勢力は、市民運動団体を基

70　南日本新聞2012年5月10日。
71　南日本新聞2012年5月11日。
72　南日本新聞2012年5月23日。

盤に、共産党が協力するという図式で展開したのである。

　このように脱原発を争点化しようとする動きに対し、伊藤知事は、争点化を回避する動きを見せた。6月1日の議会答弁で、伊藤知事は、2010年11月に同意を表明した川内原発の増設計画について、在任中は手続きを凍結すると述べた[74]。また6月3日の後援会の事務所開き後の取材においては、県知事選挙を原発再稼働の「県民投票」とみなさず、自身が当選した場合も、再稼働容認とは考えないと述べた[75]。

　このような伊藤知事の争点化回避姿勢の前提には、高まる脱原発機運への危機感があったものと考えられる。例えば前年4月におこなわれた鹿児島県議選では、立地自治体である薩摩川内市選挙区で、反原発を訴える候補が当選していた(初めて立候補した前回選挙では落選)[76]。

　ただ伊藤知事の姿勢は、あくまでも選挙戦略の一環であると理解すべき性格のものであった。確かに伊藤知事の公約では、すでに言及したように川内原発増設計画の手続き凍結を明記していたし、さらにエネルギー政策としては「脱原発」を明示していた。しかし他方で、川内原発の再稼働については、「安全確保を前提に」した「容認姿勢」であったし、また脱原発も「実現には30年程度かかる」という見解を示していたのである[77]。

　6月21日の知事選告示日の「第一声」で、向原候補は「日本中の原発を止める第一歩となる重要な選挙」と述べ、脱原発と川内原発の再稼働問題を争点化させる姿勢を明確に示した[78]。しかし7月8日の投票結果は、伊藤知事の3選となった。投票率は、前回を4.86ポイント上回る43.85％で、有権者の関心は前回よりも高かった。向原祥隆候補は20万票の「大台」で、「原発に対する県民の不信を裏付ける結果となった」という指摘も、まったく的外れとは言えないだろう[79]。ただ、選挙後の会見で伊藤知事は、逆に今回の選挙を「再稼働の必要性を明確にした最初の選挙」と評価しており、脱原発と再稼働反対の単一争点は知事選によっ

73　南日本新聞2012年6月1日。
74　南日本新聞2012年6月2日。
75　南日本新聞2012年6月4日。
76　南日本新聞2012年6月15日。
77　南日本新聞2012年6月19日、24日、7月3日。
78　南日本新聞2012年6月22日。
79　南日本新聞2012年7月9日。

図5　絶対得票率の差（現職 - 対立候補）の推移（2008、12年知事選）

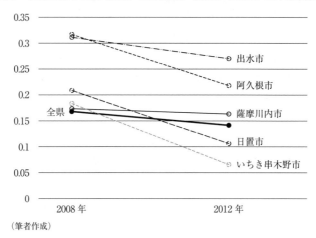

（筆者作成）

て実現できなかった[80]。

　すでに述べたように、このような結果のひとつの背景は、伊藤知事の選挙戦略であると言えるだろう。川内原発増設計画の「凍結」と、内実はともかくも「脱原発」を政策的に打ち出し、「反原発の向原氏との違いを薄め」るべく、「自らが「脱原発」のスタンスであることを強調した発言」を増やしていた。結果として「有権者が原発問題を再考するきっかけとなったのは間違いないだろう」が、「原発については、論議が深まらなかった」のである[81]。

　伊藤知事の争点化回避の戦略により、「有権者は原発というシングルイシュー（一つの問題）ではなく、2期8年の堅実な行政手腕を総合的に選択した格好」となった。結果として、すでに言及している首長選挙における現職有利という先行研究の指摘に合致する結果だと言えるだろう。短期間での立候補だった新人の「向原氏は準備期間が足りず、県内一巡もままならなかった」のであり、この点でも現職有利を見ることはできる[82]。

　全県的な選挙結果からすると、脱原発や再稼働の争点化は、不十分であったように見える。しかし地域差を、より詳細に勘案すると、単一争点化の成否につい

80　南日本新聞2012年7月10日。
81　南日本新聞2012年7月9日。
82　南日本新聞2012年7月9日。

ては、やや異なる評価が可能な側面も指摘することができる。地元紙の担当記者は選挙取材を前提として、「いちき串木野市や阿久根市など周辺自治体では軒並み得票数を減らし、向原候補の善戦が目立った」と指摘している[83]。この指摘の妥当性は、伊藤知事と向原候補の絶対得票率の差を前回選挙における伊藤知事と次点候補の差と比べると、明確である（図5参照）。全県の結果と比較すると、UPZ内自治体における特徴は明らかである。特に再稼働の「同意」過程で、議会が否定的な意見書などの採択をおこなった、いちき串木野市や日置市の場合は、かなり顕著に異なった状況が見て取れるのであり、地域によっては単一争点化に近い構図があったと考える余地も否定できない。

3　2016年知事選挙

2016年7月10日におこなわれた知事選は、再稼働後初の選挙で、現職の伊藤知事が落選するという結果になった。すでに見たように、鹿児島県下における原発再稼働に対する住民の否定的世論の趨勢は前回選挙時と変わっておらず（図4参照）、それゆえ、2012年選挙と比較して両者の相違を確認する必要がある。

すでに選挙前年の2015年12月2日に、県議会定例本会議において伊藤知事は、4選を目指して出馬を表明した[84]。ここで注意しておくべき点は、公選制での鹿児島県知事は3期が過去最長であったということである[85]。したがって、伊藤知事が4選を目指す今回の選挙は、多選の是非が、ひとつの争点となっていく。

伊藤知事の立候補表明の後、12月31日には、テレビ朝日コメンテーターの三反園　訓氏が立候補を表明した[86]。さらに翌2016年5月19日には、県労働組合総連合会事務局長の平良行雄氏が立候補を表明した[87]。選挙がかなり近づいてから、平良氏が第三の候補として擁立されたのは、伊藤知事と三反園氏の一騎打ちの場合、「原発問題が埋没するという危機感」のためだった[88]。

三反園氏は、2月に公表した政策で「原発に頼らない再生可能エネルギーへの

---

[83] 南日本新聞2012年7月9日。
[84] 南日本新聞2015年12月3日。
[85] 南日本新聞2015年8月5日。
[86] 毎日新聞ウェブ版2015年12月31日（https://mainichi.jp/senkyo/articles/20160101/k00/00m/010/009000c（最終閲覧2018年11月19日））。
[87] 南日本新聞2016年5月20日。
[88] 南日本新聞2016年5月18日。

シフト」という考えを打ち出してはいたが、川内原発の再稼働の賛否には触れていなかった。三反園氏の支援者は「反原発色が強まると、推進派も多い保守票が減る」との懸念を示していた[89]。先行研究が指摘するように、賛否が厳しく対立する脱原発や再稼働という争点を回避しようとする要因が影響していると見ることができるだろう。ただ、そのような三反園氏の脱原発や再稼働に対する曖昧な態度は、脱原発を追求してきた勢力に独自候補を擁立させる要因となった。平良氏を擁立したグループの幹部は、「伊藤氏は再稼働に同意したし、三反園氏の考え方もはっきりしない。廃炉に向けた川内原発の即時停止をきちんと主張できる候補者が必要」と述べている。ただ、この独自候補の擁立は、いわば「反現職」の有権者を二分するものであり、「グループ内には三反園氏と共闘すべきだという意見」もなくならなかった[90]。

結局、平良氏は2016年5月25日に、三反園氏へ候補者の一本化を視野に入れた政策協議を申し入れることになった。協議入りの前提条件として提示されたのは、知事就任後の再稼働同意の撤回、九電への川内原発即時停止の要求、川内原発の廃炉の追求などであり、30日までに回答を求めた[91]。これらの条件は、脱原発や再稼働が争点化されないことを懸念し、平良氏を擁立した経緯を踏まえれば、当然のものだと言えるだろう。

これに対し三反園氏側は、回答期限にもかかわらず、「意見集約に時間がかかっている」として、平良氏の提案への回答を留保した[92]。すでに述べたように、三反園氏の支持層には、脱原発などの争点に否定的な姿勢をしめす人々が含まれており、調整が困難であろうことは容易に推測された。三反園氏側は回答期限翌日の5月31日に、支持者の意見を聞くために回答延期を求めてきたが、平良氏側は「これ以上待てない」と判断し、一本化の動きは頓挫する[93]。

平良氏は、すでに民進・共産・社民の3政党の県組織に推薦願を提出していたが、共産党の鹿児島県委員会が平良氏の推薦を決定する[94]。他方で民進党鹿児島県連は、三反園氏を支援する方針を決定した[95]。前身となる民主党県連は、過去

89　南日本新聞2016年5月18日。
90　南日本新聞2016年5月18日。
91　南日本新聞2016年5月26日。
92　南日本新聞2016年5月31日。
93　南日本新聞2016年6月1日。
94　南日本新聞2016年6月8日。

3回は伊藤知事を「応援」していた。県連の幹事長は、今回の対応について、「多選は弊害が大きい」と、伊藤知事を支持しない理由を説明し、多選の是非が争点となりつつあることを示している。また推薦願が出されていた平良氏については、「原発に関する政策の隔たりが大きく見送った」と説明した。政党間の関係を踏まえると、この説明を額面通り受け入れることはできない。ただ脱原発や再稼働などの争点が、党内対立を招く危険性を警戒している点は、先行研究が指摘する通りであろう。

　2016年知事選は、自民現職と、民進党が推す連合事務局長が候補として対立する参院選と同時におこなわれる選挙でもあった[96]。したがって脱原発争点だけではなく、錯綜した対立図式のなかで、旧来の選挙連合が流動化する状況にあったと考えられる。実際に、民進党の有力な支持団体である連合鹿児島は、6月14日の執行委員会で、知事選の自主投票を決定している。04年と12年は伊藤知事を推薦し、08年は「支持」というかたちだったので、自主投票は連合にとって初めての対応である。会長は「いろいろな意見があって決められず、自主投票とした」と話した[97]。

　このように、政党の選挙連合形成が進む中、6月17日に平良氏と三反園氏が一緒に記者会見を開き、平良氏が立候補を断念すると発表した。記者会見で両氏は、「一本化を求める周囲の声を受けて数日前から検討を重ねた結果、候補を絞り込むべきだとの認識で一致した」と説明した。両者の合意文書には、伊藤知事の4選阻止のほか、川内原発に関し「熊本地震の影響を考慮し、安全確保のため川内原発を停止し、再調査、再検証を行うよう九州電力に強く申し入れる」、「原発に関する諸問題を検討する原子力問題検討委員会を県庁内に恒久的に設置する」などの内容が盛り込まれた[98]。

　この電撃的な一本化は平良氏の側からの働きかけによると見られる。平良氏側には「「反現職票を割るな」と批判が寄せられ、内部でも一本化を望む声が日増しに広がった」ため、「負けてしまったら元も子もない」と、「一度は不調に終わった候補一本化に6月初旬から再度奔走した」という。働きかけを受けた三反

95　南日本新聞2016年6月11日。
96　南日本新聞2016年6月2日、11日。
97　南日本新聞2016年6月16日。
98　南日本新聞2016年6月18日。

園氏側は、平良氏側の主張に「配慮」して、原発問題に関する検討委員会設置などを提案し、平良氏側はこれを評価、「「反現職」を最優先して一本化に至った」のであった[99]。ただ三反園氏側も、現職の組織に挑戦するためには、脱原発争点に好意的な無党派市民層への訴求力が必要であったという事情もあるだろう。実際、三反園氏は熊本地震後、当初の姿勢を修整し、川内原発を停止しての特別点検や、避難計画の見直しを主張するようになっており、熊本地震を契機に強まっていた川内原発への懸念や不安を自らの支持に動員しようと試みていた[100]。

　以上の経緯を確認すると、脱原発や再稼働という争点が曖昧になることを恐れた脱原発派が、独自候補の擁立を試みたが、多選の是非という争点や、参院選との同時選挙などの要因も影響しつつ、共倒れを避け、現職の「漁夫の利」を防ぐという力学が、「反現職」候補の一本化を促したと整理することができるだろう。結果として、脱原発派の要求は候補一本化を通じて影響を及ぼすことになったのであり、脱原発や再稼働という争点が、完全に非争点化されることにはならなかったのである。

　候補一本化後、6月21日には、県議会の第二会派である県民連合が、三反園氏を支援することを決定した[101]。県民連合は社民党と無所属の議員で構成された会派で、伊藤知事が初当選した04年知事選では前身の社民・無所属連合が伊藤知事を支援し、2期目以降は伊藤知事を推薦してきていた。今回も伊藤知事からは推薦願が提出されていたが、県民連合会長は「伊藤氏の県政運営を評価し、これまでは推薦してきたが、再稼働同意に不満。状況は変わった」と述べた[102]。

　結果として6月23日に告示された、知事選挙は、伊藤知事と新人の三反園氏による一騎打ちとなり、政党や議会内会派、各種組織による選挙連合は、過去とは異なる組み合わせになった。

　7月10日の投票は、投票率が56.77％で、前々回よりも上昇した前回の投票率（43.85％）を10ポイント以上も上回り、結局、新人の三反園候補が当選した。公選知事としては、行政官出身ではない初の知事となった。伊藤知事に対する「多選批判の風は、予想をはるかに超える強さ」であったと言う。三反園候補は組織

99　南日本新聞2016年6月19日。
100　南日本新聞2016年5月18日。
101　南日本新聞2016年6月22日。
102　南日本新聞2016年6月2日。

も弱く、当初は「出遅れ」が指摘されていた。しかし「転機は、反原発団体メンバーとの候補一本化だった」。すなわち「「反現職」の共闘は、伊藤県政に批判的な保守層をも巻き込み、一気に広がった」。「伊藤氏の政治手法を見てきて、三反園氏に託すというより伊藤氏に託さないという選択をした有権者が多かったのではないか」との指摘は現職の優位を覆す選挙における有権者全体の趨勢の評価として妥当なものではあるだろう[103]。ただ、「反現職」勢力が分裂していては、伊藤知事に対抗できなかっただろうし、脱原発派との協力なくしては、三反園候補の当選がなかったであろうことも否定できない。そのような選挙連合のかたちという点で、脱原発や再稼働という争点は、一定の影響を及ぼしたと言わざるをえない。実際、選挙後、週明け11日の東京株式市場で、九州電力の株価が急落したことについての解説では、「鹿児島県知事選で脱原発を訴えた三反園訓氏が初当選したのが背景」と指摘されていた[104]。

五　むすびに

　本稿では、九電の川内原発の再稼働をめぐる事例について、地域の政治過程と、知事選挙への影響という観点から検討した。そこから、以下の点が確認できた。
　福島第一原発事故後、法令などの改正がおこなわれ、UPZが設定されることで、原発の運営に関心や利害を新たに有することになった主体が登場した。しかし再稼働に向けて、地域における「同意」形成の「手続き」は、旧来の慣習にもとづくものしかなく、国が再稼働方針を示す一方で、地域での「同意」形成には積極的に介入しないという状況の下、再稼働の前提となる安全協定の新規締結と、「同意」の「手続き」が争点となる。
　安全協定の新規締結過程では、立地自治体と同等の内容をもつ安全協定締結の要求が一部から提起される。原発の運営に影響を及ぼせる主体を限定したい九電は、そのような要求に消極姿勢を見せることになる。最終的に、そのような対立状況を調停し、安全協定締結を媒介したのは、鹿児島県であった。県は、広域自治体として、域内市町村の意向や要求を集約し調整する立場にある。しかし他方

103　南日本新聞2016年7月11日、12日。
104　南日本新聞2016年7月12日。

で、鹿児島県自身は原発の立地自治体として、従前の秩序において、相対的に優位な利益誘導を享受してもいる。したがって県は自身の立地自治体としての利益と、域内市町村の調整者としての役割との間で、ある種のジレンマを抱えることになる。結果として、鹿児島県は、立地自治体と同等の安全協定が拡大することに否定的な九電の立場を尊重しつつも、立地自治体として安全協定上自身が有する権限を媒介として、UPZ内自治体の要求を一定程度実現させる妥協点を準備した。しかも協定を複数類型にしたことにより、安全協定上、自らが立地自治体として保持している優位性も維持したのである。

　安全協定の締結により、再稼働の前提条件は整えられ、さらに新規制基準にもとづく安全審査に合格すると、地域の「同意」を確定させる過程が動き出す。ただ従来の再稼働「同意」の「手続き」は、慣習によるものであり、かつ立地自治体が排他的に「同意」権限を独占していた。国の積極的な介入がない中で、新たに利害と関心を有することになったUPZ内自治体からは、再稼働への不安や懸念と、「同意」への関与を求める要求が噴出する。これは、旧来の「手続き」を組み換え、新たな「手続き」に移行するか否かをめぐる政治過程として位置づけることができる。しかし最終的には、UPZ内自治体の動きに一定の対応をおこないつつも、旧来の「手続き」が貫徹される。それは、立地自治体である県と薩摩川内市が、九電や経産省、自民党などと役割分担をおこなって、議会やUPZ内自治体を「同意」に組み込む過程として実現されたのである。

　本稿では、知事選挙に対する原発の再稼働問題の影響についても考察した。すでに言及したように鹿児島県は広域自治体としての立場と、立地自治体としの立場の間で、ある種のジレンマを抱えており、県知事は、それを集約し代弁する存在である。したがって知事選挙の過程は、原発の再稼働をめぐる地域の政治過程の状況が集中して現れる機会として位置づけることができる。検討にあたっては、首長選挙における現職の優位や、首長選挙において脱原発の争点化が有効ではないこと、対立を招くとして脱原発争点が回避されがちであることなどの先行研究による指摘を視野に入れた。

　本稿で対象として取り上げたのは、2012年と16年の二度の知事選挙であった。地元紙の調査にもとづけば、同時期の世論の趨勢に大きな変動はなく、一貫して再稼働に否定的な回答が肯定的な回答より10ポイント以上多いという状況で推移していた。にもかかわらず、2012年選挙では再稼働推進姿勢の現職が脱原発派の

新人を退けたのに対し、2016年には脱原発派と選挙連合を形成した新人が現職に勝利した。このような差異は、それぞれの選挙における選挙連合の相違などの諸条件を考慮しなければ理解できない。

　具体的に2012年の選挙においては、脱原発を争点化しようとする新人に対し、現職が、原発の増設計画を凍結し、政策上「脱原発」を標榜するなどの選挙戦略をとり、争点化を回避しようとした。結果として表面的には、先行研究が指摘するような諸点が確認される結果となった。しかし地域ごとの投票動向を詳細に見た場合、UPZ内自治体においては、争点化に成功したと評価することができる地域も存在することが確認できる。

　2016年選挙においては、4選を目指す知事に、一時は2人の新人が挑戦する構図となった。有力な新人が、先行研究の指摘のように、脱原発争点を避けたため、脱原発や再稼働という争点が曖昧になることを恐れた脱原発派が、独自候補の擁立を試みた結果であった。しかし最終的には、多選の是非という争点や、参院選との同時選挙などの要因も影響しつつ、共倒れを避け、現職の「漁夫の利」を防ぐという力学が、候補の一本化をもたらした。結果としては、脱原発派の要求は候補一本化によって、影響を及ぼすことになったのであり、脱原発や再稼働争点が、完全に非争点化されることにはならなかったのである。

　以上が、川内原発の再稼働をめぐる事例について、本稿で確認できた点である。あくまでも一事例の分析にもとづくものであるという限界がある。したがって本稿は、他事例との比較により、より一般的な分析へと進むための出発点であることを、最後に確認しておきたい。

参考文件

秋月謙吾（2001）『社会科学の理論とモデル9 行政・地方自治』東京大学出版会
秋吉貴雄（2016）「第6章 原子力安全規制の政治過程：行政体制再構築における政策学習」、辻中豊編『大震災に学ぶ社会科学 第1巻 政治過程と政策』東洋経済新報社（115-134頁）
朝日新聞青森総局（2005）『核燃マネー 青森からの報告』岩波書店
朝日新聞取材班（2011）『生かされなかった教訓 巨大地震が原発を襲った』朝日新聞社
朝日新聞特別報道部（2014）『原発利権を追う』朝日新聞出版
出水薫（2017）「玄海原発の防災態勢再編をめぐる政治過程」『法政研究』第83巻第4号
今井照（2014）『自治体再建』ちくま新書
今井一（2000）『住民投票』岩波新書

大森彌（2016）『自治体の長とそれを支える人びと』第一法規
小野一（2016）『地方自治と脱原発』社会評論社
開沼博（2011）『「フクシマ」論 原子力ムラはなぜ生まれたのか』青土社
金井利之（2007）『行政学叢書3 自治制度』東京大学出版会
金井利之（2012）『原発と自治体』岩波ブックレット
上川龍之進（2016）「第8章 震災以前における東京電力の政治権力・経済権力」、辻中豊編『大震災に学ぶ社会科学 第1巻 政治過程と政策』東洋経済新報社（161-202頁）
河村和徳・伊藤裕顕（2016）「第14章 原子力災害と福島の地方選挙」、辻中豊編『大震災に学ぶ社会科学 第1巻 政治過程と政策』東洋経済新報社（319-342頁）
橘川武郎・武田晴人（2016）『原子力安全・保安院政策史』一般社団法人経済産業調査会
木村朗編（2013）『九州原発ゼロへ、48の視点』南方新社
久保慶明（2016）「第12章 2012年総選挙へ向けた政局と政策論争」、辻中豊『大震災に学ぶ社会科学 第1巻 政治過程と政策』東洋経済新報社（271-293頁）
小池拓自（2013）「原発立地自治体の財政・経済問題」『調査と情報』767号
小池拓自（2015）「新規制基準と原子力発電所の再稼働」『調査と情報』840号
小池拓自（2016）「原発再稼動と地方自治体の課題」『調査と情報』911号
近藤宗平（1998）『人は放射線になぜ弱いか 第3版』講談社ブルーバックス
座談会（2000）「原子力行政の現状と課題——東海村臨界事故1年を契機として」、『ジュリスト』1186号
サミュエルズ、リチャード・J（2016）プレシ南日子ほか訳『3.11 震災は日本を変えたのか』英治出版
城山英明（2015）『大震災に学ぶ社会科学 第3巻 福島原発事故と複合リスク・ガバナンス』東洋経済新報社
城山英明・菅原慎悦・土屋智子・寿楽浩太（2015）「第6章 事故後の原子力発電技術ガバナンス」、城山英明『大震災に学ぶ社会科学 第3巻 福島原発事故と複合リスク・ガバナンス』東洋経済新報社（149-190頁）
新藤宗幸（2017）『原子力規制委員会』岩波新書
菅原慎悦（2010）「原子力安全協定の現状と課題——自治体の役割を中心に——」、『ジュリスト』1399号
菅原慎悦・土屋智子（2015）「第4章 事故前の立地地域における関係構築とコミュニケーション」、城山英明『大震災に学ぶ社会科学 第3巻 福島原発事故と複合リスク・ガバナンス』東洋経済新報社（91-117頁）
菅原慎悦ほか（2009）「安全協定にみる自治体と事業者との関係の変遷」、『日本原子力学会和文論文誌』Vol. 8, No. 2
菅原慎悦ほか（2012）「原子力安全規制の国と地方の役割分担に関する制度設計案の検討」、『日本原子力学会和文論文誌』オンライン版 https://www.jstage.jst.go.jp/article/taesj/advpub/0/advpub_J10.034/_pdf（最終閲覧2016年9月18日）

砂原庸介（2011）『地方政府の民主主義』有斐閣
曽我謙悟・待鳥聡史（2007）『日本の地方政治──二元代表制政府の政策選択──』名古屋大学出版会
高橋滋（2000）「原子炉等規制法の改正と原子力災害特別措置法の制定」、『ジュリスト』1186号
竹内敬二（2013）『電力の社会史』朝日新聞出版
舘野之男（2001）『放射線と健康』岩波新書
辻中豊編（2016）『大震災に学ぶ社会科学 第1巻 政治過程と政策』東洋経済新報社
土屋雄一郎（2008）『環境紛争と合意の社会学』世界思想社
内閣府政策統括官（原子力防災担当）付川内地域原子力防災協議会作業部会（2015）『川内地域における活動報告（1）内閣府（http://www8.cao.go.jp/genshiryoku_bousai/pdf/02_sendai01.pdf、最終閲覧2017年5月13日）
日本科学者会議編（2015）『原発を阻止した地域の闘い 第一集』本の泉社
橋爪健郎編著（2011）『九州の原発』南方新社
畑山敏夫・平井一臣編（2014）『ポスト・フクシマの政治学』法律文化社
反原発運動全国連絡会編（2017）『地方自治のあり方と原子力』七つ森書館
堀江孝司（2014）「第5章 世論」、本田宏・堀江孝司編著『脱原発の比較政治学』法政大学出版局（90-108頁）
本田宏（2005）『脱原子力の運動と政治』北海道大学図書刊行会
本田宏（2014a）「第4章 比較政治学の視角」、本田宏・堀江孝司編著『脱原発の比較政治学』法政大学出版局（71-89頁）
本田宏（2014b）「2 原発と戦後日本の政治」、畑山敏夫・平井一臣編『ポスト・フクシマの政治学』法律文化社（29-58頁）
本田宏・堀江孝司編著（2014）『脱原発の比較政治学』法政大学出版局
村松岐夫（1988）『現代政治学叢書15 地方自治』東京大学出版会
村松岐夫（2010）『政官スクラム型リーダーシップの崩壊』東洋経済新報社
室崎益輝・幸田雅治編著（2013）『市町村合併による防災力空洞化』ミネルヴァ書房
山本英弘（2016）「第11章 脱原発と民意のゆくえ：原子力発電をめぐる争点関心のプロセス」、辻中豊編『大震災に学ぶ社会科学 第1巻 政治過程と政策』東洋経済新報社（245-268頁）
吉岡斉（2011）『新版 原子力の社会史 その日本的展開』朝日新聞社
吉岡斉（2012）『叢書 震災と社会 脱原子力国家への道』岩波書店
NHK「東海村臨界事故」取材班（2006）『朽ちていった命──被曝治療83日間の記録──』新潮文庫
Hidmarsh, Richard（2013）"Nuclear Disaster at Fukushima Daiich", Routledge
Lesbirel, S. Hayden（1998）"NIMBY Politics in Japan", Cornell University Press

医療・福祉における計画による需給調整に関する考察

伊奈川　秀　和

一　はじめに
二　日本の需給調整制度
三　フランスの需給調整制度
四　若干の考察

一　はじめに

　社会保障の二大分野である医療と社会福祉(以下単に「福祉」という。)は、歴史的には異なる道を歩んできた[1]。ただ何れの分野であっても、サービスを過不足なく安定的に提供することは、生存権を保障する上で重要であることに変わりはない。かかる需給調整のための規整手法としては、許認可とともに計画が一定の役割を果たす。また、いわゆる2025年問題や2040年問題を見据え、希少な資源を効率的・効果的に配分していくためには、それぞれの枠を超えた分野横断的・全体俯瞰的なアプローチが求められる。
　このことは、近年地域包括ケアサービス、共生型サービス、更に地域共生社会等が重視されるようになったことと無縁ではない。実際、2014年の医療介護総合確保法も、まさに医療と介護の一体改革の流れの中で登場してきており、その中には計画制度が規定されている。
　そうなると、計画制度についても、許認可制度と絡めながら、医療と福祉を横串でもって検討してみる必要がありそうである。折しも、医療法の医療計画に基づく病床規制のみならず、介護保険法、障害者総合支援法等でも総量規制のような類似制度が入ってきている。何れも需給調整に関わる問題であり、許認可及び計画とも連動している。そこで、本稿では、まず医療・介護を中心に日本の制度

1　自立支援医療等のように、福祉の中に医療を包含したり、精神障害者施策のように医療中心から福祉に外延が拡大した例もあり、全く接点がなかったわけではない。

について検討した後、フランスの制度を比較法的に考察し、そこから示唆を得ることにしたい。

二　日本の需給調整制度

1　医療と福祉の分断

　福祉関係八法の改正による老人保健福祉計画の一体的策定の時代を経て登場した介護保険は、医療と福祉をつなぐ側面を有する制度である。確かに介護に関する限り、保険制度として、財政面での一体化・一元化は実現したものの、供給面では、医療と福祉の二元的法体系を前提としており、多くの医療・福祉分野では分断状態が続いている。また、両制度には、以下のように似て非なる面がある。

① 福祉は非営利かつ公益であるのに対して、医療は非営利であるとしても、本来的な公益とは考えられてこなかったこと。この点は、社会福祉法人と医療法人の税制上の扱いの違いに現れる。
② 憲法89条による公金支出の制約にもかかわらず、社会福祉には施設整備補助が存在してきたのに対して、医療には僻地医療等の政策医療を別とすれば、限定的な施設整備補助しかなかったこと。
③ 業務独占を前提とする許可制度が中心の医療と異なり、認可・届出制度が中心の福祉の方が規制が緩やかなはずにもかかわらず、措置制度の下での福祉の方が拘束が強く、病院はともかく、自由開業医制による開業医（診療所）の場合には衛生規制という点で規制が弱かったこと。

　このように、医療と福祉の谷間は、依然として存在する。そうした中で、地域包括ケアシステムが重視されるようになり、介護を中心に両者の関係を改めて考えてみる必要が高まっている。

2　医療の規制体系

（1）医療提供体制

　ファイナンスに関する医療保険とデリバリーに関する医療提供体制は、医療保障に関する二大体系である。医療提供体制に関する法制（以下「医事法制」とい

う。）は、基本的に規制法の形をとるが、目的として「国民の健康」（医療法1条、医師法1条）を掲げるように、生存権保障の一環として位置付けられる。

　医事法制は、医療提供体制に関する医療法等と資格法である医師法等が柱である。ただし、診療報酬による政策誘導、それを担保する保険医療機関等に対する指導監督等が多用されてきた結果、医療保険も医療提供体制に深く関わっている。従って、我が国の医療政策は、医療保険各法、医療法、資格法等にまたがって展開することになる。換言すれば、国民皆保険体制の下では、医療保険と医事法制とは、相互に混在・浸透することになり、医事法制がそれのみで存立し得ない状況を形成するに至る[2]。実際、医療法は、医療保険改革と同じタイミングで法改正が行われるのが通例であり、「社会保障としての医療の給付ための供給体制」として全体構造の中に巻き込まれていると評価できる[3]。

（2）診療所と病院

　医療法上診療所と病院の差は病床数の違いにあり、両者の機能面の違いがメルクマールとはなってこなかった。何れも医師等が医業を行う場所であり、診療所が大きくなれば病院となる。

　この病床数の違いは、自由開業医制の下で規制体系にも影響する。すなわち、医師による無床診療所の開設は届出（医療法8条）で足りることから、構造・設備基準が定められ許可制（8条）である病院及び有床診療所と比べ規制が弱い。また、病院等の場合も、要件に適合する限り、許可を「与えなければならない」ことから、行政裁量は乏しい。また、開設後は、定員の増員命令、業務停止命令等の監督規定（23-2条等）はあるものの、許可自体の更新制はない。さらに、実質的に営利法人（株式会社等）の参入が原則認められない（7条6項）点で厳しい規制であるのに対して、営利法人でない開設主体にとっては、参入障壁が少なく規制が弱い分野である。しかも、医療法は、病院等の規制を中核としており、無床診療所となると法規制の射程にはあるものの更に規制が弱いことになる。この点は、医療計画にも現れており、同制度は病床規制を中心に発展してきた。

---

[2] 久塚純一「『医療法』の改正と社会保障医療」北九州大学法政論集第14巻第2号214-215頁（1986年）。

[3] 久塚純一「医療保障と医療供給体制の整備・再編」日本社会保障法学会編『講座 社会保障法第4巻医療保障法・介護保障法』（法律文化社、2001年）92頁。なお、予算非関連法案である医療法改正は、予算関連法案である医療保険改正と同時の方が国会対策上望ましいこともあろうが、内容的にも一体化が進んでいると考えられる。

(3) 病床区分と病床規制

　医療法上の広義概念である「医療提供施設」には、病院、診療所、介護老人保健施設、介護医療院、調剤薬局等の医療を提供する施設が含まれる（医療法1-2条2項）。このうち、病院については、社会医療法人（4条）、特定機能病院（4-2条）、臨床中核病院（4-3条）が類型として設けられている。

　また、病院の開設許可に関連して、病床数とともに病床の種別が設けられている。この種別は、療養病床、一般病床、精神病床、感染症病床及び結核病床に区分されている（7条2項）。医療計画の肝である病床規制は、2次医療圏を単位として、病床に関する種別ごとに計画に盛り込まれる基準病床数（30-4条2項14号）がメルクマールとなり発動される。このため、医療圏の設定は、それによって基準病床数が変わることから、病床規制にとって本源的な重要性を有する[4]。ただし、過剰病床地域での規制の程度は、公的医療機関が開設制限である（許可を与えないことができる）のに対して、民間医療機関は開設中止勧告に止まっている（7-2条、30-11条）。

　この場合の基準病床数は、病床の種別に応じて設定されることから、病床の種別は、規制に連動することになる。なお、基準病床数の算定に当たって、過剰病床区域であっても、整備の必要性が高いがん、循環器、小児疾患、周産期疾患、リハビリ等の病床を特例的に上乗せする余地を残している（30-4条9項）。このことは、総枠的・量的な病床規制の下でも、より細かい病床機能への配慮が一定程度存在していることを意味する。

(4) 地域医療構想

　医療計画の病床種別は限定的であるが、地域医療構想においては、将来の病床の必要量から設定された病床の機能区分が盛り込まれている（医療法30-4条2項7号）。具体的な機能区分は、高度急性期機能、急性期機能、回復期機能及び慢性期機能の4区分となる（同法施行規則30-33-2条）。医療計画とは別途策定される地域医療構想は、医療計画の中で構想区域における病床の機能の分化及び連携の推進に関する事項が盛り込まれることにより、医療計画と連動することになる。

(5) 質の確保及びPDCA

　医療計画は、もともと病床規制による量的規制が中核であったが、現在、5疾

---

[4] 医療圏の数・設定方法が重要であることについては、久塚純一「地域医療を考える：これからの公立病院の役割」地方自治ふくおか48巻（2004年）49-61頁

病5事業、居宅等における医療、医療連携等の質的側面が強化されている。このことは、厚生労働大臣が定める基本方針において、「良質かつ適切な医療」の確保が眼目となっていることからも読み取れる（30-3条1項）。さらに、医療介護総合確保法による地域医療構想、地域包括ケアシステム等により、質的側面が強化されている。特に医療連携という点では、医療関係者のみならず、介護サービス事業者、住民等のステークホルダーとの協議も規定されている（30-4条4項）。このことは、医療計画と介護保険等の関係の計画との整合性確保（同条10項）、公衆衛生、薬事、福祉等の関係分野との連携（同条11項）の実効性を高めることになる。

このほか、質の確保という点では、PDCAサイクルによる継続的な不断の取組が重要となる。医療計画は6年を計画期間とするが、3年ごとの見直し、そのための都道府県による情報収集及び調査・分析・評価（30-5条、30-6条）等のリボルビングの仕組みが規定されている。

3　社会福祉の規制体系
（1）福祉の提供体制

福祉における需給調整は、医療とは出発点を異にする。まず、医療の二面性である。自由開業医制に象徴されるように医師等の専門職以外の参入が制限されるのに対して、医療内部では参入・退出が自由である。つまり、外に対して閉ざされた市場の内部における競争である。このことが、国民皆保険体制と相まって増床を押し進めた。これに対して、措置制度の下で発展した福祉の場合には、一施設一法人に象徴されるように措置の委託の受け皿として社会福祉法人を中心とする市場が構築されてきた。このため、市場としての自由度は低かった。敷衍するなら、公私分離原則、憲法（89条）の公の支配に属しない慈善等への公金支出禁止等との関係もあり、本来的に自由であるはずの福祉市場の方が①措置、②その受け皿としての社会福祉法人、③その費用補填としての措置費及び施設整備費が絡み合う三位一体構造により強い規制に服していたことになる。

提供体制に係る規制の観点から言えば、設置主体としての社会福祉法人の認可制度、施設等に関する認可制度等、財政に関する措置費という構造は、医療における医療法人、病院の開設許可等、医療保険による診療報酬という構造に類似する。しかし、措置費及び施設整備費の保障のない施設は認可されず、その前提と

なる社会福祉法人も認可されないことになることから、医療のような需給調整の必要性は低かったことになる。

（2）認可施設等と無認可施設等

　福祉の規制体系は、医療と異なり、元来、主体規制、行為規制等により強い規制を課す性格のものではない。このことの反映として、社会福祉法が人権侵害等のリスクから社会福祉事業類型に応じた規制を設けるものの、同法では、国、地方公共団体及び社会福祉法人以外の経営主体の場合にも、許可（第1種社会福祉事業の施設）又は届出（第1種社会福祉事業の施設以外の事業、第2種社会福祉事業）を要件に参入の途を開いている（62条2項、67条1項、69条1項）。ただし、福祉各法が社会福祉法の原則を修正し、別途、社会福祉法人以外の民間参入を制限したり、社会福祉法人であっても施設設置等に係る認可制度を規定することがある。

　かかる規制体系の下では、独占業務でない福祉分野では、定義規定や規模に関する裾切りの関係もあり、認可施設等以外の無認可施設等を生み出すことになる。この結果、強い規制に服する代わりに費用保障がある認可施設等が存在する一方、弱い規制である代わりに費用保障がないか不十分な無認可施設等が併存することになる。

　需給調整の観点からは、満たされないニーズが存在するとき、かつてのベビーホテルのように無認可施設等がその空隙を埋めることになる。このことは、自由開業医制の下で増床を招いてきた医療とは様相を異にする。

（3）福祉計画

　病床規制を主眼とした医療とは、異なる状況下で展開してきたのが福祉分野の各種計画（福祉計画）であった。法定計画の嚆矢は、1990年の福祉関係八法改正により老人福祉法（20-8条等）及び老人保健法（46-18条等）に都道府県と市町村による老人福祉計画及び老人保健計画が位置付けられ、かつ、両者が老人保健福祉計画として一体的に策定されるべきとされたことである。高齢者保健福祉サービスの整備目標を掲げたゴールドプラン（以下「GP」という。）が1989年に登場した当時の状況にあって、計画の法定化は、基盤整備を法律面から促進する意義を有していた。実際、計画と一体となった基盤整備は、財源保障と相まって、その後の新GP及びGP21に継承され、介護保険の施行に至る。かかる法定計画による福祉基盤の整備の手法は、現在障害者総合支援法、子ども・子育て支援法といった給付法でも規定されており、できる規定の場合も含め、計画が法定される

のが常となっている。

（4）総量規制等

　福祉分野の総量規制は、計画に基づきサービスの定員等の規模を設定し、それを超える場合の指定拒否の仕組みである。2005年の介護保険法改正で導入された後、対象範囲が拡大され、更には障害者総合支援法及び子ども・子育て支援法でも導入されている。制度の背景には、施設誘発需要による給付費の増嵩やサービス供給の偏在に対する保険者等の懸念がある[5]。その点では、GP以来の量的拡大に向けた基盤整備とは異なり、計画に量的抑制の要素が入ってきたことになる。

　逆に地域包括ケアシステムを進める上で重要な地域密着型サービスとの関係では、サービス拡大の観点から公募指定制度が導入されている。このことは、介護保険に関する限り、アクセルとブレーキの仕組みが同時並行的に、かつ、時々の状況を色濃く反映する形で入っていることになる。

（5）質の確保及びPDCA

　介護保険をはじめとする給付法は、サービス供給が保険料等の財源問題に直結する。このため、介護保険の場合であれば、保険料の設定と同じ3年ごとのリボルビングのため計画期間を設定している。障害者総合支援法の障害福祉計画及び子ども・子育て支援法の子ども・子育て支援事業計画の場合には、法定の更新期間はないものの、変更のための規定を設けており、リボルビングを前提としている[6]。

　これら給付法の中での基盤整備といえる福祉計画とは、趣を異にするのが地域福祉計画である。社会福祉基礎構造改革による社会福祉事業法の改正により規定された地域福祉計画は、地域における福祉サービスの一体的提供という点で、ハードのみならずソフト面も含めた地域福祉の面的整備に関係する（社福法107条等）。換言するなら、各種福祉計画を横串で貫く計画とも評価できる[7]。

---

[5]　2010年6月18日の「規制・制度改革に係る対処方針について」（閣議決定）の中で総量規制の緩和を示唆する内容が盛り込まれたことに対して、同年9月17日の社会保障審議会介護保険部会において、負担と給付のバランス、保険者機能の発揮等の観点から総量規制維持の発言が出ている。

[6]　計画期間は、障害者福祉計画が国の基本方針により3年、子ども・子育て支援事業計画が国の基本指針により5年となっている。

[7]　炭谷茂編著『社会福祉基礎構造改革の視座』（ぎょうせい、2003年）46頁が、分野ごとの計画の整合性の問題を指摘し、相互の連携、全体としてのまとまりのある総合的な地域福祉計画の必要性を指摘する。1998年の中央社会福祉審議会の「社会福祉基礎構造改革について（中間まとめ）」も同内容の記述がある。

4　計画から見た両者の比較

以上の医療と福祉の比較に必要な予備的考察から、以下の点を指摘できる。

（1）需給調整の手段としての計画

自由開業医制を出発点とし民間主導の医療と、措置制度を出発点とし行政主導の福祉とでは、計画の意義も元々異なっていた。すなわち、医療計画がどちらかと言えば病床規制という規制行政（基準病床数）による量的抑制の性格を帯びていたのに対して、福祉は老人福祉計画等のように量的な基盤整備の性格が強かった。介護保険による介護保険事業計画等も、当初「保険あってサービスなし」を懸念する声もあり、量的な基盤整備の色彩が強かった。このことは、1999年のGP21にも表れている。ところが、介護給付費の増大による総量規制、その一方での地域密着型サービスの拡大のための公募指定との関係にみられるように、介護保険における計画はブレーキとアクセルの両方の意義を有するようになっている。さらに、障害者総合支援法等の他の福祉分野にも同様の傾向をみてとれる。

これに対して、医療計画の方も病床規制一本槍ではなくなってきている。累次の改革を経て、病床機能の分化及び連携強化、5疾病・5事業への対応が盛り込まれ、更に地域医療構想が登場したことにより、質的側面も含めた医療ニーズに対応するための計画となってきている[8]。つまり、今後の医療ニーズを踏まえた病床規制とともに、基盤整備が必要となっており、このことは国による医療計画達成のための補助規定（医療法30-9条）が置かれたことにも反映されている。

要するに、医療と福祉を通じて、需要と供給の両睨みの需給調整に関する規整体系が登場し、その重要性が増大してきていることになる（図参照）。

（2）医療と福祉を貫く規整体系

法体系としてみた場合、医療では、給付法（医療保険）と規制法（医事法制）が別法となっており、計画は規制法に組み込まれるのに対して、福祉では、措置制

---

[8]　医療法では、病院又は法人の果たす機能に着目して社会医療法人、特定機能病院及び臨床中核病院の類型とともに、病床の機能に着目した一般病床、療養病床等の類型が併存している。その限りでは、法人、施設及び病床の3段階での規制体系が存在することになる。また、医療機能の分化という点では、病床に着目した区分であって、入院を中心とした医療を前提としている。しかし、入院を要しないか短期間の入院ですむ医療の重要性が高まっていくならば、病床に着目することの合理性が減少することになる。このほか、結核・精神・感染症という区分と比べると、一般病床及び療養病床の二区分は大まかすぎる。この点は、地域医療構想における病床の機能区分（医療法30-4条2項7号）によって補完される。しかし、地域医療構想は、医療計画と比べてもソフトローであり、実効性の確保が課題となる。

図　医療と介護の規整及び計画の枠組み

	医療		介護			
			特別養護老人ホーム		老人保健施設 介護医療院	
	根拠法	内　容	根拠法	内　容	根拠法	内　容
施設の開設	医療法	（民間病院）病院の開設の許可等（7条）（公的病院）病院の開設の許可等（7-2条）	老人福祉法	（都道府県）設置の規制無し（15条）（市町村等）特養設置の届出（15条）（社会福祉法人）特養設置の認可（15条）	介護保険法	①老健施設開設の許可（94条）②介護医療院開設の許可（107条）
計　画	医療法	医療計画による基準病床数の設定	老人福祉法	都道府県老人福祉計画による必要入所定員総数等の設定（20-9条）	介護保険法	①老健施設都道府県介護保険事業支援計画による必要入所定員総数の設定（118条）②介護医療院都道府県介護保険事業支援計画による必要入所定員総数の設定（118条）
計画に基づく規制	医療法	（民間病院等）過剰病床の場合の開設中止等の勧告（30-11条）（公的病院）過剰病床の場合の開設不許可（7-2条）	老人福祉法	（社会福祉法人）過剰定員等の場合の認可拒否（15条6項）	介護保険法	①老健施設過剰定員の場合の不許可（94条5項）②介護医療院過剰定員の場合の不許可（107条5項）
保険サービスの提供	健康保険法	保健医療機関の指定（65条）	介護保険法	指定介護老人福祉施設の指定（86条）	介護保険法	指定制度無し
指定拒否	健康保険法	過剰病床地域の保険医療機関の過剰病床の指定拒否（65条）				

度の下での福祉関係八法改正にみられるように、給付法に計画が組み込まれることが多い。もちろん、介護の場合であれば、老人福祉法に老人福祉計画が規定され、特別養護老人ホームの総量規制も同法に基づく措置であるが、介護保険事業計画等と一体的に作成される結果、介護保険に基づく基盤整備と接合することになる[9]。ただ計画策定に当たっては、財源問題抜きには考え得ないことから、老人福祉計画からみても、介護保険（介護保険事業計画等）が重要となり、一体化には必然性がある。

　このような法体系の違いは、財政とサービス提供責任の問題を認識させる。まず、医療である。医療保険各法は、確かに現物給付方式を規定するが、保険者が全国津々浦々サービスを過不足なく提供すべき提供責任まで負うかは議論の余地がある。現行法に照らすなら、サービスが存在する限りで、保険医療機関等の指定を行い、現物給付に値するサービス供給を確保することが求められるが、それ以上の義務が存在するわけではない。すなわち、保険医療機関の指定拒否処分のように、供給過剰を放置する必要はないが、供給不足の場合に自らがサービスを供給主体となることは、少なくとも保険者事務の範囲を超えるであろう。もちろん、保険者が自ら医療機関等を整備することが否定されるわけではない[10]。

　むしろ、その関係で問題があるとすれば、負担面である。例えば、保険者の単位の関係で供給不足地域（例えば、僻地、離島等）と供給過剰の地域が混在する場合に供給不足地域の被保険者が高い保険料を負担することになれば、サービスに見合わない保険料という問題が発生する。医療保障は、医療供給も含めた全てを保険者が担う義務はなく、提供体制の構築及び過不足のないサービス供給は、国の責任とも考えられる。あるいは、保険者も医療供給に深く関わるべきという考

9　過剰地域の特別養護老人ホームの場合には、介護保険の指定の前段階である認可が受けられない。これに対して、医療の場合には、保険医療機関の指定の前段階は勧告止まりであり、指定拒否によって過剰病床が防止されることになる。また、介護保険法上の施設である老人保健施設及び介護医療院の場合には、指定制度はなく、許可により当然介護保険法上のサービスを提供する施設となる。このため、過剰定員の場合には、認可の段階で開設が認められないことになる。このような違いの理由が、何かが問題となる。一つの考え方としては、医療が消極的な衛生規制であるのに対して、福祉が社会経済的な積極的規制であることの違いである。

10　国民健康保険法の場合には、直診療施設の設置運営は、「保険給付のための必要な事業」として保険者が実施することができる（法82条3項）。考え方の前提としては、医療機関の整備は一般医療行政の範疇の仕事ではあるが、現物給付の建前の下で、被保険者の受診の機会の機会均等、制度の地域的性格といった必要性が存在している（国民健康保険中央会『国民健康保険法の解釈と運用』（社会保険出版社、2000年）981頁）。

え方もあり得ることになる。

　これに対して福祉の場合には、医療と比較することにより様々な示唆が出てくる。保険者概念のない措置制度の下では、ファイナンスとデリバリーの責任は分離していなかった。従って、直接的なサービス提供を第一義的な形態とし、それによりがたい場合（サービス不足の場合等）に措置委託を行うという建付けであった。しかし、実際にはサービス供給量の判断は、措置権者である行政に裁量が留保されており、適切なサービスの提供という点で、その法的実効性を担保する手段を欠く仕組みであった。それが社会保険等の個人給付方式への転換の契機の一つであった。ところが、個人給付方式の場合には、医療保険と同じように供給確保責任が保険者等の責任とは切り離されることになった。ただし、福祉の場合には、補完的に措置権限が福祉各法に残されており、現在も医療とは異なる面がある。考え方によっては、措置の責任を履行するためには、行政の責任によるサービス確保が必要になるともいえる。つまり、措置すべき施設等がなければ、行政庁としては措置のしようがないことから、措置という今や補完的な制度のためにサービス確保責任を負うことになる。

　このように、措置制度でない社会保険又は個人給付方式による福祉、公営医療でない社会保険方式による医療の場合には、行政が直接的なサービスの提供者ではなく、保険者又はその監督者の地位にとどまることから、需給調整の問題が発生することになる。また、計画は存在するものの、施設開設等のイニシアティブは事業者にあることから、何らかの需給調整の仕組みが別途必要となる。

（３）職業選択の自由との関係

　職業選択の自由の観点からは、医療法の病床規制は謙抑的であり、過剰病床に対しては、公法上の双務契約とされる健康保険法の指定段階で拒否権限が発動される。最高裁の判例（最一小判平成17年９月８日判時1920号29頁）によれば、指定拒否制度は、公共の福祉に適合する目的のために行われる必要かつ合理的な措置であることから、職業選択の自由に対する不当な制約とはされていない。さらに、医療法の医療計画自体についても、地域医療構想による将来の必要病床量等が計画に加わり（30-4条２項７号）、策定に当たって保険者協議会の意見聴取が必要となる（同条15項）など、衛生のみならず経済的視点も含めた計画への変質をうかがわせる[11]。

　それに対して、介護の場合には、特別養護老人ホームであれば老人福祉法の認

可、老人保健施設及び介護医療院の場合であれば介護保険法の施設の許可段階で拒否が発動される。また、在宅サービスの場合には、指定段階での拒否であるが、医療保険と異なり、指定は契約ではなく確認であることをどう考えるかの問題が残る。確かに介護の場合には、医療法のような衛生規制ではないとしても、サービス等に係る事業規制又は確認の性格を有する指定制度の限界を考えておく必要性はある。

このように、需給調整のための規整が伝統的な規制行政の枠組みに止まる限り、合憲性の判断基準である目的手段審査等に照らした判断が常に必要となる。そこで、近年の改革を通じて規整のパラダイムを変えてきているフランスを参考に考察を加えることにしたい。

三　フランスの需給調整制度

1　概　観
（1）特　徴

フランスの特徴は、病院と開業医が異なる経緯で発展してきたことである。その点は、報酬制度にも影響する。数的に民間より多い公的病院を中心に予算制度の下で管理されてきた病院と異なり、開業医の場合には、全国協約の下での報酬設定及びその支払制度が自由医療の原則との関係で重要な意味を有していた[12]。比喩的に表現するなら、病院は我が国の措置費、開業医は我が国の出来高払い制度に近いと言える。

ところが、医療技術の発達は、慈善的色彩の強かった病院の在り方にも影響を与える。端的に言えば、病院は、低所得者への看取りの場から、医学の発展に支えられた医療技術の展開の場に変化してきた。このことは、病院自体が、外来医療を提供するのみならず、日帰り入院、在宅入院（HAD）等を通じて、病院の場以外で医療に関与する場面や機会を増大させることになった。逆に、一般医のみならず専門医も独立した開業医として活動する割合の高いフランスにあって、開業医が非常勤等の形で勤務医を兼ねる割合を高めることにもつながった。

この結果、病院医療を開業医の医療とは全く別物と考えるのではなく、連携体

11　島崎謙治『日本の医療　制度と政策』（東京大学出版会、2011年）101頁。
12　久塚純一『フランス社会保健医療形成史』（九州大学出版会、1991年）6頁等。

制も含め、医療サービス全体の提供の視点でみる必要を増大させることになった。また、病院を捉える場合にも、質や機能の面が重要となり、伝統的な病床数、入院日数等の外形的な指標のみで捉えることができなくなっているのが現状である。

そうした中で、新たな医療提供体制を構築しようとしているのがフランスである。そのためのアプローチとしては、①患者の権利、②医療保険等による財政、③病院管理、④医療計画といったことが絡み合うことになる。本稿では、特に医療計画と関連の規制の関係からみていくことにする。

（2）全体構造

フランスでは、医療と福祉、国と地方（州、県、市町村）、政府と社会保険機関等の分立の中で制度が発展してきたのが特徴である。とはいえ医療に関する限り、現在、地方（州）レベルで国の機関である地方医療庁（ARS）に規制権限をも含め権力が集約化されてきている。地方医療庁は、2009年に、それまでの地方病院庁（ARH）を母体として、地方支分部局である地方保健社会問題局（DRASS）及び県保健社会問題局（DDASS）、疾病保険系統の地方疾病保険金庫連合（UECAM）等の権能を移管することにより創設された。

このことは、福祉分野にも影響を与えた。障害者及び要介護者を対象とする医療的社会施設は、医療との関係が深い分野であり、その関係でも地方医療庁の権能が強化されてきている。例えば、累次の改革により、地方レベルの保健医療分野の計画に、福祉の一環である医療的社会施設等が組み込まれている。

計画制度を規定する公衆衛生法典（CSP）に即して、この点を敷衍する。まず、地方医療庁長官が策定する下位計画として、2016年改革より前は、①地方予防計画、②地方保健医療組織計画（SROS）、③地方医療的社会組織計画が存在していたが、量が膨大で分かりにくいといった問題を抱えていた[13]。2016年法は、この計画の枠組みを変えることになった。すなわち、上記3種類の計画は、5年を期間とする単一の地方保健医療計画（SRS）に統合された。さらに、SRSは、㈠10年を期間とする地方の医療全体の目標及び期待される結果を規定する戦略的政策枠組（Cadre d'orientation stratégique）、㈡予防へのアクセス及び最貧者の医療

---

13 M. Cormier, «La réforme de la planification sanitaire et médico-sociale», *Les cahiers de la fonction publique*, n° 369 septembre 2016, p. 37は、分量がしばしば1000頁を超える等の問題を指摘する。

に関する事業計画とともに、上位計画である地方保健医療基本計画（PRS）を構成する柱の一つとなった（CSP.L.1434-2、R.1434-1等）。このうちのSRSには、保健医療（医療活動及び医療機器設置の開廃等）のみならず、ニーズを踏まえた医療的社会施設（介護、障害者関係の施設等）の量的・質的な供給目標等に関する事項も盛り込むことにより、その射程を広げた。このことは、医療のみならず医療的社会施設も含め、関連分野の連携及び関係性が重視されるようになったことの反映でもある。実際、医療的社会施設等には、別途策定される県社会・医療的社会組織計画（Schéma départemental d'organisaton sociale et médico-sociale = SDOSM）があるが、SRSは、これとの整合性を図ることが求められている（CSP.L.1434-3）。

　さらに上位計画としては、地方の保健医療戦略を束ねる地方保健医療戦略計画（PSRS）が存在する。地方の保健医療政策を方向付けるPRSもPSRSに沿って策定されるが、その際、全国保健医療戦略、社会保障財政法等との整合性が求められる。このように、医療と福祉を通じて、他の政策手段との関係も含め、国と地方を貫く計画の体系化が進んでいることが読み取れる。

2　医　療
（1）許可制度

　フランスの許可（autorisation）制度の対象には、医療機関の開設等のみならず、入院以外の医療事業及び大型医療機器の設置も含まれる（CSP.L.6122-1等）。このほか、医師が共同で活動したり、必要な設備を共同利用する場合、医療機関等を運営するための法人の創設も許可制度の対象となる（CSP.L.6122-3）。許可に服さないのは、大型医療機器を使用しない開業医の医療である。

　許可要件は、一般的要求事項、要求事項の履行の約束（疾病保険の支出水準の遵守、評価の実施）、特別の事項（公衆衛生上の要件等）である。このうち一般的要求事項には、地方保健医療組織計画（SROS）等に規定された需要及びその目標値が含まれる。従って、医療需要に合致しない場合には、権限当局の広範な裁量の下での判断により許可が与えられないことになる[14]。また、特別の事項としては、医療資源の共同利用又は医療の継続的提供といった病院公役務への協力があり、これらの履行を許可要件とすることができる（CSP.L.6122-7）。かかる許可制

14　M.-L. Moquet-Anger, *Droit hospitalier*, LGDJ, 2018, p. 166

度の立脚点としては、①医療への平等なアクセス保障の必要性、②患者の利益のための質及び安全の確保があるが、過剰供給が医療費の高騰、ひいては国民負担の増大を招くことから、③経済的配慮もあることが指摘されている[15]。

許可の有効期間は、原則5年である（CSP.L6122-8等）。更新の要件としては、許可の際の要件の遵守等のほか、地方医療庁長官に提出されたサービス評価の結果が規定されている（CSP.L.6122-10）。申請者は14月前までに評価の結果を提出する必要があるが、特段の問題がなければ、黙示の更新ですむ。ただし、地方保健医療計画等に照らして必要がある場合には、黙示の更新ではなく、提出書類も含め、当初の許可と同じ要件が課せられる。

（2）計画等との関係

計画制度は、医療圏の下での病床、医療機器等の規制を柱とする医療地図（carte saniraire）を導入した1970年の病院法を嚆矢とする。この量的な規制制度は、供給過剰地域での増床等の抑制には有効だとしても、既存施設等の温存につながる問題を有していた[16]。その後、1991年7月31日のエヴァン法（loi Évin）により地方保健医療組織計画（SROS）が導入されるが、医療地図は残され、これが廃止されるには、2003年9月4日のオルドナンスを待たねばならなかった。

累次の改革により、計画はその内容とともに名称も見直されていくが、計画と結び付いた許可制度はなくなることなく今に至っている[17]。すなわち、計画が単に病床や医療機器の単なる量的規制ではないものの、医療へのアクセス等の質の保障を実現する観点からの量的目標としての性格を帯び、許可も計画との整合性を前提に付与されることになる。実際、地方保健医療計画（SRS）は、医療施設の開設、医療機器の設置等に関して対抗力を有することが公衆衛生法典上も規定

---

15 M.-L. Moquet-Anger, *op. cit.*, p. 161
16 M. Cormier, *op. cit.*, p. 36
17 名称に限っていえば、2009年7月21日法により地方保健医療組織計画（SROS）が地方医療組織計画（SROS）となり、2016年1月26日法により地方保健医療計画（SRS）に溶け込むことになった。内容としては、地方保健医療計画も医療の質、アクセス及び効率性の改善を目指すものであった。また、地方保健医療組織計画と同じ略称となる地方医療組織計画（SROS）は、医療連携及び福祉との連携が重要となる中で、病院のみならず開業医等による医療も射程に取り込んだ点に特徴がある。ただし、開業医の場合には、開業の自由との抵触問題がある。このため、計画実現のための政策手段は、医療過疎地域での開業を条件とする医学生への手当の支給や当該地域に開業する医師への最低収入保障といった手法に限定される。さらに、直近の地方保健医療計画でも、地方を細分化した民主的医療圏域を設定し、圏域内の医療に関する量的・質的目標を設定することになっており、従来の流れを超える内容ではない。

されている(CSP.R.1434-7)。このように、許可制度の許可要件を通じて、計画には規範的な拘束力が生じることになる[18]。他方、開業医については、1次及び2次医療の需給関係が計画に盛り込まれるが、開設の自由を尊重することが前提となっている(CSP.L.1434-3)。

需給調整という点では、地方医療庁が許可の申請期間を一定期間に限定する「受付窓口(fenêtre de réception)」規整が実質的な許可枠の抑制効果を有する。元来、審査は申請順であるのに対して、当該規整は、申請の順番によって不公平を発生させないよう申請期間を限定し、当該期間内の申請は公平に扱う仕組みといえる(CSP.L.6122-9)[19]。この結果、申請のうちでも地域の医療ニーズにより応えられる施設等が許可されることになる。

計画の規範的拘束力の点では、医療機関と地方医療庁との間の複数年目標・管理契約(CPOM)も重要である。同契約の中には、活動の転換、医療活動及び医療機器に関する量的目標等が規定される。この実効性の確保のため、医療機関は毎年の報告書の提出が義務付けられている。従って、複数年目標・管理契約は、許可制度と相まって需給調整のための仕組みとして機能することになる。例えば、複数年・目標管理契約が遵守されない場合には、地方医療庁長官は、許可を見直し、場合によれば許可の取消権限が付与されている(CSP.L.6122-12)。

なお、経緯的には、公私の病院間の競争を制限するとともに住民の病院へのアクセスを改善することを目的として、政府は、次第に民間のみならず公立も含めた病院の許可制度及び計画を導入したが、その計画も次第に量から質へと変質してきていることが指摘されている[20]。

3 福 祉
(1) 許 可

社会・医療的社会施設及びサービス(以下「福祉施設等」という。)の開設等には、許可が必要である。遡ると、福祉施設等の規制は、1975年6月30日法により

---

[18] CE, 26 avril 2001, *Fondation Lenval*, n° 231870, Lebon p. 221は、SROSが新生児集中治療室の対象として大学病院しか規定していないことから、不許可を見越したレフェレ(référé)による急速審理の訴えに対して、SROSの法的拘束力を認めた。

[19] CE, 21 mars 2011, n° 332281は、期間を外れて提出された申請を却下した処分を適法と判示している。

[20] M.-L. Moquet-Anger, *op. cit.*, p. 155

施設基準への適合を要件とする許可制度として整備されるが、そこには計画制度は含まれていなかった[21]。福祉分野の計画は、保健医療・社会福祉の地方への権限委譲に関する1986年1月6日法によって登場する。ただし、同法は、施設の認可と計画は関連付けられておらず、計画には規範性がなかった。

　そうした中、計画と許認可を規範的に関連付けたのは、2002年1月2日法であった。その後の改正を経て、現在、県の福祉計画である県社会・医療的社会組織計画（SDOSMS）又は地方の地方保健医療計画（SRS）に盛り込まれたニーズとの整合性が社会事業・家族法典（CASF）に基づく施設等の許可の要件となっている（CASF.L.313-4）[22]。また、社会扶助の適用については、そのための認可（habilitation）が必要となるが、その関係でもSRSに基づくニーズに合致しない場合には、認可の取消が存在する（CASF.L313-9）。さらに、障害者関係では、2005年2月11日の障害者法により、障害者・要介護者のケアに関する複数県横断プログラム（CASF.L.312-5）が登場し、それとの整合性も要件となっている。

　このほか、2009年7月21日法（HPST法）は、許可制度のパラダイム転換という点でも重要である、すなわち、福祉施設等の開設等に当たっては、企画公募（appel à projet）が許可に前置されることになった。その後、2015年12月28日の高齢化社会適応に関する法律により、画一的な企画公募の実施は実態に合わないことから、適用除外を拡大する見直しが行われたが、基本骨格は依然として維持している。企画公募の下では、許可のイニシアティブが、申請の意思のある事業者から公募をする権限当局に移り、地域のニーズに基づき実施するコンペや公共調達類似のプロセスを経て選定された事業者に対してのみ許可が与えられる[23]。なお、公費投入のない施設等は同制度の対象とならない等の例外があるが、運営基準への適合は施設認可の要件とされている。許可の有効期間は15年となってお

21　規制の変遷については、O. Poinsot, «Le droit au parcours des personnes accueillies ou accompagnées en établissement ou service social ou médico-social», Revue général de droit médical, juin 2016, pp. 196-197

22　公衆衛生法典（R.1434-7）は、SRSが医療的社会施設等に対しても対抗力を有することを規定している。

23　企画公募は、EUのサービス指令に端を発する公共調達改革と軌を一にする（詳細は、伊奈川秀和「社会福祉の需給調整における規整手法の検討」福祉社会開発研究10号（2018年）19頁）。公費投入、公的イニシアティブ及び計画の性質をメルクマールとする公共調達に関して、憲法院は、公共調達へのアクセスの自由、取扱いの平等及び手続きの透明性に憲法的価値を認めている（CC Décision 2003-473 DC du 26 juin 2003）。

り、外部評価の受審等を条件として、特に問題がなければ、黙示の更新により事業が継続される。仮に外部評価に問題があれば、改めて許可の申請が必要となる。

このように計画に加え、許可に企画公募及び外部評価が絡むことにより、状況は複雑化する。つまり、企画公募の導入により、施設等の開設のイニシアティブが設置者から行政に移り、外部評価が課せられることから、伝統的な許認可及び指導監督による法体系に別の規整要素が組み込まれたことになった。また、社会扶助に関する権能を分掌する国と県という行政間の連携の欠如、計画・許認可・財政に関する縦割等が計画的な施設整備を阻害しているとの評価もみられる[24]。

(2) 計画等との関係

福祉分野の計画は、高齢化等による福祉施設等の増加もあり、重要性を増してきている。さらに福祉分野の計画は、医療等の連携を重視する2009年のHPST法により見直しが行われることになった。その典型が、前述のようなSDOMSとSRSとの整合性の確保である。ところで、福祉施設等に関する計画としては、要介護及び障害等を対象として県レベルで策定される県社会・医療的社会組織計画 (SDOMS) 以外にも、分野に応じて国及び地方レベルの計画が存在している。これら福祉関係の計画は、企画公募のみならず許可との関係でも法的拘束力を有している。このため、福祉施設等の許可は、計画の目標、需要等に合致することが条件となる。

障害者法及びHPST法による改革は、SDOMSとは別の計画として、障害者及び要介護者の伴走支援に関する県間事業計画 (PRIAC) を制度化した。この結果、福祉施設等に関して、地方議会議長策定の地方医療的社会施設等組織計画 (SROMS) と地方医療庁長官策定のPRIACという形で地方公共団体と国の機関による計画が地方レベルで併存することになった。このうちPRIACは、SROMSの実現するための財政的手段及び優先順位等に焦点を当てた計画である点でSROMSとは異なっている[25]。また、構造的には、SROMSは、川上にあるPSRSと川下にあるPRIACとをつなぐ支点の役割を担っていることになる[26]。

以上のように福祉分野において、計画が許可との関係で規範性を有すること

24　O. Poinsot, *op. cit.*, p. 197
25　地方医療庁が実施する企画公募との関係では、企画公募実施の拠り所の一つとなる（J. Priou et S. Demoustier, *Institutions et organisation de l'action sociale et médico-sociale*, Dunod, 2015, p. 79）。
26　F. Vialla (dir.), *Jurisprudences du secteur social et médico-social*, Dunod, 2012, p. 20

は、医療と同じである。それに加え、企画公募により、福祉施設等の許可が、需要に応じた施設整備のための手段の一角をなすようになった。このことは、許可制度が伝統的な規制行政というよりも、需給調整のための規整となったとも捉えられる。

四　若干の考察

　以上の分析を踏まえ、日仏の制度について、2点を指摘しておきたい。
　一点目は、フランスにおいて、医療に関する公衆衛生法典、福祉に関する社会事業・家族法典という法典の違いを超えて、両分野において許認可、計画、目標・管理契約等を組み合わせた需給調整制度に関する近接化がみられることである[27]。もちろん、医療的社会施設のように、その性格上体系的にも医療との一体化が進んでいる分野もあるが、ここで注目すべきは、法技術的な手法の近接化である。我が国でも、計画制度やそれに関係する病床規制又は総量規制のような類似の手法が多用されるようになっている。企画公募についていえば、サービス提供のイニシアティブが行政であるという点において、介護保険の公募指定方式との類似点もみられる。その点では、我が国の場合、伝統的な衛生規制や措置制度の延長線では考えられない需給調整の仕組みが登場してきていることと軌を一にする動きのようにも思われる。
　二点目は、両国を通じて、医療と介護等の資源の地域偏在、供給過剰等が入り交じる中で、財政状況の逼迫もあり、需給調整の必要性が高まっていることである。このことは、過剰供給への対応を念頭に置くならば、病床、施設等の設置規整の必要性は依然としてあるものの、医療過疎等の満たされないニーズへの対応という点で、過剰と過少の両面からの需給調整の必要性を高めている。また、財政制約の中での稀少な資源の効率的・効果的な配分の観点からは、計画を通じた量的規制のみならず、PDCAを回すことによる医療や福祉の機能及び質の管理が重要となっている。
　三点目は、このような需給調整が片方で職業選択の自由又は競争政策との関係での議論を喚起することである。フランスにおいては、医療機関の開設等の規制

27　B. Apollis, « La réforme de la régulation de l'offre médico-sociale », *Revue générale de droit médical*, n° 59 juin 2016, p. 157

の根底に経済性への配慮があることからすれば、許可制度が純粋に衛生規制とは捉えられていないとも考えられる。また、医療的社会施設に係る企画公募は、EUのサービス指令（Directive 2006/123/CE）への国内対応を背景としており、適用除外（2条2f）となっている医療とは事情を異にする。その関係で導入された企画公募は、医療的社会施設によるサービスを対象とする公共調達類似の仕組みであり、その限りでは競争条件が確保されることになる。我が国に引き寄せていえば、企画公募は福祉自体を公共調達の枠組みに取り込むことにより、職業選択の自由の論点を回避していることになる。もう一方の医療の場合にも、受付窓口規整は、申請期間を限定することにより、窓が開く期間を狭めれば過剰供給を抑制する手段ともなり得る。また、申請期間の範囲では、申請者間で競争条件を同一にしていることになる。その点では、受付窓口規整も需給調整の色彩を帯びることになる。

　翻って、我が国の病床規制及び総量規制は、新規参入等の場合を対象とする制度であり、結果的に既存施設等の既得権が保護される。また、外部評価と許認可の更新を結び付ける制度ではないことから、既存事業者の市場からの退出は念頭に置かれていないことになる。従って、新規参入に対しては障壁として有効に機能するとしても、事業者間の競争条件を同じにする仕組みとはなっていない。その点では、管理された競争という条件下であるとしても、需給調整のための制度上の工夫については、検討の余地が残されているともいえる。とりわけ、今後の人口減少を展望するとき、需給調整に関する仕組みは重要性を増すと考えられる[28]。

28　本稿は、JSPS科研費18G0130の助成を受けた研究成果の一部である。

社会インフラ老朽化の政策過程
――キングダンの「政策の窓モデル」による考察――

稲 生 信 男

一　はじめに
二　政策の窓モデルによる社会インフラ老朽化政策の政策変化の分析
三　まとめと含意

一　はじめに

　近時、比較政治制度論において新制度論による制度改革の分析が活発におこなわれている。改革の経緯については、省庁の審議会の議事録、衆参両議院の本会議や行政委員会の議事録、主要なアクターのオーラルヒストリーや回顧録、識者の政策提言にかかる論文や書籍等を追うことで、かなりの程度で解明できるだろう。他方で、制度改革のタイミング、変化した内容、その後の政策への影響といったことを解明するには、道具概念の利用が便宜である。

　本稿では、以上の問題意識から、政策変化のタイミングを測るためにキングダンの「政策の窓モデル」を用いて説明することを試みる（Kingdon 2011＝2017）。

　キングダンの政策の窓モデルは、もともと大統領制をとる米国連邦政府における政策過程分析のために考案されたものである。このため、英国のウェストミンスター・モデルをはじめとする、他の国の政策過程に適用可能かどうかは議論がある。しかし、本稿では政策の窓モデルの汎用性を確認する意味もあり、キングダンのモデルを利用する[1]。

　以下は、キングダンならびに稲生がおこなった政策の窓モデルの整理（稲生2018）に依拠しつつ、各流れごとにモデルを簡易に定式化したうえで、具体的事

---

[1] キングダンの提示した種々の概念にそって記述することで、政策変化のタイミングを知ることが可能であることを示すことが主眼にある。このため、キングダンのモデルには手を付けず、また文献やインターネットのホームページ等から得られるデータをもとに記述を行っている。なお、政策の窓モデルを修正して、日本のNPO法の成立過程へ適用したものとして、小島（2003）がある。

象に適用していくこととする。対象とする政策変化としては、日本の社会インフラ老朽化問題における政策の変化をとりあげる[2]。キングダンのいう問題の流れ、政策の流れ、そして政治の流れの順に記述したうえで、3つの流れが結合して政策の窓が開く状況、すなわち政策が変化する状況を観察する。そのうえでアジェンダから政策選択肢が特定されていく過程を整理する。

二　政策の窓モデルによる社会インフラ老朽化政策の政策変化の分析

1　問題の流れ
（1）概念の整理

問題の流れにおいては、社会に散在しているさまざまな状況が問題として定義される。キングダンによれば、問題は必ずしも政治的圧力によるのではなく、以下のような3つの要因から問題が認識されるという。第1の要因は指標、第2の要因は焦点となる出来事、危機や象徴などの事象、第3の要因はフィードバックである（Kingdon 2011＝2017, p. 125-142）。

1つ目の指標には、大災害の被害者数、ある病気の罹患率や経済指標の消費者物価などがある。意思決定者は、問題の深刻さの判断、ならびに、問題の変化に気づくために指標に注目する。問題の所在と解決の必要性を立証するのには定量的指標が必要となる。

2つ目の焦点となる出来事らは、例えば大企業の経営破綻、大規模な事故や災害を指す。他方、象徴は、医療費の高騰が問題になっているときに、新しい高額医薬品の開発が成功し市場に出回るようになったケースを指す。端的に問題をより深刻化するような場合には象徴といえるだろう。

3つ目のフィードバックは、行政が政策実施について受け取る反応を指す。政策評価のような制度的装置によることもあれば、寄せられる市民からの声や、政策実施を担う職員が現場で経験する経験からも察知される。

2　社会インフラは、インフラ、公共施設ならびに機械類からなる。インフラとしては道路、橋梁、上水道や下水道などを、公共施設としては学校、病院、公営住宅、庁舎などを、さらに、機械としてはプラント、浄水場、下水処理場などを含んでいる（根本 2011, p. 6では社会インフラは社会資本とされていたが、本稿ではこれらをまとめて「社会インフラ」と称する）。

以下、3つの要因を「要因群」と称する。

他方、要因群から認知されても、意思決定者が問題を処理済と認識することや、問題解決に失敗したような場合には、アジェンダとして留まることは難しい。留まるには、時間、人的資源あるいはアクターの動員といった政治的資源の投入が求められる（Kingdon 2011＝2017, p. 143）。

資源のなかでも予算は重要であり、制約条件としてアジェンダを下位に押しやる原因となる。このため、予算削減に資する方策として、シーリングなどの直接的コスト抑制、医療の現物支給に代わって健康増進策を導入するような間接的コスト抑制、ならびに鉄道整備に代わってバスの専用レーンを導入して交通網を強化するなど部分的で代替的な政策案の提示による抑制といった3つがあげられる（Kingdon 2011＝2017, p. 147-148）。

以下、問題として滞留する際の制約条件となるこれらの資源を「資源条件」と称する。

続いて、整理されたこれらの概念を社会インフラ老朽化政策に適用する。3つの要因群にしたがって順次記述することとし、資源条件については、必要に応じて要因群の記述のなかで触れることとする。

（2）モデルの適用

（a）指　標

直截に問題の認識状況を指し示す指標は見られないため[3]、国土交通省の「国土交通白書」（以下、「白書」という）を利用して問題の状況を把握する[4]。

内容は、社会経済情勢の分析をもとに国土交通省の政策動向を概説したものとなっている。白書の第Ⅰ部は、社会経済の現状を国土交通省の観点から捉えており、当年において日本が抱える政策課題、いいかえればキングダンのいう問題を抽出したものといってよい。第Ⅱ部は、第Ⅰ部をうけて国土交通行政を概観して

3　キングダンは、例えば運輸といったような政策領域に関係する特定の問題（例えばある鉄道会社の経営悪化問題）を複数設定し、関係する主体に対して、当該問題が目立つか否かといった形で聴取することを数年間繰り返してデータを得ている。つまり、特定の問題に対する、関係主体の認識割合を、当該問題への認識度とみなして計測している（例えば、Kingdon 2011＝2017, p. 126-128）。他方、本稿では、特定の問題自体の指標は収集し検討しているものの、この指標に対する関係主体の認識については測定していない。問題の重要度が白書の作成者によってあらかじめ規定されてしまっている。この点は本稿の把握している指標の限界として率直に認めざるを得ない。

4　白書には、原局版、オンライン版ならびに市販版があるが、本稿ではオンライン版によった。

いるが、一部で問題状況へ言及する。

本稿では、定性的な説明を根拠づける定量的指標が含まれていること、また白書の内容は政策立案に直接関係する政治家や官僚が問題として捉えていると考えられるため、社会インフラの老朽化政策にかかる指標として代用することとした。またとりあげる期間としては省庁再編以降とする（他の流れについてもおおむね同様）。

まず2001年度の白書では、省庁再編の時期でもあったことから国土交通省のこれまでの政策の成果を紹介する内容となっている（国土交通省 2002）。社会インフラの老朽化問題については取り上げられていなかった。

続く2002年度の白書では、人口構造の変化に対応した国土交通行政のあり方をテーマに、今後の社会インフラ整備のあり方について検討されている（国土交通省 2003）。第Ⅰ部第2章第4節では、需要の観点からは今後は社会インフラの需要が減速するとし、また財政的な制約も厳しく受けている実態を論じている。

さらに、同省所管ベースでは、1950年から2001年の50年間でストック量が50倍の規模に達しているとしたうえで、一定の前提のもとで今後25年間の社会インフラの維持管理・更新投資の規模の推計も行っている。中位推計（社会インフラの伸び▲1％）では、維持管理・更新投資の占める割合が約62％に達するとされた。

2003年度ならびに2004年度の白書では、老朽化政策に関する言及はみられなかった。

2005年度の白書では、安全と安心社会の確立をテーマとしていたこともあり、第Ⅰ部第2章第8節において、課題の1つとして社会インフラの老朽化が取り上げられた（国土交通省 2006）。

2006年度の白書では、コラムを除くと、老朽化政策に関する言及はみられなかった。アジェンダや政策選択肢の特定に影響するような指標はみられない。

2007年度は、第Ⅱ部第1章第2節「3 社会資本の高齢化時代における戦略的な維持管理・更新」において、インフラ等の老朽化政策の方向性について論じている（国土交通省 2008）。このなかで、老朽化した社会インフラストックの危険性を指摘しつつ、蓄積したストックの有効活用の重要性について論じている。表1に示すように、主要なインフラの老朽化度合いを指標で示している。老朽化が急速に進むことを示した指標とデータは、政策立案に関わる政府ならびに行政自身に対して影響を与えたことが推察される。

表1　建築後50年以上経過する社会資本の割合

	2006年度	2016年度	2026年度
道路橋	約6％	約20％	約47％
河川管理施設	約10％	約23％	約46％
下水道管渠	約2％	約5％	約14％
港湾岸壁	約5％	約14％	約42％

(資料) 国土交通省「国土交通白書（平成19年度版）」(2008) p. 81図表Ⅱ-1-2-2より作成

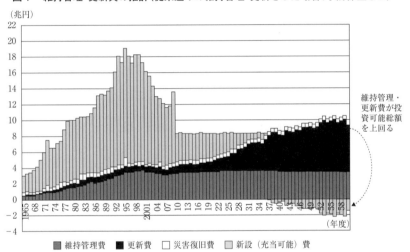

図1　維持管理・更新費の推計(従来通りの維持管理・更新をした場合、予防保全なし)

(資料) 国土交通省「国土交通白書（平成21年度版）」(2010)、p. 35図表66を一部簡略化[5]

　2008年度の白書では、第Ⅱ部第1章第5節において、高齢化した施設のリスクを指摘し、「事後的処理」から「予防保全管理」への転換を強調している。指標を示す数値としては、2007年度と全く同様の表ならびにデータが示され議論を行っている（国土交通省 2009）。

　2009年度の白書では、第Ⅰ部第2章第1節「1生活、経済活動を支える基盤の再編」において記述されている。指標としては、前述の表1を用い、3年ずつ繰り下げてデータを更新している

5　図の中の点線の矢印部分は、維持管理・更新費が投資可能総額を上回る額を示す。

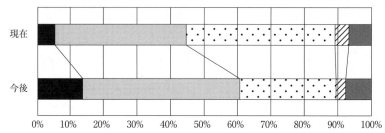

図2 社会資本の維持・更新に関する不安（国土交通省意識調査結果）

（資料）国土交通省「国土交通白書（平成22年度版）」(2011)、p. 85図表100の一部

　他方、予防保全に関する記述は、より具体的になっている。維持管理・更新費の推計を行い、予防保全の取り組みを行わない場合と、先進自治体並みの取り組みを全国に広めた場合の相違についてシミュレーションを行っている（予防保全なしのケースにつき図1）。

　2010年度の白書では、冒頭で東日本大震災の発生を報じ、広域にわたる未曾有の被害の概要を詳述するとともに、政府および国土交通省を挙げて、救急救助と被災者の支援を続けている旨を記述している（国土交通省 2011）。

　住宅、建築物やインフラ等の耐震不足の問題をあげつつ、社会資本ストックが急速に老朽化することに改めて注意喚起している。表1でも示した建築後50年以上経過する社会資本の割合については、2009年度を基準年に改訂され、着実に老朽化が進むとする（国土交通省 2011, p. 84）。他方で、財政面の制約について強調されている。

　さらに、国土交通省が2011年2月に実施した国民意識調査[6]の結果の一部として、社会資本の維持・更新について現在不安に思うかという点については、現在では4割台半ば、今後については約6割が不安に思っていること（図2）、等の結果を図表とともに示している。

　2011年度の白書では、第Ⅰ部第2章第1節において、社会インフラが急速に老朽化することに改めて注意喚起している。また、図1と同様の考え方で推計をおこなった図を示しており、従来どおりの維持管理・更新をした場合に、2037年か

6　全国満20歳以上の男女を対象にインターネットを通じて実施し、4,000人の回答を得たとする（国土交通省 2011, p. 72）。実施タイミングが東日本大震災の直前である点には留意を要する。

図3　社会資本更新の費用負担

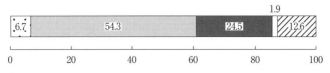

□ 負担が増えても、速やかに全ての施設の更新を進める

■ 負担が増えないよう、施設の重要度などを考慮しつつ優先順位をつけて更新を進め、最終的には全ての施設の更新を進める

■ 負担が増えるなら、必ずしも全ての施設を更新する必要はない

□ その他

▨ わからない

(資料) 国土交通省「国土交通白書（平成23年度版）」(2012)、p.100図表155

表2　社会資本整備重点計画(平成21年3月31日閣議決定)における施設ごとの長寿命化・老朽化対策の進捗率

	初期値	実績値（年度末時点）			目標値
	平成19	平成20	平成21	平成22	平成24
全国道路橋の長寿命化計画策定率	28％	41％	54％	63％	100％
下水道施設の長寿命化計画策定率	0％	約4％	約8％	約24％	100％
水門等の河川管理施設の長寿命化率	0％	約15％	約31％	約47％	100％
港湾施設長寿命化計画策定率	約2％	約13％	約58％	約70％	約97％
老朽化対策が実施されている海岸保全施設の割合	約51％	約51％	約52％	-	約6割

(資料) 国土交通省「国土交通白書（平成23年度版）」(2012)、p.102図表161の一部

らは新設が不可能となり、更新費についても必要額の約16％にあたる約30兆円が不足するとしている（国土交通省 2012, p.98）。

　続いて、前年度の白書でも行った国民意識調査を再実施して確認している。当年度は社会資本の老朽化の認識と、国民の費用負担を前提とした更新の是非について指標化するに至っている（図3）。白書では、これらの指標を受けて、いわゆるアセット・マネジメントの推進が必要との結論を得ている。

　これらの「実態把握からマネジメントへ」という政策展開は、指標の捉え方にも表れている。これまでは老朽化率のみによって警鐘を示す指標であったものの、表2に示すように計画の策定率や長寿命化等の対策の進捗率に変化してい

る。指標により実績を把握し工程管理を行う意思の表れであろう。

　以上の指標の動向についてまとめると、第1に、建設後50年以上経過した社会インフラのストック状況のデータ（前掲表1）と改定値、第2に、将来も含んだ維持管理・更新費のフローベースの推計値と改定値（前掲図1）、第3に、社会インフラの維持更新に対する国民意識（前掲図2および図3）、第4に、社会インフラの老朽化対策の進捗の遅れ（前掲表2）を代表的な指標として、現状の水準や指標の値の悪化を示すことで、内外に政策対応の必要性を訴える狙いがあるものと考えられる。これらの指標の値と変化が問題の窓を開く契機を形成したものと考えられる。

(b) 焦点となる出来事、危機や象徴などの事象

　第2の要因としては、焦点となる出来事ないしは危機的な状況をあげることができる。社会インフラの老朽化政策との関連で2000年代に入ってからの事象を抽出すれば、東日本大震災と笹子トンネル事故の2つをあげることができる。以下、分説する。

　（ⅰ）危機的な状況——東日本大震災

　第1に、危機的な状況としては2011年3月11日に発生した東日本大震災である。被害を受けて、政府は対応に乗り出した。社会インフラ関連については、国レベルの政策の方向性を決定付ける計画として「社会資本整備重点計画」が重要であるが、2010年12月には新たな計画の骨子を決定したものの、東日本大震災のため修正を余儀なくされる。2011年11月になってようやく「中間とりまとめ」が公表された。社会インフラの老朽化政策については、政策課題のなかでは冒頭の「（1）安全・安心な生活、地域等を維持する上で取組が必要な課題　①国土の保全」の中に位置づけられているものの、重要性の再確認にとどまっている。

　これは、2011年に行われた重点計画の見直しについては、東日本大震災のもたらした被害からの復旧と復興に主眼があったことによる。他方、社会インフラの老朽化対策については、重要な問題でありながらも、震災への対応に比べればアジェンダとしては相対的に劣位に置かざるを得なかったと考えられる。

　（ⅱ）焦点となる出来事——笹子トンネル天井板落下事故

　第2に、焦点となる出来事としては、2012年12月2日に発生した、中央自動車道上り線の笹子トンネル内で生じた天井板落下事故である。

　事故発生2日後の12月4日、国土交通省は落下の発生原因の把握や、再発防止

策等について専門的見地から検討するため、今田徹東京都立大学名誉教授を委員長とする「トンネル天井板の落下事故に関する調査・検討委員会」を設置した。翌2013年6月18日に「報告書」を公表している。

　報告書で整理された事故発生要因の要点は、以下のとおりである（トンネル天井板の落下事故に関する調査・検討委員会 2013, p. 38-39）。第1に設計に係わる事項としてボルトの引張力の問題、第2に材料・製品に係わる事項として施工仕様等の問題、第3に施工に係わる事項として所定のボルト接着剤引抜強度の問題、第4に中日本高速の事故前の点検内容や維持管理体制の不十分さの問題が考えられるとする。そのうえで、結論的にはこれらの「要因が複数作用し、累積された結果、致命的な事故に至った」とする。

　事故発生要因のなかでも第4点目の維持管理体制の指摘については、社会インフラ全般に関する維持管理の課題として、単なる状況要因から問題として改めて認識されることとなった。

　実際、政府も2013年1月11日に閣議決定した緊急経済対策において、東日本大震災の被災地復興を急ぐことを最優先としつつ、これと並んで大きな柱を防災対策におき、中央自動車道・笹子トンネルの事故も踏まえ、下水道や鉄道も含むインフラを全国で総点検し、部品などの補修や補強を急ぐものとした[7]。

　以上のように、東日本大震災ならびに笹子トンネル天井板落下事故の2つは、全国的な社会インフラの老朽化対策に向けて問題の窓を開く重要な契機となった。

（c）フィードバック

　社会インフラの老朽化問題については、全国で散発的に発生している状況自体は認識されていたものの、老朽化政策としてパッケージになっていなかったこともあり、十分なフィードバックを得られる状況ではなかったと考えられる。

　（a）で分析した白書においても今後の政策のあり方として、2012年に至ってもアセット・マネジメントなどの考え方が整理されつつあったにすぎない。

　したがって、アジェンダの設定や政策選択肢の特定に影響するようなフィードバックは観察されなかった。

　以上でみてきたように、社会インフラの老朽化にかかる指標、ならびに東日本

7　「緊急経済対策主な事業のポイント　事業規模20.2兆円復興加速最優先に」、『読売新聞』、2013年1月12日、朝刊、p. 7。

大震災と笹子トンネル天井板落下事故からなる焦点となる出来事と危機的状況を主な要素として、問題の窓が開いたものと考えられる。なお、窓が開く直接の原因となったのは、笹子トンネルの事故であった。

2　政策の流れ
（1）概念の整理
　政策の流れにおいては、ある政策課題に対する政策案についてのアイデアが複数存在する。アイデアを生む主体が政策コミュニティである。政策コミュニティでのアクターの例としては、議員、官僚や公務員、種々の政策案を提示する学識経験者や、実務的立ち位置より関わろうとするシンクタンクの研究者等の専門家らがあげられる。

　政策過程では、医療や福祉などの政策の領域や、個別のテーマごとの政策コミュニティが生み出すアイデアが段階的に、あるいは、ランダムに検討される[8]。議論と修正を経て、利用可能な政策選択肢のいくつかが残る。利用できる選択肢が存在しなければ、アジェンダとしては劣後にならざるをえない。

　以下、アイデアが検討される場ならびに検討の過程をあわせて「政策コミュニティ」と項目立てをおこなう。

　ここで、政策コミュニティでとりあげられる政策やアイデアを提唱する者が「政策起業家」である（Kingdon 2011＝2017, p. 166-188）。政策起業家は、政府内部、行政組織、利益団体、シンクタンクや学術機関などに属しており、経歴は多様である。彼らは、提案したアイデアを実現するために、政策コミュニティのアクターと、一般大衆の双方の「軟化」（Kingdon 2011＝2017, p. 173）を行う。軟化とは、アクターと一般大衆の双方を新しい提案になじませ、提案に対する捉え方を柔軟にし、姿勢を前向きにしたうえで、提案へ賛同するように導く工夫をおこなうことである。軟化の過程では、「説得」と「拡散」とが合意形成方法の内実を構成する（Kingdon 2011＝2017, p. 169-173, 213）。

　以下、政策やアイデアを提唱する政策起業家と軟化過程をあわせて「政策起業家」と項目立てをおこなう。

　8　キングダンは、アイデアが発案され、議論され、調整を受け、そして淘汰されていくような過程を「政策の原始スープ（the policy primeval soup）」と称している（Kingdon 2011＝2017, p. 160ほか）。

政策コミュニティで出された政策のアイデアが選択肢として生き残るには、いくつかの条件が必要である（Kingdon 2011＝2017, p. 177-188）。キングダンによれば、第1に技術的実行可能性、第2に価値受容性、第3に将来の制約の予測の3条件がある。第3の将来の制約の予測とは、採用された提案に要するコストや、政治家や一般大衆からの明示ないしは暗黙の同意の調達可能性を指す。

以下、アイデアが生き残る3条件を「アイデアの残存条件」と称する。

(2) モデルの適用
(a) 政策コミュニティ

社会インフラ老朽化政策における政策コミュニティは、日本では国土交通省が中心的な存在である[9]。加えて複数の省庁が関係する。このほか、社会インフラ政策をいわば経済政策的にも捉え、資金的手当を検討していた内閣府も重要な政策コミュニティである。

また、民間セクターでは、経済団体、建設や維持更新にあたる個々の企業、企業や建設技術関係者を会員とする業界団体、土木学会を始めとする研究者団体などが、社会インフラをめぐり政界・官界との間で密度の高い関係性を有している。

では、社会インフラの老朽化問題については、政策コミュニティ内部でいかなる政策起業家が主導的立場にあったのだろうか。

(b) 政策起業家

社会インフラの老朽化政策コミュニティでアイデアを提唱する政策起業家としては、数多く存在していた。民間では、大学等の研究者のほか、シンクタンクのアナリストやコンサルタントらがおり、行政では、政府機関の国家公務員、自治体の現場で社会インフラの老朽化対策に取り組んでいる職員らがいる。彼らは、研究会での議論をとりまとめて出版やインターネットを通じて情報発信を行ったり、啓蒙活動や企業活動の一貫として政策提言を行ったりしている[10]。与野党を

---

9 国土交通省設置法（平成十一年法律第百号）第3条1項には、「国土交通省は、……社会資本の整合的な整備……を図ることを任務とする。」とある。
10 例えば、2013年までに出版された主な実務書ないし論稿を政策起業家らからなるサブコミュニティとして捉えると、社会インフラの減量・機能転換・横断的管理や技術の側面からの観点から考察した神尾（他）（2011）（公共経営や社会インフラ専門のコンサルタントらが執筆）、施設の最適化・遊休施設等の活用や災害対策までファシリティマネジメントの観点より考察した小島（編著）（2012）（自治体の現場に係わる実務家が中心に執筆）、インフラの老朽化と需要減に対応した制度設計、官民連携の論点ならびに人材確保など技術的側面等の包括的観点から考察した宇都

問わず政治家にも存在する。

　本稿では、これら多くの政策起業家のなかから、社会インフラ老朽化の政策過程に、「政府の外部から内部」へ展開しつつ関係性を有して関わってきた政策起業家（以下、前者）、ならびに、「政府の外部あるいは周辺」で関係性を有して関わってきた政策起業家（以下、後者）から抽出して考察を加えたい。なぜなら、長らく状況認識ないしは問題認識はされながらも、政府のアジェンダにまでは浮上せずに漂流してきた社会インフラ老朽化問題を、アジェンダに浮上させ、あるいは具体的な政策選択肢を示して議論の俎上に載せる担い手がいなければ、政策の変化は困難であるからである。

　そこで本稿では、前者については、政府の内部で国レベルの国土強靭化対策を主唱した藤井聡氏、後者については、もっぱら政府外の立場で、自治体レベルの社会インフラ老朽化対策を主唱した根本祐二氏、の2名を抽出した。

　藤井氏は、2009年に京都大学大学院工学研究科教授に就任後、2011年に「京都大学レジリエンス研究ユニット」の長に兼任で就き、研究と多くの政策提言を行っていた。以下、外部への情報発信力という点から意義を認められる文献をとりあげたい。

　同氏は、2000年代以降にとくに強まった、メディアなどによる非効率な公共事業を攻撃するような論調、さらには民主党政権時代の「コンクリートから人へ」という方針のもとでのさらなる公共事業の削減に疑問を呈した。橋梁など社会インフラ老朽化がもたらす深刻な事故や大災害から日本を守り、道路などの整備によるネットワーク強化等によって競争力を向上すべきである、といった主張を展開し注目を浴びることとなった（藤井 2010）。

　続いて、同氏は東日本大震災後の復興のあり方について、今後も大災害が起こることを念頭に、ふるさとを再生し、デフレ脱却をしつつ日本経済が立ち直る政策のあり方を整理しつつ、10年間で日本の強靭化を図るための8つの提案を行った（藤井 2011, p. 189以下）。それぞれ有機的に連関する提案から切り出すことは躊躇されるものの、直接本稿に関連を有すると思われる部分をあえて抜き出すと、第1の防災・減災のためのインフラ対策をあげられる。すなわち、校舎、庁舎や高速道路といった公共性の高い社会インフラを中心に耐震性向上を図り、耐震性

　（他）（2013）（コンサルタント、研究者や法律家らが執筆）、などがあげられる。

の急激な劣化を意味する老朽化への対策も積極的に進めるよう主張している（藤井 2011, p. 190-191）。

さらに、2012年12月26日付で第2次安倍内閣の内閣官房参与（防災・減災ニューディール政策担当）に任命されてからは、直接政策に影響を及ぼすこととなった。内閣官房の動きは、外部から直接観察することはできないが[11]、藤井氏が著書で示した構想を通じて、政策起業家の構想する政策案の影響の一端をうかがうことができる。

例えば、産業構造の強靭化が生産性の向上をもたらし経済成長も可能であるとする「経済レジリエンス」[12]の考え方も導入しつつ、「レジリエンス・ジャパン構想」を披瀝している。本構想では、日本が現在、災害の危険だけではなく社会インフラ老朽化がもたらす危機に直面していることから、レジリエンスを獲得することが重要であり、レジリエンスを発揮して成長を遂げるべきだと主張する（藤井 2013, p. 151以降）。

以上から、政策起業家としての藤井氏が社会インフラ老朽化政策に与えたインパクトとしては、第1に公共事業の再評価、第2に国土強靭化のための災害対応ならびにインフラ老朽化対策の必要性や妥当性に対する社会的認知の促進、第3に経済政策（成長戦略の柱）としての老朽化政策の位置づけの明確化、の3点であったと考えられる。

他方、根本氏は、PPP/PFI（公民連携）について専門的知見を有し、2006年に東洋大学経済学部教授に就任後、政府の委員会のほか、兼任で「東洋大学PPP研究センター」を主宰しつつ、公民連携の手法を体系化して自治体職員等の実務者教育を行うなどの活動を行っていた。

具体的には、同氏は社会インフラ老朽化問題については内閣府の「PFI推進委員会」に委員として参画し、政策提言を行っている。2010年4月19日に開催された第23回PFI推進委員会において資料を提出し、マクロレベルの社会インフラの現在のストックを50年間で更新するための更新投資額を概算で総額337兆円、年間約8兆円とみなしたうえで、人口減による削減効果等を見込んでも約2兆円

11　第2次安倍内閣の政権運営については多数の文献がある。政策課題ごとに検討グループが結成され、官邸から省庁に指示がいく方式を「インナーキャビネット」とみる考え方がある（御厨 2015）。
12　藤井氏は、経済産業研究所においてファカルティフェローとして研究プロジェクトを主導しており、経済レジリエンス概念を定立して考察を行っている（藤井（編著）2013）。

が不足するため、PPP/PFI の活用、すなわち民間の創意工夫の発揮によって解消することが求められるとの説明を行っている。

同年5月18日に開催された第24回 PFI 推進委員会に出された「中間的とりまとめ（案）」では、PFI 制度の今後の対応の方向性として、「ハ　今後発生が見込まれる多額の更新投資に適切に対応するための情報を把握するとともに、民間の提案を幅広く求めてその解決を図る手法を導入する。この場合において、規律ある資金調達に留意する」（傍点部は筆者）と明記された。同氏によれば、政府の文書に、更新投資と情報の把握の必要性が明示されたのは初めてではないかとのことであった（根本 2010, p. 6）。

さらに、同年6月18日に公表された政府の新成長戦略では、社会インフラの急速な老朽化を踏まえ、戦略的維持管理や更新を進めることや、新設も含めて効果的・効率的に進めるために PFI や PPP を積極的に活用することが盛り込まれている。

一方で、自治体向けの活動も展開する。維持管理や更新に要する費用を試算するソフトウェアを独自に開発して一般の利用に供しているほか[13]、社会インフラの維持管理ならびに更新や公共施設の再配置のあり方を検討する委員会の委員長として活動するなど[14]、社会インフラに関わる政策課題の解決に向けて尽力してきていた。

これに加えて、根本氏はこれまでの研究成果をまとめ、マクロの更新投資等の推計値を示しつつ、自治体レベルでの推計方法、自治体における先進事例、社会インフラマネジメントの具体的手法などを整理して出版した（根本 2011）。本書は版を重ね多くの読者の目に触れることとなった。

以上から、政策起業家としての根本氏の社会インフラ老朽化政策に与えたインパクトとしては、第1に社会インフラの維持管理と更新の推計手法の構築への貢献、第2に個別自治体の社会インフラ老朽化マネジメントへの支援、第3にPPP/PFI を通じたインフラ老朽化対策のコスト問題の解決法の主唱、の3点であったと考えられる。

13　東洋大学のホームページにおいて、2010年10月に「社会資本更新投資計算簡略ソフト」、2011年8月には計算ソフトの「震災復旧版」を無償で公開している。
14　例えば、「秦野市公共施設再配置計画（仮称）検討委員会」、「さいたま市公共施設マネジメント会議」ならびに「相模原市公共施設マネジメント検討委員会」等の委員長を歴任している。

ここで、やや単純化しすぎるきらいがありながら、2名の政策起業家の活動形態を要約すれば、藤井氏は社会インフラ老朽化政策について政権外部から政府アジェンダ化に取り組むとともに、政権内部から決定アジェンダ化に取り組んだのに対して、根本氏は政権の周辺から社会インフラ老朽化政策の政策選択肢の特定に取り組んだということができるだろう（アジェンダの類型などについては4（1）で後述）。いずれにせよ、両政策起業家はキングダンのいう「軟化」を起こすために、「説得」と「拡散」を行っていたと評価できよう。

(c) アイデアの残存条件

アイデアの残存条件については、藤井氏は、「技術的実行可能性」と「価値受容性」に貢献したものと考えられる。国土強靱化政策の体系構築と求められる技術条件を明らかにしたことは前者に親和的であるし、何よりも公共事業の再評価を社会へ認知させるために行動したことは後者を高めることに貢献したものと評価してかまわないであろう。また、根本氏は財政面での制約の克服に道を開いた点に鑑み、「将来の制約の予測」の面に貢献したものと考えられる。もちろん、2名の政策起業家の力のみで、社会インフラ老朽化政策のアイデアが存続できたわけではない。

3　政治の流れ

（1）概念の整理

キングダンは、政治的な事柄が政策形成過程と関連する重要な一部であるとみている（Kingdon 2011＝2017, p. 195-196）。また政治の流れの構成要素として、「国民全体の雰囲気」、「組織化された政治勢力」ならびに「政治の流れの中の政府」の3つをあげる（Kingdon 2011＝2017, p. 196-213）。

国民全体の雰囲気は、国の風潮や幅広い社会運動などにあたるが、国民に漂う空気感のようなものに近い。世論調査のようなサンプル調査から影響は受けるものの、必ずしも一致するわけではない。キングダンによると、政治家は、集会への参加、団体や個人との交流により、官僚等の非公選の公職者らは、政治家との接触により、国民全体の雰囲気を感じ取る。さらに、メディアの報道や著名コラムニスト等のコメントが政策の実行可能性に与える影響は大きい。

組織化された政治勢力は、政党、圧力団体、あるいは利益集団などを指している。

政治の流れの中の政府は、政府そのものの内部で起きる事象を指している。例えば、政権交代が重要な事象である。

以下、政治の流れの3つ構成要素をたんに「構成要素」と称する。なお、本稿では紙数の制約があるために、第2と第3の構成要素についてはまとめて論じる。

また、以上のような構成要素からなる政治の流れの合意形成は「取引」に支配される（Kingdon 2011＝2017, p. 213）。政治的な連携は、ある立場や政策への支持の見返りとしての譲歩や、明示あるいは暗黙の取り決めにより成り立つ。

それでは、社会インフラの老朽化問題に関係する政治の流れはどのようなものであっただろうか。

（2） モデルの適用
(a) 構成要素
（ⅰ）国民全体の雰囲気

本稿では「国民全体の雰囲気」については、メディアの報道をもとに観察することとする。なぜなら、第1に、政策の意思決定者にとっては、政党の場合には独自の世論調査に加えて、メディアの報道が政策の実行可能性に与える影響が大きいこと、第2に、特定の政策イシューについて、キーワード検索によって出現の有無と頻度を時系列で確認することができること等からである[15]。

具体的には、まず社会インフラのなかで、いわゆる「ハコモノ」を意味する公共施設等の老朽化政策が政策アジェンダにのぼってくる契機について、関連する語句が報道に現れる頻度をみた。データ収集方法として、日経テレコンを利用し、「公共施設」および「老朽化」のキーワードにより検索を行ったところ、1977年から記事が現れ、合計で746件が抽出された[16]。

次に、報道の内容をみてみる。報道内容を大まかに類型化すると、第1に大規模開発や再開発事業関連の助成制度など国の新規政策についての報道、第2に自

---

15 政策イシューの名称が時の経過によって変化する場合のあることは否定しない。しかし、本稿でとりあげる社会インフラの老朽化の取扱いについては特筆すべき変化はみられない。

16 検索は2016年9月8日におこなった。注意しなければならないのは、746件という件数はあくまで2つのワードで検索できた見出しの総数である点である。このため以下では、記事の内容を精査したうえで記事を類型化している。なお、同日に「インフラ」と「老朽化」の2単語をもとに検索をおこなった結果、1982年を最初に1,636件が抽出された。傾向としてはあまり変わらないため、分析については割愛した。

治体が事業主体となっている市民ホールや博物館などの単体の施設の改修・建替・移設等、施設の維持・更新あるいは地元の中核的な公共施設新設の報道、第3に自治体が事業主体となっている大規模な開発事業についての報道、第4に1990年代後半以降に導入がみられるようになったいわゆる公民連携に関連する報道、第5に本稿に直接関係する、全庁的かつ政策横断的に取り組まれる、公共施設等の老朽化政策にかかる報道、第6にその他、に分かれる。

類型にしたがって年代別にみていくと、1980年代までの報道は、全庁的・総合的に公共施設等の老朽化対策にとりくんだ第5類型に該当するケースは、報道においては見られない。すなわち、表出した報道は、第1～第3類型、ならびに第6類型である。

1990年代に入っても傾向はほぼ変わらない。

2000年代に入ると、自治体における深刻な財政状況と、1999年に制度化されたPFIへの期待が高まったこともあって第4類型が報道されるに至る[17]。

第5類型にあたる、体系的な公共施設等の老朽化政策に関する報道については2008年頃までは多くはない（図4）。

他方、2008年を境として第5類型においても変化の兆しがみられる。社会インフラの管理について部局横断的な全庁的・総合的取組み等が必要であるとの「世論」形成が試みられ始める。

さらに、2009年に入ると、公共施設等の保全や改築・改修にかかる費用が地方財政に重大な影響を与えることが明らかになってくる。東京都の主要施設のみの改築・改修費用が10年間で9,000億円にのぼること（「都の主要施設、改築・改修に9000億円」、『日本経済新聞』、2009年2月11日、朝刊地方経済面東京版、p. 15。）等が代表例である。

2010年には、第5類型にあたる公共施設等の老朽化問題に対する総括的な問題提起や先進的取組みを行っている自治体の事例などについて、財政負担の側面も織り交ぜながら報道が増加していく。

2011年5月には、前出の政策起業家の根本氏が書籍を公刊し、メディアでも社会インフラの老朽化が数多くとりあげられることとなった。

2012年には、社会インフラの老朽化問題と更新費用を取り上げる報道や、政策

17　厳密には、PFI法制定当初は新政策であったことから第1類型であるといえるものの、本稿では、報道件数が増加するにしたがって、一つの領域を形成したと考えている。

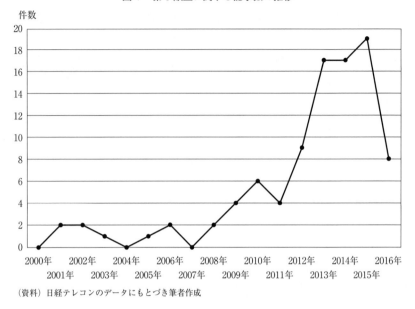

図4 第5類型に関する記事数の推移

(資料) 日経テレコンのデータにもとづき筆者作成

の担当者が施設の複合化等を通じて住民との関わりを持つことで生じる課題などの報道も出てくる。

こうして、2012年以降、社会インフラの老朽化問題の重大性と対策の必要性について報道される機会が増加することで、国民全体の雰囲気に変化の兆しが見られるようになっていったものと推察される。

（ⅱ）組織化された政治勢力・政治の流れの中の政府

民主党は、2000年代に入って徐々に国会内で存在感を増すなかで、自由民主党（以下、自民党）などとの政府与党との間で対決姿勢を強めていった。

公共事業に関しては、ほぼ一貫して、税金の無駄遣いの温床であるとの見方をして批判的であった。2003年以降に作られた国政選挙のマニフェストをみると、2003年の第43回衆議院議員総選挙では、5大公約の第2に、税金の無駄遣いをやめるとの項目を置き、「公共事業の無駄を止め、生活・環境重視に転換します」と宣言して、根拠を明示しないで削減金額のみを掲げていた（「民主党政権公約 MANIFESTO（マニフェスト）」2003）。

2005年の第44回衆議院議員総選挙では、冒頭の8つの約束の第3番目に、「コ

ンクリートからヒト、ヒト、ヒトへ」と提示し、「ハコモノ行政」から脱却して人材育成に資金を回すといった公約を掲げている（「民主党政権公約 MANIFESTO（マニフェスト）」2005）。

　2009年8月の第45回衆議院議員総選挙では、マニフェスト冒頭の鳩山由紀夫代表の言葉として「（現政権は）コンクリートの建物には巨額の税金を注ぎ込む」（カッコ内は筆者が付加）、しかし「私は、コンクリートでなく、人間を大事にする政治にしたい」という表現を行った（「民主党政権政策 Manifesto」2009）。この選挙では、民主党が勝利し、自民党ならびに公明党は、野党に転落することとなった。

　他方、自民党は、政務調査会の内部に「国土強靭化総合調査部会」（二階俊博会長）を設置し、国土強靭化の取り組みについての議論を開始した[18]。議論の成果は書籍にまとめられ出版されている（自由民主党国土強靭化総合調査会（編）2012）[19]。なお、政策起業家の藤井氏は、本書籍に国土強靭化の考え方について寄稿している。

　こうして、自民党と公明党は、野党時代に国土強靭化あるいは防災や減災といった考え方を温めることで臥薪嘗胆することとなった。

　他方、与党民主党側は、自民党の掲げる国土強靭化政策について批判的であった。例えば、2012年7月25日に当時の前原誠司政務調査会長は、「昔の政治に逆戻りするのかという感じがする。公共事業のバラマキ先祖がえりを認めてはいけない」[20]と発言したとされている。

　その後、2012年11月16日に衆議院が解散され、12月16日に第46回衆議院議員総選挙が行われることとなった。

　この選挙における自民党の社会インフラ老朽化問題に関連する政策をみると以下のとおりである（「重点政策2012自民党」）。政策の前提として、首都直下型や南海トラフの巨大地震が発生する確率が極めて高いとして防災対策を掲げる。そのうえで、①経済再生、②教育再生、③外交再生および④暮らしの再生からなる4大政策を柱に据える。このなかで、社会インフラの老朽化に関係する部分を抽出すると以下のものをあげることができる。

---

[18] この部分の記述については、藤井（2013, p. 159-162）ならびに自民党のホームページを参照した。
[19] なお、公明党でも、防災と減災をテーマとする議論が行われていた。
[20] 自民党ホームページ（2012年7月26日「谷垣禎一総裁定例記者会見」、https://www.jimin.jp/news/press/president/128881.html、2018年11月30日参照）。

表3　自民党の政権公約のうち社会インフラ老朽化関連（抄）

項目	具体的な政策
まず、復興	事前防災を重視した国土強靭化 ・「国土強靭化基本法」の制定による事前防災の制度化を実現 ・三大都市圏の都市機能を守るため、老朽化した上下水道対策など「都市防災」を進める ・行政インフラや通信インフラをはじめ、生活関連インフラを含む重要インフラの防御・総合的な管理を実現 ・学校、公共施設、民間建築物等の耐震化加速と通学路の歩道整備など国民の安全・安心に直結する社会資本の前倒し整備を実施

(資料)「重点政策2012自民党」(2012) より筆者作成

　他方、民主党は、公共事業については八ッ場ダム問題など一部で方針転換は余儀なくされたものの、2012年における政権交代間際の民主党のマニフェストにおいても、公共事業を劣位においていた。社会インフラにかかる政策は目立たず、被災地の町づくりや高台移転等の被災地に限定したミクロな政策を提示するにとどまっていた（「民主党政権政策 Manifesto（マニフェスト）」2012）。

　選挙の結果、2012年9月に自民党総裁に選出された安倍晋三氏が率いる自民党が圧勝し公明党と連立を組んで政権与党に返り咲くこととなった。政権交代の結果、重点政策としての国土強靭化や社会インフラの老朽化対策へと政治の窓（4（1）で後述）が開くこととなった[21]。

4　政策の窓と3つの流れの結合
(1) 概念の整理

　キングダンは、「政策の窓」とは、種々の提案を主唱する人々にとって好みの解決策を推したり、特有の問題に注意を促したりする好機であるとする（Kingdon 2011＝2017, p. 221）。問題、政策そして政治の3つの流れは、比較的短期間しか開いていない政策の窓の好機をとらえて、一つにまとまり結合する。

　政策的課題であるアジェンダや、解決策としての政策選択肢は、政策の流れの

---

[21] 政治の窓が開くにあたっては、取引が行われることはなかったと考えられる。前述したように、公共事業をめぐって、自民党および公明党と、民主党とが鋭く対立していたことがある。なお、自民党と公明党との間での政策協議にあたっての取引もありうるが、両党のこれまでの良好な関係性からみて、政策の窓とは関連が薄いと思われる。

中を流れる。キングダンは、必ずしもアジェンダを踏まえて解決策が生み出されるのではなく、政策の流れの中でさまざまな解決策が生まれ、解決策は、自らと親和的な政治的な事象を求め、政府の周辺を漂うとする（Kingdon 2011＝2017, p. 230）。

政策の窓には、「問題の窓」と「政治の窓」の2つがある（Kingdon 2011＝2017, p. 232）。問題の窓は、例えば、政府にとって差し迫った問題が生じると開き、あるアジェンダの主唱者は、この問題に好みの解決策を結びつけようとして政策の流れに接触する。政治の窓は、政治家などが、政権交代、党勢の回復あるいは自らの再選に資する政策案の探索を開始すると開き、彼らは政策の流れに接触する。これらの接触は、政府アジェンダへ影響する。

ここで「政府アジェンダ」とは注目を集めつつある主題のリストであり、「決定アジェンダ」とは政府アジェンダの中で積極的な決定の候補になっている主題のリストである（Kingdon 2011＝2017, p. 16）。さらに、政府は具体的に活動するための選択肢のセットから、政策選択肢を特定していく。

キングダンによれば、問題の流れと政治の流れは、単独で政府アジェンダを生むことができるものの、問題、政治、さらには政策の3つの流れが合流することで、決定アジェンダになる可能性が劇的に高まる（Kingdon 2011＝2017, p. 237）。決定アジェンダに昇格すると、関係者の真剣な検討を経て、選択肢が特定されていく。

（2）モデルの適用
(a) 問題の窓

問題の窓については、二1（2）(a)および(b)で論じたように、社会インフラ老朽化の指標の悪化、ならびに東日本大震災と笹子トンネル天井板落下事故が社会インフラ老朽化問題の危機的状況および焦点となる出来事として、窓を開く重要な契機になったものと思われる。

(b) 政治の窓

政治の窓については、2012年12月26日に第2次安倍内閣が組閣され、国土強靱化担当大臣の設置と古屋圭司衆議院議員の同大臣への就任、ならびに、政策起業家の藤井聡氏の内閣官房参与（防災・減災・ニューディール政策担当）への就任を一つに契機として、開いたものと思われる。これは、同日に閣議決定された安倍内

閣の「基本方針」において、「老朽化インフラ対策など事前防災のための国土強靱化の推進や、大規模な災害やテロなどへの危機管理対応にも万全を期すなど、国民の暮らしの不安を払拭し、安心社会をつくる」（傍点部は筆者）といった文言が盛り込まれ、自民党らが掲げていた公約を政治的かつ政策的にも公式の決定アジェンダにしたと考えられるからである。

(c) アジェンダ・政策選択肢の特定

以上のように、問題の窓と政治の窓が開き、かつ、第2次安倍内閣の基本方針に位置づけられたことで、国土強靱化と社会インフラ老朽化問題が政府アジェンダから一気に決定アジェンダへと昇格したものとみることができる。さらに、2013年に3つの流れが合流し、政策の窓が開いた、すなわち政策転換が図られたと評価できると考えられる。

ただし、2013年はじめの時点では、決定アジェンダとして、早急に取り組むべき問題となったものの、厳しい財政状況への対応など、多様な政策課題が山積するなかで、具体的な政策選択肢までは決まっておらず、助走段階にあった。

同年1月25日には内閣官房に「国土強靱化推進室」が設置され（室長は杉田和博副官房長官）、組織的対応を開始した[22]。以下では、まず国土強靱化自体の議論、予算要求ならびに法整備の動向について整理したのち（(ⅰ) 国土強靱化関係）、社会インフラ老朽化関連の動向（(ⅱ) 社会インフラ老朽化関係）について記述する。

(ⅰ) 国土強靱化関係

2013年2月28日には、安倍首相が第183回国会の施政方針演説において、「命を守るための『国土強靱化』が焦眉の急です。……徹底した防災・減災対策、老朽化対策を進め、国民の安全を守ります」（傍点部は筆者）と発言している。

3月5日には、内閣官房内に設置された、国土強靱化に関する総合的な施策の推進の在り方についての意見聴取を目的とする「ナショナル・レジリエンス（防災・減災）懇談会」の第1回が開催された。座長は藤井聡氏である。英米における国土強靱化政策の動向や日本の社会インフラの老朽化の現状等の情報提供を受けて、今後の社会資本の維持管理と更新についての検討の方向性が示され、議論がおこなわれた。ナショナル・レジリエンスの射程として、防災基本計画と国土

---

22 2013年に入ってからの記述については、内閣官房「国土強靱化の推進に関する関係府省庁連絡会議」の第1回から第3回までの配布資料を参照した。

形成計画をシームレスに架橋しつつ、傘下に社会資本整備重点計画等の分野別計画を適切に策定していくとの方向性も明確にされた。

　3月19日には、第1回「国土強靱化の推進に関する関係府省庁連絡会議」（以下、連絡会議という）が議長の国土強靱化担当大臣のもとで開催された。連絡会議は、国土強靱化に関し、関係府省庁が情報や意見の交換を行い連携するとともに、総合的な施策を検討し推進することが目的である。

　8月の第4回連絡会議までの議論では、「起こってはならない事態」に対する施策パッケージ、すなわちプログラムについての議論が主流であることから、社会インフラの老朽化対策に直接関連する議論はやや低調であったようである。これは、翌2014年度の概算要求の時期に近づいていたためである。

　そして、9月13日の第5回連絡会議では、国土強靱化推進室が各府省から示されたプログラムを総括し、「国土強靱化関係予算概算要求」として提示している。

　さらに第5回連絡会議では、減災や防災のための国土強靱化基本法案の骨子が示された。法案骨子では、内閣に国土強靱化推進本部を設置し、全国の既存社会インフラの脆弱性評価を受けて、国が国土強靱化基本計画の策定をおこなうこと、また、国と地方とが連携しながら国土強靱化を進めることとされていた。その後、国会等での審議を経て、2013年12月に法律は成立した[23]。

（ⅱ）社会インフラ老朽化関係

　国土強靱化への政策パッケージ化と法案整備に向けた動きの一方で、地方自治体も重大な政策課題を抱える社会インフラ老朽化政策についての議論も深められていった。

　まず、2013年1月21日には、社会資本の戦略的な維持管理ならびに更新を推進することを目的に「社会資本の老朽化対策会議」（以下、対策会議という）が国土交通省内部の検討会議として設置された。

　一方で、6月11日の第3回対策会議では他省庁との連携を取り上げていたが、日本経済再生本部（本部長は安倍首相）からの手直しがあったようである。伏線は、同本部が作成して6月14日に閣議決定された「日本再興戦略──JAPAN is BACK──」にあった。日本再興戦略は、いわゆるアベノミクスの「三本の矢」の第三の矢としての成長戦略にあたる。社会インフラ老朽化に直接関係している

23　「強くしなやかな国民生活の実現を図るための防災・減災等に資する国土強靱化基本法」（平成25年12月11日法律第95号）。

のは、3つのアクションプランのうち、未来産業の育成を目指す「戦略市場創造プラン」である。

同プランのなかでは、「テーマ3　安全・便利で経済的な次世代インフラの構築」が社会インフラ老朽化関係のものであり、「インフラを、経済社会活動の礎となる機能を発揮する社会的な資産と捉え、最先端の技術と蓄積したデータを賢く利用することにより、財政規律に資するコスト縮減を図りつつ、その機能が恒常的に発揮され、時代の変化に対応して安全性・利便性が向上していく環境を実現する」とされた。このため、「インフラ長寿命化基本計画」の秋頃までの策定を義務付けている（日本再興戦略のp.75-76に記載）。

以上の動きを受けて、10月16日に第1回「インフラ老朽化対策の推進に関する関係省庁連絡会議」が開催された[24]。会議では、中長期的な維持管理や更新コストの縮減および平準化を図ることなどの基本方針が確認されている。

その後、11月29日に「インフラ長寿命化基本計画」が取りまとめられ、国民生活やあらゆる社会経済活動を支える各種施設をインフラとして幅広く対象とすることとし、戦略的な維持管理と更新等の方向性が示された。当基本計画は、国全体の社会インフラの長寿命化に向けた基本方針であるとともに、省庁ごとに策定される社会インフラ長寿命化の行動計画、ならびに自治体ごとに策定される社会インフラ長寿命化計画の基礎となるものであった。

以上のように、2013年に政策の窓が開いてからは、相互に連関する国土強靱化関係ならびに社会インフラ老朽化関係の取り組みが2つの支流を形成しつつ、社会インフラの老朽化対策を含んだ国土強靱化の法案の成立、省庁横断的な予算要求、さらには、国の省庁だけではなく、自治体レベルの長寿命化計画を含んだ国を挙げての社会インフラの長寿命化計画の策定という形で、決定アジェンダならびに政策選択肢の特定へと進んでいった。

三　まとめと含意

キングダンの「政策の窓モデル」は、国内における政治学や公共政策のテキス

---

[24] 議長は内閣官房副長官補であり、国土交通省は副議長ポストに回っている。会議の運営自体は国土交通省が行うものとされた。

トで必ず紹介されるモデルである。政策の窓モデルは、いわゆる大統領制をもとに、多様なアクターが政策をめぐって関わる特徴をもつ米国における政策過程を前提に考案されたものである。しかしながら、このモデルの枠組みの抽象性ゆえか、大統領制ではない英国をはじめ西欧諸国のほか、アジアなどでも、モデルの原型のまま、あるいは一部を修正されたり、あるいはモデルの一部のみを取り出されたりしながら、国や地方レベルの分析に用いられてきている。

日本国内においては、このモデルを利用して実際の政策過程を分析した文献は複数みられるものの、政策の窓モデルの細部の要素まで定式化しつつ活用した例を筆者は寡聞にして知らない。本稿では、改めてキングダンの「政策の窓モデル」に注目し、日本における社会インフラ老朽化政策における政策の窓が開いた時機、すなわち政策の変化のタイミングを分析することを試みた。

考察の結果、社会インフラの老朽化問題についての問題の窓は、指標の悪化と、東日本大震災および笹子トンネル天井板落下事故を契機に開き、政治の窓は第2次安倍内閣の成立時点に開いたものと思われる。それらの結果、2013年に至って政策の窓が開き、政策コミュニティにおいて活動してきた政策起業家が、決定アジェンダ化と政策選択肢特定に取り組んできた社会インフラ老朽化問題は決定アジェンダとなって、政府および関係省庁での政策決定プロセスを経て政策選択肢の特定に至ったものと考えられる。国と地方とが一体的かつ総合的に社会インフラの老朽化対策に取り組むことが決まり、これまでの個別的で場当たり的な対応からの政策変化を遂げている。以上が本稿で明らかとなった。

他方で、キングダンは、基本的には独立して時間の経過をたどる3つの流れはランダムではなく、一定の制約要因があるという。紙幅の制約もあり、制約要因の整理までは行うことができなかった。仮に、制約要因が一つの「制度」に相当するならば、政策の窓が開いた後の展開を説明し一般化することも可能かもしれない。今回の事例が内包する（かもしれない）制度的契機の検討については今後の課題としておきたい。

参考文献

藤井聡（2010）『公共事業が日本を救う（文春新書779）』文藝春秋。
　——（2011）『列島強靭化論——日本復活5カ年計画（文春新書809）』文藝春秋。
　——（2013）『レジリエンス・ジャパン——日本強靭化構想』飛鳥新社。

―――（編著）(2013)『経済レジリエンス宣言――「強靭」な日本経済を求めて』日本評論社。
稲生信男（2018)「ジョン・キングダン「政策の窓」モデルについての一考察――意義・論評・展望（1)」『早稲田社会科学総合研究』19（1)、p. 1-22。
自由民主党国土強靭化総合調査会（編)（2012)『国土強靭化～日本を強くしなやかに』国土強靭化総合研究所。
神尾文彦（他)（2011)『社会インフラ 次なる転換』東洋経済新報社。
Kingdon, John W. (2011) *Agendas, Alternatives, and Public Policies* (2nd ed). Boston, MA: Longman.（笠京子訳『アジェンダ・選択肢・公共政策――政策はどのように決まるのか（ポリティカル・サイエンス・クラシックス12)』勁草書房、2017)。
小島廣光（2003)『政策形成と NPO 法――問題、政策、そして政治』有斐閣。
小島卓弥（編著)（2012)『公共施設が劇的に変わるファシリティマネジメント』学陽書房。
御厨貴（2015)『安倍政権は本当に強いのか（PHP 新書)』PHP 研究所。
根本祐二（2010)「社会資本の老朽化と更新費用」『地方財務』677、p. 2-12。
―――（2011)『朽ちるインフラ』日本経済新聞出版社。
トンネル天井板の落下事故に関する調査・検討委員会（2013)『報告書』。
宇都正哲（他)（2013)『人口減少下のインフラ整備』東京大学出版会。

　このほか、国土交通省「国土交通白書」各年度版、国土交通省、内閣官房ならびに内閣府のホームページ、自由民主党ならびに民主党の政権公約についてホームページを参照して引用した。また、新聞に関しては、本文あるいは脚注で出典を示した。

少子高齢化社会における
社会保障政策選好と世代間対立

遠 藤 晶 久

一　序　論
二　少子高齢化と世代間対立
三　日本における世代間対立認識の構造
四　世代間対立認識の形成要因
五　世代間対立と政策態度
六　結　論

一　序　論

　日本を含む先進民主主義諸国の多くは、少子高齢化の進展に直面している。少子高齢化は、これまでの人口構成を前提としている様々な制度・政策に変更を迫るが、最も端的にそれが表れるのは社会保障制度であると考えられる。社会保障制度の形成やその制度設計自体は有権者の社会保障政策選好とは直線的には結びついていなかったかもしれないが、一旦形成された制度については、その変更局面で世論の影響を大きくうける。少子高齢化社会が要請するような、負担を分配する形での制度変更ではなおさらである。多くの場合、この負担は世代間での移転という形でなされ、世代間での利害対立として描かれる。

　他方で、近年では、高齢層における高投票率と若年層における低投票率のコントラストが強調され、この投票率格差と世代間の利害対立を直接的に結びつけて、「シルバー・デモクラシー」として描き出されることがある（八代，2016；島澤，2017；寺島，2017）。人口が少なく投票率も低い若年層よりも、人口が多く投票率も高い高齢者の利益を追求した方が得票増を狙えるため、後者の利益が過大に代表されやすいという議論である。

　本論では、このような議論を踏まえたうえで、政治行動論の立場から日本の社会保障政策についての有権者の態度を検討する。ここでの目的は、世代間での利

益の対立構造を政策や制度の側面に着目して描き出すことではなく、世代間での対立を現代日本の有権者がどのように認識しているのかについて明らかにすることである。少子高齢化が世代間対立をもたらしているとして、そのこと自体を有権者が認識しているのか、もし認識しているとしたら、それはどのような経路で有権者の社会保障政策選好と関連しているのかについて検討する。

次節では、少子高齢化と世代間対立の関係を検討し、世代間対立認識についての仮説を提出する。3節では、ウェブ調査データを用いて、有権者の描く社会集団対立の構図と世代間対立について検討する。4節では世代間対立認識の形成要因を分析し、5節でその政策重要度への影響を検証する。6節は結論である。

二　少子高齢化と世代間対立

ほとんどの先進民主主義諸国が多かれ少なかれ少子高齢化に直面し、その対応に迫られている。医療や公衆衛生の進歩は平均余命を引き延ばし、その結果、社会における高齢者の割合が増加した。他方で、ライフスタイルの変化等から出生率は低下し、子どもの人口割合は減少している。少子高齢化が急速に進む日本を例にとると、2018年時点で総人口に占める65歳以上の割合は28.1％となり過去最高を記録し、他方で、15歳未満の人口は全体の12.2％となり、過去最低を更新している。合計特殊出生率は人口を維持するために2.08が必要とされるが、2016年時点で1.44となっており、少子化は人口減少をもたらすレベルにある。若年層が多く高齢者が少ないというかつての人口構成のピラミッド形状は、現在では徐々に逆三角形に向かって変形しつつある。

この世代間の人口バランスの変化は様々な形で社会や政治に影響を与える。とりわけ社会保障政策は財政的な課題を背景として縮減圧力に晒されている。最も顕著なのは年金制度であろう。ほとんどの国が採用している賦課方式は世代間での所得移転を意味しているため、少子高齢化が進むほど、少ない現役世代で多くの高齢者を支えることになり、現役世代の負担は増えていく。2015年では2.3人の現役世代が1人の高齢者を支えている計算だが、2065年には1.3人で支えることになる（内閣府, 2018）。そのため、年金支給開始年齢を遅らせたり、その給付額を削減したり、定年を引き上げたりといった縮減政策が志向されていく。

社会保障政策では、年金だけでなく医療保険や介護保険など高齢者を主な受益

者とした政策は軒並み見直しを迫られる。これまでの人口構成を前提としてきた政策に対して、その財政維持可能性を担保するために、世代間の受益・負担のバランスを変えることで対処しようとしているのである。さらに少子高齢化が人口減少にまで至ると、現在の生産人口の規模を維持できなくなるため、経済市場の縮小を防ぐために外国人労働者の受け入れという議論にまで発展している。

　このような世代間の利害調整が政策議論の俎上に載せられる一方で、投票率の世代間差異に着目したシルバー・デモクラシーという視角も注目を浴びている。人口構成の変化が政治に与える影響はかねてより論じられてきたが（たとえば、Cutler, 1977；内田，1986；内田・岩渕，1999）、近年の投票率の低下などにより一層強調されるようになってきた（八代，2016；島澤，2017；寺島，2017）[1]。人口も多く投票率の高い高齢層の利益が、人口も少なく投票率の低い若年層の利益よりも優先されるという見方は、財政面での世代間対立を内包した少子高齢化社会においては既存の社会保障制度の変更の難しさを示唆する。

　このように、少子高齢化は世代間対立を引き起こしうるものとして議論がなされている。事実、財政移転の問題を考えれば、世代間で利害関係は対立している。そういった状況では、投票率格差に基づいて高齢層が政策形成を支配するというシルバー・デモクラシーとしての理解も成り立ちうる。しかし、年齢に基づく私的利益を強調し、そのインセンティブ構造で福祉政治を説明しようとする経済学的な見方（たとえば、Persson and Tabelini, 2000）は必ずしも実証的な支持を得ていない（Tepe and Vanhuysse, 2009）。個人レベルデータで見ても、年齢に基づく選好の存在については必ずしも実証的に確立されているわけではなく、コンテクストに依存するという見方もある（Street and Cossman, 2006；Busemeyer, Goerres, and Weschle, 2009；Cattaneo and Wolter, 2009；Lynch and Myrskylä, 2009）。Busemeyer, Goerres, and Weschle (2009) は人々の再分配政策への態度は福祉国家の高齢者志向性（Lynch, 2006）に依存し、高齢者志向性が高いほど有権者の態度は年齢に影響を受けやすいとしている。

1　社会保障制度ではなくても、大阪都構想をめぐる大阪府住民投票の投票結果は日本におけるシルバー・デモクラシー的な現象として注目を集めた。反対票が賛成票を僅差で上回ったこの選挙であるが、注目を集めたのはその投票パターンである。出口調査によると20歳代から60歳代までは賛成票が多数であった一方で、70歳代以上では反対票が多数であった。最終的な結果が反対多数となったこともあり、大阪都構想自体が直接的に世代間の利害対立を含むものではなくても、シルバー・デモクラシー的な状況として描かれたのである（朝日新聞，2015年5月18日）。

先行研究は有権者の社会保障政策態度を基に世代間対立を明らかにしようとする。それに対して、そもそも現在の社会において世代間対立が存在していると有権者自身が考えているのかを知るということも重要であろう。世代間の利害対立という見方に対しては、年金制度の存立基盤がそうであるように世代間連帯を強調することで利害対立の回避や調整がなされうる。年齢を基にした集団が宗教や階級といった他の社会集団対立と異なるのは、若年層はいずれ高齢層になり、高齢層はかつて若年層であったという、立場の入れ替わりの可能性にある。したがって、世代間連帯の強調は、現時点での異なる年齢集団間の契約という側面以外に、これからの（あるいは、かつての）自己と現在の自己という一つの年齢集団（コーホート）内での契約という側面を強調することになる。しかし、世代間対立を認識しているということは、この世代間連帯レトリックの機能を低下させる（あるいは、低下している）可能性があり、自己の年齢集団（われわれ）と他の年齢集団（彼／彼女ら）の利益の相違を際立たせてしまい、少子高齢化が引き起こす様々な問題への対処を難しくさせる[2]。

　このような問題意識に立ち、本論では、現代日本の有権者における世代間対立の構造と機能についてウェブ調査データを用いて試論的な分析を行う。有権者は世代間対立を認識しているのか、もし認識しているのであれば、それは何によって形成されているのか。さらに、その認識は政策選好とどのような関係にあるのかをウェブ調査データを基に分析する。

　現代日本の有権者の主観的な世代間対立認識に関する先行研究は、管見の限り、見当たらないが、有権者の政策態度と少子高齢化の関係を実証的に分析した研究自体もその重要性に比して数少ない。例外の一つであるUmeda（2018）は、1972年から2009年までの明推協データによって世代と福祉争点の顕出性（issue saliency）を分析し、高齢者ほど福祉問題を重視することを示している。しかも1990年代以降、その差は大きくなりつつある。有権者意識において世代間対立は徐々に大きくなってきているといえそうである。また、松林（2018）は2017年の世論調査データを用いて、所得格差の縮小を高齢者が支持し、若年層が反対していることを示している。

　有権者の福祉態度が政治・制度コンテクストに依存するという先行研究（Buse-

---

[2] Gorres and Tepe（2010）は、家庭での世代間連帯の経験と児童ケア政策への支持の関係を分析している。

meyer, Goerres, and Weschle, 2009）を考慮すれば、高齢者志向性の高い福祉国家である日本においても（Lynch, 2006；宮本, 2008）、有権者の態度と世代間対立の間には関連があると考えられる。とりわけ、高齢者志向の福祉国家である日本において、若年層は政治的アリーナに参入した段階ですでに不利な状況に置かれている。社会保障制度全体でみれば、子育てなどの短期的に得られるサービスは十分ではなく、高齢層が主な受益層である制度を支えるための財源負担の方が多く感じられるだろう。さらにいえば、自由主義レジームや社会民主主義レジームの国の若者と比べると、保守主義レジームの国の若者は世代間不正義を感じる傾向があるという先行研究（Sabbagh and Vanhuysse, 2010）と合わせると、日本の若年層は高齢者よりも世代間対立を認識していると考えられる。

現代日本においては、上述したように、世代間対立が生じるのはその財政規模からいって、社会保障政策であろう。世代間対立を認識していると、パイの奪い合いの場として、社会保障政策を重視するようになるはずである。次節以降、本論の2つの仮説「若い有権者ほど、世代間対立を認識している」と「世代間対立を認識しているほど、社会保障政策志向となる」を検証する。

三　日本における世代間対立認識の構造

有権者はどの程度、世代間対立を認識しているのか。本節ではWaseda-Web2012データを用いて検討する[3]。Waseda-Web2012データには、社会における様々なグループについて、それらが対立しているかという質問が含まれている。具体的には、「どんな国でも異なる社会的な集団の間では意見の相違があり、強く対立している場合もあります。日本の場合、次のような集団の間ではどうなっていると思いますか」という質問で、選択肢は「とても強く対立している」「ある程度強く対立している」「あまり強く対立していない」「全く対立していない」の4つである。集団として挙げられるのは、経済格差対立である「貧しい人と豊かな人」の対立、労使対立である「経営者と労働者」、そして世代間対

3　Waseda-Web2012データは、2012年総選挙の前後に行われた2波パネル形式のウェブ調査である。サンプルは、日本リサーチセンターのウェブ調査パネルに登録された20歳から69歳までの有権者から、地域・年齢・性別ごとにセルを作り無作為に抽出した。回収数は選挙前調査が5943、選挙後調査が4002である。本調査は早稲田大学経済学研究科グローバルCOE（GLOPE II、拠点リーダー・田中愛治）によって実施された。

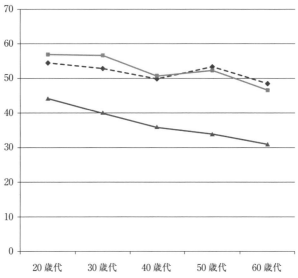

図1　社会における集団対立（2012年）

Data：Waseda-Web2012

立である「若者と年輩の人」である[4]。本論では、最後の世代間対立質問に着目する。

　Waseda-Web2012はウェブ調査によるデータであるため、サンプルの代表性は担保されてはいない。それにもかかわらずこの調査の分析を行うのは、世代間対立認識の質問項目を含む政治意識調査がほとんどなく、有権者の認識について知る手がかりをえるのに少なくとも試論的に有用であろうと考えるからである[5]。

　図1は、年齢ごとの集団間対立認識を図示したものである。それぞれの集団間

---

[4] この形式の質問は、国際比較世論調査である International Social Survey Programme（ISSP）の Social Inequality モジュールに含まれている。世代間対立については、1987年、1992年、1999年の調査で尋ねられているが、日本が参加したのは1999年のみである。ISSP データは代表性が担保された留置調査であるが、経済格差や階層に関する質問項目が多く、政治に関する質問項目が極端に少ない。そのため、本論の目的に必ずしも適しているとはいえない。この調査の分析は別稿に譲りたい。

[5] なお、2018年7月に筆者自身が実施した「世代と選挙に関する世論調査」は、この質問項目を中心とした全国郵送調査である。執筆時点ではデータクリーニング中のため、このデータを使用しなかった。

での意見の相違が「とても強く対立している」あるいは「ある程度強く対立している」と回答した割合を10歳ごとに計算した。

図から明らかなように、世代間対立（若者と年輩の人）は中心的な対立と認識されてはいない。これは欧州4カ国の分析をした Blome, Keck, and Alber（2009）とも共通しており、それらの国でも世代間対立は他の対立（労使・経済格差・人種／民族対立）に凌駕されている。

日本の有権者に広く認識されているのは、労使対立（経営者と労働者）である。さらに、経済格差対立（貧しい人と豊かな人）が社会の主要な対立として認識されている。小泉構造改革以降の格差論争によって、経済格差をめぐる対立が広く認識されるようになり、現在では日本社会における主要な対立軸の一つと考えられていることを示唆している。

年齢ごとの傾向で見ると、若年層ほど世代間対立を認識している割合が多く、高齢層では低いという傾向が見られる。他の集団対立でも若年層ほど対立の存在を認識している割合が高くなるが、労使対立や経済格差の認識に関する世代差は、世代間対立ほど大きくはない。世代間対立についての認識は有権者に広く共有されたものではないのである。

なお、フランスの場合、若者よりも高齢者のほうが世代間対立を認識する傾向があり、日本とは逆のパターンを示している（Blome, Keck, and Alber, 2009）。右下がりのこの直線は各国共通の一般的なパターンというわけではなく、世代間対立の認識のパターンはコンテクストによって異なるのである。

四　世代間対立認識の形成要因

それでは、どのような人が世代間対立を認識しているかをさらに見ていこう。年齢と世代間対立認識の関係が他の要因を統制しても維持できるかを検討するために、世代間対立認識を従属変数とした重回帰分析を行った[6]。独立変数としては、性別、年齢、教育程度、世帯収入の他に、政治要因としてイデオロギー、政治知識、また信頼要因として一般信頼、システムサポートを投入した[7]。保守的

6　数値はオリジナルの数値を反転させて、1が「全く対立していない」で4が「とても強く対立している」とした。
7　イデオロギーは0が「革新的」、10が「保守的」の11件尺度。政治知識は以下の6問の正答数を

な立場は家族による支え合いを強調し、世代間連帯を重視する可能性があるため、イデオロギーを投入した（負の相関を予測）。さらに、知識が高い者ほど世代間のバランスの変化とその影響を知っている可能性が高く、世代間対立を認識していると考えられる。また、信頼要因として、一般信頼は、他者への信頼が世代間の利害の対立を抑制するような立場に立たせる可能性がある。システムサポートは、政治システムへの信頼がやはり世代間利害調整の対立的な側面を消し去ることが考えられる。

表1は、回帰分析の結果である。他の変数を統制しても、年齢は世代間対立認識に影響を与えており、若い世代ほど世代間対立を認識しやすいという仮説は支持された。準拠カテゴリーの20歳代と比べれば、それぞれの年齢の有権者は世代間対立を認識しない傾向がある。性別については、女性と比べて男性ほど世代間対立を認識する傾向がある。世帯収入については、年齢をコントロールしても、10%有意ではあるが負の効果を及ぼしており、収入が低くなるほど世代間対立を認識する傾向がある。低所得であると、社会的なリスクや自己利益にセンシティブになるために世代間対立を認識しやすくなるのかもしれない。

政治要因について目を向けてみると、イデオロギーはまったく影響を与えておらず、世代間対立認識とイデオロギー的な見方には、少なくとも有権者レベルでは関係がないことがわかる。政治知識は正の影響が確認され、知識が高いほど社

足したもの（「日本の司法制度についておうかがいします。判決に不服のある人は、上級の裁判所に改めて訴えを起こすことが認められていますが、日本では現在、最大何回まで裁判が受けられると思いますか。この中から1つだけお選びください。2回／3回／4回／5回／わからない」「日本の行政についてうかがいます。内閣は行政について、何に対して責任を負っていると思いますか。この中から1つだけお選びください。国会／官僚／最高裁判所／天皇／わからない」「では次は、参議院についてうかがいます。参議院議員の任期は何年だと思いますか。この中から1つだけお選びください。3年／4年／5年／6年／わからない」「次にあげる人物が、どのような公職に就いているかご存じですか。それぞれの人物について、この中から1つずつお選びください。まず、滝実（たき　まこと）氏についてはどうですか。衆議院議長／国土交通大臣／法務大臣／農林水産大臣／わからない」「城島光力（じょうじま　こうりき）氏についてはどうですか。参議院議長／外務大臣／財務大臣／防衛大臣／わからない」「藤村修（ふじむら　おさむ）氏についてはどうですか。官房長官／総務大臣／文部科学大臣／環境大臣／わからない」）。一般信頼は以下の言明に対しての賛否（4件法）で、信頼していると4、信頼していないと1となる（「ほとんどの人は信頼できる」）。システムサポートは以下の3つの言明に対する賛否（4件法）を足し合わせたものでシステムサポートが最も高いと12、最低は3となる（「政党があるからこそ、国民の声が政治に反映されるようになる」「選挙があるからこそ、国民の声が政治に反映されるようになる」「国会があるからこそ、国民の声が政治に反映されるようになる」）。

表1　世代間対立認識の回帰分析

	B	S.E.
女性ダミー	−0.09**	0.02
30歳代ダミー	−0.11**	0.04
40歳代ダミー	−0.17**	0.04
50歳代ダミー	−0.23**	0.04
60歳代ダミー	−0.31**	0.04
教育程度	−0.02	0.01
世帯収入	−0.01+	0.01
イデオロギー	0.00	0.01
政治知識	0.03**	0.01
一般信頼	−0.10**	0.02
システムサポート	0.01	0.01
定数	2.81**	0.08
調整済みR2乗	0.04	
N	3707	

** $p. > .001$, * $p. > .05$, + $p. > .10$
Data：Waseda-Web2012

会における世代の対立を認識していることがわかる。また、一般信頼は予想通り、負の影響を与えている。つまり、他の人を信頼する有権者は世代間対立を認識しない。システムサポートには統計的に有意な影響はなかった。

五　世代間対立と政策態度

このような世代間対立認識は有権者の社会保障選好を通じてマクロな政策的帰結を生み出す可能性がある。ここでは、世代間対立認識がどのように政策選好と関係するのかを検討するが、Waseda-Web2012には社会保障選好を具体的に尋ねる質問は含まれていない。その代わりに、ここでは政策の重要度を尋ねた質問を用いる。政策重要度（あるいは顕出性、issue saliency）は、争点を基にした投票の必要条件とされており、有権者の投票行動を理解する際にも重要な要因である（Bélanger and Meguid, 2008；Umeda, 2018）。

具体的には、「政府のおこなっている政策について、8分野に分けておうかがいします。あなたはそれぞれについて、どの程度重要だと思っていますか」とい

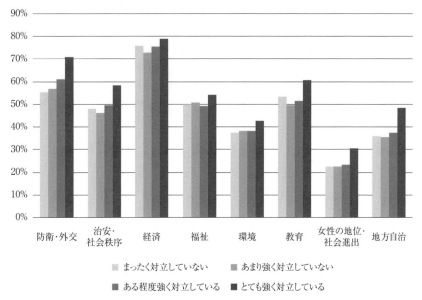

図2　政策重要度と世代間対立

■ まったく対立していない　■ あまり強く対立していない
■ ある程度強く対立している　■ とても強く対立している

Data：Waseda-Web2012

う質問に対し、「重要である」「やや重要である」「あまり重要ではない」「重要ではない」という選択肢の1つを回答する。8つの分野は、防衛・外交、治安・社会秩序、経済、福祉、環境、教育、女性の地位・社会進出、地方自治である。

　世代間対立認識と重要度の関係を検討したのが図2である。「重要である」と回答した者の割合を図示してある。まず全体の傾向として、これら8つの分野の中で最も重要であると思われているのは経済である。その次に、防衛・外交が続き、福祉は治安・社会秩序、教育とともにその次のグループにいる。その後、環境、地方自治が続き、女性の地位・社会進出は最も重視されていない。

　世代間対立認識との関係で見ると、「とても強く対立している」と答えた者はどの分野も重要だと考える傾向があることがわかる。それに対して、残りの3つの選択肢（「ある程度強く対立している」「あまり強く対立していない」「全く対立していない」）を回答した者は、重要度の回答分布においてそれほど変わらない。例外は防衛・外交で、世代間対立認識と重要度の相関関係がみてとれる。

　政策上の主観的な世代間対立に続いて、客観的にも政策重要度の世代間対立が

図３　政策重要度と年齢

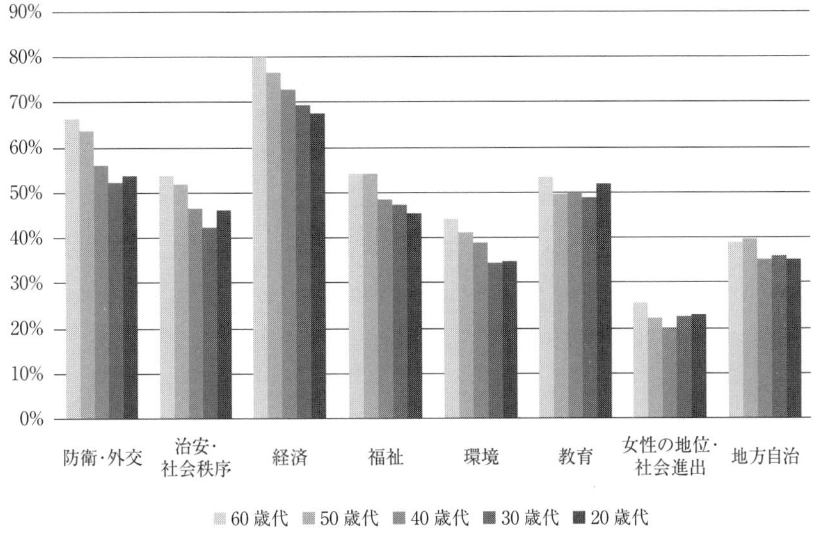

Data：Waseda-Web2012

起きているのかを確認する。年齢ごとに政策重要度を図示したのが図３である。この図を見ると、ほとんどの分野において年齢は影響を及ぼしており、若年層よりも高齢層のほうがそれぞれの政策を重要視しているのがわかる。ただし、教育、女性の地位・社会進出、地方自治は年齢ごとの重要度の差異がないようにみえる。

注意を要するのは、すべての政策分野について重要だと回答した人々がいるため、これら個々の政策分野について個別に分析すると、政策争点のどこに対立軸があるかということを検討しにくいという点である。そこで、ここでは、これら個々の政策分野の重要度について因子分析を行い、政策志向性を抽出し、それと世代の関係を分析する。

因子分析の結果、２つの軸が析出された（表２）。0.6以上の数値を太字で示してあるが、第１軸は女性の地位・社会進出、環境、福祉、地方自治、教育との関連が強く、ニューポリティクス次元といえそうである。それに対して、第２軸では防衛・外交、経済、治安・社会秩序、教育に大きな数値が出ており、伝統的なイデオロギー軸に沿ったオールドポリティクス次元といえそうである。

表2　政策重要度の因子分析

	第1軸	第2軸
防衛・外交	0.39	**0.84**
治安・社会秩序	0.60	**0.75**
経済	0.41	**0.81**
福祉	**0.78**	0.53
環境	**0.79**	0.51
教育	**0.67**	0.67
女性の地位・社会進出	**0.81**	0.27
地方自治	**0.74**	0.52
第1軸との相関		0.57

* プロマックス回転
Data：Waseda-Web2012

　最後に、この因子得点を従属変数とした回帰分析を行った。ここでの目的は、客観的な世代間対立の効果を統制した後でも、主観的な世代間対立が客観的な対立とは別ルートで政策志向に影響を与えているかを検討することである。主要な独立変数は、年代ダミー（準拠カテゴリーは20歳代）と世代間対立認識である。その他に統制変数として性別ダミー（準拠カテゴリーは男性）、教育程度、世帯収入、イデオロギー、政治知識、一般信頼、システムサポートを投入した[8]。
　表3が分析結果である。ニューポリティクス次元（第1軸因子得点）でも、オールドポリティクス次元（第2軸因子得点）でも、世代間の客観的な対立は存在する。ただし、両方とも若年層よりも高齢層の方が重視するという関係である。つまり、若年層と高齢層で重視する分野が異なり対立するというわけではなく、年齢の影響力は2つの次元において多少異なるという程度である。ニューポリティクス次元では20歳代と比べて50歳代と60歳代の回答者はその志向性が高い傾向が

---

[8] 個別の分野の重要度を従属変数とした分析をすると、客観的な世代間対立が構造として見て取れるのは、防衛・外交、治安・社会秩序、経済、福祉、環境である。いずれの分野でも年齢が高くなるほど、重要だと思うようになる。他方、教育、女性の地位・社会進出、地方自治については一部有意に異なる年齢集団がいるものの、一貫したパターンは示していない。また、若年層になるほど重要だと考えられる分野がないということも特徴として挙げられる。
　他方、世代間対立認識は、防衛・外交、治安・社会秩序、教育、地方自治で正の影響を及ぼしている。世代間対立があると認識しているほど、これらの分野が重要だと考えているのである。これらの分野は直接的に世代間の対立となっているわけではない。他方で、福祉には影響を及ぼしていない。

表3　重要度次元の回帰分析

	第一軸因子得点		第二軸因子得点	
	B	S.E.	B	S.E.
女性ダミー	0.51**	0.03	0.22**	0.03
30歳代ダミー	－0.05	0.05	－0.03	0.05
40歳代ダミー	0.00	0.05	0.10*	0.05
50歳代ダミー	0.11*	0.05	0.21**	0.05
60歳代ダミー	0.15*	0.05	0.17*	0.05
世代間対立認識	0.02	0.02	0.08**	0.02
教育程度	0.00	0.02	－0.02	0.02
世帯収入	－0.02	0.01	0.00	0.01
イデオロギー	－0.03**	0.01	0.05**	0.01
政治知識	0.03*	0.01	0.11**	0.01
一般信頼	0.12**	0.02	－0.01	0.02
システムサポート	0.05**	0.01	0.06**	0.01
定数	－0.86**	0.13	－1.33**	0.13
調整済みR2乗	0.09		0.09	
N	3707		3707	

** p. > .001, * p. > .05, ＋ p. > .10
Data：Waseda-Web2012

ある。他方で、オールドポリティクス次元では、影響の出始める年齢が40歳代からと低くなり、年齢の影響力はさらに強くなる。

　世代間対立認識について見てみると、福祉分野を含んだニューポリティクス次元では統計的に有意な影響を与えていない。つまり、世代間対立認識は社会保障選好とは現在のところ関連していないことが示唆され、本論の仮説は棄却されたといえる。実際に、個別分野ごとの重要度を従属変数とした分析をしても、福祉政策の重要度は世代間対立認識からは影響を受けていない。他方で、オールドポリティクス次元では統計的に有意な効果があり、世代間対立認識の進展は、伝統的な保革イデオロギー政治の中で反映される可能性がある。個別分野ごとの回帰分析をすると、オールドポリティクスの中でも、経済ではなく、防衛・外交と治安・社会秩序の分野で世代間対立認識は効果をもつ。これは政治知識を統制した結果であるので、加齢による知識の増加に原因を求められない。

　また、両方の次元ではイデオロギーも影響を与えているが、その方向性は異な

る。ニューポリティクス次元では革新であるほどその志向性が高いが、イデオロギー次元では保守であるほど値が高くなる。この結果はこの因子分析の解釈と整合性が高く、解釈の妥当性をある程度担保できることを示唆している。その他の統制変数だと、システムサポートと政治知識はそれぞれ両方の次元に正に効果を及ぼしている。さらに一般信頼は、ニューポリティクス次元にのみ影響を与える。デモグラフィック要因では、女性であるほどそれぞれを重視するが、教育程度、世帯収入の影響はない。

六　結　論

　少子高齢化は日本社会・政治に対して大きなインパクトを及ぼす。とりわけ中心的な議論となるのは社会保障制度の分野であり、財政負担の問題は世代間連帯と世代間対立の間で解決が図られていく。本論では、少子高齢化の進展する現代日本において、有権者の世代間対立認識の構造と機能を試論的に検討してきた。

　主観的な世代間対立の度合いを検討した結果、世代間対立は、労使対立や経済格差のような経済的な集団対立ほど社会に根づいているわけではないということが明らかになった。しかし、その認識自体も世代間で差があり、高齢層に比べて若年層ほど世代間対立を認識していることが明らかになった。政策重要度を取り上げて世代間対立認識との関係を分析した結果、主観的な世代間対立認識は福祉分野を内包するニューポリティクス次元の志向性には影響を与えておらず、オールドポリティクス次元の志向性を通じて政治過程に影響を与える可能性があることが明らかになった。その一方で、客観的な世代間対立がニューポリティクスでもオールドポリティクスでも確認されたが、どのような争点でも高齢層のほうが重要だと思っているという形での関係であり、世代によって異なる争点を重視しているというものではなかった。

　このような世代間対立の認識の構造について理解することは今後の福祉政治を考える上でも重要であろう。少子高齢化と福祉縮減の政治については、世代間の利害対立が暗黙の前提に置かれるが、それが必ずしも正しいとはいえないことは、海外の事例ではあるが先行研究が指摘している（Street and Cossman, 2006；Busemeyer, Goerres, and Weschle, 2009；Cattaneo and Wolter, 2009；Lynch and Myrskylä, 2009)。日本においてもこのような研究蓄積を積んでいくことが望まれる[9]。

もちろん社会保障制度の形成・変更と世論の関係は必ずしも直線的であるとはいえないかもしれない[10]。しかし、世論が福祉政策の方向性を決めていることも確認されている（Brooks and Mansa, 2007；大村, 2012）。そもそも、避難回避の政治（Weaver, 1986）という議論にみられるように、制度変更の際には政治家や政党は世論に注意を払うものである。

　本論での一つの発見は、若年層と高齢層が異なる争点を重視して、その間でいがみ合うような利害の世代間対立は現代日本にはそれほど大きくはなく、さらに世代間対立の認識自体は社会保障政策への注目とは直接的に結びついているわけではないということであろう。これまでの社会保障制度改革（たとえば、年金制度改革）が世代間対立を煽るほどの大幅な縮減をしてこなかったと評価すべきか、それとも人々は世代間連帯によってその改革を受け入れたと評価すべきかは、本論の分析からだけでは結論付けられない。高齢層が利益支配するシルバー・デモクラシー的な状況が世代を分断しているような状況ではないのではないか、というのがウェブ調査を分析した結果から得られた示唆である。

　しかし、世代間対立の認識は伝統的な安全保障を中心とする政治対立軸（本論ではオールドポリティクス次元と呼んだ）に回収されている。社会保障政策とは現在は結びついていないかもしれないが、通常の政党政治の道具に利用することが可能だとも考えられる。その意味では、今後の福祉制度改革の際に、世論がどのように動くかは注視すべきであろう。

　本論では、少子高齢化の影響について、主な経路として財政負担の世代間対立を暗黙に仮定していたが、核家族化や少子家族における家庭内介護など家族の形態の変化を通じた影響も考えられる。この両者の複合的な影響というのは複雑ではあるが、検討すべき課題としてあげられるだろう。さらにいえば、少子高齢化は日本中で均一に発生しているわけではなく、地域ごとにその進展度合いは異なる。すでに地域社会における働き手の減少と限界集落の出現という形でその影響は姿を見せつつもある。少子高齢化が日本社会・政治に与える影響を見ていくうえで都市と地方の問題も視野にいれる必要があるだろう。

9　日本における福祉政治と世論については堀江（2012）に詳しい。
10　Lynch（2006）によれば、単純な世論というよりも、政党配置やクライエンタリスティックな政治過程の影響により、政党アクターと社会集団の相互作用のもとで福祉国家の高齢者志向性が決まるとして、その直線性は否定されている。

本論の最も大きな限界は、個人レベルデータ分析について代表性の担保されないウェブ調査データを用いているという点である。本論はその意味では試論にとどまる。今後、代表性のある調査に基づいた研究成果を積み重ねることが重要であろう。

付記 本稿は2015年度日本政治学会報告論文を基に大幅に修正したものである。

参考文献

Bélanger, Éric, and Bonnie M. Meguid, 2008, "Issue Salience, Issue Ownership, and Issue-based Vote Choice," *Electoral Studies* 27, 477-491.

Blome, Agnes, Wolfgang Keck, and Jens Alber, 2009, *Family and the Welfare State in Europe: Intergenerational Relations in Ageing Societies*, Edward Elgar.

Brooks, Clem, and Jeff Manza, 2007, *Why Welfare States Persist: The Importance of Public Opinion in Democracies*, University of Chicago Press.

Busemeyer, Marius R., Achim Goerres, and Simon Weschle, 2009, "Attitudes towards Redistributive Spending in an Era of Demographic Ageing: The Rival Pressures from Age and Income in 14 OECD Countries," *Journal of European Social Policy* 19 (3), 195-212.

Cattaneo, M. Alejandra and Stefan C. Wolter, 2009, "Are the Elderly A Threat to Educational Expenditures?" *European Journal of Political Economy* 25 (2), 225-36.

Cutler, Neal E., 1977, "Demographic, Social-Psychological, and Political Factors in the Politics of Aging: A Foundation for Research in "Political Gerontology,"" *American Political Science Review* 71 (3), 1011-25.

Gorres, Achim and Markus Tepe, 2010, "Age-based Self-interest, Intergenerational solidarity and the Welfare State: A Comparative Analysis of Older People's Attitudes towards Public Childcare in 12 OECD Countries," *European Journal of Political Research* 49 (6), 818-51.

堀江孝司，2012，「福祉政治と世論：学習する世論と世論に働きかける政治」宮本太郎（編）『福祉政治』ミネルヴァ書房．

Lynch, Julia, 2006, *Age in the Welfare States: The Origins of Social Spending on Pensioners, Workers, and Children*, Cambridge University Press.

Lynch, Julia, and Mikko Myrskylä, 2009, "Always the Third Rail? Pension Income and Policy Preferences in European Democracies," *Comparative Political Studies* 42 (8), 1068-97.

松林哲也，2018，「シルバー民主主義と2017年衆院選」日本政治学会報告論文．

宮本太郎，2008，『福祉政治：日本の生活保障とデモクラシー』有斐閣．

内閣府, 2018, 『平成30年版高齢社会白書』オンライン版 (http://www8.cao.go.jp/kourei/whitepaper/w-2018/html/zenbun/index.html)
大村華子, 2012, 『日本のマクロ政体:現代日本における政治代表の動態分析』木鐸社.
Persson, Torsten, and Guido Tabelini, 2000, *Political Economics: Explaining Economic Policy*, MIT Press.
Sabbagh, Clara, and Pieter Vanhuysse, 2010, "Intergenerational Justice Perceptions and teh Role of Welfare Regimes: A Comparative Analysis of University Students," *Administration and Society* 42 (6), 638-67.
島澤諭, 2017, 『シルバー民主主義の政治経済学:世代間対立克服への戦略』日本経済新聞出版社.
Street, Debra, and Jeralynn Sittig Cossman, 2006, "Greatest Generation or Greedy Geezers? Social Spending Preferences and the Elderly" *Social Problems* 53 (1), 75-96.
Tepe, Markus, and Pieter Vanhuysse, 2009, "Are Aging OECD Welfare States on the Path to Gerontocracy?: Evidence from 18 Democarcies, 1980-2002" *Journal of Public Policy* 29 (1), 1-28.
寺島実郎, 2017, 『シルバー・デモクラシー:戦後世代の覚悟と責任』岩波書店.
内田満, 1986, 『シルバー・デモクラシー:高齢社会の政治学』有斐閣.
内田満・岩渕勝好, 1999, 『エイジングの政治学』早稲田大学出版部.
Umeda, Michio, 2018, "The Politics of Aging: Consistent and Growing Age Gap regarding Welfare Issue Salience in Japan over the Last Forty Years" Available at SSRN: https://ssrn.com/abstract=2972111
Weaver, R. Kent, 1986, "The Politics of Blame Avoidance," *Journal of Public Policy* 6 (4), 371-98.
八代尚宏, 2016, 『シルバー民主主義:高齢者優遇をどう克服するか』中央公論新社.

抽象的現代社会における社会統合の「ありよう」

呉　獨立

一　抽象的社会と「抽象性」の主要意味
二　デュルケムの理論から見る「抽象化」
三　抽象性の具現としての「制度化」
四　抽象化と社会統合の「ありよう」
五　結　論

一　抽象的社会と「抽象性」の主要意味

人間の孤立の時代が終わらなければなりません。……何もかもが細かい単位に分かれてしまい、すべての人が自分の穴に閉じこもり、他人から遠ざかり、自分自身を、自分が持っているものを隠し、ついには自分から人々に背を向け、自分から人々を遠ざける結果になっているからです（ドストエフスキー 2008: 408-409）。

「人間の孤立の時代」という言葉は、深まる現代の病を示す1つの表現である。そして、これは現代社会における連帯と統合という問題を改めて表現したことにすぎない。この問題を終わらせるための答えを探ることは、現代社会とともに登場した社会学における根本的な課題の一つであった。特に、いわゆる古典社会学者と呼ばれる人々にとって、これは一つの宿命的な課題であった。本論文は「抽象性」というモダニティーの概念を通じて現代社会における「統合」の「ありよう」を見ようとするものである。「抽象性」という概念に着目する理由は、これが現代社会の様々な病理的現象において共通に作用している特徴であると同時に、現代社会の肯定的な諸特徴においても原動力になっているものであるからである。即ち「抽象性」概念は、現代社会を扱うにあたって両刃の剣として使える重要な道具である。この概念は、古典社会学者の中でも特にデュルケム（E. Durkheim）の理論の中で常に重要な位置を占めていったものの、その点についてはあまり注目されて来なかったことが事実である。したがって、本論文はデュル

ケムの理論の中で現れる「抽象性」議論を主軸にして、現代社会における連帯と統合のビジョンを提示しようとする。

1 社会学的概念としての「抽象性（abstraction）」

「抽象的」という用語は、直接的に経験しうる、または認識可能な一定の形や性質を持たない状態、あるいは具体的な現実（あるいは事実）からかけ離れて漠然とした、「一般的」な状態を意味する。社会学的な概念としての「抽象性」は、この用語の持つ「距離化（へだたり）」と「一般化（普遍化）」の意味を基本的に表し、特に現代社会を規定するさまざまな要素と密接に関連する概念として使われてきた。

社会学において、「抽象性」概念は、デュルケムを筆頭に、古典社会学者、および複数の現代社会学者たちによって取り上げられてきた[1]。しかし、現代社会の構造的性格を表現するものとして、「抽象的」という言葉を社会に明示的に付与したのは、ザイデルフェルト（A. Zijderveld）であった。彼は次のように抽象的社会[2]の定義を提示する。

> 人間の経験と意識に現れた現代社会は、その強制的な統制力においては、非常に具体的なものである。しかし、現代人が、このような強制を自分の統制の下に置こうとし、不合理性と不確実性を克服しようと努力するとき、この社会は、意味と実在と自由の喪失という自覚に蒸発してしまう（Zijderveld 1970: 49）。

これは、社会に対する何らかの新しい視点ではない。これは合理化された社会における意味と自律性の喪失に対するヴェーバーの指摘や（Weber 1978; 2009）、すべて堅固なものは煙と消えたと宣言して疎外を力説しているマルクスによって、すでにある程度提示された社会の姿である（Marx 1972; 1974）。そして、これ

---

[1] 実は、「抽象性」が現代社会において主要な特徴を占める概念である以上、モダニティーを扱う社会学者たちは、すべてこの主題を避けられなかった。デュルケム、ヴェーバー（M. Weber）、マルクス（K. Marx）、ジンメル（G. Simmel）など、いわゆる古典社会学の大家から、我々は「抽象性」の主要な議論を見出すことができる。そして、これは パーソンズ（T. Parsons）、バーガー（P. L. Berger）、ルックマン（T. Luckmann）、ザイデルフェルト（A. Zijderveld）、ハーバーマス（J. Habermas）などによる現代的な議論の中により精巧な形で溶け込むようになった。

[2] もちろん、現代社会固有の特性として「抽象的社会」を語ることは誤解の余地がある。したがって、ザイデルフェルトは、次のような言及を補足している。つまり、「抽象的社会」と言うことが直ちに「'社会が抽象的である'ということを意味することではない。社会は、本来抽象的な性格を持つものである。したがって、（この言葉は）'現代社会が人間の経験と意識において抽象的になっていく'と理解されなければならない」（Zijderveld 1970: 49）。

はデュルケムにおいても中心から外れたことのない問題であった。ここで現れる抽象的社会の核心は、社会が個人と何の関係もない、諸個人から自律的な関係になってしまったことである。

このような「抽象性」概念は、特に、「距離化」に対するジンメルの議論で著しく現れる。彼は分化の水準が高くなった現代社会では「あらゆる具体的な個別性を眺望できる距離への要求」(Simmel 1900=1983: 593) が必然的であることを主張する。具体性の喪失との距離の増大という意味で表現される「抽象性」は、現代社会を生きていく個人が恒常的に「不慣れの」状況を経験することになり、したがって、「異邦人」のような境遇に置かれたことを理解できるようにする。

そして、「抽象的な範疇としての個人」、つまり抽象化された普遍的な意味としての「人間」という概念の登場は、「抽象性」が「一般化」および「普遍化」を意味する概念としても非常に重要に用いられるものであることを示している。一個人が多様なアイデンティティを持って生きていく多元的な現代社会の中で、人間はどちらかのひとつの「類型」(typification[3])に入れ込まれることのできない存在となった。このような人間を特定の下位「類型」だけで結ぼうとするならば、それに対する反発が起きることになる。したがって、これを抑えるための「モノ」を探せば探すほど、より抽象化せざるを得ない（つまり「人間」という「類型」が登場するようになる）。つまり、より具体性を持つ「類型」（実は、これも基本的には抽象的な概念ではあるが）を無視して、より抽象的なもので範疇化させようとするのである。ここで、個人は、具体的な特徴（character）を欠いた「無特徴性」の性格を持つようになる[4]。このような性格は、個人だけでなく、現代社会の全般的な部分に適用することができる。現代における社会的関係を媒介する代表的な手段となった貨幣に対するジンメルの分析は、このような点を鋭く見せている。

2 「抽象性」の両価的な意味

社会学的な概念としての「抽象性」は両価的なもので、現代社会の病理的状況

---

3 「類型 (typification)」というシュッツの概念は、現代社会の「抽象性」に関わる重要な議論の素材を提供する。シュッツによると、「類型」は「標準化されている抽象化の形式」と定義される (Schutz 1962: 323)。
4 これらの特性に関して、直接的に指摘している代表的な議論としてはジンメル (1983)、ベンヤミン (W. Benjamin 1969) などがあげられる。

に対する容疑者であると同時に、現代社会の重要な価値においても不可欠な要素である。

抽象化がもたらす総体的な「距離化」は、近代的貨幣経済の中で「非人格性」と「代替可能性」という性格として現れ、機能が意味を置き換えてしまう関係に人々を追いつめる。このような状況はマルクスの言う疎外状態に他ならない。また、抽象的な社会における個人の具体的な特質の喪失という面はデュルケムが指摘したアノミーの問題とも関連している。ジンメルは貨幣が発達すればするほど、そのような質的な区別が一層困難になると見た（Simmel 1900=1983: 489）。このような現代社会は、異質的な個人を前提とするにもかかわらず、逆説的に没個性の時代、誰が誰なのかわからない時代であるといえる。つまり、これは標準化と規格化で代弁される大量生産の時代に対する描写でもある。このような社会は、ベンヤミン、マルクス、ヴェーバーなどによって、それぞれ「オーラ（aura）の喪失」（Benjamin 1969）、「後光（halo）の喪失」（Marx 1972）、「脱呪術化」（Weber 1958）などで描かれてきた。このような社会での人間は、伝統的な意味で社会の外の存在である。まさにこれは、現代人がデュルケムの言ったアノミー的状況にさらされやすい立場に置かれていたことを意味する[5]。そして、このような状況下で人間は、社会から与えられた確実性を喪失し、その代わりに自分の内面から確実性を探索する「主観化過程（subjectivation）」に陥りがちである（Gehlen 1980; Berger 1979）。そのような探索が失敗した場合、「異邦人」の状態、「故郷を喪失した状態」（Berger et. al. 1973: 77）を感じることになり、深刻なアイデンティティの危機につながる危険性が存在するのである（Berger et. al. 1973: 162）。

しかし、「抽象化」におけるこれらの否定的な要素は、同時に肯定的な側面にもつながる性格を持っている。

ジンメルは現代社会で現れる距離化によって、人間の間に内的な障壁が生成され疎外感が付け加わるものの、現代の生活において、このような障壁は、一つの保護膜としての役割も果たしていることを見抜いていた（Simmel 1900=1983: 596）。また、「抽象化」による「無特徴性」といった属性は、諸個人の具体的な特質を無視する対価として、すべての人を同じように扱う客観的公正性を獲得す

---

5 デュルケム（1973; 1979; 1984; 1992）の議論のほかに、代表的にジンメル（1983）、マルクス（1976）、バーガー（1973）、パーソンズ（1967; 1977）も参照できる。

る。人間は、特定の性格や地位との関係で把握されるものではなく、「ただ一人の人間」だけで把握されるため、すべての個人は、同等の価値を持つ（Simmel 1900=1983: 540-545）。この属性は、「すべての人をただ一として計算し、誰も一以上のものとして計算しない」ということで最も克明に表れている。このように人間をただ一つの抽象的な数の体系として把握する傾向に対して、私たちは、ある種の窮屈さを感じるかもしれないが、これはまた「民主的平等化」（Simmel 1900=1983: 555）の基礎となるものであり、「公正性への一般的期待」を発生させるものでもある（Berger et. al. 1973: 50-56）。現代社会における人間としての個人に対する尊重（dignity）[6]、普遍的な権利概念の強調、平等と市民的秩序可能性などは、「抽象性」のこのような側面と相接しているものとして認めざるを得ない代表的な肯定的要素である[7]。

また、「抽象化」は「そうでなければ近づいていくことのできない距離感を解消させ、非常に多様な人々を同じ行動の中に引き込むことができるようにし、空間的・社会的・個人的、およびその他に利害関係の不一致のため、他のどんな集団の中にも統合させることができない人々の相互作用と統一を可能にする」（Simmel 1900=1983: 439）ものとして、更なる重要性を持つ。即ち、社会的連帯と統合に関する重要な示唆点を持っているものである。そして、これはデュルケムの「有機的連帯（organic solidarity）」という概念の中に内包されている意味とも一致する示唆点と言えよう。

二　デュルケムの理論から見る「抽象化」

冒頭に述べたように、「抽象性」はデュルケムの理論の中で重要な位置を占める概念である。本節ではデュルケムの理論の中で現れる「抽象性」に関する議論を個人と個人、個人と社会、そして集合意識の次元で整理して提示しようとする。

6　バーガーは、「名誉（honor）」という概念の衰退と「尊厳（dignity）」という概念の登場に関する分析を通じて、現代社会の特徴的な姿を見せている。それによると名誉は社会や制度が非常に強い時代を特徴づける概念で、名誉の時代には具体的な特質を持つ人間が浮き彫りになる。他方、尊厳という概念は、社会や制度が抽象化されてしまった現代社会に登場するもので、ここでは、個別の特質と関係のない抽象的な人間の存在が浮き彫りになる（Berger 1970）。
7　この点に対する明示的な政治的支持を見せる議論としては、アッカーマン（B. Ackerman 1980）、ノージック（R. Nozick 1992）、ロールズ（J. Rawls 2010）などがあげられる。

1 個人と個人の間における抽象的関係

「社会分業論」で扱われる有機的連帯に関する分析は、個人と個人の間の関係において行われる抽象化の傾向に対するデュルケムの立場をよく見せている。個人にとって社会が抽象的に変わってしまうことについて、デュルケムは明らかに否定的であったものの、個人と個人の間で行われる抽象的な関係については、(いくつかの満たすべき条件はあるとしても) ひとまず肯定的な立場を示す。

確かにデュルケムは分業によって増加する相互作用の関係において、「機能的関係」の側面よりは、「相互依存性」に関連した義務、責任など、連帯を可能にする側面をより強調するように見える。

> 分業の最も著しい効果は、分業か分化された諸機能の能率を高めているということではなく、それらの諸機能を連帯的 (links them very closely together) にしているということである。(……) 分業の経済的効用がこの結果に幾分か貢献することは可能であるが、とにかく、この結果は純経済的利益の範囲を無限に超越している。なぜならばこの結果は「独自の」社会的・道徳的秩序の確立にあるからである。諸個人は互いに結合している。そうでなければ彼らは互いに独立しているであろう。彼らは分離したままで発達する代わりに、その努力を合わせている。彼らは連帯的 (solidly tied) である。そしてその連帯は奉仕を交換しあう短い時間だけに限られず、それ以上永い時間にひろがっている (Durkheim 1984: 21=2012: 112)。

そのため、彼は現代社会で機能的関係を成立させ、維持させる代表的な手段である契約についても、契約を結ぶ当事者間の表面的な関係を超えて、その契約の成立と維持を可能にする要素までも把握しようとした。彼は、公利主義的な理論が契約における非契約的関係が同時に発展するという点を認識していないため、その理論から道徳的な連帯の要素を発見することは失敗に至らざるを得ないと見た (Durkheim 1984: 155-158)。契約関係は、その契約が規定する義務と責任に対する当事者の同意と、それらが遵守されるという信頼がなければ成立し得ない。また、デュルケムは、現代社会の契約が同意だけでは不十分であり、公正性や信頼の要求に基づいている関係であると主張した (Durkheim 1992: 207)。

しかし、これは契約に参加する具体的な個々人に個別に求められる、人性 (または道徳性) に対する要求ではない[8]。近代的契約関係においては、個々の人格か

---

[8] このような要求による契約関係は中世的な性格を帯びるもので、多分に人格的な要素と密着した属性を持つものである。

ら離れて、普遍的なものとしての公正性と信頼が要求される。つまり、これは社会に対する公正性と信頼の要求である。このような要求が満たされたとき、具体的な人格的特質を失ってしまったまま入ることになる契約関係においても、個人は安定感を感じることができるようになり、社会の道徳性も担保されることになるのである。

　また、デュルケムは、社会がより拡大し、密度が増加するにつれて（ザィデルフェルトによると、これは社会の抽象性と比例する）、個人的結合は少なくなり、その強度も弱くなると指摘し、「その場合には、他人を、そしてごく近くで自分を取りまいている人々をさえも見失い易くなり、またそれに応じて人々は互いに無関心になる」のであり、「この交互の無関心さは集合的監視をゆるめる結果を生むものであるから、各個人の自由活動の範囲は事実上拡大」すると主張する（Durkheim 1984: 240=2010: 113）。このような自律性は、個々の異質性を継続的に多様に維持させる。それとともに、デュルケムが「平均類型（average type）」と表現している人間は、「ますます不明瞭で漠然としたものとなり、いっそう略図的様相を帯びるようになる。それは、定着したり、限界づけることがいよいよむつかしくなってゆく抽象化である」（Durkheim 1984: 266=2010: 156）。しかし、デュルケムは個々人がより異質な特徴を露呈するにもかかわらず、全体としての特徴的な性質もさらに露出するようになるという信念を表わす。彼は分業が我々を不完全な存在にさせるものではないと見なし、「われわれに欠けているもの、そしてわれわれを補うものを所有している他の諸存在とわれわれとの団結によって、われわれの専門化によって失うものを再び見出すこと」の可能性を期待した（Durkheim 1984: 334=2010: 268）。つまり、これは他でもない「普遍的で抽象的な人間」に対するデュルケムの道徳的な期待を表現したものとして見られる。

　しかし、このようなデュルケムの楽観的な主張は、制限的なものにならざるを得ない。契約関係の公正性が完全に確保されるためには、当事者間の不平等な関係が優先的に解消されるべきである。デュルケム自分でさえも、それが完全に可能になるという点については、懐疑的であった。もちろん、彼は、それにしても、我々が実現できる水準についてはあらかじめ限界を持っている必要はないとの言ったものの（Durkheim 1992: 212）、現実的に除去されないまま残っている不平等や不公正の要素が存在する限りでは、契約関係の根幹が脅かされざるをえない。また、相互依存的な個人間の相互作用で期待できる一種の「寛容」の状態

は、異質な他人への積極的な尊重と開放性だけで現れるわけではなく、ただの「無関心」に止まる可能性もある。「何をしても私とは関係ない」というような無関心の状態は、道徳的にも極端な相対主義の危険性を持ち、それは連帯を強化することにも肯定的に作用し得ない困難さを内包するのである。

普遍的で抽象的な「人間」への肯定は、直ちに具体的な相互作用内での他人への尊重および肯定に直結する感情を創り出さないかもしれない。またそのような感情が必須的なものでもない。そういう面が抽象性が持つ重要な特徴であり、それはデュルケムの議論においても同様である。契約に代表される社会的関係および普遍的人間性に対するデュルケムの期待は、具体的な個人に還元される道徳的な要求ではない。彼が強調する契約の基底に置かれていた非契約的な要素、異質な個々人が互いの違いを認め、尊重することができるようにする人間性に対する共通の信念は、社会的なものであり、社会的なものでのみ可能である。

2　個人と社会の距離化

社会が個人からかけ離れた存在になるということについて、デュルケムは明示的に否定的な立場を取りながら、それを現代社会における中心的な問題と考えた。デュルケムにとって、個人と社会の間の距離の問題は、彼自身の学問的なキャリアの初期から中心をなすものであり、また彼の一生を貫く主題でもあった[9]。特に、フランス革命後の国家と市民社会の極端な分離現象は、デュルケムにとっては深刻な問題を発生させるものとしてみなすべきものであった。当時の国家は、社会性を帯びたすべての活動を吸収してしまうことによって、革命後の唯一の集団形態として自ら乗り出した。その結果、国家は過度な機能を引き受けることになったものの、それは果たされ難いことであった。それに対してデュルケムは次のように述べている。

> 国家は、唯一の組織化された集合体であるから、個人はそれ以外の集合的な作用をこうむっていない。個人は、もっぱら国家を媒介して社会というものを体験し、社会にたいする依存性を感じとっている。ところが、国家は、個人から疎遠な存在であるから、個人にはよそよそしい断続的な影響をおよぼすにとどまっている。……個人を

9　このような問題意識は、個人主義と社会主義という、両極端に位置するように見えるものをどのように連結するかという問題とも関連している。モース（M. Mauss）は、デュルケムが博士論文を企画していた当時（つまり「社会分業論」の内容が企画される当時）、このような主題が念頭に置かれていたことを指摘する（Mauss 1958）。

かれ自身の内部から引きだして拘束をくわえるようなものは、その周囲にまったく存在しない。こうした条件のもとでは、個人が自己本位主義（egoism）ないしは無規制（anarchy）にかたむいてしまうことは避けられない。…… 国家は個人を十分つよく包摂するために、みずからを膨張させ、異常拡張させているが、功を奏さず、個々人はたがいになんのむすびつきもなく、あたかも液体分子のように流動している。個人を引きとめ、固定し、組織化する中心的な力はまったくみあたらない（Durkheim 1979: 389=2015: 500-501）。

「自殺論」の分析は、個人と彼（彼女）が所属する共同体との距離に対するデュルケムの問題意識が克明にあらわれるものであった。彼は自殺の分析を通じて、社会が個人から極端に遠ざかる場合、利己的個人主義とアノミーの危険に陥ると主張する。社会との十分な接触を持たない個人は、互いに分離され、孤立され（Durkheim 1979: 281=2015: 352）、個人は、些細な衝撃でも自殺に至ることになる。これは、「社会の状態が個人を自殺のまったく格好の餌食に仕立てあげていたからに他ならない」（Durkheim 1979: 215=2015: 257）。また、社会とのこのような距離感を感じるようになると、つまり、まるで信仰に懐疑感を感じる信者たちのように、「属している宗派への連帯感が弱まって、それから離れるようになると、また自分の属していた家族や都市がよそよそしいものになってくると、それだけ、かれらは自分自身がよくわからなくなり、苛だち、苦悶し、自問せざるを得なくなる、"いったい、なんのために……"と」（Durkheim 1979: 212=2015: 253）。これは、「無重力状態（weightlessness）[10]」、あるいは「キャノピー（canopy）」が消えた状態（Berger 1990）として描写できるような、個人に安定を与えることができる実体が消えてしまった状態である。個人と社会が遠ざかっている状況下で、社会に直面することになった個人（Zijderveld 1970: 49）についての、「道徳的真空（moral vacuum）」の状態というデュルケムの表現は非常に適切であったと言えよう（Durkheim 1992: 12）。デュルケムはこのような社会的真空状態を解決することが非常に緊急な課題であることを看破し、そのためには社会と個人を媒介できるものが必要であると力説する（Durkheim 1992: 95-96）。個人からかけ離れて勝手に動いている社会的諸機能を、そして液体分子となって、やはり勝手に流れていく個人を、再びある種の意識的な中心に連係させること、まさに

---

10 これは、トリリング（L. Trilling）による表現で、バーガーの言う「安穏さ（at-home-ness）」を喪失した状態と同じ意味である（Berger 1973）。

それがデュルケムの課題であったのである。彼にとって、前者は社会主義への関心（Durkheim 1988）で、後者は個人主義の主張で現れており、結局このような観点から、この二つは同じところに収斂できる可能性が存在するものであった[11]。

3　集合意識の抽象化

デュルケムの議論において紐帯、すなわち「人々や物の状態や条件に自分の源泉を置いている権利と義務」は、「様々なものの神聖な性質からこれらが直接または間接的に付与された道徳的な威信に基づいたもの」である（Durkheim 1992: 178）。そして、これらの紐帯は、基本的に同質性に基づいている。そして、この同質性は、「同じ」という理由で紐帯を作り出すのではなく、それが神聖であるという理由で紐帯の基礎となる。つまり、神聖な共通分母がある場合に紐帯は発生する。したがって、分業がもたらす相互依存性だけで、それらの関係から発生する紐帯を説明することは十分ではなく、説得力がない。何が非人格的相互依存関係を聖なるものにするのか。その質問への答えが必要である。それは個人からは出てこない。神聖は集合的なものである。それは完全に個人の外的な起源を持つものである。

デュルケムによると、有機的連帯は、異質性に基づいた新しい形の連帯である。しかし、異質性が増加する社会的条件は、基本的に紐帯を断ち切るように見える。伝統的な社会で、集団が持っていた神聖な性質、すなわち集団の道徳的な威信は低下する。もし我々が個人主義にいかなる道徳的な権威を付与するようになったとするならば、それはおそらく、これらの神聖な性質が集団から撤回され、個々の人に後退したと見なければならないであろう。これが個人主義に対して誤解しがちな部分である。しかし、神聖は、個人から導出されない。すべての個人が自分だけに対して神聖な意識を持つということは、結局何も聖なるものではないことに過ぎない。結局、紐帯とは存在することができなくなる。自分だけに源泉を求める権利と義務の概念は集合体を維持するために必要な道徳的な機能を果たせない。それでは、有機的連帯の状況は、紐帯がない連帯であるのか。

11　つまりデュルケムにとって個人主義と社会主義は、現代社会の病理的状態を解決するキーワードとして位置づけられていたと見ることができる。そういう意味でデュルケムは、「個人主義者」であると同時に「社会主義者」という名前を共に有している。デュルケムの社会主義と関連する議論としては、ヴォクと（P. W. Vogt 1976）、ギデンズ（A. Giddens 1990）、ゲイン（M. Gane 1990）などが参照に値する。

我々は、むしろこのような状況に置かれた個々人が他人との関係に対する、そしていかなる人間の外的要素に対する多数の権利と義務に挟まれて生きていることを否定できない。紐帯に対するデュルケムの観点に従うならば、これらの権利と義務の作動は、依然としてその根底で神聖な性質、すなわち道徳的威信に後押しされていることを意味する。

> 同じ種族や家族の構成員がたがいに義務を負う理由は、彼らが同じ肉と血の持っていると想定されるからである。この肉体的な関係が、それ自体道徳的効力を持っているのではない。これは血が神聖な要素の媒体であり、この要素が血と混じっていることを意味する。同じ血を持っているということは、同じ神を共有していて、同じ神聖な特質を持っていることである（Durkheim 1992: 179）。

これ以上、同じ肉、同じ血を持っているとは考えない個人たちに道徳的な効力を及ぼす共同の神は果たして何であるのか。個人崇拝に対するデュルケムの議論は、これに関する答えである（Durkeim 1984: 122; 1979: 425、430-432; 1992: 69-70; 1973: 46）。そしてここでの個人は、具体的な個人ではなく、抽象化された人間としての個人である。これが一つの神聖としてみなされるならば、それが再現されるのは個人的な次元で行われるものはない。これは、一つの集合表象であり、集団の意識である。

「社会分業論」でデュルケムは機械的連帯の社会から有機的連帯の社会への変化に応じて集合意識の性格が次のように変わると記述している。

> まず、これらの意識の諸状態は、この動物、この木、この植物、この自然力等々というような個々の正確な諸対象に結びついている。さらに、これらの事物に関してはすべての人々は同じように位置付けられているのであるから、これらの事物はすべての諸意識に同じように影響する。同一部族は、あまり大きくなければ、太陽、雨、寒暑、これこれの河、これこれの水源等の利益や不利益を平等に享受したり或は耐え忍ぶのである。それ故に、これらのすべての個人的な諸印象の融合から生ずる集合的諸印象は、対象においてと同様に、その形態においても、一定している。したがって、そこでは、共通意識は一定の特性をもっている。だが、この共通意識は、社会がその容積を増すに従ってその性質を変化する。社会はより広大な地表の上に拡がるのであるから、共通意識そのものもいっさいの地方的多様性を超えて高まり、よりいっそう空間を支配し、したがって、より抽象的になることを余儀なくされる（Durkheim 1984: 229-230=2010: 95-96）。

集合意識のこのような「抽象的な性格」への変化は、神聖観念の歴史的変動を

介して見ることができる。「トーテミズム」時代には、神ではなく単なる神聖だけが存在し、これは物事から分離されていなかった。以降、これらの神聖は物事から離れて魂や神という観念を形成しながら抽象化の第一歩を踏み出す（アニミズム）。「ギリシャ・ローマ多神教」の時代になると、神は人間からさらに遠くなって断続的に人間史に介入する。そして、「キリスト教」に至ると、神は完全に地上から離れてしまう。「神の王国は、もはやこの世のものではない。自然と神との分離は、これが矛盾に陥るほどに完全である。同時に、神性の概念も、より一般的、より抽象的となる」（Durkheim 1984: 230-231=2010: 97-98）。そして神が人間から離れるほど、その空いた空間は人間のための場として残される（Durkheim 1984: 119）。結局、この抽象化の終着地は、デュルケムにとって「人間が礼拝者であると同時に神になる」宗教の形で帰結されるところにある（Durkheim 1973: 46）。現代社会のように多元化し、流動性が大きくなった状況のもとでは、社会も、自分の適応のため、個人の多様性と可変性を維持させなければならない。人々はますます異なった視点を持つようにさり、異なる価値意識を持たざるをえない。つまり、「単一の社会集団に所属する構成員は、彼らの人間性、人格的一般の構成要素としての属性を除いては、いかなる共通点も持っていない状態に進んでいる。結果的に人間その自身を除けば、人々が一緒に愛し、礼拝することは何一つ残らなくなる」（Durkheim 1973: 51）。このような崇拝は、「人間を対象とし、その人間は、定義上、個人であるため、個人主義的である」（Durkheim 1973: 46）。ここでデュルケムが主張する個人主義は、功利主義または功利的利己主義と区別される「道徳的個人主義」である。公利主義的な個人主義は、「否定的個人主義」として、野卑なもので下品なものであり、道徳的な結合を脅かし、損なうものであった。これは、特定の個人と彼らの利害にのみ関心を集中するなかで、人間としての個人に対する視覚を失った。しかし、そのような視覚が、まさに我々が価値を持つ人間において体現しようとする人間性のすべてであり、それが連帯の根源である。したがってデュルケムは否定的な個人主義を断固として過去に追放させ、より肯定的な個人主義が我々の時代の真の道徳性として、取って代わると明白に主張する。これはまさに、彼が「道徳的個人主義」と呼んでいるもので、各々の個人を本質的に同じ地位と尊厳を持つ、そしてさらに聖なる性質を持つと仮定する、人間性（humanity）にたいする集合表象である。このような個人主義は、「無政府状態ではないだけでなく、むしろ国家の道徳的な統合を

保障してくれる唯一の信念体系」なのである（Durkheim 1973: 50）。このような個人主義にとって核心になるのは、「抽象化された個人一般」という概念である。「非常に異質的な社会で、人間という総称以外には、いかなる形の集合型が存在する可能性はほとんどない」（Durkheim 1978: 155）。すべての人間を包括することができるほど、十分に抽象的で一般的なこの概念は、人類全体の集合的理想になり得るとデュルケムは見ていた（Durkheim 1984）。結局デュルケムが主張する道徳的個人主義の核心には、抽象化された人間個人への崇拝が置かれており、これは、さらに分化され、複雑化する現代社会における「最高の、そして最後の集合意識」になるのである。

三　抽象性の具現としての「制度化」

　抽象性が肯定的であれ否定的であれ影響を発揮するためには、個々人に経験的に近づける実体として現れなければならない。いわば、経済的領域における「貨幣」や、政治的領域での「普通選挙」のように一定に固定され、物化（reification）すべきである。これが可能な領域は、他でもなく「制度（institution）」の領域である。「制度」は、人間の「反復的」・「習慣的」な行為[12]が人間の外部に分離されて外面化（externalization）および物化され、1つの実体として客観化（objectivation）した「モノ」である[13]。すなわち、「制度」は、社会が持つ根本的な抽象化作用の結果であると見ることができる。このような客観化した制度は、基本的には一種の強制力として作用するが、それと同時に個人に安楽を提供することでもある（Durkheim 1982: 47）[14]。

12　制度の基盤をなすこれらの人間の行為の規則性や習慣に関する社会学的議論はヴェーバー（これに関しては、コールバーグ（S. Kalberg 1994: 30）の議論を参照）とバーガー＆ルックマン（1967）の議論に加えてブルデュー（P. Bourdieu）などの議論の中で印象的に提示されている（Bourdieu 1977: 95; 1990: 66-79; Swartz 1997: 101; Jenkins 1992: 74-76）。
13　このような外在化・客観化については、バーガー＆ルックマン（1967）の議論、およびデュルケムの言及（Durkheim 1982: 45）が参考になる。もちろん、この概念は、それらに先立って、ヘーゲル（G. Hegel）とマルクスによって、人間社会の不可欠な要素として提起されたものであった。これに関しては バーガーとプルバーグ（S. Pullberg）（1965）の議論を参照することができる。
14　言い換えると、「制度」は人間と人間の間を外部から支えるものであり、人間に確実性を付与することによって「負担から免除させる」機能を持つものである（Gehlen 1988; Berger & Kellner 1981=1984: 173）。

しかし、抽象的な現代社会は、制度が与える確実性の傘が消えてしまったように見える。制度は、ますます「流動的で、信頼できない、そして極端な場合は、非現実的なものとして個人に直面する」（Berger et. al. 1973: 85）。もはや制度は、個人が気にせずに社会生活を営める自然さを提供しない。反復的・習慣的な、したがって無意識のうちに自然に従えば良いものとしての物化された実体は、煙と消えて、すべての瞬間、無数の分かれ道を前にして疑いながら気をつかわなければならない、不確実な選択の宿命の前に置かれている個人は、不安を振り落とすことができない。このような状況に対して ゲーレン（A. Gellen）は「脱制度化（de-institutionalization）」と名付けている[15]。正常に動いている制度化された行動は、それ自体について懸念し、反省し、評価し始めると、脱制度化の道を歩むことになる。もちろん、制度に対するそのような反省と熟考が必ずしも解体的な現象につながることではない。社会が十分な認知的または規範的な解答を提示してくれれば制度は再び安定を取り戻す。しかし、このような答えが与えられない場合は、認知的・規範的な定義のための制度化された行動は、説得力を失うことになり、非現実的で空虚なことになってしまう。これが、脱制度化の一般的な過程である（Berger & Kellner 1981=1984: 174-175）。

前述のように、制度は、個人の反復的な行為の諸パターンが抽象化の作用を通じて結晶化されたものである。これが上手く行われて制度が正常に作動する場合、制度はその中に、すべての個人の行為を成功的に包括するようになり、個人は、具体的な現実として制度を経験するようになる。しかし、社会の抽象性が増加すると、個人と制度の間の隙間はますます広がる。一人ひとりの行為のパターンが統一性を失い、ますます分節的に変わっていくことに連れて、正常な抽象化作用を介してこれらを包括することができる制度の領域が足場を失うことになるのである。不安と負担、意味の喪失とアイデンティティの危機などを示す脱制度化現象は、抽象化の中で生ずる否定的な側面といえる。

しかし、果たして脱制度化の現象は続けていくのであろうか。不安が大きくなればなるほど、そこから脱却し、安定感と確信を得るために、人間はより「標準化された処方（standardized recipe）[16]」を要求せざるを得ない。つまりこれは、新たな制度的な形成物への要求を発生させる。しかし、これが脱制度化を発生させ

---

15 ザィデルフェルトは、これを「反制度的雰囲気」と表現している（Zijderveld 1970）。
16 この概念は、「類型」に関するシュッツの議論からのものである（Schutz 1964: 102）。

た一連の過程を逆転させて、以前の姿に復帰させることを意味するわけではない。それは可能ではないばかりか、可能であるとしても分業と社会の分化の過程から逆行して過去の古い画一主義に戻ることを意味するものである（Durkheim 1973: 52）。したがって、集合意識の変化に対するデュルケムの議論を通じて見たことと同様に、制度化の問題においても、脱制度化された社会的状況に対応できる他のモノへの変化が必要である。つまり、脱制度化はより高い抽象性の水準での（言い換えると、より高い普遍性の水準での）制度化を求めるようになり、より高い抽象性の物化を要求するようになる[17]。

四　抽象化と社会統合の「ありよう」

「抽象化」に関する以上の議論を通じて見いだせる結論の一つは、「抽象化」が抽象的個人を核心とする個人主義的集合意識と、そのような集合意識を具現する性格への制度化で要約できる点であろう。即ち、「抽象化」過程は「個人化」と「制度化」という二つの要素を中心に図式化できるものであり、各々の要素は、それが持つ「普遍性」の水準によって性質上の相違を内包するものとして把握できる。これを概念的に図式化すると、次のようなものになる。

図1の横軸と縦軸は各々「個人化」と「制度化」の水準を意味し、また同時に二つの軸は「抽象化」による「普遍性」の増加の意味も内包する。つまり、図1の横軸は、個人が属している諸集団からその諸個人が取っている「距離化」の水準に対応するもので、強固な具体性を帯びる集団主義から普遍的な個人を中心とする個人主義への進行程度を示す。縦軸は、該当条件での集合意識（つまり、社会統合のための機制）を具現する「モノ」としての「制度化」の水準を意味する。ここで、高い水準の「制度化」は集合意識の強度が高いこと、つまり社会統合の程度が強いこと意味すると同時に（この意味で、逆に低い「制度化」の水準は前節で

---

[17] もちろん、より低い抽象性の水準での制度化を追求することもできるが、それは制度化に求められる目的に反する結果へ帰結する可能性が高い。このような制度化に関するものとして、ゲーレンは、私的領域の制度化（彼はこれを「2次的制度（secondary institution）」と呼んだ）について論じた。これに対してバーガーは次のように整理している：「（私的領域の制度化は）もともとこの2次的制度を作り出した根本的理由である安定と信頼性の要求を満たすことができない。この2次的制度は、より多くの近代社会の大規模な制度の性格を帯びるようになる。すなわち、それらは官僚化され、その故に、匿名的で、抽象的で、アノミー的なものになる」（Berger et. al. 1973: 168）。

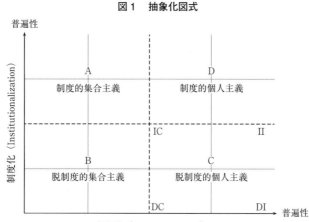

図1 抽象化図式

言及した脱制度化へ対応させることができる)、各状況における社会の構成単位(つまり、諸個人または諸集団)を包括する包容力の範囲において普遍性が高いということを意味する。

「個人化」と「制度化」を軸にする平面上に、いかなる明確な境界線を引くことは不可能であるだけでなく、(少なくとも現在の議論の水準では)ある種の実証的な意味を持ち難いのが事実であるが[18]、記述的な目的に沿って概略的に区分すると、図1のように4つの領域に分けられる。

図1のAは、個人化の程度が低い集団主義的な性格をもっているものの、それを統合する制度化の機制は非常に高い普遍性を有する状態である。これに関する極端な例としては、古い形態としては中央集権的な古代国家、近代的な形態としては軍国主義国家の社会像があげられるのであろう。BはAと同様に個人化の水準は低いが、また統合の範囲も低い状態に置かれている社会像である。つまり、分権的中世の荘園社会やギルド的な結社を中心にする都市国家および家族・地域主義が深く根ざしている農村共同体などで代表されるものであろう。それに対して、Cの場合は、個人化は高い水準まで進んでいるものの、その諸個人を包

---

18 つまり、ここで提示する「個人化」および「制度化」、そして「普遍化」といった要素が具体的な社会分析における実証的な意味を持つためには、これらの諸要素にたいする多様な次元での指標化および、それに基づいたデータを通じる検証作業が必要であろう。もちろん、そのような検証は不可能であるわけではないが、限られている本稿の紙面で扱うには極めて膨大な議論を要するものである。

括する制度的統合の抱擁力が極めて低い状況である。自由放任主義的な市場資本主義社会は、この状況の端的な例として考えられる社会像であろう。最後に、Dは個人化と制度化、そして各々の普遍化の水準が共に高い状態で、具体的な個人ではなく、いわゆる「抽象的な個人」を中核にする集合意識によって統合される社会像を指す。

　図式によって、これらの4つの領域は、各々A 制度的集合主義（IC= Institutionalized Collectivism; または、集中型集合主義）、B 脱制度的集合主義（DC= De-institutionalized Collectivism; または分散型集合主義）、C 脱制度的個人主義（DI= De-institutionalized Individualism; または純粋な個人主義）、D 制度的個人主義（II= Institutionalized Individualism; または道徳的個人主義）と表現することもできるであろう[19]。概念的に、制度的集合主義は、一方で個人は特定集団（共同体）の一員としてのアイデンティティが絶対的であるが、他方で各個別集団が持つ各々の統合力よりは、それらの諸集団をあわせるより普遍的な社会（例えば国家）に統合力が集中され、それに対する依存性が極めて高い場合である。その意味で、このモデルを集中型集合主義と呼ぶこともできるであろう。脱制度的集合主義は、各個人が属する個別集団を中心に統合力は分散されており、これらの諸個別集団をあわせる社会（または国家）の統合力はあまり強くない状況と言える。その意味で、このモデルは脱集中型集合主義と呼ぶことも可能であろう。

　脱制度的個人主義の概念的な極端は、共同体から完全に分離した、原子化した個人を中心とする個人主義、つまり文字通りの、純粋な意味での個人主義と表現できる。これは個人主義におけるもう一つの極端をなしている制度的個人主義と対極の位置に置かれているものであるといえよう。「個人化」という側面での普遍化が高い水準で展開されている点で、脱制度的個人主義は抽象化の水準が高いと言えるものの、ここでの「個人」は「制度的」な抽象化を伴わないものであるから、むしろ具体的な水準にとどまっている個人である。つまりこれは、純粋な市場資本主義システムが想定する典型的な個人像として、各個人の能力によってそれぞれ「異なる個人」として扱われる個人であり、これはいかなる個別的な能力、特徴を問わずに個人を「抽象的な一人間」として扱う制度的個人主義の個人像とは区別される。個人化という、図1の横軸による普遍性の増加は、あくまで

19　もちろん、本稿を通じてある種の完全な正式化した類型論を提示しようとするつもりはない。それ故、ここでの分類および命名はあくまでも記述的な目的に沿って行われたものである。

も「それだけの資格を備えている個人」における普遍性の増大を意味するのである。このような個人像に基づいた集合意識の物化としての「制度」は、「市場」という特定のシステムを通じて特化・集中される。ここで市場は、個々人を統合する機制として働く「物化された道徳性」としての実体ではなく、「貨幣関係」に代弁される抽象的な関係が道徳的な要求と関係なしに純粋に抽象化した極端としての性格を持つものである。「市場」で代弁される「社会的領域」は、そこから脱落した個人に対してはいかなる関心も、責任も持っていない。その意味で、「脱制度的な」性格を持ち、統合における脆弱性を露呈する。このような脆弱性に対する反発が、まさに制度的個人主義であり、デュルケムの言葉を借りると、道徳的個人主義である。制度的個人主義は、個別化された個人を中心にしながらも、これらを共通に結ぶことが可能になる共通の紐としての「個人主義」を想定する概念である。即ち、これは「抽象化された個人一般」に基づいた社会を前提するもので、このような社会における統合のためには、「制度化」の水準においてより高い普遍性、より高い道徳性が求められるものである。

　当然ながら、図式における各要素は相対的な性格のものであって、各領域の内部は再び同じ方式で区切ることができるものである[20]。例えば、経済システムの変化という面で考えるならば、現時点で大部分の社会は概ね市場資本主義システムに基盤している点で図1のCに収斂する姿を取っているものの、各社会の歴史的な軌跡によってAまたはBのどちらを経由したのか、あるいはDへの方向性をどれほど取っているのか、などによって相対的な位置は分かれる。

　本稿で現代社会の抽象化を論じる中で提示した方向性は、他でもなく、制度的個人主義への方向性であった。そして、その方向に推し進める基本的なメカニズムの根底には、集合意識の変動に伴って変わっていく制度化の性格変化が置かれていた。次の図はそのような変化を視覚化したものである。

　この図2の中で、（1）は、具体的同質性の集合意識を特徴とする社会における統合の姿に該当するもので、比較的に同質的な諸個人（点）を制度（線）が成功的に包括していることを示す。個人は、具体性を帯びるものとして制度を知覚しており、認知的・規範的定義のための制度化された行動は、強い説得力を持つ現実的なものとして受け入れられる。図2の（2）は、既存の集合意識が衰退し

20　言うまでもなく、このような図式の構成は社会体系に関するパーソンズの図式から借用した形式である。

図 2 集合意識の変化による社会のありよう

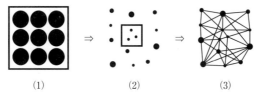

出所：Oh（2011: 37）; Kim and Oh（2018: 55）

た状況下で、異質で、散開した諸個人に対して制度の包容力が著しく減少した脱制度化の状態を示す。ここで、制度は個人に対して説得力を失い、非現実的なものとして遠ざかる。このような状況で、個々人がばらばらに散らばらないようにするためには、そして社会的関係を支えていくことができるようにするためには、抽象的で普遍的な、異質性に基盤する集合意識の形成とともに、制度の性格も変らなければならない。図2の最終の（3）はそのような変化を示しているものである。制度は、（1）のように強い具体性を持って個人を取り巻いているものではないものの、社会的な空間の中で異質な個々人を連結する機能に充実することによって、個々人が社会的関係の中での安定性を獲得できるようにする。これはまた、個々の構成員の自律的な領域を大幅に制限することがなくても、社会が全体的に統合できるモデルを示すものである。

　実は「統合」という概念は、誤解されやすい概念の一つである。伝統的な社会から現代社会への変化の中で社会的統合が弱まったという通常の主張には、「統合」を一つの心理的な概念と区別せずに判断しようとする傾向が存在する。すなわち、しばしばそれは個人が社会に対して抱く、ある種の親密感のようなものと同一視される。強い社会的「統合」を語るときに強い「所属感」のようなものが連想されるのである。しかし、統合はこのような心理的な概念と必ずしも一致するものではない。一個人を取り囲んでいる社会的境界の垣根がどれくらい高いのかは、実は副次的なものである。それは、伝統的な社会のように個人の背丈をはるかに超える高い壁であることもあれば、現代社会のように一つの線だけが引かれているように見えることもある。重要なのは、その境界を超えず、その内に止まらせることにある。つまり、ある一つの社会が構成員を離脱させずに、自分の内部に成功的に位置づけることができれば、我々はそのような社会に対して「統合」という言葉を付与することが可能であろう。抽象性が持っている肯定的な面

は、まさにこの点に関連する。内面的な保護膜、平等化、公正性、尊重の理念などは、抽象的な社会の中で、個人が社会的領域から離脱せずに、自分の足を踏み入れることができる最小限の地盤を提供してくれる。すべてを共有しないことが、必ずしもより弱い統合を意味する必然性はない。むしろそうしないことによって、以前には、我々と無関係あるいは敵対的であった、つまり物理的、心理的距離が大きく異質であった人々と、自然に社会的関係を維持していくことができるようになったのである（Simmel 1900=1983: 439）。そういう意味で、依然として社会が暴圧的な力を行使すると見ることにも、一理はある。ただし個人が啓蒙されるほど、社会ももっと巧みになる必要があったのである。すなわち、抽象的な社会は、目によくあらわれていない背景で統合の機能を果たしているものである。

　それは、個人を取り巻く厚い外壁ではなく、かけ離れた、個人と個人をつなぐ細いひものようなものである（図2の（3）を参照）。ここで、物化されている道徳性の本質が抽象化された、普遍的な性質のものであることを忘れてはならない。それは異質で、自分のアイデンティティと自分の判断基準をあちこちに投与している個々人をして、道を失わないように最小限のひもを付与するものである。制度は、遠く離れている社会と不確実な個人（つまり、いずれも抽象的になってしまった両者）を結びつける実体として作用しなければならず、それが可能な時に、社会は統合の形態を維持していくことができる。皆がそれぞれ異なる方向を見つめていても[21]彼（彼女）らが不安にならず、足を踏み入れられる土壌が提供されるならば[22]、我々は十分に「統合」と言うことができる。制度が集合意識の礼儀（ritual）として、正常に作動していること、それはまさに社会統合と同一の意味である。ここに作用する集合意識は、まさにそのような機能を遂行するという点で抽象化されただけに、より強力である。同質的な一塊をなしている実体を一つに取り囲むことには、あまり強力でなくても、十分な機能を遂行することができる。しかし、四方八方に動いている固定されていない実体を一つに包括するためには、より大きくて、より強力な機制が必要なのである。デュルケムが見たのは、現代社会がそのような集合意識を求めており、また、そのような集合意

21　しかし、彼（彼女）らが他者と衝突する瞬間に共通に眺めることができる地点を制度が提供してくれれば、利己主義の極端は避けることができる。

22　つまり、社会に足を踏み入れているという感じを制度が提供することによって、アノミーを防ぐことができる可能性が整えられる。

識が強化されているということであった。抽象的な社会における社会的連帯と統合のビジョンは、その地点に置かれている。相互依存的・機能的な関係の中で現れる、多元的で、個人主義的で、一面非道徳的にさえ見える個人と、抽象化されて普遍化された集合意識としての道徳的個人主義という要素が、制度的に固定され、個々人を繋げる社会、まさにそれこそが、抽象的現代社会が取っている、そして取るべき社会統合の「ありよう」である。

五　結　論

　本論文では、モダニティーの主要な特徴を「抽象性」という概念を通じて考察し、それに基づいて現代社会における社会統合の「ありよう」を再照明しようとした。「抽象性」は否定的な面と肯定的な面を同時に持っている概念であった。抽象化および現代社会の連帯と統合に関して豊富な示唆点を残したデュルケムは、社会が抽象化することによって生じた道徳的真空状態の病理的な現象を現代社会の根本的な問題とみなし、これを解決するための要素を抽象化され、普遍化される集合意識から探そうとした。言い換えれば、彼は抽象性の両価的な面を認識することにとどまらず、抽象性の問題を、抽象性を通じて積極的に乗り越えようとした最初の社会学者とも言える。この点は、本論文を通じて提示できる重要な理論的示唆点の一つと言えよう。

　抽象性がもたらす病理的現象は、多くの学者たちによって概ね共通に指摘されてきたものであった。しかし、それを解決するためのアプローチは、ほとんど抽象化過程を逆転させ、再び具体性を回復することに焦点を合わせる傾向を見せてきた。これは、マルクスが持っていた共産主義のビジョンに、そしてヴェーバーのノスタルジックな悲観主義にも現れることであり、抽象性に対する様々な手がかりを提供してくれたジンメルさえもロマンチシズムの影響下で、このような傾向から自由ではなかった。このような傾向は、以後共同体の回復を追求する共同体主義者とポストモダニストたちの思考につながって、近代性に対抗する代案的な動きとして強く主張してきたものである。問題は、デュルケム自身が直接に共同体への回帰やポストモダン的な思考の限界について言及しているにもかかわらず[23]、頻繁にこのような立場の代表者とみなされてきたという点である。デュルケムをこのように捉えることは、職業集団に関するデュルケムの議論を過

度に強調することに、そしてまた、デュルケムが提案した集合意識の性質の変化に対する真摯な考察の欠如に起因するものである。「有機的連帯」という概念が事実上、デュルケムにとって限定的な意味を持っているものであったように、職業集団もただ規範的な表現に集中されたものとして限定的に解釈されるべき概念である。むしろデュルケムが主張する職業集団は、本稿で議論したものと同様に集合意識の制度化の結果として可能である一つの眺望と見た方がより適切であろう。もし彼が本当に職業集団を通じて機械的連帯のような要素を復活させようとしたとするならば、それは自分で自分の思想と真っ向からぶつかることになる。新しい社会的連帯のために抽象化された集合意識が作用しなければならないという点に焦点を当てることによって、私たちは、デュルケムに対するこのような誤解を避けることができる。

また、個人化の要素を前面に出している本稿の「抽象化」議論を通じて強調されるべき点は、個人主義的なビジョンが社会の連帯および統合と衝突せずに発展できる点、そしてそれとともに、社会的連帯と統合のための道徳的価値(つまり抽象化・普遍化された価値)は個人に対する道徳的要求によって得られるものではない点である。

もちろん、本稿の「抽象化」議論は、一種の道徳的方向性を前提する発展図式として見られる点においては、社会学的理論としての危険性が存在する点で批判を避けることはできないであろう。しかし、本稿で議論した現代社会の「抽象化」という流れは、デュルケムが言っているように、もしこれを阻止しようとするならば、「加速化する分化の過程を止めなければならないし、絶えずに分業の発展を妨げ」なければならない(Durkheim 1973: 52)。これは(デュルケムの表現通りに)一種の「道徳的自殺」(Durkheim 1973: 54)行為であるばかりか、人間の能力限度をはるかに離れていることであろう。

参考文献

ドストエフスキー、フョードル. 2008.『カラマーゾフの兄弟2』亀山郁夫訳. 光文社.
ノージック、ロバート. 1992.『アナーキー・国家・ユートピア：国家の正当性とその限界』嶋津格訳. 木鐸社.

---

23 デュルケムのこのような言及は、「社会分業論」、「自殺論」などで見て取ることができる(Durkheim 1984: 335-336; 1979: 214など)。

ロールズ, ジョン. 2010. 『正義論』川本隆史・福間聡・神島裕子訳. 紀伊国屋書店.
Ackerman, Bruce. 1980. *Social Justice in the Liberal State*. New Haven: Yale Univ. Press.
Benjamin, W. 1969. *Illuminations*. New York: Schocken Books.
Berger, P. L. 1970. "On the Obsolescence of the Concept of Honor", *European Journal of Sociology* 11 (2): 339-347.
―――. 1973. "Sincerity and Authenticity in Modern Society", *The Public Interest* (31): 81-90.
―――. 1979. *The Heretical Imperative: Contemporary Possibilities of Religious Affirmation*. Garden City: Anchor Books.
―――. 1990. *The Sacred Canopy: Elements of a Sociological Theory of Religion*. New York: Anchor Books.
―――. and Kellner. 1981. *Sociology Reinterpreted: An Essay on Method and Vocation*. New York: Anchor Press (=1984. 『사회학의 사명과 방법』 임현진, 김문조역. 한울).
―――. and S. Pullberg. 1965. "Reification and the Sociological Critique of Consciousness", *History and Theory* IV (2): 196-211.
―――. and T. Luckmann. 1967. *The Social Construction of Reality*. New York: Anchor Books.
―――. B. Berger and H. Kellner. 1973. *The Homeless Mind: Modernization and Consciousness*. Harmondsworth: Penguin Books.
Bourdieu, P. 1977. *Outline of a Theory of Practice*. tr. by R. Nice. Cambridge: Cambridge Univ. Press.
―――. 1990. *The Logic of Practice*. tr. by R. Nice. Stanford: Stanford Univ. Press.
Durkheim, Emile. 1973. "Individualism and the Intellectuals" in *Emile Durkheim: On Morality and Society*. tr. by M. Traugott. R. N. Bellah (ed.). Chicago: Chicago Univ. Press.
―――. 1978. "Review of Ferdinand Tönnies, *Gemeinschaft and Gesellschaft*" in *Emile Durkheim Institutional Analysis*. tr. by M. Traugott. Chicago: Chicago Univ. Press.
―――. 1979. *Suicide: A Study in Sociology*. tr. by J. A. Spaulding & G. Simpson. New York: The Free Press (=2015. 『自殺論』宮島喬訳. 中央公論新社).
―――. 1982. *The Rules of Sociological Method*. tr. by W. D. Halls. New York: Free Press.
―――. 1984. *The Division of Labor in Society*. tr. by W. D. Halls. New York: The Free Press (=2012. 『社会分業論 (上)』; =2010. 『社会分業論 (下)』井伊玄太郎訳. 講談社).
―――. 1988. *Socialism and Saint-Simon*. tr. by C. Sattler. Yellow Springs, Ohio: Antioch Press.
―――. 1992. *Professional Ethics and Civic Morals*. tr. by C. Brookfield. New York:

Routledge.
Gane, M. 1990. "Institutional Socialism and the Sociological Critique of Communism (Introduction to Durkheim and Mauss)" in P. Hamilton (ed.). *Emile Durkheim: Critical Assessments* vol. 4. London: Routledge.
Gehlen, A. 1980. *Man in the Age of Technology*, New York: Columbia Univ. Press.
──────. 1988. *Man: His Nature and Place in the World*. New York: Columbia Univ. Press.
Giddens, A. 1990. "Durkheim's Political Sociology." in P. Hamilton (ed.). *Emile Durkheim: Critical Assessments* vol. 4. London: Routledge.
Jenkins, R. 1992. *Pierre Bourdieu*. London: Routledge.
Kalberg, Stephen. 1994. *Max Weber's Comparative-Historical Sociology*. Chicago: Chicago Univ. Press.
Kim, Bong Seok and Oh, Dok-Lip. 2018. "Individuals Still Need Society, and Society Must Respond to Individuals: Exploration of the Case of Young People in Korea from the Perspective of Emile Durkheim's Theory of Social Solidarity", *The Journal of Studies in Contemporary Social Theory* (12): 45-59.
Marx, K. 1972. *Manifesto of Communist Party*. Peking : Foreign Languages Press.
──────. 1974. *Economic and Philosophical Manuscripts of 1844*. tr. by M. Milligan. New York: Prometheus Books.
──────. 1976. *German Ideology*. tr. by S. Ryazanskaya. Moscow: Progress Publishers.
Mauss, M. 1958. "Introduction to *Socialism and Saint-Simon*" tr. by P. Sattler. New York: Collier Books.
Oh, Dok-Lip. 2011. "Revisiting Emile Durkheim's Solidarity Theory: Focusing on the Concept of Abstraction in Modern Society" Master Thesis in Sociology, Sungkyunkwan Univ.
Parsons, T. 1967. *Sociological Theory and Modern Society*. New York: Free Press.
──────. 1977. *Social System and The Evolution of Action Theory*. New York: Free Press.
Schutz, A. 1962. *Collected Papers Vol. I: The Problem of Social Reality*. The Hague: Martinus Nijhoff.
──────. 1964. *Collected Papers Vol. II: Studies in Social Theory*. The Hague: Martinus Nijhoff.
Simmel, G. 1900. *Philosophi des Gelded*. Leipzig: Duncker & Humbolt (=1983. 『돈의 철학』 안준섭, 장영배, 조희연역. 한길사).
Swartz, D. 1997. *Culture and Power: The Sociology of Pierre Bourdieu*. Chicago: Chicago Univ. Press.
Vogt, P. W. 1976. "The Confrontation of Socialist and Sociologists in Prewar France, 1890-1914" in *Proceeding* vol. 4 Western Society for French History.

Weber, M. 1958. "Science as a Vocation" in Gerth and Mills (ed.). *From Max Weber*. New York: Oxford Univ. Press.
――――. 1978. *Economy and society: an outline of interpretive sociology*. G. Roth and C. Wittich (ed.). Berkeley: California Univ. Press.
――――. 2009. *The Protestant Ethic and the Spirit of Capitalism*. tr. by S. Kalberg. Oxford: Oxford Univ. Press.
Zijderveld, A. 1970. *The Abstract Society: A Cultural Analysis of Our Time*. Harmondsworth: Penguin Books.

フランスにおける障害者雇用支援システム

大曽根　寛

一　はじめに
二　立法・政策の動向と精神障害
三　就労支援の中核的組織
四　雇用支援専門機関——Club Arihm
五　まとめ

一　はじめに

　本稿は、フランスにおける障害者への就労支援活動のうち、精神障害の領域を中心に、パリ近郊のセーヌ・エ・マルヌ県にある県障害者センター（MDPH）やパリ15区にある職業支援専門機関"Club Arihm"への取材をもとに、障害のある方に対する職業支援の現状について報告することを目的とする。

　また、このレポートは、放送大学大曽根研究室が日本学術振興会から受けた「科学研究費補助金」（2008年度-2010年度）による研究の成果の一部を取りまとめたものである。この研究の結果は、2009年度末に中間報告書として「フランスの新しい障害者政策の紹介」（2010年3月、大曽根研究室）を[1]、そして最終報告書として「フランスと日本における障害者政策——精神障害者への職業支援を中心に——」（2011年3月）を、大曽根研究室から発行した[2]。あわせて参考にしていただければ幸いである。

　今回の原稿は、2011年3月に発行した科学研究費補助金の報告書「フランスと日本における障害者政策」（全62頁）からピックアップして作成した。

---

[1]　「フランスと日本の新しい障害者政策に関する比較研究」（2008年度-2010年度、基盤研究（B）課題番号20402047）
[2]　これらの報告書において引用した日本語文献・仏語文献は、頁数の関係で、本稿からは割愛した。より詳しくは、当該報告書をご参照いただきたい。

二　立法・政策の動向と精神障害

　日本においては、2005年7月に「障害者雇用促進法」が改正され、また11月に「障害者自立支援法」が制定された。その同じ年、フランスでは、2005年2月に、障害のある人々のための新たな法律「障害のある人々の権利と機会の平等、参加および市民権のための法律」が公布（2005年2月11日付け）された（Loi pour l'égalite des droits et des chances, la participation et la citoyennete des personnes handicapées、以下、2005年法と略称することがある）。

　科学研究費補助金による研究では、この両国の法律の理念を明らかにするとともに、その内容を分析し、施行実態をも把握しつつ、フランスと日本との比較をすることを目標としていたが、本報告では、従来のフランス法の体系（1975年の障害者基本法）に取って代わる、新たな枠組みを設定した2005年法が、精神障害の領域において、どのような機能を果たしているのかという点に焦点をあて、現状を確認しつつ、日本への示唆を得ることとしたい。

　EUレベルでは、非差別を謳う2000年EU指令が出されたわけだが、それと連動して、フランスでも2005年法において様々な規定が置かれることとなった。たとえば、障害の定義の中に精神障害（handicap psychique）が明記されたことも、その一つである。その結果、精神保健、医療、福祉の実践は、本人とその家族との緊密な協力関係を保ちつつも、医療モデルから社会モデルに沿った新たな概念の構築を迫られることとなり、それは、理念の問題としてだけではなく、きわめて実践的な課題となった。

　もちろん、この動きは脱施設化、精神疾患を原因とする自殺の問題など、さまざまな要因と関連してすでに始まっていたものである。

　しかし、概念、政策、実践で遅れていると言われながらも、他のEU諸国の動きを見聞きしながら努力を続けてきたフランスにおける精神障害の分野が、2005年法で弾みを得てダイナミックな前進を始めていることは確かである。実際、2007年からはCNSA（全国自立連帯金庫）で精神障害の評価のための全国規模の研究が始まっている。そのため、本稿では精神障害者を中心に見据えながら、2005年法の制定が、どのような影響をフランスに与えているのかを分析することにする。

まず、精神障害という用語の使い方について述べておこう。フランスでは、かつて、maladie mentale という疾患名が、頻繁に使用され、日本語に翻訳されるときには、「精神病」と訳されることが多かった。また、handicapé mental という言葉には、知的障害者という訳語が使われていたが、知的障害以外に精神障害の意味合いが含まれることがあり、その境界は曖昧であった。障害者基本法（1975年）第1条では、「handicapés … mentaux」とのみ書かれ、この文言で精神疾患（troubles mentaux）を抱える人の身分と所得は保障されたかに見えたが、精神障害（handicap psychique）の定義と給付には不十分であるとみなされていた。

これに対して、2005年法により作られ、社会福祉・家族法典第114条となった条項において、障害の定義に関し、「une ou plusierus fonctions … mentales, cognitives ou psychiques, …」と精神障害が知的障害と明確に区別して記述され、これらの障害者には給付をうける権利があることが示されている。ちなみに、精神障害に「handicap psychique」というフランス語を使うことは2005年の以前から、UNAFAM（精神障害者友人・家族全国連盟）で認められており、2010年頃からは、精神障害を意味する場合には「handicap psychique」という用語で統一することになっている。

本報告では、パリ地域圏におけるいくつかのヒアリングをもとに、県障害者センターの活動や精神障害者への職業支援を目的とする職業支援専門機関 Club Arihm（パリ）の現状と支援システムとの関係を眺めてみたい。

たとえば、筆者が2度訪問した"ASM13"という組織（パリ13区）は、精神障害者のための医療と生活支援を担当する機関であるが、職業支援が必要になれば連携関係にある専門のアソシアシオン、つまり Club Arihm などに連絡をすることになっている。担当者は相互に、顔見知りの関係にあり、例えば ASM13 に来た患者が雇用に関する支援を必要としていれば、Club Arihm に連絡をしてつなぐということが可能である。

また、後述する MDPH や AGEFIPH（以下、Agefiph と表記する）と Club Arihm との連携は大変緊密である。就業関連の書類手続きが必要であれば、Club Arihm が当事者や企業のために書類作成を手伝い、MDPH や Agefiph に送ることがある。地域の専門家が皆よく知っている間柄であることは、仕事に大きく役立っているようである。

三 就労支援の中核的な組織

さて、ここで、職業支援のかなめとなる組織である、MDPH、Agefiph について概観し、そのうえで、Club Arihm の役割を見ることにしよう。

2005年法施行後、フランスの障害者支援で中心的役割を果たしているのは、MDPH と CDAPH であり、1987年以降、主に雇用支援の面で制度的な基盤（雇用率制度を含め）を形成してきたのが、Agefiph だからである。

2005年法施行後、フランスの障害者支援で中心的役割を果たしているのは、MDPH（CDAPH）と主に資金面で制度を支える Agefiph である。2005年法制定直後に作成された「障害者ハンドブック2008年版」（フランス印刷局）をもとに、まずはそのこれらの機関の概要をみてみよう。なお、このハンドブックの内容は省間合同サイト www.service-public.fr と同じものである。サイトの方は随時、情報が更新されている。また、参考文献に示すような新しい政策動向が生まれていることにも留意しておきたいが、時間的な関係で、本稿の対象からは割愛せざるを得ない。

1 県障害者センター（La Maison départmentale des personnes handicapées: MDPH）

2005年法により、障害者の手続きを容易にするための専用の機関、県障害者センター（MDPH、フランスでは、エムデーペーアッシュと呼んでいる）が設置された。

図1 雇用支援システムの概要

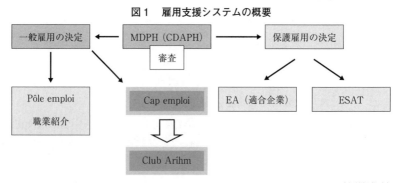

（大曽根作成）

MDPHは各県における、障害者が給付や支援を受けるための一本化された窓口となる。MDPHは、基本的に単一窓口として、相談受付から、情報提供、障害者と家族への支援・助言、障害に関する啓発活動を行っている。
　MDPHでは、「多職種専門家チーム」が障害者の希望とニーズを考慮して評価し、障害者や家族による生活プラン（projet de vie）の作成を手助けし、個別補償プラン（Plan Personnalisé de Compensation: PPC）の原案を作成する。
　また、MDPHは障害者の相談に個別かつ直接的に、対応し、どのような制度が利用できるか、情報を提供する。障害者が示した関心事や希望を考慮にいれながら、その人の道のりを通じて（職業、学業、生活プラン……）一人一人を支援する。その際、MDPHは、必要に応じて障害者や家族を他の専門家に紹介することができ、Club Arihmは、その求めに応じて支援サービスを提供する専門的な民間組織（Association）と考えてよい。
　法律により、障害者の手続きを容易にするための専用の機関、県障害者センター（MDPH）が設置された。MDPHは各県における、障害者のための権利及び給付を受けるための一本化された窓口となる。
　MDPHは単一窓口として、《相談受付、情報提供、障害者・家族の支援・助言、障害に関する啓発活動を行う。》
　MDPHには、主に8つの目的がある。
- ・障害の告知を受けた時から障害の変化に応じて、障害者及家族への情報提供及び支援を行う。
- ・生活プラン（projet de vie）に基づいてニーズを評価し、「障害補償給付」の個別プランを提案する、多分野専門家チームを招集・組織する。
- ・障害者権利・自立委員会（CDAPH）が組織され、決定事項の実施が調査され、障害補償のための県の基金の給付が管理されていることを確認する。
- ・権利や給付に関するCDAPHの権限下のあらゆる申請を受け付ける。
- ・有資格者による調停チームを組織する。
- ・決定事項が実施されていることを調査する。
- ・保健・医療福祉関連制度を適用して調整をはかり、その間に就労支援の担当者を指名する。
- ・緊急連絡用の電話番号とケア見守りチームを設置する。

(1) MDPHで行われるサービス

障害者の相談の受付、助言、支援のための機関であるMDPHは、必要性に応え、一歩を踏み出し、権利を行使するための手助けをするための一連のさまざまなサービスを提供することをその職務をする。

(2) 個別かつ直接的に、相談に対応

MDPHは障害者の相談に対応し、どのような支援制度が利用できるか、情報を提供する。障害者が示した関心事や希望を考慮にいれながら、その人の道のりを通じて（職業、学業、生活プラン……）一人一人を支援する。

MDPHは、必要に応じて障害者や近親者を他の専門家に紹介する。

(3) さまざまなサービスを提供するチーム

MDPHには、それぞれ障害者やその近親者が利用できるさまざまな分野の専門家からなるチームが設置されている。このチームは、医者、作業療法士、心理療法士、福祉的雇用・就学・就労の専門家などによって構成される。

この専門家チームは、障害者の生活プランや国内の指針に基づいて、「補償」の必要性の評価をおこなう。

さらに、障害者が公的就労支援サービスを利用できるよう、各MDPHには、就労相談員（référent pour l'insertion professionnelle）も在駐している。

MDPHには、さまざまなケアのための見守りチーム（équipe de veille）が置かれている。

・ケアの必要性の評価
・法律の適用により行えることの提案
・緊急介入サービスの運営

MDPH内で障害者団体は、直接的・個別的な相談受付・対応が適切になされているかどうかを常時、確認する。

(4) その他、利用できる情報ツール

MDPHでは、フリーダイアルの緊急用電話番号やインターネット上のアクセス先を公表している。また、障害者の権利に関する冊子も配布している。

2　MDPH77

大曽根は2010年2月と9月にパリ郊外に位置するセーヌ・エ・マルヌ Seine-et-Marne 県のMDPH77を訪問した（77は、本県を表示する記号である）。

この組織も、さまざまな申請を受け付ける単一窓口として、2005年法で設置されたMDPHである。MDPHでは、多職種専門家チームが障害者の希望とニーズを考慮して評価し、個別補償プラン（Plan Personnalisé de Compensation: PPC）を作成し、CDAPHが決定を行う。このプランのもとになるのが障害者や家族による生活プラン（projet de vie）の作成である。

CNSAは、MDPHの資金の一部を負担し、MDPH間の連携役を果たしているが、個別補償プランの作成に関わる専門家（MDPHの職員の他、アソシアシオンを含む契約を結んでいる機関の専門家、精神衛生の専門家など、障害者の評価のためにMDPHの依頼で動員される専門家）を対象にした評価のための研究会や研修などを主催してノウハウを提案、さらに全国規模でMDPHの活動状況をまとめ、報告書を出している。

大曽根は本研究のために、フランスを2008年、2009年、2010年の3回訪問したが、2008年は現地の専門家から「MDPHは大変な状態なので訪問は無理だろう」と言われ、訪問調査はできない状況だった。2010年になって、ようやく、ゆっくり訪問して話を聞くことができたのである。2005年法による新しい機関が立ちあがった時期という背景を念頭に置きながら、MDPH77の訪問、当センターのホームページ情報、CNSAの資料、及び、現地で入手した2009年年次報告書[3]をもとに、MDPH77がどのような所なのか、紹介しよう。これによって、設立直後の具体的な状況をイメージすることができるからである。

（1）目的と使命

2005年法では、MDPHには県レベルでの「受付、情報提供、支援、助言」の使命があるとされているが、MDPH77はホームページ上で以下の8項目をその使命として挙げている。

- 情報提供：支援、給付金、2005年法によって実施されている制度について情報を提供。
- 受付：単一窓口で受付け、話を聞き、生活プランの作成や障害補償申請について助言をする。
- 支援：障害を宣告されてからのプロセスを通して、一貫性のある支援を提供する。

---

[3] Conseil Général Seine & Marne, Rapport d'activité 2009 du President du Conseil Général de Seine et Marne à la CNSA

- 評価：障害者によって作成された生活プランと申請書に基づき、MDPHは多職種専門家チームを作り、ニーズを評価、個別の障害補償プランを提案する。
- 権利、給付金の付与：MDPHはCDAPHを組織し、個人補償プラン（PPC）に示される支援や支援金、給付金の付与を決定する。また、ESAT、EAへの進路指導も行う。
- フォローアップ：CDAPHの決定と個人補償プランが実施されているかをフォローアップし、施設への進路指導の実施を監視する。
- 管理、調整：権利や給付金申請を受理し、管理する。また、さまざまな公的担い手（acteurs）、保健、医療福祉制度の間の調整を行う。
- 仲裁：障害者とMDPHの間で、個別補償プランについて意見の相違があった場合に仲裁を行う。

（2）統計的な概要

さらに、統計的な概要として以下の数字が示されている。

　　MDPH77の職員数　90人

　　1つ以上の申請を行っている者の数　90,000人以上

　　Seine-et-marnaisの6.6％（うち、成人92％、子ども8％）

　　1日に受け取る書類の数

　　80通

（3）組織構成[4]

① 設立者

MDPH77は、公益団体（GIP）であり、2005年12月に以下の者を設立者として作られた。

- Seine et Marneの県会議長（Président du Conseil général）
- Seine-et-Marne 知事（Préfet）
- Créteil 大学区長（Recteur de l'Académie）
- Seine-et-Marne 家族手当金庫（Caisse d'allocations familiales: CAF）
- Seine-et-Marne 初級医療保険金庫（Caisse primaire d'assurance maladie: CPAM）

4　http://www.mdph77.fr

・Seine et Marne 共済組合（Mutualité française）
このパートナー契約は、Seine et Marne の県議会の庇護の下に置かれ、この県議会が行政、財政上の監督（tutelle）を行う。

② MDPH77執行委員会（Commission exécutive: Comex）
執行委員会は、以下の28人からなる。
　　県会の代表14人（内訳は、県会議員　10人、県の行政官　4人）
　　障害者団体の代表　7人
　　国の代表　3人
　　社会保護組織（県の CAF、CPAM、CPAMIF、共済組合）の代表　4人
さらに、MDPH77の2009年年次報告書には以下の記載がある。
2009年には、5月14日、9月29日、12月16日の3回、執行委員会が開かれ、さらに、この3回の委員会に先立ち、上記委員会のメンバーを含む事務局による会議が開かれた。

（4）MDPH77の活動
MDPH77の職員数は、90人である。大きく分けて以下の5つの課がある：初期対応課（service Accueil）、書類整理課（service Analyse et préparation des dossiers）、管理運営課（service Gestion administrative）、評価・進路指導課（service Evaluation et orientation）、価格決定課（service Tarification）。さらにCDAPHの決定に不服の場合の仲介者も、MDPH77の職員に含まれる。事務局は、MDPHが機能するために必要な他のサービスをとりまとめる。

3　障害者権利・自立委員会（La Commission des droits et de l'autonomie des personnes handicapées: CDAPH）
CDAPH は、2005年法によって設立された会議で、県特殊教育委員会（CDES）と職業指導・職業再配置専門委員会（COTOREP）に替わる機関である。
このCDAPHは、各県に置かれており、MDPHが事務局を務める。委員会は、障害者の権利に関する決定（給付金や障害者カードの付与、特別な機関・サービスへの進路指導、障害児の就学、障害労働者としての認定など）を行う、決定機関である。CDAPHの決定は、障害者が記載した生活プランに基づき、多職種専門家チームの評価、および、このチームが提案する個別障害補償プラン（PPC）案などに基づき行われる。

CDAPHは、「障害のある人々の権利と機会の平等、参加および市民権のための2005年2月11日の法律第2005-102号」(loi no 2005-102 du 11 février 2005 pour l'égalité des droits et des chances, la participation et la citoyenneté des personnes handic-apées) によって設立された。県特殊教育委員会 (CDES) と職業指導・職業再配置専門委員会 (COTOREP) に替わる機関である。

また、CDAPHは給付と進路指導の決定をおこなう新たな機関である。そして、CDAPHはMDPHの中に置かれ、専門家チームによるニーズの評価と補償個別プランの作成を通して、支援と給付に関するあらゆる決定を行う。

さらに、CDAPHは、提案された支援の申請（保障給付、AEEH：旧AES、AAH、障害者カード、または障害者優先カードなど）について決定を行う。

CDAPHは、以下のことを行うことができることになる。

・障害者の職業指導および就学・就職・社会参加を保障する方法について判断を下す
・子どもや青年のニーズに合う、再教育、教育、再配置、成人障害者の受け入れの施設やサービスおよび受け入れ方法を指定する
・子どもや青年のための障害児教育手当（AEEH）、場合によってはその補足手当の付与
・障害者カード（CIN）の付与
・成人障害者手当（AAH）および所得補足給付の付与
・補償給付の付与
・障害労働者の認定
・60歳以上の成人障害者施設入所者に対する支援サービスについての決定

2005年法により作られたCDAPHは、MDPH77で委員会が開かれる。障害者の権利に関する決定（給付金や障害者カードの付与、特別な機関・サービスへの進路指導、障害児の就学、障害労働者としての認定など）を行う、決定機関である。CDAPHの決定は、障害者が記載した生活プランに基づき、多職種チームの評価、及び、このチームが提案する個別障害補償プラン（PPC）によって行われる。

CDAPHは2006年7月4日に設置された。知事と県会議長の共同指名を受けたメンバー23人により構成される。

その内訳は以下のとおりである。

・県会（4人）

・国のサービス（4人）

・医療保険組織、家族手当組織（2人）

・労働組合（2人）

・親の会（1人）

・障害者・家族団体（8人）

・障害者受入機関の管理組織代表（2人）

CDAPHの委員長は、Seine-et-Marneの県会副議長である。全体会議、又は、限定的な部会形式の会議で決定を下す。

CDAPH内に構成される専門部会は、申請の性格によって分けられ、全体会議の準備作業を行う。

この専門部会は以下の4つである。

・就学に関する個人プラン

・職業教育及び職業参入に関するプラン

・医療福祉機関への進路指導に関するプラン

・在宅生活に関するプラン

2009年年次報告書では、活動状況について以下のように報告している。

セーヌ＝エ＝マルヌ県のCDAPHは、申請書類を取り扱う4部門に合わせて仕事をする。

2009年には、会議の頻度や時間は少なめであった。

全ての委員会（全体会議と専門部会）を含めて、CDAPHの会議は1年間で185回（647時間30分）開かれた。

全体会議

全体会議での検討項目

　・社会福祉・家族法典L.242-4条の延長（maintien）手続き申請（Creton修正）

　・MDPH多職種専門家チームと専門部会の意見の食い違い

　・仲裁者（médiatrice）によって提示された異議申立（recours gracieux）

さらに、法解釈や見解に問題があり、委員によって提出された書類

専門部会での検討がなされた書類で、上記に該当しないもの

1会議当たりの書類取り扱い数は、28件である。

① 第1専門部会

第1専門部会は、生活プラン（projet de vie）の分野が就学であるものを扱う。
1会議当たりの書類取り扱い数は、35件である。

② 第2専門部会

第2専門部会は、生活プランが主に職業的参入に向けたものを扱う。

専門部会に提出される書類が非常に多いことを鑑み、会議で口頭で説明される際の優先順位が定められている。各ケースについて十分な時間が取れない場合、専門部会や全体会議にかけられる書類のうち、特定のタイプがリストに載ることになっている。そのカテゴリーとは以下の通りである。

・経過観察のもの
・PCHの受給資格がないケース
・SAVS/SAMSAH（医療福祉、福祉関連の支援パートナー）によってのみ実施される申請
・雇用を直接探すようにとの決定
・障害に相当しない状況

1会議当たりの書類取り扱い数は、47件である。

③ 第3専門部会

第3専門部会は、医療福祉施設による実施が必要なケースを審査する。
会議の回数（1会議当たりの書類取り扱い数）：50件

④ 第4専門部会

第4専門部会は、生活プランが自宅での障害の保障に関する者によって申請されたものについて審査する。
1会議当たりの書類取り扱い数は、25件である。

4　障害者職業編入基金（L'Association pour la gestion du fonds d'insertion professionnelle des handicapés: AGEFIPH）

AGEFIPH（フランスでは、アジェフィップと呼んでいる。以下、Agefiphと言う）は、障害者や企業のためのアソシアシオン（Association）であるが、雇用政策推進のパートナー（partenaire）である。Agefiphは、今日、障害者雇用の中心的担い手であり、国と交わした協定に根拠を有する公共サービス機関である。本部は、パリ市近郊のバニョー（Bagneux）にあり、各県に支部がおかれている。

障害者や企業に対し、支援や助言、ケアの方法などを合わせたサービスの利用方法を提案する。

Agefiph の目的は以下のとおりであり、わが国の高齢・障害者雇用支援機構に相当する機関である。

・障害労働者の雇用へのアクセスを改善する
・企業に対して、障害者の採用や障害をもつ従業員の雇用維持のための手助けを行う
・職業活動を行う障害者についての理解を深める

Agefiph は、障害者や企業のための民間のアソシアシオンである。障害者や企業に対し、支援や助言、ケアを組み合わせたサービスの利用方法を提案する。

公的に運営されている雇用政策関連のパートナー (partenaire) である AGEFIPH は、今日、障害者雇用の中心的担い手であり、国と交わした協定の枠内にある公共サービス機関である。

Agefiph は、この分野に関する研究活動を行い豊かな知識をもつ障害者雇用の専門家である。その研究や出版物は、障害者のよりよい理解と労働市場の動きに合わせた障害者の準備に役立っている。

労使関係当事者 (partenaires sociaux)、障害者、職員の代表で構成される Agefiph の執行委員会 (conseil d'administration) は、戦略と全般的執行方針を決定する。地方センター長5人が全国レベルの決定・調整を行う。また、企業や障害者へ提供するサービスをさらに改善するために、地域代表や支部責任者が示したニーズを伝達する。

さまざまな公共サービス機関の中で Agefiph は障害者雇用の共通の権利のために行動する機関 (ANPE、AFPA、UNEDIC、ANACT……) のネットワークの中心に位置し、障害者の就労を支援する1100ほどの専門機関の間の調整を行っている。

Agefiph の個人・企業へ向けの助成金・支援 (Aides de l'Agefiph aux personnes et aux entreprises)

移動に関する助成金 (Aides à la mobilité)：移動時（交通、宿泊）の障害を補償することで、障害者の職業上の統合を容易にする。

職業教育に関する支援 (Aides à la formation professionnelle)：障害者の職務履行、昇進、職位の維持に必要な知識と能力を身につけることができるようにする。

雇用維持助成金（Aide au maintien dans l'emploi）：障害が出現・悪化した労働者や障害をもつ自営業者の雇用を維持する。

職務助成金（Aide à l'emploi）：重度障害者を雇用することにより生じる負担を補償するための企業への助成金。2006年1月1日より、障害者所得補償にとって代わった。

技術支援と人的支援（Aides techniques et humaines）：雇用の場において、個別に技術的または人的支援を行い、障害を補償する。

起業の支援（Aide à la création d'activité）：求職中の障害者による、起業や再建を助成する。

障害者雇用に向けた政策の実施に関する支援（Aide à la mise en place d'une politique d'emploi）：企業の人事や方針を定める際に、障害者を加えることができるよう、企業を手助けする。

参入手当（Prime à l'insertion）：長期雇用の場に障害者を雇用するよう企業を奨励する。

職業能力開発契約助成金（Aides au contrat de professionnalisation）：職業能力開発契約により、障害者の企業への就労（accès）を容易にする。

見習い助成金（Aides à l'apprentissage）：障害をもつ若者（30歳未満）の見習いを通して企業への就労を容易にする。

能力調査書と職業指導への支援（Aide au bilan de compétences et d'orientation professionnelle）：障害者の能力を調べ、職業に関する計画を作成する。

チューター助成金（Aide au tutorat）：内外の指導者を企業に呼び、障害者が職務に就く準備や職務の遂行、または、職業教育中の研修生の指導がきちんと行われるようにする。

雇用の場へのアクセシビリティに関する支援（Aide à l'accessibilité des situations de travail）：職務、道具、仕事の組み立て・チームを調整することで障害を補償する。

四　雇用支援専門機関——Club Arihm

1　Club Arihm の概要

さて、障害者雇用支援の現場に目を移し、上記の各種の機関との連携を取りな

がら、精神障害者の支援をおこなう Club Arihm（クラブ・アリム、以下、Club arihm と表記することもある）の活動を見てみよう。

Club Arihm は、パリ15区のバラール通り（Rue Balard）に面したビルのの中にある、精神障害者の雇用に関する支援を目的とするアソシアシオン（Association）である。

障害者は、MDPH に申請を行い、その委員会 CDAPH で一般雇用の場への進路指導を受けた場合は、Cap emploi と呼ばれる県レベルで中軸となる障害者雇用支援ネットワークの支援を受けることができるが、その要請により、専門的な支援機関の1つとして業務を行っているのが、Club Arihm である。

Club Arihm は、20年前に精神科医や心理療法士（practiciens en psychologie）により作られた。2010年現在、従業員は19人、そのうちフルタイムは15人である。収入源は、Agefiph からの受託事業費、企業からのサービス提供依頼による契約上の報酬、さらに（所長が精神科医で医療診療も行っているため）診療収入である。支出は人件費が70％、事務・警備費が30％である。

Agefiph からの受託事業は、Agefiph 地方局の基準（référence）で毎年定められ、その事業のカテゴリー別に契約が結ばれる。Club arihm は①評価、②相談、職業プラン作りの手助け、③職場における支援（ジョブコーチ等）、④雇用の維持の4つのカテゴリーの業務を行っているので、それぞれに事業別に契約が結ばれている。

また、企業に対する支援の枠組みは、契約を交わすことで出来上がっている。Club Arihm でも多くの企業と契約（convention d'action）を結び、使用者としての企業にサービスを提供している。

では、障害者雇用支援の現場に目を移してみる。

MDPH に申請を行い、この委員会 CDAPH で一般雇用の場への進路指導を受けた者は Cap emploi などの支援機関の支援を受けることができる。（資金は Agefiph から出るので、障害者は無料で支援を受けることができる。）まずは、支援機関の1つ Club arihm の様子を覗いてみることにしよう。

2　Club arihm の現場

2010年9月17日、フランス人と日本人の2人の男性が並んでアセスメントを受けていた。フランス人の方は精神的な問題を抱えてエール・フランスを解雇さ

れ、途方にくれてこのアソシアシオンにやってきた。2人が受けているのは注意力を調べるPASATテスト、さらに8個の図形記憶、12個の言語記憶、数列、筆算と次々にテストは行われていく。フランス人も日本人も頭を抱えている。日本人のほうは、ここで午前中を研修生（stagiaire）として過ごしている大曽根である。頭を抱えているのは、精神的に問題があるというよりはフランス語が思い浮かばないからである。2人に対してテストを行っているTimy Cassereauさんは精神科の病院で研修を受けてテスト方法を学んできた。

　Club arihmの収入源は、Agefiphからの受託事業費、企業からのサービス提供収入、さらに診療収入である。支出は人件費が70％、事務・警備費が30％である。

3　契　約

　障害者や企業に対する支援の担い手（acteur）の間の関係は、契約を交わすことで出来上がっている。Club arihmでも多くの契約（convention d'action）を結び、サービスを提供している。

（1）Agefiphとの契約

　大曽根はClub arihmでいくつかの契約書を入手した。AgefiphとClub arihmの間の契約書は4種類である。Club arihmにさまざまな業務内容があることはすでに述べたが、受託業務内容はAgefiphの地方局の基準（référence）で毎年定められ、そのカテゴリー別に契約が結ばれる。Club arihmは①評価、②相談、職業プラン作りの手助け、③職場における支援、④雇用維持の4つのカテゴリーの業務を行っているので、それぞれに契約が結ばれる。まず最初に、雇用維持に関する契約書を見てみよう。

（2）活動に関する契約（Convention d'action）

　Agefiphと契約者Club arihmが、2010年のプロジェクトに関して2010年4月19日に口頭で交わされた契約を文書にしたものである。（署名の日付を見ると、Club Arihmは2010年5月5日、Agefiphは5月11日となっている。）

　第1条は、「契約の目的」である。

> 「・活動の種類：専門サービス提供者による支援（appuis）
> ・サービスの対象者：100人（労働法典 L.5212-13（雇用義務）の対象となる従業員やその過程にある者のうち、精神疾患がある者
> ・サービスの内容：雇用維持支援の受託事業の提供（PPS4）、これは精神疾患をもつ

従業員のための事業に関する Ile-de-France の2010年基準に基づいている
・サービスの実施方法
評価3,500時間と支援6,500時間、1時間あたり41.40ユーロ
・サービスの開始と終了：2010年1月1日-2010年12月31日」

第2条は、助成金の金額、使用目的、支払い方法についてである。

第2-1条には、Agefiph が上記サービスの実施のために414,000ユーロを支払うこと、契約者が予算を超過した場合、Agefiph は責任を負わないこと、本契約が目的とするサービスの価格は最高414,000ユーロであることが書かれている。

さらに、第2-2条では、契約者が助成金の使用目的以外に用いた場合には、返却を求めることが書かれている。

契約書2ページ目の第2-3条は、助成金の支払い方法についてである。

支払いは2010年4月30日、2010年7月15日、2011年1月15日の3回に分けて行われる。金額は、それぞれ239,000ユーロ、119,000ユーロ、56,000ユーロである。ただし、支払いにはそれぞれ条件があり、第1回の支払いは、この「活動に関する契約（convention d'action）」と付則に日付を入れて記入し、署名しなければならない。第2回、第3回は、それぞれ中間活動報告書、最終活動報告書に記入し、提出しなければならない。

契約書3ページ目最後の第6条によると、上記に示された額のうち、定められた目的に使用されなかったものは返却しなければならない。

この契約書には、さらに12ページの付則が続く。

この付則は、①受託サービス4の詳細規定、②活動報告書の用紙などである。受託サービス4に相当する雇用維持のための支援内容の規定は、以下のとおりである。

「受託サービスの目的
精神疾患の状態や精神障害のために職務から外されることを避けるために、当該者と配慮の提案者や労働医と緊密な連携をとってサービスを提供する。
サービスは2段階に分かれる：
1）評価の段階
　✓当該者の能力とその職に乖離があるか、企業の中での職を維持する可能性を測る。
　✓その雇用を維持するための方法を見出す
2）支援の段階
　✓当該者の社会心理学的状況、行動の困難さと能力の現状を鑑み、職業プランを

作る。
- ✓作ったプランを実行する支援を行う。
- ✓職場環境に適応・統合できるようにする。

ただし、支援の段階に入るためには、以下のことが行われていることが前提である。
- ✓医学的診断を受けている
- ✓これから行われる手続きについて雇用主の合意を得ている

Prescription　委託関係

Cap Emploi、SAMETH、企業の労働医が委託し、Club arihm が受託する。
各段階で prescription spécifique（特別サービス委託）を行わなければならない。

委託サービスの内容
評価の段階
——opérateur（実施者）／prescripteur（サービス受託者）による委託内容の分析
——以下のパラメーターの分析
- ✓疾患の重さと安定度、医学的フォローアップとケアの質
- ✓特に同僚や上司など他者との関係の中で当該者が感じる困難、ストレスの度合い
- ✓職業教育として行われている場合には、見習いを行う能力
- ✓このような種類の職務を行う際のやる気、潜在力、能力
- ✓トラブルや行き詰まりや危機を招いた人間関係や職業上の関係
- ✓職務：仕事の環境、当該者の行動や人間関係を理解し、職務上の経験やニーズを理解する

（以後、略）

　2回目と3回目の助成金の支払いに先立ち Agefiph に提出しなければならない活動報告書は、6ページにわたる。障害者個人に対して行ったサービス、企業に対して行ったサービス、委託元（Cap emploi、Sameth、企業内・企業外の労働医など）、行われたサービスの期間や内容、障害者の状況、（参考資料として公的部門への受託サービス件数）、サービスを提供した障害者に関するシート、など詳しく書きこまなければならない。

　ここで障害した契約書は雇用維持（PPS4）に関するものであるが、他に職業プランの評価（PPS1）、職業プランの作成または認証の支援（PPS2）、就業のプロセスにおける支援（PPS3）についてそれぞれ同様の契約を結んでいる。

　Club arihm が結んだ2010年の契約は以下のとおりである。

　PPS1：対象者166人、時間あたり48.80ユーロ、4,150時間で助成金202,520ユーロ

PPS2：対象者90人、時間当たり27.20ユーロ、4,500時間で助成金122,400ユーロ

PPS3：受益者49人、時間当たり41.40ユーロ、2,450時間で助成金101,430ユーロ

（3）企業への見積書

　Club arihm が企業に対してサービスを提供する場合には、Club arihm は企業からサービスに対する支払いを受ける。例えば、エール・フランスで精神的に困難がある社員が出た場合、Club arihm に連絡をし、評価をしてもらう。Club arihm は見積もりを出し、サービスを提供し、企業から支払いを受ける。企業の側は、その後、かかった費用を Agefiph に申請して Agefiph から支払いを受ける。

　たとえば、次のような積算をする。

　① 職場環境調査
　② 行動・認知評価、職業適性評価
　③ ストレス管理、社会的能力評価　2回
　④ 心理検査による評価　2回＋提案
　⑤ 職場環境評価表作成
　⑥ 個人能力評価表作成
　⑦ 話し合いと方針作成（arihm にて）

　大曽根が見ることのできた、エール・フランスに対する Club arihm の見積書には、計5,300ユーロとある。

　上記のエール・フランスの場合には、社員の職場維持のための評価を行い、これからどのようにすればいいか、方針を作成するサービスを提供する例である。

　次に示すのは、フランス原子力安全局（Autorité de Sûreté nucléaire）に新たに雇用された者に対するジョブコーチ料の見積もりである。

　フランス原子力安全局は、この見積書を用いて、助成金申請をすることができる。が、次に示すのは、フランス原子力安全局（Autorité de Sûreté nucléaire）に、新規に雇用された者に対するジョブコーチ料の見積もり書の項目である。

　① 職場における社会関係的能力の改善、
　② ジョブコーチ
　③ フォローアップ

④　職業オリエンテーション調査

　⑤　話し合いと方針作成（Arihm にて）

合計5700ユーロとある。

五　まとめ

　最後に、フランスにおける障害者雇用制度の枠組みに照らし合わせ、Club Arihm の位置を確認しておこう。

　まず、Club Arihm が支援の対象とする一般就労の場（milieu ordinaire de travail）とは、次のようなものである。

　　・民間部門・公的部門の企業、

　　・官公庁

　　・アソシアシオン

　　・EA（適合企業）（旧：AP）

　　・CDTD（在宅労働供給センター）

ただ、ESAT（労働支援サービス機関、旧CAT）は、日本でいう福祉的就労の場に近いのであるが、Club Arihm との連携は行われている。福祉的就労から一般就労へ、一般就労から福祉的就労へという動きは、フランスでも見られるからである。

　障害者雇用システムは、雇用義務受益者（bénéficiaires de l'obligation d'emploi）を対象としている。CDAPHによって障害労働者として認定され、CDAPHにより一般就労の場への進路指導がなされれば、雇用義務受益者となり、雇用率制度（フランスの法定雇用率は、6％である）のカウントの対象となり、助成金等の支給の根拠となる。

　いわゆる一般就労の障害者が雇用にアクセスすることと、雇用を維持することを促進するための原則がいくつかあり、民間・公的部門の企業に対しては特に以下の原則が課されている：

　①　障害者の雇用の方針（une politique de l'emploi）について労使交渉を行う義務

　②　非差別の原則を順守する義務

　③　障害労働者（travailleurs handicapés）を雇用する義務

雇用主、障害者に加え、国、自治体、社会保障機関、さらに雇用支援機関（Pôle emploi- 旧 ANPE など）、職業訓練機関などとともに、Club Arihm のような専門のアソシアシオンが、これらの原則にもとづいた措置の実施に関わっているわけである。実は、Club Arihm の活動は、障害労働者の認定を得るためのヒアリングや評価の手続きを実質的に含んでいるし、企業に採用された後をフォローするための援助付き雇用契約（CAE: contrat d'accompagnement dans l'emploi）に基づくジョブコーチとしての支援を包含しているのである。

フランスでは、障害者権利条約と選択議定書を批准し、国際的な潮流の中で、2005年法が息づいており、また2005年法の中に、条約の精神と原則が活用されているが、現実には、財政的な制約もあり、当事者も含め関係者の間では十分な達成感は得られていないようである。[5]

しかし、この条約の策定過程と連動して生み出されたフランス2005年法であるがゆえにこそ、2006年の権利条約を、2007年3月に署名、2010年2月に批准しえた（条約本文だけでなく、選択議定書にも署名、批准）ことについては、大きな論争を呼ぶことはなかったのであるが、2005年法の実施から10年以上を経過している現在、今後、再度の見直しが議論されることとなるであろう。[6]

フランスにおいて、かかる潮流が生み出される背景には、具体的には、Club Arihm のような民間の活動が20年間継続的に続けられてきたことがあったことを認めないわけにはいかない。この団体は、2011年10月で、20周年を迎えることとなった。[7]

このような視点から、わが国の政策動向との比較検討を続け、日仏相互に、職業支援システムとその施行実態を評価し、研究を続けていく必要がある。[8]

---

[5] 日本の議論の現状については、拙稿「障害者権利条約と制度改革の基本的な方向」『ノーマライゼーション』2010年9月号、18-19頁（日本障害者リハビリテーション協会）参照。

[6] 障害者権利条約とわが国の基本法改正との関係については、拙稿「障害者基本法改正に対する原理的評価」『ノーマライゼーション』2011年9月号、26-27頁（日本障害者リハビリテーション協会）および拙稿「ソーシャル・インクリュージョンと職業リハビリテーションの方向——障害者権利条約と制度改革の議論を踏まえて—」『職業リハビリテーション』25巻2号（2012年3月）、44-53頁参照。

[7] 拙稿「フランスにおける精神障害者への職業支援——アソシアシオンの活動を中心に——」日本職業リハビリテーション学会誌『職業リハビリテーション』25巻1号（2011年5月）、65-69頁参照。

[8] 拙稿「職業支援と生活支援」日本社会保障法学会誌『社会保障法』25号（2010年5月）、35-48頁（法律文化社）参照。

参考文献（最近刊行されたフランス語文献で入手しやすいもの限定して掲げる）

以下、フランス政府刊行物

・Ministère des Affaires sociales et de la Santé（フランス社会問題・保健省）、*Le Guide aides aux adultes handicapés-2017*（障害者支援ガイド）

la Documentation française（フランス政府刊行物センター）、2017

・Ministère des Affaires sociales et de la Santé（フランス社会問題・保健省）、*Guide des aides aux enfants handicapés-2017*、（障害児支援ガイド）、la Documentation française（フランス政府刊行物センター）、2017

以下、クセジュ文庫（出版社：PUF）

・Claude Hamonet, *Les personnes en situation de handicap*（障害のある人）：Que sais-je?（クセジュ文庫）、PUF、2017

・Pierre Rabischong, *Le handicap*（障害）：Que sais-je?（クセジュ文庫）、PUF、2018

・Romain Liberman, *Handicap et maladie mental*（障害と精神疾患）：Que sais-je?（クセジュ文庫）、PUF、2015

以下、法律的な解説書

・Lisiane Fricotté, *Droit des personnes en situation de handicapées,* Collection Néret, 2018

地方公務員の退職勧奨における性別格差
―― 1960年代の一般行政職を中心として ――

大　森　真　紀

一　はじめに
二　女性排除策の導入 ―― 1950年代 ――
三　退職勧奨における性別格差の浸透 ―― 1960年代半ば ――
四　地方自治体と労働組合との攻防 ―― 1970年代 ――
五　地方公務員法改正後の退職勧奨
六　むすび

一　はじめに

　第二次世界大戦後、男女雇用機会均等法（1985年、以下、均等法）までの時期について、民間企業を中心とした性別定年制の実態を論じた拙稿を踏まえて[1]、本稿では、地方公務員の退職勧奨における性別格差を取り上げたい。
　当初の地方公務員法（1950年、以下、地公法）は定年の規定を欠き、地方公共団体では、職員に対する退職勧奨がしばしば行われた。しかし、実際に退職するかどうかは、対象となった職員の意思にかかる。そのため、1956年以降、5回におよぶ地公法改正案が繰り返し国会に提出された挙句、1981年に地方公務員に関する60歳定年制の導入を定めた改正法が成立し、1985年から実施された[2]。
　だが、地公法改正以前における退職勧奨の対象が、必ずしも高齢の職員に限らなかった事実はほとんど忘れ去られている。地公法（第13条）には、もともと性

1　拙稿「性別定年制の事例研究 ―― 1950年代‐60年代 ―― 」『早稲田社会科学総合研究』17巻2号、2017年。
2　片山虎之介『地方公務員の定年制度詳解』1982年、ぎょうせい。ちなみに、地公法制定当時、262市のうち247市、約1万の町村のうち650町村が、条例により定年制を設けていた（森清「地方公務員の定年制」『自治研究』44‐4、1968年、38頁）。定年制条例は地公法に違反し、無効との行政解釈が出されたにもかかわらず、「事実上の定年制である勧奨退職制度」は存続した（前掲、森、41頁）。

別による差別禁止（「平等取扱の原則」）がうたわれていたにもかかわらず、女性職員の場合には、男性よりもはるかに若い年齢、あるいは既婚・有夫であること、さらに出産・子持ち（有児）を理由とする退職勧奨がかなりみられた。そのため、60歳定年制の導入に際しては、「女子職員であるという理由のみをもって男子職員との間に定年の差を設けることは、地方公務員法第一三条にいう性別による差別として、地方公務員法に違反することになる」[3]との確認も必要とされたほどである。

しかしながら、地方公務員の退職勧奨における性別格差についての情報はきわめて断片的なものにとどまり、これらを概観する文献・資料は寡聞にして知らない。そこで本稿では、地方公務員の労働組合である全日本自治団体労働組合（以下、自治労）の機関紙「自治新聞」（1954-70年）および「自治労」（1971年以降）の記事を主たる手がかりとして[4]、地方自治体の退職勧奨における性別格差の実情を探る。この文献に依拠するのは、自治労全体もしくは傘下の単位組合（単組）の運動史においてさえも、定年制導入の地公法改正をめぐる「たたかい」は記録されても、退職勧奨における性別格差への言及は、全くといってよいほど、みられないからである。もちろん、自治労組織のある地域に情報が限定されるという偏りは如何ともしがたい。しかし、全国新聞および地方新聞に隈なく目を通せたとしても、性別格差を当然とする社会的認識が浸透していた時期においては、記事として取り上げられにくかったかもしれない。それゆえ、地方公務員の労働条件として退職勧奨問題を捉えていた自治労の機関紙を主要な典拠とすることは、その縮刷版が利用できるという便宜とも相まって、次善の策であろう。

ただし、民間企業における性別定年制を論じた拙稿では、できるだけ個々の制度の推移に留意したが、地方公務員の退職勧奨における性別格差については、個別事例の推移を追うことはほとんどできず、その時々の事例にとどまる。なお、本稿の関心に関連する裁判としては、茂原市役所事件（千葉県）と石川県鳥屋町

---

3 前掲、片山、61頁。ちなみに、改正地公法の実施は均等法制定と同年である。
4 自治労の機関紙「自治新聞」「自治労」は、原則として1日、11日、21日の発行である。
本稿において、「自治新聞」「自治労」を典拠とする場合は、脚注方式ではなく、本文中に発行年月日を［　］内に示す。ちなみに、自治省編『地方公務員月報』でも、退職勧奨の性別格差に関する論稿は見当たらず、そもそも女性職員についての言及も1980年代に入ってからにすぎない（ただし、国会図書館で閲覧できるデジタル資料では、創刊当初の1960年代前半について、いくつかの欠号がみられた）。

役場事件があり、自治労機関紙以外の貴重な情報源となっている。

　さらに、地方公共団体といっても、都道府県と市町村とでは大きく異なり、また、地方公務員の職種は広範にわたるだけに、それらの相違も小さくない。ここでは一般行政職を中心に取り上げ、とりわけ教育職については別稿を期したい[5]。のみならず、本稿は退職勧奨基準における性別格差に焦点を当てており、こうした退職勧奨に際しての退職手当金など退職条件の優遇措置についてまでは、残念ながら扱えない。

二　女性排除策の導入——1950年代——

　退職勧奨における性別格差に関する自治労機関紙の記事は、1960年代、とりわけ64-66年に集中する傾向がみられる。そのため、「自治新聞」刊行（1954年）以前の時期はもとより、50年代後半についての情報もきわめて乏しい。

　『青森県女性史』によれば、1945年8月に、青森県知事が「女性職場転換配置を図り、家庭への復帰を慫慂する」との指示を出しており、その後、行政機関職員定員法（1949年）による公務員の人員整理の実施に際して、「とくに女性職員はその対象」であったという[6]。40年代後半には、戦時中に増加した女性従業員の排除策が、民間企業において顕著であったが、地方自治体も同様であっただろうことが推測される。

　本稿では、戦後の人員整理について論じる準備も余裕もないが、通常、高度経済成長が始まったとされる1950年代後半には、地方自治体による結婚退職制の導入が散見される。例えば、新吉富村（福岡県）が女性の結婚退職を条例化し（1957年）、苫小牧市職連（北海道）が女性の結婚退職制の撤回を求めて団交を始めた（1959年）[7]。「自治新聞」による最初の報道は、大阪府職婦人部が女性35歳「停年」に反対して、「職場こんだん会」を開催したとの小さな記事であった［1956年11月19日］。

5　教育職に関しては、鳥取県教育委員会事件のようによく知られた裁判もあり、また、女性教員も多かったことから、各地の地方女性史においても言及される。逆に、地方公務員の性別格差について取り上げる地方女性史は珍しい。
6　青森県女性史編さん委員会『青森県女性史——あゆみとくらし』1999年、青森県、109-110頁。
7　愛知女性史研究会編・刊『戦後愛知女性史年表』1975年、99、106頁。なお、典拠とされた「朝日新聞（名古屋本社）」には、該当する記事を見いだせなかった。

さらに、1956年、鈴鹿市役所（三重県）では、職場結婚した女性職員たち（6人）に対して、結婚による仕事の能率低下を理由に、昇給の半減が言い渡された（半年毎の1号俸昇給を年1度に半減）。「市職員になりたい人が多い現状なので、市としては一世帯に一人ずつ採用する方針をとっており、一部には結婚して出産したら辞めるよう勧告したこともある。昇給のストップもやむを得ない。」というのが、総務課長の談話であった[8]。後の鈴鹿市役所事件の判決（1972年提訴、1980年、津地方裁判所）においても、「既婚女性に対する昇給差別」として、この件への言及がある[9]。それによれば、職場結婚した女性職員の昇給半減のみならず、本俸1万円以上になった女性職員についても昇給を止めたが、翌57年には、新聞報道や労働組合からの抗議により、撤回された。とはいえ、「一回ストップした昇給差別」は、判決が出た時点でも、是正されてはいなかった。

1950年代前半には民間企業における結婚・若年定年制の導入がみられ、それらに倣う地方自治体が50年代半ばに始動したといえよう。ただし、本稿では取り上げないが、すでに1950年代前半には、青森、宮城、山梨、奈良などにおいて、県の教育委員会が、女性教師に対して男性とは異なる退職勧奨の基準や方針を打ち出していた事実は押えておきたい[10]。また、仙台市営バスが既婚の女性車掌を免職にした事例（1954年）もあったという[11]。

三　退職勧奨における性別格差の浸透――1960年代半ば――

1960年代半ばには、退職勧奨における性別格差に関する記事が自治労機関紙に頻出し、自治労およびその婦人部による対応も読み取れるようになる。赤字の地方財政への対処として、全国各地の地方自治体が人件費削減を目的とする退職勧奨を行い、そこに性別によって異なる条件を盛り込むことが多かったのである。女性職員に対して、結婚退職から在職の既婚者排除へと、男性よりも低い年齢・短い勤続年数での退職勧奨が拡がってきたことがうかがえる。1960年代は、民間

---

8 「朝日新聞（名古屋本社）」1957年8月5日付け。
9 『日本女性差別事件資料集成3：賃金差別事件Ⅰ：第3巻』所収、2010年、すいれん舎、508-509頁。
10 望月宗明『日本の婦人教師』1968年、労働旬報社、290-297頁、前掲『青森県女性史』110頁、ならの女性生活史編さん委員会編『ならの女性生活史――花開く』1995年、奈良県、323頁。
11 宮城県みやぎの女性史研究会編『みやぎの女性史』1999年、河北新報社、219頁。

企業においても性別定年制が浸透した時期であり、地方自治体も、女性職員に対する様々な退職勧奨策を捻り出したといえよう。これらの女性排除策をまとめて「女子若年定年制」と称した自治労は、建前としての男女平等の視点からというよりも、退職優遇措置を伴う人員削減策が労働強化を引き起こし、地方公務員への定年制導入につながることを警戒して反対運動を展開した。

1　自治労婦人部の退職勧奨調査

　まず、この時期には、退職勧奨についての自治労調査および自治労婦人部調査が行われた（実施年は明記されていないが、おそらく1964-65年）[12]。前者によれば、42都道府県で退職勧奨が実施され、一般職は55歳以上、現業職は60歳前後が主流であった。これに対して、後者の調査からは、男性とは異なり、結婚、有夫、若年での退職勧奨が7府県27市町に及んだことがわかる。その内訳は、結婚退職6件（うち1件は大阪府の結婚・出産退職）、「有夫・有児」や「既婚婦人」10件、若年16件（34-36歳5件、40歳、45歳、50歳、各3件ずつ、など）および「勤続20年以上の婦人」（富山県）や「高令女子職員」（山口県）もある。さらに「共稼ぎで合計25万円以上の婦」（人）（長野県大町市）や、なかには、「既婚婦人、40歳以上の婦人」（福岡県飯塚市、同県柳川市）と二重の縛りをかけた例もある。一見したところ多様だが、結婚退職にとどまらず在職の既婚者に対象を拡げ、男性（55歳以上）よりもはるかに若い年齢から女性を排除しようとする意図が明らかである。

　婦人部調査に含まれる尾道市（広島県）の場合、女性について45歳希望退職条例が提案されたのは、市労連が優遇退職条例（1963年）に57歳の適用を要求したことに対する交換条件であった。尾道市の言い分は、女性が57歳まで勤務するのは「生理的に無理」であり、「優遇措置を受けられないので男女間の不平等が起る」というのである［65年2月21日］。また、京都市（京都府）の女性35歳定年に関しては、「お茶くみや雑用しかできない女子職員が四、五万円もの給料をもらっている」というキャンペーンがはられたという［65年3月1日］。他方、「勤続20年以上の婦人」が退職勧奨対象とされた富山県では、「女子職員はなぜ首切りの

12　小山内国雄「定年制をねらう退職勧奨」『自治労調査時報』249号、1965年。ふたつの調査の実施年は明記されていないが、内容から1965年頃と推測される。なお、伊藤康子「戦後改革と婦人解放」は、1964年の自治労婦人部調査により「女子若年定年制は36県1,114市町村」と述べている（女性史総合研究会編『日本女性史5 現代』1982年、東京大学出版会、306頁）。

対象になるのか」と富山県職婦人部集会が開催された［64年4月1日］。

　さらに、婦人部調査には含まれないが、高齢職員と共稼ぎ女性に退職勧奨した四日市市（三重県、1962年）や[13]、60歳以上と有夫子もちの女性を対象とした館林市（群馬県、1963年）［63年4月21日］、男性58歳以上、女性55歳以上を勧奨退職させる町長提案がなされた小須戸町（新潟県、1965年）［65年6月1日］などもあげられる。

　石炭政策の煽りから厳しい財政事情を抱える九州産炭地の地方自治体における退職勧奨（1964年）では、一般職と現業職の区分に性別格差が交錯することがわかる。中間市（福岡県）条例案の場合、事務職の男55歳・女36歳以上、現業職の男60歳・女41歳以上と、性別による年齢差が大きい。飯塚市（福岡県）の提案は、一般職（男56歳、女40歳）と現業職（男56歳、女52歳）に関して、中間市の案よりも性別の年齢差はやや小さいものの、「婚姻関係にある婦人全員」が第一の勧奨対象とされ、全女性職員187名のうち113名が相当するという、圧倒的に女性に偏る内容であった。飯塚市職は、「年齢による差別、婚姻による差別を撤廃する」要求書を出した［64年3月11日］。

　また、男55歳、女45歳の「実質的定年制が強制されて」いた勝山市（福井県）では、加えて、女性の定昇停止も「宣告」された（1965年）。「女子職員は、平均的に能率が悪いし、勤労意欲が低い。そのうえ"高給とり"になっても、責任ある仕事をさせることも出来ん」と町長は言い放つ。自治省（公務員課）も、女性についての定昇停止を「違法とはいえない。勤評（勤務評定：筆者注）は当然だし、差別というより地域情勢の中ではむしろ女子の方が優遇されすぎているといえるのではないか」と町長を擁護した。この地域では、「せんい関係の民間企業が多く、女子従業員の賃金は低いし、三十五歳以下の定年がほとんど」であったため、相対的に賃金が高いとみなされた年配の女性公務員への風当たりが強かったのである［65年11月1日］。

　自治労婦人部は、退職勧奨における性別格差についての調査を踏まえて、「第10回（自治労）働く婦人の中央集会」（1965年4月）の中心的な課題に位置づけた。婦人部としては、「婦人の無自覚というか意識の低さ」は明らかだが、「果たしてこの問題は婦人の自覚によってのみ解決する問題だろうか」とも問いかけ

13　三重の女性史編さん委員会編『三重の女性史』2009年、三重県男女共同参画センター、127頁。

る。すなわち、「男子組合員の中には（組合幹部といわれる人も含めて）婦人の若年定年制はやむを得ないではないか、完全な優遇措置だから賛成すべきだという意見をもっている人がかなりあります。／そしてまた女子職員の中にも優遇措置大いに歓迎やね、やめる時期を見はからっている人のあることも事実です。」［65年3月11日］。同年の第10回自治労婦人部の定期大会についての記事も、「勧奨退職に反撃を――婦人部の組織確立へ」を掲げた［65年9月1日］。

　自治労傘下に限っても、地方自治体における「女子若年定年」は、1965年12月末に10県職27県60単組［66年2月1日］、翌年2月時点では27道府県（府県9、市役所46、町村8、計63）［66年3月11日］、同年3月、29道府県（府県11、市52、町村13）［66年4月1日］、と比較的短期間に拡がりつつあったといえよう。

2　女性排除策の拡大と徹底
（1）女性退職勧奨策の強化

　1966年の自治労働く婦人の中央集会を伝える「自治新聞」からは、年齢／勤続・結婚・既婚／有夫・出産／有児など様々な理由による、いっそう手のこんだ女性の排除策についての情報とともに、さらに、採用時の結婚退職誓約書や、そもそも女性職員を採用しない「女子不採用」の実態も顕在化する。

　例えば、鹿児島県では、「有夫の婦人」から「満三十歳以上で在職十年以上の女子」へとより厳しくなり、「勤続20年以上の婦人」としていた富山県は「十年以上勤続の女子」へと大幅に引き下げたうえ、結婚・出産退職を追加し、長崎県は、「有夫・有児の婦人」のみならず「四十歳以上で勤続十年以上の女子」を加えた。北海道は結婚・出産退職を細かく規定して在職者への適用も図り、高崎市（群馬県）は「有夫有児で月収三万五千円以上の女子」とした。退職勧奨の基準が厳格になったばかりでなく、勧奨の方法も、対象者への文書の送りつけにはじまり、上司からの呼びつけ、退職しない理由書の提出強要など、職場に居づらくする手立てが横行したという［66年4月1日］。

　その他、163名もの「有夫の婦」（人）および（月給）4万円以上を対象とした宮崎市（宮崎県）の提案は白紙撤回されたものの、「3年前より」（1963年頃）退職を勧奨してきた奈良県では、勧奨を拒否した職員に対して定昇停止や配転などが行われた。守口市（大阪府）の勧奨対象は「三八歳、勤続二十年、結婚、出産」の女性、三重県は「三十歳」（以上）、七尾市（石川県）では「給食婦」とした［66

年4月11日〕。

　先の宮崎市とともに、千葉県でも既婚女性を対象とする勧奨退職案は撤回されたが〔1966年2月1日〕、なかには、かなり拗れた事例もある。鹿瀬町（新潟県）では、定数削減によって全既婚女性に対して退職勧奨し、「いやがらせ」などによって10名が退職したものの、拒否した4名について解雇を通告したことから、参議院地方行政委員会（1966年4月12日）でも取り上げられ、自治省（行政局長）から次のような答弁を引き出したと、『自治新聞』〔66年4月21日〕は報じる[14]。

　　（ア）公務員法の平等取扱いの条文がすべてに及ぶことは当然のことである。
　　（イ）退職勧奨その他については男女差のないよう指導したい。
　　（ウ）退職勧奨の基準については当局と組合の話合いで決めるのが適当と考えている。
　　（エ）鹿瀬町の解雇については、管理者の暖(ママ)かい配慮があってしかるべきで、その取扱いについても反省すべき点が多いので、詳細な報告をまって指導したい。

　しかし、鹿瀬町の解雇問題は、総評と同盟のナショナル・センター間の対立も絡み、翌1967年9月に至っても解決を見るには至っていない〔67年9月21日〕。ちなみに、町職員の定員を削減した背景には、昭和電工の企業合理化によって鹿瀬工場が子会社として分離・縮小されたため、町民が大幅に減少したという事情があった〔66年5月21日、9月21日〕。

（2）女性職員の不採用

　さらに、女性職員の採用自体を取りやめる地方自治体もみられた。例えば、採用試験の受験資格を男性に限定したり（甲府市〈山梨県〉、橿原市〈奈良県〉）、実質的に女性を排除したとの報告がみられる。また、数年間にわたって女性採用ゼロの地方自治体として、大阪府、奈良県、静岡県、あるいは、金沢市（石川県）、桜井市（奈良県）などが具体的に挙げられた〔66年4月1日〕。

　奈良県については、男58歳・女55歳という退職勧奨に対して、労働組合が抗議した際、知事から「能率の悪い女子を雇っておくわけにはいかない」、「三重県で

14　この議事録は、国会図書館において閲覧できる（第51国会・参議院・地方行政委員会「会議録」第16号、1966年4月12日、10-16頁）。

は三十歳で希望退職をつのっているではないか」という発言があったという［66年10月１日］。民間企業に限らず、地方自治体の場合も、近隣の動向を参照しつつ、女性排除策を進めようとしていたのは明らかだろう。

参議院地方行政委員会（1966年９月10日）において、自治省も「採用時からの男女差別については、現状として全国的に行われているという実態がある」ことを認めているという［66年10月１日］[15]。

（３）採用時の誓約書

採用に際して、結婚した時には辞めるという一札を入れさせるという、これも民間企業に倣った例が散見される［66年３月１日］。松井田町（群馬県）では、1964年度から採用時に結婚退職の誓約書を提出させていた［66年４月１日］。やはり、54年から同様の誓約書を求めていた直江津市（新潟県）では、66年後半期に、そうした採用者が22名に達し、しかも、結婚退職させた女性職員をきわめて安価（時給60円）なパートとして就労させていたことが明らかになった。自治労新潟県本部の調べでは、直江津市のほか６町村が結婚退職の誓約書を取っていたという［66年12月11日］。

1966年に提訴され、68年に千葉地裁の判決が下された茂原市役所事件の発端は62年である[16]。茂原市は、市役所内の夫婦共稼ぎを禁じるため、62年度以降、新規採用の女性職員に対して誓約書の提出を求め、翌63年度からは、男性の新規採用職員にも誓約書を書かせた。62年当時、茂原市役所の職員は約300人、そのうち24人が職場結婚し、12組の夫婦が働いていた。大部屋での就労のため、「人事管理上好ましくない状態が生じる一方、市民から非難の声が出たので」、誓約書の措置をとったという。

62年に採用された原告女性も、この誓約書を提出しており、64年に市職員と結婚後、退職を迫られた。やや込み入った経過はあるものの、結局、免職処分を受けたため、身分確認等請求の裁判を起こしたのである。すでに民間企業における結婚退職制を不当とした住友セメント判決（1966年）が出された後であり、原告が勝訴した。判決では、62年度の女性職員のみの誓約書は地公法第13条に違反し、また、63年度以降の夫婦いずれか一方を退職させる場合であっても、結婚の

15　ただし、この議事録については、国会図書館において見い出すことができなかった。
16　「茂原市役所身分確認等請求事件」『日本女性差別事件資料集成２：結婚・出産退職制、若年定年制、差別定年制等事件資料：第１巻』2009年、すいれん舎、274-280頁。

自由を制限するとした。

1967年度以降の採用者については、「本訴提起にともない世論の批判を受けたため」、誓約書を取らなくなってはいた。ただ、12組の共稼ぎ夫婦のうち、夫が課長となった3人の女性は退職したという。

(4) 希望退職という名の退職勧奨

1967年に入っても、自治労機関紙には、退職勧奨における性別格差に関わる記事が続く。富山県では、1月、一般（職）男性57歳、女性事務補助35歳、吏員45歳、現業60歳を内容とする「勧奨退職要綱」が「一方的に」発表されたため、労働組合としては「年齢、性別、身分による当局の退職勧奨を組合員の分裂を狙った悪質な攻撃とみなし」た〔67年3月1日〕。

同年3月には、宮崎県が「退職勧奨と希望退職の二本立て」を労働組合に通告してきた。退職勧奨は、非現業職56歳、現業職60歳、希望退職は有夫の女性職員のみが対象である。しかも、「過去に勧奨を受けたものには、今回退職しても割増金をつけない」とした〔67年4月11日〕。やはり3月、熊本県の通告は、退職勧奨についてのみ従来の58歳以上だが、55歳以上だった希望退職者募集を50歳に引き下げ、さらに、35歳以上10年以上勤続の女子職員の希望退職募集を新たに追加した〔67年4月21日〕。

男性に対して退職勧奨、女性に希望退職募集という使い分けは、女性に対して男性よりも緩やかな要請であるかのような印象を与えかねず、かえって性別格差を分かりにくくするというべきだろう。

7月には、町田市（東京都）が、給食の栄養士の女性に対し、採用時に「夫婦連署」の出産退職の覚書を取りつけていたことが明るみに出た。労働組合の抗議により、覚書は破棄された〔67年7月11日〕[17]。

1968年の自治労婦人部総会でも「若年定年制」は焦点のひとつではあったが、「働く権利の確立」全般のなかに埋没していくかのようにも見受けられ、退職勧奨における性別格差の記事は必ずしも多くなくなる。むしろ、保育所や権利としての休暇（年次有給休暇、産前産後休暇、生理休暇など）が重視されているといえる。それでも、上記の通り、茂原市役所の判決が出され、都賀町（栃木県）による結婚退職の内規化（1968年）が問題になったりした[18]。

---

17 「朝日新聞」1967年7月4日付けにも記事が掲載された。
18 伊藤康子『戦後日本女性史』1974年、大月書店、254頁、『日本婦人問題資料集成　第十巻　近

四　地方自治体と労働組合との攻防——1970年代——

　1970年代に入っても、性別によって異なる条件の退職勧奨や「女子不採用」問題は依然として続く。ただし、いささか「モグラたたき」の様相も呈するとはいえ、撤回させようとする労働組合の取り組みも、より活発に各地で展開されたとみられる。

　「女子職員はパンチャー以外は採用しない」と市長が発言した京都市では、市職労婦人部が交渉を重ねた結果、これを撤回させた［1970年8月1日］。1965年から3年間女性職員を採用しなかった福島市（福島県）は、労働組合からの要求により69年度に11人採用したものの、70年の採用公告における受験資格は男性に限定された。そのため、市当局へ抗議するとともに、市職と自治労本部が自治省の見解を正したところ、「①地公法十三条ならびに十九条に違反する、②県や地方課を通じ、直ちに行政指導を行う」という回答を引き出した。他方、三重県では、68年にコースをふたつに分けて、男性60名採用に対して女性は全く採用されず、中津市（大分県）においては、女性の臨時職員を増やした結果、65年の女性正規職員を100として、69年には77.9％まで減少したという［1970年9月21日］。

　自治労としても、「若年定年、不採用」の頻発に加え、女性の臨時職員化が各地で進んでいることを確認した［1971年4月22日］。さらに、富山県の場合、撤回したとはいえ、1972年度の予算編成に際して、電話交換手、タイピスト、車両センターなどについて下請けに出すことも提案された［1972年3月1日］。

　自治労婦人部の1972年度活動方針案は、①よりよい保育所づくり運動、②勤労婦人福祉法および育児休暇制度のとりくみ、が掲げられ、これに続いて、「女子若年定年制のてっぱい」と「女子不採用のとりくみ」などを内容とする、③あらゆる男女差別のてっぱい、が挙げられている［1972年7月25日号外］。その限りでは、結婚退職よりも育児の問題にやや移行したとみることもできよう。

　石川県下の地方自治体では、1970年の時点で、男55歳・女50歳以上という退職勧奨年齢が拡がっており、能登地域（七尾市、輪島市、珠洲市など）の労働組合婦人部が年齢引き上げの運動を展開したが、必ずしも成果が得られたわけではな

代日本婦人年表』1980年、ドメス出版、346頁。

かった[19]。同県の加賀市は、「夫婦共かせぎの増加は、税金の配分上好ましくないので、職場結婚および共かせぎの市職員の一方が、係長、補佐、課長に昇任した場合は、一方はやめてもらう」と提案したものの、団交の末、撤回した［1972年3月1日］。また、73年には、大矢野町（熊本県）が結婚退職規約を撤廃したという事例もみられた[20]。

1975年、それまで慣行として男女とも55歳退職勧奨であった清水町（福井県）が、45歳以上の女性職員8名の自宅に、「勧奨退職の御案内」を送りつけるという事態が生じた。この文書による退職勧奨理由は、以下のようなものであった［1975年6月11日］。

　（ア）　有線放送電話を昭和50（1975）年度限り廃止するので女子職員が過剰となること。
　（イ）　清水町は郡内で最高、県内においても四五歳以上の高齢女子職員が多いので、この際行政職給料表の適用を受ける女子職員については四五歳以上、単純労務職については六十歳以上の女子職員は後進に途を譲って戴き(ママ)たいということ。
　（ウ）　この高齢者退職勧奨の企画は、町の健全財政を維持する必要上真に止むを得ない事情に迫られて取った処置であること。

この清水町の場合、対象となった7人の女性は退職したが、勧奨に応じなかった幼稚園教諭の女性が学校給食調理員に配転されたため、自治労の支援を受けて福井県人事委員会へ不服を申立てた。福井県側の対応は鈍かったが、最終的には1977年、清水町との和解解決に漕ぎ着けて、当該女性は職場復帰を果たした［1977年10月11日］。

同じ1975年12月、山梨県は「新退職勧奨要綱」を提案する。そこでの「特別勧奨」とは、「夫婦とも県から給与を受けていることを要件として、①管理職である職員の配偶者、②夫婦の年齢の合計が百歳をこえ、年収があわせて八百万円以上、退職金一千万円以上の夫婦のうち、いずれかの者を退職勧奨の対象とする」

19　「石川の女性史」編集委員会編『石川の女性史』1993年、石川県各種女性団体連絡協議会、173頁。
20　前掲『近代日本婦人問題年表』374頁、典拠料は『月刊婦人展望』。

という内容であった。「配偶者」あるいは「いずれかの者」という文言によって、性別は明記されないものの、妻である女性の退職を想定していることはいうまでもない。この提案については、労働組合のみならず、女性団体からの反発も強く、交渉の結果、翌76年2月、山梨県は撤回した［1976年3月1日］。

1978年の自治労はたらく婦人の中央集会、婦人部総会では、「同一職場の結婚自粛勧告」や「管理職（予定者）の妻の退職勧奨」など、地方公務員夫婦（の妻）への圧力が強まったことがうかがえる［1978年5月21日・6月1日合併号、同年9月11日・21日合併号］。

また、自治労石川県本部婦人部によれば、「結成以来、一貫してとりくんできた勧奨年齢の差別撤廃闘争の中で、結婚退職や管理職夫人の勧奨退職の白紙撤回の成果もあったが、今日ではこの空気も薄らいでいる。母性保護否定のうごきも同じである。」との指摘も出ていた［1978年11月1日］。

他方、高知県では、1979年度の一般事務職（初級）20名採用について、男女同数が実現した。それまで男8対女2の比率であったから、労働組合の働きかけが大きく貢献した結果であり、翌年度についても、県当局との間で確認を行った［1979年7月1日］。79年3月、鹿屋市（鹿児島県）は、既婚女性および35歳以上の女性職員161名全員に退職勧奨のアンケートを郵送したが、労働組合が直ちに対応したため、退職勧奨については撤回した［1979年9月11日・11日合併号］。ただ、79年4月、自治労婦人部が全単組を対象に行った活動状況調査によれば、一般事務職の女性採用は、きわめて少なくなっており、女性の臨時職員の増加が著しいことが確認されている［1979年10月21日］。

五　地方公務員法改正後の退職勧奨

1980年代には、地方公務員に60歳定年制の導入をはかる地公法改正案、自治労のいう「定年制法制化」反対運動の中で、退職勧奨における性別格差問題は自治労機関紙の記事にほとんど見出せなくなる。とはいえ、地公法改正の成立をもって、ただちに退職勧奨そのもの、ましてや、その性別格差が解消されたわけでは決してない。「60歳以前の強制退職は違法」とされても、「法定事項以外は団交の対象」であり、地方自治体毎に「細部の交渉」をしなければならないからである［1981年12月1日］。

事実、足尾町（栃木県）は、地公法改正に基づく定年制が実施されたはずの1986年になっても、男58歳・女55歳の退職勧奨を行っていた。のみならず、「夫婦共働きで一方が管理職かつ二人の給料の合計が町長の給料四十八万円を超えたら、どちらかが退職せよ」という提案がなされた［1986年2月11日］。

　最後に参照するのは、自治労機関紙の記事ではなく、1999年に提訴され、2001年に金沢地裁の判決が出た石川県鳥屋町役場事件である[21]。公務員は均等法の適用外とはいえ、90年代に至っても、鳥屋町では、1985年の「鳥屋町職員退職勧奨制度実施要綱」が定めた、男58歳・女48歳という大きな性別格差を内容とする退職勧奨制度が実施されていた。

　判決文によれば、1998年度時点において、石川県内では、8市のうち1、33町村のうち29の地方自治体において、男女の年齢差がある退職勧奨制度を設けていた。もっとも、1市2町は99年度から、7町5村は段階的に男女差を解消するとしていた。また、『石川の女性史』[22]によれば、99年（12月）の時点でさえ、県内41の自治体のうち、退職勧奨年齢に性別格差をつけている市町村が30にも上った。6つの町の退職勧奨年齢の実例では、男58-59歳に対して、女48-50歳と、8-10歳の年齢差がみられた。しかも、珠洲市をはじめ13市町村では、「女性だけの退職勧奨を敷いて」いたのである。

　原告女性は、1997年3月に48歳となることを理由に、前年2月、退職勧奨を受けたが、これに応じなかったため、昇給を停止された。そこで、原告は賃金等の請求として裁判を起こし、判決は、鳥屋町の勧奨退職制度が地公法第13条に違反するとして、原告の賃金請求を全面的にではないが、認めたのである。「女性が男性と同じ歳まで勤務するのは能力的に難しいのではないか。また役場以外の職場と比べてみた時に、給与の総額は、たとえ48歳で辞めても役場の方が上ではないか。」という当時の町長の主張は、30年前の1960年代と変わらない。

六　むすび

　以上、自治労機関紙という資料の制約が大きいとはいえ、地方公務員の退職勧

---

[21] 「石川県鳥屋町役場賃金等請求事件」前掲『日本女性差別事件資料集成2：第9巻』2009年、439-452頁。
[22] 前掲『石川の女性史』171頁。

奨における性別格差は、遅くとも1950年代半ば以降、散見されるようになり、とりわけ60年代半ばの時期に浸透したといってよい。結婚退職をはじめとして、在職者についても、年齢、勤続、有夫、出産、有児など、男性に対しては適用され得ない様々な条件を付することによって、既婚女性と（たとえ、既婚でなくとも）年長女性の排除を図った。さらに、採用時に結婚退職の誓約書を要求したり、女性職員の採用停止にまで至った地方自治体もみられた。70年代初めには、女性の非正規雇用化も目立つ。

　女性職員に対しては、「能率が悪く、仕事のできない」女性職員が高い給与を取っているという非難が繰り返されるとともに、とりわけ職場結婚した夫婦について、女性を辞めさせようとする意図が露骨であった。大都市圏でもなく大企業が立地しない地方地域において、地方公務員職は、性別にかかわらず稀少な雇用機会を提供していたから、夫婦で安定した現金収入を稼ぐことへの住民の反発も強く、それが地方自治体による女性への退職勧奨圧力を支えてもいたのだろう。

　労働組合による抗議や交渉によって、時には、マスコミ報道も与って、退職勧奨案が撤回されることもあったが、概して、地方自治体としては、ほかの自治体や民間企業がやっているのに、なぜいけないのかという姿勢が見え隠れする。自治省の対応も、よほど国会の委員会で突っ込んだ質問をされない限り、退職勧奨における性別格差を当然として放置していたように見受けられる。

　地公法の改正によって地方公務員の60歳定年制が実施された後に及んでも、各自治体による細目の決定が引き延ばされ、退職勧奨における性別格差は1990年代末においても存続していたことが少なからず確認できる[23]。もちろん、民間企業においても、均等法の実施（1986年）が直ちに性別定年制を消滅させたわけではなく、それなりの時間を要した。それでもなお、その地域にとって貴重な雇用機会である地方公務員職における、退職勧奨の性別格差の残存やその是正速度が、それぞれの地域社会における性別の位置づけを反映していると指摘することは許されるだろう。

23　2010年代後半においても、福井県池田町では「役場内で職員同士が結婚した場合、どちらかが退職する慣例」があるという（『毎日新聞』2017年12月13日付などに基づく（市川房枝記念会）『女性展望』691号、2018年3・4月、26頁）。

ドイツにおける移民の貧困

岡　本　奈穂子

一　はじめに
二　貧困リスク率の推移
三　移民の様相
四　移民の貧困
五　今後の課題

一　はじめに

　ドイツの国内総生産（BIP）は2000年の21.2兆ユーロから2016年には31.3兆ユーロに増加し、住民一人当たりの BIP も同時期に25,983ユーロから37,997ユーロに上昇している[1]。失業率も2005年の11.7％からほぼ一貫して減少し、2017年にはドイツ統一以来最低の5.7％を記録した[2]。ドイツ経済は堅調で、雇用状況も好調な様子がうかがえる。しかし、その一方で近年、経済的格差の拡大や貧困リスクの増大が社会問題となっている。連邦労働・社会省が2017年に公表した「第5次貧困・富裕報告書」によると、貧困リスク率（Armutsrisikoquote）は15.7％（2016年）で、年々微増傾向にある（表1）。ここでいう貧困リスク率は等価可処分所得[3]が中央値の60％未満の者の割合を指しており、相対的貧困状況を意味している[4]。

1　Statistisches Bundesamt（SB）(2017a) *Statistisches Jahrbuch 2017*, Wiesbaden, S. 327.
2　Bundesagentur für Arbeit (2017) „Arbeitslosigkeit im Zeitverlauf: Entwicklung der Arbeitslosenquote (Jahreszahlen): Deutschland und Bundesländer 2017", Nürnberg.
　https://statistik.arbeitsagentur.de/Statistikdaten/Detail/Aktuell/iiia4/laender-heft/laender-heft-d-0-xlsx.xlsx（2018. 06. 01閲覧）
3　等価可処分所得（Netto-äquivalenzeinkommen）は、世帯所得を単身者世帯に換算し、比較可能にした所得を指す。世帯主を1、他の大人と14歳以上の子どもは0.5、14歳未満の子どもは0.3として世帯指数を算出し、可処分所得を世帯指数で除する。
　SB (2017b) *Bevölkerung und Erwerbstätigkeit: Bevölkerung mit Migrationshintergrund-Ergebnisse des Mikrozensus* 2016-, Fachserie 1 Reihe 2.2, Wiesbaden, S. 15.
4　SB (2017b) a. a. O., S. 16.

特に移民の背景を持つ者[5]（以下、「移民」という）の場合、貧困リスク率が高く、その背景には言語的・社会的な要因が関係していると推察される。

本稿では、主としてマイクロセンサスのデータから貧困リスク率と移民の状況を概観し、移民と貧困リスク率の関係性について検証・考察する。

二　貧困リスク率の推移

　2005年から2016年までの全体の貧困リスク率の推移をみると、2011年を境に14％台から15％台へと上昇し、その後も増加傾向にあることがわかる（表１）。しかしながら、属性によってその様相には個別の特徴がみられる。地域別では、一貫して旧東独地域（ベルリンを含む）の方が旧西独地域よりも高い数値を示している。ただし、旧東独地域では2005年の20.4％から2016年は18.4％と減少傾向であるのに対して、旧西独地域では逆に13.2％から15.0％へと増加傾向を示している。年齢層別では、全年齢層で貧困リスク率が上昇しているが、若い層の数値が突出して高く、常に全体の貧困リスク率を上回っている。例えば、18歳未満では20.2％（2016年）で５人に１人が、18歳以上25歳未満では25.5％（同）で４人に１人が相対的貧困の状況にある。また、65歳以上の貧困リスク率は全体の数値よりやや低めではあるが、2005年の数値から３ポイント以上も急増している。年齢層別のこうした傾向は男女ともにみられるが、全年齢層を通じて女性の方が男性より貧困リスク率が高く、65歳以上では４ポイント近くの差がある（2016年）。世帯構成別では、大人１人と子ども１人、つまりシングルマザーやシングルファーザーなど一人親世帯の貧困リスク率が極めて高く、2016年では43.6％に達している。次いで、大人２人と子ども３人以上の多子世帯（2016年は27.4％）と単身世帯（同26.3％）も、４人に１人以上が貧困リスクに直面している。逆に大人２人の世帯や子どもがいないその他の世帯、また子どもがいる世帯でも両親と子ども２人までの世帯では比較的低い数値にとどまっている。就業状況別では、就業者、求職者、年金生活者とも年々貧困リスク率が上昇している。ただし、就業者では

　5　「移民の背景を持つ者」とは、自身か少なくとも一方の親が出生時にドイツ国籍を有していなかった者（外国人、ドイツ系移住者〔〈Spät-〉Aussiedler〕、帰化者など）、またはドイツ国籍者として出生したが、少なくとも一方の親が外国人、ドイツ系移住者、帰化者である者を指す。
　SB（2017b）a. a. O., S. 21.

表 1　貧困リスク率の推移

	2005	2006	2007	2008	2009	2010	2011[1]	2012	2013	2014	2015	2016[2]
全体	14.7%	14.0%	14.3%	14.4%	14.6%	14.5%	15.0%	15.0%	15.5%	15.4%	15.7%	15.7%
地域別												
旧西独地域	13.2%	12.7%	12.9%	13.1%	13.3%	13.3%	13.8%	13.9%	14.4%	14.5%	14.7%	15.0%
旧東独地域とベルリン	20.4%	19.2%	19.5%	19.5%	19.5%	19.0%	19.4%	19.6%	19.8%	19.2%	19.7%	18.4%
年齢別												
18歳未満	19.5%	18.6%	18.4%	18.4%	18.7%	18.2%	18.7%	18.7%	19.2%	19.0%	19.7%	20.2%
18歳以上25歳未満	23.3%	22.3%	22.4%	22.4%	22.9%	22.7%	23.2%	24.1%	24.8%	24.6%	25.5%	25.5%
25歳以上50歳未満	14.1%	13.3%	13.4%	13.3%	13.6%	13.3%	13.6%	13.5%	13.9%	13.8%	14.2%	14.3%
50歳以上65歳未満	11.4%	11.3%	11.7%	12.2%	12.4%	12.5%	12.7%	12.7%	13.0%	13.0%	13.1%	12.1%
65歳以上	11.0%	10.4%	11.3%	12.0%	11.9%	12.3%	13.2%	13.6%	14.3%	14.4%	14.6%	14.8%
性別・年齢別												
男性全体	14.3%	13.7%	13.8%	13.9%	14.1%	14.0%	14.2%	14.3%	14.8%	14.8%	15.1%	15.2%
18歳以上25歳未満	22.3%	21.3%	21.0%	20.9%	21.6%	21.2%	21.7%	22.7%	23.5%	23.6%	24.5%	25.0%
25歳以上50歳未満	13.9%	13.1%	13.1%	13.0%	13.4%	13.2%	13.1%	13.0%	13.3%	13.3%	13.7%	13.9%
50歳以上65歳未満	11.4%	11.3%	11.6%	11.9%	12.2%	12.3%	12.4%	12.3%	12.8%	12.7%	12.7%	11.7%
65歳以上	8.7%	8.5%	9.2%	9.9%	9.7%	10.3%	10.8%	11.1%	12.0%	12.3%	12.6%	12.7%
女性全体	15.1%	14.4%	14.8%	15.0%	15.1%	15.0%	15.7%	15.8%	16.2%	16.0%	16.3%	16.2%
18歳以上25歳未満	24.3%	23.3%	23.9%	24.1%	24.2%	24.2%	24.9%	25.6%	26.3%	25.7%	26.5%	26.2%
25歳以上50歳未満	14.3%	13.5%	13.6%	13.6%	13.8%	13.5%	14.1%	14.1%	14.4%	14.3%	14.7%	14.7%
50歳以上65歳未満	11.4%	11.3%	11.9%	12.4%	12.5%	12.8%	13.1%	13.1%	13.3%	13.3%	13.4%	12.6%
65歳以上	12.7%	11.8%	12.9%	13.6%	13.6%	13.8%	15.0%	15.5%	16.2%	16.1%	16.3%	16.4%

	2005	2006	2007	2008	2009	2010	2011[1]	2012	2013	2014	2015	2016[2]
世帯構成別												
単身	23.2%	21.7%	23.1%	23.7%	24.1%	23.8%	25.1%	25.6%	26.4%	25.6%	26.2%	26.3%
大人2人	8.3%	8.0%	8.4%	8.6%	8.5%	8.7%	8.8%	8.7%	9.3%	9.3%	9.3%	8.8%
その他（子どもなし）	9.0%	8.3%	8.4%	8.4%	8.5%	8.7%	8.7%	8.8%	8.9%	9.1%	9.3%	9.0%
大人1人と子ども1人	39.3%	37.0%	39.0%	39.7%	40.1%	38.6%	42.2%	41.9%	43.0%	41.9%	43.8%	43.6%
大人2人と子ども1人	11.6%	11.4%	10.7%	10.4%	10.2%	9.6%	9.8%	9.5%	9.5%	9.6%	9.8%	9.2%
大人2人と子ども2人	12.0%	11.6%	11.1%	10.5%	10.6%	10.7%	10.9%	10.4%	10.8%	10.6%	10.8%	11.5%
大人2人と子ども3人以上	26.3%	24.3%	23.8%	24.5%	24.1%	23.2%	22.4%	23.5%	24.3%	24.6%	25.2%	27.4%
その他（子どもあり）[3]	17.5%	16.6%	16.4%	16.1%	17.4%	17.4%	16.8%	17.4%	17.1%	17.7%	18.3%	18.8%
就業状況別												
就業者	7.3%	7.1%	7.4%	7.4%	7.5%	7.5%	7.8%	7.6%	7.8%	7.6%	7.8%	7.7%
求職者	49.6%	49.4%	53.5%	56.0%	53.7%	54.0%	58.5%	59.1%	58.7%	57.6%	59.0%	56.9%
年金生活者	10.7%	10.3%	11.2%	12.1%	12.1%	12.6%	13.8%	14.2%	15.2%	15.6%	15.9%	15.9%
国籍別												
外国人	34.3%	32.6%	32.6%	31.6%	31.8%	31.7%	31.6%	31.5%	32.0%	32.5%	32.5%	–
ドイツ人	12.8%	12.2%	12.5%	12.7%	13.0%	12.9%	13.6%	13.6%	13.9%	13.7%	13.7%	–
移民の背景別												
移民の背景を持つ者	28.2%	26.9%	26.9%	26.2%	26.6%	26.2%	26.1%	26.3%	26.6%	26.7%	27.7%	28.0%
移民背景のない者	11.6%	11.1%	11.3%	11.6%	11.7%	11.7%	12.4%	12.3%	12.6%	12.5%	12.5%	12.1%
貧困ライン												
月額名目所得中央値の60%	€736	€746	€764	€787	€801	€826	€849	€870	€892	€917	€942	€969

1) 2011年以降は2011年の国勢調査の加筆修正結果に基づく推計値。
2) 新項目への変更や人口変動の影響のため、前年度までの数字との比較は限定的。
3) 国際労働機関（ILO）の基準（Labour-Force-Konzept）による。

出典：Bundesministerium für Arbeit und Soziales (2016) Armuts- und Reichtumsbericht, „Armutsrisikoquote". https://www.armuts-und-reichtumsbericht.de/SharedDocs/Downloads/Armut/A01-Excel-Armutsrisikoquote.xlsx (2018. 07. 15閲覧)

2005年から2016年まで微増であるのに対して、求業者では同期間に49.6％から56.9％と7ポイント以上、年金生活者も10.7％から15.9％へと5ポイント以上急増している。特に求職者の貧困リスク率は高く、2016年では6割近くに及ぶ。国籍別では、外国人の貧困リスク率はドイツ人の2倍以上で、移民の背景の有無による数値と照らし合わせると、貧困リスク率は、外国人＞移民の背景を持つドイツ人＞移民背景のない者の順で高くなっていると推察される。

以上のことから、25歳未満の若者、単身者、一人親世帯、子どもが3人以上の多子世帯、求職者、移民が高い貧困リスクを抱え、経済的困難な状況にあることがわかる。また、こうした要因が重複する場合、経済的困窮度はさらに増大すると考えられる。次章では、移民に焦点を当て、より詳細な状況を分析する。

三　移民の様相

1　年齢層と地域分布

連邦統計局が毎年行っているマイクロセンサスによると、2016年末の移民人口は1,857.6万人に上る（表2）。これは全人口（8,242.5万人）の約22.5％に当たる。ただし、年齢層が若くなるほどその割合は高くなり、19歳以下では34.7％に達している。移民のうち961.5万人はドイツ人、896.1万人は外国人でほぼ半々の状況にあるが、若い層ではドイツ人の割合が高い。これは、2000年に施行された新国籍法で条件付き出生地主義が導入されたことや、帰化要件が緩和されたことによるものである[6]。地域的には、移民の大多数（95.7％）は旧西独地域に居住しており、旧東独地域では非常に少ない（4.3％）。その背景には、1950年代から外国人労働者（ガストアルバイター）やその家族、庇護申請者などを受け入れ、1980年には外国人人口が445.3万人（全人口の7.2％）に達していた旧西独に対して、旧東独の外国人は、他の社会主義国からの少数の外国人労働者などに限られていたことなど、東西分断時代の外国人受け入れ政策の違いがある[7]。また、移民の6割は

---

[6]　新国籍法については、拙稿（2001）「『新ドイツ人』の誕生と『移民国家』ドイツの展望――国籍概念の歴史的転換――」日本大学経済学部研究会『研究紀要』第32号、5-17頁を参照。
[7]　統一翌年1991年末の外国人人口は旧西独地域とベルリンでは561.5万人（人口の9.6％）、旧東独地域では11.2万人（同0.6％）であった。
SB (2005) *Bevölkerung und Erwerbstätigkeit: Ausländische Bevölkerung sowie Einbürgerungen: 2003*, Fachserie 1 Reihe 2, Wiesbaden, S. 14-15.

表2　年齢層別・地域別の移民人口（2016年）　　　　　単位：万人

	移民背景の ない者	移民：計	移民：ドイツ人	移民：外国人
全人口	6,384.8（100％）	1,857.6（100％）	961.5（100％）	896.1（100％）
0-19歳	986.0（15.4％）	524.7（28.2％）	375.9（39.1％）	148.8（16.6％）
20-64歳	3,847.3（60.3％）	1,146.8（61.7％）	484.4（50.4％）	662.3（73.9％）
65歳以上	1,551.5（24.3％）	186.1（10.0％）	100.8（10.5％）	84.4（9.4％）
旧西独州＋ベルリン	5,204.8（81.5％）	1,777.4（95.7％）	932.4（97.0％）	845.1（94.3％）
旧東独州	1,180.0（18.5％）	80.2（4.3％）	29.2（3.0％）	51.1（5.7％）
都市部	2,806.7（44.0％）	1,114.8（60.0％）	554.9（57.7％）	559.9（62.5％）
都市化傾向地域[8]	2,021.0（31.7％）	505.8（27.2％）	284.6（29.6％）	221.2（24.7％）
農村地域	1,557.2（24.4％）	237.0（12.8％）	122.1（12.7％）	115.0（12.8％）

出典：SB（2017b: 37, 42）から筆者作成

都市部に居住しており、人口に占める割合も都市部では3.5人に1人（28.4％）であるのに対して、農村地域では7.6人に1人（13.2％）となっている。このように、ドイツにおける移民の分布は地域差が大きいことが特徴といえる。

「ルーツ」[9]別では、全移民の15.1％がトルコ系で、以下ポーランド系（全移民の10.1％）、ロシア系（同6.6％）と続いている（表3）。全体の3割強は、EU域内の自由な移動、居住、就労が可能なEU加盟国系の移民である。ガストアルバイター募集国系[10]（34.6％）や旧ソ連系[11]（17.0％）の人々が多いことについては、旧

8　Regionen mit Verstädterungsansätzen
9　「ルーツ」（マイクロセンサスでは「拡張国籍」〈erweiterte Staatsangehörigkeit〉）は、外国人の場合は（第一）国籍を、帰化者の場合は元の国籍を、ドイツ系移住者の場合は移住前の国籍を指す。また、ドイツ人として出生した移民の場合は、両親の現国籍または元の国籍が適用されている。情報がない場合や父親と母親の国籍（現・元）が異なる場合は、「不明」（Ohne Angabe）に分類される。SB（2017b）a. a. O., S. 21-22.
10　ガストアルバイターは、戦後の労働者不足を解消するためにドイツ政府が二国間協定に基づき受け入れた外国人労働者で、募集国はイタリア（1955年）、ギリシア、スペイン（ともに1960年）、トルコ（1961年）、モロッコ（1963年）、ポルトガル（1964年）、チュニジア（1965年）、旧ユーゴスラヴィア（1968年）の計8か国（カッコ内は二国間協定締結年）。1973年のオイルショックを機に、イタリアを除く新規労働者の募集は停止されたが、その後も故国からの家族呼び寄せなどにより外国人数が増加した。
11　ドイツでは、東欧諸国や旧ソ連など、第二次世界大戦終戦前のドイツ領内に居住していたドイツ人とその子孫は、法的にはドイツ国籍者と位置づけられ、ドイツ系移住者（Aussiedler, Spät-Aussiedler）として受け入れられた。その数は1950年から2016年までに約453万人に上り、その約7割が1980年代後半以降、冷戦終結後にドイツに「帰還」している。
Bundesverwaltungsamt,（Spät-）Aussiedler und ihre Angehörigen: Zeitreihe 1950-2016,

表3　ルーツ別の移民人口（2016年）　　　　　　　　　　　単位：万人

	計（100％）	移住経験者とその平均滞独期間		平均年齢
移民背景のない者	6,384.8	―	―	46.9歳
移民	1,857.6	1,273.8（68.6％）	21.0年	35.4歳
トルコ	279.7	132.4（47.3％）	30.4年	33.2歳
ポーランド	186.8	146.8（78.6％）	21.5年	38.8歳
ロシア	122.3	96.0（78.5％）	18.9年	38.1歳
カザフスタン	96.9	73.7（76.1％）	20.4年	37.5歳
イタリア	86.1	50.8（59.0％）	28.9年	38.7歳
ルーマニア	78.8	65.7（83.4％）	16.6年	37.6歳
シリア	52.1	47.9（91.9％）	3.4年	24.6歳
ギリシア	44.3	28.2（63.7％）	27.5年	40.7歳
クロアチア	44.1	30.6（69.4％）	24.9年	39.3歳
コソボ	35.6	22.0（61.8％）	17.5年	27.6歳
EU28か国	659.8	484.8（73.5％）	22.0年	39.0歳
ガストアルバイター募集国	642.4	364.1（56.7％）	26.8年	35.1歳
旧ユーゴスラビア	165.2	110.1（66.6％）	23.6年	35.4歳
旧ソ連	316.6	247.6（78.2％）	18.9年	37.9歳

出典：SB（2017b: 63, 66, 67, 70, 71, 101）から筆者作成

西独の外国人・移民政策が影響している。また、多くのシリア系の移民や、クロアチア系、コソボ系など旧ユーゴスラビア系の移民（8.9％）には、かつてあるいは近年戦争避難民として来独した人々が多数含まれており、ここにも戦後西独の人道的政策[12]が反映されている。移民の平均年齢は総じて若く、移民全体の平均年齢（35.4歳）は、移民背景のない者（46.9歳）よりも10歳以上も低い。ポーランド系、ルーマニア系の移民にはドイツ系移住者とEU市民が、イタリア系、ギリシア系、クロアチア系の移民にはガストアルバイター募集国系の移民とEU市民が含まれるなど、同国系移民内に複数の属性が混在しているため厳密な分析は困難ではあるが、概ねガストアルバイター募集国系の移民は、平均滞独期間が長い

　Herkunftsstaaten, http://www.bva.bund.de/SharedDocs/Downlaods/DE/BVA/Staatsangeh%C3%B6rigkeit/Aussiedler/Statistik/Zeitreihe_1950_2016.pdf（2015. 12. 28閲覧）
12　ドイツはナチスドイツによるユダヤ人迫害に対する反省から、戦後、基本法（憲法に相当）に庇護権の保障を明記し（第16条a）、世界中から多くの庇護申請者を受け入れている。

ことから、ドイツ出生者が徐々に増え、移住経験者の割合が比較的低い傾向にある。特にトルコ系移民（平均滞独期間30.4年）は移住経験のないドイツ出生者が半数以上を占め、それが平均年齢の低さにもつながっている。ただし、ギリシア系（同27.5年）やクロアチア系（同24.9年）系の移民については故国の経済危機やEU加盟などにより最近来独した者も多く、平均年齢が押し上げられているものと考えられる。また、ロシア系（同18.9年）やカザフスタン系（同20.4年）など旧ソ連系の移民（同18.9年）は、1980年代後半以降にドイツ系移住者として来独した者が多いため平均年齢が比較的高く、ポーランドやルーマニアなど東欧諸国系移民を含むドイツ系移住者で移住経験を持つ者に限ると、その平均年齢は50.2歳に上昇する[13]。

2　教育状況

ドイツでは就職の際、ほとんどの職種において、それに対応する学校修了証が必要とされている。それゆえ、学校修了証を取得していない者は、職業選択において極めて不利な状況におかれることになる。移民の学歴・就学状況をみると、果たして学校修了証のない者は移民背景のない者ではわずか1.8％であるのに対し、移民では13.6％、外国人では18.7％と、その差は歴然としている（表4）。学校修了証取得者については、移民の背景の有無による大きな違いはなく、むしろ移民の方がギムナジウム修了（Abitur＝大学進学資格）者の割合が高くなってい

表4　移民の学歴・就学状況（2016年）　　　単位：万人

	移民背景の ない者	移民：計	移民：ドイツ人	移民：外国人
学校修了証なし	97.6 (1.8%)	185.7 (13.6%)	44.3 (7.3%)	141.4 (18.7%)
学校修了証あり	5,385.0 (98.2%)	1,178.2 (86.4%)	563.2 (92.7%)	615.0 (81.3%)
基幹学校・国民学校	1,840.1 (33.6%)	404.7 (29.7%)	180.8 (29.8%)	223.9 (29.6%)
ギムナジウム	1,288.1 (23.5%)	375.4 (27.5%)	157.8 (26.0%)	217.5 (28.8%)
就学中	873.0	482.1	351.8	130.2
基幹学校	18.1 (2.1%)	22.5 (4.7%)	11.5 (3.3%)	11.0 (8.4%)
ギムナジウム	189.7 (21.7%)	71.0 (14.7%)	57.4 (16.3%)	13.6 (10.4%)

出典：SB（2017b: 47）から筆者作成

13　SB（2017b）a. a. O., S. 66.

表5　ルーツ別移民の学歴（2016年）　　　　　単位：万人

	学校修了証なし	学校修了証あり：	基幹学校	ギムナジウム
トルコ	54.8 (27.4%)	145.0 (72.6%)	70.6 (35.3%)	25.2 (12.6%)
ポーランド	6.9 (4.7%)	141.4 (95.3%)	48.9 (33.0%)	45.5 (30.7%)
ロシア	5.4 (5.7%)	89.7 (94.3%)	25.8 (27.1%)	22.4 (23.6%)
カザフスタン	5.1 (6.8%)	70.4 (93.2%)	26.0 (34.4%)	9.3 (12.3%)
イタリア	11.4 (16.7%)	57.0 (83.3%)	29.5 (43.1%)	10.9 (15.9%)
ルーマニア	5.2 (8.2%)	57.9 (91.8%)	19.9 (31.5%)	21.0 (33.3%)
シリア	10.1 (32.7%)	20.8 (67.3%)	5.4 (17.5%)	11.5 (37.2%)
ギリシア	7.5 (20.8%)	28.6 (79.2%)	12.2 (33.8%)	7.6 (21.1%)
クロアチア	3.0 (8.6%)	31.9 (91.4%)	14.8 (42.4%)	5.7 (16.3%)
コソボ	4.6 (20.5%)	17.8 (79.5%)	8.6 (38.4%)	3.7 (16.5%)
EU28か国	47.1 (9.0%)	475.3 (91.0%)	171.3 (32.8%)	158.7 (30.4%)
ガストアルバイター募集国	101.6 (21.5%)	372.0 (78.5%)	174.1 (36.8%)	79.0 (16.7%)
旧ユーゴスラビア	18.2 (15.1%)	102.3 (84.9%)	49.4 (41.0%)	19.4 (16.1%)
旧ソ連	14.8 (6.0%)	231.5 (94.0%)	67.4 (27.4%)	57.1 (23.2%)

出典：SB（2017b: 178-181）から筆者作成

る。しかし、これらの状況は出身国によってかなり偏りがみられる（表5）。シリア系やコソボ系移民の場合は、戦争避難民として来独し、継続的な通学・学習が困難であった者が多いため学校修了証のない者の割合が高いと考えられるが、シリア系移民には高学歴者も多く、二極化の状況にある。また、ガストアルバイター募集国系の移民（トルコ、イタリア、ギリシア、クロアチア、コソボ）や戦争避難

民が比較的多く含まれる旧ユーゴスラビア系の移民（クロアチア、コソボ）は全体的に、①学校修了証のない者の割合が高く、②学校修了証を取得している場合も基幹学校（Hauptschule）修了者が多く、③ギムナジウム修了者は少ない傾向にある。その背景には、ガストアルバイターや庇護申請者ならびにその子どもたちも、当初は帰国が前提とされていたため積極的な統合政策が講じられず、系統的なドイツ語教育が十分に行われてこなかったことがある。それとは対照的に、「帰還」後に「国民」として迎えられ、ドイツ語習得を含め各種支援を受けることができたドイツ系移住者[14]は、学校修了証のない者の割合が相対的に低く、カザフスタン系移民以外ではギムナジウム修了者の割合も高くなっている。

移民の子どもの低学力は、2001年と2003年に発表されたOECD「生徒の学習到達度調査」（PISA）によって明らかとなり、それ以降、連邦政府は就学前教育の充実や終日制学校（Ganztagsschule）の拡充などさまざまな対策を講じてきた[15]。その結果、2016年の子どもたちの就学状況においてはいくらか改善の兆しもみられるものの、ギムナジウムの就学率をみる限りでは依然として移民背景のない子どもと移民の子ども、特に外国人の子どもとの間には大きな差が生じている（表4）。また、移民の低学歴の背景には、基礎学校（Grundschule）修了後の進学先決定時に、移民の場合、優秀な成績であっても完璧なドイツ語力や家庭での学習支援がなければギムナジウムでの成功は難しいと実科学校（Realschule）や基幹学校への進学が勧められるなど、学校による「差別」の存在も指摘されている[16]。特にトルコ人やムスリムの子どもに対する差別については、人種主義と不寛容に反対する欧州委員会（European Commission against Racism and Intolerance）の報告書でも言及され、進路決定における客観的な判断を促すための教員研修プログラムの策定やドイツ語力を理由とした不利な選別を回避する努力などが推奨

---

14 Puskeppeleit, Jürgen/Krüger-Potratz, Marianne (Hg.) (1999) *interkulturelle studien 31, 32, Bildungspolitik und Migration. Text und Dokumente zur Beschulung ausländischer und ausgesiedelter Kinder und Jugendlicher, 1950 bis 1999, Band 1, 2*, Interkulturelle Pädagogik Fachbereich 06, Lehreinheit Erziehungswissenschaft westfälische WilhelmsUniversität

15 PISAの調査結果と移民の生徒の教育問題については、拙稿（2008）「移民的背景を持つ生徒の教育問題——ドイツにおける現状と課題——」日本大学経済学部研究会『研究紀要』第59号、157-169頁を参照。

16 Mechtid Gomolla/Frank-Olaf Radtke (2009) *Institutionelle Diskriminierung: Die Herstellung ethnischer Differenz in der Schule*, 3. Auflage, VS Verlag für Sozialwissenschaften, Wiesbaden, S. 280.

されている[17]。さらに、移民の親がドイツの教育制度やドイツ社会における教育の重要性について十分理解していないことや、特にムスリムの親の多くは、故国での慣習から教員に高い信頼を置き、学校への干渉は控えがちであること[18]なども、移民の子どもの低学歴や差別を容認する環境要因になっていると考えられる。こうした差別の影響の度合いを特定するのは困難ではあるが、移民に対する差別が彼らの低学歴やその後の職業選択、所得につながり、間接的に彼らの貧困リスクを高める要因となっている可能性も否定できない。

3　就業・所得状況

就業や所得は、貧困リスクに直結する重要な要因である。移民背景のない者と比較すると移民は、①求職者（Erwerbslose）の割合が高く、したがって②失業手当（Arbeitslosengeld）や他の公的支援（sonstige staatliche Unterstützung）で生計を立てている者の割合も高く、③就業者（Erwerbstätige）の場合もホワイトカラー（Angestellte）より労働者（Arbeiter）の割合が高いという特徴が挙げられる（表6）。ルーツ別の状況をみると、近年難民として来独したシリア系移民と、トルコ系、コソボ系移民の求職者の割合が特に高いことがわかる。それと同時に、シリア系、トルコ系、コソボ系の移民では女性の非就業者の割合も非常に高くなっている。その要因として、これらの国々はいずれもムスリムが多く、女性は就業せず家庭にとどまる傾向が強いことが考えられる。旧ソ連系移民などドイツ系移住者については、求職者の割合は比較的低いものの、労働者の割合は他国にルーツを持つ移民と同様またはそれ以上に高い傾向にある。移民背景のない者は高年齢層が多いことから、年金（Rente/Pension）で生計を立てている者が全人口の25.6%と非常に多いことも特徴的である。

移民の背景の有無による違いは、就業者の可処分所得分布においても確認される（表7）。可処分所得900ユーロ未満の者の割合は、移民背景のない者では16.2%であるのに対して、移民では23.8%と高く、特にトルコ系（27.7%）、ギリ

17　European Commission against Racism and Intolerance（ECRI）(2009) *ECRI-Bericht über Deutschland（vierte Prüfungsrunde）*, Strasbourg, S. 9-10.
　　http://www.coe.int/t/dghl/monitoring/ecri/country-by-country/germany/DEU-CbC-IV-2009-019-DEU.pdf.（2012. 08. 09閲覧）
18　Aladin El-Mafaalani/Ahmet Toprak（2011）*Muslimische Kinder und Jugendliche in Deutschland*, Konrad-Adenauer-Stiftung e. V., Sankt Augustin/Berlin, S. 122.

表6　ルーツ別移民の就業状況（2016年）　　　　単位：万人

	就業状況			職種			主たる生計源（全人口中の割合）				
	就業者[19]	求職者[20]	非就業者の割合	自営業者	ホワイトカラー	労働者	就業	失業手当	親族による援助	その他の公的支援	年金
移民背景のない者	3,299.1 (96.6%)	114.9 (3.4%)	男42.1% 女50.8%	338.6 (10.3%)	2,121.7 (64.3%)	518.6 (15.7%)	2,987.5 (46.8%)	201.9 (3.2%)	1,358.1 (21.3%)	144.5 (2.3%)	1,637.3 (25.6%)
移民	834.7 (93.0%)	62.6 (7.0%)	男46.5% 女57.2%	75.5 (9.0%)	461.4 (55.3%)	251.0 (30.1%)	747.3 (40.2%)	145.1 (7.8%)	651.7 (35.1%)	115.1 (6.2%)	190.6 (10.3%)
トルコ	114.0 (91.1%)	11.1 (8.9%)	男45.8% 女65.4%	9.4 (8.2%)	54.6 (47.9%)	41.5 (36.4%)	100.7 (36.0%)	27.2 (9.7%)	117.4 (42.0%)	9.1 (3.3%)	24.6 (8.8%)
ポーランド	104.3 (95.8%)	4.6 (4.2%)	男36.6% 女46.6%	11.0 (10.5%)	55.2 (52.9%)	33.8 (32.4%)	95.6 (51.2%)	9.4 (5.0%)	55.6 (29.8%)	3.8 (2.0%)	22.0 (11.8%)
ロシア	62.3 (94.5%)	3.6 (5.5%)	男42.0% 女49.7%	3.5 (5.6%)	33.6 (53.9%)	22.0 (35.3%)	55.9 (45.7%)	8.7 (7.1%)	38.2 (31.2%)	6.7 (5.5%)	12.5 (10.2%)
カザフスタン	53.1 (95.0%)	2.8 (5.0%)	男38.0% 女46.5%	1.9 (3.6%)	25.3 (47.6%)	22.7 (42.7%)	47.5 (49.0%)	4.9 (5.1%)	30.5 (31.5%)	3.8 (3.9%)	10.1 (10.4%)
イタリア	46.5 (94.3%)	2.7 (5.5%)	男38.4% 女48.9%	4.7 (10.1%)	25.5 (54.8%)	13.4 (28.8%)	41.9 (48.7%)	5.3 (6.2%)	25.9 (30.1%)	1.8 (2.1%)	10.7 (12.4%)
ルーマニア	43.6 (94.8%)	2.3 (5.0%)	男34.9% 女48.4%	2.7 (6.2%)	22.6 (51.8%)	16.8 (38.5%)	40.4 (51.3%)	3.6 (4.6%)	23.1 (29.3%)	1.8 (2.3%)	9.6 (12.2%)
シリア	5.0 (57.5%)	3.6 (41.4%)	男79.2% 女90.8%	–	2.7 (54.0%)	1.3 (26.0%)	3.9 (7.5%)	13.0 (25.0%)	11.2 (21.5%)	23.6 (45.3%)	–
ギリシア	23.0 (93.1%)	1.7 (6.9%)	男38.3% 女51.5%	2.5 (10.9%)	12.3 (53.5%)	7.1 (30.9%)	21.1 (47.6%)	3.0 (6.8%)	12.3 (27.8%)	1.1 (2.5%)	6.7 (15.1%)
クロアチア	22.5 (95.3%)	1.1 (4.7%)	男41.2% 女52.1%	1.6 (7.1%)	13.2 (58.7%)	6.6 (29.3%)	20.3 (46.0%)	1.4 (3.2%)	13.1 (29.7%)	0.8 (1.8%)	8.2 (18.6%)
コソボ	13.5 (90.6%)	1.3 (8.7%)	男47.4% 女70.7%	0.9 (6.7%)	6.1 (45.2%)	5.7 (42.2%)	11.9 (33.4%)	3.4 (9.6%)	17.1 (48.0%)	2.2 (6.2%)	1.0 (2.8%)
EU28か国	349.6 (95.1%)	17.9 (4.9%)	男39.2% 女49.8%	35.1 (10.0%)	196.9 (56.3%)	101.4 (29.0%)	318.9 (48.3%)	32.9 (5.0%)	199.1 (30.2%)	15.0 (2.3%)	90.8 (13.8%)
ガストアルバイター募集国	286.4 (92.5%)	23.2 (7.5%)	男44.2% 女60.4%	23.7 (8.3%)	151.5 (52.9%)	93.0 (32.5%)	255.6 (39.8%)	53.4 (8.3%)	239.5 (37.3%)	22.9 (3.6%)	68.6 (10.7%)
旧ユーゴスラビア	72.1 (92.9%)	5.5 (7.1%)	男47.1% 女59.4%	5.0 (6.9%)	39.9 (55.3%)	23.2 (32.2%)	64.1 (38.8%)	12.7 (7.7%)	57.8 (35.0%)	8.8 (5.3%)	21.2 (12.8%)
旧ソ連	163.5 (94.2%)	9.9 (5.7%)	男41.1% 女48.8%	9.5 (5.8%)	86.8 (53.1%)	58.3 (35.7%)	146.6 (46.3%)	20.9 (6.6%)	98.3 (31.0%)	19.1 (6.0%)	31.2 (9.9%)

出典：SB（2017b: 376-379, 406-408, 411-412, 426, 431, 446, 451）から筆者作成

19　就業者（Erwerbstätige）とは、15歳以上で調査期間中に、対価を得て、または自営業者として、あるいは家族従業員（mithelfende Familienangehörige）として1時間以上働いた者、および職業訓練のための雇用関係（Ausbildungsverhältnis）にある者を指す。この場合、定期的か非定期的な仕事であるかどうかは問わない。さらに、雇用関係にありながらも休暇や育児休暇などのため報告期間内には働かなかった者、社会保障規定による「僅少労働」（geringfügige Beschäftigung）に携わる者、兵士、兵役義務者、社会奉仕従事者（Zivildienstleistende）も就業者に含まれる。SB（2017b）a. a. O., S. 19.

20　求職者（Erwerbslose）とは、15歳以上で直接的には就業生活に参加していないが、就業活動を求めている者で、労働局に失業者として届け出をしているかどうかは問わない。通常は就業しているが一時的に就業生活から離れている者や、通常は仕事をしていないが現在は職を探している者（主婦／主夫、年金生活者、児童・生徒、学生など）も求職者に含まれる。SB（2017b）a. a.

表7 ルーツ別移民就業者の月額個人可処分所得[21] (2016年)　　　単位：万人

	€500未満	€500以上€900未満	€900以上€1300未満	€1300以上€1500未満	€1500以上€2000未満	€2000以上€2600未満	€2600以上	所得なし	平均
移民背景のない者	201.5 (6.3%)	319.5 (9.9%)	506.9 (15.7%)	287.6 (8.9%)	672.3 (20.9%)	551.0 (17.1%)	674.5 (21.0%)	5.4 (0.2%)	€2,030
移民	83.1 (10.1%)	112.3 (13.7%)	150.7 (18.3%)	78.6 (9.6%)	169.6 (20.6%)	120.6 (14.7%)	104.9 (12.8%)	2.1 (0.3%)	€1,676
トルコ	14.5 (13.0%)	16.4 (14.7%)	16.9 (15.2%)	9.4 (8.4%)	22.6 (20.3%)	17.9 (16.1%)	13.7 (12.3%)	-	€1,600
ポーランド	9.0 (8.8%)	12.2 (11.9%)	20.6 (20.1%)	11.7 (11.4%)	23.3 (22.8%)	15.5 (15.1%)	10.1 (9.9%)	-	€1,603
ロシア	6.2 (10.1%)	9.5 (15.5%)	11.1 (18.1%)	6.0 (9.8%)	14.0 (22.8%)	9.0 (14.7%)	5.5 (9.0%)	-	€1,532
カザフスタン	5.5 (10.5%)	7.8 (14.9%)	9.3 (17.8%)	5.3 (10.1%)	12.9 (24.7%)	7.9 (15.1%)	3.6 (6.9%)	-	€1,491
イタリア	4.4 (9.7%)	6.1 (13.4%)	8.5 (18.7%)	4.7 (10.3%)	9.9 (21.8%)	6.6 (14.5%)	5.3 (11.6%)	-	€1,656
ルーマニア	3.0 (6.9%)	5.2 (12.0%)	10.6 (24.5%)	4.8 (11.1%)	8.7 (20.1%)	5.8 (13.4%)	5.1 (11.8%)	-	€1,667
シリア	0.6 (17.1%)	1.2 (34.3%)	1.1 (31.4%)	-	0.6 (17.1%)	-	-	-	€1,426
ギリシア	2.1 (9.4%)	3.5 (15.6%)	4.6 (20.5%)	2.1 (9.4%)	4.6 (20.5%)	2.7 (12.1%)	2.8 (2.5%)	-	€1,649
クロアチア	1.9 (8.6%)	2.6 (11.8%)	4.5 (20.4%)	2.0 (9.0%)	5.4 (24.4%)	3.6 (16.3%)	2.1 (9.5%)	-	€1,655
コソボ	2.1 (16.2%)	1.9 (14.6%)	1.9 (14.6%)	1.2 (9.2%)	3.1 (23.8%)	2.1 (16.2%)	0.7 (5.4%)	-	€1,459
EU28か国	28.5 (8.3%)	41.5 (12.0%)	67.8 (19.7%)	35.7 (10.4%)	72.7 (21.1%)	50.6 (14.7%)	47.2 (13.7%)	0.7 (0.2%)	€1,752
ガストアルバイター募集国	31.8 (11.3%)	38.9 (13.8%)	48.2 (17.1%)	25.7 (9.1%)	59.4 (21.1%)	42.7 (15.2%)	34.0 (12.1%)	1.0 (0.4%)	€1,630
旧ユーゴスラビア	7.9 (11.1%)	8.9 (12.5%)	13.0 (18.3%)	6.6 (9.3%)	16.2 (22.8%)	11.0 (15.5%)	7.4 (10.4%)	-	€1,597
旧ソ連	16.3 (10.1%)	24.5 (15.2%)	29.6 (18.4%)	15.4 (9.6%)	37.5 (23.3%)	23.4 (14.5%)	14.3 (8.9%)	-	€1,532

出典：SB（2017b: 409, 410, 414, 415）から筆者作成

O., S. 18-19.
21　個人可処分所得（Persönliches Nettoeinkommen）とは、調査世帯の就業者各人の調査前月の可処分所得（稼得所得、事業所得、年金、公的扶助、賃貸収入、失業手当・扶助、子ども手当、住宅手当、現物支給などあらゆる種類の所得から税と社会保険料を引いた総額）を指す。SB（2017b）a. a. O., S. 21.

シア系（25.0%）、コソボ系（30.8%）などのガストアルバイター募集国系の移民（25.1%）や、ロシア系（25.6%）やカザフスタン系（25.4%）などの旧ソ連系移民（25.3%）では、ほぼ4人に1人が低所得層に属している。これらの国々にルーツを持つ就業者には労働者が比較的多いことや、主たる生計源が失業手当やその他の公的支援である者が多いなど、就業状況と所得には関連性がうかがえる。逆に2,000ユーロ以上の高所得者は移民背景のない者では4割近く（38.1%）になるが、移民では3割以下（27.5%）で、10ポイント以上の開きがある。その結果、移民の平均可処分所得は、移民背景のない者の8割強にすぎない。人口上位10か国にルーツを持つ移民は移民全体の55.3%に当たるが、彼らの平均可処分所得は10か国とも移民全体の平均可処分所得を下回っている。これは全体で半数以下の、他国にルーツを持つ移民の平均可処分所得が高いことを意味しており、移民内でも所得格差が生じていると推察される。

　各種調査によると、就業分野でも教育分野と同様に、移民に対する差別が行われていることが明らかになっている。例えば、インターンシップ応募の際、名前以外の条件が同じであっても、トルコ風の名前の場合はドイツ風の名前よりも肯定的返信を得る確率が14%低くなることが報告されている[22]。OECDの調査でも、20～29歳の高学歴者の就職率は、ドイツ系ネイティブの男性では90%、女性では86%だが、ドイツ出生の移民2世の男性では81%、女性では64%となっている[23]。また、就職時においても、多くの採用担当者がトルコ系移民に対して、「統合意欲に欠ける」、「労働モラル、信頼性に欠ける」、「（トルコ系の女性は）伝統的な女性向きの職業に執着している」、特にスカーフ姿の女性は「自己隔離的」、「ドイツ人にとって奇異」で、トルコ系男性についても「マッチョ気取りでチームワーク能力に欠ける」、「過度な自尊心」、「批判を受け入れない」などの理由で不利な判定を下している[24]。こうした差別がトルコ系移民や他のムスリム移民の

22　Leo Kaas/Christian Manger（2010）*Ethnic Discrimination in Germany's Labour Market: A Field Experiment*, Forschungsinstitut zur Zukunft der Arbeit, Discussion Paper Series No. 4741, Bonn, S. 3.
　　http://ftp.iza.org/dp4741.pdf（2011. 10. 11閲覧）
23　Thomas Liebig/Sarah Widmaier（2009）*Children of Immigrants in the Labour Markets of EU and OECD Countries: An Overview*, OECD Social, Employment and Migration Working Papers, Employment, Labour and Social Affairs Committee, Paris, S. 35.
　　http://www.oecd.org/berlin/43880918.pdf（2012. 08. 09閲覧）
24　Norbert Gestring/Andrea Janßen/Ayça Polat（2006）*Prozesse der Integration und Ausgren-*

就業状況や所得に影響を及ぼしていることは十分に考えられる。

4　世帯構成

移民を含む世帯の特徴は、移民の背景がない者に比べて3人以上の世帯が多く、18歳未満の子どもの数も多く、それゆえ世帯の平均人数も多いことである（表8）。特にトルコ系、シリア系、コソボ系移民を含む世帯では18歳未満の子どもの人数が多く、それが世帯人数にも反映されている。これは、これらの国々にルーツを持つ女性の1人当たりの子どもの平均人数が多いこととも相関している。世帯の就業者数は、全員が移民背景のない世帯（移民がいない世帯）が最少の0.99人で、一部が移民の世帯が1.5人で最も多く、その結果、月額世帯可処分所得も一部が移民の世帯（3,877ユーロ）の方が、移民がいない世帯（2,746ユーロ）よりも多くなっている。しかし、全員が移民の世帯では平均就業者数が1.04人であるにもかかわらず、月額世帯可処分所得は移民がいない世帯の8割（2,203ユーロ）にとどまっている。同様の傾向はルーツ別の移民世帯でも見受けられる。また、全員が移民の世帯では月額世帯可処分所得が1,300ユーロ未満の低額生計世帯が30％以上を占めており、全員が外国人の世帯では40％以上に上る。特に全員が外国人の世帯では900ユーロ未満の世帯だけでも4分の1近くに達している。1人当たりの月額世帯可処分所得も、全員が移民の世帯では移民のいない世帯の7割ほどで、トルコ系、シリア系、コソボ系移民の所得状況は際立って低い。また、ロシア系、カザフスタン系など旧ソ連系の移民も相対的に低所得層にある。こうした傾向は、世帯構成から換算された等価可処分所得でもほぼ同様である。

以上のように、マイクロセンサスのデータからは、移民背景のない者に比べて移民は総じて年齢が若く、低学歴者や学校修了証のない者、労働者、失業手当や公的援助を受けている者が多く、それゆえ就業による可処分所得が少ないとともに、低所得世帯が多い上に子どもの数や世帯人数も多いことから、1人当たりの月額平均可処分や等価可処分所得も低い傾向にあることがわかる。ルーツ別の状況では、まず、戦争避難民として近年来独し、ドイツでの安定した生活を構築する途上にあるシリア系移民については「例外的」な存在とみるべきであろう。特

---

zung: Türkische Migranten der Zweiten Generation, VS Verlag für Sozialwissenschaften, Wiesbaden, S. 162-167.

表8　ルーツ別移民の世帯・家計状況（2016年）

	世帯人数			就業者の平均人数	18歳未満の子どもの平均人数	女性1人当たりの子どもの平均人数[25]	月額可処分所得[26]		月額平均世帯可処分所得		等価可処分所得
	1人	2人	3人以上				€900未満	€900以上€1300未満	計	1人当たり	
	(単位：万人)										
全員が移民背景のない者	1,419.4 (43.9%)	1,124.9 (34.8%)	691.2 (21.4%)	1.90	0.99	0.27	1.22人	296.5 (9.4%)	380.5 (12.1%)	€2,746	€1,541	€1,877
一部が移民	−	103.9 (51.8%)	96.6 (48.2%)	2.83	1.50	0.63		1.4 (0.7%)	5.5 (2.8%)	€3,877	€1,471	€2,146
全員がドイツ人	−	53.2 (53.8%)	45.7 (46.2%)	2.79	1.48	0.61		0.5 (0.5%)	2.2 (2.3%)	€4,006	€1,534	€2,229
全員が移民	263.8 (40.0%)	162.7 (24.7%)	233.4 (35.4%)	2.28	1.04	0.53		100.9 (15.6%)	98.1 (15.2%)	€2,203	€1,136	€1,424
全員が外国人	164.9 (53.0%)	72.9 (23.4%)	73.6 (23.6%)	1.91	0.87	0.33		70.7 (23.3%)	56.0 (18.4%)	€1,900	€1,163	€1,364
移民のルーツ（少なくとも移民を1人含む世帯）												
トルコ	19.9 (19.4%)	23.8 (23.2%)	59.0 (57.4%)	2.98	1.24	0.81	1.67人	10.2 (10.2%)	11.4 (11.4%)	€2,516	€944	€1,346
ポーランド	32.7 (32.4%)	35.4 (35.1%)	32.7 (32.4%)	2.20	1.26	0.41	1.27人	7.6 (7.7%)	12.5 (12.5%)	€2,590	€1,289	€1,664
ロシア	15.3 (24.7%)	20.5 (33.1%)	26.3 (42.4%)	2.51	1.29	0.61	1.53人	6.8 (11.2%)	7.6 (12.5%)	€2,532	€1,109	€1,510
カザフスタン	9.9 (21.4%)	14.9 (32.2%)	21.5 (46.4%)	2.65	1.40	0.69	1.69人	4.2 (9.2%)	5.1 (11.2%)	€2,505	€1,041	€1,448
イタリア	13.5 (29.2%)	15.3 (33.1%)	17.4 (37.7%)	2.35	1.31	0.46	1.33人	4.3 (9.5%)	5.0 (11.0%)	€2,628	€1,228	€1,607
ルーマニア	12.2 (30.3%)	13.9 (34.6%)	14.0 (34.8%)	2.26	1.22	0.44	1.13人	2.9 (7.3%)	5.5 (13.9%)	€2,653	€1,294	€1,677
シリア	8.7 (43.1%)	3.2 (15.8%)	8.3 (41.1%)	2.61	0.30	0.88	2.05人	8.6 (47.0%)	3.3 (18.0%)	€1,367	€636	€826
ギリシア	6.2 (28.2%)	7.6 (34.5%)	8.1 (36.8%)	2.36	1.24	0.43	1.38人	2.3 (10.7%)	2.7 (12.6%)	€2,557	€1,197	€1,564
クロアチア	6.9 (29.7%)	7.8 (33.6%)	8.5 (36.6%)	2.34	1.22	0.46	1.33人	1.6 (7.0%)	2.8 (12.3%)	€2,637	€1,227	€1,613
コソボ	1.4 (12.0%)	1.9 (16.2%)	8.4 (71.8%)	3.55	1.38	1.32	1.95人	0.7 (6.3%)	1.1 (9.8%)	€2,471	€802	€1,222
EU28か国	115.0 (32.0%)	127.1 (35.3%)	117.7 (32.7%)	2.23	1.21	0.42	1.24人	29.1 (8.3%)	40.7 (11.6%)	€2,777	€1,374	€1,766
ガストアルバイター募集国	69.4 (25.2%)	76.9 (27.9%)	129.0 (46.9%)	2.67	1.22	0.67	1.54人	27.1 (10.1%)	31.1 (11.6%)	€2,551	€1,089	€1,477
旧ユーゴスラビア	19.0 (26.0%)	21.1 (28.9%)	32.9 (45.1%)	2.64	1.18	0.70	1.54人	6.3 (8.8%)	8.6 (12.1%)	€2,531	€1,101	€1,489
旧ソ連	39.6 (26.6%)	49.0 (32.9%)	60.2 (40.4%)	2.46	1.27	0.58	1.51人	17.7 (12.2%)	18.9 (13.0%)	€2,478	€1,104	€1,491

出典：SB（2017b: 274-279, 490, 494）から筆者作成

25　対象は1940〜2001年生まれの女性のみ。SB（2017b）a. a. O., S. 504.
26　世帯可処分所得（Haushaltsnettoeinkommen）は、調査世帯の就業者全員の調査前月の可処分所得（稼得所得、事業所得、年金、公的扶助、賃貸収入、失業手当・扶助、子ども手当、住宅手

徴的なのは、ガストアルバイター募集国系の移民が、教育、就労、所得などあらゆる面でEU系の移民や旧ソ連系の移民よりも低い水準にあることである。その大きな原因の一つに、学校修了証のない者が多いことが挙げられる。資格社会のドイツで学校卒業証を持たないことは、職業選択において専門的な知識や技術等を必要としない、したがって賃金の低い仕事に従事せざるを得ず、失業しやすいことを意味している。さらにムスリムが多いトルコ系移民とコソボ系移民については、女性の非就業者の割合が高い上に、世帯人数が多く、それが世帯ならびに1人当たりの可処分所得の低さにつながっていると推察される。また、ムスリム移民に対しては、進学や就職の際の差別による影響も考えられる。

四　移民の貧困

　果たして、移民の教育、就業、所得、世帯の様相と貧困リスク率はどう連動しているのか。表9は、移民のルーツ別、属性別の貧困リスク率を示したものである。まず目を引くのは、移民の背景の有無にかかわらず、学校修了証のない者と求職者の貧困リスク率が際立って高いことである。しかし、いずれの場合も移民の貧困リスク率は移民背景のない者よりも7〜10ポイントも高く、同じ条件内でも大きな差がみられる。これは、移民の場合、若者が多いことや、学校修了証がないために①低賃金の仕事にしか就くことができず、②失業しやすく、③ドイツ語力が不十分な場合は再就職にも困難をともない、④失業が長期化すること、さらに⑤子どもの人数ならびに世帯人数が多く、等価可処分所得が低くなるという諸要因が連鎖的に作用した結果と考えられる。しかし、旧ソ連系、トルコ系、コソボ系移民では、専門高等学校・ギムナジウム修了者でも貧困リスク率が20％以上で、移民背景のない基幹学校修了者よりも高い数値を示している。特にトルコ系とコソボ系については移民の中でも特に貧困リスク率が高く、ほぼ全ての属性で30％以上かそれに近い数値に達している。この2か国にルーツを持つ移民の特徴は、ムスリムが多いことである。それゆえ、彼らの貧困リスク率の高さを説明するには、上記①〜⑤の要因とともに、女性の非就業者の割合が高いことと差別

　当、現物支給などあらゆる種類の所得から税と社会保険料を引いた総額）を指している。主たる家計支持者（質問票に最初に記載されている者）が自営農家の場合は、世帯所得の記載の必要はなく、統計にも含まれない。SB（2017b）a. a. O., S. 21.

表9　移民の貧困リスク率（2016年）　　　　　　　　単位：%

		移民背景がない者	移民	移民（ルーツ別）					
			計	EU28か国	ガストアルバイター募集国	旧ユーゴスラビア	旧ソ連	トルコ	コソボ
全体		12.1	28.0	19.3	29.3	29.6	24.7	32.4	40.0
学歴	基幹学校	15.8	26.9	21.0	27.1	26.7	27.0	29.5	38.3
	専門高等学校／ギムナジウム	8.3	20.2	12.2	18.2	15.7	22.2	20.9	26.7
	学校修了証なし	39.5	49.2	37.6	43.6	50.4	45.2	44.8	56.4
就労	就業者	6.2	13.6	10.7	15.3	14.6	11.5	17.3	23.4
	求職者	54.4	61.6	54.1	59.8	57.2	56.0	63.0	64.8
世帯構成	カップル（子どもなし）	7.0	18.8	12.2	23.3	19.0	25.3	32.4	31.0
	単身者	22.6	36.3	24.6	35.0	30.6	39.9	42.0	36.5
	複数人数の家族	9.8	28.5	20.3	29.6	32.2	20.8	31.2	41.0

■は20%以上、■は30%以上の部分

出典：SB（2017b: 328-330, 332, 334）から筆者作成

の影響も考慮すべきであろう。

　第5次貧困・富裕報告書でも、失業者、一人親、低技能者とともに移民も貧困リスクが高いグループの一つと指摘され[27]、中でも移民の子どもの貧困リスク率の高さが顕著となっている[28]。18歳未満の子どもの貧困リスク率（2014年）は、全体では19%で、移民背景のない子どもは14%だが、移民の子どもでは30%に上り、さらに移住経験のある子どもでは43%に達している[29]。その理由としては、親の就業状況の違いが挙げられる。移民背景のない世帯では、両親とも就業している世帯が71%であるのに対して、少なくとも一方の親が移民の世帯では49%に過ぎず、両親とも就業していない世帯も9%（移民背景のない世帯では2%）に及ぶ[30]。また、就業者であっても移民は総じて移民背景のない者に比べて労働者の

27　Bundesministerium für Arbeit und Soziales（BMAS）（2017a）*Lebenslagen in Deutschland: Armuts- und Reichtumsberichterstattungen der Bundesregierung, Der fünfte Armuts- und Reichtumsbericht der Bundesregierung: Kurzfassung*, Bonn, S. 10.
28　ドイツにおける子どもの貧困については、以前から社会問題となっている。詳細は下記の文献を参照。
　　齋藤純子（2012）「ドイツにおける子どもの貧困」法政大学大原社会問題研究所（編）『大原社会問題研究所雑誌』No. 649、16-29頁。
　　内閣府（2015）『諸外国における子供の貧困対策に関する調査研究』報告書
　　http://www8.cao.go.jp/kodomonohinkon/chousa/h27_gaikoku/index.html（2018. 06. 17閲覧）
29　BMAS（2017b）*Lebenslagen in Deutschland: Der fünfte Armuts- und Reichtumsbericht der Bundesregierung*, Bonn, S. 257.
30　Henkel, Melanie/Steidle, Hanna/Braukmann, Jan（2016）*Familien mit Migrationshintergrund: Analysen zur Lebenssituation, Erwerbsbeteiligung und Vereinbarkeit von Familie und Beruf- 2. Aktualisierte und überarbeitete Auflage-*, 3. Auflage, Bunsedministerium für Familie, Senioren,

割合が高く、所得も低い傾向にあることは既に述べたとおりである。

五　今後の課題

　教育や就業など、貧困リスク率に影響を及ぼす諸項目は、移民との共生の度合いを測る項目とも重なることから、貧困リスク率の高さは統合のバロメーターとみることもできる。1998年の政権交代までドイツ政府は「ドイツは移民国にあらず」という基本原則の下、国内に定住していた移民に対する社会統合政策を先送りしてきた。新規定住希望者にドイツ語講座の受講を義務づけるなど統合政策を盛り込んだ移住法（Zuwanderungsgesetz）が制定されたのは2005年で、最初のガストアルバイターが来独してから50年後のことであった。その意味で、今日の状況は、遅れた統合政策の結果ということもできよう。

　移民の貧困は、移民に対するイメージの悪化を招き、それが地域社会、教育の場、職場での移民と移民背景のない者との物理的・心理的分断をもたらす恐れがある。特に子どもの貧困は、貧困の世代連鎖ならびに貧困層の固定化を招きかねず、それが社会的分断につながることも懸念される。それを回避するためには子どもへの教育支援とともに、親に対する支援を含め、①多子世帯への社会保障の充実、②低賃金労働に起因する貧困解消のための定期的な賃上げ、最低賃金の底上げ、③失業中の親の子どもの権利保障、④一人親の就業支援のための保育拡充、⑤ドイツ系移住者の子どものための統合支援、ドイツ語習得支援、⑥安定した滞在資格のない子どもの統合支援、⑦不安定な滞在状況にある難民の子どもへの社会保障の適用、⑧非正規滞在の子どもの医療・教育制度への受け入れ、⑨低学歴の親の子どもの低学歴化回避のための教育制度の見直し、⑩外国で取得した職業資格の認可規定の緩和、⑪子どもや若者に対する自治体（特に低所得者集住地域）でのスポーツ・文化支援など多方面からの対策を講じることが必要である[31]。これらに加えて、もう一つ検討すべき課題がある。一部の移民は、専門高等学校やギムナジウムの修了証を取得していても貧困リスク率が非常に高く、彼らの学歴は就業や所得には必ずしも反映されていない。学力や技能は、失業を回

　　Frauen und Jugend (Hg.), Berlin, S. 54.
31　Butterwegge, Carolin (2010) *Armut von Kindern mit Migrationshintergrung: Ausmaß, Erscheinungsformen und Ursachen*, VS-Verlag, Wiesbaden, S544-545.

避し高い所得を得るための重要な要素だが、彼らにはそれが当てはまらないとすれば、その原因を究明し是正する必要がある。移民の若者の能力が活かされないことは、彼ら自身のみならずドイツ社会にとっても損失となり、不本意な理由によって彼らが将来の展望を持てない状況が続けば、失望は社会への不満や敵意へと転化し、より深刻な社会不安につながる可能性も否定できない。差別防止を図るため、連邦レベルでは2006年8月に一般平等待遇法（Allgemeines Gleichbehandlungsgesetz: AGG）[32]が施行され、被差別者の相談・保護や反差別に関する広報・調査活動等を担当する機関として連邦反差別局（Antidiskriminierungsstelle des Bundes）が設置された。AGGの第1条には目的として、「人種、民族的出身、性別、宗教または世界観、障がい、年齢、性的アイデンティティによる不利益扱い（Benachteiligungen）」の防止・排除が掲げられている。こうした法的・制度的な枠組みとともに、学校や地域での交流をとおして移民背景がない者と移民の、または移民間の相互理解を推進することや、移民に関するメディアでの報道のあり方を見直すことなども、差別や偏見の防止・解消には有効であろう。これは統合政策における「受け入れ社会側の課題」でもある。

　移民背景のない者の内部でも、旧西独州と旧東独州をはじめ地域間や、大企業の経営陣と低賃金労働者など、経済的格差が生じている。こうした格差の拡大は、経済のグローバル化の進展やAIの導入などにより今後さらに拡大し、貧困問題もより深刻化していくことが予想される。これはドイツのみに起きている現象ではなく、世界各国で顕在化している共通の問題である。移民をめぐる諸問題もまたしかりである。今日多くの国では、移民を他者化し、貧困問題の解決策として彼らの物理的・社会的排除を主張する勢力が拡大している。しかし、移民をスケープゴートにするだけでは、問題解決にはならず、むしろ、移民の持つ多様性や潜在能力を活かすことが新たな可能性を見出す糸口になるのではないだろうか。経済大国として、社会国家として、移民・難民受け入れ国として、貧困の解消も移民との共生も、ドイツの手腕が試される大きな課題である。

32　一般平等待遇法制定の経緯と内容の詳細は、齋藤純子（2006）「ドイツにおけるEU平等待遇指令の国内法化と一般平等待遇法の制定」『外国の立法』No. 230、国立国会図書館、91-123頁を参照。

安全保障概念の再検討
―― グローバル化時代の学際的安全保障研究を求めて ――

奥　迫　　　元

一　はじめに
二　ウォルファーズによる安全保障概念の明確化
三　ボールドウィンの安全保障の概念分析
四　両者の安全保障概念の今日的意義と限界
五　おわりに

一　はじめに

　二つの世界大戦を経て、冷戦期を通じ、安全保障研究（security studies）は、国際関係論において中心的な研究領域として位置づけられてきた。安全保障政策が「高等政治（high politics）」と名指され、「下等政治（low politics）」たる他の政策領域とは差別化されてきたことがその証左である。そこでは、安全保障とは「国家安全保障（national security）」に他ならず、その目的は外的脅威からの国家の領域と独立の保全、すなわち国防であるとされ、軍事力を目的実現の主たる手段とすることが前提視されていた。

　しかし、冷戦終結以降、とりわけグローバル化の進展を背景として、このような国家・軍事力中心主義的な安全保障研究に異議を唱え、安全保障研究の在り方を再検討しようとする関心が高まった。もちろん、国防以外の争点を安全保障問題として捉えようとする試み自体は、エネルギー安全保障、食糧安全保障、経済安全保障、さらに総合安全保障等にみられるように、冷戦期に既になされていたが、冷戦終結後には、環境安全保障、保健・衛生の安全保障、さらには大規模自然災害等の脅威も視野に入れた非伝統的安全保障など、安全保障に関わるとされる問題領域（issue areas）は拡大の一途を辿った。

　安全保障研究をめぐる変化は、研究対象をなす問題領域の拡大にとどまらない。着目すべき空間的位相をめぐっても、従来の国民国家のみならず、ローカル

からグローバルまで、その射程の深化を確認できる。1980年代に提起された国際安全保障や共通の安全保障の理念にはじまり、グローバル安全保障や社会（society/community）の安全保障、人間の安全保障等はいずれも安全保障研究の深化を物語る一例である。

その一方で、安全保障研究の拡大と深化の傾向にもかかわらず、安全保障概念をめぐる理解の共有はおろか、概念自体への関心が乏しいことに、一部の研究者から疑義が呈されている。例えば、ボールドウィン（David Baldwin）は、研究者も実務家も、安全保障を濫用し、その概念自体に「ほとんど関心を向けずにきた」ことを批判する[1]。彼は、異なる理論的立場の多様な研究者間で、安全保障と他の政策目標との識別・比較を可能にすべく、多様な問題領域とレベルに適用可能な安全保障概念の析出を試みた。

そのボールドウィンが、自らの概念分析の原点として高く評価するのが、朝鮮戦争末期の1952年に発表されたウォルファーズ（Arnold Wolfers）の論文である[2]。したがって、筆者は、以下において、この二人による安全保障概念の研究に注目し、それぞれの特徴を明らかにした上で、その今日的意義と限界について考察するとともに、総合的・学際的安全保障研究の発展に向けた今後の研究課題について提示したい。

二　ウォルファーズによる安全保障概念の明確化

1　国益をめぐる視角の変化

ウォルファーズは、国家安全保障概念の考察を始める前に、1930年代前半から1950年代前半までの約20年間におけるアメリカでの国益（the national interest）の観念と視角の変化を指摘する。彼によれば、その間、国益をめぐる捉え方には次のような2つの変化が生じた。

第一は、一般・拡張から特殊・限定への変化である。これに関し、ウォルファーズは、大恐慌の影響下、ニュー・ディール政策初期の1934年に出版されたビアード（Charles Beard）の『国益の観念（*The Idea of National Interest*)』を参照

---

[1] David Baldwin, "The concept of security," *Review of International Studies*, Vol. 23, 1997, p. 24.
[2] Arnold Wolfers, "National Security as an Ambiguous Symbol," *Political Science Quarterly*, Vol. 67, No. 4, 1952, pp. 481-502.

して説明する。そこでは、対外政策は、「有力な利益・圧力団体」等「一部の国民の限定的で特権的な経済利益」ではなく、「国民全体の福祉（welfare）」など「より包括的な国民全体の利益」を増進すべきであると説かれた。しかし、冷戦さらには朝鮮戦争が始まると、アメリカ国民の多くは、政策決定者によって、包括的な「人類全体」や「世界共同体」のために「より限定的な国家／国民共同体が犠牲にされることを懸念する」ようになった。つまり、一世代と経たぬ間に国民の関心は、「一部の狭い集団の利己主義からの脱却ではなく、逆に狭い国家／国民に限定された目標のみへの専念に向けられる」ようになったのである[3]。

　第二の変化は福祉から国家安全保障への力点の変化である。これに関しウォルファーズは、冷戦開始以来、「現実主義者」として認められることを望む者の多くが、対外政策を「国家安全保障上の利益によって規定される」ものであると主張するようになったと指摘する[4]。つまり、冷戦の影響の下、国内の「不況や社会改革」よりも「外部からの武力攻撃の脅威」に対する関心が先鋭化した結果、「国益といえば事実上国家安全保障と同義であると解されるようになった」のである[5]。

2　ウォルファーによる問題提起のインプリケーション

　上記のウォルファーズによる問題提起の知的・政治的インプリケーションとして、少なくとも以下の3点を指摘することができる。

（1）公益（the public interest）の多元性・可変性

　まず公共政策において、いかなる価値が公益として優先されるべき政策課題を構成するかは、その時々の国際・国内両面における政治、経済および社会的諸条件によって大きく、時に急速に変動する。ウォルファーズは、私的・部分的利益から公的・全体的利益への脱却から、狭く限定的な国家／国民的（national）価値に対する専念への変化に着目したが、今日では、トランプ（Donald Trump）現象が象徴するように、国内的文脈では特殊・部分的利益を代表するエリートから、より一般的・全体的な「庶民」への政治的主導権の奪還が、逆に国際的文脈で

---

[3] Ibid., pp. 481-2.
[4] Ibid., pp. 481-2. その一例として彼はセント・ローレンス海路建設をめぐる当時の論争を挙げている。経済的事業でありながら、このプロジェクトの支持者は国防上の価値を、反対者は国防上の脆弱性を根拠にその是非を争った。
[5] Ibid., p. 482.

は、「普遍的」・「世界的」価値からより限定的な利己的価値（自国第一主義）への回帰が、発展途上国・先進国を問わず世界各地で顕在化している。このような公益がもつ多元性と可変性への注目は、グローバル化時代の今日において公益をいかに再検討・構想すべきかを検討するに際し、重要な視点の一つである。

（2）安全保障（security）の多次元性

次にウォルファーズが指摘した、「国益」なるシンボルの福祉から国家安全保障への解釈の変化に注目したい。ここで興味深いのは、一方における、全ての市民が等しく享受できる／すべき最低限のニーズとしての社会保障も、他方における国外からの武力侵略や攻撃からの国家／国民の独立と領域の保全を意味する国防にしても、いずれも security として捉えられうることである。これだけでなく、security の対象（the referent objects of security）は、何を守るのか、誰を守るのか、さらにいかなる脅威から守るのかなど、いずれの面からみても多様・多面的である。この点への注目は、昨今、安全保障をめぐって拡大と深化が昂進しているため、極めて重要な意義をもつ。

（3）安全保障の政治性

さらに注意を要するのが、安全保障という用語がもつ政治的訴求力の高さである。一般的に政治的議論において、ある事柄が一度安全保障に関わる問題として括り込まれると、そこに何らかの抗し難い政治的圧力が生ずることはよく知られている。このように、「何かが安全保障の問題であるとする宣言がその重要性を主張する一方法」となっているため、多くの政策提言者たちが、自らの提言の採択を求めて、「それぞれ自らの目的を『安全保障』の問題として描き出そうとする傾向がある」[6]。この点は、従来安全保障に直結する問題とは捉えられてこなかった争点が、政治的言説の中で安全保障問題として表象され、その認識が流布する結果、大きな政治的影響力をもつに至る、いわゆる「安全保障化（securitization）」との関わりにおいて、近年重要な意味をもっている[7]。

---

[6] David Baldwin, "The Concept of Security," *Review of International Studies*, Vol. 23, 1997, p. 20.

[7] 安全保障化および非安全保障化の概念をめぐる詳細については、以下を参照されたい。Barry Buzan, Ole Wæver, and Jaap de Wilde, *Security: A New Framework for Analysis*, Boulder, CO: Lynne Rienner, 1998.

3　安全保障概念の明確化
（1）ウォルファーズの問題設定

　ウォルファーズは、「国益」や「国家安全保障」のような「政治的常套句がもてはやされる時勢」にあっては、とくに注意を払う必要があると主張する。なぜなら、「一見政策の指針や広範なコンセンサスの基礎を提供してくれるようで実は、こうした決まり文句は、誰もが、自らが好む政策ならどのような政策に対しても、魅力的ひいては欺瞞的な名称を付与することを可能にさせかねない」からである[8]。

　したがって、国家安全保障を「政治家に意義ある行為の指針を提供するもの」にし、これに照らして「政策を区別・判断すること」を政治家や研究者にとって可能にするには、「健全な政治的勧告や科学的使用を不可能にさせるような混乱」をきたさぬよう、安全保障の詳細な意味・条件（specifications）を明示すべく、概念分析を行うことが不可欠となる[9]。さらに、ウォルファーズによれば、「国家安全保障の要請は本来的に規範的性質をもつものであり、それには、妥当（合意を得た目的を実現するための合理的手段）であるか、もしくは道義的（最善ないし不正の最も少ない）行動指針たるには国家の政策はいかなるものであるべきかを示すことが求められることになる[10]。そして、政策決定者が安全保障政策に際して直面する、合理性・道義性をめぐる課題について、彼は以下のように述べている。

　　「政策決定者は、まず、保護に値する価値を選択するという道義的問題に直面する。さらに彼らは、目標とする安全保障のレベルを決定せねばならない。……最後に、彼らは、手段を選択し、慎重な価値の評価を通じて、自らの手段の選択に伴う犠牲と、その手段によって実現できるとされる安全保障とを比較考慮しなければならない。」[11]

　そこで筆者は、以下において、ウォルファーズによる国家安全保障概念の明確化のプロセスを、1）対象（何を守るか／誰を守るか）、2）追求するレベルとその際のコスト、3）手段、および4）1）～3）に基礎づけられる安全保障政策への基本的アプローチ、の順で再構成していく。

8　Arnold Wolfers, op. cit., 1952, p. 481.
9　Ibid., p. 483.
10　Ibid., pp. 483-4.
11　Ibid., pp. 500-1.

(2) 国家安全保障の諸次元
(a) 国家安全保障の対象

① 守られるべき価値　ウォルファーズにおいて国家安全保障とは、「国家/国民が多少とも手にできるか、手にすることを望みうる価値」であり、「客観的な意味においては、既に獲得した価値に対する脅威の不在、また主観的な意味においては、このような価値が侵害される不安の不在を評価する」概念である。そして「国家安全保障は、一方におけるほとんど完全な不安全/不安から、他方におけるほとんど完全な安全/不安の不在に至る広範な変動域にまたがりうる」。その結果、「安全保障」は「極めて広範な目標」を対象としうるため、「多岐にわたる政策を安全保障政策として解釈することが可能となる」[12]。

したがって、国家安全保障といえば、とかく国家/国民の政治的独立の維持および領域の保全が想起されるが、とくに大国の場合、これ以外にも、既に獲得した「政治的地位や尊厳、物質的所有物や特権」も安全保障に含まれうることになる。また、個々の国家による安全保障政策は、「保護が求められる既得価値の幅」に応じて多様なものとなり、同じ国家でも状況・条件の変化によって拡大/縮小しうる[13]。

② 守られるべき人　ウォルファーズによれば、国防としての安全保障目標は、それ自体「究極的目標」ではなく、他のより「究極的目標」のための「中間的目標」ないし手段として位置づけられうる。したがって、もし安全保障政策の遂行過程で、個人の自由や福祉が犠牲にされてしまうとしたら、それは人々の安全・安心にとって何の役にも立たないものとなる。こうして彼は、「価値としての国家安全保障それ自体が問われる際」には、「誰にとっての安全保障か」をめぐる「議論を行うことが不可欠」であり、「その答えは自明視できるものでは決してない」と主張する[14]。

12　Ibid., pp. 484-5.
13　Ibid., p. 489. この点をめぐる具体例として、ウォルファーズは、かつて核心的価値をめぐる危険がなかった頃、アメリカでは国民の海外投資や市場の確保が主たる安全保障政策として捉えられていたこと、また、以前は英国が広大な「特殊権域」を「安全保障ゾーン（security zones）」とみなし、保持していたことを挙げている。
14　Ibid., p. 493. さらに彼は、これを敷衍して、アメリカの国防に資するのであれば、個々人の自由や権利を度外視しても、「ファシスト・スペインとの取引は道義的に正当化できるのか」、また、アメリカの情報機関職員による、他国の政権転覆のための特殊工作活動は、その過程で彼自身の生命や、その国の国民の人権が脅かされることになるとしても実行に付されるべきであるといえ

(b) 安全保障の程度とコスト

① **安全保障の程度**　安全保障政策を遂行すべきとの「規範的勧告」を「意義あるものにする」には、安全保障の対象の選定に続き、「国家が目指すべき安全保障の程度」が「明確に示されねばならない」[15]。この点に関しウォルファーズは、「国家／国民が望むべき安全保障のレベルについて妥当性の観点から確定しようとする際、人はそれを青天井であると結論したくなるかもしれない」が、「これが誤りである明白な証拠がある」として、安全保障概念におけるコストをめぐる考察へと進む[16]。

② **安全保障のコスト**　ウォルファーズによれば、「安全保障の増大は、必然的にその分だけ他の価値を犠牲にすることによって賄われる」のであり、ある時点で、「収益逓減の法則のようなもの」により、それは付随的コストを下回ることになる。そして、「経済的価値の比較や選好の場合と同様、どこに一線が引かれるべきかをめぐっては、政策決定者間にしばしば見解の不一致が生ずる」。事実上、絶対的安全保障など実現不可能であり、国家／国民はある程度「危険とともに生きる」ことを余儀なくされるため、「わずかばかりの安全保障の増大」は、「そのための主な負担を背負わねばならない者にとり、すぐに魅力のないものになってしまうかもしれない」[17]。

したがって、ウォルファーズによれば、「安全保障の追加的増大のための犠牲に対し人々がどの程度応じるかは不確定である」。例えば、軍備の増強が国防の強化を確実にする場合ですら、「増税による負担、福祉の削減や、付随的に生じるその他の苦痛が、軍備拡張への動きを大きく後退させる」こともよくある。そもそも、「安全保障の追求は負担として経験されるもの」であり、「安全保障とは結局は不安全／不安という悪の不在」に他ならず、その意味で「否定的（negative）価値」である。その結果、「国家／国民は、自らが適度の保護とみなすものが得られる最低限のレベルに据え置くことで、安全保障の追求に伴う負担を最小化させようとする」かもしれない[18]。

以上より、ウォルファーズは、安全保障政策も含め「他の価値の犠牲を伴うい

るのか」、とも問いかけている（ibid., p. 499）。
15　Ibid., p. 502.
16　Ibid., p. 494.
17　Ibid., p. 494.
18　Ibid., p. 488.

かなる政策も、ひいては人間の行為一般は、自らによってであれ、他者によってであれ、良心に照らした道義的判断の対象」、つまり、「他の価値の犠牲という悪を正当化するに十分善であるとみなしうる価値」を選択するための「価値比較・評価の問題」にならざるをえない。こうして、「もし誰かが、自国はもっと軍備を増強すべきであると主張するとしたら、彼は、自覚していようといまいと、安全保障の強化が、社会福祉の削減や徴兵期間の延長のような悪を犯すに見合うほど十分望ましいものであるという判断を下している」ことになるのである[19]。

(c) 安全保障の手段

「政策は目標によってのみ特徴づけられる」ものではなく、「目標を追求する際に用いられる手段もまた考慮されねばならない」[20]。ウォルファーズによれば、国家安全保障政策を要請する者の多くは、「同盟形成の場合を除き、全ての国家が敵対的関係にあるがゆえに、いずれも等しく攻撃の危険に晒されている状態を想定」する「純粋パワー・ポリティクス仮説（the hypothesis of pure power politics）」を前提に[21]、「全ての国家が常に自らの安全保障の最大化のために他のあらゆる価値を従属させる」との見解に立つ[22]。その結果彼らは、安全保障をめぐり「用いられる政策手段とはパワー、それも軍事力であるということを当然視する」[23]。しかし、「安全保障を追求する国家が常に強制的パワーに依存するとの一般化は役に立つものではない」[24]。

実際、安全保障をめぐって国家が採用する政策には、軍備増強や同盟の形成、さらに「戦略的境界線（strategic boundaries）」の設定等、強制的パワーに基礎づけられるものだけでなく[25]、国際協力や国際機構を通じた対応[26]、また中立政策や妥結に向けた交渉など、多様な手段が存在する[27]。こうして彼は、安全保障の「手段の問題に関しては、正反対の方向を向く道が開かれている」ということを重視すべきであると結論する[28]。

19　Ibid., pp. 498-9.
20　Ibid., p. 490.
21　Ibid., p. 488.
22　Ibid., p. 487.
23　Ibid., p. 490.
24　Ibid., p. 490.
25　Ibid., p. 487.
26　Ibid., p. 483.
27　Ibid., p. 490.

(d) ウォルファーズの安全保障政策論

　ウォルファーズの安全保障政策論について検討する前に、ここで安全保障の概念分析を通じて政治学者が果たすべき役割について彼がどのように認識しているのか確認しておきたい。彼によれば、国家安全保障について具体的にいかなる政策が正当化されうるかを決定する「特殊能力が政治学者に備わっているわけではない」。政治学者にできるのは、「安全保障はいかなる代償を払ってでも追求されねばならないとする一般的道義的要請に潜む曖昧さ」を明示することで、「政策提言者や執行者が、自ら勧告／遂行する安全保障政策の根底にある道義的価値判断・選好を、自身からも他者からも隠すことを困難にすること」である[29]。それではウォルファーズの提示する安全保障政策をめぐる基本的アプローチとはどのようなものであろうか。

　まず、前述の「純粋パワー・ポリティクス仮説」によれば、「安全保障」に資する限り、いかなる犠牲も正当化されることから、「国家安全保障が諸価値のピラミッドの頂上」に置かれ、これが「絶対善を構成する」とされるが[30]、これは誤りである。既に述べたとおり、安全保障の増大は、必然的にそれ以外の価値の犠牲を伴うものであり、ある時点で付随的犠牲が、安全保障の増大により得られる便益を上回るため、どこかに一線が引かれねばならない。これを敷衍すれば、「現状で国家と同程度の秩序、正義、平和や個人の自由を担保できる共同体が実現不可能である限り、自国の独立の維持はいかなる代償を払ってでも守る価値があるという命題」でさえ、「国家安全保障の価値それ自体が問われつつあるときにはいつでも」それ自体検討に付されねばならず、「その答えは自明視できない」ことになる[31]。したがって、国家安全保障を最優先されるべき価値として固定的に捉えることは非道義的かつ非合理的であり、価値選択に際しては、政策ごとに他の諸価値との間で比較・検討がなされなければならない。

　次に、レベル・コストめぐっては、「目標とされるレベルが過度に高く設定されてしまう」と、「パワーの蓄積に基づく国家安全保障政策」は、安全保障のジレンマを引き起こし、自滅する可能性が高くなる[32]。そこで、これに関しても政

28　Ibid., p. 491.
29　Ibid., p. 499.
30　Ibid., pp. 499-500.
31　Ibid., p. 493.
32　Ibid., p. 494.

策決定者は「どこかに線を引く」こと、つまりケースごとに、「過小（too-little）」の領域と「過大（too-much）」の領域を分かつ境界を見極めることを求められることになる[33]。その際、「自らのパワーの増強が攻撃を意図したものではなく、またそのために行使されることはないことを相手国に納得させる」ための方法の一つは、「目標レベルを抑制された範囲に収め、これを急激に引き上げねばならなくなるような状況に陥るのを避ける」ことである[34]。

　最後に、手段をめぐり、政策決定者は、「利用可能な全ての手段のうち、どの手段をどの程度活用するかを決定せねばならない」[35]。その際、安心・安全は、「脅威の源泉」になりうる「相手側の攻撃の意図の在・不在に応じて増減する」ため、相手国の態度や行動が自国の影響力の埒外にある場合を除き、「最も効果的かつ低コストの安全保障政策」とは、コミュニケーションを通じて相手国に攻撃の意図・企図を撤回・放棄するよう促すことができるものである[36]。したがって、安全保障政策は抑止（対抗的パワーの蓄積）にのみ終始するものであってはならず、「相手国の攻撃の動機を取り除くための努力が同時になされなければならない」。確かに、このような「二重政策（two-fold policy）」は、「相手の意志を変えようとする努力が、相手への対抗力を築こうとする努力と抵触するかもしれないため、深刻なジレンマを生む」。しかし、適切な安全保障政策の実現には、政策決定者はこの「パラドックスに向き合う」ことが不可欠となる。なぜなら、安全保障政策は、「相手側の安全保障も含めた利益を考慮」し、「相手の正当な要求に応えようとする努力」によって補完されるものであるほど、「より合理的なもの」となり、「より望ましい結果」が実現できる可能性も高まるからである[37]。究極的には、「理想的な安全保障政策とは、全ての国家／国民にとって満足のできる価値の配分を通じて、攻撃の意図、ひいては安全保障問題そのものをも極小化できるような政策」に他ならない[38]。

33　Ibid., p. 500.
34　Ibid., p. 495.
35　Ibid., p. 495.
36　Ibid., p. 496.
37　Ibid., p. 497.
38　Ibid., p. 498.

三 ボールドウィンの安全保障の概念分析

1 ボールドウィンの問題提起

まず、ボールドウィンは、安全保障はじめ、社会諸科学の研究領域における概念分析の重要性を指摘する。彼によれば、概念分析は、あくまでも「概念の意味を明確化すること」であり、「それ自体で仮説の検証や理論の構築に関わるものではない」が、これがなければ「研究者間の議論はかみ合わず、政策決定者も異なる政策選択肢の識別が困難になる」ため、社会科学において不可欠な出発点の一つをなす[39]。それにもかかわらず、これまで「安全保障の概念をめぐる研究は著しく欠けてきた」[40]。その背景には、冷戦期の安全保障研究が「国家の軍事政策に関心をもつ研究者に独占」され、「軍事力とは無関係」とされるものは「下等政治（low politics）に属する問題とされる」一般的傾向が存在した[41]。

一方、冷戦終結以降、「安全保障問題を再考しようとする試みが急増」し[42]、「『安全保障』の再定義」をめぐる議論が活性化している[43]。しかしボールドウィンの見解では、依然として「概念的問題それ自体への注目は希薄」であり、「ほとんどは安全保障の概念それ自体」でなく、「政策課題の再定義に関わるもの」である[44]。こうした試みの多くは「どの人間ないし人間集団」の「どの価値」（例えば伝統的国家安全保障の他、人権、経済、環境、麻薬取引、伝染病、犯罪や社会的不公正）が優先されるべきかをめぐる「規範的議論」と、「それらの価値への脅威の性質と大きさに関する経験的議論の混合を軸として展開されている」[45]。このような「規範的・経験的論争と概念的論争の混同」は、異なる安全保障政策の支持者たちの間の差異を過剰に際立たせる結果、有意義で開かれた「学問的コミュニケーションを阻害することになる」[46]。そこでボールドウィンは、「安全保障概念を、こうした規範的・経験的関心から解きほぐし」、一見多様な安全保障の「根

---

39 David Baldwin, op. cit., 1997, p. 6.
40 Ibid., p. 9.
41 Ibid., p. 9.
42 Ibid., p. 22.
43 Ibid., p. 5.
44 Ibid., p. 5.
45 Ibid., p. 5.
46 Ibid., p. 5.

底にある共通の概念的特性の確認」を試みた[47]。

その意義としてボールドウィンは以下の三点を挙げている[48]。

1）安全保障に関わる諸事象・諸問題をめぐる共通の識別方法の確立
2）「異なるタイプの安全保障政策の比較」を通じた「合理的政策分析の促進」
3）共通の分析の基礎の構築による異なる研究者間の学問的コミュニケーションの促進

そして、ボールドウィンが自らの概念分析の立脚点としているのがウォルファーズの安全保障の概念枠組みである。ボールドウィンは、「安全保障の概念分析は1952年のウォルファーズの論文に始まり、これをもって終わった」といっても「さほどの誇張とはいえない」とさえ述べ、その研究を高く評価している[49]。その上で彼は、自らの安全保障の概念分析を、ウォルファーズによる「安全保障の仕様（specifications）」を発展させ、「近年の研究の文脈から捉え直す」試みと位置づける。それでは、ボールドウィンが展開する安全保障の概念分析とはどのようなものであろうか。

2　ボールドウィンによる安全保障の概念分析

ボールドウィンは、まず安全保障をめぐるウォルファーズの定義を修正することから自らの概念分析を始める。彼は、「既得価値への脅威の不在」というウォルファーズの定義を、「既得価値への損失が生じる蓋然性が低いこと（a low probability of damage to acquired values）」に修正した[50]。彼はその理由を二つ挙げている。第一の理由は、「脅威の不在」という表現の「曖昧さ」であり、二つ目は、安全保障に関わる事象として地震のような自然災害をも包含することが可能になるというものである[51]。この再定義に基づいてボールドウィンは、まず「政策目的としての安全保障」を構成する諸次元から検討を始め、次に手段としての政策

47　Ibid., p. 5.
48　Ibid., pp. 5-6.
49　Ibid., p. 8.
50　Ibid., p. 13.
51　Ibid., p. 13. 人間および人間集団間関係をめぐる場合とは異なり、自然現象の場合、脅威それ自体に働きかけ、これを減じさせることはできないため、安全保障を「脅威の不在」と定義づけてしまうと、自然災害を安全保障の問題として捉えることができなくなってしまう。

を構成する諸次元の考察へと向かう[52]。

(a) 安全保障の対象をめぐって

① **誰にとっての安全保障か**　ボールドウィンによれば、「誰のための安全保障か」という問いをめぐっては、「例えば、個人、国家、国際システム等」、広範な回答が存在しうる。そして、そのうち「どの答えを選択するかはそれぞれの研究者の特定の研究課題次第」である[53]。

② **いかなる価値の安全保障か**　個人や国家などのアクターは「多くの価値をもつ」。その中には、「物理的安全、経済的福祉、自律の維持、精神的充足なども含まれる」。伝統的な国家安全保障の概念は、「守られるべき価値」として国家の「政治的独立と領域の保全」を強調してきたが、そこには「時に他の価値も付加されうる」[54]。

従来、現実主義者、とくに新現実主義者たちは、安全保障をとりわけ重視してきたにもかかわらず、「安全保障が何を意味するのかということの説明に驚くほど目を向けずにきた」。ウォルツ（Kenneth Waltz）をはじめ、新現実主義者たちは、安全保障と国家の生存を同一視し、これを無政府状態下での国家の「至高の目的」と規定するだけで、「どの価値の生存（存続）か」という問いにいかに答えればよいのかについて指針を提供してこなかった。この点に関連し、ウォルツが国家を機能（法の制定と執行、防衛、衣食住、輸送等）の観点から定義していることは重要な意味をもつ。なぜなら、「もしこれらの機能全てが安全保障を規定する既得価値の一部に含まれる」とされ、いついかなる状況下でも最優先されるべき目的とみなされるとすれば、「この概念は余りにも広範に及び、異なる政策目標間の区別に際する有効性を失うことになる」からである[55]。

③ **どの程度の安全保障か**　有限の希少資源を「競合する目的の間で配分」せねばならない以上、「いずれの目的も完全に実現することはできない」ため、「絶対的安全保障など実現不可能である」。それゆえ、「どれだけあれば十分なのか」という問いから逃れることはできず、追求される「安全保障の程度を明確化すること」が、安全保障の概念分析において不可欠となる[56]。

52　Ibid., p. 12.
53　Ibid., p. 13.
54　Ibid., pp. 13-4.
55　Ibid., p. 21.
56　Ibid., p. 15.

④　いかなる脅威からの安全保障か　「既得価値に対する脅威の源泉は多様である」ため、脅威の次元を「明確に特定すること」も、安全保障の概念分析上重要な項目となる。その際注意を要するのは、ここにおける脅威の概念が、「国際政治や国家戦略の研究者の多くが用いる概念」とは異なるものであるという点である。彼らの多くは、意図をもつ人間・人間集団関係において作用するものとしてこの語を用いるが、先にも触れたように、「伝染病、洪水、地震あるいは旱魃」等、自然に由来する事象も、既得価値に対する「脅威」として概念化される必要がある[57]。

(b) 安全保障の手段をめぐって

⑤　安全保障の手段　ウォルファーズも主張しているように、「富と同様、安全保障上の目標も、極めて多様な手段を用いて追求することができる」。安全保障をめぐる手段の次元の明確化は、国際政治において極めて重要である。とくに、安全保障研究の分野を、専ら「軍事力による威嚇、その利用および管理」の観点から定義する傾向は、安全保障を追求する際の手段に関する理解・議論の混乱をきたし、「安全保障問題をめぐる軍事的解決策に特化した議論への偏向を惹起しかねない」[58]。

⑥　安全保障のコスト　ウォルファーズが指摘するように、「安全保障の追求にはコスト、つまり、安全保障に費やされた資源を用いて追求していれば実現できたであろう他の目標の犠牲を伴う」[59]。しかし、これまで現実主義者にしても、その批判者にしても、コストの問題にほとんど目を向けずにきた。この点は「『国家安全保障』の名の下にこれまでなされてきた罪の大きさ」に鑑みて、極めて重要である[60]。

⑦　安全保障政策をめぐる時間的視点　安全保障政策をどれくらいの時間軸で捉えるかという問題をめぐり、ボールドウィンは、「長期的にみて最も合理的安全保障政策が、短期的な安全保障政策と大きく異なることがあるかもしれない」と指摘する。例えば、「高い塀、獰猛な番犬に破壊力の大きな銃が隣人から

57　Ibid., p. 15.
58　Ibid., p. 16.
59　Ibid., p. 16. これに関してボールドウィンは、安全保障のコストの次元を「明確にすることは、コストがさしたる問題ではないかのような物言いがよくなされる」ため「とくに重要である」、と主張している。
60　Ibid., p. 17.

自らを守る有効な手段となることもあるかもしれない」が、「長期的には、隣人と良好な関係を築くことの方が望ましい」かもしれない。したがって、「短期的な安全保障政策が長期的な安全保障政策と矛盾する」可能性についても視野に入れ、安全保障政策の時間軸も概念分析の対象とすべきである[61]。

(c) 安全保障政策の比較分析のためのアプローチ

既に述べたように、安全保障は「個人、家族、国家その他のアクター」が評価する唯一の価値ではなく、また「安全保障の追求は必然的に他の価値の犠牲を伴う」がゆえに、「安全保障が他の価値と比較してどれほど重要であるのかを問うこと」が常に必要となる[62]。この問いへの回答、すなわち安全保障を含む諸価値の比較分析・評価のための基礎をなす方法として、ボールドウィンは、1）最重要価値のアプローチ（the prime value approach）、2）核心的価値のアプローチ（the core value approach）および3）限界価値のアプローチ（the marginal value approach）の3つを挙げ、このうち最後の限界価値のアプローチが採られるべきであると論じている。

① 最重要価値のアプローチ　従来多くの研究者が、安全保障の「優位」を主張してきたが、「この主張の根底を支える論理」となってきたのが、安全保障は「他の価値の実現のための前提条件をなす」というものである。これに関し、ボールドウィンは、「空気、水、塩、食糧、住居や衣料に関して同じ問い」をしてみれば「この主張の誤謬が明らかとなる」と指摘する。なぜなら、これら全てについても、安全保障の場合と同様に、それぞれの「優位」について「もっともらしい説明を提示しうる」からである[63]。

効用の観点に立てば、「事物の価値とはその財の内在的資質というよりはむしろ外在的社会条件、つまり需給関係によって決まる」のであり、安全保障に関しても、保有量が「増大するほど一定量の増大がもつ価値は低下することになる」。したがって、「安全保障が全ての状況で全てのアクターにとり他の価値を凌駕するとみなす」このアプローチは、「安全保障への資源配分を制限するための正当な根拠を示せない」点で論理的に誤りであり、「実際の人々の行動様式に合致しえない」ため、経験的にも擁護できない[64]。例えば、先史時代の人々にして

61　Ibid., p. 17.
62　Ibid., p. 18.
63　Ibid., p. 18.

も、「安全保障のために洞穴に暮らしたかもしれないが、始終そこにとどまっていたわけではなく」、食糧や水等「時により高く評価するものを求めて」洞穴での安全・安心を「あえて犠牲にした」であろう。それと同じく、近代国家にしても、「時に戦時においてさえ、全ての資源を安全保障の追求に配分するわけではない」[65]。

　② 核心的価値のアプローチ　ボールドウィンによれば、核心的価値のアプローチは、「安全保障が重要な価値の一つであると主張する」点で、他の価値との比較の余地を残すため、「最重要価値のアプローチが抱える論理的・経験的問題を緩和する」ものではあるが、それを解消するには至らない。なぜなら、それは、「一部の価値を核心的価値」に、「他の価値を非核心的価値」に予め区分する「正当な根拠を示す必要性に直面する」からである。その結果、もし「核心的価値が常に他の価値より重要であるとされるなら、このアプローチは非核心的とされる価値の追求に資源を配分することを一切正当化できない」ことになってしまう[66]。

　③ 限界価値のアプローチ　限界価値のアプローチは、「全状況下での全アクターにとっての安全保障の価値」に関する断定は行わない。このアプローチは、他の価値と同じく安全保障も「希少な資源をめぐって競合する政策目的の一つ」にすぎず、ゆえに「限界効用逓減の法則があてはまるという前提に根ざしている」。したがって、「国家にとって安全保障の増大がもつ価値」は、それが「どれほど必要とされているかということだけでなく、その国が既にどれだけ安全保障を実現しているかということによっても変化する」ため、「合理的政策決定者は、安全保障における限界収益が、その分の資源を他の用途に用いた際」の収益（機会費用）よりも「大きい場合に限り、資源を安全保障に配分する」ことになる。こうして、ボールドウィンは、「限界価値のアプローチこそ資源配分の問題を解決することのできる唯一のアプローチである」と主張する[67]。

64　Ibid., p. 18.
65　Ibid., p. 19. さらにボールドウィンは、「絶対的」安全保障が実現可能だったとしても、「人々がそれを追求することは明らかではない」とし、R. ダールとC. リンドブロムの次の言葉を引用している。「『最適』の安全保障とはおそらく挑戦、リスク、懸念、危険、障害や不安の余地を残すものであろう。人間は安全を貪る夢想家（lotus-eaters）ではない」（Robert Dahl and Charles Lindblom, *Politics, Economics, and Welfare: Planning and Politico-Economic Systems Resolved into Basic Social Processes*, New York: Harper & Brothers, 1953, p. 50）。
66　David Baldwin, op. cit., 1997, p. 19.

(d) 小　括

　冷戦終結前後から、安全保障問題を再検討しようとする試みが拡大と深化を遂げてきたが、ボールドウィンの見解では、「それだけでは安全保障の概念をめぐる我々の理解の助けにはほとんどならない」。現在必要とされていることは、異なる立場に立つ研究者間で意義ある建設的な論争・対話を可能にすべく、経験的な比較分析のための共通軸をなす安全保障それ自体を概念化することである。そして彼は、拡大と深化の両側面に関し、ウォルファーズによるアプローチは、今日において安全保障概念それ自体を再考するに際し、依然として有意な「基本的概念ツール」であると主張する[68]。

　まず拡大の側面に関し、ボールドウィンは、「安全保障の多次元性」は新たな発見ではなく、既にウォルファーズによって、「どの価値を守るのか、どの脅威から守るのか、いかなる手段が採られるべきか、その際のコストについてどう判断するのか」といった観点から明示されていたと指摘する。ボールドウィンによれば、「経済安全保障、環境安全保障、アイデンティティの安全保障、社会的安全保障（社会保障）、および軍事的安全保障」等はそれぞれ「安全保障の異なる形態」として捉えうるものではあるが、いずれも安全保障に関わるという点で、「根本的に異なる概念」ではなく、ウォルファーズの設定した諸次元において「それぞれを明確に位置付けることは可能である」。近年の安全保障をめぐる議論では、形容詞とその「相違」にのみ関心が注がれているため、今後は名詞がもつ「類似性」への注目が不可欠である[69]。

　次に深化の視点についても、「国民国家以外のレベルで安全保障を概念化することも新しいことではない」。確かにウォルファーズにおいては、朝鮮戦争の最中という時代的背景から、国家安全保障に焦点が当てられているが、彼自身、「安全保障がより高度また低度のレベルでも議論可能であるということ」を既に認めていた[70]。

　総じて、「概念的問題に目を向ける限り、安全保障をめぐる新思考とされるもの」に、ウォルファーズのアプローチでは捉えられないような「新しい要素はほ

67　Ibid., pp. 19-20.
68　Ibid., pp. 22-3.
69　Ibid., p. 23.
70　Ibid., p. 23.

とんどなく」、安全保障に関する「新たなアイディア」のほとんどは、「ウォルファーズが提示した概念枠組みによって対応が可能である」[71]。

四　両者の安全保障概念の今日的意義と限界

1　今日的意義

以上の考察を踏まえて、本節では、ウォルファーズとボールドウィンの安全保障概念をめぐる研究の今日的意義について、以下の二つの視点から論じてみたい。

（1）安全保障政策における慎慮（prudence）の喚起

ウォルファーズとボールドウィンの提示する安全保障概念の共通点は、基本的に安全保障を既得価値の保護として捉え、これを最重要／核心的価値と前提することなく、希少資源の配分をめぐり他の価値と競合する限界価値とする立場から、その追求が伴う他の価値の代償を考慮する合理的・道義的必要性を明示したことにある。既得価値が増えるほど、他の価値をめぐる機会費用も含めたコストも増大するのに対し、得られる便益は減少していく。とくに大国は、領域の保全や独立の維持を超え出る価値を既に獲得しているため、付随的コストの問題を考慮せずに、これら全てをいかなる妥協も許されない「死活的」／「核心的」価値と予め規定してしまうと、そこから除外される他の価値の犠牲から生じるコストが国内外に課せられることになる。この点をめぐる注意喚起は、例えば、米国のトランプ政権が、自国の貿易赤字の問題を「国家安全保障」上の脅威と捉えることで安全保障化し、一方的な関税引き上げ政策の正当化に利用し、また中国の習近平国家主席の発言にも、自国の政策の正当性の根拠として「核心的利益」という表現が頻繁に見られるようになっている時勢に鑑みて大きな意義をもつ。

各国、とくに大国の政策決定に関与する者は、既得価値のうち、合理性の観点から保護することができ、また道義性の観点から保護されるべき価値は何かについて、常に精査・自己点検を怠ってはならない。さらに彼らは、一部の既得価値について、時にこれを優先的保護を要する価値から切り離す、すなわち「非安全保障化（de-securitization）」することも求められるのである[72]。

71　Ibid., p. 23.
72　この点に関しては、ボールドウィンも次のように言及している。「安全保障を国家が既に獲得した全ての価値に対する脅威の観点から捉えてしまうと、それは国民福祉や国益とほとんど同義と

（2）開かれた建設的論争・対話の実現

　次に、異なる理論間、さらには社会諸科学間の相互開放的で建設的な論争・対話の創出という観点から、二人の安全保障概念の研究がもつ今日的意義について検討してみたい。

　現在、極めて広範な争点が安全保障に関連付けられ、多様な「形容詞＋安全保障」の組み合わせが乱立・併存する状況にあるが、その中には元来安全保障という語を付する必然性のないものも多い。それにもかかわらず、なぜこうしたことが生じてきたのだろうか。その理由の一つとして、そもそも安全保障が極めて高い政治的訴求力をもつ用語であることが挙げられる。

　従来から、ある事案をめぐり、「これは安全保障にかかわる問題だ」と声高に主張するだけで、それに疑義を挟むことが「国益」に反する行為であるかのごとくみなされてしまうような政治的圧力が働くことも頻繁にみられる。その結果、人々の生活の質ひいては生命に影響を及ぼすという点で安心・安全に深く関わるにもかかわらず、安全保障と結び付けて捉えられてこなかった価値・争点が、安全保障の名の下で後回し、さらには犠牲にされてしまうことも多々あった。

　こうした状況において、このような価値を安全保障の名を付して表現し、知のコミュニティ（epistemic community）や政治過程の場に広く持ち込むこと、すなわちある種の安全保障化は、従来の支配的な安全保障政策・研究への挑戦として、一定の知的・実践的意義をもつ政治的戦略になりうる。確かに、伝統的国家安全保障の覇権（hegemony）に対し、安全保障化を通じて対抗覇権（counter-hegemony）を形成・構築しようとする政治的闘争は時に必要である。

　しかしその一方で、これまでのところ、安全保障研究における上述のような拡大・深化の動きが、包括的安全保障研究の発展を促すことになったかといえばそうではない。その背景には、研究者の注目が、個々の多様な問題領域ばかりに注がれ、そもそも安全保障とは何かをめぐる概念的探究への関心が希薄であったという要因がある。

　現在の安全保障研究をめぐる論争では、それぞれの研究者が、自らが専門とする問題領域の一般的重要性を一方的に主張し合う結果、かみ合った議論が展開できない状況が続いている。ひいては、論争や対話すら放棄して、それぞれの専門

なってしまい、異なる政策目的を区別するに際し事実上無効になってしまう。」（David Baldwin, op. cit., 1997, pp. 17-8.）

領域に分かれて研究を進めるような蛸壺化の傾向もみられる。こうした閉鎖的状況を打開し、開かれた熟議を喚起し、さらにそれを持続可能な形で発展させるには、研究者たちが安全保障という研究分野を共有し、研究成果を互いに比較・検討できるようにすべく、安全保障概念自体に関する共同の探究が不可欠である。この点で、ウォルファーズとボールドウィンの提示する「限界効用の分析ツール」は、希少資源を多様な価値とそれを追求する手段の間でいかに配分することができるのか／すべきであるのか、という問いの共有をもたらすものとして、その今日的意義を高く評価することができる。確かに、ボールドウィンが言うように、いかなる理論的立場に立つ研究者であろうと、「希少資源の世界に暮らす住人」であるため、限界効用分析は、いかなる価値配分の組み合わせが合理性の観点から最適であり、道義性の観点から最善であるかという問いを軸にして、安全保障政策をめぐる共有可能な比較考察の方法の一つとなるかもしれない。

いずれにせよ、現実主義、自由主義、マルクス主義からポストコロニアリズム、フェミニズム、さらにポスト構造主義に至るまで、多様な理論が安全保障問題をめぐる論争に関与するようになっている今日の国際関係論において、安全保障の概念分析は、検討課題やその争点・論点の共有を可能にし、有意義な論争・対話を実現・発展させるための不可欠な出発点をなす。さらに、現在の安全保障研究の射程が、貧困・格差、人権、環境、保健・衛生など、極めて広範で多岐にわたる以上、今や国際関係論にとどまらず、他の社会諸科学との共同、さらには社会科学と自然科学の連携までも含めた学際総合的安全保障研究の模索・開拓が求められているのである。

2　今日的限界と課題

一方で、ウォルファーズとボールドウィンの安全保障概念は、今日的文脈、とりわけグローバル化の観点からみて限界を抱えるものでもある。ここでは、筆者がグローバル化との関りにおいて注目してきた「三つの越境化」の観点から、彼らの安全保障概念における今日的限界とそれを克服するための課題について示していく[73]。

73　グローバル化に伴う「三つの越境化」の詳細については下記の拙稿を参照されたい。奥迫元「国際関係論とグローバル・ガバナンス論」、山本武彦編著『国際関係論のニュー・フロンティア』第4章、成文堂、2010年、112-133頁。

（1）脱国家中心主義の必要性

「三つの越境化」のうち、第一の越境化とは、空間的「越境化」、つまり社会生活・関係の「脱領域化」を指す。ボールドウィンも、これを念頭に、ローカルからグローバルに至る「全てのレベルに適用可能な安全保障概念」を明確化しようとしているが、彼自身も自ら認めるように、彼の中心的関心はあくまでも国民国家に置かれている[74]。さらに、安全保障を既得価値の保護の観点から定義していることからも窺い知れるように、彼の主たる関心はとくに先進国・大国にある。しかし、同じ国家でも人間の安全保障が注目する発展途上国・貧困国の中には、国民の安心・安全を担保する価値の実現がままならない例が多いため、「既得価値の保護」という表現をこれらの国家／国民にもそのまま適用することはできない。そこで、安全保障の定義に関し、「既得価値の損失の蓋然性が低いこと」だけでなく、例えば「獲得されるべき価値の損失が補填される蓋然性が高いこと (a high probability of (re) covering damage to values supposed to be acquired)」のような定義も付加されるべきではないだろうか。また、人間の安全保障に依拠した「持続可能な開発目標（SDGs）」が「誰一人取り残さない」ことを目標として掲げている以上、国民／国家のみならず、ローカルからグローバルに至るマルチ・レベルでの政治・経済・社会構造や資源配分の問題を包含できる安全保障概念の構築が重要な今日的課題の一つをなしている。

（2）問題領域間の連繋への注目の必要性

第二の越境化とは、問題領域間の「越境化」である。経済、環境、紛争、人権等の問題領域間の複合・連動化が深まり、一つの政策をめぐっても複数の問題領域を同時に考慮・検討する必要が生じた結果、問題を専門分野ごとに切り分けて、機能的分業を通じて対処することの適性が問い直されるようになっている。

この点に関してみると、ボールドウィンも、安全保障の多元性を認め、これを包含する安全保障の概念化を試みている。しかし彼は、安全保障に関わる問題領域のうち、どの問題領域に注目して分析を行うかは、研究者が自ら選択すべきであるとしている。彼の提示する分析ツールは限界効用分析であり、各問題領域間の関係をトレード・オフのそれとして捉え、諸問題領域間での価値・資源の最適の配分を、比較分析を通じて究明しようとするものに他ならない。

74　David Baldwin, op. cit., 1997, p. 24.

諸問題領域間のトレード・オフ関係への注目は確かに重要ではあるが、グローバル化の中で浮き彫りとなりつつある異なる問題領域間の関係には、安全保障の問題をめぐって、いわゆる負の相関関係だけでなく、正のあるいは相乗的相互関係として捉えられるべきものもあるかもしれない。例えば、格差・貧困や、環境・資源、さらに差別・人権等への資源配分の拡充は、武力紛争の軽減や予防に大いに貢献しうるだろう。そうであるとすれば、異なる問題領域を専門とする研究者間の分業のみならず、各研究者が異なる問題領域間の相互関係を自らの研究対象に組み入れていくことが求められることになるのではないか。一人の研究者が一つの研究領域に閉じこもることなく、複数の領域を行き交う研究を展開・発展させていくこと、これも学際総合的安全保障研究にとって重要な今後の課題の一つである。

（3）安全保障の多元的主体への注目の必要性

第三の越境化は、アクター・セクター間の「越境化」である。近年、アクターをめぐって、地理的レベルと社会セクターの両面で既存の境界を超え出た活動が顕在化しつつある。例えば、グローバル化により生じる新たな複合的問題への効果的かつ公正な対処には、公的セクター以外の専門家や当事者（stakeholders）も含む協働が必要とされ、実際に多様な非公的アクターが、公共政策の客体としてのみならず、その主体としても重要な役割を果たすようになっている。

しかし、ウォルファーズにおいても、ボールドウィンにおいても、安全保障の客体の概念化はなされても、主体をめぐる言及は全くない。その背景には、安全保障の担い手はあくまでも国家であるとの根強い前提が存在している。現在、国家以外のどのようなアクターが、安全保障の主体としての役割を果たしているのか、国家も含め、それら多様なアクター間にいかなる提携関係が生じつつあるのか、さらに、そのような関係をいかに発展させていくことができるのか／いくべきであるのだろうか。このような問いの下、今後の安全保障研究には、グローバル安全保障ガバナンスの制度設計、構築さらには運用の在り方をめぐる探究が求められている。

五　おわりに

以上本論文では、冷戦の終結以降、安全保障をめぐる研究対象が一層の拡大・

深化を辿る一方、安全保障の概念それ自体を再検討・再構築しようとする関心が依然として著しく乏しい中で、早くから安全保障概念の分析枠組みの設定を試みた、ウォルファーズとボールドウィンの安全保障の概念分析とその特徴を明らかにした。さらに、近年のグローバル化の観点から、両者の安全保障の概念化がもつ今日的意義と限界について考察することにより、相互開放的で建設的な論争・対話を実現する上で必要となる今後の研究課題を提示した。

　かつてカー（E. H. Carr）は、国際政治の目標は「最も不利な立場に置かれた者にとっても耐えられる」国際秩序を生み出す「平和的変革」であると述べた[75]。このような主張は、多くの古典的現実主義者の総意でもある。だとすれば、今日現実主義を自負する研究者も、グローバル・ポリティクスの視点からこの課題を捉え直し、「誰一人取り残さない」世界秩序の創出を究極的目標として、学際総合的安全保障研究の発展の一端を担っていかねばならないはずである。

75　E. H. Carr, *The Twenty Years' Crisis: An Introduction to the Study of International Relations*, London: Macmillan, 1945, p. 169.

精神障害を持つ人における
スティグマの認識・経験

オトウェル 菜美野

一　背　景
二　手　法
三　結　果
四　考　察
五　結　論

一　背　景

1　はじめに

本稿は、日本において精神障害の診断を受けた人がどのようにスティグマを認識・経験しているかを論じるものである。構成としては、まず、スティグマという概念について説明したうえで、精神障害に対する社会的態度、および、精神障害を持つ人が認識・経験したスティグマに関する先行研究を概観する。次に、本研究が用いたインタビューの手法に触れたうえで、インタビューの結果を提示し、また、この結果を先行研究などとの関連性において議論する。

2　スティグマ概念

スティグマ（stigma）という語は元来、犯罪者への罰として皮膚に焼きごてなどでつけられた印を意味する[1]。スティグマに関する古典的研究としてはGoffmanのものがよく知られており、彼はその著作においてスティグマを「非常に不名誉な属性」と定義している[2]。ただし、Goffmanによれば、属性それ自体が

---

[1] Walter, W. (1993). *The concise dictionary of English etymology*. Ware, Hertfordshire: Wordsworth Editions.
[2] Goffman, E. (1963). *Stigma: notes on the management of spoiled identity*. Harmondsworth: Penguin.

スティグマを引き起こすわけではなく、人々の相互作用においてどちらかがどちらかにスティグマを付与するのである。

　Goffmanの著作が発表されてから現在に至るまで、スティグマに関する研究は数多くなされてきた。しかし、スティグマに関する研究ではその明確な定義がなされている場合のほうが少なく、また、定義がなされている場合であっても往々にして研究間で異なっている。ここでスティグマの定義について整理すると、スティグマに関する最近の理論的研究の傾向として、①社会的要素、および②差別を含むということが挙げられる。①社会的要素について、たとえばLinkら[3]はスティグマをレイベリング、ステレオタイピング、（ある個人／集団を）分離すること、社会的立場の喪失、感情的な反応、および差別からなる概念と定義している。スティグマの社会的要素は「構造的スティグマ」と呼ばれる場合もあり、特定の属性を持つ人々にとって不利益となるような法律、社会政策、文化／社会的慣習などが含まれる[4,5]。②差別について、Thornicroft[6]は従来のスティグマ理論が欠いている要素のひとつとして、スティグマを受けた側の感情や経験を理解するための視点を挙げている。彼は従来の理論における欠点を補うため、スティグマを以下の3つの側面における問題を包括する概念として定義した。まず、知識の問題（無知）、次に、態度の問題（偏見）、そして、行動の問題（差別）である。これは、スティグマはネガティブな態度を引き起こしうる不名誉な印である上に、この印を持つ人々はネガティブな差別を受けやすく、この差別は知識の欠如から生じる場合もあるためである[7]。また、スティグマの原因と結果を定義に含めることで、スティグマ減少に有効な介入方法を見出しうるとしている。一方、差別という要素をスティグマの概念に含むことについては批判もあり、たとえばDeacon[8]は、そうすることによってスティグマとその結果との関連性につ

3　Link, B. G., Yang, L. H., Phelan, J. C., & Collins, P. Y. (2004). Measuring mental illness stigma. *Schizophrenia Bulletin*, 30, 511-541.
4　Markowitz, F. E. (1998). The effects of stigma on the psychological well-being and life satisfaction of persons with mental illness. *Journal of Health and Social Behaviour*, 39, 335-347.
5　Overton, S. L., & Medina, S. L. (2008). The stigma of mental illness. *Journal of Counseling and Development*, 86, 143-151.
6　Thornicroft, G. (2006). *Shunned: discrimination against people with mental illness*. New York: Oxford University Press.
7　Thornicroft, G., Rose, D., Kassam, A., & Sartorius, N. (2007). Stigma: ignorance, prejudice or discrimination? *British Journal of Psychiatry*, 190, 192-193.
8　Deacon, H. (2006). Towards a sustainable theory of health-related stigma: lessons from the

いての理解が狭まってしまうと述べている。しかしながら、Thornicroftの議論を見てもわかるように、差別という要素をスティグマ概念に含めるべきかどうかは、各研究の性質によるところが大きい。なお、本研究はThornicroftにしたがってスティグマを定義し（無知、偏見、差別）、差別をスティグマ概念に含めるものとした。これは、スティグマを受ける側にとって差別は人生を大きく損うような影響をもたらすもので、彼らの認識や経験を理解するためには重要な要素であるため[9]、本研究の目的（精神障害を持つ人がスティグマをどのように認識・経験しているのかを明らかにすること）に照らし、差別をスティグマに含める解釈をするほうがより妥当だと判断したためである。また、スティグマという用語が一般的に用いられる英語圏[10]とは異なり、日本ではこの用語が日常生活で使われることはあまりないが、スティグマを無知、偏見、差別の三要素と定義した場合、これらは日本でも一般的によく用いられる用語であるため、用語による問題は生じにくいと判断した。

3　精神障害に対する社会的態度

「態度（attitude）」とは、1930年代に社会心理学で用いられるようになった概念であり、当初は認知・感情・行動など幅広い要素を含むものであった[11]。しかし、1970年代以降は評価の要素に収斂され、こんにちでは「ある特定のことがらについて日常的におこなう判断、規範的なものの考え方」と定義される[12]。社会的態度の概念はこれまで多くの研究において用いられているものの、その明確な定義がされている研究は少ない。本研究ではVoasによる態度の定義にもとづき、精神障害に対する社会的態度を「ある特定の社会における精神障害に対する規範的な考え方」と定義する。本研究は、日本において精神障害の診断を受けた人がどのようにスティグマを認識・経験しているかを論じるものであるが、彼らの認識・経験は日本社会における精神障害観に影響されていると考えられるた

HIV/AIDS literature. *Journal of Community and Applied Social Psychology*, 16, 418-425.
9　Thornicroft, 2006, *op. cit.*
10　Weiss, M.G., Ramakrishna, J., & Somma, D. (2006). Health-related stigma: rethinking concepts and interventions. *Psychology, Health and Medicine*, 11 (3), 277-87.
11　Schwarz, N., & Bohner, G. (2011). The construction of attitudes. In Fletcher, G., & Clark, M. S. (eds)., *Interpersonal Communication*. Oxford: Willey-Blackwell.
12　Voas, D. (2014). Towards a sociology of attitudes. *Sociological Research Online*, 19, 12: http://www.socresonline.org.uk/19/1/12.html.

め、ここでは先行研究から、日本では精神障害がどのようにとらえられてきたかを概観する。

日本においては、精神障害に対する社会的態度は1970年代以降、多くの研究のテーマとなってきた。1970年代以降におこなわれた代表性のある一般住民サンプル（無作為抽出によって選ばれた一般住民サンプルなど）を用いた研究結果を総合すると、精神障害に対して偏見を持っている一般住民は多く、また、この傾向は1980年代以降大きく変化していないことがわかる[13,14]。精神障害の中でも一般住民が特に偏見を持っているのは、より重い症状（妄想や自殺願望など）に対してである[15,16,17]。なお、精神障害を持つ人とかかわったことのある一般住民の場合、そうでない住民よりも偏見のレベルは低いことが複数の研究により報告されている[18,19]。ただし、偏見を減らすには精神障害を持つ人との能動的なかかわりが効果的であるとする研究がある一方で[20]、濃厚あるいは／および頻繁なかかわりはかえって精神障害を持つ人と距離を置きたいという気持ちにつながることも報告されている[21]。

コンビニエンス・サンプルを用いた研究については、安藤らが2001年から2011年に発表された19の研究について体系的レビューをおこなっている[22]。レビューの結果は上述した代表性のある一般住民を対象とした研究の結果と類似しており、精神障害は非常に偏見を持たれていることや、統合失調症とうつ病を比較し

13　ぜんかれん『精神障害（者）の社会復帰・福祉施策形成基盤に関する調査』（ぜんかれん，1984）。
14　ぜんかれん『精神障害者観の現況'97』（ぜんかれん，1998）。
15　半澤節子ほか「精神障害者に対するスティグマと社会的距離に関する研究：統合失調症事例についての調査結果から（第一報）」日本社会精神医学会雑誌16巻2号113-124頁（2007）。
16　半澤節子ほか「精神障害者に対するスティグマと社会的距離に関する研究：うつ病事例についての調査結果から（第二報）」日本社会精神医学会雑誌16巻2号125-136頁（2007）。
17　山崎喜比古ほか『心の病へのまなざしとスティグマ』（明石書店，2012）。
18　大島巌「精神障害者に対する一般住民の態度と社会的距離尺度」精神保健研究38巻25-37頁（1992）。
19　大島巌ほか「精神障害者施設とのコンフリクトを経験した大都市近郊新興住宅地域住民の精神障害者観」精神保健研究38巻11-23頁（1992）。
20　大島巌「日常的な接触体験を有する一般住民の精神障害者観」社会精神医学12巻286-297頁（1989）。
21　種田綾乃・森田展彰・中谷陽二「住民の精神障害者との接触状況と社会的態度——当精神障害者との接触状況による類型化の試み——」日本社会精神医学会雑誌20巻3号201-212頁（2011）。
22　Ando, A., Yamaguchi, S., Aoki, Y., & Thornicroft, G. (2013). Review of mental-health-related stigma in Japan. *Psychiatry and Clinical Neuroscience*, 67, 471-482.

た場合、前者のほうがより偏見を受けやすいことなどが明らかにされている。また、一般住民は往々にして精神障害に関する正しい知識を欠き、精神障害の原因を性格の弱さだと回答する場合も多い。精神科医療従事者については、統合失調症に対する偏見のレベルは一般住民や内科医よりもおおむね低く、勤続年数が長いほど偏見のレベルも低い。

以上で述べたのは日本のみでおこなわれた調査結果であるが、一般住民の精神障害観について、日本と他国との国際比較研究も複数おこなわれている。日本との比較対象の国には豪州[23,24]、米国[25]、インドネシア[26]、台湾[27]、中国[28]が含まれるが、中国との比較をのぞき、すべての研究において日本の一般住民のほうがより高いレベルの偏見を有していること、および、日本の一般住民のほうが精神障害に対する知識が少ないことが報告されている。

なお、本項で触れた研究の手法について付言すると、これらはすべて質問紙を用いた量的方法によっておこなわれているものの、質問紙の種類は研究間で異なっており、オリジナルの質問紙を用いた研究と既存の質問紙を用いた研究の両方がある。

---

23 Griffiths, K. M., Nakane, Y., Christensen, H., Yoshioka, K., Jorm, A. F., Nakane, H. (2006). Stigma in response to mental disorders: a comparison of Australia and Japan. *BMC Psychiatry*, May 23, 6: 21.
24 Nakane, Y., Jorm, A. F., Yoshioka, K., Chirstensen, H., Nakane, H., & Griffths, K. M. (2005). Public beliefs about causes and risk factors for mental disorders: a comparison of Japan and Australia. *BMC Psychiatry*, 5, 33 doi: 10. 1186/1471-244X-5-33.
25 Masuda, A., Hayes, S. C., Twohig, M. P., Lillis, J., Fletcher, L. B., & Gloster, A. T. (2009). Comparing Japanese international college students' and U. S. college students' mental-health-related stigmatizing attitudes. *Journal of Multicultural Counselling and Development*, 37, 178-189.
26 Kurihara, T., Kato, M., Sakamoto, S., Reverger, R., & Kitamura, T. (2000). Public attitudes towards the mentally ill: a cross-cultural study between Bali and Tokyo. *Psychiatry and Clinical Neurosciences*, 54 (5), 547-552.
27 Kurumatani, T., Ukawa, K., Kawaguchi, Y., Miyata, S., Suzuki, M., Ide, H., Seki, W., Chikamori, E., Hwu, H.G., Liao, S.C., Edwards, G.D., Shinfuku, N., & Uemoto, M. (2004). Teachers' knowledge, beliefs and attitudes concerning schizophrenia- a cross-cultural approach in Japan and Taiwan. *Social Psychiatry and Psychiatric Epidemiology*, 39 (5), 402-409.
28 Haraguchi, K., Maeda, M., Mei, Y. X., & Uchimura, N. (2009). Stigma associated with schizophrenia: cultural comparison of social distance in Japan and China. *Psychiatry and Clinical Neurosciences*, 63, 153-160.

4　精神障害を持つ人が認識・経験したスティグマ

　精神障害の診断を受けた人がどのようにスティグマを認識・経験しているかについては、特に欧州と米国において多くの研究がおこなわれてきた。ただし、精神障害に対する社会的態度についての研究が数十年の歴史を持っているのに対し、精神障害を持つ当事者におけるスティグマの認識・経験についての研究は、過去十年間ほどで急速に増加してきた。なお、本研究ではスティグマの「認識」をLaBel[29]にしたがって「スティグマを受けている集団について、一般的に多くの人がどう思っているかに関する個人の考え」、および「ある人がスティグマを受けている集団の一員だということを理由に社会が彼／彼女をどうとらえているかについて、個々人が持っている考え」と定義し、スティグマの「経験」を「実際にスティグマを受けること」と定義した。

　精神障害の診断を受けた人がどのようにスティグマを認識しているかに関する研究では、認識の測り方が二通りあり、精神障害を持つ当事者が①精神障害を持つ人について、多くの人はどう考えていると思っているか、あるいは②精神障害に対するスティグマを理由に何かをあきらめたことがあるかに分けることができる。①のタイプの研究では、研究参加者は「多くの雇用主は精神障害をわずらったことのある人を雇わないだろう」といった意見にどの程度賛同するかを質問紙で尋ねられる。ここで挙げる研究の大半は欧州でおこなわれたものであるが、参加者の大半が精神障害に対するスティグマを認識しているという点では結果はおおむね一致している。これはとりわけ労働領域に関して顕著であり、どの研究でも過半数の参加者が「大半の人は精神障害を持つ（持ったことのある）人を雇用しないだろう」と考えている[30,31,32,33]。また、精神障害に対するスティグマの認識

29　LaBel, T. (2008). Perceptions of and responses to stigma. *Sociology Compass*, 2, 409-432.
30　Freidl, M., Spitzl, S. P., Prause, W., Zimprich, F., Lehner-Baumgartner, E., Baumgartner, C., & Aigner, M. (2007). The stigma of mental illness: anticipation and attitudes among patients with epileptic, dissociative or somatoform pain disorder. *International Review of Psychiatry*, 19, 123-129.
31　Angermeyer, M. C., Beck, M., Dietrich, S., Holzinger, A. (2004). The stigma of mental illness: patients' anticipations and experiences. *International Journal of Social Psychiatry*, 50 (2), 153-62.
32　Chung, K.F., & Wong, M.C. (2004). Experience of stigma among Chinese mental health patients in Hong Kong. *Psychiatrist*, 28, 451-454.
33　Karidi, M. V., Stefanis, C. N., Theleritis, C., Tzedaki, M., Rabavilas, A.D., & Stefanis, N. C. (2010). Perceived social stigma, self-concept, and self-stigmatization of patient with schizophrenia. *Comprehensive Psychiatry*, 51 (1), 19-30.

は、より程度の重いうつ症状、心理的負担の増加や自尊心の低下、生活の質の低下と関連していることが報告されている[34,35,36]。②のタイプの研究には複数の国際研究が含まれるが（対象国数：27〜35か国）[37,38]、①のタイプの研究と同様、欧州が多くを占める。研究結果からは、特に仕事／学校／トレーニングへの応募、および恋愛について、精神障害へのスティグマを理由に参加者の多くがあきらめた経験を持つことがわかっている。しかし、何かをあきらめたことのある参加者の大半は、実際にはスティグマを経験したことはないということも明らかにされている。

　手法の面では、①②の研究ともに質問紙を用いた量的調査であり、1例をのぞき精神科外来患者などのコンビニエンス・サンプルを用いている。①のタイプの大半の研究で使われた尺度は Link らの Devaluation-Discrimination Scale[39,40,41,42]であり、②ではすべての研究において Thornicroft らによる Discrimination and Stigma Scale[43]が用いられている。

34　Rosenfield, S. (1997). Labeling mental illness: the effects of received services and perceived stigma on life satisfaction. *American Sociological Review*, 62, 660-672.
35　Kulesza, M., Raguram, R., & Rao, D. (2014). Perceived mental health related stigma, gender, and depressive symptom severity in a psychiatric facility in South India. *Asian Journal of Psychiatry*, 9: 73-7. doi: 10.1016/j.ajp.2014.03.005.
36　Quinn, D. M., et al. (2014). Examining effects of anticipated stigma, centrality, salience, internalization, and outness on psychological distress for people with concealable stigmatized identities. *PloS One*, 9, e96977.
37　Lasalvia, A., et al.; ASPEN/INDIGO Study Group. (2013). Global pattern of experienced and anticipated discrimination reported by people with major depressive disorder: a cross-sectional survey. *Lancet*, 381, 55-62.
38　Thornicroft, G., Brohan, E., Rose, D., Sartorius, N., Leese, M., the INDIGO Study Group. (2009). Global pattern of experienced and anticipated discrimination against people with schizophrenia. *Lancet*, 373, 408-415.
39　Link, B. G. (1987). Understanding labelling effects in the area of mental disorders: an assessment of the effects of expectations of rejection. *American Sociological Review*, 52, 96-112.
40　Link, B. G., Cullen, F. T., Struening, E., Shrout, P. E., & Dohrenwend, B. P. (1989). A modified labeling theory approach to mental disorder: an empirical assessment. *American Sociological Review*, 54, 400-423.
41　Link, B. G., Struening, E. L., Rahav, M., Phelan, J. C, Nuttbrock, L. (1997). On stigma and its consequences: evidence from a longitudinal study of men with dual diagnoses of mental illness and substance abuse. *Journal of Health and Social Behavior*, 38 (2): 177-90.
42　Link, B. G., Struening, E. L., Neese-todd, S., Asmussen, A., & Phelan, J.C. (2002). On Describing and Seeking to Change the Experience of Stigma. *Psychiatric Rehabilitation Skills*, 6, 201-231.
43　Thornicroft et al., 2009, *op. cit*.

精神障害の診断を受けた人が実際にどのような場面でスティグマを経験したのかについては、北米および欧州で多く研究がおこなわれている。スティグマを経験したことのある参加者の割合は研究によって22％から88％まで幅があるものの[44,45,46,47,48]、経験した領域として最も割合が高いのは家族・友人とのかかわり、および、労働である。具体的には、精神障害を理由として友人に避けられる、職場で降格や解雇といった扱いを受けるといった例が挙げられる。手法については、これらの研究の多くがコンビニエンス・サンプルを用い、また、オリジナルの尺度を使用している。また、精神障害を持つ人のスティグマの認識や経験に関する量的研究は、大半が横断的デザインであるが、縦断研究もおもに米国でおこなわれてきた。縦断研究（追跡期間：5か月～3年、平均14か月）[49,50,51,52,53,54,55,56,57]の結果を総合すると、スティグマの認識・経験はともに自尊

---

44 Corrigan, P. W., Thompson, V., Lambert, D., Sangster, Y., Noel, J. G., & Campbell, J. (2003). Perceptions of discrimination among persons with serious mental illness. *Psychiatric Services*, 54, 1105-1110.
45 Baldwin, L. M., & Marcus, S. C. (2006). Perceived and measured stigma among workers with serious mental illness. *Psychiatric Services*, 57, 388-392.
46 Peterson, D., Pere, L., Sheehan, N., & Surgenor, G. (2006). Experiences of mental health discrimination in New Zealand. *Health and Social Care in the Community*, 15, 18-25.
47 Alonso, J., et al.; World Mental Health Consortium. (2008). Association of perceived stigma and mood and anxiety disorders: results from the World Mental Health Surveys. *Acta Psychiatrica Scandinavia*, 118, 305-314.
48 Farrelly, S., et al.; MIRIAD study group. (2014). Anticipated and experienced discrimination amongst people with schizophrenia, bipolar disorder and major depressive disorder: a cross sectional study. *BMC Psychiatry*, 14, 157.
49 Markowitz, F. E. (1998). The effects of stigma on the psychological well-being and life satisfaction of persons with mental illness. *Journal of Health and Social Behaviour*, 39, 335-347.
50 Perlick, D. A., Rosenheck, R. A., Clarkin, J. F., Sirey, J. A., Salahi, J., Struening, E. L., & Link, B. G. (2001). Stigma as a barrier to recovery: Adverse effects of perceived stigma on social adaptation of persons diagnosed with bipolar affective disorder. *Psychiatric Services*, 52, 1627-1632.
51 Mueller, B., Nordt, C., Lauber, C., Rueesch, P., Meyer, P. C., & Roessler, W. (2006). Social support modifies perceived stigmatization in the first years of mental illness: a longitudinal approach. *Social Science and Medicine*, 62, 39-49.
52 Link, B., Castille, D. M., & Stuber, J. (2008). Stigma and coercion in the context of outpatient treatment for people with mental illnesses. *Social Science and Medicine*, 67 (3), 409-419.
53 Rüsch, N., Todd, A. R., Bodenhausen, G. V., Olschewski, M., & Corrigan, P. W. (2010). Automatically activated shame reactions and perceived legitimacy of discrimination: a longitudinal study among people with mental illness. *Journal of Behavior Therapy and Experimental Psychiatry*, 41, 60-63.
54 Lysaker, P. H., Tunze, C., Yanos, P. T., Roe, D., Ringer, J., & Rand, K. (2012). Relationships between stereotyped beliefs about mental illness, discrimination experiences, and distressed mood over 1 year among persons with schizophrenia enrolled in rehabilitation. *Social Psychia-*

心や人生に対する満足度などの要素へネガティブな影響を与え続けることが明らかにされている。

上述した研究は量的調査によるものであるが、精神障害を持つ人のスティグマの認識や経験については、質的研究も相当数おこなわれてきた。質的研究はおもに北米および欧州でおこなわれており、ほぼすべての参加者がスティグマを認識あるいは／および経験したことがあることが明らかにされている[58,59,60,61]。また、スティグマの認識には文化による相違もあり、たとえばインドとイギリスのうつ病患者を比較した場合、前者の多くは自身のうつ病による治療歴が自身および親族の社会的立場や結婚に対して悪影響を与えることを懸念していたのに対し、後者の多くは精神的に弱いと思われることや、周囲の人にとって自身が負担となってしまうことを懸念していた[62]。手法の面では、これらの質的研究はおもにインタビューを用いている。

以上で述べた研究はすべて他国でおこなわれたものであるが、これに対して日本では精神障害を持つ人のスティグマの認識や経験に関する研究はほとんどおこなわれていない。例外的に鈴木が統合失調症を持つ25名を対象として、Discrim-

---

try and Psychiatric Epidemiology, 47, 849-855.
55　Noyman-Veksler, G., Weinberg, D., Fennig, S., Davidson, L., & Shahar, G. (2013). Perceived stigma exposure in schizophrenia: the key role of self-concept clarity. *Self and Identity*, 12, 663-674.
56　Corker, E., Hamilton, S., Henderson, C., Weeks, C., Pinfold, V., Rose, D., Williams, P., Flach, C., Gill, V., Lewis-Holmes, E., & Thornicroft, G. (2013). Experiences of discrimination among people using mental health services in England 2008-2011. *British Journal of Psychiatry Supplement*, 55, s58-63.
57　Moses, T. (2014). Determinants of mental illness stigma for adolescents discharged from psychiatric hospitalization. *Social Science and Medicine*, 109, 26-34.
58　Dinos, S., Stevens, S., Serfaty, M., Weich, S., & King, M. (2004). Stigma: the feelings and experiences of 46 people with mental illness. Qualitative study. *British Journal of Psychiatry*, 184, 176-81.
59　Jenkins, J. H., & Carpenter-Song, E. A. (2008). Stigma despite recovery: strategies for living in the aftermath of psychosis. *Medical Anthropology Quarterly*, 22 (4), 381-409.
60　Jenkins, J. H. and Carpenter-Song, E. A. (2009). Awareness of stigma among persons with schizophrenia: marking the contexts of lived experience. *Journal of Nervous and Mental Disease*, 197, 520-529.
61　Bonnington, O., & Rose, D. (2014). Exploring stigmatisation among people diagnosed with either bipolar disorder or borderline personality disorder: A critical realist analysis. *Social Science and Medicine*, 123, 7-17.
62　Weiss, M. G., Jadhave, S., Raguram, R., Vounatous, P., & Littlewood, R. (2001). Psychiatric stigma across cultures: Local validation in Bangalore and London. *Anthropology and Medicine*, 8, 71-87.

ination and Stigma Scale[63]を用いた質問紙調査をおこない、参加者の64％が日常生活の何らかの領域でスティグマを受けた経験があることを報告している[64]。最も多くスティグマが経験されたのは家族との関係および新たに友人を作る場合（ともに52％）である。しかし、質的調査では副次的な知見として参加者のスティグマの認識や経験（近所の人に自分の障害がばれないかと恐れているなど）について触れている研究が少数あるものの[65,66,67]、これらの研究では精神障害を持つ人のスティグマの認識や経験は主題とはなっていない。ここまで先行研究結果から見たように、スティグマの認識や経験は当事者の自尊心や生活の質に悪影響をおよぼすため、社会におけるスティグマをなくすことが求められる。スティグマをなくすためには当事者の意見や経験を把握することも重要であるため、本研究では、日本において精神障害を持つ人がどのようにスティグマを認識・経験しているかを明らかにすることを目的として調査をおこなった。

二　手　法

1　研究デザイン

本研究は、日本における先行研究の数が限られていることを考慮し、また、精神障害を持つ人のスティグマの認識や経験についてより深い理解を得ることを目的として、精神障害の診断を受けた当事者への質的インタビューを用いた。なお、本研究は著者の所属機関の倫理認証を受けて実施した。

2　研究参加者

参加者は東京都内の①地域生活支援センター利用者、あるいは、②精神科病院または精神科クリニック外来患者を対象として募集した。研究参加の条件は①世

63　Thornicroft et al., 2009, *op. cit.*
64　鈴木友里子『統合失調症の偏見・差別除去に関する介入研究』科学研究費補助金研究成果報告書（2009）。
65　北村育子「病いの中に意味が創り出されていく過程：精神障害・当事者の語りを通して、構成要素とその構造を明らかにする」日本精神保健看護学会誌13巻1号34-44頁（2004）。
66　藤本浩一・川口優子「統合失調症であると知った当事者の主観的体験」日本精神保健看護学会誌17巻1号103-112頁（2008）。
67　関根正「精神障害者の地域生活過程に関する研究：出身地域以外で生活を送る当事者への支援のあり方」群馬県立県民健康科学大学紀要6巻41-53頁（2011）。

表1　参加者の診断名、年齢層、および雇用状況

	男性 人数	女性 人数
診断名		
統合失調症	8	4
うつ病	2	6
年齢層		
20-25歳	0	1
26-34歳	4	7
35-44歳	4	1
45-54歳	0	1
55-64歳	0	0
65-74歳	2	0
雇用状況		
職業訓練中	4	1
シェルター下での仕事	1	0
障害者雇用枠での仕事	3	1
フルタイム勤務	1	4
パートタイム勤務	0	1
専業主婦（夫）	0	1
失業中	1	2

界保健機関によるICD-10（International Classification of Diseases ver. 10）F00-99のいずれかに該当する診断を受けている（ただしてんかん、発達障害をのぞく）、②20歳以上、③認知機能関連の障害を持っていない、④アルコールあるいは薬物乱用に関する問題を持っていない、⑤精神障害の急性期の症状を呈していない、⑥インタビュアーとの会話に問題がないの6点とした。最終的な研究参加者の人数は20名である。参加者の診断名や年齢などは表1にまとめた。

3　インタビュー

インタビューは面接形式の半構造化方式でおこない、全件参加者の許可を得て録音した。インタビューの質問内容は以下のとおりである。なお、前述したように、スティグマという用語は日本では一般的ではないことを考慮し、差別／偏見／知識の欠如といった用語に置き換えた。

①　一般的に、精神障害や精神障害を持つ人について、多くの人はどのようなイメージを持っているとあなたは思いますか？

② あなたは精神障害の診断を受けたことをほかの方（々）に伝えましたか？　また、伝えた場合、伝えなかった場合の両方について、その理由を教えていただけますか？
③ あなたが精神障害の診断を受けたことをほかの方（々）に伝えた場合、その方（々）との関係は、その後、変わりましたか？　変わった場合、どのように変わりましたか？
④ あなたは差別や偏見を避けるために何かをしたことはありますか？（たとえば診断名を隠すなど）
⑤ あなたはこれまでに、精神障害の診断を受けていることを理由にネガティブなことを言われたり、ネガティブな意味でほかの人たちとは違う扱いを受けたりしたことはありますか？　また、ほかの人たちが精神障害についての知識を欠いているせいで上記のような経験をしたことはありますか？　もしそのようなことがあった場合、その際どのように感じたかなどを含め詳しくお話しいただけますか？
⑥ 昔と今とでは、精神障害に対する差別や偏見は変わったと思いますか？　また、一般の人が持つ精神障害に対する知識について、昔と今とを比較した場合、変化があったと思いますか？

参加者にはこれらの質問に加えて、精神障害に対する差別や偏見、無知について自由に語ってもらった。また、半構造化方式という性質上、インタビューの流れに沿って上記以外の質問もおこなった。

4　データ分析方法

インタビューデータは IPA（Interpretative Phenomenological Analysis）を用いて分析した。IPA は現象学および解釈学の知見を基礎として、1990年代以降、心理学において発展してきた。IPA のおもな特徴は、少数の同質性の高いサンプルを用いること、個々の事例を詳細に分析し、深い分析をおこなうこと、および、特定の人々が自身の置かれた特定の文脈において、ある特定の経験をどう理解しているかを明らかにすることである[68]。IPA はこれまでに多くの質的研究の

68　Smith, J. A., Flowers, P., & Larkin, M. (2009). *Interpretative Phenomenological Analysis*. London: SAGE.

図1 「普通であること」と「病気であること」

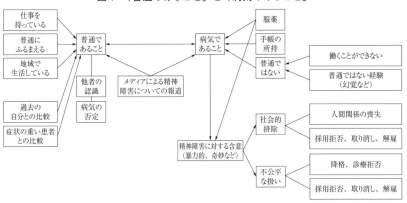

分析手法として用いられている。本研究は、精神障害を持つ人がどのようにスティグマを認識・経験しているかを深く理解することを目的としているため、データ分析手法としてIPAが適当であると判断した。

具体的なデータ分析方法としては、まず、録音データの逐語録を作成し、これを繰り返し読みながらコメントを記入した。コメントは①記述的コメント（参加者の語った内容の要約など）、②言語的コメント（言葉の使い方など）、③概念的コメント（参加者の語った内容をより深く掘り下げて考えるもの）の3種類を用いた。こののち、逐語録とコメントの両方を参照しながら、テーマ名を記入した。テーマは一文につきひとつの場合もあるが、一文が長い場合には複数のテーマ名を記入した。類似する複数のテーマはひとつの上位テーマ（Super-ordinate themes）としてまとめ、そのほかのテーマとの関係を図示した（図1）。

また、分析結果については複数の研究者にコメントをもらい、それらを反映させて修正をおこなった。

三　結　果

1　データ分析結果

インタビューデータの分析からは、「病気であること」と「普通であること」の2つの上位テーマが見出された。「病気であること」は参加者のスティグマの認識・経験と関連している場合が「普通であること」よりも多かったため、以下

では、まず「病気であること」とそのほかのテーマとの関係性を見たのちに、「普通であること」およびそのほかのテーマとの関係性について述べる。なお、インタビューデータから引用をおこなう際には、参加者の名前は仮名とした。

2　上位テーマ1：病気であること

　参加者はインタビュー時点で全員が自身の診断名を受け入れており、「自分は病気である」という認識があった。この病気の認識に大きくかかわっていたのは、彼らが精神障害のための薬物治療を受けているという事実であった。たとえば栗村さん（診断名：統合失調症）は、「薬を飲むことで自分が病気なのを認識するっていうところがあります」と述べた。参加者たちは服薬しなければ日常生活を送るのは難しいと感じており、この服薬の必要性もまた、参加者たちが自身を病気だと考える一因であった。これについてたとえば清水さん（診断名：うつ病）は「薬を飲まなくていい状態なら精神障害手帳持たないですよ」と述べ、横田さん（診断名：うつ病）も「精神科の薬を飲んでないと生活するのが難しい」と述べた。服薬については、1名をのぞき全員が肯定的にとらえていた。このおもな理由は、薬物によって障害の症状をおさえることができ、また、程度のひどい副作用が出現しないということだった。数名の参加者は以前、深刻な副作用（眼球上転など）を経験したことがあったものの、医師と相談のうえで治療薬の変更をおこなっており、このためにその後、そういった副作用は経験していなかった。参加者の中には目に見えるような副作用の出現する治療薬を摂取している人はおらず、したがって、他者が外見から彼らが精神障害の診断を受けていると推測することは非常に難しいと思われた。また、実際に大半の参加者たちは、家族や親しい友人といった身近な人以外には精神障害の診断を受けていることを隠していた。

　参加者の中にははじめは服薬に抵抗を感じたという人たちも数名いたが、この理由は「やっぱり薬を飲んじゃうと、病気だって認めたことになっちゃうから」（林さん、診断名：統合失調症）ということだった。つまり、彼らの認識では、精神科治療薬を必要とするということは精神的に病気であるということになる。これらの参加者たちが気にしていたのは、精神科治療薬が彼らにもたらす実際の身体的/心理的影響ではなく、そういった治療薬が自身やほかの人たちに対して持つ含意であった。この含意とはつまり、精神科の治療薬を摂取している人は精神的に病気であり、普通ではないということである。参加者たちが直接経験したわけ

ではないが、複数の参加者たちは、自身の友人や知人が職場で精神科治療薬を摂取する（していた）際の話をしてくれた。これによれば、彼らの友人や知人は上司や同僚には精神科の薬だとは伝えず内科の薬などと説明したり、職場で服薬しなくて済むよう医師に依頼して薬物の変更をおこなったりしたということだった。これらの例から、彼らの友人や知人は、自身が精神科治療薬を摂取しているということを上司や同僚が知ることで、精神的に病気だと思われてしまうことを懸念していたことがわかる。参加者たちが服薬に抵抗を感じたのも同様の理由からであった。

治療薬の摂取／必要性に加えて、薬物の有効性もまた、参加者たちが自身を病気だと認識した理由のひとつであった。たとえば浅野さん（診断名：うつ病）は、当初、自身の診断名にあまり納得していなかったが、治療薬の有効性を実感したことで自身がうつ病だと考えるようになったとして、次のように語っている。

> 治療を受け始めて最初の頃は、パーソナリティー障害かうつ病かどっちなんだろうって思ってて、先生にはうつ症状が自傷行為につながっているんだろうって言われたんですけど、私はとにかく自傷がひどくて減らしたかったので、自傷を減らすための薬を出してもらってました。でもよくならなくて、それでやっぱりうつ症状の治療をしたほうがいいっていうことになってSSRIを飲むようになったら、すごく自分に合ってたみたいで、精神的にも安定しましたし、自傷も少なくなったんですよ。それで、ああそうか、SSRIが効くっていうことはうつだったんだなと思って。

浅野さんはSSRIという抗うつ剤の服用と自身の精神的な安定および自傷行為の減少を関連づけており、この因果関係をうつ症状改善に対するSSRIの有効性だととらえている。また、彼女にとって、抗うつ剤が有効であるということは、自身の問題がうつ病だということを示すシグナルとして機能している。参加者にとって治療薬の有効性は、服用することによる実感だけではなく、服用を中止した場合の症状の悪化や再発によってもまた認識されていた。特に統合失調症の診断を受けた参加者の中には、自身の判断で服薬を中止したために症状が悪化、あるいは再発し、服薬を継続することの重要性に気づいたという人も複数いた。また、このような経験がなくても、統合失調症を持つ参加者は症状の悪化や再発の防止のために服薬を忘れないよう注意している場合が多かった。

治療薬以外の点で参加者が自身を病気だと認識していた理由のひとつは、自身が精神障害者保健福祉手帳を所持しているということだった。参加者のうち約半

数が手帳を取得しており、たとえば横田さん（診断名：うつ病）は「（私は）手帳を持っていて、公に精神障害者としてカウントされてますから」と述べた。ほかの複数の参加者も彼女と同じように、手帳が交付されたということは精神障害を持っていると認められたということだと考えていた。

　自身が病気であるという参加者の認識はまた、自分がほかの人達とは違うという考えからも生じていた。ただし、この考えには参加者の受けた診断名による違いもあった。統合失調症の診断を受けた参加者は精神障害を持たない人を「普通の人」や「一般の人」と呼ぶ場合が多かったのに対し、うつ病の診断を受けた参加者は「精神障害（病）ではない人」や「精神障害（病）になったことのない人」という言葉を使う場合のほうが多かった。たとえば片倉さん（診断名：統合失調症）は、以下のように述べている。

> まあ前（統合失調症の診断を受けた頃）は、もう普通の生活っていうか、普通の人みたいに仕事してっていうのは無理なんだろうなって思って、かなり絶望っていうか、そういう感じだったんですけど、でもまあ入院したりしたあとに、結構、だんだん、病気もよくなってきたので、結構面接を受けて、採用されて、で、今は普通に働いてて、給料ももらえるし税金も払ってっていう……普通の人と同じ生活になって、すごくそれがうれしいんですよね。

　この引用から、片倉さんは仕事を持つことが「普通の生活」だととらえていること、また、働いて収入を得ることや税金を支払うことが「普通の人の生活」だと考えていることがわかる。これに対して、松下さん（診断名：うつ病）は次のように述べている。

> そうですね、主人が、私が病気だっていうのをわかってくれないので、それはすごくつらいんですけど、でも同時に、うつ病になったことのない人には（うつの症状を経験するというのがどういうことか）わかんないだろうなっていうふうにも思います。

　松下さんは、自身が病気だという認識を示したうえで、うつ病に罹患したことのない夫が松下さんの病気を理解できないのは仕方のないことなのかもしれないという考えを示している。片倉さんとは異なり、松下さんは「普通の人」という言葉を使わず、「うつ病になったことのない人」という言葉を使っている。

　統合失調症の参加者が使う言葉とうつ病の参加者が使う言葉の比較も示すように、参加者の語りからは、統合失調症の参加者のほうがうつ病の参加者よりも、精神障害を持たない人に対してより距離を感じていることがうかがわれた。参加

者にとって「ほかの人とは違う」ということは、具体的には、ほかの人と同じように働くことができないということや、ほかの人は普通経験しないであろうこと（幻覚や自傷行為など）を自分は経験しているということを意味していた。

このように、参加者は自分を病気だと認識していたものの、自身を含め精神障害を持っている人すべてについて同じようにとらえているわけではなく、特に精神障害の症状の重い人については「自分とは違う」と考えていた。たとえば福山さん（診断名：統合失調症）は、入院中に暴力的な患者や危険な患者も見たとして、次のように語っている。

> 中には暴力的な人とか、幻聴とか幻覚で、包丁を持って歩いてたりとか、そういう人も中にはいるし、実際、入院してみるとほんとにおかしな人いて、危険だなって、危なっかしいなって、突然ケースワーカーさんに殴りかかった人とかも見たんで、やっぱり危険な人も多いなって、入院施設にはいるなと思うんで……。

この引用の中で、福山さんは「そういう人」「おかしな人」といった言葉を使うことで、自分と彼らとは違うということを示している。また、彼は入院施設には危険な患者もいるという認識を持っている。福山さんと同じように、多くの参加者は重い精神障害を持つ人の中には暴力的であったり、非常に奇妙な行動をとったりする人もいると考えていた。

3　スティグマの認識

上で触れたような精神障害を持つ人に対する「暴力的」「奇妙」「危険」といったイメージは、一般的に多くの人が精神障害を持つ人に対して抱いている認識と一致すると参加者全員が考えていた。参加者は、精神障害、特に統合失調症を持つ人たちは、危険で暴力的で、何をするかわからないと思われていると考えていた。うつ病については参加者のあいだで意見が分かれており、うつ病のイメージは統合失調症よりよい場合が多く、うつ病を患った人は優しくて繊細でストレスに弱いと思われていると述べた参加者たちがいた一方で、うつ病を患った人はたいてい弱いとか怠けていると思われていると語った参加者たちもいた。ただし、一般の人における統合失調症とうつ病のイメージとを比較した場合、前者がよりネガティブであるという点では参加者の意見は一致していた。小倉さん（診断名：うつ病）は、東京と地方での精神障害に対する認識の違いについて触れた際に、地方では偏見がひどく精神障害に関する知識を持つ人も少ないのに対し、東

京ではうつ病やパニック障害といった障害はありふれているとして、次のように語った。

> 東京ですと、(精神障害は) 当たり前っていうか。珍しくないですね。よく聞くような、うつ病とか、パニック障害とか、そういったことに関してはこう、そんなに悪いようなイメージはなさそうでしたけど。統合失調症はさすがにちょっと。イメージ違いますから。うつとパニック障害でしたら、普通にまあ (ほかの人たちと) コミュニケーションは取っていける、なんかそういった環境かなと思いますけど。

小倉さんはこの語りの中で、うつ病とパニック障害をありふれた普通の病気として位置づけている。同時に彼は、統合失調症に対してうつ病やパニック障害とは違う位置づけを与えている。また、うつ病やパニック障害の普通さに触れる中で、統合失調症のイメージは違うと述べることによって、彼は統合失調症が否定的な意味においてうつ病やパニック障害とは違うこと、および、統合失調症は普通の病気とはみなされていないということも意味している。つまりうつ病やパニック障害に罹患するのは普通であるが、統合失調症に罹患するのはネガティブな意味で逸脱しているということである。この考え方は、参加者のほとんどに共有されていた。また、参加者の中にはうつ病やパニック障害の患者数が多いことを理由に、これらを普通の病気であるととらえている人たちもいた。

精神障害に関する知識については、過去と現在とを比較した場合、大半の参加者は現在のほうが一般の人は精神障害について知識を持っていると考えていた。参加者の意見では、これは、テレビやラジオ、新聞などで精神障害が取り上げられることが増えたためであった。知識の増加が偏見や差別の減少につながったかどうかについては、よくわからないという参加者のグループと、つながりがあると考えている参加者のグループに分かれていたが、大半の参加者が後者の意見を支持していた。特定の精神障害に関する知識については、約半数の参加者がうつ病は一般的によく知られており理解もされているが、統合失調症については多くの人がよく知らないままだと述べた。

過去と現在とで、精神障害に対する差別や偏見に変化があったと思うかを尋ねてみると、参加者全員が「精神障害に対する差別や偏見は減少した」という一致した意見を述べた。参加者たちがそのように感じる理由として挙げられたのは、メディアにおける (以前よりも) 好意的な精神障害についての報道や、精神障害を持つ人たちが利用できるサービスの増加、また、精神障害を持つ人たちが仕事

を持つ機会の増加などであった。約半数の参加者は、昔、精神障害を持つ人がどれだけひどい扱いを受けていたかをほかの（年上の）精神障害を持つ人から聞いて知っていた。昔のひどい扱い（精神障害を持つと長期間入院しなければならず、仕事や住む場所もないというような状況）に比べると、参加者は現在自分たちが置かれている状況（精神障害を持つ人が利用できるサービスがあり、仕事を持つ機会もある）は、精神障害に対する差別や偏見が減少した結果だと考えていた。

　参加者全員が、今日では精神障害に対する偏見や差別はやわらいだと感じていたが、同時に精神障害に対する否定的な見方はまだ残っているとも感じていた。たとえば、福山さん（診断名：統合失調症）は、精神障害を持つ人は暴力的で危険だと思われており、一般の人たちは統合失調症がどういうものかわかっていないと述べた。統合失調症を持つ人に対する世間的なイメージが悪いことや、一般の人は統合失調についてよくわかっていないことから、福山さんは自身の診断名を家族以外には明かしていなかった。また、福山さんはバスに乗る際、障害者保健福祉手帳を運転手に見せることに抵抗を感じるとも話した。しかし、精神障害に対する差別や偏見について（現在と過去とで）何か変化は感じるかと質問された際、福山さんは次のように答えた。

　　そうですね、（統合失調症の発症率は）100人に1人って言われてるくらいなんで、そんなには偏見はないのかなとか、たまにコンビニとか行っても、そういう人が働いていたりするんで、ああ結構、自分たちも働けるのかなぁって思うようになってきましたね。(中略)（偏見や差別は）そんなには感じないですね、感じない感じになってきましたね。(中略)比較的、知られてきたことなのかなぁとは思いますけどね。うつ病とか、パニック障害とか結構、多くなってきたのは事実ですよね。若い人でなる人も多いし、なので、（偏見や差別は）だいぶ和らいできたんじゃないかなぁって今は思ってます。

　福山さんは、一方では統合失調症に対する一般の人の無知や偏見について述べているものの、他方では上の引用に見られるように、統合失調症の発症率が比較的高いこと、うつ病やパニック障害を患う人の数が増加していることなどを理由に、偏見や差別が薄れてきたという認識も同時に持っている。福山さんと同じように、ほかの参加者も全員が、最近では精神障害に対する偏見や差別はやわらいだものの、他方で偏見や差別はまだ根強く残っているとも感じていた。参加者の認識する偏見は、精神科治療薬の持つ含意と同様、精神障害あるいはそれを持つ人たちに対する社会的な含意であった。

4 スティグマの経験

20名の参加者のうち、15名がスティグマを経験したことがあった。参加者の経験の種類は、①精神障害を持っていることを理由にほかの人とは否定的な意味で異なる扱いを受ける、あるいは、②参加者が精神障害を患っていることを周囲の人が認めないという2つに大別できる。①の内容としては不公平な扱いおよび社会的排除が含まれるが、これらは性質上、重複する場合もある。また、②は図1で示すように「病気であること」ではなく「普通であること」と関連しているため、次項「上位テーマ2：普通であること」において詳述する。

①（精神障害を持っていることを理由にほかの人とは否定的な意味で異なる扱いを受ける）の不公平な扱いに関しては、労働領域（職場や採用面接など）で経験された場合が大半だった。具体的な内容としては、参加者の上司や同僚などが、参加者は精神障害を持っているのでほかの人と同じようには働けない、あるいは働くべきではないと考えており、この考えにもとづいて参加者に対処したということである。例としては暴言、降格、解雇、採用拒否あるいは取り消しが含まれる。たとえば、竹村さんは、統合失調症の診断を受けたことを隠して正社員として働いていたが、仕事の繁忙期に休みが取れなかったため、普段は毎週通って治療薬を処方してもらっていた病院へ行くことができなくなってしまい、服薬できない状態が続き、結果として統合失調症の症状が再発してしまった。再発後の職場での上司の対応について、竹村さんは次のように述べている。

> その時暮らしてたところがグループホームだったんですけど、グループホームの世話人さんから、もう竹村さんは病気のことを上司の方に話した方がいいって言われたので、僕はすごく話したくなかったんですけど、でもそういう、言ったほうがいいみたいな感じになったんで、面接の機会をもうけてもらって、話したんですね。上司に。そしたら、精神障害を持つのと、手帳を持ってる人はパートタイムとしてチーフとか、社員の方に見てもらいながら働いてもらいますみたいな感じで、今まで普通に正社員としてばりばり働いてたんですけど、そういうことになって、そういうことというかパートに降格になって、で、今まで任されてた仕事とか、やってよかった仕事が全然できなくなっちゃって、できなくなっちゃってっていうか、自分ではやれると思ったんですけど、やらせてもらえなくなっちゃって、本当にもう補助っていう感じで、単調な作業ばっかりになっちゃって、ばりばり仕事してたのに、しょうがないなぁ、なんか厳しいなぁ世の中はとか思って、ちょっと不満を持ちながら働いていました。

竹村さんは、再発後も自身の仕事上の能力は落ちておらず、以前と同様に働くことができると考えていたが、上司は彼が精神障害を持つことを理由に降格を決定している。竹村さんはこれを自身が「精神障害の診断を受けているために、ネガティブな意味でほかの人たちとは違う扱いを受けた」経験ととらえていた。不公平な扱いの経験は大半が労働領域におけるものであったが、数名の参加者はそれ以外の領域での経験についても触れた。たとえば清水さん（診断名：うつ病）と福山さん（診断名：統合失調症）は、精神障害を持っていることを理由に、医療機関での身体科の受診を拒否されたことがあった。

不公平な扱いと重複する部分もあるが、社会的排除については、参加者の人間関係において経験されていた。具体的には、参加者が精神障害を持っていることを知った友人や知人、親戚などから避けられたり、連絡を絶たれたりするといった例が挙げられる。また、近所の住民から悪口を言われるという経験に触れた参加者もいた。宇佐美さんは、自身が統合失調症の診断を受けたことを親戚が知ったあとで起きた変化について、次のように述べている。

> そうね、まず家族の中で起こったことは、結婚式の、親戚の結婚式の招待状がまず来なくなった。それが一番ですかね。

宇佐美さんの診断を親戚が知ったあとで、はじめに変わったのが彼らから結婚式に招待されなくなったということであり、宇佐美さんにとってこれは、家族の中で起きた変化としては最も大きいと感じられたものだった。このように参加者たちは精神障害の診断を受けていることを理由として、意図せずそれまでの人間関係から排除されることになったが、中には自ら孤立を選んだ参加者も数名いた。たとえば福山さん（診断名：統合失調症）は、精神障害を持っているということを友人に知られたくなかったため、友人たちを「自分が寄せつけないようにしていって」しまい、結果として孤独になったと述べた。

5　上位テーマ2：普通であること

上位テーマ1の「病気であること」と矛盾するようではあるが、参加者は自身を普通であるとも考えていた。「上位テーマ1：病気であること」において述べたように、参加者のあいだでうつ病やパニック障害は普通の病気だと認識されていた。このため、うつ病の診断を受けた参加者の場合、「自分は病気ではあるが普通の病気」だと考えており、自身の診断名に抵抗を感じていなかった。たとえ

ば外山さん（診断名：うつ病）は、「脳の病気で、普通の病気と変わらないですから」と述べている。また、参加者の考えは、日本において広く受け入れられている「大きなストレスを受けた人はうつ病を発症することが多い」という言説を反映したものでもあった。実際に、うつ病の診断を受けた参加者のほぼ全員が自身の発症要因はストレスだと考えていた。参加者の感じていたストレスは仕事に関連する場合が大半であり、繁忙や職場での人間関係が具体的な例として挙げられたが、少数の参加者は家庭内での人間関係など、仕事とは無関係な領域での過大なストレスが自身のうつ病につながったと述べた。さらに、診断名を問わず参加者は「仕事を持っていること」が普通であると認識していたが、うつ病の診断を受けた参加者は発病後もそれ以前と変わらず仕事を続けている場合が多かったこともあり、この意味で、うつ病を持つ参加者は自身を普通であると認識しやすかったと考えられる。

　これに対して、「上位テーマ1：病気であること」において述べたように、特に統合失調症の診断を受けた参加者は精神障害を持たない人を「普通の人」、「一般の人」などと呼び、自分と区別していた。それにもかかわらず、統合失調症の診断を受けた参加者もまた、うつ病の診断を受けた参加者と同様に、自身は病気ではあるが一方で普通でもあり、精神障害を持たない人と変わらないという認識を持っていた。たとえば水田さん（診断名：統合失調症）は、自分が「あんまり人と違うようなイメージはないです」と述べている。統合失調症を持つ参加者の多くはインタビュー時、仕事をしていない場合が多かった。このため、うつ病を持つ参加者と同様に「仕事をしているという意味で自分は普通」とは考えておらず、「ほかの人と同じようにふるまっている」あるいは「地域でほかの人と同じように生活している」という意味において、自身は普通であると認識していた。統合失調症の診断を受けた参加者の場合、発症後しばらくのあいだは症状の程度が重く、日常生活を送ることさえ困難だったため、学校や仕事を辞めざるを得なかったという事情があった。このため、統合失調症を持つ参加者は発症当時の自分の状態を「普通とは程遠い」ととらえており、この頃と比較して、服薬さえしていれば日常生活に支障はなく、自分から伝えない限りほかの人が病気に気づくこともないという程度まで回復した現在の自分は普通であると考えていた。また、参加者の中には、より重い精神障害の症状を持ち、奇妙な言動をとったり、一人では日常生活を送ることが難しい人たちと自身とを比較し、自身を普通であ

るととらえている人も複数いた。さらに、参加者にとって、病院など特殊な環境ではなく、一般住民と同じ地域で生活しているという要素も自身が普通であるという考え方につながっていた。参加者の認識を総合すると、自分は服薬さえしていれば普通であるが、服薬しなければならないという意味では病気であるということになる。特に統合失調症を持つ参加者は、服薬はほとんど義務のようなものだと考えていたが、この義務は他者から押しつけられたものというよりは、普通に生活するために参加者が自身に課しているものであった。参加者の考えでは、服薬しなければ普通の生活を送ることが難しいという点では自分はほかの人たちとは違うが、それ以外の側面ではほかの人たちと完全に質的に異なるわけではないということである。

6 スティグマの経験

「病気であること」の上位テーマでは、①精神障害を持っていることを理由にほかの人とは否定的な意味で異なる扱いを受けるというスティグマの経験について詳述した。この項では、②参加者が精神障害を患っていることを周囲の人が認めないというスティグマの経験に触れる。本研究では、精神障害に対する無知もスティグマに含まれると定義しているが、②のようなスティグマは精神障害に対する偏見に加えて、無知からも生じるものと考えられる。参加者は自身を病気だと考えていたが、他者は参加者を普通であると認識しており、このためにスティグマが生じたという意味で、この経験は「普通であること」というテーマと関連していた。この種類のスティグマは、うつ病を持つ5名、および、統合失調症を持つ1名の参加者によって、おもに家庭内で経験されていた。参加者は自身が精神障害の診断を受けたこと、自身が病気であることを他者（おもに家族）に伝えたものの、他者は、参加者は病気ではなく怠惰なだけだと考えたり、病気ではなく性格の問題だととらえたりしたというのが典型的なパターンである。これらの参加者は、自分の周囲の人たちは精神障害に対する理解がないと述べた。たとえば中森さん（診断名：うつ病）は、次のように語っている。

> 夫は全然精神障害とか、そういうことに対する理解が全然なくて。説明はしたんですけど。でもわかってもらえなくて、何だかなぁっていう。家事とか、うつの時はできないじゃないですか。でも夫は私が1日ずっと寝てたりすると、すごく機嫌が悪くなるんですよね。何でしないんだって。私はうつでできないんだって言ってるんです

けど、全然わかってもらえないんですよ。ただ怠けてるだけだと思ってるんです。

　中森さんは、自身の状態に対する夫の考え方と自分の考え方が違うことを「全然」という言葉を何度も使うことによって強調している。彼女の認識では自分はうつ病なので家事などをできないこともあるが、夫は彼女が家事を怠けていると考えており、病気だとはとらえていない。これはほかの参加者の経験でもよく見られたことであり、参加者自身は障害の症状のためにそれまでと同じように生活することが難しいと感じているのに対し、他者からは「怠惰」、「人格に問題がある」といった理解しかされないという点が共通していた。

7　メディア

　すべての参加者は、メディアが一般の人の精神障害に対する理解に大きな影響を与えると考えていた。また、参加者はメディアが与えるポジティブな影響とネガティブな影響の両方に触れた。たとえば、特に統合失調症を持つ参加者の場合、自身が精神障害の診断を受ける以前は、精神障害を持つ人を「怖い」「奇声を発する」「暴力的」といったイメージでとらえていることが多かった。こういったイメージはおもに、精神障害の診断を受けた人が殺人などの事件を起こしたといったメディアの報道から生じていた。しかし、自身が精神障害の診断を受けたり、精神障害の診断を受けたほかの人たちと接したりすることで、参加者が抱いていたイメージは変化し、すべての精神障害を持つ人が暴力的であったり危険であったりするわけではなく、繊細で思いやりがあり、普通の人と変わらない生活を送っている人たちも多いと認識するようになっていった。また、ポジティブな影響としては、前述したように、参加者たちは、一般の人の精神障害に関する理解の普及には、メディアが果たす役割が大きく、このために精神障害のノーマライゼーションが進んだとも考えていた。このように、メディアが精神障害のイメージに対して及ぼす影響は両義的であり、この意味で、参加者の「普通であること」と「病気であること」という両方の認識と関連していた。

四 考　察

1 「病気であること」と「普通であること」

　本研究の参加者は自身が病気であると同時に普通であると考えていた。病気であるという認識には服薬が大きく影響していたが、これは、参加者が服薬とは病気の人がする行為だと認識していたことを示唆している。同時に、参加者が服薬によって症状を抑えることができると考えていたことから、参加者が精神障害について生物学的な理解をしていたことがわかる。米国でおこなわれた研究では、精神障害の診断を受けた人は、薬物治療を受けるということをより症状の重い病気と関連づけてとらえており、このために、服薬している人は自身の問題を病気としてとらえやすいことが報告されている[69,70]。また、Tucker[71]は、精神障害の診断を受けた人は、その障害を生物学的な枠組みに位置づけることで、周囲の人から何かよくわからない精神的な「異常性」を持った人という否定的な見方をされたり、あるいは自分で自分をそのように思ったりすることを避けることができると述べている。ただし、Tuckerの説明は一面では真実でありうるものの、そうではない場合もあるということは多くの先行研究によって示されている。たとえば、精神障害が遺伝や脳内の化学物質の異常など生物学的要因によって起こると考えている人と、ストレスなど心理・社会的要因によって起こると考えている人とのあいだで精神障害に対するスティグマを比較した場合、前者のほうがより程度の高いスティグマを示したという報告は少なくない[72,73,74]。本研究の参加者が精神障害について生物学的理解をしていたことには、全員が精神科医による治

69　Interian, A., Martinez, I. E., Guarnaccia, P. J., Vega, W. A., & Escobar, J. I. (2007). A qualitative analysis of the perception of stigma among Latinos receiving antidepressants. *Psychiatric Services*, 58, 1591-1594.

70　Moses, T. (2009). Self-labeling and its effects among adolescents diagnosed with mental disorders. *Social Science & Medicine*, 68 (3), 570-8.

71　Tucker, I. (2009). "This is for Life": A discursive analysis of the dilemmas of constructing diagnostic identities. *Forum: Qualitative Social Research*. 10 Art. 24. (12).

72　Angermeyer, M. C., et al. (2011). Biogenetic explanations and public acceptance of mental illness: systematic review of population studies. *British Journal of Psychiatry*, 199, 367-372.

73　Mojtabai, R. (2007). Americans' attitudes toward mental health treatment seeking: 1990-2003. *Psychiatric Services*, 58, 642-651.

74　Read, J., et al. (2006). 10 Prejudice and schizophrenia a review of the 'mental illness is an illness like any other' approach. *Acta Psychiatrica Scandinavica*, 114, 303-318.

療を受けていたということも関係しているかもしれない。ただし、参加者がもともと生物学的理解をしていたために精神科医による治療を選択したのか、あるいは、精神科医による治療を受けたことによって生物学的理解をするようになったのかは不明である。また、うつ病を持つ参加者の場合、うつ病のメカニズムについては生物学的理解をしていても、発症要因はストレスという社会・心理的要素だと考えていたため、診断を受け入れることにそれほど抵抗がなかったと考えられる。また、診断名を問わず参加者のあいだで共有されていた「うつ病は普通の病気」という認識も、うつ病の診断を受けた参加者にとって、自身は病気だが普通でもあるという考え方につながっていた。これに対して、統合失調症を持つ参加者の場合、メカニズムについて生物学的理解をしていたとしても、統合失調症の症状の重さや社会的なイメージの悪さのために、統合失調症を普通の病気だとは考えていなかった。また、統合失調症を持つ参加者は自身と精神障害を持たない人とを区別する傾向があったが、これには参加者が服薬の継続性に注意を払っていたこと、つまり、自身の問題を慢性的なものとしてとらえていたことも影響しているかもしれない。

　Yanosらは、精神障害の診断を受け入れた人についてillness identityという概念を提唱している[75]。illness identityとは、自身の問題を精神障害として考えている人が、自身や障害についてどう理解しているかを表すものである。Yanosらは、illness identityを持つこと、つまり、自身の問題は精神障害によって引き起こされていると考えることは、自尊心の低下や希望の喪失など否定的な結果につながる場合が多くあることを指摘している。しかし、本研究の結果からは、illness identityを持つことが必ずしも否定的な結果につながるわけではないことがわかる。本研究の参加者において、illness identityが否定的な結果のみにつながらなかったのは、参加者のillness identityには「病気であること」と「普通であること」の相反するように見える2つの要素が共存していたためであった。この点で、本研究の参加者はEstroffが著書 Making it Crazy[76]で描いたようなPACT（Programme of Assertive Community Treatment）参加者（統合失調症の診断を

75　Yanos, P. T., Roe, D., & Lysaker, P. H. (2010). The Impact of Illness Identity on Recovery from Severe Mental Illness. *American Journal of Psychiatric Rehabilitation*. 13 (2): 73-93.
76　Estroff, S. E. *Making it Crazy: An Ethnography of Psychiatric Clients in an American Community*. California: University of California Press.

受けた人が大半を占める）とは異なっていた。PACT参加者の場合、彼ら自身が自分を病気であると考えていると同時に、周囲もまた彼らを病気の人として扱っていた。PACT参加者は地域社会で生活していたものの、彼らの精神障害を持たない人とのかかわりは看護師や医師など治療を担当するスタッフとの接触にほぼ限定されていた。Estroffは、PACT参加者はこのプログラムに参加することによって日常的に「あなたは病気で、よくなることはない」という直接的・間接的メッセージを受け取っていると同時に、精神障害を持たない人との限定的なかかわりをとおして、ほかの人と自身との違いや自分に足りないものを意識させられていると述べている。本研究の場合、参加者が自身を普通であると認識していた大きな理由のひとつは、外見上は自身が普通に見えるということだった。また、うつ病を持つ参加者はうつ病を普通の病気ととらえることで、一方、統合失調症を持つ参加者は自身が精神障害を持たない人たちと同じようにふるまえることや、地域で生活していることを理由に、自身を普通であるととらえていた。Estroffの言うように、本研究の参加者も、たとえば精神科での治療を継続的に受療していることを考えると、周囲から「病気である」、「ほかの人とは違う」といったメッセージを日常的に受け取っていた可能性は高い。しかし、本研究の参加者は、PACT参加者と比較すると症状がより軽度であり、精神障害を持たない人とも日常的にかかわる生活を送っていた。このため、本研究の参加者は、精神障害を持たない人との相互作用の中で普通にふるまい、普通に考え、普通に仕事をすることで、自身の普通さを確かなものとして認識していた。参加者が精神障害を持たない人とのかかわりにおいてスティグマを受けたということは、Goffman[77]の主張に沿うものであるが、一方で、本研究が明らかにしたのは、そのようなかかわりが参加者にとって自身の普通さを認識することにも貢献していたという点である。おそらく参加者にとって、自身を普通であるととらえることは、自尊心の維持などの面において大きな役割を果たしていただろう。精神障害の診断を受けた人を対象とした研究では、参加者の「病気であること」の側面に焦点が当てられる場合が多く、自身を普通であるととらえることがどのような影響を及ぼすのかについてはほとんど明らかにされていないため、今後、より多くの研究が望まれる。

---

77 Goffman, 1963, *op. cit.*

2 スティグマの認識・経験

1節「背景」で見たように、精神障害を持つ人のスティグマの認識については、特に欧州や米国において多くの量的研究がおこなわれてきた。これらの研究では、参加者が一般的に人々は精神障害を持つ人を低く評価したり、差別したり、拒絶したりするだろうと考えている割合が高いことが明らかにされている。これらの量的研究と本研究は手法が異なるため、直接の比較はできないが、広い意味では本研究の結果は先行研究の結果と一致しており、参加者全員が「暴力的」「危険」といった精神障害を持つ人に対するスティグマが社会に存在することを意識していた。また、本研究の参加者の認識には、メディアによる精神障害の報道も影響していた。ほかの多くの国と同様、日本の新聞記事においても、精神障害、とりわけ統合失調症は暴力との関連性において報道される割合が高い[78]。また、日本の新聞記事の場合、うつ病はストレスとの関連性において論じられる割合が近年は特に高くなっている[79]。このような統合失調症およびうつ病についての報道の傾向は、参加者の認識に明確に反映されていた。

先行研究で質的な手法を用いたものの中には、精神障害を持つ当事者のスティグマの認識には、文化間の差異も影響を与えることを指摘している研究もある[80,81]。しかし、本研究の参加者の場合、自身が明確に異なる複数の文化の中で生活していると考えている人はほとんどいなかった。ただし、前節では紙幅の関係で詳述は避けたが、東京と地方での精神障害に対するスティグマの違いについて述べた参加者は2名いた。この参加者たちは、東京より地方でのスティグマのほうが程度がひどいと考えていた。異なる文化間で生活する参加者を対象とした先行研究では、たとえばインドの人々や[82]、イギリスに住む南アジア系などの移民は[83]、自身の精神障害によって家族もスティグマにさらされることを懸念して

---

78 Ottewell, N. (2017). Newspaper reporting of mental illness. *Journal of Public Mental Health*, 16, 78-85.
79 Ottewell, 2017, ibid.
80 Alvidrez, J., Snowden, L.R., & Kaiser, D. M. (2008). The experience of stigma among Black mental health consumers. *Journal of Health Care for the Poor and Underserved*, 19, 874-893.
81 Michalak, E., Livingston, J. D., Hole, R., Suto, M., Hale, S., & Haddock, C. (2011). 'It's something that I manage but it is not who I am': reflections on internalized stigma in individuals with bipolar disorder.' *Chronic Illness*, 7, 209-224.
82 Weiss et al., 2001, *op. cit.*
83 Shefer, G., Rose, D., Nellums, L., Thornicroft, G., Henderson, C., & Evans-Lacko, S. (2012). 'Our community is the worst': the influence of cultural beliefs on stigma, relationships with family

いたことが明らかにされている。これに対して本研究の参加者は、家族への影響を懸念していた人もいたものの、全体としては精神障害をより個人的な問題としてとらえており、精神障害の診断を受けていることを他者が知った場合自分がどう思われるかということや、自身の仕事への影響をおもに心配していた。

　スティグマの経験に関しても、1節で見たように、これまで量的・質的ともに多くの研究がおこなわれてきた。以下では、本研究の参加者が①雇用、②（個人的）人間関係、③医療サービスの3つの領域においてどのようにスティグマを経験したかを考察する。これらの領域は、先行研究[84]において、精神障害を持つ人がスティグマを経験するおもな領域として報告されたものである。なお、先行研究ではこれらに加えて④ビジネス／融資／財政の領域もあるものの、本研究の参加者の中にはこの領域でのスティグマの経験に触れた人はいなかったため、ここでは省略する。まず、①雇用については、最も多くの参加者が差別という形でスティグマを経験していた。他国でおこなわれた先行研究でも、質的・量的研究の両方において、雇用は精神障害を持つ人が往々にしてスティグマを経験する領域であることが報告されている。ポーランド[85]、イングランド[86]、ニュージーランド[87]、米国[88]でおこなわれた量的調査では、精神障害を持つ参加者の20～31％が職場あるいは採用面接でスティグマを経験したと回答しており、27か国でおこなわれた国際調査[89]では、29％が同様の回答をしている。質的研究ではこういったスティグマの具体的な例として解雇、採用拒否、昇進の拒否などが挙げられており[90,91,92]、本研究の参加者の経験とおおむね一致する。次に、②（個人的）人間関

---

and help-seeking in three ethnic communities in London. *International Journal of Social Psychiatry*, 59, 535-544.
84　Lakeman, R., McGowan, P., MacGabhann, L., Parkinson, M., Redmond, M., Sibitz, I., Stevenson, C., & Walsh J. (2012). A qualitative study exploring experiences of discrimination associated with mental-health problems in Ireland. *Epidemiology and Psychiatric Science*, 21, 271-279.
85　Świtaj, P., Wciórka, J., Grygiel, P., Anczawska, M., Scaeffer, E., Tyczyński K., & Wiśniewski A. (2012). Experiences of stigma and discrimination among users of mental health services in Poland. *Transcultural Psychiatry*, 49, 51-68.
86　Gabbidon, J., Farrelly, S., Hatch, S.L., Henderson, C., Williams, P., Bhugra, D., Dockery, L., Lassman, F., Thornicroft, G., & Clement, S. (2014). Discrimination attributed to mental illness or race-ethnicity by users of community psychiatric services. *Psychiatric Services*, 65, 1360-1366.
87　Peterson et al., 2006, *op. cit.*
88　Baldwin & Marcus, 2006, *op. cit.*
89　Thornicroft et al., 2009, *op. cit.*
90　González-Torres, M.A., Oraa, R., Arístegui, M., Fernández-Rivas, A., & Guimon, J. (2007). Stigma and discrimination towards people with schizophrenia and their family members. A

係においてもまた、本研究の参加者の多くがスティグマを経験していた。①と同様、友人や家族を含む個人的な関係性では、精神障害を持つ人がスティグマを経験しやすいことが先行研究から明らかにされている[93,94]。本研究の参加者の場合、家庭において精神障害に対する無知という形でスティグマを経験することもあったが、家族が精神障害への理解を欠いており、このために精神障害を持つ当事者がスティグマを経験するというケースは他国でも報告されている[95,96]。最後に、③医療サービスについては、本研究の参加者でスティグマを経験した人は少数にとどまっていた。これに対して、欧州、米国、豪州の先行研究[97,98,99]では、医療サービスは精神障害を持つ人が最もスティグマを経験することの多い領域のひとつであることが明らかにされている。この違いは、日本では精神障害を持つ人が医療サービスにおいてスティグマを経験することは他国に比べて少ないということを示すものかもしれない。しかし一方で、本研究の参加者が医療サービス以外の領域におけるスティグマの経験のほうがよりインパクトが大きかったと感じており、このために医療従事者とのかかわりについてインタビューではあまり触れなかったという可能性もある。

---

qualitative study with focus groups. *Social Psychiatry and Psychiatric Epidemiology*, 42 (1): 14-23.

91 Jenkins & Carpenter-Song, 2009, *op. cit.*

92 Schulze, B., & Angermeyer, M. C. (2003). Subjective experiences of stigma. A focus group study of schizophrenic patients, their relatives and mental health professionals. *Social Science and Medicine*, 56, 299-312.

93 Hansson, L., Stjernswärd, S., & Svensson, B. (2014). Perceived and anticipated discrimination in people with mental illness--an interview study. *Nordic Journal of Psychiatry*, 68, 100-106.

94 Elkington, K. S., Hackler, D., Mckinnon, K., Borges, C., Wright, E. R., & Wainberg, M.L. (2012). Perceived mental illness stigma among youth in psychiatric outpatient treatment. *Journal of Adolescent Research*, 27, 290-317.

95 Karidi et al., 2010, *op. cit.*

96 Wang, J. Y. (2011). Service users' personal experience and interpretation of mental illness: Oriental narratives. *International Journal of Social Psychiatry*, 58 (4), 425-432.

97 Buizza, C., Schulze, B., Bertocchi, E., Rossi, G., Ghilardi, A., & Pioli, R. (2007). The stigma of schizophrenia from patients' and relatives' view: A pilot study in an Italian rehabilitation residential care unit. *Clinical Practice and Epidemiology in Mental Health*, 29, 3-23.

98 Mestdagh, A., & Hansen, B. (2014). Stigma in patients with schizophrenia receiving community mental health care: a review of qualitative studies. *Social Psychiatry and Psychiatric Epidemiology*, 49, 79-87.

99 Wahl, O. F. (1999). *Telling is risky business: mental health consumers confront stigma*. New Jersey: Rutgers University Press.

五　結　論

　本稿では、精神障害を持つ人が認識・経験したスティグマについて、「普通であること」、「病気であること」という2つの上位テーマおよびメディアや精神障害に対する否定的な含意といったそのほかのテーマとの関連性から論じた。参加者は自身を病気であるととらえていると同時に普通であるとも考えており、スティグマの認識や経験は、おもに「病気であること」やそこから派生する含意といったテーマと関連していた。参加者のスティグマの認識・経験の内容は他国でおこなわれた先行研究の知見との類似性が高いものの、本研究は文化的差異に焦点を当てたものではないため、今後、文化的側面から日本における精神障害を持つ人のスティグマの認識や経験を調査し、他国との違いを明らかにすることが望まれる。また、精神障害を持つ人を対象とした研究では、参加者の「病気であること」に焦点が当てられる場合が大半だが、本研究において明らかにされた「普通であること」という認識も彼らのアイデンティティ形成などに深くかかわるものであり、より詳細な探求が必要である。

人体組織・人体構成体・人体情報の法的地位とその利用をめぐるルールづくり

甲　斐　克　則

一　序
二　問題状況の整理
三　身体の法的地位
四　「人体から切り離された身体の一部」、人体構成体・人体情報および死体の法的地位
五　人体組織・人体構成体の利用と法規制
六　結　語

一　序

　「人体組織」・「人体構成体」の法的地位とその利用をめぐり、ルールづくりが重要課題になっているが、なかなか思うように進展していない。もう1つ、医療情報とか遺伝情報といったようなものをひっくるめて、「人体情報」と呼ぶことができるが、その人体情報については、最近、個人情報保護法の改正（2018年）があり、さらにゲノム指針も改定（2017年）されたことから、多少は進展した。しかし、人体情報を包括的に法整備する方向にはまだ舵が切られていない。本稿で両方を十分に取り上げるのは紙数上無理であると思われるので、本稿では、人体情報については必要最小限度にとどめることにし、「人体組織・人体構成体の法的地位とその利用をめぐるルールづくり」に力点を当てて論じることにしたい[1]。「人体構成体」という用語は、やや独特な用語で、私の造語であり、どの法律や指針にも明文では書かれていない。しかし、すでに臓器移植の問題を論じた別の論稿[2]で使用していることから、本稿でも、その延長線上の論題としてその

---

[1] 本稿は、2018年8月5日に上智大学で開催された講演会（主催：上智大学生命倫理研究所、共催：科学研究費基盤研究（B）「先端医療における欧米の生命倫理政策に関する原理・法・文献の批判的研究」代表：小出泰士教授）において行った講演の原稿に加筆修正を加えたものである。お世話いただいた小出教授および当日参加された方々に謝意を表したい。
[2] 甲斐克則『臓器移植と刑法』（2016・成文堂）5頁以下参照。

用語を駆使しつつ、検討を加えることにする。

以下、まず、問題状況を整理し、つぎに、身体の法的地位について再論し、さらに、「人体から切り離された身体の一部」、人体構成体・人体情報および死体の法的地位について論じ、最後に、人体組織・人体構成体の利用と法規制について論じることにする。

二　問題状況の整理

1　医事法と生命倫理の関係

私は、刑法と医事法と生命倫理の研究に長年携ってきたが、とりわけ医事法と生命倫理の関係について、最近、かなり意識して論じることにしている[3]。従来、生命倫理と医事法の関係は近い、と言われながら、近いがゆえに、「お互いに敬遠し合うという関係」もあったように思われる。法学者は、どちらかというと生命倫理の混沌とした議論に対してやや難色を示す傾向があった。なぜなら、「最後は法律できちんとルール化しないと意味がないではないか。」とか、「法学の作法も知らずに、生命倫理の名で言いたい放題言って、どういう意味があるのだ。」というようなことで、生命倫理に批判的な法学者もいた。最近は、そういうことはあまりなくなったが、両者の離齬は、ときおりある。

他方で、生命倫理ないし倫理学の専門家は、法律家は総じて、法律をつくるかどうか、明文をどう解釈するか、というところに力点があると考えて、根底にある思想的な背景、哲学的背景、あるいは倫理的背景には目を閉ざす傾向がある、と考えがちである。確かに、今も、法律家にはそういう傾向があるかもしれない。しかし、そういうことでは、良いルールはできない、と思われる。やはり、社会規範という観点からみると、両者は共通点も多々ある。したがって、双方で協力して議論をし、医療・医学関係者や生命科学関係者、そして国民をも巻き込んで、直面する諸問題に関する社会ルールをつくるべきである。欧米の研究所に行ってみても、「医事法・生命倫理研究所」というような、両者がセットになった

---

[3] 最近の著書として、甲斐克則『講演録：医事法学へのまなざし——生命倫理とのコラボレーション』（2018・信山社）という本を刊行した。この中で、大体自分自身の基本的スタンスを特に第1章で述べているので、参照されたい。また、倫理学と法学の関係についての本格的な研究の訳書として、J・ファインバーグ著（嶋津格＝飯田亘之編集・監訳）『倫理学と法学の架橋』（2018・東信堂）があるので、参照されたい。

名前の研究所が、多々ある。むしろ、最近ではそれが通常の形態といってもよい。

2019年8月6日、7日、8日の3日間にわたり、早稲田大学国際会議場で、日本ではじめて世界医事法学会（World Association For Medical Law = WAML）主催の第25回世界医事法会議（The 25th World Congress Of Medical Law = WCML）が開催される。私は、大会長として、今、準備を始めているが、その柱の1つに「医事法と生命倫理」を入れている。それからもう1つ、「医事法と法医学」を入れている。医事法と生命倫理と法医学の3つは、密接な関係がある、と言わざるをえない。

2　人体の利用をめぐる最近の問題状況

さて、そういうことを前提として本題に入っていこう。近年、人体の利用は、非常に多様化してきている。従来は、周知のとおり、臓器移植に代表されるように、臓器を移植する際に、まずは臓器を摘出して移植するというのが、人体の利用の典型的なパターンであった。ところが、21世紀に入ってゲノム解析が完了した2004年以降、生命科学の分野では、ゲノム情報、あるいは遺伝情報の扱いといったものがセットになって、いろいろと人体の利用の問題を複雑化している。しかし、この傾向は、もはや避けられない課題である。

バイオバンクについても、法制化の必要性が叫ばれている。再生医療の分野で、iPS細胞の臨床研究が次々と始まっているが、それを円滑にするには、やはりなんといっても、バイオバンク制度がきちんと整備されていなければ質的な確保ができないことは、自覚されている[4]。バイオバンクに収めるそういった細胞も、以前は特段問題とされることがなかったし、そもそも問題意識があまりなかった。しかしながら、そうした人体の一部、あるいはヒト由来の組織といったようなものを、いかなるルールできちんと応用ないし利用していくかという問題は、今や基礎研究の枠を超えて、臨床研究の段階まで来ているということからしても、避けて通れない課題である。

この種の問題に関わる訴訟でわれわれがよく医事法の世界で引用する判例としては、人体組織の標本の返還に関する自治医科大学事件（東京地判平成14年8月30

---

[4] バイオバンクの詳細については、奥田純一郎＝深尾立編『バイオバンクの展開──人間の尊厳と医科学研究』（2016・上智大学出版）および町野朔＝雨宮浩編『バイオバンク構想の法的・倫理的検討──その実践と人間の尊厳──』（2009・上智大学出版会）参照。

日判例時報17971号68頁）がある。母親が死亡したあとに、自治医科大学に病理解剖のために献体をするところまでは家族も了解をしていたが、病院のほうでは、その後、母親の遺体の一部（胸骨、椎体骨）を遺族の了解なく採取して標本化した。また、臓器もホルマリン溶液に保存して、顕微鏡標本を作製した。遺族は、勝手に標本化されることには同意していなかったということで、標本等の返還訴訟を起こした。現行法制度がこのような問題解決に見合っているかという観点からこれを分析してみると、法的には非常に面白い。死体解剖保存法の中に、遺族の承諾に関する規定がある（同法7条）。病院は、その手続きを踏んで献体してもらったわけだが、そこから先の扱いについては、明確なルールがないのである。そこで、遺族が返還請求訴訟を起こしたわけである。この論理は、民法でいう所有権に基づく返還請求に近い理論構成になっている。そうすると、このような死体の一部は、標本化されたものとはいえ、法的に財物ないし財産か、あるいは、死体そのものは一体法的に何なのか、という疑問が出てくる。普通、われわれが法律の世界で所有権について議論する場合には、当然ながら物権の対象として扱う。そうすると、対象は、財産になる。それでは、人体の一部も財産か、という問題にもなる。後述のように、今や、日本でも、そういう問題について真摯に考えざるをえない時期に来ている[5]。

　それから、臓器売買になると、日本でも臓器移植法11条・20条で犯罪として規定されていることは、周知のとおりである。世界的にも、多くの国が、臓器売買は犯罪である、と規定しており、そのように運用もされている。ところが、アンダーグラウンドのレベルでは、「人体の商品化」は、現在、アメリカだけでなく、それ以外の国でもかなり進んでいる[6]。ここで、後述のように、「人体の商品化」とは一体何か、という問題が出てくる。

　さらに、その延長として、人体組織あるいはヒト組織の利用をめぐる問題がある。これは、医療目的で使う場合もあるし、研究目的で使う場合もある。人体組織という場合には、先ほど取り上げたバイオバンクもその1つと言われている。それ以外では、例えば、臓器移植法で規定した臓器以外で、アキレス腱とか、骨そのものとか、胎盤といったものも、実はここに入ってくる。あるいは、血液とか、精子・卵子といった配偶子は一体どのようなレベルの法的地位を占めるの

5　詳細については、甲斐・前出注（2）5頁以下参照。
6　粟屋剛『人体部品ビジネス——「臓器」商品化時代の現実』（1999年・講談社）等参照。

か、という問題が、当然に連動してくる。

　ところが、この周辺が法的にはグレーゾーンであり、はっきりしないところがある。おそらく、生命倫理という観点でも、議論はしても、その法的、倫理的位置づけという点で、明確にできる部分と明確にできない部分（グレーゾーン）があるであろう。これを法と生命倫理が一緒に考えていく必要があるのではないか。この領域では、ルールとしては、各学会が出している自主規制ないしガイドラインはあるが、規制として抜けているものもかなりある。しかし、今やそうした個別的な対応ではどうにもならない問題が多々出てきている。イギリスでは、Human Tissue Act という法律が2004年に改正されており、そこでは、human tissue について、臓器だけではなくて、いろいろなヒト組織ないし人体組織の扱いについて明確に法律でルール化した[7]。

　結論から先に言うと、私は、日本でもそういう法律をつくるべきだ、ということを強調したい。ところが、日本では、まだそういう議論の出発点にも立っていない、という状況である。これを何とかルール化しなければならない、と思われる。ただ、「法規制」の場合には、周知のように、いろいろなレベルの法規制がありうる。刑事規制が最もハードな法規制であるが、刑法が出るまでもなく規制ができる場合には、行政法規ないし行政規制で縛りをかけるほうが効果的かもしれない。このような行政規制は、実際、結構行われている。行政規制さえも必要ない場合には、さしあたり民法で決着をつけることになる。つまり、私人間の紛争というレベルで解決するとすれば、民法のレベルの話になっていく。

　以上のように、法的レベルといっても、それぞれ段階があるのであり、最終的な刑事規制まで行くとなると、いよいよ「人間の尊厳」に言及せざるをえない問題もある。

3　法規制の根拠としての「人間の尊厳」

　「人間の尊厳」については、故ホセ・ヨンパルト教授による著書に、非常に参考になる以下の命題と分析がある。

　　「①『人間の尊厳を尊重すべき』というのは、例外のない倫理学上、かつ法学上の原

7　甲斐克則「イギリスの人体組織法と刑事規制――いわゆる『DNA窃盗』を中心に――」法学研究80巻12号（2007）273頁以下参照。

則である。
　②これに対して、『個人を尊重すべき』という原則には例外がある（例えば、『公共の福祉に反しない限り』、日本国憲法第一三条）。
　③質の問題としても、量の問題としても、『すべての人間は同じように尊厳をもっている』。
　④従って、『すべての人間は尊厳をもつ人間としては平等である』。
　⑤しかし、『すべての人間は個人として異なるのだから、個人としては平等でない』。
　⑥『人間は人間としては平等を要求し、個人としては自由を要求する』。
　⑦『尊厳をもつのは人間だけであるが、尊厳をもたないが尊重すべきものは他にも沢山ある』（すべての価値のあるもの）。
　⑧『各個人の良心は、社会的にも法律的にもできる限り尊重すべきである』。
　⑨……『「人間の尊厳」から「人命の尊重」は引き出されるが、その逆ではない』[8]。」

　①は、「人間の尊厳」だが、これが今や例外のない倫理学上および法学上の大原則であるということは、出発点にせざるをえない。ところが、日本国憲法を読んでみると「人間の尊厳」という明文はどこにもない。明文がないから、日本国憲法ではこれを想定していないかというと、解釈論上争いがあるかもしれないが、そうではなかろう。明文としては、個人を尊重すべきだ、という表現がある。もちろん、「公共の福祉に反しない限り」という縛りがあるが、基本的にはやはり「個人の尊重」が重要である。

　しかし、「個人の尊重」と「人間の尊厳」は、いかなる関係があるのか。ヨンパルト教授の分析は、そこに行く。そして、「質の問題」と「量の問題」という切口で問題点を分析して、「すべての人間は同じように尊厳を持っている」という命題を導くために、「すべての人間は尊厳を持つ人間としては平等である」、という命題と、しかし、「すべての人間は個人として異なるのだから、個人としては平等ではない」、という命題の相互の関係を問うわけである。

　「個人の尊重」は重要だが、自己決定権を考えるときに、「自己決定権は万能か」、というと、そうではない、すなわち、「自己決定権は重要だが、万能ではない」、というのが、私がこれまで研究してきた中で確立してきた論理である[9]。その点が、ここに符合するわけであり、「個人の尊重」と言えば、幸福追求権を中心に、個人の自己決定の尊重、人格の尊重、人格権の尊重というところに普通は

8　ホセ・ヨンパルト『人間の尊厳と国家の権力』（1990年・成文堂）68-69頁。
9　甲斐克則『安楽死と刑法』（2003・成文堂）5頁、同『終末期医療と刑法』（2017・成文堂）37頁、同・前出注（3）84頁、122頁、128頁ほか参照。

直結するが、それはそれで大事なことではあるとしても、本人が「私の幸福追求権だから、私の自己決定を徹底して尊重してくれ」、ということを主張してそれを完結できるかというと、それは必ずしもできない。そう言わしめる根拠は何か、というと、やはり、「すべての人間にとってそれがどういう意味を持つのか」、というレベルで考えなければならないからだ、ということに帰着する。そう考えていくと、ヨンパルト教授の問題提起は、「人間の尊厳」と「個人の尊重」は、共通部分もあるが、実は必ずしも同一ではない、ということを自覚させてくれる。これは、非常に重要な命題である、と思われるので、私は、今でもしばしばこの命題を使うことにしている。
　しかも「人間の」尊厳であるから、動植物は除かれる。では、なぜ人間だけ別なのか、という生命倫理の問題に衝きあたる。人間を人間たらしめているものは一体何だろうか、という問いかけは、本稿のテーマである人体組織をめぐる問題とも関係してくる。どういうことかと言うと、例えば、埋葬の風習について、動物にそれがあるかどうかはわからないが、やはり人類特有の行為である、とよく言われる。ネアンデルタール人も、埋葬の風習があった、ということである。ポイントは、何がそうさせるのか、ということである。詰めて考えると、人間は、死体を単に物と見ているかというと、どうもそうではないのではないか、と思われる。死んだあとにも、「その死体に人間として存在した何か」があって、人間は、それを尊厳あるものとして尊重する、というふうに考えられる。これは、理屈の世界のことだと言ってよいのかわからないが、むしろ「理屈抜きの感性」というふうに言うべきなのかもしれない。人間の脳の中に、そういう規範として、人間をある意味で拘束する何かがあるのではないか、と最近は考えている。
　さて、①「『人間の尊厳を尊重すべき』というのは、例外のない倫理学上、かつ法学上の原則である。」、③「質の問題としても、量の問題としても、『すべての人間は同じように尊厳をもっている』。」、④『すべての人間は尊厳をもつ人間としては平等である。』、という命題に関してだが、こういう問題は、本稿のテーマに関係することは明らかで、単に生命倫理上の問題だけにとどまらない。私は、刑法の研究もしているが、犯罪と刑罰の問題も含めて、やはりそこには共通点があるのではないか、と考えている。特に人体実験の問題を考えるときには、そういう問題意識を根底に据えて考えないと、ただ単に「小手先のルールづくり」ということでやっていては、どこかで行き詰るのではないか、と考えてい

る[10]。結論としては、「人間の尊厳」と「個人の尊厳」は、ある場合には重なり合うが、必ずしも同一ではない、ということをまずもって共通認識として持つ必要がある、と思われる。

　さて、ここで、哲学者カントの命題に言及しておこう。この種の問題に関してドイツの議論をフォローすると、必ずこの「人間の尊厳」というキーワードが出てくる。このキーワードの源流はどこかというと、「汝の人格の中にも他のすべての人の人格の中にもある人間性を、汝がいつも目的としてのみ用い、決して単に道具としてのみ用いない、というようなふうに行為せよ[11]」、というカントの命題にある。そこには、「自律が人間およびすべての理性的存在者の尊厳の根拠なのである」、という人間観にある。もちろん、さらに辿ると、キリスト教の用語に遡ることができる[12]。したがって、ポイントは、「人間を単に道具としてのみ使ってはならない」、というところにある。人間は、1人では生きていけないので、お互い「ギブ・アンド・テイク」の関係にある。「道具」という表現が良いかどうかは別として、「誰かを利用する」ということはあるかもしれないが、一方的に誰かを利用して搾取するといったような構造は、やはり、カントの命題からすると、「人間の尊厳」に反する、という脈絡で理解することができる。

　「人間の尊厳」は、もはやドイツだけではなくて、いろいろな国で使用され、定着している。もちろん、それをどういうふうに受け止めるかは、若干、国により違いがあるかもしれない。2000年に公表されたヒトゲノムに関するユネスコの宣言文[13]でも、ヒューマン・ディグニティ（human dignity）という言葉が明確に盛り込まれている。そうすると、「人間の尊厳」は、もともとは確かにキリスト教の基本的な考えから出てきたのだが、いまや、「人類普遍の考え」と言ったほうがよいかもしれない。ユネスコで、宗教を超えて、どこの国でもこれを認知してきているということは、おそらくかなり広く宗教の枠を超えた重要な「人類の基本命題」と言ってもよいのではないか。もちろん、その解釈については争いも

10　詳細については、甲斐克則『被験者保護と刑法』（2005・成文堂）11頁以下参照。
11　カント（野田又夫訳）『人倫の形而上学の基礎づけ』『世界の名著32・カント』（中央公論社）274頁。
12　詳細については、ホセ・ヨンパルト＝秋葉悦子『人間の尊厳と生命倫理・生命法』（2006・成文堂）10頁以下参照。
13　UNESCO, The Universal Declaration on the Human Genome and Human Rights: from theory to practice, 2000.

あるが、私自身は、「人間の尊厳」は、本質的なものとして根底にありながら、日常生活のそれぞれの段階において姿を変えてそれぞれの存在態様として表出するものである、と理解している[14]。

三　身体の法的地位

　各論に入ろう。以上の総論的視角をもったうえで、具体的にどのように考えるべきか。そもそも身体というものを、どう考えるべきか。これについては、今まで日本では、刑法学者は、当然ながら傷害罪（刑法204条）の解釈で、「一般的に傷害罪は、人の身体の完全性（統合性）または生理的機能という法益を保護する処罰規定だ。」という議論をしてきた。生きた人間に対して、刃物を向けて傷をつけた、というのが傷害罪の典型例である。あるいは、誰かを殴って怪我をさせたから傷害罪だ、というのも典型例である。あるいは民法でも、こういう場合は不法行為（民法709条）になる、ということで、法的議論は終わる。

　なお、近年、刑法でも精神面での障害が傷害罪にあたるか、ということが、PTSD（心的外傷後ストレス障害）も含めて、問題提起されてきた。外形的な身体だけではなくて、PTSDのようなタイプの生理的機能の障害も傷害罪の対象になるということが、最高裁判所も含めて、最近では共通認識になってきている（最決平成17年3月29日刑集59巻2号54頁）。ただ、それでもやはり、生きている人間の身体、活動している人間の身体が前提である。それ以上のことは、法的には議論する必要がなかったのかもしれない。

　ところが、生命についてはさすがにそうはいかない。生命の処分権について、「死にたいから、殺してくれ。」と言った場合でも、なお、刑法202条の同意殺人罪という規定があるので、このような行為をすれば、刑法202条を適用することになる。これは何を意味するかというと、法的には生命の自己処分ができない、ということである。本人の同意があっても、他者がその人の生命を処分してはならない、ということにつながっていくわけである。したがって、生命については、ある意味ではそこにきちんとした法的枠組がある、といえよう。もちろん、そうした枠組はあっても、安楽死や尊厳死など、終末期医療をめぐり、いろいろ

14　詳細については、甲斐・前出注（10）11頁以下、同・前出注（2）21頁参照。

と問題が残ることは、周知のとおりである[15]。

　しかし、身体については、日本の刑法では、その処分に関して解釈に委ねられている。自己の身体をどう使うか、といったような問題については、実は、詰めていくと、現行法は、曖昧模糊としているところがある。あまり裁判になっていないので、表面化しないという側面もある。すなわち、身体は、「生きている、活動している身体」というふうに考えて、これが侵害された場合には当然に傷害罪になる、ということで法的に議論が終了するわけである。しかし、例えば、腎臓は一対、2つあるので、1つを生体腎移植で提供することは、今でも日本では多くなされているが、そういう腎臓1つを摘出したあと、これを冷凍保存して、数日内に移植しようとしているときに、誰かが持ち去った場合、あるいは破壊した場合、法的にどうなるのか、という問題については、刑法204条の解釈から、「これも傷害罪だ。」という解答がただちに出てくるわけではない。では、これを一体どう考えたらよいのか、という問題にまで議論が及ばないのである。あるいは、大脳について考えてみよう。今や、ニューロ・サイエンス（neuro science）やブレイン・サイエンス（brain science）というものが、ずいぶんと進んできている。大脳の移植が可能かどうかは現時点ではわからないが、将来、大脳の一部を摘出して、然るべき新しい技術で再生をしようとする場合に、誰かがその大脳の一部を持ち去ったときには法的にどうなるのであろうか。こういう問題は、将来、当然想定されるわけだが、このような事態について、現行法は、当然ながら想定していないので、扱いに困ることになる。

　インフォームド・コンセントは、情報提供をしたうえで同意を得るという意味での自己決定権だが、そのことから、傷害罪一般についても、ある程度の自己処分権を認めることができる、と考えられるとはいえ、大脳の一部であると、本当にそれを自分の意思で処分してよいのであろうか。「今から私は大脳の一部を切り取ってもらって人格改造をしたいんだが、これを自由にどうぞお持ち帰りください。」と言って、誰かが持って行った場合に、それは法的に問題ないのか。これは極端な例ではあるが、考えておいたほうがよい問題である。あるいは、より具体的には、摘出された移植予定の腎臓の1つを誰かが勝手に持って行ったという前述の設例はありうることだ、と思われる。そういう問題を一体どういう法的

15　詳細については、甲斐・前出注（9）の諸文献のほか、甲斐克則『尊厳死と刑法』（2004・成文堂）参照。

な論理で説明していくか、根拠づけていくか、ということが重要である。

　これは、デカルト的心身二元論、すなわち、身体と意志の分離に関する、長い間議論されてきた問題とも関わる。前述のように、現在ではやはり両者は不可分の関係にある、という見方が強まってきた。一時期は、両者は別だ、という論調、まさにデカルト的心身二元論みたいに、精神がたまたま身体に宿っているのであって、身体は借り物である、という考えが強かった時代もあったわけだが、最近では、それが反省を迫られている。今後どういう方向に行くのか、ということが哲学上の課題となる[16]。

四　「人体から切り離された身体の一部」、人体構成体・人体情報および死体の法的地位

1　「人体から切り離された身体の一部」（人体組織）の法的地位

　ここで、より問題を具体的に設定してみたい。「人体から切り離された身体の一部」、人体構成体・人体情報とか、死体の法的地位は、一体どういうものであろうか。実は、これが、本稿のメインテーマになる。これを、以下順次、分析してみたい[17]。

　まずは、「人体から切り離された身体の一部」、あるいは人体組織の法的地位は、一体どう考えたらよいであろうか。法的には、財物か否か、という問題がある。冒頭で、自治医科大学事件を取り上げたが、本件がこの問題に結び付くわけである。人体から切り離された身体の一部、あるいは人体組織を財物として位置づけてしまうと、刑法では、例えば、235条の窃盗罪の客体になってしまう。あるいは、民法で言えば、極端な話だが、売買の対象にしてよいか、という問題になっていく。「財物か否か」という場合の「財物」の位置づけ、これが、わかったようで、なかなかわかりにくいところがある。問題点をもっと明確にすると、所有権の対象となるか否か、そういう問題である。所有権というのは、民法で規定されているので、所有権が認められれば、その財物を持っている所有権者が自由に処分することができるわけであるが、「人体から切り離された身体の一部」は、そういうふうな位置づけでよいかというと、これは、おそらく迷うであろう。

16　甲斐・前出注（2）35頁および89頁以下参照。
17　甲斐・前出注（2）3頁以下、31頁以下参照。

この点に関しては、ジャン＝ピエール・ボーというフランスの法制史の学者の「切断された手の窃盗事例」[18]が有名であり、私も別途詳細に取り上げて分析をしたことがある[19]。これは、ある人が日曜大工をやっていて、チェーンソーで自分の手首を切ってしまったところ、その切断された手首を誰かが持って行ったという事例である。「俺の手首を勝手に持って行ってけしからん。」ということだが、それが窃盗罪になるのか、という問題提起がボーによりなされている。あるいは、傷害罪になるのであろうか、それ以外の何か罪になるのであろうか。実は、フランスで、これに類するモデルケースがあった、という。刑務所に入っていた受刑者の指が切断されて、これを誰かが持って行ったという事例である[20]。それを、ややバージョンを変えて問題設定したのが、このジャン＝ピエール・ボーの「切断された手の窃盗事例」である。

　法の世界は、ローマ法以来、伝統的に「人か物か」というふうな二分法体系でずっと運用されてきたし、解釈もされてきた。これは、フランスの法体系にも関わるわけであり、フランスでは伝統的に、人体から切り離されてもやはり人格というものと密接不可分の関係にある、という解釈で運用されてきたということを示しながら、ジャン＝ピエール・ボーは、「ちょっと待てよ。本当に何でも、人間の尊厳とか人格というものに結び付けてよいのか。」と問題提起をする[21]。

　まず、解釈論として、窃盗になるか、というと、彼は、これを否定する。なぜなら、盗まれた手は、財物ではなく、窃盗罪の客体となりえないからである、と。では、生きた身体と一体となっている手と同じ扱いのレベルのものか、というと、それも無理だ、と説く。それでは、一体何だ、という問題提起である[22]。これが大事なところであり、「人か物か」というと、あえて言えば物だけれども、物と言えば所有権の対象ですべて処分可能、利用可能かというと、そうではなく、物として位置づけたほうが尊重されるものはたくさんある、と説く。例えば、いろいろな宗教の儀式の中で、大事に使われるもので、物だけれども、みんなが恐れ多いものとして扱うものも多々ある。これと同じように、人体も、身体

18　日本語でも翻訳が出ている。ジャン＝ピエール・ボー（野上博義訳）『盗まれた手の事件――肉体の法制史――』（2004年・法政大学出版局）3頁以下。
19　甲斐・前出注（2）6頁以下。
20　ジャン＝ピエール・ボー（野上訳）・前出注（18）5頁以下。
21　ジャン＝ピエール・ボー（野上訳）・前出注（18）12頁以下。
22　ジャン＝ピエール・ボー（野上訳）・前出注（18）14頁以下。

から切り離された場合でも、それと類似のような構造があるのではないか、ということで、正面から物として位置づけたうえで、「商品化になじまないようなものである」、という位置づけも可能ではないか、というのが彼の結論である[23]。

ここのところは、1つの重要な争点である。身体の一部が人体から切り離された場合に、これを人格権と直接結び付けることができるか、というと、ボー自身は、それは困難である、と指摘するわけである。もう少しこれを広げると、前述の腎臓の1つを摘出して、2〜3日以内にこれを移植する例で考えると、とりあえずそれを冷凍保存しておいたところ誰かに盗まれた場合、法的に窃盗罪にもならないのであれば、このような行為を放置しておいてよいか、というと、多くの人が、そのまま放置するのは良くない、と思うであろう。それでは、どういう刑罰法規で裁くべきか、というと、現行法では適用規定がないのである。つまり、明治40年（1907年）にできた日本の刑法典は、こういう問題をもともと想定してこなかった、と言ったほうが正確かもしれない。

実は、この問題を詰めていくと、血液はどうか、爪はどうか、頭髪はどうか等、関連問題が次々出てくる。人体といっても、実は、いろいろな要素から成り立っている。カツラにするために、ある女性が自己の頭髪を切って売ってしまったとしても、これは今でもなされているようなことであり、この行為を何かの罪に問うことができるかというと、それはできないであろう。血液については微妙であって、周知のように、昔は売血制度があったが、現在では売血は法律で禁止されており、「献血」というふうに名前を変えている。そうさせているのは、一体、何であろうか。あるいは、後述のように、精子・卵子といった、いわゆる配偶子の法的性質は何であろうか。こういうふうに詰めていくと、その辺りに共通点が見えてくる。

しかしながら、現行法では、何度も述べたように、明確にその近辺をルール化していないのである。これをこのまま放置しておいてよいかというと、もはや、そういうことでは済まされないであろう、というのが私の問題意識である。

そこで、容易に修復可能なもの、例えば、頭髪とか、爪とか、こういうものの売買に対しても厳格に何か法規制をかけるべきかというと、これは過度な介入になるだろう、と思われる。では、その線引きは一体どこでするのか、ということ

23　ジャン＝ピエール・ボー（野上訳）・前出注（18）272頁。

になる。心臓のような生命に直接関わる修復不可能なものは、当然ながら論外ということがわかるのであるが、その中間に位置するものがたくさんある。先ほど取り上げた配偶子や、場合によっては受精卵といったものも、近い将来、日本でも売買ないし闇取引の対象にする人が出てくる可能性を否定できない。そうすると、まさに今、きちんと、それらの法的扱いについてルール化しておかないと、混乱を招く事態になりかねないであろう。

2　人体構成体・人体情報の法的地位

ところで、ひとくくりに「人体構成体の法的地位」というふうに議論を持って行ってよいかというと、先ほど私が「容易に修復可能かどうか」、と述べた点と関連して、血液とか精子とか卵子・ヒト受精胚、骨とかアキレス腱、それから細胞について、もう少し掘り下げて検討する必要がある。

ここで、リーディングケースであるヒーラ細胞の事例を取り上げてみよう。ヒーラ細胞というのは、1951年に子宮がんで亡くなったアフリカ系女性に由来する細胞のことである。実は、1951年に彼女が亡くなったあと、ある人が関係者の許可なく、これを研究利用した。これは、ずっと暗黙裡になされてきた。いろいろな国で、これが応用されてきて、がんの研究に貢献したわけであるが、肝心の遺族の同意が得られたのは62年後、2013年であった。その後、遺族は一応その細胞の利用に同意をしたわけであるが、しかし、その間にすでに世界に普及していたということであって、これ自体が持っている問題点を抽出できる。今は、関係の研究者一同、ヒーラ細胞を当然の前提として使っているわけである[24]。

先ほど、バイオバンクの話を出したが、その前提となる細胞の法的地位については、新たに位置づける必要がある、と思われる。ここで法的地位というのは、物理的な意味での法的地位というものに加えて、細胞それ自体が持っている情報、つまり「人体情報」と言ってもよいものも併存する。とりわけ、その人の遺伝情報を含めて考えなければならない。そうすると、単なる物理的な意味での法的位置づけないし倫理的位置づけでよいか、というと、それを今、新たに考え直さなければならない状況にある、ということである。

人体情報については、1990年の有名なアメリカのジョン・ムーア事件判決

24　以上について、甲斐克則編『ブリッジブック医事法〔第2版〕』（2018・信山社）第19講「ヒト由来物質の利用」226頁（佐藤雄一郎執筆）参照。

(Moor v. Regents of University of California (1990) 51 Cal 3d 120 (Sup Ct Cal); 793 P 2d 479) がある[25]。本件は、アメリカのカリフォルニア州で裁判になった事件である。白血病の治療のために脾臓の摘出の手術を受けた患者がいて、切り取られたこの脾臓細胞を用いてカリフォルニア大学の研究者が研究を行い、新薬開発で莫大な利益を得た。この提供者が、自分が提供した細胞でそのような利益を得たのだから、自分にも利益に関して権利があるはずだ、ということで、権利性を主張したのが、この裁判である。カリフォルニア州の高裁と最高裁では立場が違って、高裁では原告の訴えを認めたが、同州の最高裁は、原告の権利性を否定した。この判例は、国を超えて、多くの人が引用する。

あるいは、2003年のグリンバーグ事件判決 (Greenberg v. Miami Children's Hospital Research Institute 264 F Supp 2d 1064 (SD Fla 2003)) も、有名である。本件は、ある種のユダヤ人の中にそういう疾患が多いと言われているカナバン病をめぐる特許に関する事件であった[26]。ここでも、基本的にムーア事件と同じようなスタンスで、元の提供者には権利がない、という判断が示されている。それは、一体どういうことを意味するのであろうか。

以上のような問題意識から、もう少し詰めていくと、従来のように、「人か物か」というふうに議論されてきた議論に、さらに第三の法的地位を加えることは可能か、という問題設定に移行していく。この点について、私は、長年ずっと考え続けているところであるが、難渋で悩ましい。当然ながら、「人か物か」と問われれば、「人」というふうに割り切って考えることができるかもしれないが、しかし、本当に「生きた生身の人間の人」と同じ位置づけか、というと、どうも、やはりそうも言えないところがある。しかし、「物」だとすると、所有権の対象、あるいは市場売買の客体になるか、という議論になる。「それでよい」と割り切る考えもありうるが、これもまた、「ちょっと待てよ」、という声に遮られる。21世紀を迎えたときからずっと続いているこの問題に対しては、やはり、新たな法的な地位を付与しなければならないのではないか、と思う。

---

25 本判例については、Benjamin Capps, Primary Topic article-Redefining Property inhuman Body Parts: An Ethical Enquiry, in Akira Akabayashi (Ed.), The Future of Bioethics: International Dialogues, 2014, Oxford University Press, pp. 235-263に対するコメント、Katsunori Kai, Commentary, Legal Status of the Human Body and Tissues, pp. 275-277において、私も議論に参加したことがある。

26 本件については、佐藤・前出注 (24) 237頁参照。

実は、それの先取りというのが、先ほど簡潔に上げたイギリスの Human Tissue Act 2004にヒントがあるのではないか、と考えられる。あえて、human tissue という言葉を法律の中で明文化している点に注目する必要がある。ただ、それについて、法的な位置づけ明確にしているわけではない。これは、イギリスの「ずるいところ」であるし、「賢いとところ」というべきかもしれない。かつて、受精卵についても、イギリスの1984年の Warnock Report でもそうであったし、その後の Human Fertilisation and Embryology Act 1990という法律を見ても、ヒト胚・体外受精卵の法的地位については、必ずしも明確にはしていないのである。しかし、その扱いとしては、物とは違うという扱いであり、いろいろと丁重に対応している[27]。その元になった Warnock Report を読んでみると、このような本質論を議論したら意見が必ず分かれ、ルール化が遅れてよくない、ということが書かれている[28]。

　それでは一体、どういう方向に向かうべきか。商品化に対する法規制の根拠を考える必要がある。法規制というからには、やはり根拠が必要である。刑事規制だと、なおさらのことであるが、刑事規制に至らなくても、行政規制であっても、やはり根拠が必要である。

　そこで、今度はアメリカの議論について取り上げてみよう。アメリカでは、前日のように、アンダーグラウンドで、人体の商品化がかなり進んでいる。もちろん、それに危機感を覚えている学者もいる。かつて私は、アメリカの法哲学者マーガレット・ジェーン・レイディン（Margaret Jane Radin）という学者の見解を取り上げて詳細に分析したことがある[29]。彼女は、非常に鋭い分析をしていて、法哲学的にはヘーゲルの人格概念に依拠しながら、「人格を志向した所有（property for personhood）」というキー概念を使っている[30]。property for personhood をどう訳してよいか、特に、property を所有と訳してよいのか、むしろ財産と訳したほうがよいのか、難しい。所有権というと、ownership という用語もある。実は、そういう具合に、英米法でも、似た言葉でいろいろと微妙に違う用

27　詳細については、甲斐克則『生殖医療と刑法』（2010年・成文堂）89頁以下参照。
28　詳細については、甲斐・前出注（27）51頁以下参照。
29　甲斐・前出注（2）15頁以下。
30　Margaret Jane Radin, Property and Personhood, Stanford Review, Vol. 34, (1982) pp.957-1015. Furthermore see Margaret Jane Radin, Market-Inalienability, Harvard Law Review, Vol. 100, (1987), pp. 1849-1937.

語がある。

　レイディンは、純粋に手段として使用される交換可能な財（fungible property）ではなくて、人格的自律ないし自由を志向すべきことを強調しながら[31]、結局、市場不可譲性（market-inalienability）[32]と非商品化（non-commodification）[33]という用語をかなり頻繁に使って分析をしていく。要するに、「第三の道」を目指すべきだ、というのが、彼女の主張である。法規制の下で、一定の取引、それから、市場の論理を制限する、という主張である。「取引」という言葉も、いわゆる「市場化された取引」ではなくて、「市場化に乗らないような取引」という道を目指すべきではないか、というふうに何か微妙な表現を使っている。もう少し補足をすると、商品化というのは、自由やアイデンティティといった、personhoodの側面を減滅させる、あるいは弱くさせてしまうので、人体の商品化には気をつけなければならない、というわけである。それはなぜかというと、要は、人間の繁栄（flourish）に対する侵害がそこにあるからだ、というわけである。したがって、商品化はやはり認めてはならないが、それは、すべての取引を禁止することにはならない、とも述べている。つまり、市場化に乗らなければ、取引というよりも利用というふうに考えて、「自己の身体に対するコントロール権」というものをきちんと押さえたうえで、ルール化して身体を使えば問題が収まるのではないか、というのが、彼女の問題提起である[34]。確かに、この問題提起には傾聴に値するものがある。しかし、これに全面的に賛同をすべきかどうかというと、若干の疑問は残る。なぜなら、この見解は、前述のボーが批判したフランスの伝統的見解と実質的に大差ないように思われるし、人体から切り離された身体（肉体）にまで人格性を拡大することになるのではないか、とも解されるからである[35]。むしろ、レイディンの説く「人格性」を「人間の尊厳」に置き換えて考える方向を目指すべきであろう。

　この議論は、最近、イギリスやオーストラリアでも盛んになってきている。とりわけ「オックスフォード学派」と言ってもよいかもしれないメンバーが、実に刺激的で、非常に興味深い問題提起をしている[36]。彼らは、共通のフレーズとし

31　Radin, supra note (30), Property and Personhood, p. 960.
32　Radin, supra note (30), Market-Inalienability, p. 1852-1853.
33　Radin, supra note (30), Market-Inalienability, p. 1855.
34　Radin, supra note (30), Market-Inalienability, pp. 1854-1855, and p. 1907.
35　この点については、すでに甲斐・前出注（2）17-18頁で指摘したところである。

て、propertyという用語を使っている。ポイントは、human tissueとpropertyがどういう関係にあるのか、というところにある。英米法の中でも、イギリスとオーストラリアは近いものがあり、アメリカ法とはまた少し違う。したがって、イギリスでHuman Tissue Act 2004ができているにもかかわらず、こういう議論が最近でもなお続いているというところに、私は、強い関心を持って研究をしているところである。

Kate Greasleyのproperty論を簡単に言うと、すべての財産権が売買可能なわけではなく、その中には商品化（commodification）と客体化（objectification）の2つがあり、商品化については、彼女は、抑制的であるべきだ、と説くが、客体化、すなわち利用可能性については、どういうふうにルール化すべきか、という問題設定をする[37]。イギリスでこうした議論が再燃した背景には、特に、精子や配偶子の位置づけについて、イギリスにおける生殖医療に関する興味深い裁判があったからである。私自身、すでにその分析をしたことがあるが、2009年の有名なYearworth事件判決（Yearworth and others v North Bristol NHS Trust [2009] EWCA Civ 37; WLR (D) 34）が、それである[38]。

本件は、がん疾患に罹患した男性が、元気なうちに不妊治療のため精子を凍結保存すべく、認可庁に届け出てブリストル市内の病院に預けていたところ、凍結保存をしているときに、病院が温度の調節を間違って、管理ミスから精子が溶けてしまって使えなくなったということから、民事裁判になったものである。裁判がどういう論拠でなされたかというと、損害賠償請求であった。損害賠償請求の

---

36 Imogen Goold, Kate Greasley, Jonathan Herring, Loane Skene (Ed.), Persons, Parts and Property. How Should We Regulate Human Tissue in the 21st Century? 2016, HART PUBLISHING. このメンバーのうち、私も個人的にかなり知っている人がいて、Jonathan Herring教授は、オックスフォード大学法学部で刑法と医事法を担当しており、私と研究テーマが一緒で、オックスフォードでお会いしたことがあり、イギリスでもバリバリの中心人物の1人である。Kate Greasley教授は、大阪大学医学部の加藤和人教授が2016年12月3日――4日開催の第28回日本生命倫理学会大会の際に招待された方で、そこでお会いしたことがあり、オックスフォード大学の医事法の専門家である。それから、オーストラリアのメルボルン大学法学部のLoane Skene教授には、25年以上も前に北海道大学での研究会でお会いしたことがある。また、編者ではないが、執筆者に加わっているオーストラリアのタスマニア大学法学部のDon Chalmers教授は、私の長年の友人でもある。

37 Kate Greasley, Property Rights in the Human Body: Commodification and Objectification, in supra note (36), pp. 67-87.

38 甲斐克則「イギリスにおける生殖医療と法的ルール」甲斐克則編『医事法講座第5巻 生殖医療と医事法』（2014年・信山社）175頁以下参照。

根拠として、慰謝料請求という理論構成と人格権の侵害という理論構成がありうるわけだが、その点をめぐって、イギリスではずいぶんと議論があった。本件で、裁判所は、基本的には損害賠償を認めたが、財産と同じような扱いに類似したような論拠でそれを認めたということから、イギリスで議論が続いているというわけである。おそらく、先に示した著者たちの共通の問題意識はそこにある、と思われる。

　Greasley は、議論の中で、カントの定言命法を念頭に置きつつも、前述の Yearworth 事件判決の分析との関連で、面白い問題設定をしている。モネの絵を頭に思い浮かべてみると、キャンバスがあって、これに絵を描いたのはモネであって、その作品はモネのものであり、キャンバスに描いて客体化された絵画自体は、業者に売ったりして売買するわけだが、もともとその絵画は誰のものか、という議論と、身体の一部の property をめぐる議論をパラレルに考えることができるか。彼女は、こういう問題設定をしているわけである[39]。これが、なかなか面白い。面白いというのは、どう回答してよいか、悩むからである。もともと、モネの絵は、モネしか描けない。これをモネがキャンバスに客体として描いてしまった場合、この絵を、いろいろな絵画の業者が売買したりする。あるいは、国が買い取ったりもする。しかし、絵画に含まれた情報自体は、やはりモネのものではないか、と Greasley は説きつつ、それと同じように、人体についても、そこに遺伝情報が含まれている以上は、中身については本人のものではないか、と主張するわけである。ただし、これが物理的な意味で利用されるといった場合には、またワンクッション違った位置づけが必要ではないか、と彼女は説いているのである[40]。

　これに対して、Jonathan Herring は、Greasley と方向は似ているが、人体の一部を財産と割り切ってアプローチすることについては、大きく2つの問題点がある、と指摘している[41]。1つは、そのようなアプローチは、社会共同体・関係性の利益を見落としている、という点である。人体の一部を財産というふうに言ってしまうと、個人の利益追求の客体になりきってしまうおそれがあるが、そ

39　Greasley, supra note（37）, pp76-77.
40　Greasley, supra note（37）, p. 78ff.
41　Jonathan Herring, Why We Need a Statute Regime to Regulate Bodily Material, in supra note（36）, pp. 215-229.

うではなかろう。人体とはいえ、これは、やはり社会共同体との関係性といったものの利益と不可分の関係にある、とHerringは指摘している[42]。もう1つの問題点は、身体のすべての部分で同様の利益を有している、という誤った前提に立つことになってしまうという点である。つまり、人体が財産であるならば、血液であろうが、精子であろうが、卵子であろうが、すべて同じ財産というふうに割り切ってしまうことになるが、本当にそれでよいのか、という問題である。人体構成体といっても、冒頭で述べたとおり、多様である。それらを全部、ひとくくりにしてしまうというのは、むしろ危険極まりない、というわけである[43]。

さらに、Herringは、身体および人体から切り離された身体の一部を複合的利益だと捉える立場から、個人の利益を対象とする財産アプローチについて、6つの点で不十分だとして、非常に興味深く分析している。第1に、彼は、面白いキーワードを使っている。「私らしさ」というふうに訳してよいかわからないが、「me-ness」という用語を使っている。人体には、それぞれ私らしさ（me-ness）というものがある。これは、誰に人体の一部を提供しようと、ずっと続いていく。そういう尊厳の利益という特徴があるものだから、単にpropertyというふうに割り切って扱っていくことには、やはり問題性がある、と説いているのである[44]。第2に、「健康（health）」の理解は、共同体と関連づけられる。第3に、自己（self）は、関係性の概念（relational concept）である。第4に、自己の身体も、単純に「われわれのもの」とはいえない。第5に、「身体を所有しているという観念（notion of the body being owned）は、特定の政治的思想の潮流と結び付いている。第6に、身体の一部には、明らかな社会的・共同体的利益が存在している[45]。

結局、Herringが言いたいのは、身体、あるいは分離された身体の一部というのは、複合的利益である、ということである。それは、つまり、単なる個人的利益——刑法で言えば個人法益という言葉を使う、——だけではなくて、社会共同体の利益がそこには複合的に含まれているのだ、というのが、彼の法的位置づけである。この点は、私と問題意識が似たところがある。私も、かねてから、例え

---

42 Herring, supra note (41), pp. 215-216.
43 Herring, supra note (41), pp. 216.
44 Herring, supra note (41), pp. 217-218.
45 Herring, supra note (41), pp. 218-221.

ば、クローン技術の問題における法益に関する議論でそういう趣旨のことを言っており、こういう問題での保護法益は、「新たな社会法益」として位置づけなければならない、と言ってきたからである[46]。Herring の主張を分析してみると、意外と発想が似たところがある、と思いつつある。詳細は、別途検討したい。

以上、イギリスでは、かなり興味深い議論がなされている。紙数の関係で、オーストラリアでの議論は割愛するが、オーストラリアの Loane Skene や Don Chalmers らも、興味深い議論をしている。一言で言うと、オーストラリアのほうが結構割り切って「物」に近い議論している。オーストラリア法は、イギリス法に近いところもあるが、最近はイギリス法から独立して、法的に割り切った議論をしており、むしろアメリカ法に近いところが結構あるように思われる。

3　死体の法的地位

以上、人体から切り離された身体の一部について、人か物か、という議論をみてきたが、そもそも死体は法的にどのよいに位置づければよいのであろうか。

古い大審院の判決を調べると、墓を荒らして遺体を持って逃げたという事件があった（大判大正4年6月24日刑録21輯886頁）。これがどういう罪に当たるか、ということであるが、当然ながら、結論は、死体損壊罪（刑法190条）で決着がついた。しかし、実は、検察官は、当初これを窃盗罪、すなわち、財物に対する罪ということで立件をしている。これに対して、大審院は、ここですでに、本件はあくまでも社会法益に対する罪としての死体損壊罪である、と結論づけており、これは正しい解釈だ、と思われるし、今でも、それは変わらない。ときおり墓荒らしとか遺骨の奪い合いの事件があるが、これは、物かと言えば物だが、しかし、窃盗罪（刑法235条）の客体としての財物ではなくて、190条でいうところの死体損壊罪の客体としての物である、というふうに考えられる。したがって、こういう意味では、死体についてはすでに古くから方向性が出ているのである。

さらに、これをもう少し掘り下げて、「売買等の商業主義的扱い」ということになっていくと、これを禁止することがなぜできるか、という根拠をめぐる問題に突き当たる。遺体を盗んできたあと、あるいは遺骨を盗んできたあと、これをさらに第三者に売買したような場合、最初に持って逃げた行為は、当然、刑法

46　甲斐・前出注（27）268頁。

190条の死体損壊罪だが、それを預かった人が、それを次々転売していったりした場合に、これは一体何罪か、というと、そこまでは刑法典は想定していない、と思われる。苦しい解釈だが、死体損壊罪の承継的共同正犯とでもなるのであろうか。財物となると、財産罪として盗品等に対する罪（刑法256条）が別途あり、窃盗犯は、本犯として、もはやそれ以上は処罰されないが、別の人間が盗品と知ってそれを誰かに売却すれば、盗品等に対する罪で処罰されうる。遺骨とか、その他、先ほど冒頭で例として出した冷凍保存された移植用臓器を誰かから盗まれた場合、盗んだ者、さらにそれをどこかに持っていって提供した者には、やはり同じような問題が起きうる。ここでは、死体であるから、生体から切り離された臓器と同列とはいかない。そこはやはり区別も必要だ、と思われる。しかし、腎臓の場合には、死後の腎臓提供も可能であるから、この問題が関わってくるわけである。

　そこで、保護法益を中心に整理をしてみよう[47]。1番目に、死後といえども、なお人格権の一部が残る、という考えがある。これは、ドイツの法学者が好んで使う論拠である。しかし、この考えには、反論も多い。死んでしまったら、人格権という本来は生存者に賦与される権利はやはり消滅する、というのが一般的な理解である。仮にこれを認めても、それは、人格権の名残みたいなものだ、という反論がなされる。

　2番目は、死者に対する遺族の敬虔感情の保護として捉える考えである。遺族の敬虔感情は、社会法益という位置づけをする場合によく使われる論拠であるけれども、それだけだと、遺族がいなくて誰も敬虔感情を抱かない場合はどうか、という疑問が出される。あるいは、「もうこんな人の遺骨なんかないほうがよい。」というふうに遺族が皆思っていたらどうなるのか、という皮肉な反論も出てくるわけである。

　3番目は、単なる敬虔感情を超えて、死者ないし死体にも生者に準じた固有の社会的レベルでの「死者の尊厳」ないし「死体の尊厳」があるのではないか、という考えである。この考えは、実は私の見解である[48]。冒頭で、人類に埋葬の風習がなぜあるか、ということを述べたが、それが、実はここに関わってくるわけ

---

[47] 以下の詳細は、甲斐・注（2）37頁以下、92頁以下参照。
[48] 甲斐・前出注（2）20頁、43頁、98頁。なお、甲斐克則「医事法的観点からみた患者の身体」医学哲学・医学倫理18号（2000）167頁以下参照。

である。感情と言えば感情だが、その感情は、単なる感情ではなくて、やはり人体がDNAとして持っている本性上の感覚自体として、ずっと歴史を刻んできたその人体に対して、死体になっても、やはり人に対する尊厳というものが残るのではないか、と考えている。それが直接的根拠なるかというと、まだ弱いところがあり、考えている途中ではあるが、そういう位置づけも可能ではないか、と考えている。要するに、死者にも生者に準じた固有の社会的レベルでの「死者の尊厳」ないし「死体の尊厳」があるのではないか、ということである。したがって、死者から摘出した臓器売買もやはり禁止される、と考えられる。そうなると、「死体自体の自己所有権」というふうに所有権の問題にもっていく論理に対しては、「ちょっと待てよ。」と言いたくなる。

　所有権というと、先ほどから出ているとおり、民法上の返還請求権というものと混同されてしまうかもしれないので、あえて使えば、「支配権」という用語のほうが適切である。イギリスでは、コントロール権という用語を使う人もいる。ここでは、「支配権」という用語を使うとすると、誰が支配権者か、という問題になっていく。そうすると、所有権をめぐる議論と似たところもあるが、所有権ではないので、売買の対象とか市場の流通を許すものではない。単なる取引を認めるわけでもない。そういう法的位置づけとして、「支配権」という用語が適切ではないか、と考えている。前述の自治医科大学病院事件も、そういう観点から考えると、説明がつくのではないか、と思われる。

　それ以外の事件では、中絶胎児遺棄事件がある。これは、有名な横浜の産科クリニックで、妊娠中絶した胎児と胎盤をゴミと一緒に遺棄した事件である。胎児は、一定期間、つまり妊娠12週目を超えると、法的な保護を受ける（死産の届出に関する規程）。ところが、12週未満だと、明治8年の太政官布告以来、日本では明確な位置づけをしておらず、したがって、物として扱おうと思えば、そうできるわけである。そういうことから、本件のクリニックでは、中絶胎児自体、それから胎盤も、通常のゴミと同じように扱い、遺棄したところ、これが摘発された。ところが、検察は、どういう罪名を付けたかというと、大変苦労した挙句に、結局、情けないことに──「情けない」というのは、「法的な現状が情けない」という意味である。──、廃棄物処理法違反の罪で立件して、結果的に有罪になった（横浜地判平成17年5月12日判例集未登載）。つまり、日本の法体系では、一定期間内の中絶胎児や胎盤は、せいぜいゴミと同じ位置づけしかなされていな

いというところにむしろ問題がある、と言いたいのである。そのような位置づけしかなされていないのは、法体系として情けない。イギリスでは、何度も述べたように、Human Tissue Act 2004ができて、そういうものもカバーする法律をつくったわけである。日本でも、やはりこういう問題をしっかり考えて、法律をつくらなければならない、ということを強調したい。

五　人体組織・人体構成体の利用と法規制

1　臓器以外の各種ヒト組織・細胞の「商品化」

さて、最後に、人体組織・人体構成体の利用と法規制について述べたい。アメリカでは、臓器以外のヒト組織細胞の商品化がなされていることは、すでに述べたので、ここでは重複を避けて割愛する。

2　病理解剖で用いた死体の一部（「ヒト由来物資」）の研究利用

利用という場合には、2種類ある。ビジネスあるいはそれに近い商業的なものとして利用する場合と研究利用である。研究利用になると、これまた少し違う要素が出てくる。したがって、人体組織構成体をまったく使ってはならないというふうに割り切ってしまうと、実は研究もできないということになるが、それは、あまりにもハード過ぎる対応であり、妥当でない。一定の研究利用には、やはり道を開く必要がある。そこの折り合いをどうするか、というのが、次の課題になる。

これについては、例えば、日本組織培養学会がガイドラインを作成して対応してきたし[49]、日本組織移植学会もガイドラインを作成して対応してきた[50]。このように、関連学会が自主規制という観点から、この種の問題にガイドラインで対応している。これはこれで努力を評価しなければいけないと思うが、おそらくはもう限界があるであろう。やはりこの問題は、法律でこの部分の基本ルールを決めたうえで、細かいところは関連学会のガイドラインに委ねるということにせざるをえないのではなかろうか。どんな学会であろうと、基本的な課題については共通点があるはずである。そこに、基本的な法的枠組みを設定するということを

49　日本組織培養学会倫理問題検討委員会「非医療分野におけるヒト組織・細胞の取り扱いについて」組織培養研究17巻4号（1998）117頁以下。
50　日本組織移植学会「ヒト組織を利用する医療項に関するガイドライン」（2002年）。

提言したい。

3　規範的根拠とすての「人間の尊厳」

規制の規範的根拠としては、もちろん、「人間の尊厳」という問題も絡んでくるが、すでに述べたので、ここでは割愛する。

4　ゲノム情報

それから、最近の議論では、ゲノム編集ないしゲノム改変をめぐる問題が重要である。私自身、内閣府の総合科学技術イノベーション会議の命倫理専門調査会で専門委員として議論に加わってきた[51]。専門調査会におけるゲノム編集の議論では、当面は人の受精卵を使っての臨床応用は、研究も含めてやるべきではない、という点では一致している。2016年には『ヒト受精胚へのゲノム編集技術を用いる研究について（中間まとめ）』が出され、2018年には、『「ヒト胚の取り扱いに関する基本的考え方」見直し等に係る報告（第一次)』という報告書も出され、それを受けて、同年に文部科学省と厚生労働省により「ヒト受精胚に遺伝情報改変技術等を用いる研究に関する倫理指針」が策定された。それ自体は妥当であるが、それでは、配偶子はいったいどうか、という問題が残されている。精子・卵子、これらをゲノム編集を応用して再生医療とセットで使った場合にどうなるか、という議論を本当はすべきだけれども、現段階ではまだそこの議論は進んでいない。本稿で述べたような基本的点をもとに、私自身も、もう少しこれらの問題点を掘り下げて議論をしたいと思っている。

5　研究利用の場合の5原則の提唱

最後に、研究利用についての原則を考えるとすれば、5つほどあるだろう、と思われる[52]。

第1は、インフォームド・コンセントの原則的確保である。ただ、ここでいうインフォームド・コンセントも、通常の治療で考えるようなインフォームド・コ

---

[51] ゲノム編集については、すでに公表した論文がある。甲斐克則「『生命科学と法』の最前線――ヒトゲノム編集とミトコンドリア置換を中心に――」早稲田大学法務研究論叢2号（2017）1頁以下。関心がある方はそちらを見ていただければ幸いである。
[52] この点については、すでに、甲斐・前出注（2）46頁において示したところである。

ンセントとはやや違うところがある。研究利用であるから、いろいろな段階でのインフォームド・コンセントがある[53]。要するに、死体からの組織とかの摘出になるので、本人に直接、詳細な説明も含めて、あるいは「イエス・ノー」の決断を迫ることも含めたことを言うことできない。これを遺族に対して全部なすべきか、遺族がいない場合はどうすべきか等、いろいろな問題が残されている。

第2は、研究計画から人類の福祉に役立つことが合理的に予測できる範囲のものを抽出する、ということである。

第3は、ほかに有効な代替手段がないという絞りをかけることもありうるであろう。もう少し厳密に言うと、これは、人体構成体の内容による。前述のように、臓器あるいはそれ以外のアキレス腱とか、血液とか、いろいろなレベルがあることから、それらに配慮しながら区分けしていくほかなかろう、と思われる。

第4に、重大なリスクを伴わないということも重要である。これは、当然のことである。研究であっても、重大なリスクがあれば実施できないことがありうる。

第5に、当然、研究である以上、研究プロトコールをきちんと策定して遵守するということが重要である。

六　結　語

総括的結論として、この分野でも人体組織・人体構成体・人体情報についての法的枠組み、法制度をつくるべきである。ただ、細かいところは、国の指針やそれぞれの学会のガイドラインといったような倫理規範で補完をすることが、落ち着くべき方向ではないか、と現段階では考えている。

いずれにせよ、問題解決のためには、手続きをきちんとしなければならない。この領域は、本当にすごい勢いで、どんどん動いていく。1年どころか数か月で状況が変わる領域もありうる。しかし、どのように状況が変わろうと、手続きはきちんとしておかなければならないということで、私は、長年、「メディカル・デュープロセスの法理」というものを提唱してきている。それは、次のような内容である。

医療、とりわけ人体実験・臨床試験・治療的実験のようなものについては、社

53　詳細については、甲斐克則編『医事法講座第2巻　インフォームド・コンセントと医事法』（2010・信山社）所収の各論文を参照されたい。

会的観点も加味して、適正手続による保障がなければ、当該医療行為ないし医学的研究は違法である、とする法理であり、実験段階から個々の被験者・患者に対するインフォームド・コンセントはもとより、その前段階として彼らに熟考期間（カウンセリングを含む。）があったか、安全性について倫理委員会（これも独立した機関であることが望ましい。）の適正な審査を受けているか、人類に多大な影響を与えうるもの（例えば、先端医療技術の新規なものや遺伝子関係のもの）については、プライバシーを侵害しない範囲で情報公開をし（遺伝情報はプライバシーを超える。）、社会的合意・承認を得ているか等をチェックして、そのいずれかでも欠けていれば、当該医療行為ないし医学的研究は違法であり、そのようにして得られたデータに基づく学術論文の公表を禁止したり、それ以後の公的研究費を凍結する等の行政処分をし、悪質なものについては民事責任、場合によっては刑事責任を負わせようとするものである[54]。

それを実現するには、ソフトローとハードローの組合わせによる段階的なルールづくりが日本では適するし、おそらく使いやすいし、フレキシブルに対応もできるし、応用も可能ではないか、と考える次第である。

付記1 被献呈者の久塚純一教授は、私にとっては、九州大学大学院法学研究科の先輩にあたり、大学院時代に共に平和台球場にプロ野球観戦に行ったり、学内で野球をするなど、青春を共に謳歌した方であり、ここ15年間は、早稲田大学で共に教鞭を執るという奇縁にも恵まれた。キャンパス内でお会いする度に、理屈抜きで大学院時代の雰囲気で接していただいたことに感謝申し上げたい。この度、めでたく古稀を迎えられたことを心よりお慶びし、久塚教授のさらなるご健勝を祈念したい。

付記2 本稿は、早稲田大学が文部科学省から採択された私立大学ブランディング研究事業「多様な全世代が参画する社会へのデザイン――医理工社連携による新知と実践――」、平成30年度科学研究費補助金「挑戦的研究（萌芽）」課題番号18K18554「人体情報の法的保護と利用の総合的研究」および早稲田大学2018年度特定課題基礎助成「人体情報の法的保護と利用の総合的研究」の研究成果の一部である。

---

54 甲斐・前出注（10）の随所参照。

2019年のアフリカと日本

片　岡　貞　治

一　はじめに
二　アフリカの現状
三　2017-18年のアフリカにおけるポジティブな政治的変化
四　TICAD 7 と日本の対アフリカ政策
五　おわりに

一　はじめに

　56年ぶりに東京でオリンピックが開催される2020年が一つの節目の年として注目されるが、その前年、即ち本年の2019年も、実に多くの政治外交上の重要日程が、目白押しとなる極めて大事な年となる。史上初めて、日本がG20のホスト国となる。同G20は2019年6月28-29日に大阪で開催される。また、2019年は、平成最後の一年となり、今上天皇は、2019年4月30日に退位され、皇太子殿下が、翌5月1日に即位される。天皇陛下の生前退位は、江戸後期の光格天皇以来200年ぶりで、憲政史上では初めての出来事である。また、即位の礼は、2019年10月22日に行われる

　更にラグビーW杯が、2019年9月20日より開催される。また、4月には統一地方選挙、夏には参議院選挙がそれぞれ実施される。2019年は春の統一地方選と夏の参院選が重なる12年に1度の「亥年」、政治決戦年である。

　そして、TICAD（Tokyo International Conference on African Development：アフリカ開発会議）がTICAD 7 として 6 年ぶりに横浜で2019年 8 月28-30日に開催される。TICADは、2013年までは5年ごとに日本で開催されていたが、2016年のTICADVIから3年毎、アフリカと日本で交互に開催されるようになった。2018年の10月には、TICAD閣僚会合が東京で開催された。それを踏まえて、2019年に開催されるTICAD 7 は、新たなサイクルとなって初めて日本で行われる記念す

べき会合なのである。そこで、本稿は、アフリカ諸国の抱える課題や現在進行中の政治経済的変化を踏まえ、日本の対アフリカ政策を鳥瞰することを目的とする。

二　アフリカの現状

　アフリカは、成長と機会と革新の大陸なのか、または経済的かつ社会的不平等が蔓延し、ジハーディストが跋扈する不安定な大陸なのか？　答えは両方である。前者がアフリカの光と希望であり、後者がアフリカの闇であり、アフリカが直面する課題でもある。アフリカは現在劇的な変化を遂げている最中であり、アフリカが大きな可能性を秘めていることは議論の余地のないところである。

　経済的不平等は、アフリカ大陸の象徴の一つでもある。南アフリカとナイジェリアのGNI（Gross National Income：国民総所得）だけで、アフリカ大陸全体のGNIの50％を占める。一人当たりのGNIが1000ドルに満たない最貧国は、24ヵ国箇国を超える。最下位は南スーダンで、222ドルで、マラウイやブルンディなどが300ドル台である。ちなみに、一人当たりGNIが最も高いのはセイシェルで15658ドルである。

　また、世界の人口増加の半分がアフリカ大陸であり、一年毎に5000-6000万人人ずつ増えており、22世紀まで人口は増え続ける。アフリカの人口増加率は、210-15の数値で2.7％であり、世界でも群を抜いている。2050年には、アフリカの人口は20億人を超えるとフランスの人口問題研究所は予測する[1]。他方で、エチオピア[2]のように2017年に著しい経済成長率を記録した国も何ヵ国かあるが、アフリカ大陸全体の平均経済成長率では２％に留まっている。この経済成長率は、アフリカの人口増加率より若干上回っているに過ぎない。雇用を生み出し、貧困を削減し続けて行くには不十分な数値である。

　アフリカの可能性の一つとなっている、人口増大で消費の原動力となりうる「中間層」の出現も、ここ２-３年の海外企業による直接投資の低下や増大する負債を抱える債務問題[3]を目立たなくすることはできない。ガーナの債務残高[4]は、

　1　https://abonnes.lemonde.fr/demographie/article/2017/09/20/la-population-de-l-afrique-devrait-doubler-d-ici-2050-quadrupler-d-ici-2100_5188094_1652705.html
　2　8.5％の経済成長率
　3　ここ５年で公的債務は200億＄増加したとされる。
　4　http://www.000king.com/country/ghana

GNI の70％近くになっており、アンゴラも中国の債権者への借金の返済に追われている。好調と言われたアフリカ経済に陰りが見え始めているのである。アフリカから撤退する企業も出てきている。資源ビジネスに関与する政治権力の露骨な容喙を忌避する企業も出てきているのである。

例えば、豊富な資源量を誇るモザンビークの天然ガスサイトの開発の契約なども、政治権力関係者による汚職で遅れた。2018年6月に東京ガスなどから正式に発表されたが[5]、計画はかなり遅れた。三井物産は米石油大手などと共同で、2018年度内にもモザンビーク北部のガス田開発を始める。

一方で、AU（African Union：アフリカ連合）は、意欲的な政治経済プロジェクトを打ち出している。2018年3月21日には、アフリカ大陸自由貿易協定（AfCFTA: The African Continental Free Trade Agreement）が、AUの加盟国44箇国の間で署名された。同協定は、単一市場を創設することを目的とし、さらには域内のヒトやモノの移動の自由の実現と域内統一通貨の創設も視野に入れている。同協定には、各種議定書や付属書が協定に付加され、半数の22箇国の批准手続きが完了すれば、自由貿易圏が正式に成立する。この協定の実施により、1993年のアブジャ協定以来、アフリカの究極の目標でありながら、遅々として進んでいなかった地域統合プロセスも再活性化されるであろう。未だにアフリカ域内貿易は、11％に過ぎない。EUでは、域内貿易が域外貿易を上回っている。AfCFTAは、アフリカ大陸の域内貿易の活性化にもつながるであろう。

AfCFTAは、AUが2015年に採択した長期ビジョン、旗艦プロジェクトでもある『Agenda 2063』を補完するものとなろう。

三　2017-18年のアフリカにおけるポジティブな政治的変化

国家権力への不信から政治的暴力につながるケースは枚挙に暇がない。ブルンディ、コンゴ（民）、カメルーンなど、権力の座にしがみつく大統領が大多数の中で、2017-18年には、アフリカの各地で大きな政治的変化が起こった。ガンビア、ジンバブエ、アンゴラ、南アフリカ、エチオピアで政権交代が実現したからである。

5　総事業費は150億ドルで、三井物産は1割を負担。石炭より環境負荷が低い液化天然ガスを増産し、新興国を中心とするエネルギー需要の拡大に対応する。

1 ガンビア

ガンビアでは2016年12月に行われた大統領選挙の結果、20年以上にわたり、権力の座に居たジャメ大統領が野党候補のバロウに敗れる。当初ジャメは、政権交代を認めなかったが、ECOWAS（Economic Community of West African States：西アフリカ諸国経済共同体）諸国の説得や軍事介入の可能性から、調停を受け入れ、赤道ギニアに亡命した。結果、バロウ新政権が誕生し、1994年から22年続いたジャメの長期政権の幕は閉じた。国際社会は、このエキセントリックな独裁者[6]の退陣を高く評価した。西アフリカのECOWAS諸国が、民主主義の正統性の擁護のために介入を決意したからである。

2 アンゴラ

1979年からドス・サントス一族により政治経済支配が続いていたアンゴラでは、2017年2月、ドス・サントス大統領が、夏に行われる議会選挙への不出馬を宣言した。周囲を驚かせる決断であった。健康上の理由であるが、38年の長期政権にピリオドが打たれた形となった。後継者のロウレンソは、ドス・サントス大統領の子飼いの人物であるが故に、就任当初はドス・サントスによる傀儡政権と見なされていた。しかし、ロウレンソは就任以来、ドス・サントス一族の影響力を排除することに専心した。2017年11月にはアンゴラ国営石油会社の会長で、ドス・サントス前大統領の長女のイザベル・ドス・サントスを筆頭に、同社の全取締役を解任した。さらに2018年1月には、ドス・サントスの息子でアンゴラの政府系投資ファンドのトップを務めるジョゼ・フィロメノ・ドス・サントスも解任した。2018年の4月27日には、政権与党のアンゴラ解放人民運動（MPLA）は、ロウレンソ大統領を党首の後任候補とすることを承認した。その結果、約40年にわたりアンゴラを牛耳ってきたドス・サントス前大統領は、一切の政治的な地位を失うことになった。

3 ジンバブエ

ジンバブエでは、2017年11月21日、1980年から37年にわたり、政権を握っていたムガベ大統領（大正13年生まれ、93歳）（2017年当時）が遂に辞任した。多くの

---

[6] ハーブなどでAIDSを治せると豪語していたり、魔女狩りなどを行ったりなどしたとされる。

人々が、ムガベは終身大統領を務めるだろうと予想し、大統領として実権を掌握したまま世を去るであろうと考えていた。本人も「100歳の誕生日を大統領として祝いたい。」とうそぶいていたほどであった。2018年に予定されていた大統領選挙への出馬意欲も示していた。しかし、その長期政権に遂に幕が下りた。

　直接の発端は、首都ハラレで11月14日夜に起こったジンバブエ軍（ZDF: Zimbabwe Defense Forces）の示威行動である。ジンバブエ国営放送局が兵士らに占拠され、複数の戦車や軍車両が首都の目抜き通りに展開された。翌15日未明には、大統領公邸は包囲され、ムガベ大統領は事実上の軟禁状態に置かれたのである。国営放送で最初のメッセージを発したシブシソ・モヨ将軍は「これは軍事クーデターではない。またムガベ大統領とその家族は無事である。」と強調した。それに先立つ11月6日には、ムガベの後継者の有力候補の一人として目されていたエマーソン・ムナンガグワ副大統領が解任された。

　もとより、2018年7月に予定されていた大統領選挙では、ムガベの健康状態と衰え及びその年齢から、ムガベの後継者となる大統領選の候補が取りざたされていたのである。政権与党内で有力視されていたのが、ムナンガグワ副大統領とムガベの配偶者であるグレースであった。しかし、ムガベ大統領が、ムナンガグワを解任したことにより、グレースへの権力移譲が現実味を帯び、贅沢三昧の暮らしを送り、国民に不人気のグレース[7]に忠誠を誓いたくない軍が行動を起こしたものと見られている。事実、ムナンガグワに近いとされる軍のチウェンガ司令官が中国から帰国した13日、まさしく軍が動く前日に「軍は介入をためらわない。」と異例の声明を発表していた。

　11月21日にムガベ大統領の辞任が発表されたとき、国民は歓喜を爆発させた。ハラレの街中ではおびただしい数の人々が喜ぶ姿、クラクションの音をならす光景が見られた。まさに、歓喜の渦につつまれたのである。世界中からも、「ジンバブエ国民が声を上げるときが来た。」などと礼賛の声が上がった。11月24日には、22日に南アフリカから戻ったムナンガグワが正式にジンバブエの第三代大統領に就任した。

　しかし、国民の歓喜は、ジンバブエの真の変化を象徴しているのだろうか。37年にわたり政権を掌握していたムガベが辞任を余儀なくされたのは、選挙の結果

7　高級ブランド品ばかりを身に纏い「グッチ・グレース」（Gucci Grace）という綽名を付けられていた。

によるものでもなく、大衆運動によるものでもなく、軍によるものであり、ジンバブエアフリカ民族同盟愛国戦線（ZANU-PF）による後継者争いの結果によるものであった。ムガベという悪名高き「暴君」が排除されただけであり、軍もZANU-PFも依然として強権的な統治機構として存在する。ムナンガグワは、長年にわたり、ムガベの忠実な協力者であり、右腕であり、暴力装置として仕えていた。軍とZANU-PFの指導者が変わっただけであった。

ムナンガグワは、大統領に就任後、抜本的な改革と経済の開放を掲げ、欧米諸国との関係改善に尽力した。国際選挙監視団の受け入れも承諾した。「自由で公正な選挙」を実施し、それに当選することで、民主的正統性という国際的なお墨付きを得た上で、国外からの投資を呼び込み、経済を回復させ、ジンバブエを再生させることを目的としていた。

かくして、2018年7月30日に大統領選と下院選は行われた。下院選では、与党が109議席を獲得して勝利し、大統領選では、現職のムナンガグワが、第一回投票で過半数以上（50.08％）を獲得し、当選を果たした。しかし、公約通りの「自由と公平な選挙」であったか否かは疑わしい状況であった。敗れた野党民主変革運動（MDC）のチャミサ候補は、不正集計があったと主張しているからである。選挙結果発表後、直ぐ野党候補のチャミサは、大統領選挙の無効をジンバブエの憲法裁判所に訴えたが、2018年8月25日、ジンバブエ憲法裁判所はチャミサの訴えを棄却し、ジンバブエ大統領選挙の有効性を支持した[8]。

他方、選挙期間中、与党側が、暴力を行使し、恫喝などを行った可能性も指摘されている。また、選挙管理委員会が与党勝利を発表した8月1日には、ハラレ中心部で選挙結果への抗議デモを実施した野党支持者に対し、治安部隊が発砲し、野党支持者6人が死亡している。グテーレス国連事務総長を始め、欧米諸国のアフリカ関係者も懸念を示している。

最初の重要なテストで躓いてしまった感があるが、欧米諸国との関係改善と外国投資の開放を究極の目的とするムナンガグワとしては、これからが政治手腕の見せ所であり、正念場でもある。

---

8 https://www.herald.co.zw/live-concourt-delivers-judgment-on-presidential-election-challenge/

4　南アフリカ

　南アフリカでは、数年来、公金流用疑惑や汚職疑惑により非難され続け、その去就が注目されていた南アフリカのズマ大統領は、2018年2月14日、緊急の記者会見を開き、遂に大統領の辞任を決断する表明を行った。その前日、与党のANC（African National Congress：アフリカ民族会議）は、最後通牒を発し、ズマに対して大統領職からの辞職を迫っていた。これまで、ANCの度重なる辞任要求に対して、ズマは激高し、拒否し続けていたが、最終的に不信任案採決を前にして、追い込まれる形で辞任に踏み切ることになった。ANCの報道官はズマの退陣劇に終止符が打たれて安堵したのか「ズマ前大統領による多大なる貢献に敬意を表する。」などと持ち上げた。2017年12月の時点では、ズマは、2019年の大統領の任期満了まで居座ると思われていた。しかし、2017年12月のANCの新たな議長（総裁）を決める選挙で、後継として見なされていた元夫人のドラミニ・ズマ元AUC（アフリカ連合委員会）委員長が敗れ、ライバルのシリル・ラマポーザが選出されたことにより、ズマの目論見通りに事は運ばなくなっていった。それ故、2017年12月以降は、ズマは苦境に立たされるようになり、即時辞任を求める国民の声も次第に大きくなっていった。

　南アフリカ国民の期待を一身に背負ったラマポーザ大統領。ラマポーザの政治手腕は未知数であるが、その責任は大きい。ラマポーザ大統領は、ズマ政権の汚職に満ちた歴史のページをめくり、南アフリカ経済を再活性化させるために、抜本的な経済改革に着手しなければならない。事実、国民議会での就任演説では「停滞した経済を立て直す。」と高らかに宣言した。ラマポーザ大統領は、高い失業率や財政赤字の改善に取り組むことも強調した。ラマポーザ政権の誕生を受け、南アフリカランドも反応した。外交面では、中国にベッタリであったズマ前大統領の外交政策も修正されるであろう。日本や他のG7の主要国との関係も再活性化されることが期待される。また、2018年はマンデラ生誕百周年という記念すべき年であり、その年にマンデラの忠実な家臣であったラマポーザが大統領に就任したことは極めて意義深い。とりわけ、ラマポーザは、土地改革の実施の可能性に言及している。即ち、南アフリカを根本から変革しうる、土地の所有権に関して規定した憲法25条の改正である[9]。アパルトヘイト時代から続いてきた

9　http://www.justice.gov.za/legislation/constitution/SAConstitution-web-eng.pdf

不公平な土地所有権の是正の試みである。南アフリカにおける80％の耕作可能な土地は、民間セクターによって所有及び管理されている。しかし、この民間セクターが何者であるかは、曖昧である。一般企業、白人農業主、黒人農業主、農業共同体などなどである。ジンバブエの例からも明らかなように、農地改革は大きなリスクを伴う。正しく、ラマポーザの手腕の見せ所となろう。

ズマの退陣とラマポーザの選出により、国民からは歓迎の声や汚職撲滅に向けた取り組みに期待の声が集まっている。ラマポーザの改革が失敗し、経済の低迷や汚職が続けば、ANCは更に支持率を低下させ、2019年に予定されている総選挙では厳しい状況に晒されることになる。ANC及び南アフリカは岐路に立たされているのである。ANCに対する支持率と信用の回復が、最大の課題である。

5　エチオピア
（1）エチオピアの政治経済改革

2018年4月より、エチオピアにおいて、静かな政治経済改革が進行しつつある。エチオピアでは、長年に亘り、与党連立政権であるEPRDF（Ethiopian People's Revolutionary Democratic Front）（エチオピア人民革命民主戦線）が、1991年に悪名高きメンギスツ（Mengistu Haile Mariam）を倒したという権力の正当性と愛国主義を背景に、実権を掌握し、強権的な手法を用いつつも、政治を安定化させ、着実な経済成長を遂げ、外国企業の投資を呼び寄せてきた。それ故、エチオピアは、貧困削減目標も達成し、世界でも有数の経済成長国へと変貌を遂げていった。事実、2017年、エチオピアはケニアを抜いて東アフリカ最大の経済大国となった。

その統治モデルを作り上げたティグレのメレス（Meles）首相が2012年に急逝すると、メレスの後を受けて就任したハイレマリアム（Hailemariam）首相（南部諸民族州における中心的な民族集団である、オメト系のウォライタ）も、メレス路線を引き継ぎ、安定した経済成長と政治の安定化を国是として、その維持に邁進してきた。

しかし、2015年以降、反政府運動が拡大していく。反政府勢力の示威行動による治安問題を理由に、ハイレマリアムは、2016年10月、非常事態宣言を発出し、同年11月に新内閣を組閣することによって、反政府勢力の動きを封じ込めようとした。

実際に、国外に亡命した多くの反政府勢力の活動家が、TwitterやFacebookなどのSNSを通じて政権側の汚職の蔓延や暴力に対して批判を続けてきた。反政府勢力は、ハイレマリアム政権だけでなく、1991年以来の、メレスが率いたEPRDFによる統治モデルそのものを批判し、抵抗してきたのである。

　メンギスツを倒した連合体であるEPRDFの政治システムはもはや機能しなくなったのであろうか？　固より、1989年に結成されたEPRDFは、デルグ政権を倒すことを目的とした反政府連合である。即ち、北部のティグレ人中心のTPLF（ティグレ人民解放戦線）、南部のオロモ人を中心とし、オロミア地方に基盤を置くOPDO（オロモ人民民主機構）、同様にアムハラ人中心のANDM（アムハラ民族民主運動）、南部の諸部族によって構成されるSEPDF（南エチオピア人民民主運動）の4大組織を中心に、その他多数の小グループによって構成される寄り合い所帯なのである。とりわけ、全体の中核をなし、戦闘を指導してきたのが元首相のメレス率いたティグレ人中心のTPLFであった。

　2015年以降、反政府勢力の拡大を前に、連立政権であるEPRDFのシステムに何らかの綻びが出始めてきたのは確かであった。

（2）アビィ・アハメド（Abiy Ahmed）首相の登場

　ハイレマリアム首相は、2017年8月には、拡大する一方の反政府勢力に対して、先手を打って鎮静化するために、一旦は非常事態宣言を解除した。また、2018年1月には、拘留していた反政府勢力の活動家や支持者を釈放した。しかし、こうした逆説的な融和的措置にも拘わらず、反政府勢力のデモ等は一向に収まらず、一方、政権与党内部の強硬派からは「弱腰」と批判を受けるようになった。結果、2018年2月15日、ハイレマリアム首相は、国民向けにテレビ演説を行い、2015-16年の反政府デモに絡んだ政権側の暴力で数百人以上が死亡したことへの責任を取り、遂に辞意を表明した[10]。同時に権力の空洞化により政治的な大混乱を避けるために、非常事態宣言を再び発出した。

　ハイレマリアム政権は、エチオピアの経済成長を軌道に乗せたが、3年にわたる反政府勢力の抵抗により、ハイレマリアム自身が自ら辞任することによりその幕を閉じた。戦後以降のエチオピア政治史において、指導者が自ら政権を退き、後任に譲ったのは初めてのことである。後に、ハイレマリアムは雑誌のインタ

10　エチオピアの政治的慣習で、同時に政権与党EPRDFの党首の座も辞任することになる。

ビューで「自分はエチオピアに奉仕するために首相になった。エチオピアを利用するためではない」と語った[11]。

ハイレマリアムの辞任後、後継者を選ぶための EPRDF 内での議論が始まった。当初、最大派閥の OPDO は党首であり、オロミア州で人気の高いレンマ・メゲルサ（Lemma Megersa）議長を後任候補に推薦しようとしたが、メゲルサにはエチオピア議会議員の資格がないため、議員であり、OPDO のナンバー・ツーであったアビィ・アハメドに白羽の矢を立て、アビィとメゲルサの役職を変更し、アビィを OPDO 議長にした。

結果、OPDO のアビィ、ANDM 議長で副首相のメコネン（Demeke Mekonnen）副首相、南部代表のシグテ（Shiferaw Shigute）、そしてティグレ代表のゲブレミカエル（Debretsion Gebremichael）の争いとなった。しかし、アビィ・アハメドの最大の対立候補と目されたメコネン副首相が、党首選挙から辞退した。恐らく、副首相職及び副党首職の維持に関するディールがオロモとの間で成立したものと考えられる[12]。結果、3月28日アビィ・アハメドが他の候補を下し、EPRDF の党首に選出されたのである。

（3）アビィの改革

4月2日、エチオピア人民代表議会はアビィ・アハメド前科学技術大臣を正式にエチオピア連邦民主共和国の第三代首相に選出し、宣誓式が執り行われた。1991年にメレス率いる EPRDF がエチオピアの政権を掌握して以降、オロモ人の首相就任は初めてとなる。EPRDF は、政党連合であるが、中核はティグレ族のティグレ人民解放戦線が担っていた。アビィ首相の出身母体である OPDO は、元々は少数派であったが、現在は最大勢力となっており、最大の懸案事項となっている反政府勢力を抑えるために首相として選出されたと考えられる。エチオピアはエチオピアの新たな顔となる人物を必要としていたのである。

実際に「改革者」及び「調停役」としての政治手腕を期待され、平和と安全保障問題の博士号を有するアビィ首相は、就任後すぐに周囲を驚かせる抜本的な改革に着手した。アビィはエチオピアの「民族主義的連邦体制」が機能不全に陥り、危機に瀕していることを十分に理解していたのである。

---

11 Pierre BOISSELET, « Hailemariam Delslagen », Jeune Afrique, n° 3000 du 8 au juillet 2018, p. 32-33.

12 https://www.globalsecurity.org/military/world/ethiopia/demeke.htm

就任直後の所信表明演説において、反政府勢力の指導者や政権の圧政の犠牲者に対して「政敵」ではなく、「兄弟」と形容し、謝罪の言葉を述べ、国民和解への意志を示した。非常事態宣言の早期撤廃も約束した[13]。そして最も驚かせたのが、1998年のバドメで勃発したエチオピア・エリトリア戦争以来、20年に亘り犬猿の仲となっていた、因縁浅からぬエリトリアのイサイアス大統領に対して、長年の敵対状態を解決するために和解と対話の実施を提案したことである。

この就任直後のアビィの呼びかけと柔軟外交路線の結果、エリトリアのイサイアスもそれに応じ、エチオピア・エリトリアの二国間関係は改善された。7月8日には、アビィがエリトリアの首都アスマラを訪問し、イサイアスとの間で、両国の外交関係を再開し、相互に大使館を設置するとの発表を行うとともに、「平和及び友好関係に関する共同宣言（Joint Declaration of Peace and Friendship）」を署名する運びとなった。

（4）「改革者」アビィ首相

就任するや否や数々の改革を実行に移すアビィ・アハメド首相とは何者なのか。

アビィは、1976年にカファ地方のベシャシャ（Beshasha）[14]でイスラム教徒の父とエチオピア正教徒の母との間に生まれた。アビィ自身は、プロテスタントに改宗した。その宗教的な調和が他者に寛容なアビィの性格を形成しているとも言える。

アビィは、TPLF率いるゲリラがメンギスツ政権を倒したときは、15歳、EPRDFが結成された時は12歳に過ぎなかった。当時、ベシャシャからさらに数キロ離れたアガロ（Agaro）で学校に通っていた若いアビィは、戦争ゲームとサッカーに夢中のありふれた子供であった。若いアビィは、幼馴染の母親（ティグレ族）が経営する小さなホテルで遊んでいた。このホテルには、メンギスツ政権と闘っていたTPLFの戦闘員のグループがしばしば訪れ、宿泊していた。ホテルの経営者がティグレ族であったからである。そのTPLFの戦闘員、EPRDFの結成に影響され、更に長兄の不当な死に触発され、アビィは軍に入隊し、戦闘に参加することを決断した[15]。

---

[13] 結果的に、ハイレマリアム辞任後に発出された非常事態宣言は、6月4日に解除された。https://www.aljazeera.com/news/2018/06/ethiopia-lifts-state-emergency-imposed-february-180605081810759.html

[14] アディスアベバから400km離れた南西部の小さな都市。

[15] https://www.lemonde.fr/afrique/article/2018/04/02/en-ethiopie-abiy-ahmed-premier-ministre-en-mission-d-apaisement_5279705_3212.html

それ故、アビィは戦争というものを内部から知っていたと言える。10代の内にOPDOに入隊し、打倒メンギスツの戦いに兵士として参加する。OPDOは、当時は極めて小さな組織であり、少数派であった。ゲリラ組織の戦闘の中核をなすティグレが90％以上を占めていたため、若きアビィはティグリニャ語を学ばなければならなかった。しかし、直ぐにティグリニャ語をマスターする。その甲斐あって、ティグレ主体の軍の中で頭角を現すようになる[16]。その後、正式にエチオピア軍の諜報員としてトレーニングを受けた。

1995年には、ルワンダに展開された国連PKO、UNAMIR（United Nations Assistance Mission for Rwanda）（国連ルワンダ支援団）に派遣される。ジェノサイドが繰り広げられたばかりの国の惨状を目の当りにする。エチオピア・エリトリア戦争の際には、諜報活動の責任者として前線で活躍した。最終的には中佐の階級まで上り詰めて、2010年に除隊する。

アビィは武力紛争や内戦が意味するものを理論だけではなく、実体験として学んでいたのである。「戦争状態でも、平和状態でもない」という冷戦の様相を呈していた隣国エリトリアとの不安定な関係に終止符を打とうとした意欲はこうした経験に裏打ちされているのであろう。

（5）アビィの「新思考」外交[17]と地政学的変化

(a) アビィ流「新思考」外交　　就任早々、アビィ・アハメドは、敵対国であったエリトリアとエジプトとの関係を改善しようとする外交的な新機軸を打ち出した。アビィは、就任前から「『アフリカの角』地域が発展するためには、慢性化している政治外交問題を終わらせなければならない、その為には大変革も必要である」という考えを懐いていた。

「アフリカの角」地域から南部アフリカ地域まで、建設すべき工場、採掘すべき鉱物資源や石油、天然ガス、切り出すべき石など、天然資源は豊富である。パイプラインの建設、鉄道の敷設、天然ガスの液化工場の建設等取り組むべき課題は枚挙に暇がない。しかし、起点となる地域が、潜在的な政治危機及び戦争状態では、到底達成できる課題ではない。また、カギとなる地域大国の一つであるエ

---

　　https://www.thereporterethiopia.com/article/rise-abiy-abiyot-ahmed
16　Nizar Manek, "Can Abiy Ahmed Save Ethiopia?", Foreign Policy, April 2018.
　　https://foreignpolicy.com/2018/04/04/can-abiy-ahmed-save-ethiopia/
17　「新思考外交」はソ連のゴルバチョフ元大統領の専売特許であったが、アビィ首相の外交戦略は「新思考外交」に匹敵するものである。

チオピアが内憂外患状態では、固より論外であった。近年、中国の国有企業の投資も冷え込み始めていた。

それ故、この状況を打開する為に、就任以来、アビィは国内の治安の問題と外交安全保障問題を同時に解決しようとする「平和の担い手」として問題に取り組んでいった。内政問題では、反対勢力の支持者や政治犯を釈放し、また報道に対する規制も緩和し、民主主義的な空間を拡大し、エチオピア国民を喜ばせた。外交においては、近隣諸国への訪問を何度も行い、善隣外交を実施した。アビィの目的は新たな同盟関係を構築し、将来の経済交流を容易にすることにあった。

例えば、アビィは、ケニアで建設計画のあるラム（Lamu）港におけるエチオピアの参加の基礎を固めた。同計画が陽の目を見れば、エリトリアの独立により内陸国となったエチオピアは、ジブチ港、ソマリランドのベルベラ（Berbera）港、スーダン港に加えて、四つ目の海洋へのアクセスを手に入れることになる。

最も困難なものは、長年の敵対国との外交課題の解決である。即ち、エリトリアとエジプトとの関係である。

(b) **エリトリアとの関係正常化**　エリトリアとは、緊張関係が20年来続いている。1998-2000年の戦後処理は未解決のままであった。1998年に国境沿いのエチオピアとエリトリアの国境沿いの村バドメ（Badme）で紛争は勃発した。紛争は両国の軍人中心に100000人以上の犠牲者を出したと言われている。2000年12月には、OAU（Organization of African Unity）（アフリカ統一機構）の調停の下、アルジェリアのイニシアティブによって包括和平合意（アルジェ和平合意）が成立した。これを踏まえて、2001年2月、オランダにハーグにエリトリア・エチオピア国境委員会（EEBC）が設置される。ところが、2002年4月、EEBCは、両国国境付近にあるバドメ村はエリトリアに帰属するとの裁定を下した。エチオピアは、バドメはエチオピアに帰属すると断固主張し、このアルジェ合意の履行を拒否し続けていた。バドメには、2018年、依然としてエチオピア軍が停留している。国連PKOのUNMEE（United Nations Mission in Ethiopia and Eritrea）（国連エチオピア・エリトリア派遣団）も2008年に活動を終了している。

長年拒絶し続けたアルジェ合意の履行を承諾する旨の提案をアビィは6月5日にイサイアスに行った。それは、バドメを放棄することを意味した。アビィは正しくタブーを破ったのである。アビィの一連の改革志向の政策の中で、最も危険を伴う措置であった。この紛争で多くの同志を失ったティグレの不満は激しかっ

たが、アビィの行く手を阻むまでには至らなかった。アビィはエチオピアを窮状から救うためであると政権内部には説明している。

　しかし、何故、イサイアスはアビィの突然の提案を受け入れたのであろうか。エチオピアとの冷戦状態が終わると、選挙も報道の自由、言論の自由もない強権的独裁政治を維持していく権力の正統性が失われるリスクがあるにも拘わらず。そこにはイサイアスなりの策略があった。「敵の敵は友」という論理である。イサイアスにとって1998年のエチオピア・エリトリア戦争の主たる敵はティグレであり、TPLF である。メレスの後任のハイレマリアム時代から EPRDF 内におけるTPLF の影響力は徐々に弱まりつつあった。TPLF の歴史的リーダーたちも高齢化し、その過激な非妥協性は外国の経済パートナーを不安にしていた。EPRDF 内において、TPLF の古株のリーダーたちは、「改革者」のアビィ首相に公然と敵対している。TPLF 幹部にとっては、アビィがエチオピアにおけるティグレの影響力を削ごうとするように見えるからである。そこにこそイサイアスの戦略がある。即ち、エチオピアとの和平を推進することによって、ティグレの「敵」でもあるアビィの国際的なステータスを上げ、因縁の敵であるティグレを間接的に攻撃するのである。即ち、エチオピアにおけるティグレの影響力を減じ、政界から排除することであった。

　(c) **エジプトとの関係**　エリトリアに対するこの驚くべき外交政策の転換から5日後の6月10日、アビィはカイロを訪問し、長年の宿敵であるエジプト及びシシ大統領に対して青ナイルの水資源を共有する約束を提案した。この政策転換も極めて時宜を得たものであった2017年におけるエジプトとエリトリア間の戦略的パートナーシップの合意以来、安全保障面における二国間の同盟関係の強化はエチオピアにとって脅威となっていた。事実、エジプト軍は密かにエリトリア軍に軍事協力や軍事教練を行い、エリトリア軍の軍事能力向上に貢献していた。また、エジプト海軍がエリトリアの港を使用していた。

　固より、エジプトとは歴史的に因縁の間柄であったが、ナイル川の水資源の管理を巡っては、対立状態にあった。ナイル川上流国のエチオピアが2011年に42億ドルをかけた水力発電用の巨大なグランド・エチオピア・ルネッサンス・ダム（貯水量：740億立方メートル）（高さ170メートル、全長1.8キロメートル）の建設に着手して以来、下流国のエジプトは大きな危機感を抱き、不満を募らせていた。

　外交交渉では、エジプトは、歴史的な優位性[18]を掲げ、強硬な態度で臨んでい

図　ナイル川流域

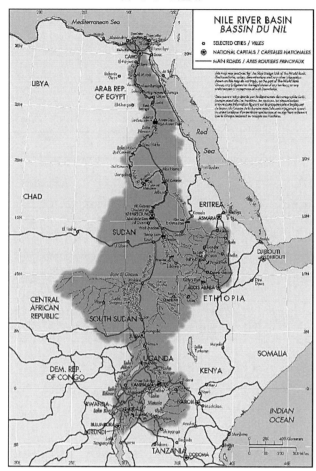

出典：Map of the Nile Basin, World Bank, 2013

たが、エジプト側の主張に歩調を合わせていたスーダンが2016年よりエチオピアの巨大ダムの支持に回ったため苦境に立たされた。そこでエリトリアとの軍事的な関係強化を強め、外交的なプレッシャーを与えている。他方で2018年現在、エ

18　1999年に組織されたというナイル川流域イニシアティブ（Nile Basin Initiative）（NBI）という准地域機構が作られて以来、下流国が上流国抜きで決めていた歴史的な優位性などは考慮されなくなった。

チオピアは、資金調達が難航しており、ダムの建設の一時中断を余儀なくされている。その間にエジプトは、南スーダンも巻き込み対エチオピア包囲網を作りようとした。こうしたコンテキストの中で、アビィはナイル川の水資源利用に関する妥協案の申し出であったのである。

(d) **サウジアラビアの関与**　これまで敵対関係にあったエリトリアやエジプトとのこうした政策の転換や関係の見直しは、単にアビィによる新思考の外交政策だけでなく、地政学的な要因も絡んでいる。それは、2015年以降の、紅海、インド洋におけるサウジアラビアの新たな積極な関与である。2015年に勃発したイエメンの内戦が背景にある。サウジアラビアは、アラブ首長国連邦と共に、サーレハ元大統領、アブド・ラッボ・マンスール・ハーディー大統領派を徹底的に且つ積極的に支援し、イラン政府を後ろ盾とするフーシ派の反政府勢力と闘ってきた。サウジアラビアは、フーシ派が紅海、インド洋を超えアフリカ大陸に影響を及ぼさぬよう、フーシ派の進出を封じ込める為に東アフリカの同盟国を必要としていた。事実、スーダン、エリトリア、ジブチがサウジアラビアの同盟国となり、援助を受けている。エリトリアはアラブ首長国連邦[19]からの援助も受けている。エジプトはイエメン内戦には直接的には関与していないが、紅海地域におけるサウジアラビアの重要な同盟国であり、様々な形でサウジアラビアの支援を得ている。

ここ3年来のサウジアラビアの積極的なアフリカ進出にエチオピアは決して無関心であったわけではなかった。しかし、ハイレマリアム時代は、中立の立場を崩さなかった。内政問題に捉われ、サウジアラビアとの関係を見直す余裕はなかったのかも知れない。しかし、アビィは、この新たな地政学的変化に敏感であった。水面下の交渉の後、サルマン国王の招待を受け、アビィは就任直後の5月にリヤドに飛び、国王、政府関係者と地域情勢に関して意見交換を行った[20]。メレス元首相の刎頚の友であった大富豪のアル・アムディ（Al Amoudi）の釈放も議論された。エチオピアの東アフリカ地域における政治経済的影響力とポテンシャルを理解しているサウジアラビアは、エチオピアへの支援も約束した。「アフリカの角」において敵対するエチオピアとエリトリアが関係を正常化させることは、サウジアラビアの同地域へのアクセスと関与にとって極めて重要なことで

19　アラブ首長国連邦は、アビィ就任後のエチオピアにも積極的な財政支援を行っている。
20　https://ethiopianembassy.be/en/2018/05/18/pm-abiy-ahmed-arrives-in-saudi-arabia/

あるからである。

　また、「アフリカの角」の和平へのサウジアラビアの積極的な関与の裏には、米国の存在と後押しがあったとされる[21]。サウジアラビアが財政支援を両国に提案している間、米国の特使が、アスマラ、アディスアベバを行き来し、「ロードマップ」を両国に提示したのであった[22]。

　サウジアラビアにとっては、東アフリカにおける和平を促進し、同盟国のネットワークを構築することは、自国の経済的利益の増大に寄与するだけではなく、イランやカタールらの同地域への進出を抑えることにも繋がるからである[23]。

　(e) **今後の展望**　2015年以来、政治的にも経済的にも停滞していたエチオピアは、オロミア州出身のアビィ・アハメド首相の登場で劇的に変貌した。「改革者」として、外交、内政、経済と様々な改革に着手するアビィは国民的人気も高い[24]。現在、アフリカで最も人気のある指導者とも言われている[25]。短期間で数々の歴史的なタブーを打ち破ったアビィの今後が注目される。TPLFを始めとしたEPRDF内の不満分子による巻き返しも予想される。1991年以来、エチオピアの政治経済を支配してきたティグレの伝統的リーダーたちは、支配の基盤を失ったと考え、反転攻勢に転じる可能性は高い。TPLFが伝統的に独占していた軍の参謀本部長と国家諜報機関長官のポストの交代は象徴的な事件である。TPLFは、1991年以来、不当に得てきた特権を失いたくない。しかし、現時点では、TPLFに如何なる動きも見られない。

　いずれにせよ、今後のアビィの一挙手一投足に目が離せない。「真実の瞬間」は、総選挙が行われる2020年に訪れる。アビィの政治経済改革の実績や国民和解政策、即ち民主主義の深化がエチオピア国民に問われるからである。

21　Jean-Philippe Rémy, « Ethiopie: vers une paix sous influence saoudienne », Le Monde, le 15 juin 2018, p. 2.
22　Ibid, p. 2.
23　因みに、アスマラへの直行便があるのは、中東地域（北アフリカを除く）では、ドバイ（fly-dubai）とイスタンブール（ターキッシュエアラインズ）のみである。ドーハからのカタール航空の直行便は技術的理由により2016年12月より停止している。
24　Emeline Wuilbercq, « Abiy Ahmed, le visage du changement en Ethiopie », Le Monde, le 12 juillet 2018, p. 5.
25　https://www.ft.com/content/c10e0ae8-752e-11e8-aa31-31da4279a601

四　TICAD 7 と日本の対アフリカ政策

　こうした変化していくアフリカの政治経済コンテキストの中で、TICAD 7 が、2019年横浜で開催される。極めて時宜を得たものであると言える。TICAD 7 は、このアフリカ大陸における新しい流れ、新たな風を踏まえたものでならなければならない。自国中心主義、一国至上主義、保護主義、貿易戦争がはびこる今日、アフリカ諸国の首脳を招待し、国連、世銀、AU 関係者などを一堂に会する会議で、日本として「航行の自由」や自由貿易の重要性を主張するまたとない機会である。

　1993年よりスタートした TICAD プロセスは、2003年の TICADIII までは、開発協力中心の会議であった。2008年に横浜で開催された TICADIV がターニングポイントとなり、ODA ベースの関係からアフリカへの貿易投資、民間セクターの進出にフォーカスする会議となっている。

　2016年に開催された TICADVI から 3 年間で、アフリカを取り巻く政治経済環境も大きく変化した。経済成長率の伸び悩み、モロッコの AU 復帰、トランプ政権の誕生、AfCFTA の調印、域内大国（南アフリカ、エチオピア、アンゴラ、ジンバブエなど）での政権交代などである。

　安倍総理が、「自由で開かれたインド太平洋戦略（Free and Open Indo-Pacific Strategy: FOIP）」を最初に打ち出したのは、2016年にナイロビで開催された TICADVI の時である。FOIP の主たる主張は連結性の強調である。成長著しいアジアと将来性のあるアフリカを重要地域と位置づけ、二つをインド洋と太平洋で連結した地域全体の経済発展を目指す戦略である。自由貿易や質の高いインフラ投資を推進していくのがベースであり、経済圏の拡大を進める。人口が減少していく日本として、この二つの大洋を跨ぐ一大経済圏に活路を見出していくものである。中国の「一帯一路」構想に対する日本の対抗策であるとマスコミなどでは言われており、実際にそうなのであろうが政府はそれには一切言及していない。

　FOIP は日本として尊重し、守っていくべき普遍的価値（自由主義、民主主義、基本的人権、法の支配、市場経済）に基づく外交戦略なのである。具体的には以下の三本柱によって概念づけられている。

　①法の支配、航行の自由等の基本的価値の普及・定着

②連結性の向上等による経済的繁栄の追求
③海上法執行能力構築支援等の平和と安定のための取組

2019年のTICAD 7では、アフリカの近年の変化を踏まえ、アフリカの経済発展を後押しし、FOIPの具体的な施策を提示し、日本の有するアドバンテージを訴え、更に広めて行くものにしていかなければならないであろう。

五　おわりに

中国の習近平国家主席は、2018年7月に2018年7月には、セネガル、ルワンダ、南アフリカ、モーリシャスを訪れ、国家主席として4度目のアフリカ訪問を果たし、自身の提唱する「一帯一路」構想への協力を求めた。

習近平は、セネガルを訪問した後、南アフリカでBRICS（ブラジル、ロシア、インド、中国、南アフリカ共和国の新興五箇国）首脳会議にも出席した。習近平も保護主義を批判し、自由貿易の重要性を主張するであろう。セネガルでは、習近平は、サル大統領との間で、「中国とアフリカは、国際事業における天然の同盟軍」と強固な結束をアピールした。

中国は2018年6月27日から7月10日の二週間で、史上初の「中国・アフリカ平和安全保障フォーラム」を北京で開催し、50のアフリカ諸国の国防大臣を招いた。中国は、アフリカ大陸におけるインフラの建設や資源獲得だけでは飽き足らず、積極的な軍事協力にも関心を抱いているのである。

また、9月に北京で行われた第7回FOCAC (Forum on China-Africa Cooperation)（中国アフリカ協力フォーラム）[26]では、習近平は開会式の基調講演で、2015年に南アフリカで行われたFOCAC 6同様に3年間で600億ドルの資金協力をプレッジした[27]。FOCACは中国側のアフリカに対する様々なコミットメントをプレッジし、中国の対アフリカ政策を披露する会合となっており、回を重ねるごと

26　http://www.focac.org/eng/　FOCACは3年ごとに中国とアフリカで交互に開催され、中国とアフリカ諸国間の外交安全保障、貿易投資関係を促進するメカニズムある。中国のアフリカ関係の全体のガイドラインを策定する枠組みでもある。2003年はアディスアベバ、2006年は北京、2009年はエジプトのシャルム・エル・シェイク、2012年は北京、2015年は南アフリカのヨハネスブルグで開催され、7度目の今次FOCAC 7は2018年9月に北京で開催された。南アフリカが2015年から共催国となっている。

27　http://www.focac2018.com/en/566.shtml

にその規模は拡大して行っている。今次会合では、アフリカ諸国への容喙を堅持する「五不」の原則（"five-no" approach）を強調し、「一帯一路」構想の推進と「一帯一路」へのアフリカ諸国の取り組みに関して何度も言及した。また、「中国とアフリカは運命共同体である」という発言を同様に何度も強調した。今次会合では、グテーレス国連事務総長を招待し、丁重にもてなし、今までの会合よりも、より開かれた会合とし、「一帯一路」構想や債務問題[28]に関する欧米諸国やアジア諸国の日増しに増大する批判をかわす狙いがあったとみられる。

こうした中国のなりふり構わぬ攻勢に日本として無関心でいることは不可能であるが、徒に対抗する必要は何処にもない。また、日中平和友好条約締結40周年を記念しての先般10月末の安倍総理の訪中及び首脳会談の開催等を契機として、2019年現在、日中二国間関係の中で友好ムード、協調ムードが出てきている。2018年10月末の日中首脳会談で合意された内容には、「開発分野での対話や人材交流、地球規模の課題に関する協力に向け調整」が盛り込まれている。アフリカにおける開発協力において日中がハイレベルで意見交換を行ったり、アフリカ開発のための日中協力を議論したりすることも将来的には考えられる。しかし、国内に多くの人権問題を抱え、依然として非民主的な国家である中国との第三国に対する開発協力に関しては慎重であるべきである。

日本は、今まで通りの、普遍的価値を追求した外交を実践していくべきである。日本にしかできない質の高いインフラの輸出を始め、きめ細かな洗練されたサービス、日本の強みである技術力、価値、高品質、実直さ、清澄さなど日本が有するその価値を今まで以上に前面に掲げて行けば良いのである。日本は極東の小国かも知れないが、高品質の高性能国家なである。

　付記　本稿は2017-18年の間に『AFRICA』に発表された幾つかの拙稿を纏め大幅に改稿し、加筆修正したものである。

28　FOCACがスタートしてから20年足らずで、アフリカ大陸は中国から実に1300億ドル以上の債務を負っている。様々なインフラ建設の成功、多くの巨大インフラ計画があるものの、アフリカ各国の公共財政への圧力が高まるにつれ中国に対する批判も同時に強まり始めている。中国、一ヵ国でアフリカ大陸全体の公的債務の20％を占める。即ち、多くのアフリカ諸国が中国からの借金漬けになっているのである。

世界遺産の「顕著な普遍的価値」とツーリズムに関する基礎的研究

片　瀬　葉　香

一　はじめに
二　日本の世界遺産と「顕著な普遍的価値」
三　完全性・真正性の条件及び保護管理
四　むすび

一　はじめに

　本研究の目的は、ある地域の自然や文化は、いかにして、保護し、将来世代へ継承すべき遺産として認識されるのか、それらをいかに管理・保護すればいいのかについて考察し、「ツーリズム（tourism）[1]」生成の背景を明らかにすることである。

　「世界の文化遺産及び自然遺産の保護に関する条約[2]」（以下、「世界遺産条約」）では、衰亡といった在来の原因のみならず、社会的及び経済的条件の変化に起因する破壊や滅失の脅威から、特別の重要性を有する文化遺産及び自然遺産を、人類全体のための世界の遺産の一部として保護することが、第一義的には、締約国の義務とされ、そうした取り組みを支援するために協力することが国際社会全体の任務とされる（前文）。2018年10月現在、本条約の下、1,092の文化遺産及び自然遺産が、「顕著な普遍的価値（outstanding universal value）[3]」を有するとされ、世

---

[1]　日本では、ツーリズム（tourism）という語に、「観光」という訳語が当てられている（財団法人国際観光年記念行事協力会 1967）。
[2]　1972年に国際連合教育科学文化機関（United Nations Educational Scientific and Cultural Organization: UNESCO）の第17回総会で採択された。
[3]　「世界遺産条約履行のための作業指針 the *Operational Guidelines for the Implementation of the World Heritage Convention*」（WHC. 17/01 12 July 2017, Paris: UNESCO World Heritage Centre）（以下、「作業指針」）によると、「顕著な普遍的価値」とは、「国家間の境界を超越し、人類全体にとって現代及び将来世代に共通した重要性をもつような、傑出した文化的な意義及び／または自然的な価値を意味する。従って、そのような遺産を恒久的に保護することは国際社会全体

界遺産一覧表に登録されている。また、世界遺産に認定されており、「重大かつ特別な危険」に瀕していると判断された場合には、「危機にさらされている世界遺産一覧表」（「危機遺産一覧表」）に記載され、公表される（第11条第4項）[4]。

ある地域の自然や文化が世界遺産に認定されると、日本では、認定地域への訪問者数が増加傾向を示す場合がある。観光・開発圧力が増大し、資産の管理・保護に支障を来すこともある。その結果、認定時に認められた価値が著しく損なわれることも予測される[5]。

日本は1992年に世界遺産条約を締結した[6]。翌年の1993年には、第17回世界遺産委員会において、「法隆寺地域の仏教建造物群」（以下、「法隆寺」）、「姫路城」、「屋久島」、「白神山地」が、「顕著な普遍的価値」を有すると認められ、世界遺産一覧表に登録されることが決議された。その後、1990年代に6件、2000年代に12件が登録され、2018年10月現在、日本には22の世界遺産（文化遺産18、自然遺産4）がある（図表1）。

本稿では、日本の世界遺産に着目して、まず、世界遺産一覧表への登録について、「顕著な普遍的価値」を評価するための10の基準のうちいずれが適用されたのかを、その根拠に着目して考察する。次に、「顕著な普遍的価値」を有すると認められるために満たすべき完全性及び／又は真正性の条件、並びに、顕著な普遍的価値及び完全性及び／又は真正性の登録時の状態を維持・強化するために構築す

にとって最高水準の重要性を有する」とされる（作業指針Ⅱ-Ⅱ. A-49）。尚、「作業指針」は、世界遺産委員会（世界遺産条約第8条第1項）の決議に基づき定期的に改訂される（「作業指針」、p2）。「作業指針」の日本語訳については、文化庁「世界遺産条約履行のための作業指針」（http://bunka.nii.ac.jp/special_content/hlink13, 2018年11月22日アクセス）を参照した。

4　2015年現在、「危機にさらされている世界遺産」（以下、「危機遺産」）の多くは、武力紛争の勃発またはその恐れ、密猟や略奪等の違法行為、観光・開発圧力、自然災害によるものであった（片瀬 2016）。

5　遺産登録前後における訪問者数の変化に着目して、世界遺産の現状を考察した研究として、自然遺産について、世界遺産登録の準備過程における問題点や資産管理の観点から遺産登録の方向性を論じたもの（渡辺他 2008）、白神山地の自然保護・環境保全を論じたもの（吉田 2011）、入り込み客数の変化に伴う屋久島の課題をエコツーリズムの現状に着目して考察したもの（市川 2008）、世界遺産登録を機に観光客数は増加したといえるかを統計的に検証し、観光客増を目的とした世界遺産登録運動の妥当性について論じたもの（澤村 2015）、遺産登録後の観光動向に着目して、世界遺産を活用した観光振興に関する課題と対応策の方向性について論じたもの（小室 2014）、日本の自然遺産の特徴に関する地質学的、地形学的、生態学的な考察において、「世界遺産」認定地域について生じた変化を、ツーリズムとの関連において分析したもの（Chakraborty et al. 2018）等がある。

6　World Heritage Centre, 「State Parties Ratification Status」 (https://whc.unesco.org/en/statesparties/, 2018年11月22日アクセス)。

図表 1　日本の世界遺産（2018年10月現在）

遺産名	登録年	評価基準
法隆寺地域の仏教建造物群 Buddhist Monuments in the Horyu-ji Area	1993年	（ⅰ）（ⅱ） （ⅳ）（ⅵ）
厳島神社 Itsukushima Shinto Shrine	1996年	（ⅰ）（ⅱ） （ⅳ）（ⅵ）
古都奈良の文化財 Historic Monuments of Ancient Nara	1998年	（ⅱ）（ⅲ） （ⅳ）（ⅵ）
紀伊山地の霊場と参詣道 Sacred Sites and Pilgrimage Routes in the Kii Mountain Range	2004年	（ⅱ）（ⅲ） （ⅳ）（ⅵ）
日光の社寺 Shrines and Temples of Nikko	1999年	（ⅰ）（ⅳ） （ⅵ）
琉球王国のグスク及び関連遺産群 Gusuku Sites and Related Properties of the Kingdom of Ryukyu	2000年	（ⅱ）（ⅲ） （ⅵ）
石見銀山遺跡とその文化的景観 Iwami Ginzan Silver Mine and its Cultural Landscape	2007年	（ⅱ）（ⅲ） （ⅴ）
ル・コルビュジエの建築作品―近代建築運動への顕著な貢献 The Architectural Work of Le Corbusier, an Outstanding Contribution to the Modern Movement	2016年	（ⅰ）（ⅱ） （ⅵ）
姫路城 Himeji-jo	1993年	（ⅰ）（ⅳ）
古都京都の文化財 Historic Monuments of Ancient Kyoto（Kyoto, Uji and Otsu Cities）	1994年	（ⅱ）（ⅳ）
白川郷・五箇山の合掌造り集落 Historic Villages of Shirakawa-go and Gokayama	1995年	（ⅳ）（ⅴ）
平泉―仏国土（浄土）を表す建築・庭園及び考古学的遺跡群 Hiraizumi-Temples, Gardens and Archaeological Sites Representing the Buddhist Pure Land	2011年	（ⅱ）（ⅵ）
富士山―信仰の対象と芸術の源泉 Fujisan, sacred place and source of artistic inspiration	2013年	（ⅲ）（ⅵ）
富岡製糸場と絹産業遺産群 Tomioka Silk Mill and Related Sites	2014年	（ⅱ）（ⅳ）
明治日本の産業革命遺産　製鉄・製鋼、造船、石炭産業 Sites of Japan's Meiji Industrial Revolution: Iron and Steel, Shipbuilding and Coal Mining	2015年	（ⅱ）（ⅳ）

「神宿る島」宗像・沖ノ島と関連資産群 Sacred Island of Okinoshima and Associated Sites in the Munakata Region	2017年	(ⅱ)(ⅲ)
広島平和記念碑（原爆ドーム） Hiroshima Peace Memorial (Genbaku Dome)	1996年	(ⅵ)
長崎と天草地方の潜伏キリシタン関連遺産 Hidden Christian Sites in the Nagasaki Region	2018年	(ⅲ)
屋久島 Yakushima	1993年	(ⅶ)(ⅸ)
知床 Shiretoko	2005年	(ⅸ)(ⅹ)
白神山地 Shirakami-Sanchi	1993年	(ⅸ)
小笠原諸島 Ogasawara Islands	2011年	(ⅸ)

出所：世界遺産センター提供資料、世界遺産委員会資料等に基づいて、筆者作成。

べき保護管理の体制について考察する。そして、以上の考察を踏まえて、「顕著な普遍的価値」とは何かという観点から、日本の世界遺産の特徴を述べ、ツーリズム生成の背景を明らかにするために、今後、取り組むべき課題を提示する。

二　日本の世界遺産と「顕著な普遍的価値」

本節では、日本の世界遺産について、「顕著な普遍的価値」を評価するための10の基準（図表2）のうちいずれが適用されたのかを、その根拠に着目して考察する。

1　文化遺産

基準（ⅰ）から（ⅵ）に基づいて推薦される資産を文化遺産という。第17回世界遺産委員会（1993年）は、「法隆寺」を、世界遺産一覧表に登録することを決議した。まず、「意匠全体及び装飾の両面における木造建築の傑作」であるという諮問機関である国際記念物遺跡会議（International Council on Monuments and Sites: ICOMOS）の見解を踏まえて、基準（ⅰ）「人類の創造的才能を表す傑作である」

図表2　「顕著な普遍的価値」の評価基準

(ⅰ)	人類の創造的才能を表す傑作である。
(ⅱ)	ある期間を通じて、又は、ある文化圏において、建築、科学技術、記念碑、都市計画、景観設計の発展に影響を与えた、価値観の重要な交流を示すものである。
(ⅲ)	現存する又は消滅した文化的伝統、又は、文明の存在を伝承する無二の又は少なくとも稀な証拠となるもの。
(ⅳ)	人類の歴史上重要な段階を例証する建築物、その集合体又は科学技術の集合体、又は、景観を代表する顕著な見本である。
(ⅴ)	あるひとつの文化（又は、複数の文化）を代表する伝統的集落、陸上・海上の土地利用の顕著な見本である。又は、人類と環境との交流を示す顕著な見本である（特に、不可逆的な変化の影響によりその存続が危ぶまれているもの）。
(ⅵ)	顕著な普遍的価値を有する出来事、生きた伝統、思想、信仰、芸術的・文学的作品と直接又は実質的関連がある（委員会は、この基準は他の基準と一緒に適用されることが望ましいと考える）。
(ⅶ)	最上級の自然的現象、又は、類稀な自然美及び美的な重要性を有する地域を包含する。
(ⅷ)	地球の歴史における主要な段階を示す顕著な見本である。これには、生命進化の記録、地形形成における重要な進行中の地質学的過程、又は、重要な地形学的又は自然地理学的特徴が含まれる。
(ⅸ)	陸上、淡水域、沿岸、及び、海洋の生態系や動植物群集の進化及び発展において、重要な進行中の生態学的、生物学的過程を代表する顕著な見本である。
(ⅹ)	生物多様性の生息域内保全にとって最も重要な自然の生息地を包含する。これには、学術上又は保全上の観点から、顕著な普遍的価値を有する絶滅のおそれのある種の生息地が含まれる。

出所：作業指針Ⅱ-Ⅱ.D-77

を満たすとした[7]。同基準は、「姫路城」、「厳島神社」、「日光の社寺」、「ル・コルビュジエの建築作品：近代建築運動への顕著な貢献」（以下、「ル・コルビュジエの建築作品」）にも適用されている。また、「法隆寺」は、「日本における、仏教伝来直後にまで遡る最も初期の時代における仏教建造物群であり、その後の宗教建築に甚大な影響を与えた」という理由で、基準（ⅱ）「ある期間を通じて、又は、ある文化圏において、建築、科学技術、記念碑、都市計画、景観建設の発展に影響を与えた、価値観の重要な交流を示すものである」に該当するとされた[8]。

7　第17回世界遺産委員会資料（https://whc.unesco.org/en/list/660, 2018年11月22日アクセス）；ICOMOS (1993) *Advisory Body Evaluation* (No. 660) (https://whc.unesco.org/en/list/660/documents/, 2018年11月22日アクセス)；片瀬 (2018), pp. 167, 173。

1998年には、日本で初めて基準（ⅲ）「現存する又は消滅した文化的伝統、又は、文明の存在を伝承する無二の又は少なくとも稀な証拠となるもの」を満たす世界遺産が誕生した。第22回世界遺産委員会は、「奈良が首都であった時代に花咲いた日本文化が、その建築遺産によって独自に証明されている」（基準（ⅲ））との見解を根拠の1つとして、「古都奈良の文化財」（以下、「古都奈良」）を世界遺産一覧表に登録することを決定した。同委員会は、また、「その後の進展に甚大な影響をもたらすことになった中国と朝鮮の文化的なつながりの結果として、日本建築と芸術が発展したことを示す優れた証拠である」（基準（ⅱ））と述べた。同時に、「皇居の配置と奈良に現存する遺構の意匠は、早い時期におけるアジアの首都の建設と計画に関する顕著な見本である」（基準（ⅳ））との見解を示した。さらに、「奈良における仏教の寺院と神道の神社は、継続的な霊力とこれらの宗教による影響を顕著な方法で示している」（基準（ⅵ））と述べた[9]。2000年には、第24回世界遺産委員会において、「琉球王国のグスク及び関連遺産群」（以下、「琉球王国」）の世界遺産登録が決定された。その根拠として、「琉球王国の文化は、特別な政治的、経済的な環境において独自に発達し花開いたため、この地方固有の特性を有するに至った」（基準（ⅲ））との見解が示された。また、「現存する遺構は、琉球諸島は数世紀にわたって東南アジア、中国、朝鮮、日本の文化的、経済的交流の中心地であったことを鮮明に伝えている」（基準（ⅱ））とされた。さらに、「その他の既成の世界宗教とともに、現代に至るまで損なわれることなく残存する自然と先祖崇拝に関するこの地方に固有の形態を示す顕著な見本である」（基準（ⅵ））との見解が示された[10]。一方、近年の登録遺産について、第41回世界遺産委員会（2017年）は、「『神宿る島』宗像・沖ノ島と関連資産群」（以下、「宗像・沖ノ島」）を基準（ⅱ）・（ⅲ）を満たすものとし、世界遺産一覧表に登録することを決議した。同委員会は、「4世紀から9世紀にかけて、東アジアにおける様々な国家間において重要な交流や交易が行われたことを示している」（基準（ⅱ））と述べた。また、「古来より現在に至るまで進化し、代々伝えられて

8　第17回世界遺産委員会資料、前掲注（7）；ICOMOS（1993）、前掲注（7）；片瀬（2018），p. 173。
9　第22回世界遺産委員会資料 WHC-98/CONF. 203/18（Paris, 29 January 1999），p. 30；片瀬（2018），p. 174。
10　第24回世界遺産委員会資料 WHC-2000/CONF. 204/21（Paris, 16 February 2001），p. 45；片瀬（2018），p. 174。

きた聖なる島を崇拝の対象とする文化的伝統を示す類稀な事例である」(基準(ⅲ))との見解を示した[11]。また、第42回世界遺産委員会(2018年)は、「長崎と天草地方の潜伏キリシタン関連遺産」(以下、「長崎と天草地方」)を、「日本において17世紀から19世紀にかけて2世紀以上にもわたって禁教令が敷かれた期間に、キリスト教信仰をひそかに伝道した潜伏キリシタンによって育まれた独特の宗教的伝統を今に伝える無二の証拠である」(基準(ⅲ))との見解に基づき、世界遺産に認定した[12]。

　基準(ⅳ)「人類の歴史上重要な段階を例証する建築物、その集合体又は科学技術の集合体、又は、景観を代表する顕著な見本である」に関して、第17回世界遺産委員会は、「法隆寺」について、「法隆寺の建造物群は、中国仏教建築及び寺院配置の日本文化への適応、及び、その結果、独特な地域固有の発展様式を示している」との見解を示した[13]。また、「法隆寺」とともに、「姫路城」が、「木造建築の傑作」(基準ⅰ)であり、「日本における木造城郭建築の最高点を示しており、すべての特徴が完全な状態で保存されている」(基準ⅳ)との諮問機関の見解を踏まえて、世界遺産に認定された[14]。また、第18回世界遺産委員会(1994年)は、「古都京都の文化財」(以下、「古都京都」)について、「京都は、8世紀から17世紀にかけて宗教的、非宗教的建築及び庭園設計発展の中心地として、日本における文化的伝統の創出において決定的な役割を果たした。特に、庭園に関しては19世紀以降、世界的に甚大な影響を与えた」(基準(ⅱ))と述べた。また、「京都に現存する歴史的建造物群にみられる建築と庭園設計の集積は、前近代日本の物質文化におけるこの側面に関する最高表現である」(基準(ⅳ))との見解を示した[15]。同じく、基準(ⅱ)・(ⅳ)の2つを満たす遺産として、第38回世界遺産委員会(2014年)は、「富岡製糸場と絹産業遺産群」(以下、「富岡製糸場」)は、「生糸の

11　第41回世界遺産委員会資料 WHC-17/41. COM/18B (Krakow, 12 July 2017), pp. 212-214；片瀬(2018), p. 176。
12　第42回世界遺産委員会資料 WHC-17/42. COM/18 (Manama, 4 July 2018), p. 216。
13　第17回世界遺産委員会資料、前掲注(7)；ICOMOS (1993)、前掲注(7)；片瀬(2018), p. 173。
14　第17回世界遺産委員会資料 (https://whc.unesco.org/en/list/661, 2018年11月22日アクセス)；同委員会資料 WHC-93/CONF. 002/14 (4 February 1994), p. 37; ICOMOS (1993) *Advisory Body Evaluation* (No. 661) (https://whc.unesco.org/en/list/661/documents/, 2018年11月22日アクセス)；片瀬(2018), p. 173。
15　第18回世界遺産委員会資料 (https://whc.unesco.org/en/list/688, 2018年11月22日アクセス)。

大量生産のための一貫した全行程の顕著な見本」である（基準（ⅳ））と述べた。そして、フランスから日本への養蚕業に関する技術移転は、「長年にわたって地域で育まれてきた養蚕の伝統を背景に行われたが、養蚕の伝統を抜本的に刷新することになった。そして、富岡は技術改良の拠点となり、20世紀初頭の世界の生糸市場における日本の役割を示すモデルとなった」（基準（ⅱ））との見解を示した[16]。さらに、第39回世界遺産委員会（2015年）は、「19世紀半ばから20世紀初頭において、製鉄・鉄鋼業、造船、石炭産業の発展を通じて、国家が急速な工業化を達成した証拠である」との見解を示し、「明治日本の産業革命遺産　製鉄・鉄鋼、造船、石炭産業」（以下、「明治日本の産業革命遺産」）を、基準（ⅱ）・（ⅳ）を満たす遺産として世界遺産一覧表に登録することを決議した[17]。

　第20回世界遺産委員会（1996年）は、「人類史上例のない破壊的な原爆の投下以降、半世紀以上にわたって、世界平和の達成を力強く訴える純然たる証拠である」との諮問機関の見解を踏まえて、例外的に、基準（ⅵ）「顕著な普遍的な価値を有する出来事、生きた伝統、思想、信仰、芸術的・文学的作品と直接又は実質的関連がある（委員会は、この基準は他の基準と一緒に適用されることが望ましいと考える）」のみの適用に基づき、「広島平和記念碑（原爆ドーム）」（以下、「原爆ドーム」）の世界遺産一覧表への登録を認めた[18]。基準（ⅵ）が認められた遺産については、「原爆ドーム」を除くすべてが、他の基準と一緒に適用されている。「法隆寺」について、第17回世界遺産委員会は、「日本への仏教の伝来及び聖徳太子による普及は、この文化圏での仏教の普及における重要な段階である」との見解に基づいて、基準（ⅵ）を満たすとした[19]。また、第20回世界遺産委員会（1996年）

16　第38回世界遺産委員会資料 WHC-14/38. COM/16（Doha, 7 July 2014), pp. 209-210。
17　第39回世界遺産委員会資料 WHC-15/39. COM/19（Bonn, 8 July 2015), pp. 177-180;「富岡製糸場」と「明治日本の産業革命遺産」は「産業遺産」に分類される。2003年に国際産業遺産保存委員会（the International Committee for the Conservation of the Industrial Heritage: TICCIH）が採択した「ニジニー・タギル憲章（The Nizhny Tagil Charter for the Industrial Heritage）」において、産業遺産は「歴史的、技術的、社会的、建築学的、あるいは科学的価値のある産業文化の遺物」から成り、それらは、「建物、機械、作業場、工場及び製造所、炭坑及び処理精製場、倉庫や貯蔵庫、エネルギーを製造し、伝達し、消費する場所、輸送とその全てのインフラ、そして住宅、宗教礼拝、教育等産業に関わる社会的活動のために使用される場所から成る」とされる。尚、TICCIHとは、産業遺産を代表する世界的な組織であり、産業遺産に関するICOMOSの特別顧問である（http://ticcih.org/about/charter/, 2018年11月22日アクセス）。
18　第20回世界遺産委員会資料 WHC-96/CONF. 201/21（10 March 1997), p. 69; ICOMOS（1996） *Advisory Body Evaluation*（No. 775）（https://whc.unesco.org/en/list/775/documents/, 2018年11月22日アクセス）；片瀬（2018), p. 174。

は、「厳島神社」について、「厳島神社の社殿の配置は、この時代の寝殿造りの様式を取り入れた優れた建築景観を呈している。人工的要素と自然的要素を結合した偉業である。社殿群は卓越した芸術的、技術的な価値を示しており、荘厳な弥山を背景とした海上に築かれている」（基準（i））と述べた。さらに、「厳島神社の社殿群は、日本における神社の伝統を受けついでおり、日本人の精神文化の進展、すなわち、景観美の日本人的発想を理解する上で貴重な情報を提供している。厳島神社の最も重要な局面は、前景の海と背景の弥山とともに織りなす三位一体の中心部を占める社殿背景であり、景観美に関する他の実例を理解するための美の基準として認識されている」（基準（ii））とされた。同時に、「細心の注意を払った正確な再建を通じて、12世紀後半から13世紀初頭に至る建築様式を継承しており、周辺の景観と一体をなす古い形態の神社建築の顕著な見本であり、自然崇拝の物証である」（基準（iv））との見解が示された。そして、「日本人の精神文化は、多神教的な自然崇拝を中心とした古来の神道に深く根ざしている。厳島神社は、日本人の宗教的表現におけるこの側面を理解する上で重要な糸口を提供している」（基準（vi））とされた[20]。一方、第23回世界遺産委員会（1999年）は、「日光の社寺」について、日光の二社一寺に残る建造物は「建築的、芸術的な才能の表れである。この様相は、森林内の建造物群と人為的に築かれた自然景観とが調和し一体となることによって一層強められている」（基準（i））との見解を示した。また、「江戸時代に神道の神社と仏教の寺院に適用された建築様式を完全に例証して」おり、「その建築技師と装飾者の独創性と創造性は、顕著で卓越した方法で表現されている」（基準（iv））とされた。さらに、「人間と自然との関係に対する神道の見方」との関連において、「山や森林が真正な意味を有しており、現在も存続中の宗教的実践において崇拝の対象である」（基準（vi））との見解が示された[21]。

　2011年には、第35回世界遺産委員会において、「平泉――仏国土（浄土）を表す建築・庭園及び考古学的遺跡群――」について、「仏教とともにアジアから伝来した庭園建設の概念は、日本古代の自然崇拝、神道に基づいてどのように発展

19　第17回世界遺産委員会資料 WHC-93/CONF. 002/14（4 February 1994), p. 38; ICOMOS（1993)、前掲注（7）；片瀬（2018), p. 173。

20　第20回世界遺産委員会資料（https://whc.unesco.org/en/list/776/, 2018年11月22日アクセス）；WHC-96/CONF. 201/21（10 March 1997), p. 70。

21　第23回世界遺産委員会資料 WHC-99/CONF. 209/22（Paris, 2 March 2000), pp. 14-15。

し、最終的に、日本独自の空間造形や庭園建設の概念を生み出したのかを顕著に今に伝えている」(基準(ⅱ))との見解が示された[22]。そして、「東南アジアにおける仏教の普及と、仏教と日本固有の自然崇拝の気風及び阿弥陀の極楽浄土思想の独特な融合を明確に反映している。平泉における寺院と庭園の集合体は、この世の仏国土(浄土)の象徴的な表れである」(基準(ⅵ))と判断された[23]。また、第37回世界遺産委員会(2013年)は、基準(ⅲ)・(ⅵ)を満たす文化遺産として、「富士山——信仰の対象と芸術の源泉」(以下、「富士山」)の世界遺産一覧表への登録を決議した。「独立成層火山としての富士山の荘厳な姿は、周期性の火山活動とともに、古来より現在に至る山岳信仰の伝統を生み出した」(基準(ⅲ))とした。また、そうした富士山のイメージは、「古来より詩、散文、芸術作品のための着想の源泉である。特に、19世紀初頭における、葛飾北斎や歌川広重の浮世絵に描かれた富士山の姿は、西洋芸術の発展に顕著な影響を与え、富士山の荘厳な姿は、今でも高く評価されているが、世界中に知られることになった」(基準(ⅵ))との見解が示された[24]。そして、2016年には、「ル・コルビュジエの建築作品」が、複数の大陸、7か国(アルゼンチン、ベルギー、フランス、ドイツ、インド、日本、スイス)にまたがる遺産として登録された[25]。第40回世界遺産委員会は、「人間の創造的な傑作であり、20世紀におけるある種の根源的な建築的、社会的難題への顕著な貢献である」(基準(ⅰ))と述べた。また、「近代建築運動の誕生と展開との関係における、半世紀に及ぶ世界規模での無類の人間の価値観の交流を示している」(基準(ⅱ))との見解を示した。そして、「近代建築運動の思想と直接的、物質的に関連しており、その理論と実践は20世紀における顕著な普遍的価値を有している」(基準(ⅵ))と述べた[26]。

22 第35回世界遺産委員会は、平泉の庭園や寺院は、他の都市、特に鎌倉の建築・庭園にも影響を与えたと指摘した(WHC-11/35. COM/20〔Paris, 7 July 2011〕, p. 217)。鎌倉については、「武家の古都・鎌倉」という名称で「暫定リスト」に記載されている(World Heritage Centre, Temples, Shrines and other structures of Ancient Kamakura」〔https://whc.unesco.org/en/tentativelists/370/, 2018年11月22日アクセス〕)。尚、「暫定リスト」とは、各締約国が、世界遺産一覧表に登録することが適当だと考える自国の領域内に存在する資産の目録である(作業指針Ⅱ-Ⅱ.C-62)。
23 第35回世界遺産委員会資料、前掲注(22), pp. 216-219。
24 第37回世界遺産委員会資料 WHC-13/37. COM/20 (Paris, 5 July 2013), pp. 191-195。
25 「国立西洋美術館本館」は本遺産の構成資産の一つである(第40回世界遺産委員会資料 WHC-16/40. COM/19〔Paris, 15 November 2016〕, p. 234)。また、本遺産は、後述の「連続性のある資産」に該当する。
26 第40回世界遺産委員会資料、前掲注(25), pp. 231-235。

1995年には、「白川郷・五箇山の合掌造り集落」（以下、「白川郷・五箇山」）が、日本で初めて基準（v）「あるひとつの文化（又は、複数の文化）を代表する伝統的集落、陸上・海上の土地利用の顕著な見本である。又は、人類と環境との交流を示す顕著な見本である（特に、不可逆的な変化の影響によりその存続が危ぶまれているもの）」を満たす世界遺産として認定された[27]。第19回世界遺産委員会は、「集落の社会構造は、その配置に表れているが、1950年以降の日本における劇的な経済変動にも関わらず現存しているという点において重大な意義を有する。その結果、その長い歴史の精神的、物質的側面を示す証拠が保存されることになった」（基準（v））と述べた。また、登録基準（iv）については、「白川郷と五箇山の歴史的な村落は、環境と社会経済状況に完璧に適応した伝統的な人間居住の顕著な見本である」との見解が示された[28]。その後、2007年に、「石見銀山遺跡とその文化的景観」（以下、「石見銀山」）について、第31回世界遺産委員会は、「石見銀山遺跡にほぼ完全な状態で残されている鉱山、精錬所、交通跡、港湾施設等の銀生産に関する豊富な遺構の大部分は、現在、山林の景観に覆い隠されている。その結果、残存する景観（relict landscape）には、銀生産に関わった人々の集落が残されており、顕著な普遍的価値を有する歴史的な土地利用を印象的に証言している」（基準（v））との見解を示した。また、「16世紀から17世紀初頭の大航海時代に、石見銀山における大量の銀生産によって、日本と東アジア及びヨーロッパの貿易相手国との間で重要な商業的、文化的交流が行われるようになった」（基準（ii））と述べた。そして、「日本の金属採掘と生産における技術的発展の結果、小規模な労働集約型経営に基づく優れた運営形態の進化がもたらされ、採掘から精錬までの一連の技術全体を網羅するに至った」が、「19世紀後半には、伝統的技術に基づくこの地域の鉱山活動は停止され、結果的にこれらの活動に関する考古学的遺跡が良好な状態で保存されることになった」（基準（iii））との見解を示した[29]。

27　第19回世界遺産委員会資料 WHC-95/CONF. 203/16（31 January 1996），p. 47；片瀬（2018），p. 173。

28　第19回世界遺産委員会資料（https://whc.unesco.org/en/list/734, 2018年11月22日アクセス）；同委員会資料、前掲注（27），p. 47。

29　第31回世界遺産委員会資料 WHC-07/31. COM/24（Paris, 31 July 2007），p. 156。尚、残存する景観等、文化的景観については、注（33）を参照されたい。

文化的景観

　第28回世界遺産委員会（2004年）は、「紀伊山地の霊場と参詣道」（以下、「紀伊山地」）を、「文化的景観（cultural landscape）」として、世界遺産一覧表に登録することを決議した。その根拠として、同委員会は、「紀伊山地の文化的景観を形成する記念建造物と遺跡は、神道と仏教とが独自に融合してできたものであり、東南アジアにおける宗教文化の交流と発展を示している」（基準（ⅱ））との見解を示し、「紀伊山地の神社と寺院、及び、それらに関連する儀式は、数千年以上におよぶ日本の宗教文化の発展を示す顕著な証拠である」（基準（ⅲ））とした。また、「紀伊山地は、神社と寺院とが織りなす独特な形態を生み出す背景となったが、この過程を通じて、日本各地の社寺仏閣建造物に甚大な影響を及ぼしてきた」（基準（ⅳ））と述べた。そして「紀伊山地の遺跡と森林景観はともに、たゆみなく極めて十分に立証された1200年以上に及ぶ聖山の伝統を反映している」（基準（ⅵ））との見解を示した[30]。

　ここで適用された「文化的景観」の概念について、第16回世界遺産委員会（サンタフェ、1992年）は、文化的景観に関する専門家会合（フランス、ラ・プティット＝ピエール、1992年10月）でまとめられた報告を考慮して、顕著な文化的景観を含む6つの文化遺産の評価基準の改正案を採択した[31]。そして、世界遺産委員会は、特定の種類の文化遺産及び自然遺産を確認し、定義し、そして、世界遺産一覧表への登録推薦の際に、そのような資産の評価を円滑に進めるための指針を採択するに至った[32]。文化的景観は、「文化的資産であって、条約第1条のいう『自然と人間との共同作品（combined works of nature and of man）』に相当するものである。人間社会や人間の居住地が、自然環境による物理的制約及び／又は機会の下で、社会的、経済的、文化的な内外の力に継続的に影響されながら、どのような進化をたどってきたのかを例証するものである」と定義される（作業指針

---

[30] 第28回世界遺産委員会資料 WHC-04/28. COM/26（Paris, 20 October 2004), pp. 30-31；片瀬（2018), p. 174；山本（2010）は、本資産の登録推薦において強調された文化的景観としての「信仰の山」という概念の持つ曖昧で恣意的な側面に起因する問題点、並びに、その背景として、日本と西欧との間にある文化の捉え方のずれ、具体的には文化的景観の保護に関する文化財保護と世界遺産条約との間にあるずれを指摘する。

[31] 第16回世界遺産委員会資料 WHC-92/CONF. 002/12（14 December 1992), pp. 5, 54-55。

[32] 現在までのところ、こうした資産には追加の可能性はあるものの、a）文化的景観、b）歴史的町並みと街区、c）運河に係わる遺産、d）遺産としての道の4つのカテゴリーが含まれている（「作業指針」付属資料3、p. 80)。

Ⅱ-Ⅱ.A-47)[33]。

2　自然遺産

　基準（ⅶ）から（ⅹ）に基づいて推薦される資産を自然遺産という。第17回世界遺産委員会は、「屋久島」と「白神山地」を世界遺産一覧表に登録することを決議した[34]。まず、両遺産について、基準（ⅸ）「陸上、淡水域、沿岸、及び、海洋の生態系や動植物群の進化及び発展において、重要な進行中の生態学的、生物学的過程を代表する顕著な見本である」が該当すると判断された[35]。同委員会は、「屋久島」について、「屋久島は、高い山岳地帯を有する島嶼生態系の一つ」であり、「他の地域ではかなり減少している温暖帯原生林が独自に残存している。これらの森林は、海岸から中央の山頂まで標高に沿って連続的に分布している」（基準（ⅸ））と述べた。また、「屋久島で発見された最古の非常に壮麗な種の個体群とともに、数多くの極めて太い幹を持つスギの生育地である。壮麗な景観の中でスギが広範囲にわたって分布する生態系の最新で最良の見本を含んでいる」との見解に基づき、日本の世界遺産で初めて基準（ⅶ）「最上級の自然現象、又は、類稀な自然美及び美的な重要性を有する地域を包含する」の適用を決定した[36]。一方、「白神山地」については、遺産地域は、「未分散の原生状態にあり、東アジアにおける稀な未開地」であるが、「本資産にみられるような、変化の生じなかったブナ林が広範囲に残る保護地域は日本には類例がない」（基準（ⅸ））との見解が示された[37]。

　第29回世界遺産委員会（2005年）は、「知床」は、「数多くの海洋種及び陸上種にとって特別な重要性を有する」ものとし、「地球規模で脅威にさらされている海鳥の生息地として重要であり、また、渡り鳥にとって地球規模で重要な地域の

33　さらに、文化的景観は、3つのカテゴリー、すなわち、「人間によって意図的に設計され創造された景観（landscape designed and created intentionally by man）」、「有機的に進化する景観（organically evolved landscape）」、「関連する景観（associative cultural landscape）」に分類される。「有機的に進化する景観」はさらに、「残存する（化石）景観（a relict (or fossil) landscape）」と「継続する景観（a continuing landscape）」に分類される（「作業指針」付属資料3、p. 81）。
34　第17回世界遺産委員会資料、前掲注（19）, p. 38；片瀬（2018）, p. 174。
35　第17回世界遺産委員会資料、前掲注（19）, p. 38；片瀬（2018）, pp. 174-175。
36　第17回世界遺産委員会資料（https://whc.unesco.org/en/list/662, 2018年11月22日アクセス）；片瀬（2018）, p. 175。
37　第17回世界遺産委員会資料（https://whc.unesco.org/en/list/663, 2018年11月22日アクセス）。

一つである」との見解に基づき、日本の世界遺産で初めて、基準（x）「生物多様性の生息域内保全にとって最も重要な自然の生息地を包含する。これには、学術上又は保全上の観点から、顕著な普遍的価値を有する絶滅のおそれのある種の生息地が含まれる」を満たすと判断した[38]。

さらに、第35回世界遺産委員会（2011年）は、小笠原諸島の生態系は、「南東アジア及び北西アジアの両方に起源を持つ動植物群を通じて例証される一連の進化プロセスを表して」おり、「その結果として、限られた種に高い比率で固有種が生息する」（基準ix）との見解に基づいて、「小笠原諸島」を世界遺産一覧表に登録することを決議した[39]。

三　完全性・真正性の条件及び保護管理

「顕著な普遍的価値」を有すると認定されるには、当該資産は、完全性（integrity）及び／又は真正性（authenticity）の条件についても満たしていなくてはならない（作業指針Ⅱ-Ⅱ.D-78）。また同時に、適切な保護管理体制の下で、「顕著な普遍的価値及び完全性及び／又は真正性の登録時の状態が、将来にわたって確実に維持又は強化されなければならない」とされる（作業指針Ⅱ-Ⅱ.D-78・Ⅱ-Ⅱ.D-96）。本節では、完全性及び／又は真正性の条件、並びに、世界遺産の保護管理について考察する。

1　真正性

基準（i）から（vi）に基づいて推薦される資産は、真正性の条件を満たすことが求められる（作業指針Ⅱ-Ⅱ.E-79）。

第18回世界遺産委員会（1994年）は、「世界文化遺産奈良コンファレンス」（日本、奈良、1994年11月）で起草された「オーセンティシティに関する奈良ドキュメント（The Nara Document on Authenticity）」（以下、「奈良ドキュメント」）を検討し[40]、その後の専門家会議において、「オーセンティシティ（真正性）」の概念に

---

[38] 第29回世界遺産委員会資料 WHC-05/29. COM/22 (Paris, 9 September 2005), pp. 114-115；片瀬（2018）, p. 175。
[39] 第35回世界遺産委員会資料、前掲注（22）, pp. 179-181；片瀬（2018）, p. 175。
[40] 第18回世界遺産委員会資料 WHC-94/CONF. 003/16 (31 January 1995), pp. 65-66。

ついて議論を深めていくことになった[41]。「奈良ドキュメント」は、「1964年のヴェニス（ヴェネツィア）憲章（The Venice Charter）[42]の精神に生まれ、その上に構築され、それを拡大するものである」（前文）[43]。ヴェニス憲章では、その前文において、「幾世代もの人々が残した歴史的に重要な記念建造物は、過去からのメッセージを豊かに含んでおり、長期にわたる伝統の生きた証拠として現在に伝えられている。……記念建造物の真正な価値を完全に守りながら後世に伝えていくことが、我々の義務となっている」と謳われている[44]。

奈良ドキュメントは、「保存の実践の場でオーセンティシティを考慮することにより行われる重要な貢献は、人類の総体的な記憶を明確にし解明することである」（前文）と述べる。そして、「我々の世界の文化の多様性と遺産の多様性は、すべての人類にとってかけがえのない精神的および知的豊かさの源泉である」と述べ、「文化遺産とその管理に対する責任は、まず最初に、その文化をつくりあげた文化圏に、次いでその文化を保管している文化圏に帰属する」と規定する。さらに、「価値とオーセンティシティ」について、「文化遺産をそのすべての形態や時代区分に応じて保存することは、遺産がもつ価値に根ざしている。我々がこれらの価値を理解する能力は、部分的には、それらの価値に関する情報源が、信頼できる、または真実であるとして理解できる度合いにかかっている。文化遺産の原型とその後の変遷の特徴及びその意味に関連するこれら情報源の知識と理解

---

41 「作業指針」付属資料4、p. 88。
42 「ヴェニス憲章（The Venice Charter）」の正式名称は、「記念建造物および遺跡の保全と修復のための国際憲章（International Charter for the Conservation and Restoration of Monuments and Sites）」である。また、本憲章の日本語訳については、「記念建造物および遺跡の保全と修復のための国際憲章（ヴェニス憲章）」（http://www.japan-icomos.org/charters/venice.pdf, 2018年11月22日アクセス）を参照した。
43 「奈良ドキュメント」の日本語訳については、「オーセンティシティに関する奈良ドキュメント」（文化庁訳）（http://www.japan-icomos.org/charters/nara.pdf, 2018年11月22日アクセス）を参照した。
44 1994年に奈良で開催されたオーセンティシティ再検討のための国際会議（「世界文化遺産奈良コンファレンス」）は、木造文化遺産の修理・継承に関する日本による問題提起を契機としている。すなわち、西欧とは異なる文化と文化財保護の方法を有する日本において伝統的に行われてきた建造物の修理事業は、石造や煉瓦造の建造物の修理手法とは異なるが、湿潤で災害の多い自然条件下においても木造建造物の形態や材が可能な限り保存され、継承されてきた方法でもあり、ヴェニス憲章の精神と合致する部分も多いのではないかという見解に基づいている（益田1995: 48-54、増渕 2005: 59-60）；また、1964年の「ヴェニス憲章」に基づき、翌1965年にICOMOSが結成された。稲垣（1984: 182-184）は、これを、記念物保存の国際的連帯の誕生として捉え、「点から面」への展開、すなわち、単体保存から広域保全への移行によって、記念物や文化財の捉え方や評価、人との関わり方について生じた変化の一つとして捉えている。

は、オーセンティシティのあらゆる側面を評価するために必須の基盤である」とする。さらに、「文化財がもつ価値についてのすべての評価は、関係する情報源の信頼性と同様に、文化ごとに、また同じ文化の中でさえ異なる可能性がある。価値とオーセンティシティの評価の基礎を、固定された評価基準の枠内に置くことは、このように不可能である。逆に、すべての文化を尊重することは、遺産が、それが帰属する文化の文脈の中で考慮され評価しなければならないことを要求する」ものとする。そして、それゆえ、「各文化圏において、その遺産が有する固有の価値の性格と、それに関する情報源の信頼性と確実性についての認識が一致することが、極めて重要かつ緊急を要する」と述べる。最後に、「文化遺産の性格、その文化的文脈、その時間を通じての展開により、オーセンティシティの評価は非常に多様な情報源の真価と関連することになろう。その情報源の側面は、形態と意匠、材料と材質、用途と機能、伝統と技術、立地と環境、精神と感性、その他内的外的要因を含むであろう。これらの要素を用いることが、文化遺産の特定の芸術的、歴史的、社会的、学術的次元の厳密な検討を可能にする」と結ぶ。

真正性の条件について、第17回世界遺産委員会は、「法隆寺」について、「1895年以降実施されている保存作業は、高水準にある最新の保全技術を用いて行われている。1934年以降、特に、解体と再建に関わる介入が行われる場合、木造建造物の保存のための新たな技術を発達させ、木造建造物の保全にとって信頼できる先例を確立した」と述べた[45]。また、「姫路城」については、木造建造物保存において、「新素材の使用は厳格に制御され、重要な提案はすべて協議会によって議論され承認されるべきである」とされた[46]。さらに、多様な属性のうち、「精神や感性といった属性を、実際に真正性の条件として適用するのは容易ではないが、それでもなお、それらは、例えば伝統や文化的連続性を維持しているコミュニティにおいては、その土地の特徴や土地勘を示す重要な指標である」と規定される（「作業指針」Ⅱ-Ⅱ. E-83）。例えば、第20回世界遺産委員会は、「厳島神社」について、「厳島神社の社殿と景観の真正性は高く、1994年の真正性に関する奈良ドキュメントにおいて述べられている原則と完璧に調和している。宗教的あるいは精神的な重要性を有する古代の場所として、環境（セッティング）は、社

45　第17回世界遺産委員会資料、前掲注（7）。
46　第17回世界遺産委員会資料、前掲注（14）。

殿、海、山林が織りなす風光明媚な調和を映し出し続けており、文化的及び自然的観点の両方から適切に維持されている」とされた[47]。また、第23回世界遺産委員会は、「日光の社寺」の真正性について、「今日も宗教的な儀式及びその伝統を、物質的にも精神的にも維持するための諸活動の場として機能し続けている」との見解を示した[48]。

2　完全性

　完全性の条件については、「世界遺産一覧表に登録推薦される資産は全て、完全性の条件を満たすことが求められる」と規定されている（作業指針Ⅱ-Ⅱ. E-87）。また、「完全性は、自然遺産及び／又は文化遺産とそれらの特質のすべてが無傷で包含されている度合いを測るためのものさしである。従って、完全性の条件を調べるためには、当該資産が以下の条件をどの程度満たしているかを検討する必要がある：a）顕著な普遍的価値が発揮されるのに必要な要素がすべて含まれているか；b）当該資産の重要性を示す特徴及び過程を不足なく代表するために適切な大きさが確保されているか；c）開発及び／又は管理放棄による負の影響を受けているか」と定められている（作業指針Ⅱ-Ⅱ. E-88）。

　本項では、完全性の条件について、文化遺産、自然遺産のそれぞれについて考察する。

（1）文化遺産

　基準（ⅰ）から（ⅵ）までに基づいて登録推薦される資産について、「資産の物理的構造及び／又は重大な特徴が良好な状態であり、劣化の進行による影響がコントロールされていること」、また、「資産が有する価値の総体を現すのに必要な要素が、相当の割合包含されていること」と規定されている（作業指針Ⅱ-Ⅱ. E-89）。例えば、「古都京都」について、第18回世界遺産委員会において、「17の構成資産は、全体として、古都の歴史と文化に関する明確な理解を促進させている」が、その一方で、「それぞれが、高い水準の完全性を示している。各構成要素は、都市の文脈に点在しているため、無秩序な開発が、登録資産の全体的な視

47　第20回世界遺産委員会資料、前掲注（20）；平田・菅原（2000）は、厳島神社（宮島）の景観のみならず対岸の景観の保全を図っていく必要があるとの問題意識に基づき、景観と街づくりに対する住民の意識を検討している。
48　第23回世界遺産委員会資料（https://whc.unesco.org/en/list/913, 2018年11月22日アクセス）。

覚的完全性に対する脅威になっている」との見解が示された[49]。さらに、「文化的景観及び歴史的町並みその他の生きた資産については、これらの独自性を特徴づけている関係や動的な機能が維持されていること」と定められている（作業指針Ⅱ-Ⅱ. E-89）。「石見銀山」について、第31回世界遺産委員会において、「鉱山に関わる独自の土地利用のあり方を示す資産の構成要素は無傷のままである。つまり、個々の要素間の有機的な関係は鉱山に関わる土地利用の仕組みを完全に示している。これらは、豊かな山林と調和した地域社会の現代生活や暮らしの生きた要素であり、それゆえ、文化的景観としての完全性が維持されている」との見解が示された[50]。

連続性のある資産

「明治日本の産業革命遺産」は、8つのエリアに存在する23の構成遺産が「連続性のある資産（serial properties）」として、世界遺産に認定された[51]。「連続性のある資産」には、明確に定義されたつながりによって関係づけられた2つ以上の構成要素が含まれる：「a）構成要素は、時間をかけて、文化的、社会的、又は機能的なつながり、また、関連性のある生態学的、進化的な景観、又は、生息環境の連結性を反映している；b）各構成資産は、全体として実質的には、科学的に容易に定義されかつ識別できるような方法で顕著な普遍的価値に寄与し、また、とりわけ、無形の属性を含む。結果として生じる顕著な普遍的価値は、容易に理解され伝達される；c）構成資産の過度な分裂を避けるために、構成要素の選定を含む資産推薦プロセスにおいて、資産の全体的な管理可能性や一貫性が完全に考慮されている」とされる。そして、「構成要素が、個々の部分はそうではなくても、全体として顕著な普遍的価値を有するものである」とされる（作業指針Ⅲ-Ⅲ. C-137）。また、「連続性のある資産の登録推薦は、ひとつの締約国によるものであれ、複数の締約国による推薦であれ、最初に登録推薦される資産がそれ自体で顕著な普遍的価値を有していれば、複数年にわたる審査を前提にして推薦書の提出を行うことができる」（作業指針Ⅲ-Ⅲ. C-139）。例えば、「富士山」について、

---

49 第18回世界遺産委員会資料、前掲注（15）。
50 第31回世界遺産委員会資料、前掲注（29），p. 156。
51 第39回世界遺産委員会資料、前掲注（17）WHC-15/39. COM/19（Bonn, 8 July 2015），pp. 177-180; ICOMOS（2015）*Advisory Body Evaluation*（No. 1484）（https://whc.unesco.org/en/list/1484/documents/, 2018年11月22日アクセス），p. 88。

第37回世界遺産委員会において、「連続性のある構成資産には富士山の威厳とその精神的、芸術的な関連性を示すために必要な要素がすべて含まれている」とされた。しかしながら、「この連続性のある資産は、現在、統一体としての姿を明確に示してもいなければ、各構成資産が実質的にどのように全体に貢献するのかに関して明確な理解を促すわけでもない。構成要素間の結びつきを強め、全体としての価値、及び、巡礼と関連する様々な部分の機能をより理解しやすくするような説明を導入する必要がある」との見解が示された[52]。

（2）自然遺産

基準（ⅶ）から（ⅹ）に基づいて登録推薦される資産については、「全て、生物物理学的な過程および地形の特徴が比較的無傷であること。しかしながら、いかなる場所も完全な原生地域ではなく、自然地域は全て動的なものであり、ある程度人間との関わりが介在することが知られている。伝統的社会や地域のコミュニティを含めて、人間活動はしばしば自然地域内で行われる。そのような活動も、生態学的に持続可能なものであれば、当該地域の顕著な普遍的価値と両立し得る」とされる（作業指針Ⅱ-Ⅱ.E-90）。

「白神山地」について、第17回世界遺産委員会において、「厳格な法的保護に加えて、資産の中心部へのアクセスの欠如、及び、険しい地形のため、資産区域においてブナ林の伐採はほぼ全く行われていない。また、観光活動は主に資産の境界線あるいはその周辺地域付近に限られている。その結果、この広大な原生林地帯が人間の介入がほとんどない状態で維持されることになった」との見解が示された[53]。

「屋久島」について、第17回世界遺産委員会において、「屋久島は、多種多様な生物分布帯、及び、島の中央部に生育する重要な原始林を完全に表す島内における手つかずの一区域から成る」とされた。また、資産の境界線について、「その立地に影響を及ぼす多くの歴史的、行政的要因のため複雑である」とされ、「長期間にわたって資産の価値を維持するための十分な大きさ」が確保されていると

---

52 第37回世界遺産委員会資料、前掲注（24），p. 193；横山（2013）は、「富士山」の世界文化遺産の登録に関して、諮問機関であるICOMOSの勧告内容を見ながら、ヨーロッパの自然や文化景観の保護・保全のあり方との比較検討を行っている。

53 第17回世界遺産委員会資料、前掲注（37）；牧田（2002）は、白神山地の自然と伝統文化を情報資源として生かすために必要な整備について、観光、とりわけエコツーリズムの観点から考察している。

述べられた。また、観光の影響との関連において、「資産に含まれる老齢のヤクスギは、第一に保護すべき価値がある」との見解が示された[54]。

「小笠原諸島」について、第35回世界遺産委員会において、「完全性の問題の大部分は、外部からの脅威に関係しており、最も重要なのは外来種の侵入である」との見解が示された。また、「訪問者数の増加とそれに伴う開発に加えて、航空交通によるアクセスが今後可能になることによって、脆弱な島嶼環境に取り返しのつかないほど強力な影響が及ぼされる可能性がある」とされた[55]。

「知床」について、第29回世界遺産委員会において、「資産の境界線は、法的に指定された既存の保護区に従っており、その区域内の71,100ヘクタールに及び、生態系の保護区全域を包含する。当該資産は、非常に豊富な海洋及び陸上生態系から構成されており、主要な陸域における資産価値、及び、海洋生態系・生物多様性保全のための主要な海洋保護区のすべてを含んでいる」とされた[56]。

3　保護管理

世界遺産の保護管理については、「顕著な普遍的価値及び完全性及び／又は真正性の登録時の状態が、将来にわたって確実に維持又は強化されなくてはならない」とされる（作業指針Ⅱ-Ⅱ.F-96）。また、世界遺産一覧表に登録されているすべての資産について、「適切な長期的立法措置、規制措置、制度的措置、及び／又は伝統的な保護管理手法により確実に保護されていなければならない。その際、適切な保護範囲（境界）の設定を行うべきである」と規定される（作業指針Ⅱ-Ⅱ.F-97）。本項では、世界遺産の保護管理について、立法措置、規制措置、契約による保護措置、効果的な保護のための境界線の設定、緩衝地帯、管理体制、及び、持続可能な利用の観点から考察する。

まず、立法措置、規制措置、契約による保護措置については、「資産の存続を保証し、顕著な普遍的価値及び完全性及び／又は真正性に負の影響を及ぼす可能性のある社会的、経済的、その他の圧力又は変化から資産を確実に保護するため

54　第17回世界遺産委員会資料、前掲注（36）。
55　第35回世界遺産委員会資料、前掲注（22）, p. 180；小林（2012）は、小笠原の地理や自然を概観し、その特異性を踏まえた上で、世界自然遺産・小笠原の観光振興について、交通手段、宿泊施設、滞在中の観光諸活動の観点から検討し、エコツーリズム・マネジメントを中心とする諸提案を行っている。
56　第29回世界遺産委員会資料（https://whc.unesco.org/en/list/1193, 2018年11月22日アクセス）。

の立法措置、規制措置を国及び地方レベルで整備することが求められる。また、締約国は、それらの施策を十分かつ効果的に実施する必要がある」とされる（作業指針Ⅱ-Ⅱ.F-98）。

　次に、効果的な保護のための境界線の設定について、「境界線を明確に設定することは、登録推薦資産を効果的に保護するための不可欠な要件である。境界線の設定は、資産の顕著な普遍的価値及び完全性及び／又は真正性を表現するすべての属性を包含するように行われなければならない」とされる（作業指針Ⅱ-Ⅱ.F-99）。また、登録基準（ⅰ）から（ⅵ）に基づいて登録推薦される資産については、「資産の顕著な普遍的価値を直接的かつ具体的に表現しているすべての領域、及び、属性を包含するとともに、将来の調査次第でそれらの理解を深めることに寄与する潜在的可能性を有する地域もあわせて含むように境界線を設定すること」と規定される（作業指針Ⅱ-Ⅱ.F-100）。一方、登録基準（ⅶ）から（ⅹ）に基づいて登録推薦される資産の場合、「世界遺産一覧表登録の根拠となる生息域、種、過程又は現象を成立させる空間的要件を反映した境界線を設定すること。推薦範囲外の人間活動による直接的な影響や資源利用の影響から資産の遺産価値を保護するために、顕著な普遍的価値を持つ範囲に直接的に隣接する地域について十分な範囲を含むようにすること」と定められる（作業指針Ⅱ-Ⅱ.E-101）。

　また、「資産を適切に保護するために必要な場合は、適切に緩衝地帯（バッファゾーン）を設定すること」とされる（作業指針Ⅱ-Ⅱ.F-103）。そして、「緩衝地帯は、推薦資産の効果的な保護を目的として、推薦資産を取り囲む地域に、法的及び／又は慣習的手法により補完的な利用・開発規制を敷くことにより設けられるもうひとつの保護の網である。推薦資産の直接的な環境（セッティング）、重要な景色やその他資産の保護を支える重要な機能をもつ地域又は属性が含まれるべきである」と規定される（作業指針Ⅱ-Ⅱ.F-104)[57]。

　さらに、各登録推薦資産について、「資産の顕著な普遍的価値をどのように保護すべきか（参加型手法を用いることが望ましい）について明示した適切な管理計画

---

[57] 条約加盟後まもない日本にとって、文化遺産を推薦するにあたって、国内の文化財保護行政の枠を超える新たな課題となったのが緩衝地帯の設定であった（益田 1995: 48）；例えば、宋・池田（2010）は、琉球遺産群（「琉球王国」）について、世界遺産登録後、地元自治体の地域活性化政策や観光客の増加に伴う、緩衝地帯及びその周辺の市街地変容及び建築物の立地が、遺産群周辺の景観形成に及ぼす影響、並びに、緩衝地帯及び周辺地区の景観規制が果たす機能について分析している。

を策定するか又はその他の管理体制について文書で説明すること」と規定する（作業指針Ⅱ-Ⅱ.F-108）。

そして、持続可能な利用について、「世界遺産資産は、生態学的、文化的に持続可能な様々な進行中の及び提案された利用と両立し、また、これによって、当該コミュニティの生活の質に貢献し得る。締約国とパートナーは、そのような持続可能な利用又はその他の変化が資産の顕著な普遍的価値を損なうことがないように努めなければならない」とされる（作業指針Ⅱ-Ⅱ.F-119）。

四　むすび

本節では、前節までの考察に基づいて、「顕著な普遍的価値」とは何かという観点から、日本の世界遺産の特徴を述べ、ツーリズム生成の背景を明らかにするために、今後、取り組むべき課題を提示する。

「顕著な普遍的価値」を評価するための10の基準のうち、基準（ⅰ）「人類の創造的才能を表す傑作」は、「法隆寺」、「姫路城」、「厳島神社」、「日光の社寺」、「ル・コルビュジエの建築作品」に適用されている。日本で最初に登録された「法隆寺」は、「厳島神社」とともに4つの基準（ⅰ）（ⅱ）（ⅳ）（ⅵ）を満たす。また、「古都奈良」と「紀伊山地」は基準（ⅱ）（ⅲ）（ⅳ）（ⅵ）の4つを満たす遺産である。基準（ⅱ）「価値の交流」については、日本の世界遺産で最も適用事例が多い。また、基準（ⅲ）「文化的伝統・文明の証拠」を満たす遺産には、近年の登録事例（「富士山」、「宗像・沖ノ島」、「長崎と天草地方」）が含まれる。基準（ⅳ）「歴史上の重要な建築物・科学技術・代表的な景観」と基準（ⅵ）「歴史上の出来事や伝統、思想、信仰、芸術、文学との関連性」は、基準（ⅱ）に次いで適用事例が多い。「法隆寺」とともに1993年に登録された「姫路城」は「木造建築の傑作」（基準（ⅰ））であり、基準（ⅳ）を満たす。また、基準（ⅱ）・（ⅳ）の2つを満たす遺産には、「古都京都」、「富岡製糸場」、「明治日本の産業革命遺産」がある。さらに、1996年には、「原爆ドーム」が例外的に、基準（ⅵ）のみの適用で世界遺産に認定された。日本で適用事例が最も少ない基準（ⅴ）「伝統的集落や土地利用、人類と環境との交流」については、「白川郷・五箇山」と「石見銀山」が該当する。後者については、「紀伊山地」とともに「文化的景観」が認められている[58]。一方、「自然遺産」について、基準（ⅸ）「重要な生態学的・生物学的過程」

はすべての登録について適用されている。基準（vii）「自然現象または自然美」については「屋久島」、基準（x）「絶滅危惧種の生息地で生物多様性を示す」については「知床」に適用されている。基準（viii）「地球の歴史における主要な段階」については適用事例がない。

　近年、日本の世界遺産について、従来、世界遺産一覧表に十分に反映されてこなかった分野やテーマに関する遺産（例えば、「産業遺産」）が世界遺産に認定されるようになった。また、広域にわたって点在する複数の遺産が一つの世界遺産として登録される事例も見られた。さらに、「文化的景観」という概念が導入されたことによって、条約に規定する文化遺産と自然遺産という枠組みでは捉えきれない遺産の多様性を受け入れる動きに変化が生じることが予測される。人間と自然との精神的なつながりは、生態学的な変化の過程との関係においてどのように認識されるのだろうか。例えば、残存する（化石）景観は、地球規模での環境変化（例えば、気候変動）との関係において、いかに説明されるのか。「世界遺産」を含む保護区を複合的に捉える視点から[59]、遺産への脅威とは何かに着目して、資産の管理・保護に関する境界の設定理由を明らかにする必要があろう。そこで、まずは、人間活動による地球への影響は、新しい地質年代を特徴づけるほどの証拠なのかに関する議論を踏まえながら[60]、過去数年間における「危機遺産」

58　2018年10月現在、世界全体で、102件（国境を越える遺産4、削除1含む）が「文化的景観」として世界遺産一覧表に登録されている（World Heritage Centre,「Cultural Landscapes」〔https://whc.unesco.org/en/culturallandscape/, 2018年11月22日アクセス〕）。日本の世界遺産については、「紀伊山地」と「石見銀山」が「文化的景観」として登録されているが、それ以外にも、例えば、「琉球王国」について、諮問機関ICOMOS（2000）は、9つの構成資産は、「記念工作物（monuments）」、「遺産（sites）」（世界遺産条約第1条）並びに「文化的景観」に分類されると述べている（ICOMOS（2000）*Advisory Body Evolution*（No. 972）〔https://whc.unesco.org/en/list/972/documents/, 2018年11月22日アクセス〕, p. 104）。また「厳島神社」については、第20回世界遺産委員会において、ドイツ代表が「文化的景観」の基準を適用して拡張登録も可能かもしれないと述べた（WHC-96/CONF. 201/21〔10 March 1997〕, p. 70）；鈴木（2018）は、日本における文化的景観の世界遺産登録が滞っている現状を鑑みて、世界遺産条約の枠組みにおける文化的景観の在り方を、評価に係る特性の観点から検討している。

59　人間とその環境との関係を改善するために、科学的な基盤を確立することを目的とした、政府間事業「人間と生物圏（MAB）計画（Man and the Biosphere Programme）」が1971年に開始され、「生物圏保護区（Biosphere Reserve）」の概念が取り入れられた。生物圏保護区は、世界の異なるバイオームを代表するものとして地域選定されている。それに対して、世界遺産の自然遺産地域はその類稀な自然の価値によって選定されるため、自然遺産の指定に生物圏保護区のコアエリアが選定される場合がある（財団法人日本自然保護協会 1994: 16; Hadley 2006: 260-276）；油井・古谷（1997）は、原生地域から人間の活動が介在する自然地域までを考慮して、世界における自然保護地域の実態を、国立公園とそれ以外の保護地域とに分けて考察している。

認定の根拠に着目して、ツーリズム生成の背景を探りたい。

参考文献

市川聡（2008）「世界遺産登録後の屋久島の課題とエコツーリズムの現状」『地球環境』第13巻第1号、61-70頁。

稲垣栄三（1984）『文化遺産をどう受け継ぐか』三省堂。

片瀬葉香（2016）「世界における危機遺産の現状と課題に関する一考察」『商経論叢』第56巻第3号、19-36頁。

────（2018）「世界遺産とは何か」千相哲編著『九州観光学──九州の観光を読み解く──』晃洋書房、163-179頁。

小林天心（2012）「世界自然遺産・小笠原のあるべき観光振興──エコツーリズム・マネジメントを中心とする諸提案──」『ホスピタリティ・マネジメント』第3巻第1号、1-22頁。

小室充弘（2014）「世界遺産を活用した観光振興のあり方に関する研究」『運輸政策研究』Vol. 17 No. 2 2014 Summer、70-74頁。

財団法人国際観光年記念行事協力会（1967）『観光と観光事業』。

財団法人日本自然保護協会（1994）『世界遺産条約資料集3』財団法人日本自然保護協会。

澤村明（2015）「世界遺産登録と観光動向（修正加筆稿）──日本の10事例から──」『新潟大学経済論集』第100号、117-128頁。

鈴木地平（2018）「OUVは何処にある？──世界遺産における文化的景観の評価を通じて──」金田章裕編『景観史と歴史地理学』吉川弘文館、354-381頁。

宋暁晶・池田孝之（2010）「『琉球遺産群』のバッファゾーン及びその周辺地域における景観形成と保全について──首里城跡、中城城跡、斎場御嶽を事例として──」『日本建築学会計画系論集』第75巻第652号、1463-1470頁。

平田嘉秀・菅原辰幸（2000）「厳島神社対岸住民の景観に関する意識」『日本建築学会中国支部研究報告集』第23巻、585-588頁。

牧田肇（2002）「新興の観光対象『世界遺産・白神山地』とエコツーリズムの模索」『地理科学』第57巻第3号、176-186頁。

益田兼房（1995）「世界遺産条約と世界文化遺産奈良コンファレンス」『建築史学』第24巻、44-60頁。

増渕徹（2005）「文化財と世界遺産」佐藤信編『世界遺産と歴史学』山川出版社、56-70頁。

山本恭正（2010）「世界遺産『熊野古道』における『文化』概念の再検討──文化的景観『信仰の山』をめぐる理念と実践──」『白山人類学』第13号、93-115頁。

油井正昭・古谷勝則（1997）「世界の国立公園と自然保護地域の指定状況に関する研究」

---

60 Whitehead（2014）は、地質年代に関して「人新世（the Anthropocene）」という概念が提唱された（Crutzen and Stoermer 2000, Crutzen 2002）ことによって、環境の変化に関する研究方法に改変が求められていると指摘する。

『千葉大園学報』第51号、87-101頁。

吉田春生（2011）「観光と世界遺産――白神山地をめぐって」『地域総合研究』第38巻第2号、1-15頁。

横山秀司（2013）「富士山の世界遺産登録とその課題――ヨーロッパの遺産の保護・保全の観点からの比較――」『地理』第58巻第11号、26-34頁。

渡辺悌二・海津ゆりえ・可知直毅・寺崎竜雄・野口健・吉田正人（2008）「観光の視点からみた世界自然遺産」『地球環境』第13巻第1号、123-132頁。

Chakraborty, Abhik, Kuniyasu Mokudai, Malcolm Cooper, Mahito Watanabe and Shamik Chakraborty (eds.) (2018) *Natural Heritage of Japan: Geological, Geomorphological, and Ecological Aspects*. Cham, Switzerland: Springer International Publishing A G.

Crutzen, Paul J. (2002) "Geology of Mankind", *Nature* (Vol. 415, 3 January 2000): 23.

Crutzen, Paul J. and Eugene F. Stoermer (2000) "The 'Anthropocene'", *Global Change News Letter* (No. 41, May 2000): 17-18.

Hadley, Malcolm (2006) "A Practical Ecology: The Man and the Biosphere (MAB) Programme", in UNESCO, Lamar, Jake (ed.) *Sixty Year of Science at UNESCO 1945-2005*. Paris: UNESCO Publishing, pp. 260-296.

Whitehead, Mark (2014) *Environmental Transformations: A Geography of the Anthropocene*. Abingdon, UK and New York: Routledge.

大学の社会貢献と地域連携教育の実践

加 藤 基 樹

一　はじめに
二　大学の社会貢献としての地域連携
三　早稲田大学の新思考入試と地域連携教育の実践
四　まとめにかえて

一　はじめに

　現在、日本のほとんどすべての大学では、何らかの地域連携が行われており、大学には、地域と連携して地域に貢献する機能が本質的に備わっていると見なすことができるほどである。

　この地域連携は、広義には大学の社会貢献に包含される。大学の社会貢献は、2006年の改正教育基本法第7条（大学）「大学は、学術の中心として、高い教養と専門的能力を培うとともに、深く真理を探究して新たな知見を創造し、これらの成果を広く社会に提供することにより、社会の発展に寄与するものとする」、また、2007年の改正学校教育法第83条第2項「大学は、その目的を実現するための教育研究を行い、その成果を広く社会に提供することにより、社会の発展に寄与するものとする」（いずれも傍点は筆者による）とされ位置づけられたものである。

　中塚・小田切（2016）は、この2006年の教育基本法改正からの流れによって、社会貢献が、「研究」「教育」につづく「第3の使命」と捉えられるようになったとしている[1]。もちろん、細野（2014）が「『教育活動』、『研究活動』そのものの中に『社会貢献活動』が内包されており、『社会貢献活動』のみを取り上げることは実質的に不可能」[2]と指摘しているとおり、もともと不可分であった教育、研

1　中塚雅也・小田切徳美（2016）「大学地域連携の実態と課題」『農村計画学会誌』vol. 35、No. 1、6頁。
2　細野光章（2014）「国立大学における社会貢献活動の現状と課題」研究イノベーション学会『研

究から社会貢献活動を切り分けることはできないが、機能として明確化されたことには大きな意味があるだろう。

その後、2008年の「国立大学の目指すべき方向　自主行動の指針（平成20年3月）」[3]では、人材育成やリージョナルセンターとしての役割とともに、指針1の「公共的性格の再確認と社会への貢献の明確化」のなかで「地域連携の基幹としての役割を強化」が明示された。「国立大学は、地域におけるオピニオン・リーダーとしての教員と社会問題に幅広く目を開いた学生を擁しており、他の大学等と連携し、資源と人材、教育研究能力を活用し、連携の要として役割を果たすように努めなければならない」とされたものである。ただし、ここで連携の対象とされている「他の大学等」には、教育機関のほか、企業・研究所・各種機関・自治体が含まれているが、ここに地域の自治体よりも小さな単位が明示されていないことには注意が必要である。

そして、2016年度の高等教育局主要事項の概算要求によって、「機能強化の方向性に応じた重点支援」として国立大学は機能別に3つのグループに分けられ、新規の予算が割り当てられた。

第1に、「主として、卓越した成果を創出している海外大学と伍して、全学的に卓越した教育研究、社会実装を推進する取組を中核とする国立大学を支援」するとされ、東京大学、京都大学など旧制帝国大学を中心に16大学がこれに該当する。

第2に、「主として、専門分野の特性に配慮しつつ、強み・特色のある分野で地域というよりも世界・全国的な教育研究を推進する取組を中核とする国立大学を支援」するもので、ここには筑波技術大学、東京医科歯科大学など15大学が含まれる。

そして第3に、「主として、地域に貢献する取組とともに、専門分野の特性に配慮しつつ、強み・特色のある分野で世界・全国的な教育研究を推進する取組を中核とする国立大学を支援」とされる55大学である。

これで国立大学の役割は大きく3グループに分けられ、このうち第3の55大学が、「主として、地域に貢献する取組とともに」とあるように、その地域貢献の役割がより明確になったのである。

このように、本来的に、大学には「研究」と「教育」の役割があったが、教育

究　技術　計画』vol. 29、No. 1、45頁。
3　一般社団法人国立大学協会（2008）。

基本法、学校教育法に明示されて、社会貢献の役割が加わることになった。さらに、この社会貢献のなかに地域連携の役割が明確化されて、国立大学においては、地域に貢献する取組が重要な役割とされる55大学が規定されるという流れになったのである。

ただし、教育基本法、学校教育法には「これらの成果を広く社会に提供することにより、社会の発展に寄与」とあり、これはすなわち、大学の「研究活動」と「教育活動」の成果・果実、あるいは、知見を「社会貢献活動」に役立てるということを意味しているように読める。それは一面において正しいだろうが、大学の社会貢献活動、さらに地域連携では必ずしも、大学の「研究活動」「教育活動」の直接的な成果が活用されるわけではない。

そこで本稿では、大学の社会貢献と地域連携の枠組みについて整理した上で、大学における地域連携の事例として、2018年度から筆者が担当する地域連携に直結した入学試験、カリキュラム、授業の内容を経過とともに実態的に考察する。

二　大学の社会貢献としての地域連携

1　大学の社会貢献

本稿で着目する地域連携は、広義には大学の社会貢献に含まれると述べたが、ここで大学の社会貢献について確認しておきたい。文部科学省は民間のシンクタンクに依頼して「開かれた大学づくりに関するアンケート調査」を行い、毎年、大学からの90％以上という高い回答率のもとに、調査結果をまとめている。その調査票である「平成29年度　開かれた大学づくりに関する調査　調査票」[4]の問1では「貴学では、どのような地域社会に対する大学の貢献の取組を行っていますか（以下略）」として、次のAからNまでの選択肢を提示している。つまり、これが文部科学省の考える大学の地域社会に対する貢献の取組と考えてよいだろう。

　A．公開講座を実施すること
　B．生涯学習や教育の最新動向等について情報発信すること
　C．社会人入学者を受け入れること

4　文部科学省ウェブサイト「開かれた大学づくりに関する調査」（http://www.mext.go.jp/a_menu/ikusei/daigaku/1288601.htm）。

D．社会人の学び直しに関すること
E．人材認証制度を実施すること
F．正規授業を一般公開すること（公開授業 など）
G．学生の地域貢献活動を推進すること
H．地域活性化のためのプログラムを開発・提供すること
I．教員を外部での講座講師や助言者、各種委員として派遣すること
J．施設等を開放し、地域住民の学習拠点とすること
K．地域ニーズの把握のため、地域（自治体等）との話し合いの場（会議体等）を設けること
L．大学における地域企業や官公庁と連携した教育プログラムを実施すること
M．多様なメディアを活用し、大学の資源・コンテンツなどを開放すること
N．障害者の生涯学習に関する取組を実施すること

　ここで、AからFは主に人材育成の役割、GからNは広い意味での地域へのサービスの提供であり、つまり大学の社会貢献は、大きく人材育成と地域へのサービスの提供に分けることができる。このうち本稿で扱う地域連携は、このなかのGとHにあたる。
　なお、平成29年度の報告書[5]によれば、実際に取り組んでいる割合の高いものは、「A．公開講座を実施すること」が97.1パーセント、「I．教員を外部での講座講師や助言者、各種委員として派遣すること」が91.8パーセントとなっている。また、本稿で地域連携として扱う「G．学生の地域貢献活動を推進すること」は85.2パーセント、「H．地域活性化のためのプログラムを開発・提供すること」は51.5パーセントとなっている。

2　国の事業としての大学地域連携

　中塚・内平（2014）は国の進める大学の地域連携事業として、経済産業省の「産学官連携」、文部科学省の「地（知）の拠点整備事業」、総務省の「域学連携」をあげ、それぞれ産業・地方都市視点、大学視点、地域視点として整理してい

5　株式会社　リベルタス・コンサルティング（2018）「文部科学省委託調査　平成29年度　開かれた大学づくりに関する調査研究」。

る[6]。ここでそれぞれの事業の内容について明らかにしておこう。

（1）産業・都市視点の経済産業省「産学官連携」

「産学官連携」には多様な形態があるが、文部科学省はこれを5分類している[7]。

1　企業と大学等との共同研究、受託研究など研究面での活動
2　企業でのインターンシップ、教育プログラム共同開発など教育面での連携
3　TLO（Technology Licensing Organization：技術移転機関）の活動など大学等の研究成果に関する技術移転活動
4　兼業制度に基づく技術指導など研究者によるコンサルタント活動
5　大学等の研究成果や人的資源等に基づいた起業

このうち、1にあたる共同研究は、研究実施件数が20,821件、研究受入額が467億円で平均すると1件あたり224万円程度となる。また、受託研究は7,145件、「研究費受入額」は約110億円で、平均154万円程度となっている。そして、3などにあたる特許権実施等は、11,872件で26.8億円、平均22.6万円程度の実績であった[8]。

（2）大学視点の文部科学省「地（知）の拠点整備事業」

「地（知）の拠点整備事業」（大学COC事業）は、大学等が地域社会と連携し、地域の課題と大学の資源のマッチング等により、全学的に地域を志向した教育、研究、社会貢献を行う事業で2013年度から開始された。同年度の予算は23億円で、319件の応募に対して52件が採択されている。

さらに2015年度からは、これを発展させた「地（知）の拠点大学による地方創生推進事業（COC+）」[9]が始まる。これは「地方公共団体や企業等と協働して、学生にとって魅力ある就職先の創出をするとともに、その地域が求める人材を養成するために必要な教育カリキュラムの改革を断行する大学の取組を支援すること

6　中塚雅也・内平隆之（2014）『大学・大学生と農山村再生』（筑波書房）7頁。
7　「産学官連携の意義～「知」の時代における大学等と社会の発展のための産学官連携」文部科学省ウェブサイト（http://www.mext.go.jp/b_menu/shingi/gijyutu/gijyutu8/toushin/attach/1332039.htm）。
　なお、経済産業省のウェブサイトでは、「産学官連携の系譜」がまとめられている（http://www.meti.go.jp/policy/innovation_corp/sangakukeifu.html）。
8　文部科学省「平成27年度　大学等における産学連携等実施状況について」。
9　筆者は2015年度と2016年度に、文部科学省「地（知）の拠点大学による地方創生推進事業」の選定委員会専門委員（いわゆる、ペーパーレフリー）を担当した。

を目的」[10]としたもので、2017年度は56件の申請に対して42件（参画する大学等は256）が採択されている[11]。

（3）地域視点の総務省「域学連携」[12]

総務省ウェブサイトによれば、「大学生と大学教員が地域の現場に入り、地域の住民やNPO等とともに、地域の課題解決又は地域づくりに継続的に取り組み、地域の活性化及び地域の人材育成に資する活動」[13]とされており、2012年度に「域学連携」地域活力創出モデル実証事業、2013年度に「域学連携」実践拠点形成モデル実証事業が実施された。

このうち、「域学連携」地域活力創出モデル実証事業の事業規模は、中期滞在型（1～2ヶ月程度）が上限1,500万円、合宿型（10日間程度×3回以上）が上限500万円、中期滞在型＋合宿型が上限2,000万円で、計16件が採択されている[14]。

三　早稲田大学の新思考入試と地域連携教育の実践

1　新制度導入の背景

国勢調査によれば、2010年から2015年の5年間で、総人口は約1億2,800万人から1億2,700万人へと約100万人減少した。率にして0.8パーセントの減少である。これまでの増加から減少に転じたのであり、この人口減少は今後も続くものと予想されている。また、この5年間の人口増減率を都道府県別にみると、増加しているのは、沖縄（2.9）、東京（2.7）、埼玉（1.0）、愛知（1.0）、神奈川（0.9）、福岡（0.6）、滋賀（0.2）、千葉（0.1）の8都県となっており[15]、移住先として人気のある沖縄県を除くと、都市部とその近郊である。

つまり、日本全体の人口が減少しているなか、都市部への人口集中と地方の人口減少の進行が顕著になっているという状況にある。この要因は様々であろう

10　学術振興会ウェブサイト（https://www.jsps.go.jp/j-coc/gaiyo.html）。
11　文部科学省「平成27年度　地（知）の拠点大学による地方創生推進事業」選定状況。
12　筆者は2013年度から2015年度まで、総務省「域学連携地域活力創出モデル実証事業」に採択された新潟県十日町市「豪雪地域における学生ボランティアと専門科目を活かした地域おこし展開」において「松代フィールドワーク実行委員会」の委員をつとめた。
13　総務省ウェブサイト（http://www.soumu.go.jp/main_sosiki/jichi_gyousei/c-gyousei/ikigakurenkei.html）。
14　同上総務省ウェブサイト。
15　総務省統計局「日本の統計2018」による。カッコ内は増加割合で単位はパーセント。

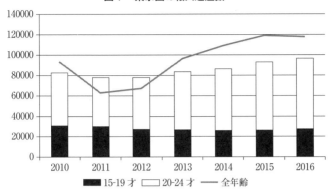

図1 東京圏の転入超過数

資料：まち・ひと・しごと創生本部事務局「地方大学の振興及び若者雇用等に関する基本資料」より作成。

が、高等学校卒業後に都市部の大学への進学することが一因になっているといえよう[16]。

図1は東京圏（東京都、千葉県、埼玉県、神奈川県）の転入超過数を示したものである。これによれば、2011年から2016年の5年間で、転入超過数は6万人から12万人へと倍増している。とくに、15才から19才では毎年3万人弱、20才から24才では、5万から6万人の転入超過数が見られ、前者は大学進学、後者は大学卒業後の就職がその要因であると考えられる。

2017年度において、過年度卒を含む大学・短期大学の進学率は57.3パーセント、同じく過年度卒を含む大学（学部）進学率は52.6パーセントでいずれも過去最高であった[17]。

つまり、大学進学時は、大学卒業後の就職時とならんで東京圏への人口流入数の大きく、さらに、大学進学率も上昇している状況にあるのだが、ここで、地方においてこれ以上の人口流出を抑えたいと考えた場合、東京圏の大学定員を増やさなければよいという発想に至る。

これが、2018年5月に成立した「地方大学振興法」であり、東京23区内の大学

---

16 遠藤健（2017）「大学進学にともなう地域移動の時系列分析」『早稲田大学大学院文学研究科紀要』62 pp. 113-127。田村一軌（2017）「大学進学にともなう都道府県間人口移動」公益財団法人アジア成長研究所『調査報告書16-08』。など参照。
17 文部科学省（2017）「平成29年度学校基本調査（確定値）の公表について」。

の定員増を原則10年間禁止するものである。同法はもともと恒久法としての成立が予定されていたが、賛成反対双方の立場から様々な意見が出された結果、10年間という期限が付けられて成立した。

なお、同法によって「地方大学・地域産業創生交付金制度」が創設された。ここでは大学ではなく地方自治体の首長がリーダーシップをとり、地方大学が教育研究よりも地域産業に対して貢献するような事業の実施が求められている。2018年度については、内閣府75億円（地方大学・地域産業創生交付金20億円、地方創生推進交付金活用分50億円、関連事業5億円）、文部科学省25億円の計100億円が予算化されており、およそ10件の採択が予定されている[18]。

2　早稲田大学における新たな地域連携の試み

そのような状況の中、早稲田大学は2018年度から「新思考入試（地域連携型）」を商学部、文学部、文化構想学部、人間科学部、スポーツ科学部の5学部で開始した。

「新思考」というやや言葉がわかりにくいが、入試要項の冒頭には、「グローバルな視野と高い志を持って、社会的・文化的・学術的に地域へ貢献する人材を育成・輩出することを目的とします」とあり、要するに、卒業後に地域での貢献を志す学生を募集する入学試験である。

地域についての限定はなく、大学としては全都道府県からの受け入れを目標としている。また、卒業後に出身地域に戻ることを強制することはなく、あるいは地域に戻らないという選択が何らか不利に働くことはない。この点については後で検討する。

この入学試験の形式であるが、9月上旬に願書を締め切った後、9月下旬に1次選考（書類選考・課題レポートによる）の結果を発表し、その合格者は、10月下旬の2次選考（総合試験）を受験する。11月下旬に発表される2次選考の合格者は、1月の大学入試センター試験を受験し、3教科で240点（80パーセント）以上の得点した者が合格となる。

2018年度は43都道府県から323名が受験し、入学者は8名という非常に狭き門

18　内閣官房まち・ひと・しごと創生本部事務局、内閣府地方創生推進事務局「地方大学・地域産業創生事業等について」（https://www.kantei.go.jp/jp/singi/sousei/meeting/tihousousei_setumeikai/h30-01-11-shiryou7-1.pdf）。

になった。これは2次選考で候補者を絞りすぎたのと、2次選考の合格者が大学入試センター試験で、得点を伸ばせなかった結果である[19]。

なお、入学後のメリットの1つに奨学金制度がある。この入試による入学者には、親の収入についての申請資格を満たせば、「めざせ！都の西北奨学金」[20]または「小野梓記念奨学金（新入生予約採用型）」[21]という奨学金の支給が確約される。

さらに、同じく2018年度より「新思考入試（北九州地域連携型推薦入試）」も新設された。これは北九州地域の高等学校を対象とした指定校制推薦入試で、基幹理工学部学系Ⅱ[22]に最大10名程度を選考する入試である。そしてこの入試制度で入学した学生は、3年次までを東京の西早稲田キャンパスで学び、4年次から北九州キャンパスの大学院情報生産システム研究科（IPS）に移って、大学院まで研究活動をすることを前提としている。

つまり、北九州地域の高等学校に対する指定校制推薦入試で、しかも、北九州キャンパス（IPS）に進学することを前提としているのであるから、募集要項で明示されてはいないものの、この入試による入学者も新思考入試（地域連携型）の入学者と同様に卒業後に出身地域に貢献することが予想、期待され、後述する新思考入試（地域連携型）のための講座を一緒に履修することになる。

3　どのような教育を提供するか

新思考入試（地域連携型）の導入は、単なる新しい入試制度の成立を意味しているのではない。図2にあるように、これまで卒業後に地域に貢献したいと考える新入学生は、それぞれが所属する学部で学びつつ、各自が課外活動に参加することで、実態的に地域を学んできた。それによって、経験値を上げて地域に貢献するスキルを自分で身につけて卒業してきたのである。つまり学びや活動を卒業後に役立てるのに基本的に大学からのサポートなくして努力してきたということ

19　同入学試験の関係者による。
20　給付型ではなく、入学時から4年間、春学期（前期）の授業料相当額が免除される奨学金で、毎年1,200名程度が採用される（ただし、親の所得による制限あり）。
21　東京都、千葉県、埼玉県、神奈川県の高校出身者で、入学から4年間、毎年40万円が給付される奨学金で、400名程度が採用される（ただし、親の所得による制限あり）。
22　基幹理工学部では、1年時に学系Ⅰ（80名）、学系Ⅱ（350名）、学系Ⅲ（120名）が統一カリキュラムで学び、2年次進級時に学科選択（進級振り分け）が行われる。このなかで、基幹理工学部学系Ⅱは、応用数理学科30名、機械科学・航空学科140名、電子物理システム学科80名、情報理工学科50名、情報通信学科50名に分かれる。

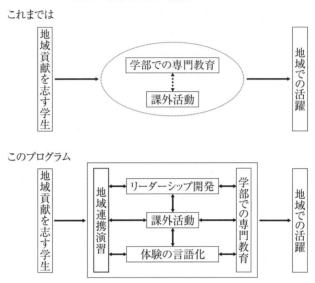

図2　新思考入試の教育プログラム

だが、この学部での学びと課外活動は必ずしも結びついていたとは言えない状況にあっただろうし、大学でさらに学ぶことができればよかったことも少なくなかったであろう。

それに対して、新思考入試（地域連携型）で入学した学生に対しては、地域連携演習という授業を新設し、さらにリーダーシップ開発、体験の言語化という既存の講座と結びつけることで、地域連携を担う人材に必要な基本的スキルを身につけてもらうことにした。さらに、地域連携と結びついた地域連携ワークショップ（後述）やボランティア活動などの課外活動に参加を促す。これらをそれぞれが所属する学部の専門教育と有機的に結びつけて、地域に貢献する人材として育成するというものである。

そのために新設されたのが1年次に受講する「地域連携演習1」と「地域連携演習2」である。講義によって地域連携についての基礎的な知識を身につけるだけでなく、プレゼンテーションやグループディスカッションを取り入れた実践的な学習によって、表現力やコミュニケーション能力の養成を目指す。地域連携に取り組んできた行政関係者や他大学の教員もゲストとして講義を担当し、また、

受講学生のプレゼンテーションに対する指導を行う。

　これらは夏クォーター（第2クォーター）と秋クォーター（第3クォーター）の土曜日4，5限に連続して開講される（各8週15回）。というのは、受講学生が埼玉県の所沢キャンパスも含めた複数の学部に所属しているからであり、対象者全員の受講を可能にするために土曜日の夕方に設定された。そして、土曜日夕方に1コマ90分のためにだけに通学するのは大変なので、2コマ連続の180分で実施することになったというものである。春クォーター（第1クォーター）と冬クォーター（第4クォーター）には、2年次の「地域連携演習3、4」が予定される。

　既存科目である「リーダーシップ開発」講座は全学オープン科目で、ここでのリーダーシップとは、「leadership without authority すなわち権限がない状況で発揮するリーダーシップ」[23]のことをいっており、常にリーダーとして人を引っ張るというものではない。ここで身につけるリーダーシップが、その後の大学生活、また、卒業後においても大いに役立つと思われることから受講が強く推奨される[24]。

　もう一つの既存科目である「体験の言語化」講座は、早稲田大学平山郁夫記念ボランティアセンターで開発されたクォーター科目である[25]。今の大学生は、自分の体験や考えを表現し、他人に伝えることが苦手だと言われている。そこで、この入学者にも受講してもらい、日頃からの体験の言語化を考え、実践することが有益であると考えられたわけである。

4　入学式から地域連携演習開講までの経過

　新思考入試（地域連携型）、新思考入試（北九州地域連携型推薦入試）は2018年度から開始されたということで、2018年4月に両入試によるはじめての入学者を迎えることになった。前者8名、後者9名の計17名である。そして、この入学者のために「新思考入学者オリエンテーション」が4月1日の入学式後に実施されることとなった。対象は同入学者とその保護者で、早稲田大学からは総長、教務部

23　早稲田大学2018年度「リーダーシップ開発LD1」シラバスより。
24　詳細については、日向野幹也・松岡洋佑（2017）『[増補版] 大学教育アントレプレナーシップ～いかにリーダーシップ教育を導入したか』（Book Way）参照。
25　詳細については、早稲田大学平山郁夫記念ボランティアセンター編（2016）『体験の言語化』、同センター編（2018）『体験の言語化実践ガイドブック』（早稲田大学出版部）参照。筆者も同講座設立に向けた研究チームのメンバーであった。

長、入学センター長等の関係者、そして、この入学者の教育を担当する筆者が参加した。

このオリエンテーションの目的は、大学としてこの入試を重要視していることを大学内外に示すこと、新制度に対する入学者や保護者の不安を払拭すること、そして、実務的には新学期の科目登録について説明することであった。そのために、当該入学者に対して事務所から案内を郵送して、当日は対象学生全員の出席が確認された。

4月1日の新思考入学者オリエンテーションでは、総長、教務部長の挨拶に続いて、講座担当者（筆者）が、「地域連携演習」「リーダーシップ開発」「体験の言語化」に主眼をおいた履修計画、課外プログラムへの参加、今年度のスケジュールの3点について説明した。

およそ1時間のオリエンテーションが終わると、引き続いて懇親会が持たれた。これは大学がケータリングによる軽食を用意したもので、このような形式は極めて異例のことだったと言えるであろう。

懇親会では、和やかな雰囲気の中で入学者やその保護者と話をすることができた。そこから成果と反省点が明らかにすると、まず学生とのやりとりの中では、所属学部によって（3月中に）すでに科目履修登録が終了しているというものがあった。これは大きな反省点であり、この後直ちに対応をはじめることになった。また、新思考入試（地域連携型）の入学者に既卒生（いわゆる浪人生）と他大学を中退してきた者が含まれていた。これも確認不足によるものであり、全員が現役入学生であるとの思い込みで話をしたことも（おそらく実害はなかっただろうが）反省点としてあげられる。

一方で成果もあった。学生は学力に自信がなく、所属学部の学習について行けるか不安に思っていることを知ることができた点である。新思考入試（地域連携型）は、上記のように40倍を超える倍率であり、この入試で合格したのだから自信を持ってよさそうであるが、複数の学生がこの点で不安を口にしていた。また、自分の専門（所属学部）と地域連携の関係がわからないという発言も複数見られた。これについては、「地域連携演習」の授業で話をするので今は気にしなくてもよいと答えると、安心したようである。

保護者が最も気にしていたのは、卒業後の進路についてである。何名かから、卒業後、ただちに地域に戻ることが必須であるか、という質問があり、それは強

制ではないし、ペナルティーもないと明確に回答した。これによって保護者の不安がかなり解消された印象がある。

翌4月2日、二人の地域連携型入学生からメールがあった。

一人は自動登録された語学の授業が「地域連携演習」の授業時間と重複してしまったがどうしたらよいか、という質問である。これについては、早急に、担当である教育連携課職員に事情を説明して回答を待った。

もう一人は、4月1日のオリエンテーションより前に、所属学部で科目履修登録手続きがあり、すでに上限の30単位を登録してしまったので、「地域連携演習」を履修できない（システム上、エラーが出る）というものであった。これも教育連携課を通じて、登録の取り消しをしてもらい、改めて「地域連携演習」を履修登録してもらうことを検討した。ところが、その学生によると、いくつかの科目は人気があって履修登録が抽選になり、選外になる可能性が大きい（つまり3月中の科目履修登録では上限の30単位を満たさないので「地域連携演習」の履修登録が可能になる）ということで、登録結果の発表まで待つことにした。

4月4日は担当教員による「地域連携演習1」の履修者の書類選考日であった。シラバスで、この科目は新思考入試（地域連携型）と（北九州地域連携型推薦入試）の入学者が受講の対象であるが、定員に余裕がある場合に限り、書類選考によって、それ以外の学生の受講を認める、としておいた。

この選考において、まず、新思考入試入学者のうち、2名が登録ミスでこの時点での登録ができなかった。次に、新思考入試以外で1年生2名の履修希望があり、志望理由が明確で熱心であったため、この2名の履修を許可することにした。このほか、志望理由の記載がない希望者2名（1年生と4年生）は選外とした。

こうして、一次登録で、地域連携型入学生4名、北九州地域連携推薦入試入学生8名、そして、新思考入試以外の1年生2名、3年生1名の計15名の受講が確定した。この3年生については後述する。

この時点で該当者であるにもかかわらず、「地域連携演習1」の登録が決まっていないのは、4月2日にメールで連絡のあった2名と登録ミスの2名のほか、地域連携型入学の1名がいた。本人に確認したところ、所属学部の履修したい科目で登録の上限に達してしまったので受講を見送りたいとの回答だった。早稲田大学には「卒業単位への非参入科目」（単位は取得できるが卒業単位に参入されない科目）を受講することができるので、これで受講することをすすめた。

さて、この「地域連携演習1」はそもそも新思考入試で入学した5学部の学生を対象としているので、大学のシステム上、授業を特定の学部に設置するのではなく全学オープン科目として「グローバルエデュケーションセンター」に設置されている。このグローバルエデュケーションセンターには、履修に関して、①書類選考で受講者を決める科目において、一次登録で選外を出した場合は二次登録を実施しない、②2次登録では書類選考はできず、定員までは希望者全員登録、定員を超えた場合は抽選となる、というルールがあった。

しかしこの科目の特性を考えれば、二次登録でも書類選考が必須である。そこで、新思考入試の最高責任者である教務部長の指示により、「地域連携演習1」は二次登録の実施、しかも書類選考という特例が実現することになったのである[26]。

4月6日には教育連携課長よりメールがあった。地方出身者のウェルカムパーティーに参加していた1年生が、地域連携演習の受講を希望していたが、一次登録で志望理由を記入しなかったために選外になったとのことだった。1年生は志望理由の記入を忘れることが少なからずあり、正にその例であった。高校生のときから地域連携に熱心で、大学生になってからの展望もしっかりしているので、二次登録で志望理由を確認してほしいとのことであった。

翌4月7日、特例であるが、グローバルエデュケーションセンターより二次登録の関係書類がメールで送られてきて、書類選考を実施した。この時点で、必修科目である語学の自動登録と重複した学生については事務的に重複の解消手続きが完了し、もう一名については、予想通り定員超過による選外科目があったために、両者とも二次登録の希望が出ていた。また、登録ミスの2名も今回は正しく希望が出せていた。そして、教育連携課長から紹介のあった1年生からも希望が出ており、志望理由が丁寧かつ熱心に書かれていたので受講してもらうことにした。卒業単位非参入の受講をすすめた学生は、結局、登録に至らなかった。その結果、該当者で履修登録がされなかったのは1名ということになった。

5 ティーチング・アシスタント（TA）について

比較的多くの大学で、その科目に対して専門的知識を持つ大学院生がティーチ

---

26 グローバルエデュケーションセンターは、教務部内の一組織である。

ング・アシスタント（以下、TA）となって授業の補助を行うことがあると思われるが、早稲田大学では、一部の科目において、受講した学生（学部生）が翌年にその科目のTAとなる制度がある。このTAの役割は単なる事務的な補助にとどまらず、アクティブラーニング科目や実習を伴う地域連携科目で授業の運営や進行を補助することがその学生自身の成長につながるという考え方によっている。筆者もそれまで複数の地域連携科目で多くの学部生TAとともに授業を展開してきた経験があった[27]。

なお、このTAは授業への出席にして業務を行うことで労賃が支払われ、そのための契約が必要となる。また、筆者が担当した地域連携科目では、寄附講座であったという事情もあるが、学部生TAにも地域での実習にかかわる往復旅費や現地での労賃が支払われるなど、やりがい以外にも既修者がTAを引き受けるにあたって比較的よい条件が揃っていた。そのため、翌年度のTAになることについて潜在的な競争が行われ、TAの質的向上にもつながったと思われる。

そのようなTAであるが、科目の性質上、この「地域連携演習」でも配置が求められたものの、2018年度は開講初年度ということで既修者がいない。そこで、地域連携の経験者やアクティブラーニング科目の既修者を候補としてTAの候補者を探すことになった。

ところが、そのような人材は基本的に活動的であり、「地域連携演習」が設置される土曜日の午後は、地域に出かけていき活動していることが多い。したがって、候補者にはそのような授業には非常に関心があるが、時間が合わないということで断られることが続いた。

ここで、一次登録で受講が確定した3年生に話が戻る。この学生は地域連携活動の経験者で、しかも、リーダーシップ開発の既修者であり、TAの候補者としては最適であった。しかし、授業の補助をしてもよいが学びたいという意志も小さくなかったので、他にTAを見つけることができたなら純粋な受講者として、できなかったら実質的にTAの役割も兼務してもらうことで受講登録にいたった。そして結局、他にTAが見つからなかったという状況において、TAの役割も兼務してもらうことになったのである。

この点は非常に重要である。所沢キャンパスを含めた複数の学部学生が受講す

27　堀口健治・加藤基樹編著（2013）『書を持って農村へ行こう』（早稲田大学出版部）参照。

ることを考慮して、土曜日午後に講座を設置したが、この時間設定がTAを募集するにあたっての障害になってしまった。来年度以降も講座は土曜日午後の設置が有力だが、本年度の受講者がTAとして授業に関わってくれるかが大きな課題であるといえる。

6 キックオフとしての授業オリエンテーション実施

4月1日に新思考入試入学者を対象としたオリエンテーションを実施したが、続いて、地域連携演習の講座オリエンテーションを実施することになった。これは、入学から地域連携演習1が開講される夏クォーター初講日（6月9日）まで日が空いてしまうが、対象者の科目履修登録や課外活動への参加状況について、大学（教員）が把握しておいた方がよいという理解によっている。

たとえばこの間に、早稲田大学平山郁夫記念ボランティアセンター主催の「ボラカフェ」が実施され、対象者にも紹介をしていた。一般的にサークル等の課外活動は、最初が肝心で関わるタイミングを逃すと、結局、どこにも参加しないまま時間だけが過ぎてしまうことが少なからずある。新思考入試は入学後の課外活動を重視しているので、ここで出遅れる学生がいないように注意する必要があったのである。

こうして日程を連休明けの土曜日、すなわち、5月12日に設定して、地域連携演習1の受講者全員と、新思考入試入学者であるが受講登録しなかった1名に連絡をした。ところが、5月12日は早稲田大学の「本庄〜早稲田100キロハイク」（通称100ハイ）の実施日であり、これに参加するためにオリエンテーションには参加できないとの回答が学生からあった。「100ハイ」は埼玉県の本庄市から早稲田大学所沢キャンパスをへて、早稲田キャンパスまでの100キロメートルを歩くもので、毎年およそ1,000人の早大生が参加し、その開催は50回を超える。

これを受けて、オリエンテーションを5月19日に変更することになった。当初、これに参加予定だった教務部長が学会出席のため、オリエンテーションに参加できなくなったが了解していただいた。

こうして、5月19日に授業オリエンテーションが行われた。参加学生17名で、欠席した3名は、体調不良、連絡のメールが届かなかった、「家庭の事情」ということであった。この日は、この授業の内容と進め方について説明した後、3年生受講者によるこれまでの活動に関するプレゼンテーション、そして、ワーク

シートの記入[28]と共有、グループディスカッションであった。なお、この日は内部向けのプロモーションビデオ作成のために業者のビデオカメラが入っていた。

7 新思考入試のねらいと受講学生の反応に関する考察
（1）受講者の属性

このようにして、6月9日に地域連携演習1の開講日を迎えたわけであるが、その内容については別稿に譲ることとし、新思考入試入学者に地域連携の実践を希望する3名を加えた地域連携演習1の受講者について確認し、考察を加える。

まず受講者の属性について明らかにしておきたい[29]。表1は出身地域を示したものである。「北九州」が北九州地域（山口県と九州北部）なのは当然として、そ

表1　地域連携演習1受講者の出身地

	地域連携	北九州	新思考以外	計
関東	2	0	1	3
中部	1	0	0	1
関西	1	0	0	1
中国	1	2	0	3
九州	2	7	2	11
計	7	9	3	19

表2　地域連携演習1受講者の所属学部

	地域連携型	北九州	新思考以外	計
商学部	2	0	0	2
文学部	2	0	0	2
文化構想学部	1	0	0	1
人間科学部	1	0	2	3
スポーツ科学部	1	0	0	1
基幹理工学部	0	9	0	9
社会科学部	0	0	1	1
計	7	9	3	19

28　ワークシートの内容は、①新思考入試について、②出身地域とその地域の課題、③科目履修状況、④課外活動、⑤地域連携演習講座に望むことであった。
29　以下、本節において、新思考入試（地域連携型）の受講者を「地域連携型」、北九州地域連携推薦入試の受講者を「北九州」、新思考入試以外の受講者を「新思考以外」と表記する。

れ以外でも九州の出身者が多い。また、意図しなかったとしても結果として、北海道と東北の出身者がいないことも特徴であるといえるだろう。既述のように、新思考入試（地域連携型）ではすべての都道府県からの受け入れを目標としており、地域的な片寄りに対する対策が必要になるかもしれない。

　また、受講者の所属学部については表2の通りである。こちらも「北九州」は当然のことながら全員が基幹理工学部である。「地域連携型」は、実施した5学部でそれぞれ1，2名となっている。2019年度入試からは法学部も新思考入試に参加しているが、これを含めた6学部で全都道府県からの受け入れを現実のものとするためには、各学部で7，8名ずつの入学者が必要な計算になるだろう。

（2）「リーダーシップ開発」講座との連携

　既述の通り、「地域連携型」には、「地域連携演習」を入口として、「リーダーシップ開発」と「体験の言語化」を受講してもらい、それらを課外活動、さらには学部の専門教育と結びつけて地域貢献人材を育成するという絵を描いた。

　では、対象学生は「リーダーシップ開発」の受講に対してどのような意向を持っているだろうか。それを示したのが図3である。なお、ここでは「地域連携型」＋「新思考以外」と「北九州」に分ける。

　これによれば、春学期に受講した者は合わせて1名、今後、受講する意志がある者が合わせて6名である。「北九州」は全9名中8名が履修する意志がないとしている。現在受講中の学生が少ない理由として、同科目が春クォーターには2科目しか設置されておらず、しかも平日に2限連続で開講されていることがあると考えられる。1年生は自動登録の科目も含めて、授業が比較的多めなので、履

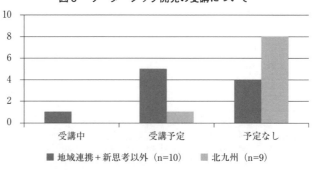

図3　リーダーシップ開発の受講について

修を希望しても時間が合わないことがあるだろう。とくに、所沢キャンパスの人間科学部とスポーツ科学部の学生は本部キャンパスまで1時間以上の移動が必要になるので、さらに履修が難しくなる。

他方、「北九州」はほとんどこの科目に関心を持っていないことがわかる。ここでのリーダーシップが何を意味しているのか、そして、なぜ地域連携人材にこの講座が勧められるのか、これまで以上に説明をしていく必要があるだろう。

(3)「体験の言語化」講座との連携

次に、対象学生の「体験の言語化」講座に対する受講の意向について見てみよう（図4）。

こちらは、受講中の学生が多く、受講予定と合わせると過半数となり、全体として「リーダーシップ開発」よりも関心が高いことがわかる。とくに、「北九州」は「リーダーシップ開発」で9人中8人が「履修予定なし」としていたのに対して、計4名が受講中、または、受講予定となっている点は大きく違っている。

この理由について、まず同科目がクォーター科目であり、春クォーターだけで8科目が設置されていることで、受講を希望する学生にとって、履修しやすい条件が揃っていたことがあげられる。この講座は開発段階において、将来的に年間2,000名に受講させたいという潜在的な目標があり、そのために講座の開発段階で指導マニュアルの整備が進められていった。よって、教える教員の側にもそれなりのスキルが必要な授業であるが、今でも多くの教員によってたくさんの講座を提供することが目標とされた結果、多くの講座が提供されているのではないだろうか。

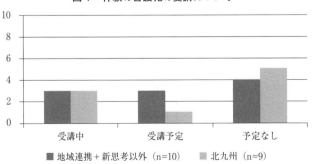

図4　体験の言語化の受講について

また、「北九州」に、履修中、履修予定の者が多かったのは、自分の体験や考えを人に伝えるのを苦手と考える学生が理系の推薦入試で入学した学生に相対的に多かったからといえるのかもしれない。

(4) 課外活動との連携

述べたように、課外活動は卒業後の地域連携に必要な経験やスキルを身につけるのに非常に重要であり、これを「地域連携演習」「リーダーシップ開発」「体験の言語化」、そして、学部の専門教育と組み合わせることで、地域に貢献する人材を育成するという狙いがある。この課外活動には各種のものがあるが、受講者がどのような課外活動を選択したのかを確認する。

図5は、受講者を「地域連携型」「北九州」「新思考以外」の3グループに分け、複数回答の活動を便宜的に文化系とスポーツ系に分けたものである。ここでスポーツ系にはたとえば、ボランティアでスポーツをするなどの活動は含まれておらず、基本的に地域連携の要素は見られないものである。他方、文化系には、地域交流・ボランティア、イベント企画、起業など直接的に地域連携に結びつくものと、マスコミ関係、語学、プログラミングなど将来の自分のキャリアに関するものに大別できる。

これをみると、複数回答であるが、「地域連携型」では文化系とスポーツ系が同数、「北九州」ではスポーツ系が多く、「新思考以外」では文化系が多いという三者三様の結果が見られた。また表中には表れないが、少なくとも1つの文化系活動をしているのは、「地域連携型」3名、「北九州」3名、「新思考以外」2名の計8名と実数で半数以下という結果になった。さらに地域連携に関係のあると

図5 受講者の課外活動の実態

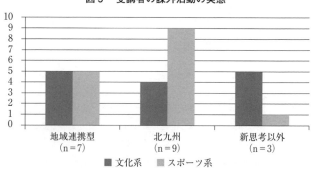

思われる課外活動に関係しているのは、「地域連携型」2名と「新思考以外」2名の計4名とかなりの少数派である。つまり受講者は、課外活動での地域連携、とくに、通年で地域連携の活動をするサークル等に入っていないことがわかった。この割合が受講者以外という意味での一般学生と同じなのか、違うのかは判断する資料がないが、特に学生時代に地域連携を実践したい学生の集まりでないことは確認された。

　そうであるならば、ここで重要になってくるのは通年の活動ではなく、いわば単発で参加できる地域連携の活動である。たとえば、「地域連携ワーショップ」[30]は、早稲田大学と地方自治体の連携協定によって実施されるが、自治体が出した課題に対して、学生が現地を訪れて課題を解決するアイデアを深め、それをプレゼンテーションするものが多い。地域では旅費交通費等の補助や、現地での移動手段の提供があり、学生にとってもメリットが多いため、参加の倍率は必然的に高くなるが、地域連携人材を目指す学生には参加が強く推奨される。また、この他にも、前出の平山郁夫記念ボランティアセンターによるスタディーツアーやボランティアツアーにも単発での参加が可能なものがある。ここに参加することから通年の活動へとつながることもあり、非常に重要な地域連携活動である。

（5）学部の専門教育との連携と将来像

　大学における学びの本線は、いうまでもなく所属学部での専門分野・専門領域の学習である。繰り返しになるが、本入試では学部での専門教育を「リーダーシップ開発」「体験の言語化」、そして課外活動と組み合わせることで、地域貢献人材の育成することを念頭に置いている。では受講学生の地域貢献という将来像と学部の専門教育はどのように関連しているのだろうか。

　ここで重要な点を確認しておきたい。この入試制度は、卒業後に地域に貢献する人材を募集するものであるが、募集要項にもあるとおり、卒業後に出身地域に戻ることを強制していないし、あるいは地域に戻らないという選択が何らかの不利に働くこともない。では、いつどのように地域に貢献することが想定されているのだろうか。

　この点については、制度の検討段階から関係者の間で議論があったという。もっともわかりやすいのは、卒業後、ただちに出身地域にもどってその地域の企

30　2018年度は、岩手県田野畑村、新潟県燕市、長野県木島平村、静岡県南伊豆町、和歌山県串本町、佐賀県唐津市で実施された。

業に就職する、地元の公務員になる、あるいは、地元で起業したり、NPO法人を立ち上げたりする、というものである。しかし、観光の仕事で地域に貢献したいと考えた場合、たとえば、大学卒業後に一度東京の旅行代理店に就職して、仕事上の知識やスキルを会得してから地元に戻り、それを地元の行政や企業等で活かすというのは、地元にとってむしろ好ましいとも考えられる。

そこで新思考入試の立ち上げに責任をもつ委員会は、上記の通り「卒業後に出身地域に戻ることを強制しない」ことを申し合わせて、具体的には走りながら担当教員（筆者）に意見を出させることにしたのである。

では、受講者は卒業後、どのような形で地域に貢献しようとしているのだろうか。現時点でどのように将来像、あるいは、希望を見てみよう（表3）。

全体で最も多いのは、東京等で一度就職した上で地元に戻るという上で見た例の形である。大学卒業と同時に地元で就職した場合には、もちろんこれが地域への貢献ということにもなるが、これは地域に育ててもらうということも意味しており、本当の意味で戦力になるには時間が必要である。それならば、おそらく地域では取得するのが難しい一定の知識やスキルを身につけてから地域に戻るのは非常に理にかなっているし、学生がそのように認識しているということであろう。

次に多いのは、大学卒業（全員がIPSへの進学が想定されているので実質的には「大学院修了」）と同時に地元企業に就職するというものであるが、これは「北九州」のみに見られる。前記のように大学4年次から大学院にかけて北九州キャンパスのIPSで研究するのであるから、その流れで地元企業に就職するというのは大いにありうることである。さらに地元で教員になるというのは「地域連携型」と「北九州」の両方でみられる。

表3　卒業後の進路

	地域連携型	北九州	新思考以外	計
東京等で就職→地元に戻る	3	2	2	7
地元企業に就職	0	4	0	4
地元で教員	1	2	0	3
地元で起業	1	0	1	2
留学→地元に戻る	1	0	0	1
計	6	8	3	17

このように地元で仕事をしていても、企業やNPO、行政の委員を務めるなどのボランティア活動によって地域に貢献することがある。したがって地元企業に技術者として、あるいは、地域の学校に教員として就職しても、地域連携、地域貢献は十分に可能であり、そのためにも地域連携をしっかり学んでもらうことが学生にとっても有益である。

　それで、大学での専門教育との連携であるが、「北九州」は基本的に専攻が将来の仕事の内容に直結するため、全員が専攻の学び、研究に真摯に取り組むことが直接に、地域連携に役立つと認識している。また、「地域連携型」「新思考以外」もほぼ同様で、所属学部学科で自分の将来に関係する科目を中心に履修し、あるいは、今後は専門的に研究することで将来の地域連携での仕事等に役立てたいと考えているということが明らかになった。

四　まとめにかえて

　中塚・小田切（2016）は、工学や農学などの領域において、産学連携の一環として地域に携わる「産学連携的地域連携」に対して、「新しい連携」の併存を指摘し、これを主体の専門性の強弱と、地域の当事者意識の強弱によって①交流型、②価値発見型、③課題解決実践型、④知識共有型の４つに類型化している[31]。

　この④知識共有型を、学校教育法・教育基本法に見られる大学の「研究活動」と「教育活動」の成果・果実を社会貢献活動に役立てる形態と理解し、大学の地域連携を前記の「G. 学生の地域貢献活動を推進すること」という点から考察するために、ここでは１）交流型、２）課題発見型、３）対応提出型、４）実践型という４類型としてみたい。

　そして、これをもとに学生に求められる学習スキルの点から整理すると、１）→４）の順に大きくなり、これは指導する教員の専門性とほぼ比例関係にあることがわかる。他方、課題解決という結果としての地域への貢献という点から考えると４）実践型だけが大きく、１）交流型、２）課題発見型、３）対応提出型にはほとんどない場合が多い。

　つまり、逆に言えば、学生に専門的な学習スキルがない場合は、地域連携の一

31　中塚・小田切（2016）前掲論文６頁。

般的な内容は1）、2）、3）のいずれかということになる。3）の対応提出型は観光マップやビデオを作成するなど、完成によって、一応の区切りはあるが、結局それで、地域の根本の課題が解決されたわけではないのであり、専門的な技術をもたない学生が、地域の課題を最終的に解決し、克服することは一般的にいって難しいといえよう[32]。

また、連携の期間について考えた場合、たとえば、高度に技術的な課題、たとえば、治水やある種の鳥獣害対策など「研究活動」と「教育活動」の成果・果実を社会貢献活動に役立てる地域連携においては、大学のもつ専門性によって解決がもたらされれば、この時点でこの社会貢献活動は終了する。4）においては、地域連携が継続する限り、解決に向けた活動は終わらない。しかし、1）から3）の地域連携によって、たとえば地域活性化は究極的には実現できないのだから、実現に向けた継続的な交流、つまり、継続的な地域連携が成果のひとつになるといえるのである。

以上、本稿では、大学の社会貢献活動、地域連携活動、学生の地域貢献活動と徐々に範囲を狭め、早稲田大学の新しい試みについて考察した。これはこの後別稿にて地域連携教育について検討する前段階にもなっている。新思考入試とその入学者については、今後も継続的に注意深く観察し、制度と教育の向上に資するよう取り組んで行きたい。

---

32 にもかかわらず、全国の大学で地域連携が行われる（成立する）ことの考察とその意義については別稿に譲る。

日本の母子福祉法および母子寡婦福祉法からみる「ひとり親世帯」の家族モデル——「法が想定する３つの家族モデル」からみる把握とその変遷過程の分析——

金川 めぐみ

一　問題意識／仮説／本稿の構成
二　法における家族像の把握
三　1964年の母子福祉法成立過程における「家族モデル」
四　1981年の母子寡婦福祉法成立過程における「家族モデル」
五　2002年における母子寡婦福祉法改正過程における「家族モデル」
六　検証結果と新たな親密圏モデルに立脚したひとり親家庭施策

一　問題意識／仮説／本稿の構成

1　問題意識

　本稿の目的は、日本のひとり親世帯に対する「家族像」が母子福祉法および母子寡婦福祉法においてどのように把握され展開されてきたかを検討することにより、今後のひとり親家庭政策のあり方を考える視座を提示することである。
　周知のとおり、2002年に改正された児童扶養手当法および母子寡婦福祉法では、ひとり親家庭の政策につき「福祉から就労へ」の政策転換が打ち出されている。ここでは、「母子家庭に対し自立して就労することを重視する」という明らかな政策転換があったと把握され、この転換は日本のひとり親家庭に対してかなりの衝撃を与えることとなった［杉本 2006］。ただ同様の政策転換は、アメリカやイギリスなどの西欧諸国でも1990年代に見られた現象である。そしてこのような政策転換のあり方は、国家が家庭に対しいかなる家族モデルを描き、その視点でもって政策を論じるかというスタンスの違いに大きく左右されると、社会福祉学の分野からは指摘される［永田 2003: 34][1]。

---

[1] なお永田の論考は、イギリスとオランダにおけるひとり親家庭における政策論理の変化を、いわゆる福祉国家論の「ケア・レジームの理念型」から丁寧に検証したものとなっている。

筆者は従来より、政策転換のあり方と国家が描く家族モデルとの関連性に関心を持っている。本稿ではそのような問題意識から、法律制定過程の議論分析を通じて法における家族モデル把握が可能ではないかと考えた。

2 仮説

以上の問題意識から、本稿の仮説を以下の通り設定する。すなわち仮説の問は、「日本の母子福祉法および母子寡婦福祉法における『家族モデル』はどのように形成され、その家族モデルにはいかなる変遷があったのか」である。その問に対しての本稿での一応の結論として「『法が想定する家族モデル』理論にて考察した結果、ひとり親家庭の家族モデルには以下の変遷があった」と結論づける。

第1に、1964年の母子福祉法成立時の議論を確認すると、母子家庭に対する眼差しは「国家主義的家族モデル」を志向しつつ、他方で「個人主義的家族モデル」の萌芽がみられる。そして立法過程における議論を確認するとそもそも「母子福祉とは、婦人［当時ママ］の福祉なのか子の福祉なのか」という点が問題にされていたという点も指摘しておく。

第2に、1981年の母子寡婦福祉法制定時の議論を確認すると、法律上新たに出現した「寡婦の存在」をどのように位置づけるか、さらには福祉法の範疇で当該対象をどのように理解するかが議論されている。そしてその議論においては「国家主義的家族モデル」を軸に「個人主義的家族モデル」と「婚姻中心モデルとしての共同体的家族モデル」とが政策理念において混在し、その狭間で揺れ動く母子寡婦福祉政策の在り方が見られると指摘できる。

第3に、2002年の母子寡婦福祉法改正時の議論を確認すると、就労支援を軸に「（正当でない意味での）個人主義的家族モデル」に立脚した議論が軸におかれ、政策の力勢を増していると結論づける。

最後、これからの日本のひとり親家庭福祉の方向性は、「新たな親密圏モデルとしての共同体的家族モデル」に立脚し展開すべきだと筆者は考える。しかしながら日本のひとり親家庭の福祉法政策では、今だ、そのような点が十分に意識されていないため、その点を考慮する必要があると結論づける。

3 本稿の構成

上述の問題意識と仮説を踏まえ、本稿は以下の構成をとる。まず項目二では、

仮説検証の前提となる法における家族像の把握という点を、憲法における家族規定の類型化等から整理していく。そして本稿での法が想定する3つの家族モデルの概念について説明する。

これらを踏まえ項目三では、1964年の母子福祉法成立時、項目四では1981年の母子寡婦福祉法制定時、項目五では2002年の母子寡婦福祉法改正時の国会議事録の議論を確認し、そこで展開される議論を分析材料とし、法における家族モデルへのあてはめを行う。最後、項目六において検証結果と示唆をまとめることとする。

二　法における家族像の把握

本稿ではこのような仮説を設定した。そして仮説の検証を行うにあたり、前提として法が想定する家族モデルの把握をしておかねばならない。この点につき、1．「家族の憲法化」と「家族の脱公序化、ないし個人化・私化」、2．憲法24条の理解／および法にみる家族モデル概念を紹介し、この2点から仮説の検証の方法について説明していく。

1　「家族の憲法化」と「家族の脱公序化、ないし個人化・私化」
（1）各国憲法の家族規定の類型化

まず先行研究における家族像の把握につき、主に憲法学の議論から動向を確認しておこう。

例えば辻村みよ子教授は、比較憲法的考察において、各国憲法における家族規定の類型化を行われている［辻村 2009: ch8］。そこでの憲法にみる家族規定の類型化には、①社会主義国型憲法（および旧社会主義国憲法）、②先進資本主義国（社会国家）型憲法、③非西欧型・発展途上国型憲法の3つがあるとされる。

①の社会主義国型憲法（および旧社会主義国憲法）は、国家による家族の保護と一定義務の強制を課すタイプのものである。旧ソ連や中国の憲法ではこの傾向が顕著であるとされる。

②の先進資本主義国（社会国家）型憲法は、憲法に家族規定が盛り込まれるものの、家族の国家保護自体をそこに明記するというよりは、婚姻の自由と並び母性の保護や社会的諸権利の保護を重視するものだとされる。その考え方として、自由主義的契機と社会国家的契機の両者を調整した特徴を有し、国家の家族保

護・国民の統制と義務の強制を直接的に目指すものではない。フランス、イタリア、ドイツがここに位置付けられ、日本国憲法（1946年）もこのタイプに位置づけられる［辻村 2009: 228］。

③の非欧型・発展途上国型憲法は、貧困からの解放や社会保障についての国家政策が重要課題であり、この点からの家族・青少年等の保護が定められるものである。辻村教授の論考では、1947年に制定されたインド憲法、1987年に制定されたフィリピン憲法がその例であるとされており、特に1980年代に制定されたフィリピン憲法では、健康権や生態環境権、文化の多様性に関する豊富な人権（新しい人権）がおかれていることに着目されている。

辻村教授は、これら3つのタイプを踏まえ、日本国憲法を②のタイプとして「国家の家族保護・国民の統制と義務の強制を直接的に（傍点筆者）目指すものではない」と述べる。これは憲法上の家族保護の直接の強制性を否定したものと解されよう。なおこの点は君塚正臣教授によっても指摘されており、例えば「日本国憲法は、個人を犠牲にしてもなお制度としての家族の保障を最優先させている憲法ではな」く、「特定家族像を国が保護も強制もせず、個人の共同決定に委ねてきた」と説明される［君塚 2006: 6］。その意味で言えば、日本国憲法の家族規定は、その保護を「強制」とするわけではないが、権利の実現をまったくの個人責任に委ねるわけでもない、一種の「やる気のない」[2]法律なのである。

（2）「家族の憲法化」「家族の脱公序化、ないし個人化・私化」

他方、近年の議論では、「家族の憲法化」そして「家族の脱公序化、ないし個人化・私化」という視点も見られる。この点についても確認していく。

「家族の憲法化」とは、米沢広一教授により提唱された概念である。例えばこれは、非嫡出子差別等の憲法訴訟の提起や、児童虐待・DV等に対する法による国家介入などの背景を通じて、家族問題に対し憲法論としても正面から取り組む必要性が出てきたという意味とされる［米沢 1992: 272］[3]。

---

2 この表現は［安念 2002］での表現に沿った。安念潤司教授は、当該論考で、「甲種」自由主義と「乙種」自由主義という概念を提示しており、人格の完成のために自由が必要だといった、いかにもご立派な自由主義を「甲種」自由主義と表現する［同上：22］。一方、根拠も目的も範囲もわからない以上は自由で行くしかない、という意味で至って消極的な態度に終始する自由主義を、「乙種」自由主義、と表現する［同上：22］。その上で、現行憲法および家族法の規定を確認した際に、「現行民法は、……心ある法律婚主義者の嘆きを呼ぶほどに、かなりやる気のない法律であって、はじめから「乙種」系の陣営にすり寄っているようにさえみえる」と評しておられる。

3 このことに対する類似概念として、家族の「公序化」という点も指摘される。これは、高井裕

家族の憲法化と同時に、家族の脱公序化、ないしは個人化・私化という動きも現代社会では進んでいる。これは個人単位化の進展、多様な家族やライフスタイルの承認、プライバシーの尊重という観点から、家族という存在に深く介入しすぎる事への危険性、または特定家族を優遇・保護することに対することへの多様性の侵害、という危惧を含めた概念である［吉田 2000: 46］[4]。

その意味では現代の法における家族は、家族の公序化と脱公序化という2つの概念の双方[5]から再考を迫られており、その意味で、現代国家における家族の再定位が課題となるとされる。

2　憲法24条の理解／および法にみる家族モデル

（1）憲法24条の理解

法における家族モデルを考えるにあたり、家族規定をおく憲法24条の理解の動向につき言及した上で、法に想定される家族モデルにつき説明していく。

このような先行研究の動向を踏まえ、憲法24条においていかなる議論がなされているかについてであるが、ここでは紙幅の都合上、ごく簡単に論点項目を列記しておくのみとする。先行研究の動向としては、多岐にわたる論点があるものの、①憲法13条との関係をどのように把握するか［辻村 2016: ch2］、②憲法24条は現在、家族保護条項を設ける規定ではないが、その点につきどのように考えるか［若尾 2006］、③憲法24条における家族について、特定の家族モデルを想定することの是非［君塚 2006］、④家族の「公」と「私」の区別／非・区別［高井 1994、吉田 2000、中見里 2001］、⑤憲法24条の社会権的理解［木下 2001］、等が、主な論点である。

之教授や吉田克己教授により示される概念である。例えば吉田教授は、「近代社会における家族は、……そのあり方に関して当事者の私的自治が完全には認められない一の公序として構成」［吉田 2000: 45］されるとしたうえで、「生活世界の内奥に位置し、典型的に私的領域に属すると見える家族のあり方が、公的事項として国家法の規律対象とされた」［同上：45-46］として、家族の公序化と表現する。

4　そして吉田によれば、「家族の脱公序化、ないしは個人化・私化」は、次の2つの「揺らぎ」から進展するという。1つ目は、「従来は禁止されていた家族のあり方が認められるという形の公序の相対化」であり「法が後退化することにより公序が相対化」することをいう［吉田 2000: 46］。2つ目は、「それまで事実の領域に放置されていた人間関係を法が公認する、つまり法が介入することによって公序が相対化」［同上：46］することにより実現される。

5　なお吉田によれば、家族の公序化と家族の脱公序化の動向は矛盾するわけではなく、「両者は整合的に理解しうる動向」［吉田 2000: 47］として把握される。

（2）法に想定される家族モデル

このように法における家族の把握をめぐる論点が多岐に提示される中、本稿では辻村教授が提唱されている「法に想定される3つの家族モデル」の概念を分析手段として、問題の検討を試みる。

辻村教授は前述の先行研究を踏まえ、法に想定される家族モデルを3パターン提示されている［辻村 2009: ch8］。それは①個人主義的家族モデル、②国家主義的家族モデル、③共同体的家族モデルである。なお③のモデルは、さらにア）婚姻中心モデル、イ）親密圏モデルの2つの立場をとる。

①の個人主義的家族モデルだが、これは個人の人権保障と自立の重視、平等の徹底をめざす立場をとる。そしてそこでの「家族」は個人主義的原理に支えられた人的結合であり、この立場では、憲法13条を根拠に個人の自己決定権やプライバシー権を最大限に認めるという考え方を有する。その意味で、家族を「公序」と捉えその法的規律を重視する立場とは対抗関係にあるともいえる。この立場に立てば、例えば、非婚、シングルマザー、同性カップルから成る家族は24条の保護の元にあるかという問題につきそれは容認しうるという結論に立つ。

①の個人主義的家族モデルは、個人の人権保障を基礎に置くため、従来よりも多様な家族モデルをその範囲に含める点は意義あるものと評価できる。しかしながら今回、本稿でこのモデルを、ひとり親家庭の福祉法における家族像に当てはめ分析を試みた際に、筆者は以下の点で危惧を感じた。それは、政策論から見ると、近年の「自己決定・自立」政策にこの家族モデルが誤用されると、本来、この個人主義的家族モデルの論者が想定していない形で、自立や自己決定が過度に強調され、家族政策における歪んだ親和性と混同を引き起こすという問題である。この点につき具体的には、本稿の項目五で明示する。

②の国家主義的家族モデルだが、これは国家による家族の保護と家族構成員への強制を求めるモデルとされる。国家による家族の保護の類型としては、ア）国民統合・国家統制のための（強制を伴う）保護、イ）発展と救済（救貧）のための保護、ウ）社会権（母子の健康等）を実現するための保護、エ）権利保障やパターナリズムに由来する国家介入・保護、これらの形式が辻村教授により指摘される。辻村教授によれば、日本国憲法は、ウ）の保護を国家の責務とするとともに、エ）について必要最小限度の介入を認めているに過ぎないと解釈される。

この②の国家主義的家族モデルについて、辻村教授は「一連の改憲論の中で提

起された「行き過ぎた個人主義を是正し」「文化や伝統を尊重する」という名目で国家による家族保護を求める、伝統的・復古的な家族像も含まれる」と述べる［辻村 2009: 249］。しかしその意味で、「このような家族像を復活させる目的と表裏一体になっているにもかかわらず、家族構成員の保護を理由とする権利保障型の外見をもっている点で、注意が必要である」として、国家主義的家族モデルを解釈する際に注意を促している点に注目したい［辻村 2009: 249］。

　③の共同体的家族モデルだが、これは国家と個人の中間に「共同体」という観念を置き、共同体の名のもとに、中間団体としての家族の共同体に対する責務を重視する立場である。この共同体的家族モデルについては、前述の通り、ア）婚姻中心モデル、イ）親密圏モデルの2つの立場が主張されている[6]。

　ア）の婚姻中心モデルであるが、これは、婚姻を中心に婚姻における権利義務の強化と実効性の担保を志向する立場である。この立場では、伝統的な家族主義を否定し、個人の自由な選択をできるだけ保障しようとするが、それは婚姻内の枠内にとどまるという特徴がある。

　水野紀子教授の見解は、この婚姻中心モデルの立場をとるとして解釈される。例えば「家庭が幼い日々を守る暖かい繭としての機能を果たすためには、法が家庭を守らなければなら」ず、「この法の保護がないと、母と子は父に捨てられる危険性が高まる」［水野 1998: 76］とし、法による家族の保護を想定する。ただその前提はあくまでも「嫡出家族」でありさらに「嫡出家族という繭を作らずに、つまり嫡出家族として法に権利義務を課される拘束を好まずに子育てをする家庭を作りたいという者の自由は束縛されるものではないし、とりわけその育ちかたゆえに子を差別してはならない」［同上：76］とする。しかしながら「民法において家族間の関係を規律する、とりわけ紛争時に弱者が保護されるように権利義務の関係を規定することの必要性は、否定されるものではな」い、と結論づける［同上：76］。

　他方、イ）の親密圏モデルであるが、これは家族を「親密圏」として再構成する立場をとる。ここでいう親密圏とは、日常生活を協同して営む親密な人的関係（領域）であり、性別を問わない複数の人々による関係をいう。そしてこの意味で、親密圏は婚姻家族のみに限定されるものではないが、日常の生活協同による

6　辻村教授の論考の中では、「婚姻中心モデル」「親密圏モデル」という文言が使用されているわけではない。本稿では辻村教授の意図を勘案し、上記2つの名称を設定し使用することとする。

排他性はある、と解釈される。当然ながらこの立場をとれば、事実婚、同性婚などのすべての関係が親密圏として肯定される。この論をとるのが二宮周平教授である。

なお二宮教授は、このような再構成が可能になるためには、再生産労働の社会化、つまり保育・介護への援助システムを国家や協働セクターが提供する形態をとる考え方と、構造的弱者への支援が必要になってくるとする［二宮 2002: 29］。その意味で、この立場を志向した場合、問題は家族法を超え、社会福祉・社会保障への結合に展開すると述べられる［同上：29］。

以上、辻村教授が示された法における3つの家族モデルとその内容について説明してきた。筆者はこの3つの家族モデルは、家族法などにおける家族モデルを考えるのみでなく、福祉法分野にも援用可能であると考える。さらにこのモデルを福祉法分野における家族モデルの検討に適用することの有益性は大きいとも考える。

そのため本稿では、これらの先行研究で示された「法における3つの家族モデルの類型化」を手掛かりに、国会議事録から確認される母子寡婦福祉法（母子福祉法）の法案審議過程における議論を分析するという手法をとることとする。具体的には、母子寡婦福祉法（母子福祉法）の制定および改正時の重要な時期である、1964年、1981年、2002年の国会での議論を議事録から分析することにより、その議論を3つの家族モデルに当てはめて考えるという手法を採用したい。

三　1964年の母子福祉法成立過程における「家族モデル」

1　母子福祉法制定以前の関連法の動向

1964年の母子福祉法成立過程における「家族モデル」について分析していく前に、まず1964年までの母子福祉法制定以前の関連法の動向について確認しておく（表1）。ここで重要なのは、1964年の母子福祉法は、それ以前の1952年の母子福祉資金の貸付等に関する法律（以下、「母子福祉資金貸付法」とする）を発展させた法律であるという点である。

2　母子福祉法に関する国会議論[7]

具体的に1964年の母子福祉法に関する国会議論について確認していく。ここで

表1　母子福祉法制定以前の関連法制度の動向

年	事項
1929年	救護法（昭和4年法律第39号）制定
1937年	母子保護法（昭和12年法律第19号）制定
1949年	母子対策要綱（11月30日閣議了承）
1952年	母子福祉資金の貸付等に関する法律（昭和27年法律第350号）制定
1959年	国民年金法の制定における母子（福祉）年金
1964年	母子福祉法（昭和39年法律第129号）制定・施行

出所：筆者作成

は（1）法律制定の目的と政策理念、（2）母子福祉の本質、という2点に着目し検討する。

（1）法律制定の目的と政策理念

1964年の母子福祉法制定の目的であるが、同年2月26日の第46回衆議院社会労働委員会での小林進大臣の提案趣旨説明では、以下の通り説明される。すなわち「母子福祉に関する基本的な考え方を国民の前に明らかにすることによって、母子福祉に関する国、地方公共団体の施策、あるいは母子家庭の母の自立への努力について、その指標を与える」ことである[8]。法律の目的の変遷であるが、母子福祉法の前の法律である1952年の母子福祉資金貸付法では、自立という文言は入らず、あくまでも母子家庭に対する「保護」の側面が主に議論されていた。しかしながら。この法律に至って母子家庭の福祉における法目的に、初めて「自立」の文言が出現したといえる。

次に、1964年の母子福祉法に関する国会議論に見られる「政策理念」について分析を進めていく。この点につき国会会議録では、「果たして、母子福祉法における政策理念が、どのようなスタンスに基づくのか」という質問が議員によってなされている[9]。それに対する黒木利克厚生省児童局長の回答は、以下の通りで

7　本法に対するより詳細な過程分析は、金川［2012］参照。
8　第46回　衆議院社会労働委員会第13号（昭和39年2月26日）における小林進国務大臣（日本社会党）から提案趣旨説明より。以下、発言録にある政党名／肩書はすべて当時のものを記述する。ちなみに、これに対応して母子福祉法第4条には母子家庭の母の自立への努力も文言が挿入された。
　　母子福祉法第4条　母子家庭の母は、みずからすすんでその自立を図り、家庭生活の安定と向上に努めなければならない。
9　第46回　衆議院社会労働委員会第　41号（昭和39年5月13日）の滝井義高議員（日本社会党）

ある。すなわち「戦争による未亡人母子世帯というものが激減をしてまいりましたので、従来のような考え方では処理できなくなってきた（傍点筆者）」ため「母子福祉法案の立案にあたりましても、従来の母子福祉資金等の貸し付けに関する立法の趣旨から、さらに何か新しい理念をさがす必要がある（傍点筆者）というようなことで、この一条、二条に高度の福祉国家の理念を持ち出してまいりまして……」と答弁される。

この答弁の意味するところとしてさらに黒木は、従来からの母子福祉が、戦争による未亡人対策を主流にしていたのに対し、母子福祉法では福祉国家という新しい理念に基づくとして、法案目的の変更が述べる。ただ国会議論では、だからといって一般家庭との福祉との間とにどのような関係性が成り立つのかについては、これ以上はっきりした説明が行われていない。

（2）母子福祉の本質は何か

これまでの点は、次に述べる母子福祉の本質は何かという点にも関連する事項だろう。1964年の母子福祉法では、その第2条で基本理念が提示されている。この点につき当時のコンメンタールでは、母子福祉の理念として「児童の福祉という観点からみれば、児童がどのような環境におかれていようとも、その児童が心身ともに健やかに育成されるための諸条件（傍点筆者）が維持されなければならない」というまず児童福祉の原理があり、「そのために必要な保護、指導、助成等がなされなければならないのと同時に、その母親に対しては、みずからが健康で文化的な生活を営みつつ、その養育責任が遂行できるように必要な援助がなされなければならない（傍点筆者）」とされる〔穴山 1973: 358、竹内 1978: 360〕。この記述からは、児童福祉を基礎に、母と子の福祉が一体として保障されるべき思想が伺える。しかしながらこれは逆に、母子福祉とは児童福祉の付属物というイメージを抱かせるものとなる。実際、その後の国会審議においても、母子福祉と児童福祉はどこが違い、どこが同じなのか、という類の質問や、児童福祉における母子福祉の位置づけは何か、という母子福祉の本質を問うような質問がなされてはいるものの、これに対して正面から答えられているものはない[10]。1964年の母子福祉法は、母子福祉に対する固有の法として成立したにも関わらず、その本質は何かという議論が、実は置き去りにされていたという点が指摘できる。

からの質問。
10　この点につき詳細は、金川［2012］を参照。

3 法が想定する家族モデルへのあてはめ

以上の議論を手掛かりに、法が想定する家族モデルへのあてはめに移っていく。筆者は1964年の母子福祉法成立時になされたこれら一連の議論から、次の通り結論を導く。

まず国会答弁における母子福祉法の目的を議論した際には、黒木利克厚生省児童局長から、「第3段階」なるところの「福祉国家」という点が主張されている。福祉国家という文言がこの法律に関しての新しい理念を形成するものとして出現したこの過程からみるに、1964年の母子福祉法における家族モデルの想定において、国家主義的家族モデルのウ）社会権を実現するための保護、を多分に意識していたものであろうことが推察できる。しかし他方、1952年の母子福祉資金貸付法の時代とは異なり、母子家庭に対する「保護」から「自立」への動きが法の文言として初めて出現したという点も注意しておかねばならない。さらに法の想定する家族モデルを検討する際には、多分に母子福祉の理念も検討せねばならないが、この点において当時の考え方は、「児童福祉を基本にプラス母」という自立を促されるべき個人が想定されているともいえる。また児童福祉との関係性は何か、女性福祉と比較しての独自性は何か、という点では、母子福祉自体の独自性の不存在という点も感じ取れずにはいられない。

1964年の母子福祉法において「自立」の文言が意識されたのは、従来からの未亡人対策は国家で行うが、それ以外の者、要するに死別以外の家族モデルである非婚母子や離婚母子については、その母は、「自立」も意識せよという現在にもつながるメッセージであると解釈することもできる。とすると、1964年の母子福祉法における家族モデルは、辻村のいう「国家主義的家族モデル」を想定しつつも、他方では萌芽としての「個人主義的家族モデル」の自立観をも意識していたのではないか、との分析が可能ではないかと考える。

四 1981年の母子寡婦福祉法成立過程における「家族モデル」

1 母子福祉法以降、母子寡婦福祉法制定までの関連法の動向

次に1981年の母子寡婦福祉法成立過程における「家族モデル」の検討に移っていく。前提として、1981年の母子寡婦福祉法成立までの関連法の動向について確認しておく（表2）。

表2 母子寡婦福祉法制定以前の関連法制度の動向

年	事 項
1962年	児童扶養手当法施行
1969年度	「寡婦福祉資金貸付制度」新設 ※法に基づかない予算措置
1981年	母子寡婦福祉法

出所：筆者作成

　1964年の母子福祉法成立以降、法の対象とならない「寡婦」の存在の顕在化という問題がでてきた。その課題に基づき、1969年度には法に基づかない予算措置の「寡婦福祉資金貸付制度」が新設されることとなる。しかしながら、寡婦も母子福祉法の対象に含めるよう求める運動が盛んになった結果、議員立法により、1981年に母子寡婦福祉法が成立した。

　なお、1983年度の調査では、母子家庭の割合として、生別母子世帯が50％に近づくことになるという現象が見られた。このころの状況を鑑み、「母子家庭であっても生別母子世帯と死別母子世帯の"意識"のズレが見受けられるようになった」と述べる先行研究もみられる［林編 2000: 18］。

2　1981年の母子寡婦福祉法に関する国会議論[11]

　1981年の母子寡婦福祉法制定における国会議論を確認しておく。ここでは、（1）寡婦という存在の「出現」と想定される「寡婦」、（2）単独立法か、母子福祉法改正か、（3）成立した母子寡婦福祉法の「結果」という3点に着目し検討する。

（1）寡婦という存在の「出現」と想定される「寡婦」

　1964年の母子福祉法において寡婦が除外されているという問題に対するアクションは、1981年の母子寡婦福祉法成立以前からみられる。例えば筆者が確認したところ、少なくとも1978年頃から「寡婦福祉法制定」の国会請願が俎上にあがっている。関係団体は、その対象に含められる寡婦を「長年の子育てに疲れ果てた老いたる母」や「子は成人に達したとはいえ激しい世の荒波の中で母を負うにはまだ力がたりない」との表現を用いつつ、母子福祉法の対象に含めるよう要

11　本法に対するより詳細な過程分析は、金川［2012］参照。

請していた。時代的もまだ、この時代の寡婦の多くは「死別世帯」であり、関係団体の主たる役員が死別母子世帯であったという現状を鑑みれば、ここで想定される法の対象とされるべき寡婦は「死別母子世帯」という点が想定されていることが、容易に推測できよう。

（2）単独立法か、母子福祉法改正か

このように1978年頃から寡婦を法律の枠内に含めるように求める立法の請願はあったものの、実際の立法には困難があった。すなわち、福祉法の枠内に入れられるべき寡婦は、単独立法による措置で実施されるべきか、母子福祉法改正にするべきかという問題である。

当時の厚生大臣である園田直は、答弁として「母子家庭と寡婦の問題は、共通の悩みと苦しみを持っているというように簡単に判断しがちであるが別物（傍点筆者）な点」があるとされ、単独立法でいくか母子福祉法改正で寡婦を対象範囲に含めるかの議論がなされている。しかしながら同時に、「法的にも老人福祉法と母子福祉法の谷間いわばすき間でこぼれている方が寡婦であり、寡婦福祉法というか、あるいはいまの母子福祉法を一部改正してそこに寡婦の問題を個条に入れるか、どちらかにすべき」かが研究されている、とも述べられている。

ここでいわれる「研究」の1つが、当時の政権政党と関係団体の意見交換である［全国未亡人団体協議会 1981: 17-18］。その意見交換の場では、寡婦に対する措置を単独立法として考える際の論点と、改正法として考える場合の論点が示されている。

そこでは「寡婦福祉法」としての単独立法を考える場合の論点として、「母子と寡婦との比較では、前者のほうが社会通念上手厚い保護を要するものと解される」ため「単独立法により寡婦に対する福祉の措置は、母子以下のものにならざるを得ない。」と寡婦側にとってのデメリットが示される。そのうえで、「母子福祉法の一部改正により、寡婦は母子に準ずるとすれば、実質的に同列になるのに比べて（単独立法は）寡婦にとって不利になる」として母子寡婦福祉法改正の方向性が示唆される。

しかしながら特に改正法の場合では、「母子家庭の母以外の寡婦についてはその置かれている社会的、経済的事情に特殊性があることは認められる（傍点筆者）ものの、憲法によって健康で文化的生活が保障されている一般国民と特に区別して特別の保障を受ける権利を有するものとして法的に位置づけるまでの必要性が

あるとの理由づけが困難（傍点筆者）」として、他の独身シングル女性との差異をどの部分で見出すかが論点となった。その意味で、子どもの福祉基礎としての一体的「母子」と個人としての「寡婦」、そこに生ずる独身シングル女性との違いをどうつけるのかという問題、さらには寡婦の場合、子どもが成人すればそれが独身シングル女性と何ら変わりはなく、その場合には特別な保護なく一般市民と同様に自立可能だろうとの見方が透けて見えてくる議論がなされるのである[12]。

（3）成立した母子寡婦福祉法の「結果」

上記の論議を経て、結局1981年に母子福祉法は、寡婦を対象に含めるという改正法の途を取った。そこでの法律の対象とする寡婦の定義としては、「かつて母子家庭の母であった者」とし、子のない寡婦や独身婦人は範疇に含めない」とされる[13]。当時の関係団体は、法がこのように対象を規定した理由として「子のない寡婦や独身婦人と比較してこれらの者は一般に収入が低いため、特別な保障を受けるための合理性がある……」と説明する〔全国未亡人団体協議会 1981: 20〕。

また1981年の母子寡婦福祉法は、その法文上、寡婦にも自立義務の規定を置く[14]。しかし当時の関係団体の認識では、「寡婦の場合、母子家庭の母にくらべて高齢者が多くなるが、第4条に新たに規定された寡婦の自立への努力は、老齢者まで対象とするものではない（傍点筆者）」とされており、高齢寡婦家庭について自立義務は一定除外されているものとの認識がされていた。

---

12 この点を逆手に取り、国会質疑の際には野党側からの以下の主張も見られる。「結婚する機会のなかった人は、寡婦年金ももらえなければ、育児何とか、母子年金ももらえない……（中略）それをやっぱり考えないと困ると思いますよ。どうですか。そして皆さん方が、賃金が少ない、そして昇進という機会は全くない、定年は来る。その日暮らしであるから預金は全くない、そういう状態の中にいま置かれている……（中略）。そして、いまはからずも労働大臣が母子福祉年金のことを、寡婦についての優遇措置のことを言われましたけれどもね。これ、厚生大臣にも伺いたいんですけれども、母子年金とか寡婦福祉資金の貸付制度などというものがございますけれどもね。これはやはり寡婦だけじゃなしに、結婚する機会のなかった独身女性に、これもやはり適用すべきじゃないか。」第76回参議院予算委員会第7号（昭和50年11月6日）における佐々木静子（日本社会党）の発言。

13 母子寡婦福祉法第5条 3．この法律において「寡婦」とは、配偶者のない女子であって、かつて配偶者のない女子として民法（明治二十九年法律第八十九号）第八百七十七条の規定により児童を扶養していたことのあるものをいう。

14 母子寡婦福祉法第4条 母子家庭の母及び寡婦は、自らすすんでその自立を図り、家庭生活の安定と向上に努めなければならない。

3 法が想定する家族モデルへのあてはめ

　以上の議論を手掛かりに、法が想定する家族モデルへのあてはめに移っていく。筆者は1981年の母子寡婦福祉法成立までのこれら一連の議論から、次の通り結論を導く。

　まず、寡婦家庭の「出現」を巡っての議論である。ここでは、死別母子家庭の「老いたる」母を法モデルとして想定しており、関係者の請願および国会議論での「保護」要求が始まることとなった。この経緯を見るに、この時点における家族モデルの想定として、国家主義的家族モデルのウ) 社会権を実現するための保護、を引き続き意識したものであったという推察が可能である。

　他方、寡婦の単独立法議論の際に、1964年の母子福祉法成立の際に問題となった、子どもの福祉基礎としての一体的「母子」に対する、個人としての「寡婦」の存在が問われることとなる。そして寡婦の保護の必要性が議論される。先述の通り、夫と死別後の老いたる母としての存在に観念される母子の一体性は、寡婦という存在になった時点で断絶の憂き目にあう。さらに保護を受けない「独身シングル女性との差異は何か」という点が、議論の俎上に上がる。

　当時の議論の過程を見るに、単独立法化の議論の際には、母子の一体性の強調と重視、そしてそれは離婚でも未婚でもない死別という婚姻中心モデルに基づく枠組みからの保護を受ける母子の引き続きの保護という共同体的家族モデルが推測される。しかしながら改正法議論においては、独身シングル女性と寡婦の比較の視点から、もうすでに子どもは独立したのであるから、残された母は独身シングル女性と変わりない存在であり、その意味では子どもという自立を阻害する存在は除去されたのであるから自立可能であろう、との個人主義的家族モデルの観点からの考えも主張される。1981年の母子寡婦福祉法は、法が想定する家族モデルから分析すると、そのあり方は共同体的家族モデル（婚姻中心主義）と個人主義的家族モデルの間における寡婦という存在のバランスをどのようにとるかという点を議論したものであったといえるのではないだろうか。さらに言えば、1981年の母子寡婦福祉法が国家主義的家族モデルの保護主義と調和する背景としては、ここでの寡婦が"婚姻"を破たんすることなく死別により解消し、子育てを全う（再生産を果た）した「国家により奨励される正統家族モデル」に準じた家族モデルであるという思想があったからだとも考えられる。

　なお寡婦が自立可能だろうとの見方は、1981年の母子寡婦福祉法では、「高齢」

という別の倫理により阻却される。個人主義的家族モデルが別の倫理によりその意図を変質しており、この点も興味深い現象であるといえよう。

五 2002年における母子寡婦福祉法改正過程における「家族モデル」

1 母子寡婦福祉法以降の関連法の動向

最後、2002年の母子寡婦福祉法改正過程における「家族モデル」について分析していく。ここでは2002年の母子寡婦福祉法改正以降の関連法制度の動向について確認しておく（表3）。

注目すべき動きとして、2002年の母子寡婦福祉法改正の前に、同年8月には児童扶養手当法改正があった。その改正法では、就労意欲に欠ける者への児童扶養手当の有期給付（5年間）の導入がなされている。また就労支援については、5年間の時限立法として2003年7月に母子就業特措法が制定、その後失効の後、2012年9月に母子父子就業特措法として恒久立法された経緯がある。

2 2002年母子寡婦福祉法改正に関する国会議論[15]

2002年の母子寡婦福祉法改正における国会議論を確認しておく。ここでは、（1）「自立」の定義、（2）就労支援と想定される母子家庭モデルの2点に着目し検討する。

表3 母子寡婦福祉法制定以降の関連法制度の動向

年	事　項
2002年8月	児童扶養手当法改正
2002年11月	母子寡婦福祉法改正
2003年7月	母子就業特措法制定（5年間の時限立法）
2008年3月	母子就業特措法失効
2012年9月	母子父子就業特措法制定（恒久立法）

出所：筆者作成

---

15 本法に対するより詳細な過程分析は、金川［2018］参照。

（1）「自立」の定義

　1964年の母子福祉法制定以降に存在する法文中の「自立」の文言の意味が最も問われたのが、2002年の母子寡婦福祉法改正時の議論においてである。本改正法の意義として、坂口力厚生労働大臣は、その趣旨説明において、本法改正が「財政的な支援」から「自立に向けたトータルな支援」であると述べる。ただ国会および厚生労働委員会での議論からは、当該大臣のいう「自立に向けたトータルな支援」がいかなるイメージを指すのかについて、これ以上の説明はなされない。

　その一方、厚生委員会で議論される議員や参考人による母子家庭の「自立」や「自立支援」については、その捉え方の違いや温度差が明らかに見て取れる。例えば、与党議員発言では「自立支援ということは就労支援とイコール（傍点筆者）だというふうに言ってもいい」と、母子家庭の自立は就労とイコールとして結び付けられる[16]。しかしながら、参考人においてしばしば、「……手当をもらうということが、母子家庭が自立していないことなのでしょうか。私は、そうは思いません。手当をもらい、あるいはいろいろな社会資源を活用しながら自分の生活をコントロールしていくことは、自立している（傍点筆者）ことだというふうに思えないでしょうか。手当受給者は自立していないという言葉が、母子家庭への偏見と差別を助長しているのではないか、生活意欲をなくさせている……」[17]との発言、また「……自立ということが言われました。私は、生活保護を受けて自立をする、児童扶養手当を受けて自立をする、心の安定、経済の安定というのは本当に母子世帯にとって大切な（傍点筆者）ことだと思っています。」[18]との母子家庭の自立の多様性や多義性を問う発言がみられる。つまり国会議論の中では明らかに、母子家庭の「自立」の概念についての解釈が異なっているのである。

　このような動向を指し、先行研究では、母子家庭の自立に求められる最近の傾向は「自らの生活を自力で支えるということ」としてそのあまりにも狭い範疇の自立概念を批判する論調も見受けられる〔緒方 2008: 16〕。なお生活保護分野では、2005年に自立についての方向性が報告書にてまとめられ、そこでは上記の参考人の意見にもみられるような、多様・多義な自立が想定されているところである[19]。

16　衆議院厚生労働委員会2002年11月7日における福島豊議員（公明党）の発言。
17　衆議院厚生労働委員会2002年11月7日における赤石千衣子参考人の発言。
18　衆議院厚生労働委員会2002年11月7日における前田美津恵参考人の発言。

（2）就労支援と想定される母子家庭モデル

このような自立観のもとに展開される就労支援と想定される母子家庭モデルであるが、これは、①効果的な就労支援とは、②「母子家庭等職業訓練促進費」をめぐる発言、③「自立支援教育訓練給付金」をめぐる発言の3点からみていくことにする。

①効果的な就労支援とは　効果的な就労支援という点をめぐって、岩田喜美枝厚生労働省児童家庭局長は、「就労支援策といたしましては、こういう[20]困難さを除去するのが大事」であるとともに「母子家庭のお母さんたちご自身の職業能力をいかに高めていただいて、高い収入が得られる就業機会にその能力を結びつけていくことができるか（傍点筆者）」[21]と述べる。職業能力を高め、高い収入を得るという点が効果的な就労支援であるとここでは定義される。

②「母子家庭等職業訓練促進費」をめぐる発言　さらに具体的な就労支援の在り方を検討したものとして、国会議事録では議員から、現在の母子家庭に対する就労支援における現実味の無さを指摘する発言もみられる。例えば「看護師などの場合には三年ぐらいかかります……。そうしたら、2年間は自分で頑張って行きなさい、そして大体めどがついた人だなと思ったら最後の1年間はこの訓練促進費でお金を出してあげましょう、……になっているようなんですけれども、全く余裕がない母子世帯に、2年間自力で行きなさいと。もうそのこと自体が大変な難しい要求（傍点筆者）じゃないんでしょうか。」[22]との発言である。

この点に対し、岩田局長は「一般的には、母子寡婦福祉貸付金の中にそういった教育訓練を受ける期間の生活費の貸付金がございまして、この貸し付けを受けていただいて、少し生活にゆとりが出てくれば返していただく（傍点筆者）というのがベースにございます……、それにプラスをして、特に今話題になっており

19　厚生労働省生活保護制度の在り方に関する専門委員会［2005］では、生活保護法第1条にある「自立助長」との意味合いとして、就労自立支援（就労による経済的自立のための支援）のみならず、日常生活自立支援（それぞれの被保護者の能力やその抱える問題等に応じ、身体や精神の健康を回復・維持し、自らの健康・生活管理を行うなど日常生活において自立した生活を送るための支援）、社会生活自立支援（社会的なつながりを回復・維持するなど社会生活における自立の支援）をも含むと解釈する。

20　「女性であるということから来る不利、本格的な職業経験を持っていないということから来る不利、年齢的に若くないという不利、育児との両立負担」を指して、困難とする。

21　衆議院厚生労働委員会2002年11月6日における政府参考人の岩田喜美枝雇用均等・児童家庭局長の発言。

22　衆議院厚生労働委員会2002年11月6日における小沢和秋議員（日本共産党）の発言。

ます高度な職業訓練を受講されるという場合には、そのことをさらに促進するという観点から、通常の貸付金に、プラス、受講期間の3分の1程度ですから、3年かかるところであれば最後の1年分くらいは（傍点筆者）お返しいただかなくてもいい給付金としてお支払いをしよう」[23]として、母子家庭等高等職業訓練促進費単独での利用を想定するのでなく、母子寡婦福祉貸付金との併用を、制度設計の念頭におく。

このような国会議事録でのやり取りを見ていると、当時の母子家庭に対する就労支援は、長期間の訓練に加え複数の制度を「うまく」活用し、仕事と育児を両立してこなせる母を想定しており、低賃金労働と育児との両立の狭間で母と子の生活をかろうじて成立させている大多数の母子家庭の母を想定したものとは到底思えない。

③「自立支援教育訓練給付金」をめぐる発言　2002年1月19日の委員会で円より子氏（民主党）が、創設される「自立支援教育訓練給付金」について発言している。すなわち「受講料の一部を職業能力開発のための講座を受講した場合に講座終了後に支給するとなっている」ため「そういった金額がお母さんたちが出せるかどうかというような問題があ」る、とするものである。さらに「母子家庭高等技能訓練促進費」について、「2年又は3年掛かるような、資格を取れるようなものに対して、例えば3年掛かるとしたら、最初の2年は自分でお金を出して自活しながらやってくれれば後の1年分ぐらいは出しますよという、後から」であるという点を述べ、その間、世帯主である母親が仕事を辞める状態になってもかまわないのか、また、仕事を辞めないにしろ、資格を取りながら夜間や土日に仕事をすることになると、保育所等の設備はどのようになるのか、そのような意味では、資格を取り働くという形になれば、子どもと触れ合える時間もない、との指摘[24]をする。

これに対し岩田局長は、「パートタイム就労に就きながら職業能力を更に高めて、そして安定的な常用雇用に移っていくというためには、お子さんを育てながら、そしてパートの就労をしながら教育訓練が受けられる（傍点筆者）ということが必要である」[25]と述べる。この発言から推測されるのは、母子家庭の就労モ

23　衆議院厚生労働委員会2002年11月6日における政府参考人の岩田喜美枝雇用均等・児童家庭局長の発言。
24　参議院厚生労働委員会2002年11月19日における円より子議員（民主党）の発言。

デルが従来の不安定就労を前提としての教育訓練であるということである。さらにそのうえで、その場合は、教育訓練機会の中から「夜間や休日やっているものを活用する、あるいは通信教育を活用するということもあろう」と述べ、昼間の時間は不安定労働と家事育児に従事した上、残された時間を「活用」する、という旨での就労支援のありかたを想定する。

3 法が想定する家族モデルへのあてはめ

以上の議論を手掛かりに、法が想定する家族モデルへのあてはめに移っていく。筆者は2002年の母子寡婦福祉法改正時になされたこれら一連の議論から、次の通り結論を導く。

まず、立場の違いに見られる自立概念の違いについてである。法改正の目的や議員の発言をみると、2002年の母子寡婦福祉法改正時において政策的には「就労自立＝自立」の概念が非常に強い論調で議論されていることは間違いない。そしてその自立観に基づいて想定される就労支援サービスを利用する母親像は以下の通りとなる。

すなわち、長期間の訓練に加え複数の制度を「うまく」活用し、仕事と育児をこなせる「自立した」母親像、または従前の不安定就労を前提としての教育訓練に耐えつつ、子育てを両立する母親像という2点である。前者は母子家庭等職業訓練費をめぐる国会における局長発言から、また後者は自立支援教育訓練給付金をめぐる発言から導き出されるものである。いずれにしてもそこでは「非正規労働と家事・育児を両立しつつ、就労訓練給付を受給することにより正規労働者に昇格すること」が、母子家庭としての「あるべき母親像」とみなされる。

先行研究ではこの傾向を「好き勝手に離婚しているからには自分でやりなさいということで、新自由主義的な考え方がこういうところにも入り込んでいて、離婚の差別感がなくなったと同時に、自分で頑張れよ（傍点筆者）というわけ」［二宮・赤石・浅倉・丸山 2002: 10の赤石発言部分］という理解や、「離婚による母子家庭や婚外子の母は、自然であるべき家族像を自らの意思で否定した存在であるがゆえに、非難され、自己責任を押し付けられる（傍点筆者）こととなる。」［若尾 2007: 13］との理解につながる。そしてこの文脈で考えると、2002年の母子寡婦福

---

25 参議院厚生労働委員会2002年11月19日における政府参考人の岩田喜美枝雇用均等・児童家庭局長の発言。

祉法改正が想定する家族モデルは、就労支援を軸に「(歪んだ意味での)個人主義的家族モデル」[26]に立脚した議論が軸におかれ、政策の力勢を増している、と結論づける。

六 検証結果と新たな親密圏モデルに立脚したひとり親家庭施策

1 検証結果

以上の分析を踏まえ、本稿での検証結果を述べる。

すなわち仮説の問は、「日本の母子福祉法および母子寡婦福祉法における『家族モデル』はどのように形成され、その家族モデルにはどのような変遷があったのか」であった。その問に対しての本稿での一応の結論として「『法が想定する家族モデル』理論にて考察した結果、ひとり親家庭の家族モデルには以下の変遷があった」と結論づけた。

具体的には、1964年の母子福祉法成立時の議論を確認すると、母子家庭に対する眼差しは「国家主義的家族モデル」を志向しつつ、他方で個人主義的家族モデルの萌芽がみられた。さらに立法過程における議論を確認するとそもそも「母子福祉とは、婦人［当時ママ］の福祉なのか子の福祉なのか」がという点が問題にされた。なお、この母子福祉の本質そのものを巡る議論は、法制定時において、さらにその後も深く検討されていないという点を改めて指摘しておく。

1981年の母子寡婦福祉法制定時の議論を確認すると、法律上新たに出現した「寡婦の存在」をどのように位置づけるか、さらには福祉法の範疇で当該対象をどのように理解するかが議論されていた。その議論を分析していくと「国家主義的家族モデル」を軸に「個人主義的家族モデル」と「婚姻中心モデルとしての共同体的家族モデル」とが政策理念において混在し、その狭間で揺れ動く母子寡婦福祉政策の在り方が見られた。

2002年の母子寡婦福祉法改正時の議論を確認すると、就労支援を軸に「(正当

---

26 辻村教授の家族モデルで想定される「個人主義的家族モデル」における個人主義とは、個人の人権（幸福追求権・自己決定権・家族形成権など）保障と自立の重視、平等の徹底をめざす立場である。その意味では、自己決定は尊重されるが、そこで不利益が引き起こされた場合、非難され自己責任を押し付けられるという意味での個人モデルではないと筆者は考える。しかしながらしばしば「個人主義＝自己責任」という論が政策形成過程では主張されており、その点を強調するため本稿では（歪んだ意味での）という表現をあえてとる。

でない意味での)個人主義的家族モデル」に立脚した議論が軸におかれ、政策の力勢を増していると結論づけた。

2　新たな親密圏モデルに立脚したひとり親家庭施策

これらの仮説を踏まえ、今後の日本のひとり親家庭福祉の方向性は、「新たな親密圏モデルとしての共同体的家族モデル」に立脚し展開すべきだと筆者は考える。しかしながら日本のひとり親家庭の福祉法政策では、今だ、そのような点が十分に意識されていないため、その点を考慮する必要があると結論づける。

例えば、日本を含めた7か国のひとり親家庭の就労支援について比較研究がなされたものがある［中嶋監修 2010］。そこではひとり親家庭における就労支援について「日本も、公共職業安定所や母子家庭等就業・自立支援センターで、ひとり親家庭の母親に就労支援のプログラムを展開しているが、ドイツのそれと比べた場合、それは、職業教育にかける時間、そして内容において十分でない」［中嶋監修 2010: 237］という点が指摘される。ここでの指摘は、日本のひとり親家庭の就労支援が自立を目的とするものの、多様なひとり親像に対応した丁寧な就労支援がなされないままに、日本の施策が進展しているという点と関係する。筆者は、就労自立を軸に置くならば、多様な母子家庭の就労や生活形態の想定がなされた上で、その点のバランスと調整が確保された丁寧な支援が確保されてこその「就労自立」が筋であると考える。

さらに、母子家庭の福祉法の成立経緯を法における家族モデルを分析枠組みとして検討した結果、日本の母子家庭施策には、生活のトータルサポートの視点が不足しているという点が感じられずにおられない。この点につき先行研究でも「包括的な母子世帯施策におけるQOLの向上は、事実上奪われているシングルマザーの社会的権利を効力あるものにすることを通して実現する」［安田・塚本 2009: 225］、そのためには「シティズンシップの回復を目指す包括的な母子世帯政策は、シングルマザーの雇用からの排除と母子の生活の状態すなわち生活環境と本人たちの能力形成の状態に応じて構想され、執行されねばならない」［安田・塚本 2009: 225］との指摘とも共通する。また母子家庭の「時間の貧困」問題も指摘されており［大石 2000］、その点をも総合的に検討した上での母子家庭施策の形成が目指されるべきであろう。

母子家庭の母の、仕事と子育ての役割を一手に担うとういう現状を踏まえた上

で、それらに対する総合的な視点を持ち柔軟な施策を実行するという視点は、今回の国会会議録をめぐる分析からは、政策論としてはなかなか見えてこない。しかしながら生活のトータルサポートにつき、多様なひとり親家庭モデルを想定し、これら育児の負担の社会化を社会の公正の視点でなしうること、すなわち法における家族モデルの「親密圏モデル」が主張する理念に基づくひとり親家庭のあるべき施策の方向性、これがさらに突き詰めて考えられるべきである。本稿ではこの点を今後の課題としておく。

　　追記　本稿は、久塚純一教授の『「議事録」で読む社会保障の「法的姿」-「結論」を得るための「理屈」』(成文堂、2017)に着想を得て執筆された。なお本稿は、ジェンダー法学会第16回学術プログラム・個別報告B「日本の福祉法および家族法にみられる「ひとり親世帯」の家族モデルの把握とその変遷過程の分析」をまとめたものである。また本稿は平成28年度科学研究費助成事業(基盤研究C)課題番号16K04141の研究成果の一部である。

参考文献

穴山徳夫〔1973〕『児童福祉法　母子福祉法　母子保健法の解説』時事通信社。

安念潤司〔2002〕「「人間の尊厳」と家族のあり方――「契約的家族論」再論」『ジュリスト』No. 1222、有斐閣。

大石亜希子〔2015〕「母子世帯の「時間の貧困」――子どもの権利として「親と過ごす時間」の確保を」『週刊社会保障』No. 2819、法研。

緒方佳子〔2008〕「母子世帯母親の就業と児童扶養手当削減の問題・覚書」『広島法科大学院論集』第4号、広島大学。

金川めぐみ〔2012〕「母子及び寡婦福祉法成立までの歴史的経緯」『経済理論』370号、和歌山大学。

金川めぐみ〔2018〕「母子家庭の母及び父子家庭の父の就業の支援に関する特別措置法成立までの歴史的経緯：国会会議録からみる「就労支援」へのシフトに着目して」『法学雑誌』64巻(1・2)、大阪市立大学法学会。

木下秀雄〔2001〕「社会保障と家族」日本社会保障法学会編『講座　社会保障法第1巻　21世紀の社会保障法』法律文化社。

君塚正臣〔2006〕「憲法とジェンダー――日本国憲法は性別をどのように考えているのか」『法律時報』78巻1号、日本評論社。

杉本貴代栄〔2006〕「貧困とジェンダー――母子世帯施策の動向と新展開」『法律時報』78巻1号、日本評論社。

全国未亡人団体協議会〔1981〕『寡婦福祉への出発――母子及び寡婦福祉法の成立』全国未

亡人団体協議会。
高井裕之〔1994〕「家族をめぐる憲法理論の分析——公序再編論の立場から」『京都産業大学論集　社会科学系列』11巻、京都産業大学。
竹内嘉巳〔1978〕『新版増補　児童福祉法　母子福祉法　母子保健法の解説』時事通信社。
辻村みよ子〔2009〕『憲法とジェンダー』有斐閣。
辻村みよ子〔2016〕『憲法と家族』日本加除出版。
水野紀子〔1998〕「団体としての家族」『ジュリスト』No. 1126、有斐閣。
中嶋和夫監修・尹靖水、近藤理恵編〔2010〕『多様な家族時代における新しい福祉モデルの国際比較研究』学文社。
中里見博〔2001〕「ジェンダーが揺さぶる憲法構造の変容」『法律時報』73巻1号、日本評論社。
永田祐〔2003〕「ひとり親家庭に対する政策論理の変化——イギリスとオランダにおける就労支援政策の比較から——」『社会福祉学』第44巻第2号、全国社会福祉協議会。
二宮周平〔2002〕「家族の個人主義化と法理論——家族法理論の再検討」『法律時報』74巻9号、日本評論社。
二宮周平・赤石千衣子・浅倉むつ子・丸山茂〔2002〕「ジェンダーの視座から家族法を考える」『法律時報』74巻9号、日本評論社。
林千代編〔2000〕『母子福祉を拓く』ドメス出版。
若尾典子〔2006〕「女性の人権と家族——憲法24条の解釈をめぐって」『法政論集』213号、名古屋大学。
若尾典子〔2007〕「憲法24条を考える」『歴史地理教育』713号、歴史教育者協議会。
安田尚道・塚本直美〔2009〕『社会的排除と企業の役割——母子世帯の本質——』同友館。
吉田克己〔2000〕「家族における〈公私〉の再編」『法哲学年報　2000』日本法哲学会。
米沢広一〔1992〕『子ども・家族・憲法』有斐閣。

議論からみる精神障害者に対する「強制」の検討
―― 「入院時」「入院中」「退院後」 ――

金　澤　由　佳

一　はじめに
二　「強制」を継続させる選択
三　「精神保健福祉法」における入院形態の再考
四　相模原障害者施設殺傷事件にみる「強制」の継続性――措置入院に焦点をあてて――
五　おわりに

一　はじめに

　本稿は、「精神障害者[1]」とされてきたヒトに対する「強制」について法制度の観点から検討するものである。現行法の「精神保健及び精神障害者福祉に関する法律（以下「精神保健福祉法」という。）（昭和25年法律123号）」は、入院の大枠として「任意入院（第20条）[2]」、「医療保護入院（第33条）[3]」、「措置入院（第29条）[4]」という３つの入院形態を規定している。これらの入院は、任意入院をも含めて「精神障害者」の意思に反してでも行われることがある。このような精神障害者に対する

1　「精神障害者」とは、統合失調症、精神作用物質による急性中毒又はその依存症、知的障害、精神病質その他の精神疾患を有する者をいう［「精神保健福祉法」第５条］。「障害」、「障害者」の診断や、また「病状又は状態像」と「自傷他害行為を行うおそれ」の関係［精神保健及び精神障害者に関する法律第28条の２の規定に基づき厚生労働大臣の定める基準（昭和63年４月８日）厚生省告示第125号］など医学的検討は本稿では除外している。
2　精神科病院の管理者は、精神障害者を入院させる場合においては、本人の同意に基づいて入院が行われるように努めなければならない［「精神保健福祉法」第20条］。
3　精神科病院の管理者は、次に掲げる者について、その家族等のうちいずれかの者の同意があるときは、本人の同意がなくてもその者を入院させることができる。1.指定医による診察の結果、精神障害者であり、かつ医療及び保護のため入院の必要がある者であって当該精神障害のために第20条の規定による入院が行われる状態にないと規定されたもの、2.第34条第１項の規定により移送された者［「精神保健福祉法」第33条１項］。
4　「都道府県知事は、第27条の規定による診察の結果、その診察を受けた者が精神障害者であり、かつ、医療及び保護のために入院させなければその精神障害のために自身を傷つけ又は他人に害を及ぼすおそれが認めたときは、その者を国等の設置した精神科病院又は指定病院に入院させることができる［「精神保健福祉法」第29条］。

強制的な医療は、〈人権侵害〉と密接な問題として行われてきた。

条文をみるならば、第20条による入院については、「入院させる」、第33条、第29条による入院については、「入院させることができる」と明記されている。

「精神障害者」に対して用いられる「強制」という言葉は、まずは第29条による入院を連想させるかもしれない。しかし、第29条による入院とは、「精神障害者」の意思を観点とした場合に、「入院時」拘束力がもっとも強いということである。強制的な入院の「強制」という言葉が意味していることは、必ずしも本人の意思に始まる入院とは限らないこと、本人の意思とは無関係に入院させること、さらに言えば本人の意思に反してでも入院させることができるということであろう。

昭和25年に私宅監置を廃止し精神科病院において医療を行うことへ迂回されてきた現代の強制的な入院は、法制度、臨床の場面と多くの問題を抱えながら継続されてきた。強制的な入院は、医療の必要性があり本人のために医療を行う[5]とした決定の瞬間(以下「入院時」とする。)を経て入院が始まる。

そして、「入院中」に不運にも起こる医療従事者側から「精神障害者」に対する虐待事件などが起こることもある。このような行為は「精神障害者」にとってみれば医療の裏切りである。

また、これまでに「精神障害者」が他害行為事件を起こし「野放し精神障害者」と語られたことがある[6]。一方、医療従事者による虐待事件を防ぐことができない行政を「野放し行政」と呼ぶ見解もある[7]。

これまで、筆者が考える「精神障害者」に対する〈人権侵害〉とは、①強制的に入院させるという行為(「入院時」)、②行動の制限という行為(「入院中」)の2つであった。近年は、入院させる行為自体について、訴訟を起こそうとする団体の動きもある[8]。

しかし、平成28年に精神障害者が起こした他害行為事件をきっかけに、③「退院後」の〈人権侵害〉についても考えるようになった。よって、〈人権侵害〉は

---

5 「精神障害者」に対する医療について、日本では英米法に基づく police power・parens patriae という思想について議論されてきた。
6 ライシャワー殺傷事件の翌日の朝刊で用いられている。
7 ［広田 1987：208］。
8 精神医療国賠訴訟研究会の活動がある。精神医療国賠訴訟研究会ホームページ http：//www.seishin-kokubai.net/modules/aboutus/content0003.html（2018年10月11日アクセス）。

3つあると捉えている。

　まず、①「入院時」、②「入院中」についてみるならば、強制的に入院させる行為自体が〈人権侵害〉であることについての日本の〈議論〉には、ある特徴をあげることができる。その特徴とは、「入院中」に起こった虐待事件等の出来事に感化され「入院時」・「入院中」の医療体制の制度改正へ向けたものであったということである。つまり、入院をさせる行為自体については十分に〈議論〉がなされてきたとは言い難いのである。

　例えば、昭和59年に宇都宮病院事件が発生した際に、入院について「市民的及び政治的権利に関する国際規約「国際人権規約Ｂ規約」（以下「Ｂ規約」と言う。）」の義務不履行が指摘されている。この指摘に対して、当時、日本政府は、法の不備は「入院中」の医療制度の改正をすることで対応するとして「Ｂ規約」に違反していないと反論した。しかし、「入院中」の医療制度の改正によって指摘された入院自体が〈人権侵害〉ではないかという難題は解決されたとは言えない。

　先行研究においては、ほとんどが「入院中」の出来事についての検討であり、「入院時」については、入院させることができる根拠について医学的[9]、法学的、思想・哲学的考察である[10]。入院させるための根拠（入院の必要性を測るツールの不在などを含め）が不明確とされてきたこと、そして入院させる行為自体についての〈議論〉が不十分であることから、「入院時」の検討を進めることが難しいのである。

　そして、③「退院後」の「強制」についても論じられ始めている。本稿で述べる「退院後」の「強制」とは、平成28年7月に起こった相模原市障害者施設殺傷事件後に「相模原市の障害者支援施設における事件の検証及び再発防止策検討チーム（以下「検討チーム」という。）」が発足し検討チームが出した「退院後支援計画」に基づいている。本事件は、「（措置入院）解除（時）」と「解除以降」＝「退院後」にも〈議論〉を向かわせたのである。

　以上のことから、〈人権侵害〉を念頭に置き検討されなければならないこと

9　医学的検討においては、医学上の判断について、社会規範的なものと科学法則的なものがあることや、精神保健指定医の判断基準についてなどがなされてきた。例えば［唄 1971：87-88、山下 1984：232］など。

10　デュープロセス、LRA（Least restrictive alternative）、police power・parens patriae などがなされている。例えば、［町野 2006：43-46、2010：1263-1267］、［五十嵐 2006：310-317、山本 2007：32-37］。

は、次の2つとなる。1つめは、「入院時」・「入院中」を視点にした場合、強制的に入院させる行為自体について〈議論〉がなされていないこと、換言すれば強制的な入院制度をいかなる医療制度改正を行い継続させてきたかであろう。そして、2つめは、いま課題とされようとしている「退院後」の「強制」に関する〈議論〉であろう。

本稿で明らかにされることは、これまで強制的に精神障害者に対して入院させる行為自体（「入院時」）について十分に〈議論〉がなされてこなかった事実および強制的な入院を行うために日本が行ってきた「入院中」の医療制度改正の歴史的経緯、そして「退院後」の新たな「強制」の〈議論〉である。

二　「強制」を継続させる選択

1　「強制」の見直し——宇都宮病院事件からの考察——

昭和59年の宇都宮病院事件とは、日本の精神科医療体制が国内外に衝撃を与えた出来事である。

日本の精神科医療体制は、国際人権連盟から国際法上（B規約）の義務不履行であると厳しく非難された[11]。しかし、当時、日本政府は、精神病院（当時）で、いくつかの虐待事件があったと報告されていたにもかかわらず、これらのケースは極めて例外的であり、日本の精神病院がすべて同じ状況にあるとは到底考えられないとした[12]。

そして、日本は、強制的な入院が「B規約」に違反していないということを、法改正をすることによって主張していこうとした。日本は、この「入院中」の出来事を機に強制的に入院させる行為自体について考える時分であったのではないだろうか。当時、日本の〈議論〉はどのようになされていたのか概観してみよう。

昭和59年3月15日第101回国会参議院予算委員会において、高杉によって宇都宮病院事件を例に「精神障害者」の人権は保障されているのか[13]という質問がなされ、まずは宇都宮病院事件の事実確認を行う方向性であるという返答がなされた。そして、「精神衛生法（昭和40年改正法律第139号）」には、入院継続の必要性

11　［戸塚 1984：31-35］、また、1984年8月16日読売新聞夕刊、1984年9月17日朝日新聞夕刊など。
12　［戸塚 1984：35-37］、［広田 2004：150-156］。
13　第101回国会参議院予算委員会会議録第5号昭和59年3月15日。

は調査を求めることが規定されていること、行政不服審査等の制度も確保されていることから、現行制度（「精神衛生法」）の適正な運用で対処するとされた[14]。

次いで、同年3月26日第101回国会予算委員会では、①適正な医療保護が確保されるとともに、患者の人権が保護、保障されること、患者の適正な取り扱いに関する指導の徹底、②精神衛生鑑定医（当時）による実地診査の励行、③医療法に基づく医療監視の強化等の処置を講じることが述べられた[15]。

同年4月2日第101回国会予算委員会でも、「精神障害者」の人権を保護し適正な医療を行うための必要な処置について提言したものとされるダエス報告書の勧告に対して、「精神衛生法」でそれらは実施されているとされていた[16]。

さらに、同年4月4日第101回参議院法務委員会では、いくらか異なる角度から小澤によって指摘がなされている。小澤は、本事件（宇都宮病院事件）の解決というよりは、もっと根の深いところで「精神障害」による被拘禁者が置かれている現状について認識を深めるべきであると述べた[17]。しかし、この発言は「入院」自体を再考すべきと述べたものではない。なぜならば、小澤は「精神障害者」本人が拘禁は違法であると考えた場合に、救済の手続きがとれる法的手続きの整備が一番必要であると救済手続きの強化を示したからである[18]。

その後の国会審議は、宇都宮病院事件の事実解明がなされ、宇都宮病院事件のように不当なケースを知ることができなかった実地指導の形骸化ということに〈議論〉が集中し医療制度の改正に取り組む方向性が示されていた[19]。

昭和59年4月11日の議論をみるならば「措置入院」については、鑑定医（当時）と入院先の病院に関すること、入院期間については、6ヶ月ごとの報告を徹底すること、「同意入院（当時）」については、誰が診断を行うのか、適正な制度の運用を目指した〈議論〉がなされた[20]。

このように、強制的な入院について、入院させる行為自体については十分に〈議論〉されたとは言い難い。日本は、「強制」を廃止することはせず、入院医療

---

14 同上。また、解説書にも行政庁に不服申し立てすることは可能とされていた［公衆衛生法規研究会編 1976：74］。
15 第101回国会参議院予算委員会会議録第11号昭和59年3月26日。
16 第101回国会参議院予算委員会会議録第15号昭和59年4月2日。
17 第101回国会参議院法務委員会議録第6号昭和59年4月4日。
18 同上。
19 第101回国会衆議院社会労働委員会議録第6号昭和59年4月5日。
20 第101回国会衆議院法務委員会議録第8号昭和59年4月11日。

制度の改正を行い「強制」を継続させたのである。

2　昭和62年「精神保健法」にみる宇都宮病院事件への対応

　日本は、強制的な入院が「B規約」に違反していないということを、医療制度の改正を行い強制的な入院を継続させた。前述した国会審議後の昭和59年6月22日、厚生省（当時）は、公衆衛生・医務・社会の三局長の名で「精神病院に対する指導監督等に強化徹底について」の公文書を都道府県知事に通知した[21]。具体的には、行動制限は医療・保護以外の目的で、またはその限度を超えて行うべきではないこと、病状報告を6ヶ月の範囲内で定期的に行うこと、同意入院（当時）制度の適正化、入院制限、転院促進、そして実地指導であった。これらをふまえて「精神衛生法」は「精神保健法（昭和62年法律第98号）」へと法改正がなされ、人権に配慮した医療及び保護が法の目的の1つに含まれたのである。では、改正[22]のなかの精神医療審査会、入院形態、行動の制限についてみてみよう。

　精神医療審査会は、「B規約」第9条第4項に明記されている「逮捕又は拘留によって自由を奪われた者は、裁判所が合法的であるかどうかを、遅滞なく決定すること及び拘留が合法的でない場合には、その釈放を命ずることができるように、裁判所において手続きをとる権利を有する」という規定の要求に満足していないという批判が強かったために創設されたと言われている[23]。

　この点について、昭和59年4月4日法務委員会において議論されており、「……拘留というのがどの範囲のことを言っておるのか……精神病院に入ってい

21　[広田 2004：121-122]。
22　宇都宮病院事件後の昭和62年の法改正の概要は次の8点が挙げられている。なお、用語は当時用いられたものを使用している。1.法律の名称を「精神保健法」としたこと、2.本人の同意に基づく任意入院制度が設けられたこと、3.入院時に書面による権利等の告知制度が設けられたこと、4.従来の精神衛生鑑定医制度を精神保健指定医制度に改められたこと、5.入院の必要性や処遇の妥当性を審査する精神医療審査会制度が設けられたこと、6.精神科救急に対応するため、応急入院が設けられたこと、7.精神病院に対する厚生大臣等による報告徴収・改善命令に関する規定を設けられたこと、8.入院治療の終了した精神障害者の社会復帰の促進を図るため、精神障害者復帰施設（日常生活を営むのに支障のある精神障害者が日常生活に適応できるように、馴練・指導を行う精神障害者生活訓練施設及び雇用されることの困難な精神障害者が自活できるように訓練を行う精神障害者授産施設）に関する規定を設けたこと［精神保健福祉研究会編 2016：13-14］。
23　[仙波：1990：45]、[精神保健法規研究会編 1990：47-48]、精神医療審査会運営マニュアルとなる「精神保健法第17条の2に規定する精神医療審査会について（昭和63年5月13日健医発第574号）」。

るということが、これは医療保護のために入っておるわけでございまして、それを目して拘留と言えるのかどうなのか。」との意見があった[24]。

一方、「精神衛生法」当時の法的救済措置として「行政不服審査法」、「行政事件訴訟法」、「人身保護法」、「精神衛生法」による都道府県知事への調査請求等があったが有効に機能していなかったとされる[25]。

そして、国外からの日本の精神障害による入院患者のうち95％が強制的な入院であることは異常であるとの非難に対して「任意入院（「精神保健法」（当時）第22条の2）」が創設された[26]。当時の任意入院の基準は、患者が入院を拒むことができるにもかかわらず、積極的に拒んでいない状態を含むもの[27]、これを「同意」したものとみなすとしていた。

「精神保健法」において「任意入院」が創設されたことで、これが「精神障害者」本人の意思を尊重しているとするならば、本人の意思が考慮されない「任意入院」以外の2つの入院制度は特別なものと際立たせたのではないだろうか。

次に、行動の制限および退院の制限についてみてみよう。「精神保健法」成立以前に公衆衛生審議会精神部会が答申した中間メモによれば「任意入院」は、原則的解放処遇と記されていたが[28]、通知においてはできるだけ開放的な環境で処遇することが望ましいとされていた[29]。「国連原則」では、行動の制限および退院の制限を禁止している。しかし、強制的な入院「患者」であるならば医療上一定の制約を受けることはやむをえないという見解がある[30]。

「B規約」違反で指摘されたように「合法的」でなければ入院させることができないのであれば、入院「患者」とは誰なのか、「医療の必要性」の有無が見出されなければならないのである。

24　前掲注17。
25　［大谷 1991：63］。
26　［仙波 1990：10］。
27　［精神保健法規研究会編 1990：99］。
28　「精神衛生法改正の基本的な方向について（中間メモ）（昭和61年12月23日厚生省・公衆衛生審議会精神衛生部会）」、［広田 2004：219-221］。
29　「精神衛生法等の一部を改正する法律の施行について（昭和63年4月6日健医発第433号）」。
30　［渡辺 1985：12］渡辺は、措置入院の観点から検討している。しかし、後述するように現行制度上、任意入院であっても行動および退院の制限は行うことは可能とされていることから本見解を引用した。

3 「精神障害者」に対する入院「措置」

これまで考察したように、強制的な入院は、廃止されることなく、医療制度を改正することによって継続されてきた。ここでは、強制的な入院が、なぜ「いけないこと」とみなされ続けているのか、何が問題とされ続けているのか、「措置」という概念を手がかりに考察する。具体的には、施設に入る「福祉の措置[31]」と「精神障害者」が精神科病院に医療及び保護のために「措置」されることを念頭に置いている。

「措置」とは、多くの法制度で用いられ、多くの意味を含んでいる言葉である。福祉行政の「措置」の始まりは、公的な保護を目的とし、「福祉の措置」とは、「憲法」25条が根拠規範とされている。

保護の観点から「生活保護法（昭和25年法律144号）」第30条1項、2項をみてみよう。第30条は、「生活扶助は、被保護者の居宅において行うものとする。ただし、これによることができないとき、これによっては保護の目的が達しがたいとき、又は被保護者が希望したときは、被保護者を救護施設、更生施設若しくはこれらの施設に入所を委託し、又は私人の家庭に擁護を委託して行うことができる（1項）。前項ただし書きの規定は、被保護者の意に反して、入所又は擁護を強制することができると解してはならない（2項）。」と規定している。思慮されなければならないことは、2項における「意思」に反して保護することはできないとされていることであろう。これは、行政上の強制執行時に直接強制をなし得ない義であり、実施上過誤なきを期するため念のために設けられたものと解されている[32]。

高沢は、第30条2項について、法の体系としては辻褄があうが、不利益処分の観点から見た場合に、法の体系と生活保護施設利用者の権利性は別の事柄であると指摘する[33]。

また、いかなるときに保護するかという問題について、本人が希望する場合、本人の意思を問題とせず保護を目的とする場合の2つの立場から議論されている。本人の希望を重視する場合は、公的扶助の法制においてもっぱら社会保障的なもののみを規定してすべて法外サービスとし、一方、本人の意思は問題としない場合は、社会保障的なものと社会福祉的なものとが一体化されるべきとす

---

31 ［仲村 2003：11］、［高沢 1976：146］。
32 ［小山 1985：437］。
33 ［高沢 1973：317］。

る[34]。この解釈を借りれば、「精神障害者」に対する「措置」は、本人の意思は問題としないことが前提であるため、社会保障的なものと社会福祉的なものによって保護することになる。

まず、そもそもなぜ施設に入れられ、助け守られなければならないのか、という疑問に新藤は、国家によって想定された秩序の維持に「好ましくない人々」を権力的に「保護」することが国家にとって必要な論理と見出し、国家が想定した秩序の社会防衛手段ととらえている[35]。

また、高沢は、「収容施設」を「特殊な在り方」と捉え、施設の外にいる人間の施設観があり、社会防衛的な施設の位置づけが関係していることを指摘している[36]。

では「精神障害者」に対する「措置」については、どのような解釈がなされるべきであろうか。「精神障害者」に対する強制的な入院を規定する「精神保健福祉法」には、「生活保護法」第30条2項のような本人の意思を尊重する規定はない。「精神障害者」に対する強制的な医療について、「法制度（A）は精神障害者（B）を措置する」または、「精神障害者（B）は法制度（A）によって措置される」ととらえてみよう。この関係について、福祉サービスの観点から、Aは、法律ないし「憲法」に規定された擁護機関としての義務を正しく行使しているかどうかが問われなければならず、Bは権利が擁護されているか、Bが権利を主張し獲得するルートは開かれているかが問われなければならないとする[37]。このことに類似したことが、「精神障害者」に対する「措置」に関して重点をおくべきであるとされ、行政不服審査や精神医療審査会の役割が語られているのであろう。

「精神障害者」に対する強制的な入院は、法制度上も「生活保護法」第30条2項のような条文は明記されず辻褄が合わないとみなされがちである。さらに、精神科病院において「措置」されることについては、不利益処分とならぬよう権利性の保護が懸念されており、二重の問題を抱えているということができる。

---

34 ［小山 1985：434］。
35 ［新藤 1996：116］。
36 ［小山 1985：434］。
37 ［高沢 1973：315］。

三　「精神保健福祉法」における入院形態の再考

1　「入院時」の形態——本人の意思に着目して——

　強制的な入院制度を継続させてきたことが意味するのは、「強制的な医療」を行うことができる「法制度」とならなければならないことになるだろう。ここでは、強制的な入院の形態に特化して制度改正の歴史と現状をみていくことにする。

　現行法「精神保健福祉法」において、「精神障害者」とされたヒトに対する入院医療の大枠は、「任意入院（第20条）」、「医療保護入院（第33条）」、「措置入院（第29条）という３つの入院形態である。まず、それぞれの「入院時」における手続きを「精神障害者」の意思に着目しながらみてみよう。「強制」の始まりを、「入院」の始まりとして考えてみたい。

（１）任意入院

　「精神障害者」の「同意」に基づいて行われると明記されているのが第20条による入院である。そして、患者本人に対して説明ないし説得を行うということを一般的に要請し、その結果、本人の「同意」が見込まれる者についてはできるだけ第20条による入院をさせるものとされている。「同意」の状態とは、患者が自らの入院を拒むことができるにもかかわらず、積極的に拒んでいない状態と解釈されている。「精神障害者」は、病識を有しない場合があるといわれ[38]、実際には後述するように外部から「強制」された「同意」がある[39]。つまり、最終的には「同意」することができる「精神障害者」を第20条による入院患者とみなすのである。「同意」したものとみなされる「任意入院」であるが「説得」を受けたという経緯に着目すれば「強制」が含まれていることがあるのである。

　松岡は、「任意」の「同意」を次の４つに分類する。①自発的に入院を申込みまたは同意した場合、②軽い説得により説得を受け入れて同意した場合、③かなりの説得を受けたが、任意に説得を受け入れて同意した場合、④特に反対を表明せず、黙示の同意がある場合である[40]。

　「任意入院」は、本人の「同意[41]」に基づいて入院が行われるものとされてお

---

[38]　前掲注29。
[39]　［松岡 2002：1468-1469］。
[40]　同上。

り、あたかも「精神障害者」本人が自ら意思決定を行った入院形態であるかのようである。しかし、「任意入院」の「同意」が意味するものは、複雑な構造をもっている。

手続き上、「任意入院」として受理されているものの厳密には、本人の意思に反している場合や、または家族や第3者に「同意」を誘導された「精神障害者」がいるのではないかと考えられる。「説明」ないし「説得」は、「同意」とみなしてよいのであろうか。この疑問について、「任意入院」における「説明」の内容や程度については、原則的には一般医療における説明とほとんど変わりはないが、「精神障害者」の、理解力や病識の程度によって、「説得」せざるを得ない場合が多く、「説得」はときに「強制」につながりかねないと指摘されている[42]。

まず、「任意入院」とは、昭和62年の法改正において、「精神障害者」本人の意思を尊重する形で入院を行うことが本人の人権尊重という観点から極めて重要であるということからのものであり、非強制という状態での入院を促進することに中心的意義があるとする考え方に立っている[43]。しかし、説明、説得により「精神障害者」本人が入院に納得する場合も含め本人の「同意」に基づく入院について、その症状によっては行動制限や退院の制限も可能とされている[44]。

（2）医療保護入院

次に、第33条による入院の要件をみてみよう。第33条による入院は、「精神障害者」本人の「同意」がなくても「精神障害者」であり第20条による入院が行われる状態にないと指定医によって判断された者に対して、家族等[45]いずれかの者の「同意」があるときは入院させることができるというものである。

しかし、第20条による入院のように、必ずしも民法上の法律行為とはならない「同意」とは意味を異にし、第33条による入院の「同意」とは、一般の疾病の場

41　昭和62年の改正以前「任意入院」は、「自由入院」と呼ばれていたが「自由」という表現を避け、非強制という意味で「任意入院」という呼称とした［精神保健福祉研究会 2016：215］。入院に納得する場合も含めて本人の「同意」に基づく入院については、任意入院の基本的要件であるがその意味は精神科病院と管理者との入院契約のような民法上の法律行為としての同意と必ずしも一致するものではなく、患者が自らの入院について拒むことができるにもかかわらず、積極的に拒んでいない状態を含むものとされている［精神保健福祉研究会 2016：216］。
42　［松岡 2002：1461］。
43　［精神保健福祉研究会 2016：214、216］。
44　［精神保健福祉研究会 2016：215、401］。
45　「家族等」とは、当該精神障害者の配偶者、親権を行う者、扶養義務者及び後見人又は保佐人をいう［精神保健福祉法第33条2項］。

合の入院と同様に民法上の契約を締結する行為となる。つまり、第33条による入院は、「精神障害者」本人が関与しない法律行為が締結されていることになる。さらなる入院要件は、「医療及び保護のために入院が必要である（第33条1項）」ことから、概念的には「自傷他害のおそれがあり入院の必要性が認められる場合を含む」もので[46]第29条による入院と同様の要件が含まれている。

さらに「精神障害者」の「意思」に着目するならば、「移送制度（「精神保健福祉法」第34条）」の検討が必要であろう[47]。これは、「精神保健福祉法」の平成11年の改正によって創設された医療保護入院等のための移送制度である。

本制度は、緊急に入院を必要とする状態にあるにもかかわらず患者本人が入院の必要性を理解できないために、結果的に入院が遅れ、自傷他害行為を行う事態に至る場合があったことなどがあったために新設された[48]。移送の基本的な考え方は、患者の人権に配慮することである[49]。

人権の観点から問題視されていたことの一つは、家族等の依頼を受けた民間警備会社が強制的に「精神障害者」を移送することであった。民間警備会社による移送は、現在でも行われている。民間警備会社を経営する第1人者とされる押川は、自らの移送業務は、説得を行った「任意入院」を原則としていると述べる[50]。

（3）措置入院

そして、「入院時」にもっとも拘束力の強い入院とされているものが第29条による入院である。入院要件は、2名の精神保健指定医（以下「指定医」とする。）が「精神障害者」であり、かつ「自傷他害行為を行うおそれがある」と判断[51]した場合である。

もっとも拘束力が強いと言われる最大の理由は、「入院時」の「同意」に関することである。本人の「同意」に基づく第20条による入院や家族等の「同意」に基づく第33条による入院とは異なり、第29条による入院とは本人の「同意」も家

---

46 ［精神保健及び精神障害者福祉に関する法律第28条の2の規定に基づき厚生労働省の定める基準（昭和63年4月8日厚生省告示第125号）］、［精神保健福祉研究会編 2016：303］
47 数多くの法律に「移送」という言葉は明記されているが、ここでは「本人」が望んだ場合ではない状況を指す。
48 ［精神保健福祉研究会 2016：373］。
49 「精神障害者の移送に関する事務処理基準について（平成11年3月31日障第243号）」。
50 ［押川 2001：26］。
51 ［精神保健及び精神障害者福祉に関する法律第28条の2の規定に基づき厚生労働省の定める基準（昭和63年4月8日厚生省告示第125号）］。

族等の「同意」も存在しない行政上の決定である。

　しかし、決定に不服の場合は、家族等の意思（申し出）を考慮する（「行政不服審査法」第２条）。また、措置入院命令は、患者の家族等関係者から直ちに他の病院に第33条による入院をさせる旨の申し出があり、第33条によって入院させる期待可能性が著しく高く、入院までのごく短時間の間は自傷他害行為の発生の危険性がまったく予想されない場合は、発動を留保される。

　よって、一度第29条による入院とされた場合であっても、第33条による入院へと形態が変わることが起こりえる。しかし、本制度をどれだけの家族が知っているか、という疑問がある。ところが、措置症状が認められる者については第29条による入院が原則とされており、あえて家族等の「同意」を求め第33条による入院に誘導するようなことは避けるべきとされている。

　つまり、措置されるべき「自傷他害行為のおそれのある精神障害者」を基本姿勢としてそのような者に限定している入院形態が第29条による入院であると理解できる。

２　「入院時」における３形態の必要性——制度成立の背景から——

　ここまで「任意入院（第20条）」「医療保護入院（第33条）」「措置入院（第29条）」の「入院時」の要件と手続きを「精神障害者」の意思に着目しながら概観し、「症状」や「おそれ」によって、入院形態が変化することが起こりうることを述べた。ここでは、「入院時」入院３形態の必要性を検討する。

　まず、問われなければならないことは、「入院時」に入院形態を３つ備えている意義である。換言すれば、「入院時」の形態を１つにしていない理由は何であろうか[52]。いかなる理由で現在の入院形態があるのかを歴史的経緯から検討する。

　前述のように第20条による入院とは、昭和62年の「精神保健法」で創設された制度であり、３つの入院形態の中でもっとも歴史の浅い入院制度である。昭和62年の法改正以前は、「精神障害者」本人の意思による入院について法律上の規定はなく、「自由入院」と呼ばれ運用されていた。

　第20条による入院を規定することになった背景としては、「精神障害者」本人の「意思」を尊重する形での入院を行うことが本人の人権尊重という観点から極

52　［川本 2002：48］。

めて重要であるとともに、退院後の治療や再発時にも好ましい影響を与えること、「家族により強制的に入院させられた」として退院後の家族関係のトラブルを避けることができることが挙げられていた。後述している第33条による入院の「同意」に関する誤解から第20条による入院の必要性は、本人の「同意」であることが明確であることが法制度上、目指されている。

次に、第33条による入院も、昭和62年の法改正から用いられている言葉である。昭和25年の「精神衛生法」では、「保護義務者の同意による入院」と明記されており、人々には「同意入院」と呼称されていた。

さらに、平成11年の法改正において、医学的な理由でなく社会的な理由等により適用されている不適切な事例が生じていたことから第33条による入院の適用条件として第20条の規定による入院が行われる状態がないものが追加され、第20条による入院との区別を明確化し、第20条の推進を図るために設けた規定でもある[53]。すなわち、第20条による入院の背景からみても、第33条による入院の必要性は、第20条による入院でいう「同意」できない「精神障害者」を入院させるためであったということができる。

しかし、このことは、法律行為とはみなされない（第20条による入院の）「同意」をすることができない状態であるならば、法律行為としての家族等の「同意」を自動的に受け入れなければならない状態になりうる構造がある。第20条による入院の説明を用いるならば、家族により入院させることを受け入れられる「精神障害者」が存在しなければならない。

そして、第29条による入院は、昭和25年の「精神衛生法」当時の「入院時」の要件の1つである「自傷他害行為を行うおそれ」の文言の変化は見られず今日まで存続している。制度発足当時、2人以上の鑑定医（当時）の意見が一致した場合に限るという条件をつけ、さらに費用は都道府県負担とし国が2分の1補助するとしていた。

昭和25年の「精神衛生法」では、従来の座敷牢による私宅監置を廃止して、長期の拘束をする必要のある「精神障害者」は、精神病院または精神病室、その他の法によって収容[54]することとされていた[55]。

---

53 「精神保健及び精神障害者福祉に関する法律等の一部を改正する法律（平成11年法律第65号）」。
54 現在は、「入院」という用語を用いる。[「精神保健法の一部を改正する法律の施行について（平成7年6月16日発健医第190号）」]。

また、措置要件該当者はできるだけ第29条による入院させることによって、社会不安を積極的に除去することを意図したものであるとされていた[56]。

「措置費」との関係でみるならば、社会的に認められた危険へと向き合っているのは社会ではなく個人であると考えられており、個人がその危険に対処するために治療を受けることが強制される[57]。このことより、第29条による入院は、「私的」な問題について責任がとれないヒトは、「公的」な問題として扱われる形で構成されてしまうのである。

3 「入院中」の3形態の現状と課題

「任意入院」とは、「入院時」に「精神障害者」の意思による「同意」があるものとみなされてはいるが、「治療中（退院の制限を含む）」は「入院中の者」とされ拘束力の強い「措置入院」と差異がない[58]。ここでは、「精神障害者」の「入院中」の意思に着目してみよう。

第20条による入院とは、「入院時」に「説得」「強制」せざるを得ない場合による「同意」を経て行われていることもあるということを述べた。しかし、「入院時」に精神医療審査会で審議されることはない。さらに、症状によっては行動の制限や退院の制限も可能であり、退院請求をしても72時間の拘束を受ける場合がある[59]。第33条による入院と第29条による入院の退院請求、処遇改善の件数に比べて、第20条による入院はそれらの件数は少ないものの[60]、前述の「同意」の意味や行動の制限より強制的な入院とみなされる入院形態の1つではないかと考えられる。

「精神障害者」は、自らの気持ちを伝えることができないこともあるだろう。

---

55 「精神衛生法の施行について（昭和25年5月19日発衛第118号）」。
56 「精神衛生法の一部を改正する法律等の施行について（昭和36年9月11日発衛第311号）」。
57 ［永井 2008：215］。
58 精神科病院の管理者が必要な行動制限を行うことができる「入院中の者」については、「措置入院者」、「医療保護入院者」「任意入院者」等の入院形態は一切問わない［精神保健福祉研究会 2016：414］。また、行動制限については，厚生省告示第128号（昭和63年4月8日）、厚生省告示第129号（昭和4月8日）、厚生省告示第130号（昭和63年4月8日）を参照。
59 中島は、「任意入院」は、あくまでも本人の意思による入院ということから、この規定を削除するべきとしている［中島 2015：335］。
60 「任意入院」患者の退院請求は、17件（うち本人による請求が11件）、処遇改善は1回請求が26件（うち本人による請求が23件）2回以上の請求が2件（うち本人による請求が1件）である。［平成28年度衛生行政報告例：60-75］。

「入院時」に行った「同意」がそもそも「同意」であるのか、「説得」に対する極めて限定的な「同意」ではないだろうか。法律行為ではない「同意」の解釈の難しさがある。そして、入院直後に病状が悪化した場合には、退院請求をしても却下されることもあるだろう。すなわち、「入院時」の「同意」が「入院中」いかなる形で影響があるのか、またはみなされるのか検討されなければならないであろう。

次に第33条による入院をみてみよう。第33条による入院は、「精神障害者」本人の「同意」をなくして入院させていることから第29条による入院とともに定期に指定医の診察結果に基づいて報告が行うことが義務づけられており、精神医療審査会の審査を通して入院の必要性を図る仕組みがある。

第33条による入院の退院請求は、総数3043件、うち本人による請求が2831件（1回請求2296件、2回以上請求535件）であり93％を占める[61]。また、処遇改善の請求は総数482件、うち本人による請求が444件（1回請求364件、2回以上請求80件）であり92％を占める[62]。

この報告結果から、「精神障害者」本人の意思表示の割合が非常に高いことが示されている。本稿では、「入院時」の本人の「同意」と症状との関係など医学的検討は避けるものの、第33条による入院によって本人の症状が寛解傾向にあることも考えられる。「入院時」に家族等によってなされた「同意」が「入院中」どれほどみなされるのか検討されなければならないであろう。この報告結果から、「入院中」の「家族等」の関与の割合が非常に低いことは、いかなる理由によるものか、さらに「入院時」に家族等に「同意」をさせている意義も問われることになろう。平成26年に「精神保健福祉法」の「保護者制度」が改正されたことと関連して家族等の「同意」が再検討されなければならない[63]。

そして、本人も家族等も「入院時」に関与することができない行政処分である第29条による入院をみてみよう。

第33条による入院と同様に、「精神障害者」本人の「同意」なき入院であることから定期に指定医の診察結果に基づいて報告を行うことが義務づけられてお

---

61 ［平成28年度衛生行政報告例：62-63］。
62 ［平成28年度衛生行政報告例：72-73］。
63 医療保護入院届出数は、平成24年度209,547件、平成25年度211,980件、平成26年度170,079件、平成27年度177,640件、平成28年度180,875件と報告されている［平成28年度衛生行政報告例：16］。

り、精神医療審査会を通して入院の必要性を図っている。

　退院の請求は、総数730件、うち本人による請求が総数730件、うち本人による請求が672件（1回請求554件、2回以上請求118件）であり92％を占める[64]。また、処遇改善の請求は総数98件、うち本人による請求が91件（1回請求75件、2回以上請求16件）であり92％を占める[65]。

　この報告結果をみるならば、第33条による入院と同様のことが言うことができる。すなわち、「本人」の意思表示が高い割合を占めているということである。第29条による入院は「入院時」に「精神障害者」本人も家族等も「同意」できないことから第20条による入院や第33条による入院のように本人や家族等の「同意」がみなされるかについての検討は困難である。もっとも、本人の意思が確認できないことが最大の課題である。このことから、「入院時」の決定が行政処分である意義が求められる。さらに、第29条による入院は、入院直後に精神医療審査会で審議されないことについて[66]、その背景にあるものの検討がさらに必要とされよう。「入院時」に精神医療審査会で審議されないことについては、不服申立ての権利と手段があるが、このことが知られていないという指摘がある[67]。

四　相模原障害者施設殺傷事件にみる「強制」の継続性
——措置入院に焦点をあてて——

1　「措置解除」と「解除以降」の議論

　ここまで、医療（精神科病院における）の「強制」について法制度の観点から考察してきた。ここでは、平成26年7月に発生した相模原市障害者施設殺傷事件から第29条による入院の「解除」以降の「強制」について考察していきたい。

　本事件は、施設の元職員である男が施設に侵入し多数の入所者等を刃物で刺して19人を殺害、27人を負傷させた事件である。事件を起こした男には、緊急措置入院（精神保健福祉法第29条の2）及び措置入院歴があり、退院後に起こした他害行為事件である。

64　［平成28年度衛生行政報告例：64-65］。
65　［平成28年度衛生行政報告例：74-75］。
66　［川本 2015：384］。
67　［山下 1985：96］。

本事件を受けて「相模原市の障害者支援施設における事件の検証及び再発防止策検討チーム（以下「検討チーム」という。）」が発足した。
　前述のように、日本では、「入院時」の〈議論〉はなされにくく、「入院中」についての問題が〈議論〉されてきた。本事件を機に、検討チームの議論をみるならば措置入院「解除（時）」と「解除以降」＝「退院後」にも議論を向かわせた。ここでは、現在、日本が課題としようとしていることを明らかにしたい。
　平成28年12月の検討チームの報告書[68]によれば、「退院後」は、都道府県知事等、措置入院先病院、自治体が継続的かつ連携して「退院後支援」を行うことが提言されている。そして、平成29年2月には、精神保健福祉法の改正案[69]が出され、その1項目に患者ごとの「退院後支援計画」を作成することとされた。
　では、「措置解除」と「解除以降」について、日本の〈議論〉をみてみよう。以下は、措置入院制度発足以降、「措置解除」と「解除以降」の通知と報告書による歴史的経緯である。

日　付	入院解除と退院後に関する事柄
昭和25年	「措置入院」制度の成立『精神衛生法』（昭和25年法律123号）
昭和40年	「入院措置の解除」規定の成立 『精神衛生法の一部を改正する法律（昭和40年法律第139号）』
昭和40年8月25日	適正な措置解除［発衛第184号］
昭和51年8月19日	適正な措置解除［衛精第671号］
昭和51年10月26日	退院（他入院形態への以降も含む）［衛生第25号］
昭和63年4月6日	他の入院形態への移行、福祉関係機関との連携［健医発第433号］
平成10年3月3日	適正な措置解除、福祉関係機関との連携、退院促進※ ［障第113号、健政発第232号、医薬発第176号、社援第491号］
平成16年9月	精神保健医療福祉の改革ビジョン～入院医療中心から地域生活中心へ～ 措置入院を受け入れる病院の体制の改善、在院期間の短縮化
平成29年2月	これからの精神保健医療福祉のあり方に関する検討会 犯罪の防止ではないことを十分に踏まえて、退院後の医療の充実、地域における退院生活支援の明確化に欠けることを指摘

※他入院形態への移行を含んでいるのかは不明　　　　　　　　　　　　　　　　（筆者作成）

68　「相模原市の障害者支援施設における事件の検証及び再発防止策検討チーム　報告書」https://www.mhlw.go.jp/file/05-Shingikai-12201000-Shakaiengokyokushougaihokenfukushibu-Kikakuka/0000145258.pdf、また、平成29年2月8日これからの精神保健医療福祉のあり方に関する検討会の報告書においても措置入院退院後の継続支援について述べられている。
69　平成29年9月28日の衆議院解散により廃案。

これらを見ると、「退院後支援」の具体的なモデル、プロセスは示されてこなかった。その背景として退院後直接通院となる場合が少なく、さらに地域に受け入れ体制が整ってこなかったことがあるだろう。よって、「退院後支援」は、継続的でかつ連携的な退院後支援の具体化を目指したということができよう。

　ここで、懸念されるべきことは、退院してからのこのような「支援」は、〈監視〉や〈人権侵害〉と捉えられる可能性があるということではないだろうか。

　第33条による入院については退院後生活環境相談員の選任（「精神保健福祉法」第33条の4）が求められており、地域における生活への移行を促進するための措置の1つとして設けた規定がある。これに類似したものを第29条による入院においても行うというものであろう。

　措置入院者に対して、入院中から退院後の生活支援も視野に入れた関わりが必要である可能性が高いとする研究もあるが、全措置入院者が包括的な退院後支援を必要としているということではないであろう[70]。

2　「退院後支援」を制度化するということ――「説得」・「同意」・「任意」・「強制」――

　「退院後支援」がなぜ問題視されているのであろうか。実際の臨床現場においては、これまでにも退院後も支援をしていたと考えられるが制度化することについてここでは考察する。まず、どのような経緯で「退院後支援」が言われるようになったのか概観したい。「退院後支援」制度化への流れ検討には、①検討チームの報告書（平成28年12月8日）、②国会議事録、③これからの精神保健医療福祉のあり方に関する報告書（H29年2月）を用いる。

　まず、「検討チーム」は、以下の8回の審議を経て報告書を提出した。

①　検討チームの報告書（平成28年12月8日）までの流れ

①	H28/ 8 /10	・福祉施設における防犯対策 ・措置入院に係る手続き ・退院後のフォローアップ ・警察等の関係機関との情報共有のあり方
②	H28/ 8 /19	・緊急措置入院や措置入院の運用 ・措置解除後の通院

70　［藤井 2017：46-47］。

		・施設の防犯
③	H28/ 8 /30	・施設の防犯 ・措置入院に係る手続き ・退院後のフォローアップ
④	H28/ 9 / 8	中間報告（9月14日中間とりまとめ公表）
⑤	H28/ 9 /20	・緊急措置入院や措置入院の運用 ・入院中の診察に関する今後の検討課題 ・施設の防犯対策
⑥	H28/10/13	・通院医療 ・措置解除後の支援ニーズのアセスメント
⑦	H2810/31	・施設の職員、労働実態、提供サービスの内容 ・措置入院、犯罪防止 ・再発防止対策
⑧	H28/11/14	・措置解除時、措置解除後の対応 ・再発防止
	H28/12/ 8	報告書『退院後支援』

（筆者作成）

② 国会議事録（平成28年7月の事件以降から平成29年8月までに28件抽出）

①	法務委員会（H28/10/20）
②	厚生労働委員会（H28/10/21）
③	内閣委員会（H28/10/28）
④	厚生労働委員会（H28/11/ 2 ）
⑤	厚生労働委員会（H28/11/ 8 ）
⑥	厚生労働委員会（H28/11/17）
⑦	厚生労働委員会　（H28/11/22）
⑧	本会議（H29/ 1 /20）
①	厚生労働委員会（H29/ 2 /15） 【法案国会提出】
②	予算委員会第 5 分科（H29/ 2 /22）
③	厚生労働委員会（H29/ 3 / 7 ）
④	厚生労働委員会（H29/ 3 / 8 ）
⑤	内閣委員会（H29/ 3 / 8 ）
⑥	厚生労働委員会（H29/ 3 /24）
⑦	厚生労働委員会（H29/ 4 / 7 ）

・偏見や差別
・施設での再発防止
・精神科治療
・優生思想
・指定医

退院後支援

鑑定結果

・退院後支援
・合理的配慮
・指定医

本質問題は何か

⑧	本会議（H29/4/7）		
⑨	厚生労働委員会（H29/4/11）		
⑩	厚生労働委員会（H29/4/12）		
⑪	厚生労働委員会（H29/4/13）	・退院後支援 ・指定医	
⑫	厚生労働委員会（H29/4/19）		
㉑	厚生労働委員会（H29/4/20）		
㉒	厚生労働委員会（H29/4/25）		
㉓	厚生労働委員会（H29/5/9）		
㉔	厚生労働委員会（H29/5/11）		
㉕	厚生労働委員会（H29/5/16）	・退院後支援 ・指定医	
㉖	厚生労働委員会（H29/5/17）		
㉗	厚生労働委員会（H29/6/2）		
㉘	厚生労働委員会（H29/6/9）		

（筆者作成）

③　これからの精神保健医療福祉のあり方に関する検討会

退院後支援の医療の充実（平成29年2月8日）

措置入院制度に係る医療等の充実について

　　1．措置入院に係る手続き及び関係機関等の協力の推進について
　　2．措置入院中の診療内容の充実について
　　3．措置入院者の退院後の医療等の継続支援について

　周知のように強制的な入院は、常に〈人権侵害〉の問題が横たわっている。精神障害者に対する強制的な入院についてステージ別の問題及びその対応策を挙げると「入院時」、「入院中」、そして「退院後」は以下のように整理できるのではないだろうか。

入院時	強制的に入院をさせることによる人権侵害 対応策➡最小限の入院
入院中	閉鎖病棟、外出不可などの制限を受けることによる人権侵害 対応策➡適正な措置解除、退院促進（他入院形態へを含む）
退院後	退院後支援による人権侵害 対応策➡差別・偏見をうまないように、支援期間は半年以内

（筆者作成）

自治体による精神障害者の退院後支援に関するガイドラインには、退院後の医療等の支援を必要があると認められる者を支援対象者とし、自治体が計画することについては、本人の「同意」を得ることが適当とされている[71]。

退院後に「退院後支援」をすることは、治療の意味での精神科医療に加え、強制的な福祉という見方も出てくるかもしれない。「退院後支援」を制度化し、任意（同意があった場合）とした場合であっても前述したように「説得」・「強制」・「同意」の課題が潜んでいると考えられる。計画を立てて、退院先の保健所を拠点とした訪問やアウトリーチのようなことを行うが、基本的には本人からの「同意」を取り付けたうえで行うサービスであろうとされている。しかし、措置入院という「強制」の下、その「同意」が真の同意なのかという批判が懸念されている[72]。

現在では、措置通院制度の創設の考えも出されており[73]、付随して医療保護通院制度創設もありえる。制度化には多くの問題が混在している。

五　おわりに

本稿では、「精神障害者」に対する強制的な入院について、これまでに強制的に入院させる行為自体について〈議論〉がなされてこなかった事実と、そのような入院制度を継続させるために行ってきた制度改正の歴史的経緯と現状を明らかにした。そして、「退院後」の強制に関することについても検討した。

日本は、「精神障害者」に対する強制的な入院について、合法的かつ適正な制度運用を行うことに着手し制度改正をおこなってきた。しかし、「入院中」の出来事のみが問題とされるべきではなく、「入院時」の出来事についても問題とされ〈議論〉がなければならないのである。「入院時」において「精神障害者」の意思を尊重するためにおこなってきた制度改正は、「同意」の意味を複雑化させ、さらには、継続させてきた「入院時」に「精神障害者」の意思を考慮しない入院制度を特別なものとして際立たせることもある。

71　「地方公共団体による精神障害者の退院後支援に関するガイドライン（平成30年3月27日障発0327第16号）」。
72　［松本 2018：191］。
73　［山本 2018：48-49］。

「精神障害者」に対する強制的な入院について、「入院時」の出来事が問題とされていないこと、また「精神障害者」の意思を考慮しない入院制度が継続されている背景にある事柄のさらなる検討を今後の課題としたい。

そして、「退院後支援」の制度化については、福祉サービスが〈人権侵害〉となる福祉の「強制」につながることを筆者は懸念している。既に制度化されている医療保護入院における退院後生活環境相談員と比較しながらの検討が必要と考えられる。

参考文献

五十嵐禎人、2006、「自己決定と公共安全」山内俊雄編『司法精神医学　第5巻　司法精神医療』、中山書店、310-318

唄孝一、1971、「医療と医事法学」中村朱作編『医療と法律』法律文化社、63-69

大谷實、1991、「条解精神保健法」弘文堂

押川剛、2001、「子供部屋に入れない親たち――精神障害者の移送現場から」幻冬舎

川本哲郎、2002、「精神医療と犯罪者処遇」成文堂

川本哲郎、2015、「精神科医療と精神医療審査会」『臨床精神医学』44（3）、383-386

公衆衛生法規研究会編、1976、「精神衛生法詳解」中央法規

小山進次郎、1985、「生活保護法の解釈と運用」全国社会福祉協議会

新藤宗幸、1996、「福祉行政と官僚制」岩波書店

精神保健法規研究会編集、1990、「精神保健法詳解」中央法規

精神保健福祉研究会監修、2016、「四訂精神保健福祉法詳解」中央法規

仙波恒雄、1990、「62年改正のねらい」仙波恒雄．高柳功編『精神保健法――その実務のすべて――』星和書店、1-16

高沢武司、1973、「施設の管理体系とサービスを受ける権利」『ジュリスト臨時増刊特集　現代の福祉問題』、315-320

高沢武司、1976、「「第5章『福祉の措置』」の構造と機能」ミネルヴァ書房、146-168

高田真治、1977、「社会福祉サービスとしての『措置』――その課題と展望」『月刊福祉』60（10）、52-59

戸塚悦朗、1984、「人権後進国日本」戸塚悦朗、広田伊蘇夫編、『人権後進国日本精神医療と人権Ⅱ』亜紀書房、3-40

中島豊爾、2015、「公立病院から見た精神科入院制度」『臨床精神医学』44（3）、333-337

仲村優一、2003、「社会福祉の原理」旬報社

永井順子、2008、「措置入院の変容」大曾根實、金川めぐみ、森田慎二郎編『社会保障法のプロブレマティーク――対立軸と展望』法律文化社、203-219

広田伊蘇夫、1987、「断想・精神医療」悠久書房

広田伊蘇夫、2004、「立法百年史――精神保健・医療・福祉関連法規の立法史」批評社

藤井千代、2017、「措置入院ガイドライン」『日本精神科病院協会雑誌』36（11）、42-48
町野朔、2006、「法律家の視点からみた医療観察制度の問題点」『司法精神医学』1（1）、43-46
町野朔、2010、「司法精神医学の法的課題——心身喪失者等医療観察法を中心に——」『臨床精神医学』39（10）、1299-1304
松岡浩、2002、「任意入院における説明・説得・告知」『臨床精神医学』31（12）、1461-1470
松本俊彦、2018、「「包摂」か「排除」か——最終報告書を読んで」月刊「創」編集部編『開けられたパンドラの箱』創出版、190-207
山下剛利、1984、「法による精神障害者の人権侵害」戸塚悦朗、広田伊蘇夫共編『日本収容列島精神医療と人権Ⅰ』亜紀書房、209-240
山下剛利、1985、「精神衛生法批判」日本評論社
山本輝之、2007、「「強制」処遇をめぐって」『こころの科学』132巻、32-37
山本輝之、2018、「わが国における強制入院制度の現状とこれから」『心の社会』172巻、42-49
渡辺脩、1985、「保安処分問題と精神医療をめぐる論点の総合的検討」「保安処分問題をめぐる総合的検討」、1-17
『平成28年度衛生行政報告例』厚生労働省大臣官房統計情報部

「困っている」のは誰か
——幼児教育と保育の無償化に関する比較研究序説——

鴨　川　明　子

一　「困っている」のは誰か——日本の「待機児童問題」と「幼児教育の無償化」——
二　マレーシアにおける就学前教育制度の成立と発展過程
三　就学前教育機関における子どもの増加と背景
四　質向上の取り組み
五　教育と福祉のはざまで残された課題

一　「困っている」のは誰か
——日本の「待機児童問題」と「幼児教育の無償化」——

1　日本の「待機児童問題」と「幼児教育の無償化」

「保育園落選4人に1人　都市部需要に体制追いつかず　57市区調査　6万人超す」（2018年4月2日付　朝日新聞）——毎年4月、新聞各紙に「待機児童問題」関連の記事が掲載される。この見出しの紙面は、朝日新聞が独自の調査をもとに市区の落選率ワースト3を示し、特に都市部に待機児童が多い点を指摘したものである[1]。

日本では、2019年10月から幼児教育の無償化が実施される見込みである。「幼児教育の無償化に向けた取り組みの段階的推進（幼稚園就園奨励費補助）」として、無償化の実施に向けて様々な施策が実施されている。すなわち、①幼児期の教育は、生涯にわたる人格形成の基礎を培う重要なものであり、すべての子供に質の高い幼児教育を保障するため、幼児教育に係る保護者負担を軽減し、無償化に段階的に取り組むとともに、②「幼児教育無償化に関する関係閣僚・与党実務者連絡会議」（平成29年7月31日開催）で取りまとめられた方針等を踏まえ、2018年度（平成30年度）には、子育て世帯の保護者負担軽減を図り、幼児教育の無償

---

[1] 厚生労働省も、2017年（平成29年）10月時点の保育園等の待機児童数の状況を、2018年4月に公表している。

化に向けた取組を推進することとなっている。

　一方、待機児童問題を解消しない段階で、幼児教育が無償化されることに違和感を覚えるという指摘もある。日本の待機児童問題が解消されない原因について、たとえば椋野（2012）は、先進諸国を対象とする国際比較に基づき、日本の保育の課題とその特質を論じる中で、「少子化にもかかわらず、定員を増やしても増やしても待機児童がなくならないのは、広範な潜在需要が定員の増加に伴い潜在化するから（椋野 2012, pp. 219-220）」と分析している。

　いったい誰が本当に困っているのであろうか。待機児童問題や幼児教育の無償化など、日本における幼児教育や保育に関わる様々な問題の本質を分かりにくくさせている原因の一つに、「困っている」人が多種多様であることが挙げられる。幼児教育と保育という教育と福祉のはざまでも、保育所に入所できない子どもやその保護者という待機児童問題の関係者だけでなく、子育て世帯の負担を軽減してほしいと望む保護者もおり、それぞれの困り感は小さくない。しかしながら、多種多様に見える「困っている」人は、あくまでも行政サービスに明示的にニーズを把握されている対象であって、必ずしも実感として「困っている」人すべてを含んではいない。筆者はここにこそ問題が潜むと考える。

　筆者は、日本と同様に、国際社会においては幼児教育と保育について普遍化という観点から注目が集まる中、他国の幼児教育や保育に関わる問題と日本の問題を比較することによって、普遍化に向かう過程で生じる問題の共通性や差異性を明らかにすることが重要であると考える。そこで、本論文では、いち早く幼児教育の無償化を実施し普遍化を目指しているマレーシアを事例にとり、その制度的変遷や現状を整理し、日本の事例とマレーシアの事例とを比較教育学的に考察し、今後の課題を示すこととする。

2　国際社会が注目する幼児教育と保育の普遍化

　国際社会に目を転じると、「困っている」とみなされがちな対象に、女子・女性が挙げられる。1990年代以降、「すべての子どもを学校に（Education for All: EFA）」というスローガンの下、とりわけ女子教育に各国政府や国際機関の注目が集まった。女子の就学率や残存率などの数値目標が掲げられ、一律に「女子」や「女性」が「困っている」対象とみなされてきた（日下部・森下・鴨川 2007）。EFA から MDGs、そして SDGs へと国際社会の掲げる目標が変遷する過程で、

国際機関や各国政府は具体的な数値目標を掲げ、優先して女子や女性に機会を与えてきた[2]。たしかに、女子や女性が学校に行く上での阻害要因は男子や男性が学校に行く上での阻害要因に比べて多い点を先行研究は指摘している。そうした先行研究の知見に基づき、国際社会はこぞって、「困っている」女子や女性に機会を与えてきた。このようにターゲットを明確にした上で様々な施策を講じることによって、学校に行くことができない女子の数は減り、より高い教育段階に進学する女性の数は増えてきた[3]。

国際社会において就学前児童も「困っている」とみなされがちな対象である。EFAの文脈で、学校に行く前にいかにしてより多くの子どもを就学前機関に行かせるかが課題となってきた。殊に途上国では初等教育の完全普及（UPE: Universal Primary Education）を目標に掲げ、その目標に向けて就学前児童をターゲットとしてきた。教育の最初のステップである就学前教育に子どもたちを通わせることによって、幼児期からより多くの子どもを学校に行くように癖づけることが、その後の初等教育の就学率の上昇に結び付くと考えられたためである。

本論文で事例として取り上げるマレーシアも例外ではない。マレーシア政府は、貧困対策やインクルーシブ教育の側面から「困っている」対象を絞り、優先的に就学前教育の機会を供与してきた。そのことは評価される一方で、幾つかの問題も残される。以下、マレーシアにおける就学前教育制度の成立と発展過程において、就学前クラスに通う子どもの増加と背景を論じ、急激な普遍化に向けた取り組みにおいて潜む問題を整理する。マレーシアを事例にし、幼児教育と保育の普遍化に向けてターゲットを固定化することにより、どのような課題が残され、その課題を解決する糸口を「教育の質の保証」という観点から探ることとする。

---

2 「国連ミレニアム・サミット（UN Millennium Summit）」（2000年、アメリカ、ニューヨーク）では、ダカール行動の枠組みと同様に「ミレニアム開発目標（Millennium Development Goals: MDGs）」（2000年）が採択された。さらに2015年9月ニューヨークの国連本部において「国連持続可能な開発サミット」が開催された。第70回国連総会で採択された「我々の世界を変革する：持続可能な開発のための2030アジェンダ」に17の目標と169のターゲットからなる「持続可能な開発のための目標（Sustainable Development Goals: SDGs）」が掲げられている。

3 国際社会で重要視されている女子・女性の問題は本論文で事例として取り上げるマレーシアでは問題になりにくい。それは主に2つの理由があると考えられる。1つはエスニック問題が主流であるため、もう1つは、女性は一見すると教育機会や職業機会を得ているためである。「女子が学校に通うことができない」という深刻な状況に注目は集まるものの、マレーシアのように「女子の方が学校に通っていて、男子があまり学校に通うことができていない」という現実はどのようなまなざしを向けることができるであろうか。

二　マレーシアにおける就学前教育制度の成立と発展過程

1　貧困家庭・低所得者層への救済策

マレーシアにおいて、就学前教育がにわかに脚光を浴びるようになったのは、EFAとのかかわりからという点は先述した通りである。その後国際社会はMDGsという新たな課題を示し目標達成に向かっていたが、同時期にあたる2005年に、マレーシアにおける初等教育の総就学率は95.70％に上り完全普及に向かっていた（Ministry of Education 2006a, p. 14.）。この時期にマレーシアの就学前教育の普及は十分ではなかったが、EFA以降各国で「Early Childhood Development: ECD」に注目が集まるという国際的な潮流を受けて、「1996年教育法（Akta Pendidikan（Acta550）/Education Act1996（Act550））」が制定され、就学前教育（Pendidikan Pra-Sekolah/Pre-school Education）が国民教育制度に組み入れられた。1996年以前にも、幼稚園（Tadika/Kindergarten・Pre-school）や保育園（Taska/Child Care Centres）は存在していたが、1996年教育法の下で初めて、1年ないし2年の就学前教育が国民教育制度が組み入れられた。

マレーシアにおいて、1980年代に国民教育制度が確立されてから1996年まで、6年の初等教育、3年の前期中等教育、2年の後期中等教育は国民教育制度に位置付けられていたが、就学前教育はその範疇にはなかった。加えて、初等教育から中等教育までの合計11年間の教育は義務ではなく無償であったが、2002年に1996年教育法が改正されたことによって、2003年から初等教育が義務化された。

さらに、就学前教育制度は、同時期に導入された義務教育制度とセットになり、相対的に貧しく、小学校に行くことができない、あるいは行くことができてもなかなか定着しない、エスニックマイノリティを中心とする貧困家庭・低所得者層への救済策として機能することとなった（鴨川 2007, pp. 9-23）。2008年の「早期幼児ケアと発達に関する政策（Early Childhood Care and Development Policy）によって、生まれてから4歳までを対象とする総合的な発達を目的とする乳幼児期の具体的な国家政策が打ち出された。

2　役割が異なる多様な就学前機関

マレーシアにおける就学前教育機関には、様々な設置運営母体がある（表

1-a、表1-b)。主な設置運営母体として、(ⅰ)教育省、(ⅱ)国家統合・社会開発省の国家統合局、(ⅲ)農村開発省のコミュニティ開発局(Bahagian Kemajuan Masyarakat: KEMAS/Community Development Division)の政府機関に加えて、(ⅳ)各州のイスラーム宗教局、(ⅴ)イスラーム青年同盟(Angkatan Belia Islam Malaysia: ABIM)などのイスラーム関連団体、(ⅵ)企業等による私立・民間機関が挙げられる。

　マレーシアの設置運営母体別の特徴は、日本以上に設置運営母体が複雑で様々な就学前機関が存在する点にある。加えて、2004年から2017年まで一貫して、私立・民間の設置運営母体による機関への就園者の割合が高い点にも特徴が認められる(表1-a、表1-b)。2017年現在、私立の就学前教育機関に就園する人数が最も多く329,251人(全体の39.77％、以下同)、次いで農村開発省コミュニティ開発局管轄の機関に218,286人(26.36％)、教育省管轄の就学前教育機関は201,249人(24.31％)と3番目に就園者数が多い。

　マレーシアにおいて私立の就学前教育機関に就園する人数が多い理由として、私立・民間の設置運営母体による機関は、国公立の機関に対して、宣伝・広告等の広報活動に長けていること、読み・書き・計算(3M/3R's)や初等学校の準備教育を提供していることが挙げられる(Rohaty Mohd Majzub 2003, p. 37)。また、私立・民間の就学前教育機関は都市部に多いが、国公立の就学前教育機関は、都

表1-a　マレーシアの就学前教育機関の基礎的統計(設置運営母体別、2004年)

単位：人・％

	学校数	クラス数	教員数	就園者数（％）
教育省	2,722	3,197	3,197	76,518 (11.65％)
国家統合・社会開発省国家統合局	1,346	1,346	2,692	45,141 (6.87％)
農村開発省コミュニティ開発局（KEMAS）	7,297	8,363	9,380	214,695 (32.67％)
各州イスラーム宗教局	629	1,314	2,228	30,597 (4.66％)
イスラーム青年同盟（ABIM）	342	829	1,129	14,011 (2.13％)
私立	3,723	11,044	14,922	276,102 (42.02％)
合　計	16,059	26,093	33,548	657,064 (100.00％)

出所：MOE 2004, p. 4.
註：私立の教員数には、補助教員の数も含まれている。また、教育省の教員数は、クラス一人当たり一人の教員と想定した数値である。

表1-b　マレーシアの就学前教育機関の基礎的統計（設置運営母体別、2017年）

単位：人

	学校数	クラス数	教員数	就園者数（%）
教育省	6,092	9,272	9,083	201,249　（24.31%）
国家統合・社会開発省国家統合局	1,781	1,781	3,467	38,065　（4.59%）
農村開発省コミュニティ開発局（KEMAS）	8,629	11,229	22,301	218,286　（26.36%）
各州イスラーム宗教局	738	1,716	2,055	32,343　（3.91%）
イスラーム青年同盟（ABIM）	224	553	727	8,761　（1.06%）
私立	7,374	27,946	34,344	329,251　（39.77%）
合　　計	24,838	52,497	71,977	827,955（100.00%）

出所：MOE 2017, p. 10.
註：教員数には、補助教員の数も含まれている。

　市部と農村部のいずれにも分布している（手嶋 2004, pp. 44-48）。一般的に、国家統合・社会開発省国家統合局管轄の幼稚園は都市部（郊外含む）に、農村開発省コミュニティ開発局管轄の幼稚園は農村部に設置される。

　都市部の幼稚園は清潔なバンガローや石造りの建物である一方、農村部の幼稚園はコミュニティセンターやモスクや人の家を利用する場合が多い。都市部に多い私立の幼稚園では、子どもの発達のために多種多様な海外のプログラムが導入・実践されており、授業料は農村部の幼稚園の授業料とは大きく異なる（Rohaty Mohd Majzub 2003, p. 37）。

　多種多様な就学前教育機関の内、教育省管轄の就学前教育クラスでは給食が無料で提供される。そのため、教育省管轄の就学前教育クラスを希望する親は少なくないが、親の収入に応じて選ばれた子どもが通うこととなる[4]。教育省の就学前教育クラスに通うことができなかった場合には、親は上述したKEMASや私立の幼稚園を選ぶか、もとより私立の幼稚園を希望する（鴨川 2010）。

---

[4] 筆者が実施したインタビューによると、ある教員の感覚では、一ヶ月1,000リンギ以下の収入という回答であった。なお、1マレーシアリンギは、27.12円（2018年8月15日現在）。マレーシアリンギット、マレーシアリンギッと表記される場合もある。

表2　マレーシアにおける就学前教育の就園率（2004年）　　単位：％

就学前教育総就園率			就学前教育純就園率			就学前教育の経験ある子どもの初等教育就学率		
全体	男子	女子	全体	男子	女子	全体	男子	女子
108	101	114	75	72	79	78	76	81

出所：UNESCO 2007, pp. 248-249より筆者作成。

三　就学前教育機関における子どもの増加と背景

1　就学前クラスに通う子どもの急激な増加
（1）就園者数と教員数

　マレーシアにおける就学前教育制度の成立と発展によって、就学前クラスに通う子どもの数は増加してきた。UNESCOが毎年発行する『グローバル・モニタリング・レポート2007年版』（2007）に、就学前教育に関する各種統計が公表されている（表2）。就学前教育段階の総就園率（2004）は男子101％、女子114％、純就園率（2004）は男子72％、女子79％と、総就園率・純就園率ともに女子が上回っている点に特徴が認められる。また、就学前教育を受けた後に初等学校の一年次に入学した割合は、男子76％、女子81％であることから、就学前教育機関から初等学校への接続が完全に達成されているとは言えない。加えて、同時期のマレーシア教育省の統計を参照すると、2005年現在、当該年齢人口（5歳以上）553,600人に対して、教育省管轄の機関における就園者数は92,303人であり、その就園率は16.7％であった（MOE Malaysia 2005, p. 27；鴨川 2007）。

　マレーシアにおいても、教育省の普遍化達成の努力により就学率が急激に上昇してきた。2005年から2017年までの間に2倍近くの子どもが教育省管轄の就学前クラスに在籍するようになった。2017年現在、教育省管轄の就学前教育を担う学校数は6,092校あり、就園者数は201,249人（全体の24.31％）である。2004年の基礎統計（表1-a）と比べると、教育省管轄の機関の全体に占める割合が大幅に増加している。

　教育省の就園者全体の中で、男子は99,894人、女子は101,355人である。教員数全体は9,083人であるが、その内男性教員数1,070人（全体の11.6％）に対して、女性教員数は8,171人（全体の88.4％）に上る（表3）[5]。

表3　マレーシアにおける就学前教育の就園者数と男女割合（2017年）

単位：人

学校数	就園者数			教員数		
計	計	男子	女子	計	男性	女性
6,092	201,249 (100.0%)	99,894 (49.6%)	101,355 (50.4%)	9,241 (11.6%)	1,070 (11.6%)	8,171 (88.4%)

出所：MOE 2017b, p. 10. より筆者作成。

表4　教育省管轄の幼稚園および小学校（2006年）

	幼稚園			小学校		
	学校数	クラス数	就園者数	学校数	クラス数	就学者数
国 民 学 校	3,436	4,334	100,586	5,774	80,071	2,400,089
国民型華語学校	134	137	3,192	1,288	18,984	639,310
国民型タミル語学校	76	80	1,909	523	4,439	102,041
特 殊 学 校	28	29	163	28	288	1,767
合　　計	3,674	4,580	105,850	7,613	103,782	3,143,207

出所：MOE 2006a, p. 6, p. 8, p. 16; Ministry of Education 2006b, pp. 20-22. から算出。

（2）教育省管轄の幼稚園

　教育省管轄の幼稚園は小学校の中に設置されている場合が多い。その内訳は表4の通りである。マレーシアの初等教育段階では、マレー語を教授言語とする国民学校の他に、教授言語別に国民型華語学校、国民型タミル語学校に分かれている。2006年、それぞれの初等学校における就学者の分布は、国民学校2,400,089人（76.4%）、国民型華語学校639,310人（20.3%）、国民型タミル語学校102,041人（3.2%）（2006年）となっている。教授言語別に設置状況（2006年）を概観すると、マレー語を教授言語とする国民学校において、就学前クラスを設置している学校数が全学校数の93.5%に達しており、華語およびタミル語を教授言語とする国民型学校における設置状況は未だ十分ではなかった。教授言語別の学校による内訳は不明であるが、2006年から2016年までの10年間で、学校数は3,674校から6,075校、クラス数は4,580クラスから9,087クラス、就園者数は105,850人から200,522人とそれぞれ大幅に増加している（表4）。

5　ブループリントの2015年年報によると、839,921人の学齢期（4歳と5歳）の子どもが就学前校に通っている（MOE 2016, p. 30）。

2 なぜ、急激に増加したか——私立機関の重点化——

近年、マレーシア政府は、就学前教育への就園率を上昇させる上で、5歳児よりも4歳児の学齢期児童の就園率の低さに着目し、私立の就学前教育機関における4歳児の就園率を上昇することに焦点を当てた施策を講じている[6]。特に就園率の上昇に向けて具体的に実施した施策は、(1)就学前学校のクラス増加、(2)私立就学前学校設立のための助成金、(3)私立就学前学校登録の促進、(4)私立就学前学校の授業料補助である（MOE 2017b, pp. 3-15）。以下、詳細を論じることとする。

(1) 就学前学校のクラス増加

マレーシア政府は、私立の就学前学校の就園率を、2020年までに全体の60%にまで上昇させる目標を掲げている。就学前教育が国民教育制度に組み入れられてから就学前クラス数は上昇し、2016年現在で49,851クラスにまで増加した（MOE 2017b, p. 5）。新しく開かれた公立の就学前クラスは125（内訳は教育省 89、KEMAS36）であったが、私立の就学前クラスは2,240に上る。私立の就学前クラスの内訳は、新規に開かれたクラスが719クラス、近年登録したクラスは1,521クラスである[7]。

(2) 私立就学前学校設立のための助成金

国家重点経済分野（National Key Economic Area: NKEA）政策の下で、私立就学前学校創設のための助成金（Private Preschool Launching Grant）制度を設けた。この助成金制度により、10人から19人規模の小規模の就学前学校には10,000マレーシアリンギ、20人以上の規模の就学前学校には20,000マレーシアリンギの助成金が交付されることとなった。この助成金制度の下で、2015年には252校の就学前学校が助成金を受領した。2010年以降、総額13億4800万円の助成金が772の業者に供与されたが、2016年に助成金制度を一端中断している（MOE 2017b, p. 1-9）。

(3) 私立就学前学校登録の促進

2014年から教育省はマスメディアを通じて大々的に「登録しよう（Jom Daftar）キャンペーン」というキャンペーンをはり、私立就学前学校の登録を促進してき

---

[6] 2017年現在、私立の就学前機関における就園率は39.77%である（Ministry of Education 2017a, p. 10）。
[7] 教育省の統計によると、公立の就学前機関やクラスの中には、教育省管轄、KEMAS、JPNIN が含まれる。

た。2015年には、ジョホール州、ペラ州、ペナン州、サバ州でキャンペーンを実施した結果、これらの州では就学前学校の登録に平均して4.4％程度の伸びが見られた。

　私立機関はデータベースに登録することによって、計画やモニタリング、適切な補助を受けることができる。私立学校は地方自治体から各種認可を得る必要があるが、どのような認可を得る必要があるか否かは自治体によって異なる。マレーシア早期幼児ケアおよび教育カウンシル（Early Childhood Care and Education Council Malaysia）の協力により、教育省は124の未登録の就学前学校を登録させた。また、オンラインの国家就学前学校情報システム（Sistem Maklumat Prasekolah Kebangsaan: SMPK）を通じて、7,360の就学前学校が教育省に登録した。なお、後述する通り、私立の就学前学校に対しては、国家就学前学校質標準スタンダード（Standard Kualiti Prasekolah Kebangsaan: SKPK）による評価が毎年行われる（MOE 2017b, pp. 1-9-1-10）。

（4）私立就学前学校の授業料補助
——社会的・経済的に不利な子どもたちのための就学前学校増加

　教育省は2012年から、社会的・経済的に不利な状況に置かれている家庭や、特別な配慮が必要な子どもに対して授業料を補助している。2016年現在、社会・経済的に不利な状況に置かれている家庭の35,376人に対して508.80マレーシアリンギが供与された。2016年の総額は1,800万マレーシアリンギ、2017年現在までに、総額約11億4千万リンギが143,374人に供与された。また、特別な配慮が必要な子ども860人が197校の就学前学校に入るために補助を受けた。2016年には206校に就園する983人の子どもが就学前学校に入る上で補助を受けているなど、対象となる子どもの数は年々増加している（MOE 2017b, p. 1-11）。

四　質向上の取り組み

　マレーシア政府は、私立の就学前学校における量的拡大を支える施策に加えて、質向上のための施策も実施している。たとえば、（1）就学前学校における教育・学習の質の向上、（2）就学前学校の教員のスキル向上、（3）反転授業を通じたベストプラクティスの促進である（MOE 2017b, p. 3-15）。以下、詳細を論じることとする。

表5　機関別ミニマム・スタンダードを達成した就学前学校数と割合

	学校数	達成数	達成割合（％）
教育省（KPM）	6,025	6,022	99.9%
農村開発省コミュニティ開発局（KEMAS）	8,531	8,510	99.8%
国家統合・社会開発省国家統合局（JPNIN）	1,781	1,779	99.9%
私立	6,834	6,239	91.3%
合　　計	24,838	22,550	97.3%

出所：MOE 2017b, p. 1-11. School Inspectorate & Quality Assurance（JNJK）

（1）就学前学校における教育・学習の質の向上

就学前学校の質を向上するために、評価および質保証を実施している。公立および私立の就学前学校が前述したSKPKを通じ、就学前学校の設備やプログラムを自己評価し、その自己評価に基づき毎年評価が行われる。2016年に教育省は23,171校の就学前学校に対する評価を実施しており、その結果は表5の通りである。

教育省が評価する通り、ミニマム・スタンダードを達成した就学前学校は2015年の91.1％から2016年の97.3％へと6.2％増加している。しかしながら、私立の就学前学校に限るとミニマム・スタンダードを達成した就学前学校は91.3％であり、他種の就学前学校よりその割合が低くなっている（表5）。

（2）就学前学校の教員のスキル向上

図1は、就学前教育機関の教員の有する教育歴（学歴）を示した円グラフである。円グラフによると、日本の高校卒業程度に相当するマレーシア教育証書（SPM）を有する教員が最も多く全体の59％を占めるが、短大相当のディプロマ16％や学士相当を有する教員は7％と多くはない。

こうした事情から、2013年以降、教育省は就学前学校の教員が、国内の認可を受けた高等教育機関においてより高い資格を取得するよう促してきた。具体的に、教育省は授業料を補助した結果、2015年に784人にディプロマ（ECCE）を取得させた。また、最低限のディプロマ資格を有していない49,099人の教員の58.8％にあたる28,870人に現職研修を実施した（2016年）。引き続き、教育省は教員の専門性を向上する方策を探っている（MOE 2017b, p. 1-12）。

（3）反転授業を通じたベストプラクティスの実践の促進

教育省は2015年に就学前学校に反転授業を導入した。とりわけ公立の就学前学校において学びの環境を創造することや児童中心のアプローチをとることによっ

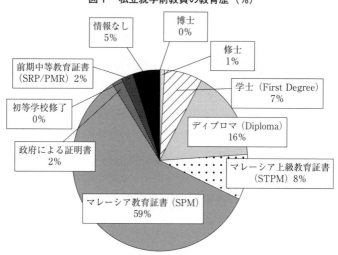

図1　私立就学前教員の教育歴（%）

出所：MOE 2017b, p. 1-13.

て就学前教育を改善することとした。これらは21世紀型の学びに向けた試みであるが、親の参加を促す点に特徴がある。2016年にはマレーシアの各自治体に一つは反転授業の教室を設けることによって、教育省は反転授業を通じて就学前学校の教室の景色が一変することを期待している。

五　教育と福祉のはざまで残された課題

　いったい誰が本当に困っているのであろうか――日本の「待機児童問題」に直面した筆者自身の経験を踏まえ（付記参照）、本論文では、国際社会において幼児教育と保育の普遍化に注目が集まる中、いち早く幼児教育の無償化を取り入れているマレーシアと日本の問題を比較することによって、普遍化に向かう過程で生じる問題を明らかにしてきた。

　これまでの論述をまとめると以下の通りである。国際社会で幼児教育や保育の普遍化に注目が集まる中で、マレーシアでも就学前教育が整備・拡充されるようになった。1996年に就学前教育が国民教育制度に組み入れられたことを皮切りに、教育省管轄の就学前学校やクラスが年々増加してきたが、教育省管轄の就学

前学校や就学前クラスに入ることができる対象には所得制限が設けられていた。また、マレーシアでは、就学前教育制度の成立当初より私立機関が運営する就学前クラスの全体に占める割合は高く、その発展過程でも継続して教育省は私立機関における就学前学校数やクラス数を増やす策を講じてきた。このような私立機関を中心とする就学前教育の量的拡大策によって、就学前クラスに通う子どもの数は急激に増加した。

しかしながら、単に就学前教育機関に入る機会が与えられただけでは問題が解決したと言えないのはマレーシアも日本と同様である。以下、幼児教育と保育の普遍化の過程で残された課題を日本とマレーシアの共通性に留意しながら3点挙げることとする。

第1に、幼児教育や保育の機会が優先的に供与される「困っている」対象が固定されているため、すべての保護者が希望する就学前教育の機会を得ることができていない点が挙げられる。マレーシアにおける就学前教育は早くから無償化され、「困っている」人に優先的に機会が供与されてきた。就学前教育への就園率を上昇させるためにターゲットとなったのは社会的・経済的に不利な状況に置かれている家庭や、特別な配慮が必要な子どもを抱える家庭であった。それゆえ、「困っている」対象は特定の子どもたちに限定され、その対象から外れた親が希望しても教育省管轄の就学前学校にすべての子どもたちが通うことができるわけではない。そのことは日本の待機児童問題を想起させる。幼児教育の無償化が実施されてもなお、希望する家庭やその子どもが就学前教育機関（日本では保育園も含む）に入ることができないとすれば、「困っている」人を救うことができていると言えるであろうか。

第2に、無償化してもなお就学前教育への就学率が100パーセントにならない、つまり普遍化を達成できていない点が挙げられる。加えて、マレーシアにおいて、初等教育が義務化されてもなお初等教育の就学率100パーセント、すなわち普遍化を達成していない。すべての子どもが教育省管轄の就学前教育機関に入る機会を得ることができていない。また、マレーシアでは幼児教育の無償化を制度の初期段階から実施しているが、教育省管轄の就学前学校において月謝は無料であるが、月謝以外の入学金や雑費は無料ではないため、親の負担感はぬぐえない。

第3に、急激な普遍化を目指したために、「教育や保育の質」の向上や維持が難しい点が挙げられる。マレーシア政府は、私立就学前機関を中心に改革を推し

進めているが、私立の就学前機関における量的拡大の一方で質保証に課題が残されている。そのため、私立機関に対する登録制度の徹底や、教員の学位取得の促進および現職研修の実施など、質向上のための様々な施策がとられており、今後はその効果が期待される。

　以上、本論文では、就学前教育はその成立の時期こそ日本より遅いが、先行して就学前教育の無償化を実施しているマレーシアの事例から、普遍化に向かう過程で残された課題を指摘してきた。これらの残された課題は、日本の事例を考える上でも示唆的である。本論文の冒頭で、日本の待機児童問題の深刻さと幼児教育の無償化をめぐる議論を紹介した。筆者は、日本において、一見「困っている」人が多種多様であるように見えるが、「困っている」人が固定化されていることこそが問題の本質を分かりにくくさせる原因の一つであると指摘した。さらに久塚（2001）が、女性や高齢者を例にとり指摘するように、「（前略）高齢者のニーズとされているものの多くは、『高齢者自身が発する言語』を基礎に認識されるというよりも、既存のサービス=『すでに言語化されているサービス』=について把握されることになっていることが多い（pp. 183-184）」という限界は、幼児教育と保育という教育と福祉のはざまでも生じている。幼児教育や保育の対象は明示的に「困っている」人が対象とされ、彼・彼女らのニーズを把握しようとすることが多い反面、実感として「困っている」人のニーズを把握する機会は少ない。もっとも、明示的に「困っている」人と実感として「困っている」人の間の線引きは難しく、行政がすべての「困っている」人のニーズに応じることにも限界があることは否めない。

　しかし、少なくともマレーシアの事例は、待機児童問題、幼児教育の無償化、幼児教育や保育の質の問題を考える上で示唆に富む。今後は、マレーシアの政権交代後の新政権による就学前教育政策の動きを、新しい政権によって「困っている」人は変化するかという点からも注視しつつ、日本との比較の視点から議論を続けていきたい。

　　付　記　3人の子どもを別々の保育園に通わせた経験から
　　「困っている」という状態や「困っている」人をいったい誰が決めているのであろうか。各自治体が「困っている」度をポイント換算して、各家庭はそのポイント数に基づき保育園に入る機会を待つこととなる。一見フェアに見えるポイント制ではある

が、何とはなしにすっきりしない気持ちになる。

　2019年現在、筆者は3人の男の子の子育て中である。長男（7歳）は0歳児からの認可保育園を希望し、第1希望の認可保育園への入園が決まった。一方、次男（5歳）は、筆者が育休を1年程度取得した後に、1歳児からの入園を申請したため、第一希望の認可保育園に入ることはできなかった。そのため、育休を延長した後に、保育ルームと呼ばれる2歳児までの子どもを預かる小規模保育事業を利用することになった（0歳から2歳までがもっとも待機児童が多いと言われる）。次男は第一希望の認可保育園に入ることができなかったため、私たち夫婦は三男こそは0歳児から長男と同じ保育園にと希望した。しかし3月という生まれ月が災いしてか（と当時思っていた）、新年度に0歳児で入園することはできなかった。三男「保育園落ちた」の結果を聞くも納得がいかず、当該自治体の担当者に理由をたずねたところ、ポイント数が同じ家庭を並べた結果、私たち夫婦は「収入の差」によって「困っている」度が低いと判断されたとの回答を得る。

　預け先がなければ復職の見込みは立たない。こんなに困っているのにどうして入ることができないのであろう。「保育園落ちた」経験を持つ親であれば誰しも抱くであろう素朴な疑問はいつしか怒り、そしてやり場のない憤りに変わっていった。

　結局、長男、次男、三男は3つの別々の保育園に通うこととなり、私たち夫婦にとって3つの保育園に子どもたちを送る日々が1年近く続いた。三男は1歳の2月になって、第一希望の認可保育園に空きが出て入園が決まり、次男は2歳の4月にようやく兄と弟と同じ保育園に入園することができた。

　このような3人の子どもを別々の保育園に通わせた経験から、私たち夫婦は「困っていた」と実感をもって言うことはできる。それでも大学教員として働いていると、「だって、あなたは恵まれているからいいじゃない」と言われ黙り込むしかなくなる時がままある。私自身も、「私より困っている人は大勢いる、ぜいたくを言うことはできない」という気持ちを持たされる。こうした何とはなしにすっきりしない気持ちを抱えた経験が、本論文の問題意識の出発点にある。

　久塚純一先生は、筆者が早稲田大学社会科学部の学部生の折に受講していた「比較福祉論」の講義において、『比較教育学――グローバルな視座を求めて――』（1981年／1991年）というレ・タン・コイの大著を紹介してくださった。本著で、レ・タン・コイは、比較教育学研究に潜む性差別主義（セクシズム）の問題を指摘している。この本による学びをきっかけに筆者は比較教育学におけるジェンダーの問題を研究している。久塚先生には、このようなきっかけをくださったことに感謝しております。

参考文献

Education Act 1996 (Act550) & Selected Regulations (2005), International Law Book Services.

久塚純一 (2001)「6章 福祉と「セックス」・「ジェンダー」比較――「約束された議論」を支えているもの」『比較福祉論』早稲田大学出版部、pp. 155-193。

鴨川明子 (2006)「研究ノート マレーシアにおける幼児教育と保育に関する一考察――女性の社会進出を中心に――」早稲田大学大学院教育学研究科比較・国際教育学研究会『比較・国際教育学論集』創刊号、pp. 61-72。

鴨川明子 (2007)「マレーシアにおける幼児教育」平成16-18年度 科学研究費補助金基盤研究 (B) (研究代表者内田伸子) (課題番号16402039)『幼児教育分野におけるアジアの途上国の実態調査とネットワーク形成』、pp. 9-23。

鴨川明子 (2010)「マレーシアの幼児教育――日本の幼児教育との比較のために――」ベネッセ・コーポレーション Child Research Net (http://www.crn.or.jp/) 世界の幼児教育レポート。

Kementerian Pendidikan Malaysia (2001), Kurikulum Prasekolah Kebangsaan, Pusat Perkembangan Kurikulum.

Kementerian Pendidikan Malaysia (2002), Garis Panduan Kurikulum Prasekolah, Dewan Bahasa dan Pustaka.

Kementerian Pendidikan Malaysia (2003), Huraian Kurikulum Prasekolah Kebangsaan, Pusat Perkembangan Kurikulum.

日下部達哉・森下稔・鴨川明子 (2007)「比較教育学におけるフィールドから結論への道程――方法論の比較――」『アジア教育研究報告』第8号、pp. 66-84。

レ・タン・コイ (1981/1991)『比較教育学――グローバルな視座を求めて――』前平泰志他訳、行路社。

Ministry of Education Malaysia (2000), Malaysian Educational Statistics 2000.

Ministry of Education Malaysia (2004), Quick Facts: Malaysian Educational Statistics 2004.

Ministry of Education Malaysia (2005), Malaysian Educational Statistics 2005.

Ministry of Education, Malaysia (2006a), Quick Facts: Malaysian Educational Statistics 2006.

Ministry of Education, Malaysia (2006b), Risalah Maklumat Asas Pendidikan 2006.

Ministry of Education, Malaysia (2017a), Quick Facts: Malaysian Educational Statistics 2017.

Ministry of Education, Malaysia (2017b), Malaysian Education Blueprint 2013-2025 Annual Report 2016.

三輪千明 (2004)『平成15年度独立行政法人国際協力機構 客員研究員報告書 Early Childhood Development の支援に関する基礎研究』独立行政法人国際協力機構・国際協力総

合研修所。
椨野美智子・藪長千乃（2012）『世界の保育保障——幼保一体改革への示唆——』法律文化社。
Rohaty Mohd Majzub (2003),Pendidikan Prasekolah: Cabaran Kualiti, Penerbit Universiti Kebangsaan Malaysia.
杉本均、ベー・シュウキー（2003）「マレーシアにおける就学前教育の実践と改革動向——英語教育を中心に——」『京都大学大学院教育学研究科紀要』第49号。
杉本均（2005）「第8章　就学前教育のグローバル化対応と教員養成システム」『マレーシアにおける国際教育関係——教育へのグローバル・インパクト——』東信堂。
Tan Bee Tuan (1998), "Participation of Women in The Labour Force and The Need For Child Care Services: A Comparative Study of Japan and Malaysia", Syarifah Zaleha Syed Hassan. et al., Malaysian Women in the Wake of Change, Gender Studies Programme, Faculty of Arts and Social Science, University of Malaya.
手嶋將博（2004）「マレーシアにおける就学前教育の動向と教育実践——科学化・国際化への対応を中心に——」平成14-15年度科学研究費補助金・基盤研究（C）（1）（研究代表者池田充裕）（課題番号14510321）『タイ・マレーシア・シンガポールにおける就学前教育の実態に関する実証的比較研究——民族性・国民性の育成と国際化への対応を中心として——』研究成果報告書。
手嶋將博（2006）「第6章　マレーシア——マレー語による統合と英語による国際化を目指す幼児教育」池田充裕・山田千明編著『アジアの就学前教育——幼児教育の制度・カリキュラム・実践』明石書店。
坪川紅美・野口隆子（2003）「マレーシア視察報告」平成15年度拠点システム事業実施報告書『お茶の水女子大学子ども発達教育研究センター年報2号別冊　幼児教育に関する途上国協力強化のための拠点システム構築——幼児教育に関する情報収集と幼児教育モデルの提案——』。
UNESCO (2006), Malaysia Early Childhood Care and Education (ECCE) Programmes.
UNESCO (2007), EFA Global Monitoring Report 2007.

ワーク・ライフ・バランス(WLB)理念の法的検討
―― 再構成に向けての一考察 ――

河 合 塁

一　はじめに
二　ワーク・ライフ・バランス法理の史的展開
三　WLBアプローチの意義と課題・問題点
四　ワーク・ライフ・バランス理念の再構成に向けて
五　WLBの実現と「所得(収入)」「地域」という視角
六　おわりに

一　はじめに

　近年、仕事と生活の調和ないし両立という考え方――いわゆるワーク・ライフ・バランス（以下、WLB）の重要性が様々な場面で強調されている。WLBは、いまや労働関連の法政策のみならず、官公庁・民間企業の人事管理における「重要なキーコンセプト」[1]であり、「総論として誰も反対できない社会的目標」[2]になっている、といえよう。
　しかしその反面、WLBは「人によってその捉え方や力点の起き方が異なるため、WLBの考え方や政策については極めて多義的な解釈の余地を与えている」[3]との指摘にもみられるように、「そもそもWLBとはいかなる概念なのか」「いったい何を目指すものなのか」は、意外に見えづらい。にもかかわらず、WLBの重要性や、実現に向けての方法論ばかり強調・展開されている現状は、議論を錯綜させているだけでなく、後述するように、本来めざしていたはずの方向とは全く異なる法政策に安易に取り込まれてしまったり、労働現場における不満を産み

---

[1] 小島妙子「マタニティ・ハラスメントと法――現状と課題――」松下三四彦ほか編『社会の変容と民法の課題［下巻］』(2018年) 687頁参照。
[2] 諏訪康雄・山極清子・中島豊・大津和夫「ワーク・ライフ・バランスが実現したら日本の企業社会はどう変わるか」季刊労働法220号 (2008年) 36頁 (諏訪康雄発言)。
[3] 毛塚勝利・米津孝司・脇田滋編『アクチュアル労働法』(2014年) 182頁 (川田知子)。

出したりしている可能性も否定できない。だとすると、「WLBはいいことだ」という姿勢そのものが、もしかすると「安易」を通りこして「害悪」ですらあるのかもしれない。

本稿は、そのような問題関心から、WLBという視角からのアプローチの意義と課題に着目したうえで、「WLBとはいかなる概念なのか」を改めて問い直し、その上でその法理念を再確認しようとするものである。そのうえで最後に、社会保障法[4]はWLBの実現に向けてどのような役割を果たしうるのか、その可能性についても少し考察してみたい。

二　ワーク・ライフ・バランス法理の史的展開

1　序論

WLBとは、「仕事と生活の調和」を意味する、とされることが多い[5]が、ではどのような状態が「仕事と生活の調和」が取れた状態、なのか。この点、ワークとライフのバランスの取り方は個々人が決めることであって、(調和がとれた状態とは)必ずしも5：5の状態ではない[6]、バランスの取り方は人それぞれでよいはずである[7]、との指摘もあるが、多くの学説はそういった面をある程度踏まえつつ、「過重なワークへの偏重」という現実をふまえ、何らかの形で「ワーク」への規制がなされている状況を「仕事と生活の調和」が取れた状態[8]、と捉えているようである。

とはいえ、それだけで「WLBとはいかなる状態か」ということが明確になったわけではない。そこでまずはわが国において、WLB、あるいは「仕事と生活」

4　WLBの法政策と社会保障法の関係について正面から論じた近年の論考として、笠木映里「家族形成と法」日本労働研究雑誌 No. 638（2013年）58頁以下、伊奈川秀和「社会保障とワークライフバランスの交錯：社会保障法政策の観点から」東洋大学社会福祉研究10巻（2017年）19頁以下など。

5　高畠淳子「ワーク・ライフ・バランス」土田道夫・山川隆一編『労働法の争点』（2014年）14頁。

6　原昌登「ワーク・ライフ・バランスと労働時間」ジュリスト No. 1383（2009年）91頁。

7　大内伸哉「労働法学における『ライフ』とは——仕事と生活の調和（ワーク・ライフ・バランス）憲章を読んで」季刊労働法220号（2008年）14頁。

8　浅倉むつ子「労働法におけるワーク・ライフ・バランスの位置づけ」日本労働研究雑誌 No.599（2010年）47頁、名古道功「ワーク・ライフ・バランスと労働法」日本労働法学会編『講座労働法の再生第4巻　人格・平等・家族責任』（2017年）246頁。また小島・前掲注1論文・686頁は、「人間らしい（ディーセントな）労働と生活」としている。

に関して、どのような背景から、どのような形で法政策が展開してきたのかを、時系列的に概観しておくこととしたい。

2 WLB法政策の史的展開
(1) 1970年代～80年代

WLBの源流は、男女平等政策にある[9]とされる。わが国の女性に関する労働法政策は、もともとは（女子労働力の劣悪な雇用環境等を念頭において）「男女平等」よりも「女子保護」のほうに主眼が置かれていた[10]が、1970年代あたりからの女性の社会進出（被用者化）の進展や国際動向を踏まえ、「男女平等」へと視点をシフトしていったとされる（1985年に成立した男女雇用機会均等法（以下、均等法）は、このような流れに沿ったものであった[11]）。

この時代にはまだ「WLB」という言葉は登場していないものの、「女子の雇用労働者化が進めば進むほど、家庭と職業の両立の問題はいっそう深刻にならざるを得ず、これが女子の職業にとってハンディキャップになっている」[12]といった指摘は既にあり[13]、制定当時の均等法2条も「……女子労働者が……職業生活と家庭生活との調和を図ることができるようにすることをその本旨とする」とされているなど、WLB論の萌芽は見られるのである。

もっとも、この時代においてはもっぱら「雇用の場（職業面）」における男女平等を主眼においた議論であり、「家庭」における男女平等（家庭責任の負担が女性に集中していること）についてはあまり顧慮されておらず、法政策的にも上述の点を除けば見るべきものはあまりなかったといえる。

---

[9] 高畠淳子「ワーク・ライフ・バランス施策の意義と実効性の確保」季刊労働法220号（2008年）15頁。
[10] 氏原正治郎「女子労働と雇用上の男女平等」季刊労働法111号（1979年）21頁。
[11] 均等法は、当初は不十分な内容であったが、その後の2度の改正を経て、それなりに男女雇用平等法としての内実を備えるに至っている。内容については、山田省三「四半世紀を迎えた男女雇用機会均等法」日本労働研究雑誌615号（2011年）4頁以下、根岸忠「ワーク・ライフ・バランスにおいて労働者の家族の利益は保護されるべきか」本澤巳代子還暦（2014年）368頁。
[12] 氏原・前掲注10論文・29頁。
[13] 1975年のILO「婦人労働者の機会及び待遇の均等を促進するための行動計画」11（b）では、「まだ根強く残っている仕事、家庭及び社会における男女の役割分担に関する伝統的な態度を変えること」との指摘があったとされる。松岡三郎「労基法研究会報告書の検討」季刊労働法111号（1979年）19頁。

（2）1990年代〜2000年代前半

これに対し1980年代後半あたりからは、「育児」や「介護」などを意識した、仕事と家庭の両立支援（以下、両立支援）を求める声が強まってくる。両立支援政策は、もともとは男女平等政策の一環であり、上で見たように、（1）の段階においても見られた議論であるが、雇用の場だけではなく「（家庭の場における）家庭責任をどう支えるか」という点を意識している点に特徴がある。同時にこの政策は、「ファミリー・フレンドリー」政策などともいわれるように、特に負担の重い「子育て家庭」における「女性」を主眼においた「仕事と家庭生活の両立」という色彩が濃厚なものであった。

この時期の注目すべき法的動向としては、なんといっても1991年の育児休業法成立[14]（1995年には育児・介護休業法に改正）であろう。育児休業法は周知のとおり、ILO156号条約（家族的責任を有する男女労働者の機会均等および均等待遇に関する条約）等を背景として制定されたものであり、背景には労働力不足基調の中での女性労働力率の向上や、出生率低下に歯止めをかける[15]といった目的から制定されたものであった。なお、育児・介護休業法では、育児・介護休業を通じて「職業生活と家庭生活の両立に寄与」すること、が明確に法目的に位置づけられている。

なお、この時代の両立支援に関するその他の法政策としては、男女共同参画社会基本法（1999年）、次世代育成支援対策推進法（以下、次世代法）および少子化社会対策基本法（2003年）、少子化対策推進基本方針及び同方針に基づく実施計画である「新エンゼルプラン」（1999年）、少子化対策プラスワン（2002年）などが挙げられる（なお、均等法の目的規定も、97年改正で「母性を尊重されつつ充実した職業生活を営むことができるようにすることをその基本的理念とする」と改正された）。

ところで、以上の記述からもわかるように、「両立支援」という視点は、もと

---

14 もともと育児休業制度は1968年の電電公社労働協約で導入されたのが最初とされる。労働組合による運動については、高木郁朗『ものがたり 現代労働運動史1 1989〜1993』（2018年）144頁以下。また法的にも、1972年の勤労婦人福祉法における育児休業の奨励規定、1975年の国公立の小中学教員や看護師等および1976年の社会福祉施設等の育児休業義務化などは見られた。ただしこれらについては育児責任を女性におしつけるものではないかとの批判が当初から存在した。藤井龍子「育児休業法制定の背景とその概要」季刊労働法163号（1992年）30頁以下。

15 野田進『「休暇」労働法の研究』（1999年）17頁。また井上従子「育児休業制度25年の到達点と課題を巡る試論」年報公共政策学第12巻（2018年）75頁は、均等法制定以降、男性同様に就業継続を希望する女性が増加する中で、仕事と育児の両立困難が出産抑制につながることが懸念され、男女共同参画推進と少子化対策を同時に進める必要が認識されたため、と指摘する。

もと「男女平等」を背景にして登場してきたものであり、必ずしも「少子化対策」を背景に登場してきたというわけではなかった。しかしこの時代以降、「少子化対策」という政策的な関心の高まりの中で、その一環（一手段）として「両立支援」が位置づけられていく、という傾向が強まっていくのである[16]。

（3）2000年代後半～

このように、「仕事と（家庭）生活」に関する法政策は、主に「働く母親」の「両立」支援を軸としてスタート・展開してきたが、2000年代半ばないし後半あたりから、それだけに留まらない概念へと変化を遂げていく。具体的にはそれこそが「仕事と生活の調和」——いわゆるWLB——であり[17]、労契法3条3項（2007年12月制定）やワーク・ライフ・バランス推進官民トップ会議による「ワーク・ライフ・バランス憲章」（以下、WLB憲章。2007年12月）などの中で、「仕事と生活の調和」やWLBといった用語が登場するようになるのである（なお、「家庭生活」との違いを明確にするため、以下では「仕事と私生活の調和」とも称する）。

この「仕事と生活の調和」概念は、従来の「両立支援」とどう異なるのか。端的にいえば、両立支援が、「働く母親」の「家庭生活」をかなりの程度念頭に置いていたのに対し、WLBは「全ての労働者」の、（育児・介護などの家庭生活にとどまらない）「多様な活動[18]（私生活）」を保障すべきという視点であった、ということになろう。ちなみに上述のWLB憲章は2010年に改定され、「ディーセント・ワーク（働き甲斐のある人間らしい仕事）」の実現といったことや、仕事と生活の調和は、個人の時間価値を高め、「新しい公共」[19]の活動への参加機会を拡大するなど、地域社会の活性化にもつながるといった考えも含める形で、より広範な概念として理念化された[20]。

もっとも、この時期の法政策の展開（子ども・子育て支援法（2012年）、女性活躍推

---

16 ただし、少子化対策プラスワンのように、少子化対策の一環としてではあるものの、「男性も含めた働き方の見直し」や「多様な働き方の実現」といった、必ずしも「働く母親」だけに特化しない、次に述べるワーク・ライフ・バランスに通ずる視点を持つものが少しずつ登場してきたということも一応指摘しえよう。高畠・前掲注9論文・18頁。
17 笠木・前掲注4論文・60頁。青島祐子「『仕事と家庭の両立』についての一考察」城西大学女子短期大学紀要20（1）（2003年）28頁参照。
18 高畠・前掲注5論文・14頁参照。
19 これについては「行政だけでなく、市民やNPO、企業などが積極的に公共的な財・サービスの提供主体となり、教育や子育て、まちづくり、介護や福祉などの身近な分野で活躍すること」を表現するもの、とされている。
20 その経緯については、根岸・前掲注11論文・374頁。

進法（2016年）、「一億総活躍社会の実現に向けて緊急に実施すべき対策」（2015年）、「働き方改革実行計画」（2016年）など）に目を向けると、結局のところ、「両立支援」の側面が依然として（むしろそれ以前よりも）強く見て取れるものとなっている[21]。たとえば、2016年制定の女性活躍推進法においては、「少子高齢化の進展」への対応（1条）として、「職業生活を営む女性が結婚、妊娠、出産、育児その他の家庭生活に関する事由により……退職することが多いこと……を踏まえ……男女の職業生活と家庭生活との円滑的かつ継続的な両立が可能となること」を目指す（2条2項）といった規定が置かれているのである。

さらにいえば、こういった「両立支援」のさらに根底には、「少子化対策」や、それと密接に関わる「経済政策」としての視角が、より濃厚に顕れるようになってくる。上述した「子ども・子育て支援法」などはまさに少子化対策としての「保育の確保」を前面に押し出したものであるが、安倍晋三政権下でのいわゆるアベノミクスの経済戦略の重点課題である「女性が輝く社会」や「働き方改革」といった政策は、人口減少下における労働力不足解消や生産性向上などの一環として「女性労働力の活用」を進めようとするものであり、その是非はさておき、WLB がその手段として明確に位置付けられていくのである。

またこのような動向と併せて、この時期においては、労働法制見直し（労働時間規制の緩和による働き方の柔軟化や、多様な正社員（多様な働き方）等の議論）の関連で WLB が論じられることも増加していく[22]。これらの議論は、「従来型の正社員（いわゆる無限定正社員）の長時間労働を前提とした働き方を見直そうとする動きの一環として WLB に着目したもの」と理解すれば、「全ての労働者の生活時間の確保」を目指す法政策との評価もできなくはないであろうが、反面、ホワイトカラー・エグゼンプションや高度プロフェッショナル制度といった議論とセット

---

21 労働法上の学説も、結局は両立支援的な意味で WLB を捉えているものが目立つ。「特集・労働契約法逐条解説」労働法律旬報 No. 1669（2008年）26頁（緒方桂子執筆部分）は「WLB 配慮原則は、長時間労働の防止、転勤など勤務場所の変更をともなう人事異動と私生活の両立とりわけ育児・介護責任との両立といった課題に関わる」、西谷敏・野田進・和田肇編『新基本法コンメンタール　労働基準法・労働契約法』（2012年）334頁（道幸哲也執筆部分）は「労働者の私生活の確保は、労働法のあらゆる領域で問題となるが、生活との調和は、生活上の諸事情（出産・育児・介護等）によって継続就労が困難になることとして問題となっている」としている。

22 たとえば、政府に設置された規制改革会議の議論においては、「ファミリーフレンドリーでワークライフバランスが達成できる働き方の推進」「子育て・介護との両立やワークライフバランスをより達成しやすい」といった観点から、「ジョブ型正社員の普及」が謳われていた。

で論じられることもあった（時間で評価されない働き方が一般化すれば長時間労働が減る、という理論）ため、あたかも規制緩和を進めるうえの「根拠」としてWLB概念が利用されているかの感さえあるものであった。

いずれにせよ、この時期の特徴として、WLBは、一方では「全ての労働者」を対象とした「仕事と生活の調和」概念に拡大してきたが、他方では少子化対策や経済政策としての視角を強めながら、依然として両立支援策としての側面を中心に展開してきた、と整理することができよう。

三　WLBアプローチの意義と課題・問題点

前章ではWLBの法政策の展開について、その背景も含めて概観してきた。

ここではそれを踏まえた上で、WLBという視角からのアプローチ（以下本章では、WLBアプローチと総称する）に関して、いかなる意義および課題ないし問題点が指摘されているのかを見ていくこととしたい。

1　意　義

WLBアプローチの「意義」として挙げられることが多いのは、「正社員の長時間労働を前提とした働き方の見直しに資する」という指摘である。これは、WLBの取り組みを進めることによって、「仕事が生活の中心」となっている（特に男性の）正社員労働者の「働き方」を見直し、時には労働以外の活動に専念すべく休業・休暇を確保できるような「働き方の多様化」の促進[23]や、ほぼ同様の観点から、働き方の見直しや、人生の各段階に応じて多様な生き方の選択・実現[24]が可能になるなどとするものである。学説には、家庭内のケア労働の支援[25]、マタニティ・ハラスメントの排除[26]など（につながる点）を「意義」として挙げる見解もあるが、これらもこの指摘の延長にあるものといえよう。また、WLBという概念が登場するより以前の論考[27]ではあるが、「労働者の私的領域確

23　高畠・前掲注9論文・21頁。
24　名古・前掲注8論文・243頁。
25　水谷英夫「『ジェンダー』と雇用の法」嵩さやか・田中重人編『雇用・社会保障とジェンダー』（2006年）167頁。
26　小島・前掲注1論文・686頁。
27　そのほか、島田陽一「労働者の私的領域確保の法理」法律時報66巻9号（1994年）47頁以下。

保」「私生活の自由」といった視点を示唆するものもあり、これもまた、上記の指摘と同様の視座に立ったものといえよう。

このほか、「従来の両立支援の議論を超え、対象と内容を拡大した」ことを評価するものもある。これは、主としてWLB憲章制定以降の理論状況を念頭においた指摘であるが、WLBが「働く母親」のみに限らない概念へと拡大したことで、(家庭責任を負っていない者を含む)全労働者にメリットの感じられる施策として位置づけられることとなった[28]、すべての労働者の全般的な労働条件の改善につながった[29]、長時間労働や転居を伴う配転のような、必ずしも「働く母親」だけには留まらない問題に、従来とは異なる角度からアプローチする論拠を提供した[30]、等といったものがそれである。ただこれらは、WLBアプローチそのものの「意義」を評価しているというよりは、「仕事と私生活の調和」に拡大したことにより生じたWLBアプローチの「意義」を評価したもの、と見るべきであろう。

もっとも以上の「評価」だけであるならば、わざわざWLBというアプローチを採る必要があるのか(従来の労働法学ないし労働政策の視点から論じれば十分ではないか)、という疑問もあるかもしれない[31]。これに対しては、WLBというアプローチが、育児支援、時間外労働、地域生活への参加など従来別々のテーマで論じられていたものをひとつのテーマに包摂させたことを「意義」と捉える見解[32]もあるが、私見としては、むしろそのような形での融合がかえって「WLBとはどのような議論なのか」を不明確にしているようにも思われ、賛成しがたい。ただ、「伝統的に労働法の対象にされにくかったライフからワークの規制を捉え直し、ワークとライフ双方の充実をめざす」[33]という点は、たしかに従来の議論には必ずしも十分に見られなかった視角であり、少なくともそこにWLBアプローチ固有の意義を見出すことは可能であると思われる。

---

28 高畠・前掲注9論文・21頁以下。
29 浅倉・前掲注8論文・48頁。
30 河合塁「大規模災害下における雇用・労働の法政策——ワーク・ライフ・バランスという視点からの考察」アルテスリベラルス第95号(2015年)67頁。
31 たとえば、長時間労働等は、WLBという議論が登場する以前から、安全配慮義務などの観点等から伝統的に論じられてきた問題であり、むしろWLBという角度からそれを論じることで、生命・身体を脅かしかねない長時間労働がかえって正当化されてしまう危険性も否定できない。河合・前掲注30論文・66頁。
32 高橋賢司「『ワーク・ライフ・バランス』論議で忘れられていること」季刊・労働者の権利 Vol. 282(2009年)57頁。
33 名古・前掲注8論文・237頁。

2 課題・問題点

これに対し、WLB アプローチに指摘されている課題ないし問題点（疑問点）としては、どのようなものがあるのだろうか。ここでは、①実効性の欠如、②特定の分野への分析の欠如、③WLB の法政策における優先順位の不明確性、④少子化対策等の一環としての位置づけ、の4つを挙げておきたい。

まず①（実効性の欠如）は、男性の育児休業取得率や、女性に比べた場合の家事負担の時間の少なさ等を例に挙げながら、「WLB 政策の効果があがっていない」ことを指摘するもの[34]である。次に②（特定の分野への分析の欠如）は、WLB の政策や議論の展開過程において、特定の視点を十分に顧慮ないし包含していない可能性を指摘するものであり、具体的には、配転命令権の制約[35]、非正社員[36]や家族の利益[37]等が、WLB の議論において十分視野に入れられていない、とするものである。ただし①②は、WLB アプローチそのものの問題視というよりは、アプローチ自体は肯定的にとらえつつ、方法論あるいは議論の射程に課題がある、とするものといえる。

これに対し③（WLB の法政策における優先順位の不明確性）は、WLB が「すべての労働者」を対象にする概念であるとしながら、結局、実際の法政策は「育児（子育て）支援」にばかり偏っているのではないか、という指摘である。このような指摘が理論的に正しいか、あるいは法的保護に相応しいかはさておき、実際の労働現場において「家族的責任を有する労働者ばかりが優遇されているのではないか」という見方は存しており、それが周囲の無理解やマタニティ・ハラスメント等の深刻な問題を引き起こしている可能性も指摘されている[38]。ともあれ、その背景の1つには、「WLB の法政策が『家族的責任を有する労働者』を優先・

---

34 青島・前掲注17論文、斎藤悦子「WEPs（女性のエンパワーメント原則）署名企業のジェンダー平等に向けた取り組み」日本経営倫理学会誌第21号（2014年）等。
35 西谷敏「今日の転勤問題とその法理」労旬1662号9頁以下。
36 高橋・前掲注32論文・58頁以下。なお浅倉・前掲注8論文・50頁以下は、非正規雇用の処遇改善を WLB 政策が重視すべき課題として挙げる。
37 根岸・前掲注11論文365頁以下。
38 たとえば「ワークライフバランスは、結局、子どもがいる人たちのためだけにある"逃げ道"みたいなもの」といった声（河合薫「女性社員を怒らせる"子育てパパ"」日経ビジネスオンライン2009年11月5日）や、子を養育する労働者に重点をおいた WLB 政策が「ほかの労働者にしわ寄せや不公平感をもたらし、本人にとっても望ましくない状況」を生み出している可能性があるといった見方（梶川敦子「育児休業法制の意義と課題」村中孝史ほか編『労働者像の多様化と労働法・社会保障法』（2015）103頁）などである。

優遇すること」の理論的根拠が必ずしも明らかではない、ということがあるものと思われ、その意味においてはまさに WLB アプローチそのものにかかる「課題」であるといえよう。

次に④（少子化対策等の一環としての位置づけ）は、これは文字通り、WLB が少子化対策の一環として、あるいは生産性向上などの経済政策の一環として位置付けられ、展開されているのではないか、という疑念[39]であり、これもまた「WLB とは何なのか」という、WLB アプローチそのものに関連する疑問といえよう。

そこで以下では、この③④について、もう少し掘り下げてみておくこととしたい。

3　WLB 法政策において「家庭責任を有する労働者」を優先することの規範的根拠

2の③（WLB の優先順位）については上述のとおり理論的には必ずしも明確ではないが、学説はこの点につきどのように考えているのか。

WLB の法規範的根拠の1つに憲法13条があること、その帰結から、特定の「ライフ（生き方）」を強要することは法的には困難である（あくまで労働者の選択が基本となる[40]）、という理解については学説は概ね一致している。もっとも、育児等の家庭責任を有する労働者の「ライフ」こそが当然に優先される（以下、優先肯定説）のか、育児等を担う労働者への対応の必要性そのものは認めつつも、法理論的にそれが当然に優先されるとまでは言い切れない（以下、優先否定説）のかは、学説は分かれている。

優先肯定説は、妊娠・出産・育児・介護等のケア活動は社会を支える再生産活動であること[41]や、社会的要請の度合いが高い[42]といったことから、一般労働者

---

[39] たとえば水谷英夫『ジェンダーと雇用の法』（2008年）258頁以下は、労働ビッグバンが、労働力不足対策の一環として「ワーク・ライフ・バランス」の名のもとにさまざまな低賃金労働力の重層的な調達システムの構築をねらっていることを読み取ることができる点を指摘する。必ずしも WLB についてのみの言及ではないが、黒岩容子「ジェンダーと労働法」日本労働法学会編『講座労働法の再生第6巻　労働法のフロンティア』（2017年）270頁、三成美保「『ケアとジェンダー』を問う意義」ジェンダーと法 No. 12（2015）6頁、上野千鶴子「安倍政権の女性政策はカン違いばかり」労働法律旬報 No. 1879-80（2017）7頁、河合塁「『働き方改革』は何を目指しているのか」白門第70巻（8）（2018年）76頁以下等。

[40] 名古・前掲注8論文・246頁。「育児支援」の優先という点ではないが、近年の WLB 政策は人それぞれの生き方を超えてワークを不当に軽視しているのではないか、との懸念を指摘するものとして、大内伸哉「労働法学における『ライフ』とは」季労220号（2008年）14頁。

[41] 浅倉・前掲注8論文・48頁。

[42] 高畠・前掲注9論文・23頁以下。

の「ライフ」よりも家庭責任を有する労働者の「ライフ」の方が優先される、といったことである（子どもを産み育てることは人間として最も根源的な権利である、として幸福追求権（憲法13条）を軸とする「子育て権」や、「自分でケアしない権利と同時に、ケアする権利をも認めるべき」という視点から、「両性にフェアに子育てや介護をする権利を保障する」という方向性を示唆する見解[43]もこちらに属しよう）。これに対し優先否定説は、（学説によって若干の温度差はあるが）「女性の雇用促進」という目的を超えて出生率向上それ自体を直接目的とする労働契約関係への法的介入が是正されるのか[44]、出産・育児等の家庭責任を有する労働者の中だけで（両立支援の）解決を講じることには限界があるのではないか[45]、憲法14条を根拠とする説明はそれなりに説得的ではあるものの、例えば同性間での優先順位（例えば、子どもを産む女性と産まない女性との間の）を説明しうるのか[46]、育児や介護が社会的責任を有するのはもっともであるが、内容的に空虚な概念となっている面があるほか、なぜ使用者が社会的性格を有する事柄に配慮しなければならないかということの説明がついていない[47]等の観点から、家庭責任を有する労働者の「ライフ」の優先に対し、何らかの形で疑問ないし慎重な姿勢を取るものである。

近年はこのように、優先肯定説の理論的脆弱性を指摘する見方が増えてきているものの、他方で優先否定説の多くも、育児（子育て）支援の必要性・重要性そのものを否定しているわけではないため（その意味では、優先否定説というネーミングも、必ずしも適切とはいえないかもしれない）、一方では「特定の生き方が強要されるものではない」という点を強調しつつ、結局は両立支援の議論にとどまっているものが少なくなく、総じて歯切れの悪さが目立つものとなっているように思われる。

4 WLBを少子化対策等の一環として位置づけることの妥当性

これはWLBにかぎらず、昨今の労働法政策全般に関してよく見られる批判[48]

---

43 井上・注15論文・86頁。
44 梶川・前掲注38論文・120頁。
45 衣笠葉子「少子社会における仕事と家庭の両立支援策の展開と課題」近畿大学法学第55巻第2号（2007年）208頁以下。
46 河合・前掲注30論文・68頁。なお学説の中には、WLBが男女雇用平等を超えた理念になっていることに着目し、WLBの規範的根拠として憲法14条を挙げることに批判的なものもある（根岸・前掲注11論文・377頁）。
47 高橋・前掲注32論文・62頁。

である。要するに、少子化対策[49]や生産性向上[50]などといった、本来の労働法ないし社会法の理念とは全く異なる（はずの）「政策的関心」と結びつけられて（あるいはその一環として）いわば「スローガン的に」論じられているのではないか、という批判であり、上述した優先否定説[51]の論者のみならず優先肯定説の論者[52]からも強力な「懸念」が呈されているところである。

筆者自身も、WLBを、少子化対策や経済政策の一環として論じることに対しては、WLBが「少子化対策や経済政策に役に立つ」範囲のものに矮小化されたり、歪められたりしてしまうという危険があると以前から考えてきており[53]、したがって、こういった政策的関心とは「距離を置くべき」との指摘[54]には全く同感である。ただし、このような議論も、その多くは、あくまでも少子化対策等と結び付けられていること自体への批判レベルに留まっており、WLBというアプローチそのものに正面から切り込むところまでには至っていないのが現在の理論状況といえよう。

5　小　括

前章で見てきたとおり、WLBアプローチは、もともとは（「男女平等の実現」という視点を出発点とし）家庭責任を負う労働者を主眼においたもの（＝仕事と家庭生活の両立）として発展してきたが、2000年あたりから、すべての労働者を視野に入れたもの（＝仕事と私生活の調和）へと拡大・進化を遂げてきたといえよう。し

48　市川桂子「別に輝かなくてもいいのだけれど」DIO No. 297（2014）4頁。
49　笠木・前掲注4論文・62頁。
50　大内・前掲注7論文12頁。なお最近では、経営学の中にも、経営サイドのWLBへの関心は、両立支援や労働時間短縮よりも、あくまでも「生産性の向上」であること、しかし他方で実際には（経営側の）WLBの取組みが実際には生産性向上にそれほど直結していないといった指摘も登場しており（渡部あさみ『時間を取り戻す　長時間労働を変える人事労務管理』（2016年）117頁以下）、注目される。
51　たとえば笠木・前掲注4論文・59頁は、少子化対策という政策目的は、本来の社会法の役割から見て異質な性格を有している、と指摘する。
52　たとえば浅倉むつ子「『働き方改革』とジェンダー平等」ジェンダー法研究第4号（2017年）158頁は、働き方改革に対する批判であるが、生産性向上、出生率改善、労働参加率の向上という実務的で経済政策優先の観点を多用していることにつき批判を展開している。
53　河合塁「労働法学の観点から見たCSR（企業の社会的責任）に関する一試論」アルテスリベラレス No. 101（2017年）136頁以下にて、「働き方改革実行計画」に関しこのような視点からの批判を展開している。また河合塁「『働き方改革』は何を目指しているのか」白門（2018年）20頁以下も同旨。
54　笠木・前掲注4論文・62頁。

かしその反面、実際の政策レベルでは、依然として「家庭責任を負う労働者」を重視するものが目立っているのではないかということ、また、その法政策の根底にある視点も、「男女平等の実現」というよりは、「少子化対策」や、生産性向上などの「経済政策」といったことが色濃く出ているのではないか、といったことが指摘されるようになってきている。

　本章では、そのような指摘を踏まえて、「WLB政策において、『家庭責任を有する労働者』を優先することの規範的根拠」と、「WLBを少子化対策等の一環として位置づけることの妥当性」について、理論状況を整理・検討した。それらの検討を通じて見えてくることは、少なくともこのような「混迷」が生じる背景には、そもそも「WLBとは何か」という概念自体を十分に考察しないまま政策論ばかりが展開されてきたということや、概念が不明確だからこそ、よって立つ理念も規範的根拠も曖昧になり、結果的に、論理性を欠いた議論に振り回されている可能性がある、ということではないだろうか。

　ちなみに、「WLB概念の曖昧性」は、上で述べてきたこととは別の問題にもつながっている可能性がある。具体的には、本来、WLBアプローチが問題視しようとしてきたはずのこととは真逆のことの根拠に、WLB概念が持ち出されているのではないか、ということである。これについては、規制緩和論の正当化論拠としてWLBという用語が持ち出されていることを既に指摘した（2018年6月に成立した働き方改革関連法案による、いわゆる高度プロフェッショナル制度についても該当しよう）が、多くの労働法学者が批判的な目を向けている労働時間規制の緩和等の根拠に、（多くの労働法学者が肯定的な評価をしているはずの）WLB概念が持ち出されていることを見てとれる。ここからもWLB概念そのものが曖昧なまま、議論が展開することの「危うさ」を改めて指摘しうるのではないだろうか。

四　ワーク・ライフ・バランス理念の再構成に向けて

1　序論

　以上のように、WLBに関しては、概念自体がかなり不明確であり、そのことによって様々な課題や疑問も生じているように思われる。WLBに関する議論がある種のインフレ状態といえるほど安易に持ち出され論じられている今こそ、改めて「WLBとはいかなる概念なのか」について考察し、その上で理念について

も視野に入れる形で再構成していくことが必要であろう。そのさい前章までの整理を踏まえると、その作業にあたっては以下の2点に留意が必要と思われる。

1つは、すべての労働者を念頭においたWLB（仕事と私生活の調和）と、家庭的責任を負う労働者への支援を念頭においたWLB（仕事と家庭生活の両立）とを、WLBという1つの概念の中で把握することには限界がある、ということである。WLBに関しては、WLB憲章などもそうであるように、「調和」と「両立」との両方の用語が混在している。しかし、WLB憲章がそうであるかはさておき、両者が意図的に使い分けられているのか不明確なことが多い。これについては、従来の議論にも、すべての労働者を対象とするものを「広義のWLB」、家庭的責任を負う男女労働者を対象とするものを「狭義のWLB」とに分けて整理しようとする見解[55]は見られたが、さらに進んで、2つのWLBを別概念として構成しなおし、それぞれいかなる規範的性格を有するのか、また何を目的としているのか、といったことを踏まえ分析したほうが、「WLBとはいかなる概念なのか」を正確に描き出すこともできるのではないだろうか。

もう1つは、上述したこととも関連するが、WLBには「その実現自体が『目的』である」という側面（目的的側面）と、「WLBの実現によって、より高次な何かを実現する」ための「手段」としての側面（手段的側面）とがあると考えられる。この点、従来の議論の多くは、その両者を混同して論じてきたきらいがあるが、特に後者の意味、すなわち「WLBの実現を通じて、何を実現しようとしているのか」ということについては、上述のとおり、政策的視点といかなる関係に立つのかということが、厳しく問われなければならないはずである。

そこで以下では、「仕事と私生活の調和」という意味でのWLBを「調和理念」、「仕事と家庭生活の両立」という意味でのWLBを「両立理念」と峻別したうえで、それぞれいかなる規範的性格を有するのか、そして何を目的としているのかということを整理することで、「WLBとはいかなる概念なのか」の確認と、それをふまえた理念の再構成を試論的に試みることとしたい（なお以下では、従来の議論との対比を分かりやすくするため、調和理念と「広義のWLB」、両立理念と「狭義のWLB」とを、ほぼ同義で用いている）。

55　浅倉・前掲注8論文・45頁以下。ただし同見解は、両立支援の優先肯定説に立っている。

2 「仕事と私生活の調和」(調和理念)とは
(1) 調和理念とは

これは、基本的にはWLB憲章などにおける理解とほぼ同様で、「仕事」と、「それ以外の私的活動（私生活）」との「調和（バランス）」を出発点とするものであり、すべての労働者について実現されるべきものとしてWLBを把握するものである。

それを踏まえて、改めてどのような状態が「調和」のとれた状態なのかを考えてみると、これについては、従来の「広義のWLB」に関して、憲法13条の自己決定権、労働者の選択の自由、労基法2条1項や労働契約法3条1項（労使対等決定原則）、憲法27条1項（労働権）など[56]を主たる規範的根拠と解していたことからすれば、基本的には、強行法規や労働契約に反せず、実質的な「自己決定」が労働者に担保されている限りは、労働者の望む「仕事」と「私生活」の状態であれば、それが調和理念の実現した（「調和」した）状態、と解することとなろう。

もっとも、労働者が望むような状態でありさえすればどんな状態でも「調和」が取れている、と評価してよいのか、という疑問もありうる。少々極端な喩えではあるが、労働者が「自分は仕事が好きだから、私生活はゼロでよい（ばりばり働きたい）」とか、「家族と一緒にいると気疲れするから、単身赴任がよい」などと望んでいるような場合、それも「仕事と生活の調和」のとれた状態といえるのか？　ということである。この点、従来のWLBをめぐる議論は、WLBを「有給休暇を取りたいのに取れない者や休みたいのに長時間労働を余儀なくされる者が、自らが行いたい活動に重点を置くことができるようにする理念」[57]、あるいは「労働時間に関する使用者の一方的な決定権に制限を加え、労働者の生活に関する自己決定を一定の範囲で保障するという意味を持つ（理念）」[58]と解しており、それに従うならば、上記の喩えのようなケースは「調和がとれた状態」とは評価できない、ということになるのだろう。

たしかに一般的には、有休を取りたくてもなかなか取れないような状況の者の多くは「WLBが大きく損なわれた状態にある」といえようし、現実の労働世界においては「権利はあっても現実的に行使が難しい」という実態が大きく存する

---

56 根岸・前掲注11論文・376頁以下は、このほかに、憲法24条も根拠となりうることを指摘する。
57 根岸・前掲注11論文・376頁。
58 浅倉・前掲注8論文・48頁。

ことを考えれば、上のような状態を「調和がとれた状態」とは評価できない、という視点も分からなくはない。しかし反面、上記の憲法や労働法の条文だけから、ストレートに「家族と一緒の時間が確保でき、空間的にも一緒にいるのが幸せである」という生き方（それを望む者が多数であるという現実を踏まえたとしても）以外をすべて否定する、あるいは法的保護の埒外とすることは理論的には困難ではないだろうか。この点で従来のWLB論は（結論的妥当性は別にして）、後述するように、「家庭的責任の負担が女性に押し付けられている」という両立理念の視点にやや引きずられすぎていたように思われる。

　これについては私見は以下のように考えている。

　上述のとおり、労働者が真の自己決定に基づいてそれを是としており、かつ、強行法規や労働契約に反しない限りは、上記のような極端なケースであっても、一応は「仕事と私生活の調和の取れた状態」として尊重されるべきであり、たとえば、「今の仕事以外にも兼業で金を稼ぎたい（経験を積みたい）」といったような選択肢も、調和理念に沿ったものとして尊重されるということになろう。ただし、労働時間の上限規制に抵触する働き方や、明らかに心身の健康を害するような働き方については、実際には強行法規（労基法や労働安全衛生法）に抵触するという形での制約を受けることとなろうし、また後述するように、「両立理念との調整」という点で、結果的に制約を受ける場合はありうる。さらには、いかに自己決定に基づく選択であったとしても、あまりにも「労働者の人たるに値する生活」を脅かすほどの極端な働き方となれば、これは許容されないこととなろう。その点では、調和理念の根拠としては、上記の憲法および労働法の条文のほかに、生存権規定（憲法25条1項）や労基法1条1項（労働条件の原則）も併せて位置付けられるべきであり、その範囲でのみ、自己決定の範囲も制約されるものといえよう。

（2）調和理念の「目的」

　（1）で見た通り、調和理念は、憲法13条の自己決定権や、労基法2条1項等の労使対等決定原則、憲法27条の労働権などの実現・具体化と捉えれば、一定の制約はありつつも、基本的には労働者が望む形での「仕事と私生活の調和が取れた状態」の実現それ自体が「目的」という側面を有する。したがって「仕事と私生活の調和が取れた状態」かどうかは、労働者の自己決定権や労使対等決定、あるいは労働権が実現・具体化したものといえるかどうか、という視点から基本的には評価されることになる。

他方で、「仕事と私生活の調和が取れた状態」の実現によって、より高次な「何か」を実現するという側面、言い換えれば、調和理念に「手段」としての側面はあるのだろうか。この点 WLB 憲章は、仕事と（私）生活の調和を、「我が国の活力と成長力を高め（る）」「生きがいや喜びをもたらす」「経済成長と車の両輪」、「少子化の流れを変え、持続可能な社会の実現」に資する、と述べるが、こういった見方に対しては、「人の生きがいや喜びまで政府が決めてしまってよいのであろうか」「生産性向上に協力しない自由（も）…現行法上は享受することが可能」といった批判がある[59]し、私見としても、そのような視覚からの法的介入は、少なくとも労働法や社会保障法といった社会法の役割とは考え難い[60]といった点から、あくまでも「これらの実現手段」としての WLB は、本来の理念に矛盾しない範囲で、そのような政策展開も許容されるにすぎない、と考える。

では、調和理念の「手段」としての側面はどのように解すべきか。私見としては、先ほどの憲法25条や労基法1条1項を調和理念の規範的根拠に沿えた上で、「仕事と私生活の調和」は、いわゆる「ディーセント・ワーク（Decent work，人間らしい生活）」を実現するための一手段としての側面を有する、と考える。

ところで、ILO の定義では、「ディーセント・ワーク」は適切な職の保障、安全、家族保護、発言権、男女平等など様々なものを総括（sums up）した概念とされるが、その中には、適正な収入（fair income）も含まれている。何が「適切」かは非常に困難であり、その意味ではかなり極端なケースでなければ、労働者の自己決定を反映したものである限り「不適切」と評価することは困難であろうが、少なくとも調和理念は、時間軸的な意味だけではなく、「所得（収入）」という意味においても、適切なものでなければならない、と解されよう。

この点、従来の WLB 論は、転居を伴う配転など一部の問題を除けば、労働時間ないし生活時間との視角から「仕事と生活の調和」を論じることが圧倒的に多かった。もちろん、長時間労働による過労死等の問題に鑑みれば、「時間」的な観点から論ずることの意義は大きいが、反面、「仕事のウェイトを減らした結果所得（収入）減につながってしまい、結果的に労働者が自らが望む、充実した私生活を送ることが困難になってしまう」現状がある中で、いくら「賃金よりも生活時間を！」と喧伝しても、理論的正当性はともかくとして、十分な現実的説得

59　大内・前掲注7論文・13頁以下。
60　笠木・前掲注4論文・62頁。

力を有するとは考え難い。この点はWLB憲章も、「就労による経済的自立が可能な社会」と「ワーク・ライフ・バランスが実現した社会」とを結びつけているところである[61]が、どちらかというと、これは非正規雇用を念頭においた議論であり、全労働者について、このような視角から、基本的には「労働者が不安を感じない程度の所得（収入）」が保障されるべきと解されよう。その意味でも、すべての労働者に「人たるに値する生活」を営むに足る労働条件を求めている労基法1条1項は、調和理念における重要な規範的根拠として、改めて確認されるべきである。

3 「仕事と家庭生活の両立」（両立理念）とは
（1）両立理念とは

こちらは上述のとおり、家庭内の、特にケア労働（育児・介護）を担う男女労働者（実際には、特に女性労働者）を念頭においた、「仕事と家庭生活の両立」をめざすという理念であり、調和理念に比べると主眼としている労働者が限定されていることが特徴的である。

ところで、なぜ「調和」ではなく「両立」なのだろうか。もし「調和」でよいならば、「仕事と家庭生活の比重をどう置くかは人それぞれでよい」、したがってある家庭内において「夫は仕事9：家庭1、妻は仕事1：家庭9」という負担割合であっても、夫婦が自由な意思に基づいてそのような選択をしているのであればそれで問題はない、夫も妻も「仕事5：家庭5」でなければならない、というのはむしろおかしい、ということになりそうである。

これに対して「両立」とは、そもそもどのような状態なのだろうか。「仕事も家庭生活もどちらも満足できている」状態だとすれば、妻＝「仕事1：家庭9」でも問題ないのだろうか。逆に、「仕事5：家庭5」という負担割合であっても「どちらも中途半端で満足いかない」のであれば問題だ、ということになるのだろうか。そう考えると、何が「両立」なのかということは、意外に難解ともいえる。

そこで、改めて「両立」理念が登場した背景に立ち返ってみると、いわゆる性別役割分業の慣行下で、「仕事」をしたい女性が「仕事」から排除されがちであったということや、特に共働きの家庭において、依然として女性に家庭責任

---

61 学説にもこのような意識が全くなかったわけではない。たとえば浅倉・前掲注8論文・49頁以下が「経済的自立」を考察している。

(家事・育児・介護の負担)が集中しがちであるという現実的問題の解消、ということが想起される(だからこそ学説もそれを踏まえて、憲法14条の平等権等を規範的根拠と説明してきたのである)。そう考えれば「両立」とは、「片方の性だけが、働きたいのに働くことを制約されていたり、あるいは片方の性だけに、家庭内で不当に過重な責任(特に家庭責任)が偏っていない状態」、と解されるのではないか。そうだとすると、「男も女も、仕事5：家庭生活5」でなければならない、とまではいえないとしても、少なくとも、片方の性だけに「仕事5：家庭生活7」や「仕事5：家庭生活8」のような形で負担が偏っている状態は許されない、ということになろう。

こうして見てくると、両立理念は、調和理念とは異なり、「仕事と家庭生活上の責任について、男女平等を実現すべき(責任はできるだけ平等に負担すべき)[62]」という、いわば「義務」的な規範理念だということが見えてくるのである。

(2) 両立理念の「目的」

(1)での整理を踏まえると、両立理念に関しては、憲法14条の男女平等の実現・具体化という意味で「仕事と家庭生活上の責任について、男女で平等に負担している」状態を実現すること自体が「目的」といえよう。こちらについては調和理念とは異なり、義務的な性質が強い規範理念であることから、上述したように、片方の性にのみ負担(特に家庭責任の負担)が過重に集中しているような状態、たとえば「仕事5：家庭7」や「仕事5：家庭8」のような形──は許容されないということになろう(その制約の度合いは、調和理念よりもより強度ということになる)。したがって調和概念のところで触れたように、「自分は仕事が好きだから、私生活はゼロでよい(ばりばり働きたい)」といったライフスタイルも、そのことによって片方の性に負担が過度に偏っているような場合には、その範囲で修正される、ということになると思われる。

もっとも両立理念には、このような義務的な規範性だけではなく、「労働者が望む形で、仕事も家庭生活(育児等)も、どちらも満足して行えている状態の実現」という面、いわば権利的な側面もある。したがってそれを実現する、ということも、両立理念の1つの目的だといえよう。また見方によっては「家庭的責任

---

62 たとえば小島・前掲注1論文・689頁は、「真のWLBを目指すためには、『労働世界』と『生活世界』両面に亘って、男女、夫婦が相互に平等に市民としての役割と責務の同権化を求めること」とする。

を負っている労働者は、他の労働者に比べて『仕事と私生活の調和』がより損なわれた状態にある」と考え、「調和理念」で述べた観点（憲法13条や労基法1条1項等）を規範的根拠として、法がその解決を目指すことが正当化される、との論も可能であろう（ただしそうすると「両立理念」は「調和理念」に限りなく近いものとなり、結果的に「調和理念」の中、つまり「仕事と私生活の調和した状態」のパターンの1つに収斂されてしまい、結果的には「法政策的に、特にそのような『生き方』を優先・優遇すべき理由はない」という帰結になるのか、という問題が残される。この点は次の「小括」にて後述する）。

　では、「仕事と家庭生活の両立」によって、より高次な「何か」を実現するという側面、言い換えれば、調和理念に「手段」としての側面はあるのか。この点については上で何度か触れたように、昨今の立法政策は、「両立」を通じて少子化対策や生産性向上といったことを実現する、言い換えれば、それらを実現するための「手段」として位置付けるかのような傾向が強まってきている（一応は「個人の選択（本人の意思）が尊重される」[63]という表現は置いているが）。しかし、両立理念は調和理念以上に義務的な規範性を有することから、その要請もより強度であると考えられ、従って本来の目的と異なるような政策的な目的を措定することにはより慎重にならざるをえないであろう。この点については現在でも、少子化対策や経済政策から「両立」を考えることは、「家事・育児は女性の役割」という現実に十分目配りすることなく、「女性は子供を産み育てつつ、男性なみに働いて経済に貢献し、税・社会保険料を払わなければならない」という方向性ではないか[64]、といった批判があるが、このように、少子化対策や経済政策の一環として打ち出された「女性の活躍」を支えるものとして「両立」が持ち出されるのは、「仕事5：家庭7」や「仕事5：家庭8」のような形での過重性を招きかねないものであり、その意味ではむしろ本来の両立理念が目指そうとしていることに逆行するものとさえいえよう（ただし問題なのは、あくまでも片方の性の希望が一方的に抑圧されたり、片方の性に不当に負担が偏っているような状態であって、そのことから「男も女も、仕事5：家庭生活5」でなければならない、という帰結がストレートに導

---

[63] たとえば女性活躍推進法2条3項では、「女性の職業生活における活躍の推進に当たっては、女性の職業生活と家庭生活との両立に関し、本人の意思が尊重されるべきものであることに留意されなければならない」としている。

[64] 市川・前掲注48論文・4頁。また小島・前掲注1論文・688頁は、企業レベルにおけるWLB政策の展開についてもほぼ同様の捉え方をしたうえで、WLB政策の「失敗」と位置付けている。

かれるわけではない。望んでいない者にまで「男も女も、仕事5：家庭生活5」というライフスタイルのみを押し付けるというのは、調和理念の観点からも問題となり、賛成しがたい）。

いずれにせよ、「両立理念」は、少子化対策や経済発展実現のための手段として位置づけられるべきではなく、あくまでも「男女平等」を実現するための一手段、でなければならない、と考えるべきであろう。従って、両立理念に関しては、男女平等実現の観点から、両立の実現自体が「目的」であると同時に「手段」でもある、と理解すべきであろう。

なお、調和理念のところで少し触れた所得（収入）という視角は、両立理念との関係ではどう顕れてくるのであろうか。これについては、「家庭責任も果たしながら、生活していける程度の所得（収入）が得られること」と考えれば、「調和理念」のところで述べた理解と基本的には同じといえようが、「仕事と家庭生活上の責任を平等に負担すべきである」という「義務的」な規範性に鑑みれば、ある面では、仕事と家庭責任を平等に負担できるような所得（収入）を男女双方に確保するということが強く要請される、とも考えられよう。

4　小　括

以上のように、WLB概念を「調和理念」と「両立理念」とに分けて組み立てることで、それぞれ規範的性格も目的も異なるということが明確になった。調和理念については、原則的には労働者の望むスタイルが「仕事と生活の調和」した状態と評価できること、ただし健康を害したりするような働き方まで許容されるものではないと考えられること、その実施を通じて「自己決定」の実現だけでなく「ディーセント・ワーク」の実現（所得面でも）を目指す理念であること、規範的根拠としては憲法13条、労基法2条1項などのほか憲法25条や労基法1条1項も位置付けられるべきではないかといったこと等を、両立理念については「男女平等」という視点から「どちらか片方の性に、（特に家庭責任につき）不当に負担が偏ることは許されない」という義務的な性質が強い規範理念であること、従って片方の性の希望が一方的に抑圧されていたり、片方の性に不当に負担が偏っているような状態は許容されないこと（それに抵触する場合には調和概念に基づくライフスタイルも調整される）、ただしそれでも望んでいない者にまで「男も女も、仕事5：家庭生活5」というライフスタイルを押し付けるところまでは、調

和理念の観点からも問題となり得ること等を確認した。

もっとも、それぞれの目指す方向性が完全に異なっているとも言い切れない。非常に大雑把ではあるが、「ディーセント・ワーク」というのは、結局は男女平等（equality of opportunity and treatment for all women and men）が実現した状態であるし、男女平等もまた、ディーセント・ワークによって実現しやすくなるからである。従ってその意味では、両者の理念を通じて実現が目指されている方向性は結局は収斂していく、ということになろう。その意味では、両者の共通性が全面的に排除されるというわけではない点は、留意を要する（以上を図式化した概念図が、以下の図である）。

ところで、調和理念と両立理念を峻別することによって、「WLBの法政策が、家庭的責任を有する労働者を優先（優遇）することが許されるのか」という点に対して、何らかの答えが導かれるのか、についても最後に述べておきたい。

まず言えることは上で述べたように、両立理念の「どちらか片方の性に、（特に家庭責任につき）不当に偏っていることは許されない」という規範的要請は、その限りで調和理念を調整するという点である。その意味では、両立理念のほうが「優先する」ということになるが、それは優先肯定説のいうように「家庭的責任

図　WLBの「調和理念」と「両立理念」の概念図

調和理念
（仕事と私生活の調和）

《調和理念とは》
・原則として、労働者が望む、「仕事と私生活の調和した」状態
（強行法規違反、健康を害する、人たるに値する生活といえない状態での働き方には制約）

【法規範的根拠】
・憲法13条（自己決定）・27条（労働権）
・労基法2条1項・労契法3条1項（対等決定）
・労基法1条1項（人たるに値する生活）←私見

【目的】
・自己決定・対等決定の体現化
・「人たるに値する生活」の実現

両立理念の権利的側面
「仕事も家庭生活も、どちらも満足に行える権利」（調和概念の一形態でもある）

両立理念
（仕事と家庭生活の両立）

《両立理念の義務的側面》
「仕事と家庭生活上の責任について、片方の性に、不当に負担が偏らないようにすべき義務」
→偏っている場合には、調和概念を修正

【法規範的根拠】
・憲法14条（男女平等）・27条（労働権）
・男女雇用機会均等法など

【目的性】
・男女平等の実現

↓　　　　　　　　　　　↓
ディーセント・ワークの実現　　　男女平等の実現
（矛盾しない範囲であれば、経済政策・少子化対策としての側面も否定されない）

を有する労働者の優先（優遇）が許される」という結論にストレートにむすびつくとは言えない。具体的には、「家庭内」という空間、つまり家庭における男女間においてはそのような修正が働くものの、それによって、「職場内」という空間においてまで、家庭的責任を負う労働者がそれ以外の労働者よりも優先（優遇）されるということが即座に導かれるわけではない、ということである。

　もっとも、そもそも上記のとおり、調和理念と両立理念とは、（重複する部分はありつつも）それぞれ規範としての根本的な性質が異なるものであり、そうだとすると、そもそも「どちらかが優先（優遇）関係に立つのが望ましい」という問題の設定そのものに問題があり、「どちらも実現されるべきことが法規範的に要請されている」と考えるべきではないであろうか。もっとも、その実現方法としては、別々の概念である以上、必ずしも同じである必要はなく、それぞれの規範的要請を踏まえつつ、異なる手段によって実現を目指すものであってもそれ自体は構わない（むしろ場合によっては、異なる手段であることの方が望ましい場合もありうる）ということになるであろう。

五　WLBの実現と「所得（収入）」「地域」という視角

1　序論

　前章では、WLB概念の曖昧性に着目し、調和理念と両立理念を峻別したうえでWLB理念の再構成を試みた。しかし問題は、そのように「理念」を再構成できたとしても、そのうえでそれをどうやって「実現」していくか、ということがある。この点については既に紙幅も大幅に超過していることから今後の課題としたいが、WLBの実現に向けて不可欠な視角として「所得（収入）」「地域」という点を取り上げ、これにつき若干の試論的素描をしておきたい。

2　「所得（収入）」という視角とWLB

　上述したとおり、これまでのWLBの議論はどちらかというと時間軸的な関心に基づき、生活時間の確保という点を中心として展開してきた（これは、「両立」という視点だけでなく、「調和」という視点からも、である）。
　これに対して本稿では、「所得（収入）」という視角も含める形での理念の再構成の必要性を指摘したが、「両立」に関しては（より正確には「育児支援」や「子ど

も支援」における所得保障に関しては)、社会保障法学において既にかなり充実した議論が展開されてきている。たとえば、育児休業期間中の所得保障[65]や、子育て家庭への経済的支援制度としての児童手当や扶養控除のあり方[66]、あるいは(両立というよりは男女平等の視点からであるが)国民年金の第三号被保険者に関して[67]、などである。また最近の論考の中には、世帯単位・個人単位という社会保障の構造に着目し、権利を個人単位・義務を世帯単位とすることで主体が乖離する反面、どちらかに徹頭徹尾依拠すると、理論上・財政上の解決困難な問題を惹起することになるが、「WLBを推し進め、皆が等しく働き活躍できる社会を構築するならば、結果的にではあるが、世帯単位・個人単位を巡る困難な問題が現実的に解決される可能性がある」[68]ことを指摘するものも見られる。

　そういった点を考えると、両立理念に関わっては、(水準が十分かはさておき)所得(収入)を支えるものとしての社会保障給付が制度的には既にそれなりに整備されており、今後の課題としては、収入(所得)面の保障という視点とは少し外れてしまうが、労働者が育児休業等を取得することによって一時的に負担が大きくなる周囲の労働者、あるいは負担能力の乏しい中小企業への支援の充実というところが考えられよう。前者についてだけ若干付言しておくと、男女雇用機会均等法や育児介護休業法の2016年改正により、上司・同僚からの嫌がらせ(マタハラ)行為の防止措置が使用者の義務とされた(均等法11条の2、育児・介護休業法25条。2017年1月施行)ところであり、それ自体は意味のあるところであるが、個々の労働者レベルで見た際の業務負担の増加に対し、使用者が適切な対応をしていない(できていない)ところに問題の根底があることからすると、「嫌がらせ行為をする上司・同僚への処分の徹底」ということよりは、業務負担の適正化やそれに見合った処遇改善等を使用者に義務づけるか、場合によっては、周囲の労働者に対する支援に社会保障給付を用いる、という方向性も検討に値しよう(ただしこれらは、ディーセントワークの実現のために所得(収入)の確保を考える、という視点からは乖離したものであることには留意が必要である)。

65　水島郁子「育児・介護休業法給付」『講座社会保障法2　所得保障法』(2001年) 247頁以下等。
66　橋爪幸代「育児支援――保育サービスと経済的支援――」社会保障法第23号 (2008年) 107頁以下等。
67　東島日出夫「第3号被保険者制度の改革に関する一提言」日本年金学会誌21巻 (2001年) 12頁以下等。
68　伊奈川・前掲注4論文・24頁。

他方で、調和理念との関連では、「私生活を充実させることで所得（収入）が減ったらどうするか」という点が問題となり、この点については上述のとおりあまり議論がされてきていない反面、政策論としては、高度プロフェッショナル制度や裁量労働制の拡大などに代表されるように、「労働時間よりも成果で評価される制度への移行」といった議論が安易に展開されている。しかしこのような政策論に対しては多くの労働法学者が指摘しているように、「成果」を上げるためにかえって長時間労働につながる懸念や、そもそも労働の「量」に裁量がない中では短時間で終わらせても他の仕事を負担させられる懸念などがあり、安易に左袒することはできない。ただし、このような政策論と切り離したときに、「それでもなお企業が従来の賃金を（労働量が減っているのに）支払うべき」とする論拠をどこに求めるかという点には理論的困難性がある[69]し、社会保障給付でそれを支援するという方向性についても、（子育てのように明らかに社会性のある行為と異なるものに対し）いかなる根拠で支援するかという理論的困難性がやはり残るため、この点は今後検討すべき残された課題と言わざるをえないであろう。

3　「地域」という視角とWLB

本稿では十分検討できなかったが、WLBの議論において所得（収入）以上にあまり見られないのが、「地域」という視角である。

これについては一応WLB憲章の中でも、「地域で過ごす時間」といった視角は一応存在しているし、また労働判例においても、転居を伴う配置転換等の問題として、家庭生活への不利益との関係で配転命令権の濫用等が問題となってきたところである（東亜ペイント事件・最判昭61．7．14労判477号6頁等）[70]。また筆者も、大規模災害が起きた場面を素材としたものではあるが、「住み慣れた地域から離れなければならない」ということが大きな不利益であること、憲法13条や22条（居住権）といった観点[71]、あるいは労基法1条1項の観点から「住み続ける権利」といった議論がありうること等に言及しながら、これもWLBの問題として捉える

---

[69] 企業の社会的責任（CSR）という議論を法的に捉えることで、この点についての一定の展開可能性があるかもしれない。
[70] もっとも、家庭生活への不利益が少ない労働者に関しての議論はまだまだ端緒についたばかりである（仲田コーティング事件・京都地判平23．9．5労判1044号89頁参照）。
[71] 井上英夫「災害と社会保障――大震災と住み続ける権利・社会保障」日本社会保障法学会誌28号（2013年）103頁。

べきであり、労働者の「住みたい地域に住みながら仕事をする権利」が保障されるべきこと、またそのような観点から、使用者の配転命令権の制約や、地域で過ごす時間の確保といった議論も検討されるべきであることを論じたところである[72]。

もっとも、このようなことは、必ずしも大規模災害下だけではなく、平時にも問題として起きうる。たとえば、地域における医療機関の不足（特に影響が大きいのが、出産に対応できる病院や医師の不足という問題[73]である）や介護インフラの不足は、まさに「住みたい地域に住みながら仕事をする権利」を脅かすものである。こういった問題は、社会保障法学においても、「地域医療」や「地域福祉」として論じられてきた問題意識ではあるが、（労働者を含む）住民の「生活の圏域」[74]をどう考えるかという点で、WLBの理念や発想とは非常に親和的といえるし、むしろこのような観点を軸にしながら、それに対して社会保障法はどう向き合い、またどう実現すべきかといったことの理論的精緻化こそが、これからの社会保障法学には強く求められていよう。なお、改めていうまでもないが、社会保障分野においては、2011年あたりから「地域包括ケアシステム」、すなわち高齢者になってもできるだけ住み慣れた地域で「自立」した生活を最期まで送れるように、市町村や地域住民によって必要な医療・介護・福祉サービスを一体的に提供できるネットワークの構築が提唱されてきていることも注目に値する。これは必ずしも正面から「ワーク・ライフ・バランス」の文脈で論じられてきているわけではないものの、ワーク・ライフ・バランスと「地域」との関係性の深化を予想させるには十分であり、その点も含めて、労働法的な視野と合わせての議論の深化が求められているといえる。

72　河合・前掲注30論文・70頁。
73　たとえば、秋田県鹿角市で、唯一、お産ができるかづの厚生病院の分娩機能が、2018年10月から大館市立総合病院に集約化されることとなった（朝日新聞2018年8月28日）。この事実については、鹿角市出身で東京在住の大学生（東海大学観光学部3年・山田あかり氏）より教示いただき、また同氏からは「鹿角市から大館市までは車で40～50分はかかってしまう（特に冬場は積雪のためさらに困難である）ため、これでは地元に帰りたいと考えている人でも、なかなか地元に戻って子どもを産み育てようという気にはなれないのではないか」といった指摘をいただいた。ここに謝辞を記しておきたい。
74　社会保障における「生活の圏域」という視角については、久塚純一『「考え方」で考える社会保障法』（2016年）169頁以下参照。

六　おわりに

　本稿では、WLB 概念の曖昧性に着目し、「調和理念」と「両立理念」を峻別したうえで WLB 理念の再構成を試み、最後に、WLB の実現に向けての視角として、「所得（収入）」と「地域」の２つについても言及し、主に社会保障法がどうそれと交錯しうるかの可能性を素描的に論じてみた。理論的に詰め切れていない部分も多いが、現在の理論的混乱状況を少しでも整理し、「WLB のインフレ」ともいうべき安易な社会的風潮や議論の状況に一石を投じる契機となれば、また（筆者自身への自戒を込めてであるが）政策的な視点に右往左往されない形での、WLB 理念の構成に向けての議論を喚起するものとなっていれば、そして僭越ながら、「歴史的経緯や論理性を無視した議論が横行」する中で、（それに揺るがされることのない）社会保障法に内在する様々な考え方やその関係性を問い続けてこられた久塚純一教授の学問的姿勢に、１歩でも近づけるものとなっていれば幸いである。

イギリスにおける大学のガバナンスとコードによる規制

川　島　いづみ

一　はじめに
二　イギリスの大学の法的視点からみた分類
三　大学のガバナンス組織
四　HEFCEと監査制度の整備
五　CUCの活動と大学ガバナンス・コード
六　CUCの報酬コード
七　むすびに代えて

一　はじめに

　研究倫理問題、有名私大アメフト部の事件、私立大学支援事業をめぐる贈収賄・裏口入学、医学部入試における差別的扱いなど、大学の不祥事に関する報道が相次いでいる。これらの事件、そしてそれが表面化した際の大学の対応をみると、大学のガバナンス自体に疑念を抱くことも少なくない。
　文部科学省が2016（平成28）年に設置した「私立大学等の振興に関する検討会議」は、検討事項の1つとして私立大学等のガバナンスの在り方を掲げていたが、2017（平成29）年5月15日付けで公表した「議論のまとめ」において、「大学の自主的なガバナンスの一層の向上に向けて」として、次のように議論をまとめている。すなわち、上場企業における「コーポレートガバナンス・コード」のように、私学団体や文部科学省等が協力して、私立大学が公共性と公益性を確保し、社会的責任を果たすためのガバナンスの在り方のガイドラインや留意点等を示し、各学校法人における自主的な取組を促進することもきわめて有効である[1]。そして、同検討会議を引き継いだ、学校法人制度改善検討小委員会は、

1　文部科学省「私立大学等の振興に関する検討会議／議論のまとめ」（平成29年5月15日）8頁。

2018(平成30)年8月10日公表の「学校法人制度の改善方策について(案)」において、学校法人の自律的なガバナンスの改善・強化について、役員の責任の明確化(善管注意義務、法人・第三者に対する損害賠償責任など)、理事・理事会機能の実質化、監事機能の実質化(理事の行為の差止請求など)、評議員会機能の実質化等と並んで、「私立大学版ガバナンス・コード」(自主行動基準)の策定の推進を列記している。また、こうした議論を先取りする形で、日本私立大学協会が「私立大学版ガバナンス・コード」を策定したことも報じられている[2]。

このように、わが国では、各学校法人における自主的な取組の促進のために、私立大学版ガバナンス・コードの策定が検討・推進される状況にあるが、イギリスの大学においても、近年、大学ガバナンス・コードが導入され、2018年6月には、大学の上級役職員向け報酬コードも導入されている。こうしたイギリスの動向を考察し、わが国における議論への示唆を得たいとの意図から、そのための比較法制研究の基礎を固めることを目的に、本稿では、イギリスの大学のガバナンスとガバナンス・コード等について、まず、ガバナンス組織を確認した上で、主にコード導入に至る経緯と各種コードの内容を把握し、これに若干の考察を加えている。わが国の法制等との比較・検討は、紙幅の制約もあり、別稿に譲ることとする。まず、二において、イギリスの大学を法的視点から沿革的に分類し、三において、大学の分類別にガバナンス組織を若干の変遷を交えて概観する。四では、大学に対する公的補助とこれに関連しての監査制度の整備、五では、大学のガバナンス・コード、六では、報酬コードをそれぞれ取り上げている。そして、七において、簡単なまとめを行うこととする。

なお、本稿では、イギリスといっても、主にイングランドの大学のガバナンスとガバナンスに関するコードを扱っている。

二　イギリスの大学の法的視点からみた分類

イギリスの大学を法的な視点から沿革的に分類すると、1992年より前に創設された大学(「pre-1992大学」という。)と、1992年以降に大学となったポリテクニクを前身とする大学(「post-1992大学」という。)に大別することができる。さらに、第

---

[2] 2018年11月19日付日本経済新聞。なお、学校法人制度改善検討小委員会は、パブリックコメントを経て、平成31年1月7日「学校法人制度の改善方策について」を取りまとめている。

3の類型として、近時、大学の設置主体が会社形態をとる私立大学が現れている。

1 pre-1992大学

　第1の分類である1992年より前に創設された大学には、様々なものがある。まず、建学が中世まで遡る大学として、イングランドには、オックスフォード大学とケンブリッジ大学がある[3]。両校は、1571年のオックスフォードおよびケンブリッジ法（Oxford and Cambridge Act 1571, Ch. 29）により、法人格を認められているが、その遙か以前からコモン・ロー上、法人格を有することが認められていたとされている。1923年のオックスフォード大学およびケンブリッジ大学法（Universities of Oxford and Cambridge Act 1923, Ch. 33）は、両校に、枢密院（the Privy Council）の承認を得て、独自の学則を定めることを認めており、この点でも特別な地位を占めている。両大学は別格として、その他のpre-1992大学は、19世紀以降の創設である。

　これらのうち、19世紀に設立されたロンドン大学（University of London）は、初めて君主の勅許状（royal charter of incorporation）によって法人格を取得し、学位授与を認められた大学である。英国国教会の信徒のみが進学を許されていたオックスフォード大学とケンブリッジ大学に対抗して、人種や宗教に拘わらず広く門戸を開いたことで知られている。他にも、19世紀末から20世紀初頭にかけて、君主であるビクトリア女王やエドワード7世の勅許状（royal charter）により法人格を取得し、学位授与を認められた大学として、マンチェスター大学（University of Manchester）、バーミンガム大学（University of Birmingham）、リバプール大学（University of Liverpool）、リーズ大学（University of Leeds）、シェフィールド大学（University of Sheffield）、および、ブリストル大学（University of Bristol）の6校がある。前身であるカレッジや医学校等は、その以前から存在していたものが多く、建学の歴史を16世紀まで遡れるものもあるが、いずれもイングランドの主要工業都市において設立され、市民大学（civic universities）と総称されている。

　次の大学新設の波は、1960年代に訪れる。サセックス大学（University of Sussex）、ヨーク大学（University of York）、エセックス大学（University of Essex）、ランカスター大学（Lancaster University）、ケント大学（University of Kent）等が1960

---

[3] 19世紀より前に創設された大学は、他には、University of Glasgow、University of Edinburghなど、スコットランドとアイルランドに5校存在する。

年代前半に設立されている。背景には、第二次大戦後の人口増加により、大学進学資格を有する者の数に対して大学側の受入数が不足する状況があった。1963年に公表されたロビンズ報告書（Robbins Report）[4]は、大学教育を提供する教育機関の増設のためにいくつかの勧告を行ったが、当時実現したのは、高等工学カレッジ（colleges of advanced technology）に大学の地位を与えるという勧告だけであった[5]。そして、これらの大学についても、エリザベス女王の勅許状によって各々の大学の設立を認める方式が採用されている。

2　post-1992大学

第2の類型として、1992年継続教育・高等教育法（Further and Higher Education Act 1992, c. 13. 以下「1992年法」という。）によって大学の地位を獲得したものがあり、新大学（new universities）とも呼ばれた。同法は、1988年教育改革法（Education Reform Act 1988, c. 40）を改正して（1992年法74条により1988年教育改革法に122A条等を追加）、従来、地方教育機関（local education authorities）の一部であるかまたはその資金援助を受ける継続教育機関（further education institutions）と位置付けられていたポリテクニクを、高等教育法人（higher education corporations）と認めて地方教育機関から切り離し、これに大学としての地位を与えることとした。ポリテクニクは、沿革的には、ウェストミンスター大学（University of Westminster）の前身であるポリテクニクが、1838年に最初のポリテクニクとしてロンドンに設けられ、その後、王室の後見を得て初のロイヤル・ポリテクニク（the Royal Polytechnic Institution）となり、また、1890年には2番目に古い、ウリッジ・ポリテクニク（Woolwich Polytechnic）が設けられるなど、19世紀末までにロンドンで9校が開設されていた[6]。1960年代に、政府は、不足する高等教育機関を補うものとして、前述の高等工学カレッジを大学にするとともに、工学系のカレッジ（technical colleges）を准大学の高等教育機関であるポリテクニクに格

4　Report of the Committee appointed by the Prime Minister under the Chairmanship of Lord Robbins〈http://www.educationengland.org.uk/documents/robbins/〉（Retrieved on 2 November 2018）.
5　経緯について、秦由美子「イギリス高等教育の一元化と一元化後の新大学」（広島大学高等教育研究開発センター）大学論集42集（2011年）55頁。
6　山田寛之「イギリスの継続教育機関における高等教育の歴史的検討」東京福祉大学大学院紀要4巻2号（2014年）116頁。

上げすることによって、工学系・技術系大学の不足を填補し高等教育人口の拡大に対応させようとした[7]。このようにして、イングランドとウェールズに、自治体管轄の教育機関として30数校のポリテクニクが設置され、職業関連の教育領域を中心とする高等教育課程を提供する継続教育機関となった[8]。

このような来歴をもつポリテクニクは、1988年教育改革法の改正によって高等教育法人、つまり大学となり、ウェストミンスター大学、グリニッジ大学（University of Greenwich）、プリマス大学（University of Plymouth）、ブライトン大学（University of Brighton）、ノーザンブリア大学（University of Northumbria at Newcastle）、ノッティンガム・トレント大学（Nottingham Trent University）等々が誕生した。なお、1997年には、高等教育認証評価機構（the Quality Assurance Agency for Higher Education: QAA）が非政府組織として設置され、高等教育の基準を設定してその質について監視と助言を行い、その結果を報告書として公表している[9]。

3　私立大学

第3の類型として、大学の設置主体が会社である私立大学（private universities）がある。従来、イギリスには、日本におけるかつての国立大学や公立大学のように国や地方公共団体の組織の一部である大学は存在せず、いずれの大学も設立当初から独立の法人（independent corporate institutions）であるが、後述のように、国の公的補助を受けている点でpublicな大学であると認識されている[10]。これに対して、近年では、公的補助を受けることなく、株式会社や保証有限責任会社（company limited by guaranty）の形態をとる大学が、数校存在する。BPP大学（BPP University）は、2007年に、初の企業立カレッジであるBPPカレッジとして、ディグリー授与権を獲得し、その後、BPPユニバーシティ・カレッジを経て、BPP大学となっている[11]。他に、株式会社形態をとるアーデン大学（Arden

---

7　秦・前掲（注5）58頁。
8　山田・前掲（注6）115-116頁、秦・前掲（注5）58頁。
9　QAAは、UK Quality Code for Higher Educationを策定しており、ホームページで公表している〈https://www.qaa.ac.uk/en/about-us/what-we-do/our-work〉（Accessed on 2 February 2019）。
10　バッキンガム大学（University of Buckingham）は、1970年代に創設され、当時イギリスにおける唯一の私立大学として知られていた〈http://www.buckingham.ac.uk/about/history〉（Accessed on 8 February 2019）。

University Ltd.）やロー大学（University of Law Ltd.）、保証有限責任会社形態をとるリージェント大学ロンドン（Regent's University London）などがある[12]。これらの大学は、会社法の適用も受ける。

なお、次節では、pre-1992大学とpost-1992大学について取り上げることとする。

三　大学のガバナンス組織

1　pre-1992大学のガバナンス組織

前述のように、pre-1992大学のほとんどは、枢密院を通じて付与された君主の勅許状（a royal charter）によって法人格を取得し学位授与を認められた、勅許状による法人（a chartered corporation）である。ただし、オックスフォード大学とケンブリッジ大学については、両大学に関する個別立法が存在する。また、ロンドン大学は、勅許状によって法人格を付与された法人であるが、個別立法も存在し、現行法は1994年ロンドン大学法（University of London Act 1994, c. 16）である。

pre-1992大学のガバナンス組織は、当該大学に関する個別の制定法または勅許状と当該大学の statutes に定められており、勅許状と statutes の変更には、枢密院の許可を得ることが必要とされる。ここにいう statutes とは、会社の設立手続における附属定款に相当するようなものであり、勅許状の附則（schedule）として設けられている例もみられる。さらに、大学のガバナンスに関する内規が、ordinances や regulations といった名称の規程に定められている。イギリスおよびイギリス法系諸国における株式会社の設立手続における免許主義（特許状や開封勅許状による会社設立）に類する法人設立制度であり、会社設立法制における過去の時代の形態が存続しているようにも見受けられる。

一般的なガバナンスの組織には、勅許状に定められたものとして、名誉職的な学長（Chancellor）、総長（Vice-Chancellor）、会議体の業務執行組織であるカウンシル（Council. ガバナー会議（Board of Governors）という名称の場合もある。）、教員と

11　手続的には、1992年法76条1項2項により学位授与の権能を認める枢密院の命令を取得している。BPPユニバーシティ・カレッジについては、秦由美子編『イギリスの大学におけるガバナンス（広島大学高等教育研究叢書121）』（広島大学高等教育開発センター、2013年）14頁［秦由美子］。

12　なお、保証有限責任会社形態をとる大学設置主体は、グリニッジ大学など私立大学ではない大学の中にも存在する。

学生代表から成る教学会議（University Senate）、監視組織である非常設のコート（Court）がある。Vice-Chancellor は、日本の私立学校法人における理事長に類似する存在と思われるが、理事会に相当する会議体とは切り離された地位であり、本稿では「総長」の訳語を当てている。理事会に相当する会議体は、大学のガバナンスに主たる職責を負う組織として法令上 governing body と呼ばれ、一般的には、カウンシルまたはガバナー会議が governing body とされている。

pre-1992大学のガバナンスは、沿革的・伝統的には、自律的ガバナンス（self-governance）とされ、大学内部の教員と学生代表による意思決定を基礎としてきた。しかしながら、1985年に、大学総長委員会（Committee of Vice-Chancellors and Principals: CVCP）が公刊した「大学の効率性の研究に関する検討委員会報告書（Report of the Steering Committee for Efficiency Studies in Universities）」（通称「ジャラット報告書（Jarratt Report）」）[13]が、総長の主導による大学改革を提唱し、学内自治に対抗して総長およびカウンシルの権限を拡大させる方向性を示したことから、これに対応して、pre-1992大学において大学ガバナンスに関する改革が実施された[14]。ちなみに、オックスフォード大学とケンブリッジ大学は、CVCP には参加せず、その枠組みの埒外にあった。

さらに、1997年、政府の支援を受ける高等教育調査委員会の報告書（通称「ダーリング報告書（Dearing Report）」）[15]が公表され、多くの勧告の1つとして、大学の governing body の人数を引き下げて post-1992大学に倣うことが勧告された。これにより、governing body の権限強化と教学会議の影響力の低下が進むことになったとされている[16]。以下、pre-1992大学の主なガバナンス組織を概観する。

---

13 〈http://www.educationengland.org.uk/documents/jarratt1985/index.html〉（Retrieved on 4 January 2019）.
14 秦・前掲（注11）11頁。なお、サッチャー政権下における大学補助金行政の変化について、T. Kim, Changing University Governance in the U.K. and Elsewhere under Market Conditions, Intellectual Economics 2008, No. 2 (4), at pp. 34-35.
15 National Committee of Inquiry into Higher Education, Higher Education in the Learning Society（Dearing Report）(1997).
16 M. Shattock, UK University Governance under Stress, International Higher Education 59 (2010) 21, at p. 22; Kim, supra note 14, at pp. 33-34. なお、ガバナンス組織については、RIHE Hiroshima University, Report of the International Seminar on University Governance, 2012, Comparison of University Governance USA, UK, France and Japan (2013), at p. 23 et seq. (B. Bekhradnia) も参照。

(1) カウンシル

カウンシルは、governing body として、大学の業務執行について権限を有する最高の組織（the supreme authority in a university）であり、大学の財務と投資、土地・建物の管理を担当し、大学としての契約締結の権限、借入や担保設定の権限を有する。多くの場合、教育と研究の監督も担当し、通例、大学の statutes において、教学事項（academic matter）については教学会議の権限に従いつつ、カウンシルは大学のすべての事項について責任を負う旨を定めている。また、総長の選任権を有する。

カウンシル（またはガバナー会議）は、伝統的には45名かそれ以上の大人数のもので、その3分の1は教学会議によって選任される学内者（academics）で構成された。実際の検討・意思決定等は、委員会を活用して行われており、この点は現在でも同様である。1997年に公表された前述のダーリング報告書は、初めて governing body の員数の上限について勧告し、さらに、後述のランバート報告書が governing body の員数を上限25名とすることや構成員の過半数を学外の独立性のある者とすることを、ガバナンス・コード案の内容として勧告したこと[17]から、governing body は30名を若干上回るくらいの規模にまで縮小したといわれる。現在では、25名以下が良好な実務のベンチマークとされている[18]。

カウンシル構成員の過半数は、学外の独立の者（external and independent）とされており、これを a lay majority という。governing body の具体的な構成は、勅許状または statutes 等に定められており、学外者と学内者（academics）から構成される。たとえば、リーズ大学の statutes をみると、カウンシルの構成員は、カウンシル議長、総長、ロンドン被服業者協会（Clothworkers' Company of London）の代表者1名、教学会議の助言の下でカウンシルが定める regulations に基づき選出される教授会メンバー4名、同様に選出される職員2名、カウンシルによって選出される学生2名、カウンシルによって選出される、学生または教授会メンバーではない者12名の計23名（ただし、学外者のうち少なくとも4名は卒業生）、とされている[19]。第一次大戦と第二次大戦の狭間の1926年に大学となったレ

---

17 HM Treasury, Lambert Review of Business-University Collaboration, Final Report (December 2003), Recommendation 7.1, at p. 99 & Appendix II, at p. 120.
18 2010年の文献では、governing body が学部長を選出して執行権限を与えるスタイルから、常勤の総長に経営権を与えるスタイルへ移行しつつあるとされている（Shattock, supra note 16, at p. 21）。

ディング大学（University of Reading）の勅許状には、カウンシルの構成員として、総長、副総長（Deputy Vice-Chancellor）、総長補（Pro-Vice-Chancellor）、Henley Business Schoolの長、Ordinanceに従ってカウンシルが選出する、教職員または登録学生ではない者16名（Lay Members）、学部長と各Schoolの長からOrdinancesに従って選任される2名、登録学生ではない教学会議の構成員から同様に選任される1名、大学職員から同様に選任される2名、および、学生自治会（Students Union）の役員2名、が列記されている[20]。governing bodyに学内構成員として、学生代表を加えることは、イギリスの大学の一般的な特徴であり、設立勅許状において学生自治会に言及する例も多い。

　開催頻度は、定例は1アカデミック・イヤーに4回以上とされ、委員会の提案等を承認する。カウンシルは、各種の委員会を通じてその役割の多くを遂行しており、特に、財務、不動産および資産運用については委員会が設けられる場合が多いとされる。近時は、ガバナンスの観点から、監査委員会、指名・ガバナンス委員会、報酬委員会等を設けることが一般化している。また、大学の戦略、人的資源配分や雇用については、教学会議との共同委員会（joint committee）が活用される。

（2）教学会議（Senate）

　教学会議は、教員と学生を構成メンバーとする会議体で、大学の教学事項の実施方法や方向性に責任を負う。学位授与のような教学マターは、内規に明文規定がなくても、教学会議の権限とされ、カウンシルの決定事項であっても、新学部の開設や学部の整理・統合のような教学的な含意のある事項は、教学会議との協議に服するものとされる。

　一般的な所轄事項には、アカデミック戦略、研究・調査の推進、カリキュラムや新たなプログラム内容の承認、教育研究の水準、免許等の付与手続、内部試験・外部試験の試験官の選任、試験の方針と手続、入学基準や学生の懲戒に関する事項等がある。

　教学会議は、学内構成員で構成されることが一般的であり、職階ごとの所定の員数の教員と学生代表から成る。構成員の数は、50名未満のものから100名を超

19　〈http://www.leeds.ac.uk/secretariat/statutes.html〉（Accessed on 29 December 2018）
20　〈http://www.reading.ac.uk/web/files/Calendar/UoR_Charter_201718.pdf〉（Retrieved on 31 December 2018）

えるものまで、様々とのことである。リーズ大学の教学会議は、総長が議長を務め、教員と学生構成員を含む160名超で構成されている[21]。レディング大学のOrdinancesは、教学会議の構成について、総長、副総長および総長補、学部長、研究科長、各研究科の研究職の中から選出された研究科長ではない者1名、教授の中から選出された者12名、准教授および講師の中から選出された者12名、学生自治会の役員5名、登録学生の中から選出された者5名（ただし、任期は1年で再任可能）、および、5名以下の範囲で3年を超えない任期について教学会議の構成員から互選により決定される者、と定めている[22]。

ちなみに、オックスフォード大学のこれに相当する会議体は、Congregationと呼ばれ、構成員が4500名を超え、大学の「議会（parliament）」として行為する会議体とされる。前述の教学会議（senate）と異なり、Congregationは大学の最高の会議体とされ、カウンシルを拘束する権限を有する。Congregationは、カウンシルその他の会議体の構成員を選任し、ガバナンスの組織を定めるstatutesやregulationsの変更を承認する権限をもつ[23]。ケンブリッジ大学では、governing bodyは、1926年までは教学会議であるとされていたが、現在はRegent Houseがgoverning bodyとされ、Regent Houseの構成員は、大学の役員、カレッジの長やフェローも含めて3800名を超える。教学会議の構成員は修士以上の学位保有者のすべてとRegent Houseの構成員とされている[24]。このように、両大学のガバナンス組織は、伝統的な自律的ガバナンスの側面が強く、他のpre-1992大学と比べても、強い独自色を有している。

（3）役　員

大学には、勅許状によるものに加えて、内規により、各種の役員（officers）が置かれている。前述のように名誉的職な学長であるChancellorには、しばしば当該大学とは直接関係のない著名人が就任し、たとえば、学位授与式の主催など、専ら儀式的・儀礼的な役割を担う。副学長（Pro-Chancellor）は、governing

---

21　〈http://www.leeds.ac.uk/info/5000/about/134/governance〉（Accessed on 28 December 2018）

22　〈http://www.reading.ac.uk/about/governance-zone.aspx〉（Retrieved on 7 February 2019）

23　〈http://www.admin.ox.ac.uk/councilsec/governance/governancestructures/theuniversitygovernancestructure/gov_expl〉（Accessed on 6 November 2018）

24　〈http://www.cam.ac.uk/about-the-university/how-the-university-and-colleges-work/governance〉（Accessed on 30 December 2018） body（通例、カウンシル）の議長であることが一般的であり、governing bodyの学外構成員の中からgoverning bodyにより選出される。

　総長（法令などでは、head of the institution; HoIとも呼ばれる。）は、教学の長であり、大学経営の責任者（最高業務執行者）である。大学により、Vice-Chancellorの他、Principal、Director、RectorまたはProvostといった名称で呼ばれる。当該大学の業務執行全般について責任を負い、governing bodyに対して、その職務遂行状況についての説明責任を負う。教学会議の議長を務める例も多い。総長は、当該大学が、補助金の使用について後述の基金交付評議会（the Funding Council）が定める条件を遵守することに責任を負う。一般的には、副総長（Deputy Vice-chancellors, Deputy Principals）がgoverning bodyによって選任される。他に、秘書役等（Secretary, Clerk）が置かれる。

　なお、会計監査人（auditor）については、勅許状では言及されていないが、statutes等において、会計監査について、カウンシルが外部監査人と内部監査人を選任する旨を定める例が多いようである[25]。

2　post-1992大学のガバナンス組織

　ポリテクニクを前身とするpost-1992大学については、1988年教育改革法124A条（1992年法71条により追加）により、当該大学の組織について定めるガバナンス文書（an instrument of governance）を、枢密院の命令に従い、1988年教育改革法の附則7A（Schedule 7A）の要件を遵守して、作成または改訂することができるとされており、また国務大臣（the Secretary of State for Education）には、附則7Aの一部について、命令による改廃の権限が与えられている。同法125条は、高等教育法人が運営する機関は、当該法人が枢密院の承認を得て作成・改廃する、ガバメント条項（articles of government）を遵守して行為するものと定めている。そして、同法124A条、125条および附則7Aにより、post-1992大学の主要なガバナンス組織は、ガバナー会議（board of governors）、総長（法文上はPrincipal. 実務ではVice-Chancellorと呼ぶ例も多い。）およびアカデミック会議（Academic Board）とされ、他に、役員としてClerkへの言及がある。なお、会計監査人に

25　イギリス会社法における'auditor'には、日本法における監査役および会計監査人との違いを勘案して、「会計監査役」という訳語を当てているが、本稿では「会計監査人」とし、'internal auditor', 'external auditor' を、内部監査人、外部監査人と訳している。

ついては、各大学のガバメント条項で、1988年教育改革法の規定を遵守して会計監査人を選任する旨を定める例がみられる。

ガバナンス組織の特徴は、pre-1992大学において伝統的であった自律的ガバナンスに対して、学外者を中心とするガバナンス（lay governance）であるとされる[26]。

（1）ガバナー会議

governing bodyであるガバナー会議は、ガバメント条項によれば、次の事項について職責を負う。すなわち、当該機関の教育上の特質とミッションを決定し、その活動を監督すること、人的・物的資源を効果的かつ効率的に活用し、大学と法人の支払能力を維持し、その資産を保全すること、毎年の収支予測（予算）と決算を承認すること、上級職員を選任・評価・昇格・降格・解任し、その給与および就労条件を決定すること、その他のすべての教職員（staff）の給与と就労条件の枠組みを設定すること、である。ガバナー会議はその議長を学外構成員から選出し、秘書役（SecretaryまたはClerk）の選任を行う。これらの権限は、pre-1992大学のgoverning bodyの権限と同様であるが、ガバナンス条項に明文で規定されている。また、ガバナー会議は、委員会を設置することができ、ガバナー会議の構成員でない者を含む委員会も認められる。

ポリテクニクのgoverning bodyは12名以上24名以下とされ、うち2名のみが教員で、通常は教員組合（academic trades union）から選出されていた。この構成が高等教育法人（大学）となってからも維持されており、ガバナー会議は、12名以上24名以下で構成され、総長が構成員となっていない場合は、これに総長1名が追加される。この中に、13名以下の独立性のある学外者を含めなければならず、2名までが当該機関の教員（アカデミック会議による指名）、2名までが学生（学生による指名）とされ、ガバナー会議の互選によって指名される既存構成員は1名以上9名以下でなければならないとされる。互選により選出される構成員には、教育の提供についての経験が求められる。ガバナー会議の員数は、上述の範囲内で、各大学のガバナー会議が決定できるが、少なくとも半数は学外者としなければならない。学外構成員は、産業、商業または雇用に関する事項について経験と能力を有する者か、専門職の実務経験を有する者とされている。

---

26 Shattock, supra note 16, at p. 21.

ガバナー会議の開催は、年4回以上とされ、その職務の多くが委員会を通じて遂行される点も、pre-1992大学のカウンシルと同様である。

(2) アカデミック会議

アカデミック会議は、Senateに当たる会議体であるが、その位置付けと権限には大きな違いがみられる。アカデミック会議は、ガバナー会議の全般的な責任と総長の責任の下に、教学事項について責任を負う会議体であるとされる。学位授与権はガバナー会議にあり、その権限の委譲を受けて学位授与を行う。総長を含めて員数は40名以下、通常30名以下で構成されるといわれる。構成員の半数は、副総長や学部長など大学行政上の上級職にある者により構成され、25％を教員、1割ほどを学生が占める。総長を議長とし、総長は構成員の中から副議長(Deputy Chairman)を指名する。

(3) 役　員

主な役員としては、名誉職的な学長、総長、ガバナー会議の秘書役があり、他に、特定業務を分掌する副総長(Deputy Vice-Chancellor)などが、ガバメント条項や内規(bye-laws)によって定められる。

このうち総長は、ガバナー会議の責任の下で、当該教育機関の代表業務執行者であり、大学を組織し、指揮・運営し、職員を指導する。ガバナー会議に対する教育の特質やミッションの提案と、その決定の実施、ガバナー会議の定めにしたがい職員の選任、職務分掌、昇進、評価、停職、解雇、および、上級職を占める者を除く職員の就労条件の決定、アカデミック会議への諮問に基づく教学活動の決定、その他の活動の決定、ガバナー会議による検討のための年次予算の準備、および、同会議によって承認された概算の範囲内での予算執行と財源の管理、ガバメント条項に定めるルールと手続の範囲内での処分根拠に基づく学生の停学・休学、および、教学上の理由に基づく学生の退学の決定の実施などを行う。また、ガバナー会議が、総長の職務遂行について適時・適切に情報を提供されることを確保するものとされる。

以上のようなpost-1992大学のガバナンス組織は、機動的・効率的な大学経営には資するようにもみえるが、業務執行者に対する教学からの牽制はもとより、業務執行の適正性自体に対するチェックが十分に働かないリスクを内包しているように思われる。それは、地方自治体が管轄する教育機関であった当時のポリテクニクのガバナンス組織を引き継ぐ形で、大学の業務執行組織が作られていること

とに由来するように見受けられる。ガバナー会議は事業会社における一層制の取締役会（unitary board）を標榜するようにもみられるが、重大な場面で牽制機能を果たしうる株主総会に相当する役割を果たす組織は存在しない。

四　HEFCE と監査制度の整備

1　大学に対する補助金交付と監査

　元来、イギリスの大学は、大学自治の面はもとより、その財政面においても、国からの独立性を手厚く保護されていた。大学に対する補助金の交付のために、1919年、財務省の下に大学補助金委員会（University Grants Committee: UGC）が設置されたのは、大学の独立性に対する政府の干渉排除を目的としたとされている[27]。しかしながら、その後、1960年代以降の大学の増設、1970年代から続く政府の財政難、そして、1980年代には財政難に陥る大学が現れる[28]など、大学と大学を取り巻く状況、そして政府自体も、それぞれに大きな変化を経験していた。政府は、1988年教育改革法により、従来の大学補助金委員会を大学基金交付評議会（Universities Funding Council）と、ポリテクニクおよびカレッジ基金交付評議会（Polytechnics and Colleges Funding Council）に改組した。補助金の配分について効率性と競争原理の積極的な導入を求めていた政府は、この立法により、政府の意図を高等教育機関への補助金配分に反映させる仕組みを法律上のものとしたとされている[29]。

　前述のように、1992年法は、1988年教育改革法を部分改正した法律であるが、1992年法による重要な改正点として、第1に、ポリテクニクを大学としたこと、第2に、イングランド高等教育基金交付評議会（Higher Education Funding Council for England: HEFCE）を創設したことの2点を挙げることができる。ポリテクニクを大学としたことに伴い、1992年法は、1988年教育改革法が設置した大学基金交付評議会とポリテクニクおよびカレッジ基金交付評議会を改組して、イングラ

---

[27]　秦由美子編『イギリスの大学におけるガバナス（広島大学高等教育研究叢書121）』（広島大学誇張教育開発センター、2013年）71頁［前田一之］、Bekhradnia, supra note 16, at p. 32. UGC の詳細は、M. Shattock, the UGC and Management of British Universities (1994).

[28]　ユニバーシティ・カレッジ・カーディフについて、M. Shattock, Managing Good Governance in Higher Education (2006), at p. 84 et seq.

[29]　前田・前掲（注27）71-72頁。

ンド高等教育基金交付評議会およびウェールズ高等教育基金交付評議会（Higher Education Funding Council for Wales）を創設した[30]。

HEFCE は、非政府の公益団体（a non-departmental public body）であって、政府はその適切な独立性を保障している。また、国務大臣は、同評議会からの基金交付について、特定のコースや研究プログラムを指定してこれに枠をはめる権限や、これを教授陣の選考・選任や学生の選考についての基準に関係づける権限をもたないことが法定されている（1992年法68条3項）。他方で、国務大臣には、財政難に陥っていると思われる高等教育機関に対する財政支援について、HEFCE に対して指示を与える権限がある（1992年法81条）。そして、HEFCE は、イングランドのすべての大学に対して、HEFCE 基金（HEFCE fund）の交付条件として、次の点を求めることとしていた。すなわち、監査委員会（Audit Committee）の設置と、HEFCE 監査実務コード（HEFCE Audit Code of Practice）に従った内部監査・外部監査制度等の整備である。

ちなみに、1992年当時、イングランドの大学の学士課程の授業料（tuition fees）は無料であり、大学収入の大部分は交付金等で賄われていた。その後、1997年に政府の財源不足を補うため、年間1000ポンドの授業料が導入されたが、高等教育機関の増設と大学進学率の上昇を受けて財政は逼迫していた。大学財政に占める公的補助金等の割合は、1973年には90％に達していたが、2000年までには50％に戻ったとされている[31]。大学の授業料の上限は、2004年には年間3000ポンド、リーマンショックの起こった2008年には年間9000ポンドに引き上げられた。

なお、2017年に、2017年高等教育および研究法（Higher Education and Research Act 2017, c. 29）が制定されて、HEFCE は学生局（Office for Students: OfS）へと改組され、他に UK リサーチ・イノベーション（UK Research and Innovation: UKRI）が設置されている。組織的な改廃と新設の時期は、2018-19年度とされる。これにより、従来、基金の交付と結びつけられていた諸条件は、高等教育機関としての登録の条件へと変更され、学生局の創設に伴う所要の改正が行われている。

---

30 以下、HEFCE について述べるが、ウェールズ高等教育基金交付評議会についても同様である。スコットランドについても類似の組織（SHEFC）が設けられている。
31 Kim, supra note 14, at p. 35.

2　HEFCE と大学との覚書

　HEFCE の構成員は国務大臣の任命によるものとされるが（1992年法62条2項）、HEFCE は、前述のように、非政府の公益団体であり、各構成員は、1992年法の規定に基づき、同法65条により基金交付の対象となる活動を財務的に支援するために、HEFCE が配分する基金の管理責任を負う。HEFCE は、1992年法65条3項により、適当と思量する条件に従い補助金等を交付できるものとされており、補助金等を交付する条件として、大学が当該交付条件を遵守しないときは交付した金額の全部または一部の返還を請求できるとすることも認められている（1992年法65条4項(a)号）。

　1992年法65条の下で定める補助金等の交付条件の形式として、HEFCE は、毎年度、資金交付を受ける大学、その governing body および担当役員（accountable officer. HEFCE に対し大学を代表して報告責任を負う役員であり、通例、総長が担当する。）との間の保証と説明責任に関する覚書（Memorandum of assurance and accountability between HEFCE and Institutions）を定めている。そこには、資金の交付を受けるための条件（mandatory requirements）等が明記され、その Annex A として次の3で取り上げる監査実務コードが付されている。監査実務コードは、監査および財務報告に関する強制条件を定めるものとされる。

　この覚書により、大学は、HEFCE に対して、大学の継続企業の前提と運営方法に関する情報を提供することを求められる。また、大学は、高等教育認証評価機構（QAA）の評価を受けること、また高等教育統計機構（the Higher Education Statistic Agency: HESA）に情報提供することを求められる。そして、大学の governing body の構成員および担当役員は、公的生活基準委員会（the Committee on Standards in Public Life）の定める7原則を遵守すべきものとされている[32]。

　大学による財務情報の提供の前提として、1988年教育改革法124B条（1992年法により追加）は、大学の真実かつ公正な財務状況を示す財務書類を含む、適正な計算書類等（proper accounts and records）の作成・備置、年次の会計監査、会計監査人の選任資格等を法定している。

32　無私、高潔、客観性、説明責任、偏見のなさ、誠実、および、指導力（Selflessness, Integrity, Objectivity, Accountability, Openness, Honesty and Leadership）の7原則であり、公職にある者に期待される倫理基準の基礎として、1995年にノーラン卿（Lord Nolan）によって定められた。非政府の公的団体や教育関係者にも適用される。

3 監査実務コード

　大学が、良好なガバナンス、内部統制、リスク管理、および、VFM（Value for Money）の達成について、適切な保証をHEFCEに対して提供することを目的に設けられたのが、監査実務コード（Audit Code of Practice）であるとされる。以下、コードの主な内容（"must"とされる事項）を概観する。

　第1に、監査委員会についてみると、各大学には、大学のコーポレート・ガバナンスの最良実務に従った監査委員会の設置が義務づけられる。監査委員会は、a）リスクマネジメント、統制とガバナンス、b）VFM、および、c）データ管理とデータの品質保証について、その適切さと効率性をthe governing bodyに対して保証する責任を負う。そして、後述するCUCの監査委員会に関する指針が、大学コーポレートガバナンスの最良実務を反映するものとされ、この指針に従わないときは、その理由を説明することが求められる。監査委員会の委員は業務執行権限を有してはならず、少なくともgoverning bodyの3名の学外構成員（lay member）を委員とすることが望ましいとされる。監査委員会が毎年度作成する監査委員会報告書には、前述のa）とb）、そして高等教育統計機構、学生ローン会社、HEFCEその他の団体に提出されるデータの管理および品質保証の適正性と有効性に関する委員会の意見を記載しなければならず、最終報告書は毎年度HEFCEと共有されなければならない。

　第2に、各大学は、勅許内部監査人協会（the Chartered Institute of Internal Auditors）の専門職基準を遵守して適切な内部監査機能を備えなければならない。毎会計年度に作成される内部監査の年次報告書には、内部監査人の意見に影響する重要な事柄を含めて、前述のa）およびb）について適切さと有効性に関する内部監査人の意見が記載されなければならない。内部監査部門の長は、大学の担当役員、監査委員会委員長、必要な場合にはgoverning bodyの議長と直接のアクセスをもたなければならず、最終報告書は、毎年度HEFCEと共有されなければならない。

　第3に、外部監査と外部監査報告書（audit report）についてみると、外部監査は、公的資金を含めて資金が企図された目的のために使用されたか、および、財務書類が当該年度の財務状況の真実かつ公正な概観を提供しているか、ならびに、当該大学の継続企業の前提について、監査意見を提示しなければならない。外部監査人の監査報告には、財務書類がイギリスの会計原則（GAAP）および推

奨される会計実務（継続教育・高等教育のための会計に関する実務指針；SORP)[33]に従って作成されているか、大学の管理する資金がその目的のために適切に使用され、関連法規を遵守して管理されているか、HEFCEの提供する基金が前述の覚書その他付随する条件を遵守して使用されているか等の報告も求められる。

　第4に、内部監査人と外部監査人の選任・解任については、governing bodyが責任を負い、監査委員会の助言を得て、学外からの内部監査人の選任、内部監査室長の選・解任を行う。監査人は、辞任に当たりその理由書をgoverning bodyに提出すべきであり、この理由書は、担当役員によりHEFCEに送付されなければならない。なお、内部監査と外部監査のサービスが同一の監査法人等から提供されてはならない。その他、会計監査人の契約による責任制限についても定めが置かれている。

五　CUCの大学ガバナンス・コード

1　CUCと大学ガバナンス・コード

　1986年に創設された大学カウンシル議長委員会（the Committee of Chairmen of University Council; CCUC) は、当初は、大学の事業に関する情報収集や、政府との関係での資金獲得等のためのロビー活動を主な目的としていたが、1990年代中葉には、大学のガバナンスに関する助言や提言なども行うようになった。1992年の教育改革法の改正により、ポリテクニクが大学とされたことを受けて、1993年にはこれら新大学のガバナー会議議長の組織とCCUCが統合して、the Committee of Chairmen of University Councils and Boardsとなり、さらに、the Committee of University Chairmenとなった。近年に至り、ジェンダーへの配慮を反映して大学議長委員会（the Committee of University Chairs; CUC）と名称を変更している[34]。本稿との関係で重要なことは、CUCが、2014年12月に大学ガバナンス・コード（the Higher Education Code of Governance）を、そして2018年6月に、後述の大学上級役職員の報酬コードを策定したことである。なお、スコットラン

---

[33] Universities UK, Statement of recommended practice: Accounting for future and higher education. なお、Universities UKは、大学総長委員会（CVCP）の後継組織である。

[34] CUCのホームページによると、参加大学は135校。ただし、オックスフォード大学とケンブリッジ大学は参加していない〈http://www.universitychairs.ac.uk/list-of-member-institutions〉（Accessed on 28 December 2018）。

ドの大学については、スコットランド高等教育機関議長委員会（Committee of the Chairs of Scottish Higher Education Institutions）が2013年に策定し、2017年に改訂した Scottish Code of Good Higher Education Governance がある。

　2003年に公表されたビジネスと大学のコラボレーションに関するランバート報告書は、ダーリング報告書の勧告が実践されていないことを批判し、ガバナンス・コード案（draft code of governance）を付して、CUC（当時の the Committee of University Chairmen）に対し、政府および大学関係者と協議の上、最良実務を体現する大学ガバナンス・コードを策定するよう勧告した[35]。コード案の内容は、おそらく当時の上場会社に関する統合コードを参考にしたもので、governing body の役割、構成と手続、その有効性と実績の評価・検証に関する簡潔な内容のものであって、コード策定の出発点と位置付けられていた。しかし、大学の教育ビジネス化を促すものとの反発もあってか、CUC がコード策定に動いたのは、2014年のことである。

　CUC は、CUC メンバーおよび高等教育関係者への広い意見聴取を経て、2014年12月、大学ガバナンス・コード（the Higher Education Code of Governance）を策定した。コードは、大学が、公益の適切な尊重を図って事業を遂行することを示すために、適用すべき原則と実務を示すものとされている[36]。同コードは2018年6月に改訂されており、通例、大学の特性を勘案して4年毎の改訂が予定されている。大学ガバナンス・コードは、これを採用するか、採用しない場合はその理由を説明するという「適用または説明（apply or explain）」アプローチを採用している。

　なお、CUC は、ホームページで同コードのガイダンスとして[37]、実務解説（Illustrative Practice Note）の Recruiting a Vice-Chancellor, Recruiting a Chair, Nominations Committee 等や、Handbook for Members of Audit Committees in Higher Education Institutions といった文書を公表している。

35　HM Treasury, supra note 17, Recommendation 7.1, at p. 99.
36　CUC, the Higher Education Code of Governance (Revised June 2018), at p. 6.
37　〈https://www.universitychairs.ac.uk/publications/〉（Accessed on 13 February 2019）コードには、これらはコードの理解を促すための情報提供を目的とするものであって、コードを適用する大学が当該ガイダンスに沿って報告することを何ら義務付けるものではないことが明記されている（CUC, ibid., at p. 7）。

2　大学ガバナンス・コードの位置付けと構成等

　CUC の大学ガバナンス・コードは、公的生活の7原則（ノーラン原則）を基に策定されている[38]。前述のように、HEFCE と大学等との間の保証と説明責任に関する覚書には、大学の governing body の構成員および担当役員は、公的基準委員会の定める公的生活の7原則を遵守するよう定められており、CUC の大学ガバナンス・コードは、この7原則を大学向けにコード化したものであるということになる。そのためか、大学ガバナンス・コードは、ガバナンスの7つの基本エレメント（the seven primary elements）と各エレメントの補充規程から構成されている。加えて、大学の特性を勘案して、大学ガバナンス・コードは、governing body が次の事柄にコミットし続けることへの期待も基礎とするものとされている。すなわち、1）品質と国際的評価の最良の保証としての自律性（autonomy）、2）学問の自由と高品質の研究・学識・教育、3）良質のガバナンスを通じた学生集団の利益の保護、4）一般的にアクセスできる正確で透明性のある情報の公開、5）直接資金を拠出するステークホルダーに対する説明責任において、大学は、大学のサービスに対する支払の対価が明確であることを望むステークホルダーと契約していることを明白に認識すべきこと、6）大学における機会の平等と多様性の達成、7）高等教育の利益を受け得る者すべてが高等教育を受けることができるとする原則、ならびに、8）公的資金に関する完全で透明性のある説明責任である[39]。

　前述の7つの基本エレメントとは、governing body は、第1に、付託の範囲内にある基礎的な事項に関するすべての財務上の決定を行う際に、当該教育機関（大学）の活動に、明確にかつ全体として説明責任を負う（Element 1）。第2に、法令上の要件に付随する明確な規則、方針および手続が、適切に整えられ、性質上倫理的であり、そして遵守されることを確保することにより、大学のレピュテーションを守る（Element 2）。第3に、大学のミッションと戦略の設定のために業務執行者とともに働き、大学の持続可能性を確保して、それらを実現するために適切な措置がとられることと、統制と適切なリスク管理の効果的な体制を確保することが必要である（Element 3）。第4に、教学会議（Senate、Academic board またはこれに相当する組織）とともに働き、アカデミック・ガバナンスが有

38　CUC, supra note 36, at p. 8.
39　CUC, supra note 36, at p. 8.

効であることについての保証（assurance）を得る（Element 4）。第 5 に、大学としての重要な対外的活動について効果的な統制とデューディリジェンスが行われることを確保するため、業務執行者とともに働く（Element 5）。第 6 に、governing body の活動を含めて、大学における平等性と多様性を推進しなければならない（Element 6）。第 7 に、ガバナンスの構造と手続が、承認された優良な実務水準に照らして適切であることを確保しなければならない（Element 7）、というものである[40]。第 3 エレメントの補充規程において、監査委員会と報酬委員会、第 7 エレメントの補充規程において指名委員会がそれぞれ言及されている。特に、第 4 エレメントと第 6 エレメントには、大学の特性が反映されているといえよう。

また、「適用または説明（apply or explain）」アプローチについては、当該大学が大学ガバナンス・コードの適用を報告するために、governing body が次のことを行う必要があることを意味する、とされる[41]。すなわち、第 1 に、基本エレメントのすべてが適切なところに備えられていると確信していること、そして、そのためには、governing body が、各エレメントについて「ねばならない（must）」とされている補充規程の要件を満たすか、これを超えることが必要とされる。第 2 に、governing body は、基本エレメント、または、must とされる補充規程では不適当であると考えるところを、説明することである。そのような場合には、コードの適用に関する報告において、その理由が明確に示され、代替的な取組の概要が記載されるべきである、とされている。コードの適用に関する報告は、一般に入手可能な報告書（通例、年次報告書または財務書類）において開示されるものとされており、各大学のホームページで閲覧できることが一般的である[42]。

---

[40] 各エレメントの主語はいずれも governing body、第 6 と第 7 は must、その他は単純な現在形が使われている。

[41] CUC, supra note 36, at p. 6.

[42] CUC に加盟していないオックスフォード大学も、ホームページにおいて、大学ガバナンス・コードと同大学の対応との異同を表示して、同大学のガバナンスの主要な組織を説明している〈http://www.admin.ox.ac.uk/councilsec/governance/governancestructures/theuniversitygovernancestructure/gov_expl/〉（Accessed on 6 November 2018）。

3 大学ガバナンス・コードの主な内容

以下、7つの基本エレメントに関する補充規程について、must とされる内容を中心に概観する。

（1）第1エレメント・第2エレメント

第1エレメントに関する補充規程では、governing body は、当該大学が法人として課されるすべての法令上の要件を充足していることの保証を求めなければならない（1.1[43]）とされ、governing body の構成員は、公的生活における行為基準に沿って義務を遂行すること、最終的に大学業務の責任を集団として負担することを求められることや、公的資金については資金団体によって定められた財務上の覚書に従わなければならないこと（1.3）が、確認的に定められている。

第2エレメントの補充規程では、governing body の構成員は、構成員相互に倫理的な行動に関する最高の水準を確保し、公的生活において、大学について受け入れられた行動基準に従い常に倫理的に行動しなければならない（2.1）とされ、また、社会的関係や事業上の関係から影響を受けることなく、公平に行為しなければならず、議事の対象となる事項と金銭的利害関係、親族上またはその他の人的利害関係を有する構成員は、その利害関係を開示しなければならない、とされている（2.2）。governing body は、その決定プロセスが、寄付者、卒業生、企業スポンサーおよび政治的利害関係集団を含む、学外の利害関係者からの不適正な圧力から自由であることを確認しなければならない（2.3）、という補充規程もある。また、学生自治会との関係について、立法によれば、governing body は、学生の自治会または団体が、公正かつ民主的に、責任を果たし、財務的持続可能性のある方法で運営されることを確保するために、必要な実務的措置を講じなければならない（2.5）とされている。

governing body の構成については、後述の第7エレメントの補充規程により、その過半数が大学とは独立の学外構成員で構成されることを求められているが、単なる学外者では足りず、独立性が要件とされること、議事の対象となる事項との金銭的利害関係や人的利害関係の開示を求められる点、および、外部の利害関係者からの不適正な圧力を受けていないことの確認を求められる点は、大学の業務執行機関のガバナンスにとってきわめて重要であろう。

---

43 以下、丸括弧内の数字は、補充規程の番号である。

(2) 第3エレメント

　第3エレメントは、補充規程の数も多く、大学ガバナンスの上で特に重要なエレメントといえる。内容は、大学のミッションと戦略、持続可能性の確保に関するgoverning bodyの職責、監査および監査委員会、そして報酬委員会に関するものに大別できる。

　まず、governing bodyの職責について、governing bodyは、戦略レベルにおいて、大学のミッション、特質およびレピュテーションに責任を負い、governing bodyの構成員はこの責任を果たすため、適切に情報提供されることが必要であって、大学の長がミッションと戦略的展開に関する戦略的アドバイスと指針を提供して構成員を助けることを期待することができるとされる (3.1)。

　また、governing bodyは、適切な財務戦略が存在することを確保し、権限を委譲することなく、年次予算の承認について責任を負わなければならず (3.2)、大学の財務的な持続可能性についてばかりでなく、環境に対する影響についても、関係するKPIを含む適切なメカニズムによって、最も広い意味における大学の持続可能性のすべての側面を厳密に評価しなければならない (3.3)、とされる。そして、持続可能性を確保するに当たり、governing bodyは、そのプロセスと使用した証拠のタイプを説明し、資金拠出者が求める保証を提供する立場に立たなければならず、そのような評価の結果、将来の持続可能性に影響する深刻な問題があるときは、governing bodyは、問題解消のための適切な措置を講じなければならない (3.4)、とされている。

　governing bodyは、大学が関連規定と資金拠出団体その他の主要な資金拠出者によって定められた基金の条件を満たしていることの保証を得なければならず、これには、公的資金を適正な目的のために使用してその資金に十分見合うだけのもの (good value for money) を達成すること、リスク管理、財務統制およびガバナンスの健全なシステムを整えること、実績を監視し公的資金の使途を追跡調査するために、正規の、信頼できる適時適切な情報の利用を確保すること、ならびに、大学の持続可能性を守ることの必要性を含む (3.5)、としている。governing bodyは、定期的に、担当役員 (通常は総長) に委譲した権限をレビューし、状況の重大な変化と大学の利益に重大な影響を与え得る深刻な出来事を、資金拠出団体に通知しなければならない (3.6)、ともされている。

　大学による情報提供については、年次説明書 (annual accountability returns)、高

等教育統計機構の要求するデータ、チャリティーに関する規制により求められる情報、ならびに、資金拠出団体が当該大学のリスク状況を理解するために合理的に要求するその他の情報を含めて、資金使途について governing body が提出するデータは、それぞれの資金拠出団体の指示を遵守していなければならないこと (3.8) も、補充規程で定められている。

次に、監査委員会について、governing body は、データの管理と質の保証が適宜有効に取り決められていることの保証を得なければならず、そのために、データの質に関する保証を監査委員会に求めることができる (3.10) とされている。監査委員会は、小規模で、十分に情報が提供され、governing body からの権限委譲の下で、リスク管理の統制とガバナンスを検証する専門性と時間的余裕をもつ、権限ある組織である必要があるとし、また、財務事項に限定することなく、監査委員会の役割を大学活動のすべての領域に拡大すべきであるとしている (3.11)。監査委員会の構成と職務については、その過半数が独立の構成員（governing body 外からの招聘も可能）で構成されなければならず、次の事項を含む年次報告を作成して governing body に提出しなければならないとする。すなわち、大学のリスク管理、統制およびガバナンスの取決めの適切さと有効性に関する意見、経済性、効率性および有効性を通じて VFM を促進するためのプロセス、ならびに、大学におけるデータの管理と質の保証である (3.12)。

なお、監査に関して、資金拠出団体が governing body に求める明示的要件には、監査委員会の設置、監査委員会の年次報告の考察、考察に基づき必要となる行動、外部監査人の選任、内部監査業務の年次報告の考察、ならびに、監査済み年次財務書類の受領および承認があり、これらは、権限委譲されることなく、governing body の決定に留保されるべきである、とされている (3.7)。

第3に、報酬委員会について、まず、総長とその側近の報酬は、当該大学の持続可能性を確保し、レピュテーションを守るために、重要なものであって、それゆえ、governing body は、少なくとも、総長その他の上級職員の報酬等を検討し決定する報酬委員会を、定款等に定め、または、governing body の決定によって、設置しなければならない、とする (3.13)。報酬委員会の構成については、governing body の議長を含めなければならず、その過半数は独立の委員（監査委員会と同様に、governing body の外からの招聘も可能）であって、委員となるべき適切な経験を有する者から構成されるべきで、総長その他の上級職員は、委

員となることはできないとする。また、総長等は、直接利害関係のある審議がされる場合には、報酬委員会に出席することも禁止される。報酬委員会の審議に関連して、特に、大学の長（HoI）の報酬を審議するときは、委員会の議長は、governing body の議長ではない独立の上級構成員（a senior independent governor）が務めなければならない、としている（3.14）。また、報酬委員会は、その決定と活動を毎年 governing body に報告しなければならず、通常、その報告に governing body の構成員が制限を加えるべきではない、とする（3.15）。そして、報酬委員会の委員は、付託の範囲内で、教職員に対するすべての形態の給与・報酬・退職金を検討する際、大学の利益とともに、公益と公的基金の保護を考慮しなければならない、としている（3.16）。

（3）第4エレメント～第7エレメント

第4エレメントにおいては、アカデミック・ガバナンスや、アカデミック・リスクの有効な管理に関する補充規程に加えて、governing body は、学問の自由の原則（the principle of academic freedom）を理解し、尊重しなければならず、職や特権を失う危険に曝されることなく、法の範囲内で、常識とされる知に疑問を持ち、検討し、新しい考えや議論のある見解、または一般的でない意見を推し進めることのできる能力、ならびに、それを言論の自由の立法に守られたものとして維持しかつ保護することの責任を理解し、尊重しなければならない（4.3）、とも定めている。

第5エレメントについては、governing body は、大学の長期的な持続可能性を確保し、そのレピュテーションを維持することに責任を負うので、重大な財務上およびレピュテーション上のリスクを伴う対外的な活動が商取引（commercial transaction）を含む場合には、当該取決めがチャリティー法の規制を遵守していることの確認に注意を払わなければならない、とする（5.1）。

第6エレメントは、大学全体における平等性と多様性の推進に関するものである。まず、大学は、法によって広範な平等性と多様性に関する立法の遵守を求められており、governing body は、当該大学の法令遵守を確保する法的責任を担っていること等の確認的な補充規程が置かれている。さらに、こうした立法を超えて、governing body は、次の目的のために適切な取組みが存在することを確保しなければならないとして、違法な差別、ハラスメント等の排除、保護の対象である特性を有すると否とに関わらず、平等な機会の促進、ならびに、保護の

対象である特性を有する者と有しない者との間の、良好な関係の涵養を挙げている（6.3）。そして、governing body は、平等と多様性に関する戦略の実施計画が大学全体にわたって進められていることを確認しなければならず（6.4）、また、恒常的に、governing body の構成を振り返り、governing body が社会の規範と価値を反映することを確保するために、必要な施策を考察しなければならない（6.5）としている。

　第7エレメントでは、governing body の構成と構成員の選任、また構成員の選任に関連して指名委員会についても定められている。まず、governing body は、その過半数が、大学とは独立の、外部構成員で構成されなければならないとされ（7.1）、また、governing body は、いずれの構成員をも解任する権限をもつべきであり、当該者が選任条件に違反するときはその権限を行使すべきであるとされる（7.2）。指名委員会については、新たな構成員の選任、既存の構成員の任期、および、構成員に求められる技量のバランスについて governing body に助言する指名委員会（またはこれに類する委員会）を設置しなければならないとしている（7.3）。governing body の議長と秘書役は、すべての構成員がその役割と大学について必要な研修等を受けることを確保する（7.5）、という規程もあり、上場会社のコーポレートガバナンス・コードにおける取締役会議長と秘書役の役割を彷彿とさせる。

　他に、秘書役（または Clerk）に関する補充規程が設けられている。governing body とその委員会の有効性について、取締役会の評価に類する governing body のレビューと評価を定期的に行うべきことも定められている（7.10・7.11）。

六　CUC の報酬コード

1　策定の経緯・位置付け等

　CUC は、2018年6月、総長など大学上級職員の報酬コード（the Higher Education Senior Staff Remuneration Code. 以下「報酬コード」という。）を策定・公表した。これに先立つ2018年1月には、報酬コードの草案[44]が公表されているが、当時は、大学総長の高額報酬が世間の注目を集めていた[45]。なお、イギリスの大学総

44　CUC, Draft Remuneration Guidance（December 2017）.

長の平均給与は2015-16年度について24万9000ポンドとのことである[46]。草案と比べ、確定版の報酬コードは、形式面でより簡潔なものにまとめられている。

　報酬コードの利用は任意とされ、また、すべての高等教育提供者による利用が可能とされる。ただ、株式会社形態をとり、オーナー株主が経営者をかねて配当を得る大学もあって、コードの内容のすべてがすべての大学に適しているとはいえないため、「適用または説明（apply or explain）」アプローチが採用され、各大学は本コードの最低限の要件（"must"を使用する原則等）を満たしていること、または、不遵守についての意味のある説明と原則を満たすための他の対処方法等を開示するものとされている[47]。このように、報酬コードの利用は任意とされるが、報酬コードには、イングランドでは、学生局（OfS）が、登録条件の遵守を評価する際に、監査済み財務諸表における上級職員の報酬情報と本コードの遵守に関する情報の開示がなされているか否かを考慮することができる、との記述もされている[48]。

2　報酬コードの構成と内容

　報酬コードは、まず初めに、公正かつ適切な報酬の3つの核となるエレメント（three key elements）として、第1に、報酬の公正で、適切かつ正当化しうるレベル（fair, appropriate and justifiable level）、第2に、手続的公正さ、第3に、透明性と説明責任の3点を挙げる。この3つのエレメントそれぞれについて、比較的抽象度の高い説明文と複数の原則を設け、最後に解説（explanatory notes）が付けられている。

（1）公正、適切かつ正当化しうるレベルの報酬

　まず、公正かつ適切な報酬とは、個々人の役割の背景と期待される貢献、その

45　当時の報道では、2017年末、同年8月に退任したバース・スパ大学（Bath Spa University）の総長に、給与25万ポンドと42万9000ポンドの退職金、在任中の住宅手当2万ポンドとその他の現物給付2万ポンドが支給されたこと、バース大学（University of Bath）の総長には46万8000ポンドの給与が支払われたことなど、大学総長の高額報酬問題が報じられている。〈http://www.theguardian.com/education/2018/jan/09/universities-vice-chancellors-excessive-pay-news-guidelines〉（Accessed on 12 November 2018）〈http://www.bbc.com/news/education-42166590〉（Accessed on 4 January 2019）
46　〈http://www.bbc.com/news/uk-england-bristol-42260090〉（Accessed on 4 January 2019）
47　CUC, the Higher Education Senior Staff Remuneration Code (June 2018), at p. 2.
48　CUC, ibid., at p. 2.

役割を効果的に果たすために求められる属性を出発点として、その役割を通じた大学の成功への貢献を認識し、人的リソース活用におけるVFMの達成を示す必要性とバランスをとりつつ、適切なキャリアを有する者の人材市場におけるリクルートや再任、動機付けに十分なもの（sufficient to recruit, retain and motivate staff of appropriate calibre in the context of the market for that role）であるとされている。上場会社のUKコーポレートガバナンス・コードでは、2014年版以降削除された、人材市場におけるリクルート等への言及がみられる点は、若干気になるところである。イギリスでは、大学の総長に、大学経営の専門家を学外から招聘することが普及してきており、米国や英連邦諸国出身の経営者が採用される例も散見され、人材市場は国際化しているようである[49]。

次に、公正、適切かつ正当化しうるレベルの報酬に関する原則として、報酬は、a）当該大学が運営される背景を考慮に入れるべきこと、b）多くの構成要素に基づき、役割を担う個人がもたらす価値と結びついていなければならないこと、c）報酬体系から、性別およびその他の保護された特性に関わるバイアスを排除するという視点から、平等性、多様性および包含性の問題を考慮しなければならないこと、d）大学は職員に何を期待しているかを明らかにすべきで、目標を設定し、個々人の貢献を評価する、強固で一貫性のある手続が存在すべきであること、e）個々人の実績に応じて変動させることができること、f）特定の年度の目標達成とリンクした当該年度のボーナスとして付与される賞与は、固定されるべきではないこと、g）時々の役割の価値は、条件の変化、業績の維持、経験等の観点から再評価される必要があること、h）個人に期待される貢献が達成されなかったことは、結果を伴うべきであること、i）退職金には、合理的な理由があり、正当化されうるものでなければならないこと、j）個人がその能力において外部団体から得た収入の保有には、明白で、正当化しうる合理的な理由が存在すべきこと、という10項目をあげている。

（2）手続的公正

第2に、手続的公正については、能力ある人々が、一貫した枠組みに基礎を置く手続を通じて、適切な証拠に基づき、役割の価値、背景および個々人の実績を評価して行う独立の決定により、報酬が定められることを求めている。原則とし

---

[49] Kim, supra note 14, at pp. 37-38.

ては、次の5項目（c）、d）および e）は、"must" を挙げている。すなわち、a）上級職の報酬は、全職員の報酬に対する各大学の対応との関係において決定されるべきであり、とりわけ、他の職員の平均的な報酬の毎年の増加率を考慮すべきこと、b）いずれの個人も、自らの報酬の決定に関与することはできないこと、c）報酬委員会は、独立性と能力を有さなければならないこと、d）大学の長は報酬委員会の委員となってはならないこと、e）報酬委員会は、大学の長の報酬を審議するときは、governing body の議長ではない、学外委員（a lay governor）が委員長とならなければならないこと、である。

　草案では、報酬委員会に可能なかぎり専門家を含めるべきことや、報酬委員会は governing body およびその他のステークホルダーに対して決定または勧告を正当化できなければならないことが含まれていたが、これらは採用されていない。原則のd）とe）の内容は、大学ガバナンス・コードの補充規程3.14と同様である。

（3）透明性と説明責任

　第3に、報酬を定める手続は透明でなければならず、上級職の者の報酬については、競争的な環境、当該者の役割の価値および大学の業績に関係する、大学としての正当化が存在しなければならない、とされる。また、大学の長の報酬は、別途、正当化され、公開され、当該組織内の全職員（staff）の報酬と関連付けられなければならない、とされている。

　そして原則では、各大学は、governing body に対する年次報告書に基づいて、次の内容を含む年次書類を、容易に閲覧できる方法で公表しなければならないとして、a）報酬委員会に付託される職位を有する者のリスト、b）報酬委員会に付託される職位を有する者の報酬に関する方針、c）コンパレーターである大学または組織の選択、d）対外的な活動から生ずる収益に関する方針、e）大学の長の報酬の大学の全教職員の中央値の報酬に対する倍率、当該倍率がいかに変化しているかの説明、および、平均を著しく上回る場合には、その理由の説明、f）重要な変更の説明、という6項目を挙げている。e）は、いわゆるペイ・レシオの開示である。上場会社等については、2018年制定の規則（the Companies (Miscellaneous Reporting) Regulations 2018, SI 860/2018）により、取締役報酬報告書において CEO のペイ・レシオを開示することが求められており、これと歩調を合わせるものである。

7　むすびに代えて

　以上のように、イギリスのpre-1992大学とpost-1992大学との間には、設立を認め、ガバナンス組織を定める法的基礎に違いがあり、ガバナンスの実務にも両者の間にはかなりの相違があった。しかしながら、pre-1992大学においても、1980年代中葉以降、総長主導による大学改革が提唱され、総長およびカウンシルの権限拡大へと向かう潮流が、徐々に大学実務に変化をもたらし、業務執行組織（総長とカウンシルまたはガバナー会議）については、業務執行の効率性を高めるために、事業会社（上場会社等）のガバナンス組織に類する制度が標榜されていった。つまり、業務執行は専門的経営者である業務執行者（CEO）に委ね、株主の利益を代表する非業務執行取締役（独立社外取締役）が過半数を占める取締役会が、CEOの業務執行を監督するという、上場会社のコーポレート・ガバナンスの最良実務に類する組織である[50]。なお、イギリスの株式会社におけるガバナンス組織と同様に、業務執行組織である会議体は、一層制（unitary board）であって、元来、日本の監査役や監査役会に相当する業務執行の監督組織が別に存在するのではなく、カウンシル等から監査委員会や指名委員会等が派生していく形態がとられている。

　1992年法は、補助金を介して大学の会計監査制度や内部統制の整備を促し、その過程で監査実務コードが活用されている。財務情報の開示や第三者評価機関への情報提供の要請も充実している。しかしながら、折しも1992年は、キャドベリー報告書が公表された年であり、その後の会社法制の世界では、コーポレートガバナンス・コードを繰り返し改訂する中で、経営の効率性を維持しつつ業務執行者に対する適切な監督機能を確保し、CEOに権限を集中させることの危険性にいかに対処するかが模索されてきた。2014年に策定された大学ガバナンス・コードには、高等教育機関としての大学の特質に配慮しつつ、こうしたコーポレートガバナンス・コードのその後の進展を反映させたものが包含されているといえよう。2018年策定の報酬コードによる詳細な報酬情報の開示も、一定の成果

---

[50] この点の指摘として、例えば、M. Shattock, Governance and Management in University: the way we live in now, (1999) 14 Journal of Education Policy 271, at p. 277-278; Kim, supra note 14, at pp. 36-37.

を上げることが期待されている[51]。とはいえ、会社法制との比較からすると、コーポレートガバナンス・コードにおいて重要な役割を果たすことが強く期待される株主、特に、スチュワードシップ・コードの下で行為する機関投資家が存在しない点を、どのように補っていくのかが、やはり大学ガバナンスの課題であるということができよう。

　付記　本稿は、科学研究費助成事業（課題番号 17K03479）による研究成果の一部である。

51　Office for Students, Senior Staff Remuneration-Analysis of the 2017-18 disclosures (2019), at p. 4 〈https://www.officeforstudents.org.uk/publications/senior-staff-remuneration-analysis-of-the-2017-18-disclosures/〉 (Retrieved on 18 February 2019) は、報酬の高額化に歯止めがかかりつつあるとするが、その兆候は未だ明白なものとはいえない状況であろう。

ベーシック・インカムと社会保障給付
──慎重論の立場から「貢献」「参加」を考える──

衣　笠　葉　子

一　はじめに
二　BIの概要と「最低所得保障構想」
三　BIの実践例とOECDのレポート
四　BI導入に対する賛成論と反対論
五　BIの導入か社会保障給付の改革か
六　おわりに

一　はじめに

　少し前のことだが、世間話の中に織り交ぜるようにベーシック・インカム(Basic Income, BI)の話が登場することが立て続けにあった。日常の会話に登場するほどメジャーな概念になっていたのかと驚いた。BIは、働いていてもそうでなくても、困っている人だけでなくお金持ちであっても、誰にでも無条件で支給されるものである。これまで個人的にはどちらかといえば絵空事だとややネガティブに捉え、研究対象として正面から取り上げたことがなかった。しかし、AIの普及でやがて仕事がなくなるかもしれない、フィンランドでは政府がBIの社会実験を実施した、などと聞こえてきたことで、机上の空論だと思っていたBIに急に現実味が出てきた。

　BIに社会保障法学の立場からアプローチした先行研究はあまりない。本稿では、BI導入を巡る賛否両論を整理した上で、財源以外に何がBIの導入を躊躇させる要因なのか明らかにし、導入の当否について社会保障法学の視点から考察を加えたい。

二　BIの概要と「最低所得保障構想」

1　BIの定義

　ベーシック・インカム（BI）とは何か、議論の出発点となる定義をまず明らかにしておきたい。本章はBIの基本書ともいえるトニー・フィッツパトリックの著書を土台にして進めていく。

　フィッツパトリックは、BIを「毎週ないし毎月、すべての男性・女性・子どもに対して、市民権に基づく個人の権利として、すなわち、職業上の地位、職歴、求職の意思、婚姻上の地位とは無関係に、無条件で支払われる所得のこと」と定義した。なお、年齢による区別はここでいう「条件」に含めず、「年金受給者には高めのBIを、子どもには低めのBIを支給するというようなことが想定できる」とした[1]。

　この「無条件」の要素は、「条件付き」の社会保障給付と対比されたものである。ここでいう「条件付き」の社会保障給付とは、拠出に基づく受給資格を前提とする社会保険の給付や資力調査付きの公的扶助等の給付を指す。すなわち、BIは拠出要件もなければ資力調査もない。つまり高所得者（お金持ち）にも支給される。また、有償労働を前提とするものでもないことから、BIの受給資格や給付額は稼働所得を反映しない。そこで、「BIは市民権に基づく基本的な権利や、少なくとも最低限の水準の所得保障を受ける権利を具体化したものであり、有償労働を重視する社会保障給付の保険／扶助モデルに取って代わるものである」と要約されている[2]。

　また一方で、通常はBIが個人ベースの支給と構想されるとしつつ、世帯をベースとする形のBIを想定することも可能だと説明し、定義を柔軟に解釈する一面もみられる[3]。

1　トニー・フィッツパトリック（武川正吾・菊地英明訳）『自由と保障　ベーシック・インカム論争』（勁草書房、2005年）3－4頁参照。給付形式としては、現金給付だけでなく税額控除の場合もあるとする。
　　また、同書16-17頁によると、BIは居住者全員に給付が行われるものだとして、BIが対象とする「市民権」を単に「法的な居住資格」と定義している。
2　フィッツパトリック・前掲注1）4頁参照。
3　フィッツパトリック・前掲注1）41-42頁参照。

つまり、BIは、「無条件」という点を除けば、こうでなければBIではないといったような硬直的な原理ないし規範に縛られるようなものではない。その意味では、その国、その時代によって給付設計の自由度が高いものといえる。

2　BIの類縁
（1）「最低所得保障構想」

フィッツパトリックは、BIのほかにも「最低所得をすべての者に与えることを目標とする」提案があるとして、「社会配当」、「参加所得」、「負の所得税」を取り上げ、それら一群を「最低所得保障構想」（Guaranteed Minimum Income Schemes, GMIS）として整理した[4]。

BIは上記の通り「無条件」の給付として位置付けられ、さらに、それだけで十分に生活できる「完全BI」（Full BI）、生活に十分な額ではない「部分BI」（Partial BI）、その二つのBIに至る過渡的な形態である「過渡的BI」（Transitional BI）の三つの分類が示されている。

「無条件」性の序列でいくと、BIの次に、市場社会主義に基づく「社会配当」（Social Dividend, SD）、その次に、「社会的に有益な活動」（賃金労働に限らない）を行っていることを条件に給付される「参加所得」（Participation Income, PI）、最後に、非常に厳格な条件を伴い、かつ、低所得者に補助を行うことが目的であるため十分な給付水準ではない「負の所得税」（Negative Income Tax, NIT）が位置付けられる。

最後の「負の所得税」は、所得条件付きで保障水準も不十分であるため、同構想の中ではBIとは対極に位置付けられている。しかし、「保険／扶助モデルを避けて最低所得を保障しようとするものであるわけだから、これをBIに関する議論から外すのは適切ではない」として、ほかの二つに並べて紹介されている。つまり、この最低所得保障構想は、BIを含めた「保険／扶助モデルに属さない」保障（給付）の態様を「無条件〜条件付き」の軸に沿って包括的に描いたものであり[5]、それら三つがBIの一種とされているわけではないことに注意が必要である。

---

[4] フィッツパトリック・前掲注1）42-45頁参照。なお、実際には同書ではguaranteedの対訳に「保証」が充てられている。しかし、「所得保障」というカテゴリーで論じていることと整合させて、本稿ではあえて「保障」の訳語を充て、「最低所得保障構想」と表記することとする。
[5] フィッツパトリック・前掲注1）45頁は、それらの三つの形態を「BIのイデオロギー的な変種」と表現して、BIを含むGMISの見取り図を提示している。同書は、急進右派の「負の所得

(2) BI との相違点

(a)「社会配当」(SD) は、「〔市民が〕社会資本の共同株主として受け取る配当」と説明されている。SD が役割を果たすことができるのは市場社会主義経済においてであり、SD を導入するためには財産所有の性質を変える（社会の富を共有する）必要があるとされる[6]。つまり、下記の「参加所得」(PI) や「負の所得税」(NIT) は現在の社会でも導入の可能性はあるが、SD は現実的ではない議論といえる。

BI も SD も財源を税金等から調達して寛大な給付を行う点では類似しているが、BI は「資本主義経済」における無条件の所得で、市民を「生存」手段に関係付ける所得移転、他方で、SD は「（市場）社会主義経済」における無条件の所得で、市民を「生産」手段に関係付ける所得移転とされ[7]、決定的な相違点がある。

(b)「参加所得」(PI) は、トニー・アトキンソンが「改良された社会保険制度を補完するもの」として1990年代に提唱したものであり[8]、上記の通り「社会的に有益な活動」を行っていることを条件に支払われる給付と説明されている。PI は、資力調査を除去することを主な目的としており、その点では無条件だが、他方で、BI の無条件性が当分は一般に受け入れられないだろうとして、「社会貢献」といういわば「条件付き BI」として提案されたものである。

アトキンソンが提示した PI の対象となる「社会貢献」ないし「諸活動」は、①有償労働、②年金受給年齢、③障害による労働不能、④失業、だけでなく、⑤就学・職業訓練、⑥年少者・高齢者・障害者のケア、⑦ボランタリーワークも含む。その点で、BI と同じ給付を維持しながら頑強なフリーライダーを排除し得ると評価されている。ただし、フィッツパトリックは、BI よりも受け入れられやすいかもしれないが、PI では結局のところ何が「参加的」かチェックせざるを得ず、行政上煩雑であるとともに、無条件の BI であれば回避可能な問題（社会的メンバーシップを定義する諸活動への参加を拒否する者の排除）が生じることを避けられないと指摘する[9]。

税」、福祉集合主義者の「参加所得」、市場社会主義者の「社会配当」、エコロジスト、フェミニストの政策パッケージの一部としての BI の順で取り上げて分析を加えたところに特徴がある。ただし、本稿では、それらの政治史的思想的スタンスを含めた検討は行わない。

6　フィッツパトリック・前掲注1）159-160頁、164頁参照。
7　フィッツパトリック・前掲注1）170頁参照。
8　フィッツパトリック・前掲注1）135頁参照。

(c)「負の所得税」(NIT) は、「一定の水準を下回る所得の者に、『負の』税を支払うための、税と移転の調整システム」と説明されている。NIT は最低所得水準を設定した上で「資力調査を普遍的に行う」システムであり、勤労所得と課税最低限との差額を求め、所得が増えるにつれて負の所得税が減る形で計算される。所得がある一定の基準に到達した後は「正の」税を納めることになる。実質的に賃金の補助のような役割を果たすため、理論上、勤労意欲を損なうことがない点に特徴がある[10]。

BI と NIT の違いとして挙げられているのは、BI が無条件で自動的に（個人に）給付されるものであるのに対して、①NIT が所得等の計算を経てからの給付、つまり事後の給付形態をとる点、②NIT が低賃金労働者に対する就労意欲を喚起させるための制度である点、③裕福な世帯に属する個人に NIT が支払われることを避けるため、困窮個人ではなく困窮世帯に的を絞る点、である[11]。

なお、給付付き税額控除（Tax Credit, TC）は NIT から派生したものであるが、NIT が概念上、最低所得水準を上限とする税制内の所得移転であるのに対して、TC は社会保障給付に位置付けられる。TC は、通常、世帯単位で設計され、資産制限も設けられる。具体的に、世帯ごとに各種の要素や加算に基づいて給付の最高額を決定し、そこから所得（または給付によっては「基準額」を超えた所得）の一定割合（逓減率（taper rate））の相当額を控除するという仕組みをとる。

三　BI の実践例と OECD のレポート

1　フィンランドの BI 社会実験
（1）概　要

2017年1月、フィンランドで BI の社会実験が2年間の予定で開始された。世界初の国家レベルでの実験である。BI そのものに関しては、現行の様々な個別社会保障制度をユニバーサル・ベーシック・インカム（Universal Basic Income, UBI）に置き換えることで、複雑な給付システムをシンプルなものとすることが

9　フィッツパトリック・前掲注1）136-137頁、139頁参照。
10　フィッツパトリック・前掲注1）103-106頁、111頁参照。
11　フィッツパトリック・前掲注1）111-112頁参照。世帯給付か個人給付かについては、BI のような無条件の個人ベースの給付こそが市民権や自立といった資質を高めると述べている。

期待されていた。失業給付、住宅給付、社会扶助などが関連する目的かつ同じ局面で機能しているにもかかわらず、ニーズや受給権が異なることを反映して、それぞれ固有の受給資格要件や給付算定方法に基づくこと（それらのルールにあまり整合性がない）、また、課税対象かどうかも給付によって異なっていることが課題とされてきた。

この社会実験では、BIがそのような複雑な給付制度の煩雑な手続きを減らし得るかを確認することも期待されたが、主要な目的は、BIが失業者の就職およびその後の就労継続のインセンティブを高めることができるかを確認することにあった[12]。そのため、本来であればBIは様々な属性の者を対象とするはずであるが、この社会実験の対象者は失業給付の受給者に限定され、25歳から58歳の2,000人が抽出された。

この社会実験におけるBIは、被験者に対して失業給付の代わりに毎月560ユーロを無条件に給付するという内容であった。この「無条件」というのは、所得比例の傾斜的給付でもなく、かつ、アクティベーション参加条件付きでも求職条件付きでもないことを指す。社会実験におけるBIそのものは非課税に設定され、また、それ以外の社会保障給付については社会実験の間もそのままとされた[13]。すなわち、実験途中に仕事が見つかっても当該BIは給与に完全に上乗せされる形がとられた。

(2) アクティベーション・モデルへ

ところで、上記社会実験と並行して、フィンランド政府は、就労のインセンティブを高めることを目的として、2018年1月から失業給付の受給者に新しいアクティベーション参加条件を導入した。失業給付の終了間際になって就職率が急に上がることが確認されており、しかも給付の支給期間を短縮しても同様の現象が見られることから、就労のインセンティブをより早期に喚起することを目的とした改革である。

具体的には、失業から3ヵ月の期間ごとに少なくとも18時間はアクティベーションの活動に参加しないと、次の3ヵ月において失業給付が4.5%減らされ

12　Marjukka Turunen, "Basic income: An answer to social security problems?", *OECD Yearbook 2017*（2017）, p. 26.

13　Jon Kristian Pareliussen, Hyunjeong Hwang, Heikki Viitamäki, "Basic income or a single tapering rule? Incentives, inclusiveness and affordability compared for the case of Finland", *OECD Economics Department Working Papers*, No. 1464（2018）, p. 12.

る、という内容である[14]。

　同年4月に入り、上述のBI社会実験を同年12月末で終了させる方針が示された。このアクティベーション参加条件が導入された中、実験が継続されない旨が明らかにされたことで、フィンランド政府がBI実験に「見切りを付けた」と一部でネガティブに報じられたが、当初から社会実験は2年間の予定であり、終了後に実験の効果の検証が報告されることとなっていた。

　なお、アクティベーションと狭義のBIはともに大きな財政コストを必要とするがゆえに両立困難だとする指摘は従来からある[15]。仮に、実際にBIのコストがその他の社会政策の実施と両立し難いならば、どのような方向性がベターなのだろうか。

2　OECDの評価
（1）二つの改革シナリオ

　OECDがフィンランドにおけるBI社会実験を素材に、UBIとユニバーサル・クレジット（Universal Credit, UC）の二つの給付によるフィンランドを例にとった改革シナリオを比較したレポートを出している。

　同レポートは、UBIとUCのどちらが社会保障給付の複雑さを解消しかつ就労のインセンティブを高めるような給付システムとして有効かを検証している。

　比較検証の前提とされる二つのシナリオのUBIとUCが代替する既存の社会保障給付の範囲は大部分は重なるものの、両者の性格の違いから若干異なる。後者は所得関連の低所得者向け給付を中心に代替する。BIシナリオにおいては、UBIが失業給付のほか、社会扶助のうち住宅補助を除く部分、児童手当、児童手当のひとり親加算、家庭保育手当を代替するものと設定された。それに対して、UCシナリオのUCが代替する範囲は、失業給付を代替するのはBIと同じだが、児童手当とひとり親加算を代替の対象としない一方で、社会扶助のすべて

14　Jon Kristian Pareliussen, Hyunjeong Hwang, "Benefit reform for employment and equal opportunity in Finland", *OECD Economics Department Working Papers*, No. 1467（2018）, pp. 28-29.
15　他方で「負の所得税」（NIT）と共存することは可能だとする。宮本太郎「社会的包摂への三つのアプローチ——福祉国家と所得保障の再編」月刊自治研46巻533号（2004年）26-28頁参照。その見解では、アクティベーションとBIを収斂させる方向性の一つとして、給付条件として社会参加をBIの受給資格の設定に求める「参加所得」（PI）を挙げる。

と住宅給付、さらに保育料の所得関連要素も吸収させている[16]。

（2）ユニバーサル・クレジット（UC）

OECDのレポートが比較検証の素材としたUCは、英国の制度を参考にしたものである。そこで、UCシナリオのUCで用いられる算定方法や逓減率（控除後所得の65％）も英国のUCを参考に設定された[17]。

ところで、英国におけるUCの創設目的は、受給者、行政の双方にとってシンプルな給付制度にすること、就労に移行しやすくすること、受給率を高めてかつ稼働時間数に関係なく就労による収入（work pay）を増やすことで貧困問題に取り組むことにあった。

その改革で、扶助や失業、住宅（家賃）、子育て等に関する低所得者向けの六つの給付ないしタックスクレジットが単一の傾斜的クレジットに集約された。福祉改革法が2012年3月に成立し、2013年から雇用年金省がUC改革の展開を開始した。当初、単身で子どもがいない持ち家のない失業者を対象として始まったが、2014年半ばにようやくイングランドの北西部でカップルや子どものいる世帯などを含めた全面的な実施に至った。その後、2015年から2016年にかけて全国実施に展開したが、収入のデータがオンラインでその都度雇用主等によって入力されるICTのフルサービスの完備は2022年までかかると想定されている。なお、初期の展開に対する分析によると、旧来の給付システム下の受給者に比べて、就労に向かうパーセンテージが上がったとの報告がなされている。

その後、UCは順次改善されており、2017年4月から逓減率が65％から63％に引き下げられ、2018年1月からは従来から批判があった7日の待期期間の廃止も行われた[18]。

（3）評　価

OECDのレポートは、UBIでは従来の社会保障給付システムと同様に脆弱な者を十分に保護できないと分析する。UBIへの代替によって給付がシンプルなものとなり、また、就労のインセンティブが増す者も中にはいるが、低所得者層にとっては、BIシナリオのUBIが課税対象であることから所得再分配の対象に組み入れられ、UBIが給付される効果が薄れてしまう。BIシナリオに基づく計

16　Pareliussen, Hwang, Viitamäki, *supra* note 13, pp. 6-7.
17　Pareliussen, Hwang, Viitamäki, *supra* note 13, pp. 13-14.
18　Pareliussen, Hwang, *supra* note 14, p. 20.

算では、実際に貧困率が高まるという数字が示されている[19]。

それに対してUCタイプの改革は、社会保障給付の複雑さを緩和し、就労のインセンティブを増進するだけでなく、現行の財源の範囲内で社会的保護を高め貧困を減らすことができると評価されている。ただ、BIと比べて現行の給付システムからそれほど大きな改革を要するものではないものの、実行に移すにはBIよりも技術的に大変だと指摘されている[20]。

レポートのシナリオのUBIは上記の通り課税できるものと設定されている。フィンランドの社会実験のBIは非課税のものとして実施されたが、BIはそもそも課税対象として構想され得るものである。ただ、どのような課税をするかは具体的な制度設計に委ねられる。

最後に同レポートは結論として、フィンランドのように社会保障制度が発展し、多様なニーズに対して的を絞り込んだセーフティネットを既に整備している国にとっては、BIだとシンプルすぎて、それまで対応できていたニーズ等にむしろ対応できなくなってしまうデメリットを指摘している[21]。

四 BI導入に対する賛成論と反対論

1 賛成派の論拠と提案されるBI
（1）提案されるBIの形

本章では、日本におけるBI導入の提案に関する議論について、賛成派（積極派）と否定派（慎重派）に分けて整理する。本章が依拠するスタンダードなBI（完全BI）の姿は、就労の有無等を問わず「すべての個人」に対する「無条件」な「（最低）生活所得保障」である。先にも述べたが、この「個人単位」と「無条件」（＝資力調査および稼働能力調査を伴わない）がまさにBIの特徴である。また、位置付けとしては、「現行の社会保障制度の現金給付部分の置き換え」であり、財源を比例課税と各種所得控除の廃止に求める「社会保障と税制を統合する」構想を参考にする[22]。

---

19 BIシナリオに基づくと、貧困率が11.4%から14.1%に上昇し、15万人が貧困ラインの下に落ち込む（うち子どもが3万人含まれる）、他方で、UCシナリオに基づくと、逆に9万人が貧困を脱し、貧困率が9.7%に下がると試算された。Pareliussen, Hwang, *supra* note 14, pp. 24-25.
20 Pareliussen, Hwang, Viitamäki, *supra* note 13, p. 21.
21 Pareliussen, Hwang, Viitamäki, *supra* note 13, p. 22.

ただし、そのような完全BIに対して、徐々にBIを導入していくプロセスとしての部分的なBIという提案もあり得る。それには、①生活できる額ではない少額のBIを今ある制度（例えば生活保護）に付加、併置する形で導入していく形と、②すべての人にではなく、ひとり親家庭・失業者・高齢者といったカテゴリーの条件を付けて支給していく形、の二つの道筋があるとされる。

例えば、子どもと高齢者については先行して比較的大きい額を配り、その次の段階として、少額でもいいから全員に配るという提案がある[23]。また、より具体的な実現プロセスのイメージとして、「年金の税財源化」「児童手当の普遍化・増額」「給付型税額控除」が導入されれば、それがいわば部分的なBIに相当するとしてBI導入がより現実に近づくと説明するものもある[24]。

（2）賛成派の論拠と提案されるBIの特徴

BI導入に賛成の立場をとる見解の論拠は各論者にとって一つではなく、重なるところも少なくない。その中でも各論者が強調するあるいは重点を置くところを取り上げ、各論拠に合わせてどのような形のBIを提案しているかを以下に整理する。

　① **漏給問題の改善**　一人当たりの生活保護の給付額の高さが実際の支給要件を厳しくし、被保護者の比率を下げているという認識を出発点とする見解がある[25]。つまり捕捉率の問題（漏給の問題）を指摘する。公的扶助の厳格な資力調査はスティグマにもつながる。

その見解では捕捉率を上げることに重点を置くことから、生活保護の給付水準を下げること、そうすることで、BIとしてすべての人がアクセスできるようにしようと提案する。具体的には老齢基礎年金の満額程度の額を提示している。その代わりに、「すべての人に無条件で所得を与える」というBIを念頭に置いてい

22　小沢修司「雇用・家族の変化とベーシック・インカム」家族研究年報42号（2017年）13頁、同『福祉社会と社会保障改革　ベーシック・インカム構想の新地平』（高菅出版、2002年）104頁参照。なお、課税に関しては、消費税と定率所得税（比例課税）の主張が多く、後者がよりスタンダードな主張だとされる。橘木俊詔・山森亮『貧困を救うのは、社会保障改革か、ベーシック・インカムか』（人文書院、2009年）264-268頁参照。
23　橘木・山森・前掲注22）241-243頁［山森氏発言部分］参照。
24　山森亮『ベーシック・インカム入門　無条件給付の基本所得を考える』（光文社、2009年）269頁参照。また、髙松里江・橘木俊詔「新しい福祉システムを導入するに際して考慮すること――ベーシック・インカム政策を支持するのはどういう人か――」橘木俊詔ほか編『社会保障改革への提言――いま、日本に何が求められているのか――』（ミネルヴァ書房、2012年）27頁参照。
25　原田泰『ベーシック・インカム』（中央公論新社、2015年）25頁参照。

る[26]。つまり給付水準における部分 BI だといえる。豊かな人にも BI を支給する理由としては、BI の導入に伴って廃止する基本的な所得控除の代わりと考えることと、BI を配付してから課税した方が徴税コストが低いことを挙げている[27]。

もっとも、生活扶助等を BI で完全に代替するのならば、その BI はナショナル・ミニマムを担保するものでなければならないはずであり、特別なニーズへの対応策等に関し言及がない以上、基礎年金と同様の保障水準に下げるとするこの見解には、やや疑問を感じる。

② 社会保障の構造的ミスマッチ（少子高齢化、長期大量失業の慢性化）への対応

少子高齢化の進行によって各種の社会保険制度において収支均衡条件の維持が困難になっているとし、「社会保険中心主義」から脱却する場合の所得保障の「代替」アイデアとして、また、その際 IT 社会における「生産性向上と雇用機会減少」を考慮に入れ完全雇用モデルから切り離した「新たな所得保障モデル」を模索するものとして、それらの両面から BI を支持する見解がある[28]。

この見解では、BI の水準につき、憲法25条を根拠に「生活に足る水準」が給付されるべきとしつつも、各人の生活事情や境遇の違い、様々な格差への対応をどこまで個人任せにできるか問題があるとして、「一律定額の給付」は難しく、年齢世代に応じた合理的な給付額の設定や特別なニーズに対する付加的給付の上乗せが必要だとして、「結局リスク・マネジメントのためにミニ社会保障的なシステムを構築せざるをえないであろう」と述べている[29]。

ただし、この見解は、給付水準よりも無条件給付であることを BI の基本と考え、現実に「生活に足る水準」を決めるのは容易ではないと給付水準の設定に一定の理解を示すとともに、成人・子ども・老人といった区別で給付水準を設定し、「国民の合意が成熟する状況に合わせて優先性やフィージビリティ（実行可能

---

26 原田・注25）45-46頁、140頁、143頁参照。その提案による BI は、所得保障に通じるすべての社会保障政策に代替するものとされ、他方、医療分野に関しては現行の制度を前提として理論を展開している。同書117頁、145頁参照。
27 原田・注25）146頁参照。なお、同書118頁、135頁は、BI の財源として、所得控除の廃止と、BI を含む所得に対する一律30％の比例課税を提示するが、BI と累進税の組合せも許容する考えを示す。
28 成瀬龍夫「ベーシック・インカムの魅惑と当惑」大原社会問題研究所雑誌634号（2011年）3-4頁、同「日本の社会保障改革とベーシック・インカム構想」経済理論49巻2号（2012年）29頁参照。
29 成瀬・前掲注28）（「ベーシック・インカムの魅惑と当惑」）5頁、7頁参照。

性)の大きい部分から導入し段階的に拡大していくプロセスが展望される」として、導入プロセスとしての部分的な BI を提案する[30]。

　③　**社会保障制度と税制度の統合による行政コストの削減**　BI が「現行社会保障制度と所得税制」を「統合」し、それによって「行政組織の大幅な簡素化」や「行政コストの削減」を行い得ることを論拠とする見解がある。

　その見解では、現金給付型の社会保障をすべて廃止して BI に統合させる一方で、現物給付的な医療保険、介護保険、社会福祉は存続させて現物給付型の社会保障制度として再構築させると描いている。ただし、BI をある年齢以上の成人に対する一律の給付とすること、具体的には、BI 支給の対象を18歳以上とし、18歳未満の被扶養者については扶養給付を BI に「加算」して支給する案を示す[31]。

　④　**ケア提供に対する経済的補償**　賃労働のみらず「家事、育児、介護等の家事労働やコミュニティにおけるボランティア活動等の不払いの労働」によって人々の生活が支えられているとして、しかし、育児・介護等のケアの範囲を同定し時間で区切ったり測定したりすることができない以上、ケア労働遂行自体に対応する手当で経済的補償を行うのは難しいという認識を出発点とする見解がある。その見解は、したがって、ケアを経済的に補償するには普遍的に補償するしかないとの考え方を論拠に、無条件の BI を提案する[32]。

　この見解の「無条件」BI の最大の特徴は、子どもの BI について減額することを是としない点である。しかも、むしろ成人より高い BI とすべきだとする。すなわち、ケアを必要とする子どもにとっての適切な BI として、物質的必要のコストに加え、「ケア／保育の（機会）コスト」も含めるべきだとの考え方を示すとともに、「ケアの必要」への支払いを通じて、実質的にはケアの担い手への保障を促し得ると説明する[33]。

30　成瀬・前掲注28)（「日本の社会保障改革とベーシック・インカム構想」）28頁、30頁参照。
31　矢野秀利「ベーシック・インカムと社会保障への影響――新しい所得税制と社会保障との統合の可能性――」関西大学社会学部紀要40巻 2 号（2009年）88-90頁参照。なお、課税に関しては、BI の導入に伴って30-40％程度の比例課税に変更して各種の所得控除を廃止する案を提示する。
32　堅田香緒里「ベーシック・インカムとケア」家族研究年報42号（2017年）25頁、27頁参照。無条件給付の BI であれば「家事・ケア労働のような何らかの『貢献』に対する支払いではない」から「ケアの範囲を同定する必要もない」とする。
33　堅田・前掲注32) 28頁参照。

⑤ **AIによる技術的失業への対応**　新しい技術が人間から雇用を奪うという「技術的失業」が近い将来AIによって広くもたらされるという想定を論拠にBIを強く支持する見解がある。技術的失業を労働移動によって解消しようにも、事務職だけでなく肉体労働についても雇用そのものが減少し、そのうち汎用AIおよび汎用ロボットが出現すれば、やがて就業者数は全人口の1割程度に落ち込む社会（「脱労働社会」）となると予想する[34]。

その見解は、現在の生活保護制度における資力調査の行政コストや不正受給、漏給などの問題点が、AIに仕事を奪われた人に対する生活保護の適用拡大に伴って大きくなっていくこと、国民の多くが失業する脱労働社会では選別コストが莫大になるため社会保障制度の抜本的改革が必要になることを挙げ、かかる社会に相応しいのはBIのような普遍的な制度だと主張する[35]。

2　否定派の論拠と主張される所得保障

対して、BIの導入に否定的ないし慎重な立場をとる主な見解は以下の通りである。

① **多人数世帯に過大な給付となる**　BIは個人単位の給付であることを特徴とするが、仮に、単身の生活扶助基準に相当する給付水準をBIとして各個人に保障すると、多人数世帯には過大な給付となるという問題点を論拠に、BIに否定的な見解がある。その見解は、世帯にとって過大な給付を所得税により調整しようとすると世帯単位の税制となり、それはそれで個人の働き方に影響を与えBIの趣旨の一つである「自由な意思決定」からかけ離れてしまうと懸念する[36]。

そこで、BIのような単一政策では貧困や所得保障制度の抱える問題に対応できないとして、最低所得保障は、生活保護、最低保障年金、雇用保険、失業扶助、最低賃金、社会手当による「整合性」と「包括性」を兼ね備えた多層構造が望ましいと主張する。

その見解は、具体的には社会保険を中心とした個人単位の所得保障制度を再構築しつつ、特定世帯に配慮する社会手当によって実質的に世帯単位の所得保障を

---

[34] 井上智洋『AI時代の新・ベーシックインカム論』（光文社、2018年）137-166頁参照。
[35] 井上・前掲注34) 169-170頁参照。また、同書182頁は、BIのような大がかりな再分配政策を行わないと、多くの者が所得を得られず消費もできないため、経済が縮小すると指摘する。
[36] 駒村康平「最低所得保障制度の確立」駒村康平編『最低所得保障』（岩波書店、2010年）220-221頁参照。

達成させること、そして、整合性と包括性を図る前提として、生活保護制度が今後はあらゆる生活困窮状態を想定した間口の広い制度となる必要があり、その運用において最低生活の保障が実質的に行われ所得保障制度の下支えとなることがまず必要だと述べる[37]。

　この見解がBIを否定する論拠に関しては私見と異なるが、提案される所得保障制度改革の方向性については同意できる点が多い。

　②　**単身世帯に十分な最低生活保障ができないおそれがある**　BIでは給付漏れの問題は起こらないという点を評価しつつ、多人数世帯には過剰な給付となるという①と同じ認識を示した上で、逆に「〔多人数世帯の〕共通消費部分を考慮せずに給付額を設定してしまうと、単身世帯が相対的に不利になる」として、世帯構成や対象者の属性に配慮した保障水準を確保すべきとの論拠からBIを否定する見解がある[38]。

　特定の世帯（高齢者・ひとり親・障害者・失業者）に貧困が集中している現実を前提に、それぞれに十分な給付水準を確保するために、「個別のニーズに応じて考えていくべき」として、この見解はひとまず高齢者について、税を財源とした、「（夫婦の）共通消費を考慮した最低保障年金」を提案する。共通消費を認めることで単身の給付額を高めることができ、高齢期の単身女性の貧困問題の解決に資すると論じる。低年金者、無年金者が対象であるが、資産を持つ高齢者と持たない高齢者の間の不公平感を念頭に、資産額に応じた給付水準の逓減も提案に含んでいる。なお、基礎年金の税方式化に対しては、これまで保険料を払っていた者と未納者の間の不公平感を理由に反対する立場をとり、自身の保険料納付に対応する年金があれば上乗せすることで年金収入が全くない者との不公平感を減じることができると述べる[39]。

　③　**労働意欲を阻害する**　BIは働かない人の数を増加させたり、現在働いている人の勤労意欲を阻害したりする可能性が高いとして、BI導入に慎重な立場をとる見解がある。その見解は、日本では労働忌避への嫌悪感が強く現在はBI

---

[37] 駒村・前掲注36）222頁、225-227頁参照。また、生活保護受給者について、介護保険の第1号被保険者のように、公的年金や医療保険の保険料を生活扶助に加算し社会保険制度に参加させるべきことも提言する。

[38] 四方理人「最低所得保障をめぐる論点──生活保護、ベーシック・インカム、基礎年金の限界」三田評論1142号（2011年）35-37頁参照。

[39] 四方・前掲注38）36-38頁参照。

導入の可能性はないが、将来は導入があり得るかもしれないとしてその具体案を示す[40]。

　BI を部分的に支持する見解でもあり、賛成派に分類するか否定派に分類するか迷うところであるが、働く意思のない人や働いている人（特に高所得者）への給付に対する人々の「抵抗感」を強調し、社会保障制度の活用で貧困者を削減する方がより効果的だとして既存の社会保障給付を BI「的」なものに改革する案を示すため、ここでは否定派に整理した。

　この見解は、働くことのできない世代への BI には抵抗感が少ないとして、働くことができる世代とそれ以外（幼児・教育世代と65歳以降の引退世代）に分け、後者のうち幼児・教育世代には児童手当（ただし、所得制限のない普遍主義的なものとして）を掲げ、引退世代には基礎年金の全額を消費税で賄う案を提示する[41]。

五　BI の導入か社会保障給付の改革か

1　社会保障と BI の位置関係
（1）BI の無条件性と社会保障の必要原則

　上述の通り、通常、BI は個人単位を基本とした無条件の給付として構想される。中でも「無条件性」が従来の所得保障制度と「根本的に異なる点」だとして、従来の社会保障給付を「拠出原則」（あるいは貢献原則）と「必要原則」の 2 点で整理し、BI と対比させる見解がある。

　それによると、①社会保険は、保険料拠出と必要原則としての保険事故の発生が要求され、②社会手当は財源が税であるため、原則として、必要原則のみに基づく給付となる。③公的扶助は、財源が税であるため拠出原則が適用されないことは社会手当と同様であるが、資力調査がある上にワークフェア的に就労要件を課されることもあることが指摘されている。そのような整理に基づき、この見解は、BI は社会手当に近いと解釈している[42]。

40　橘木俊詔『貧困大国ニッポンの課題――格差、社会保障、教育』（人文書院、2015年）102-103頁、139-144頁、橘木俊詔・高畑雄嗣『働くための社会制度』（東京大学出版会、2012年）63頁参照。
41　橘木・高畑・前掲注40) 63-64頁参照。その案では、勤労世代の親に子の扶養義務があることなどを理由に、高齢者に対する給付（月額 8 万円）より幼児・教育世代への給付（月額 3 万円）のほうを低く設定する。
42　武川正吾「21世紀社会政策の構想のために　ベーシック・インカムという思考実験」武川正吾

ただし、社会手当は、「必要原則」に基づくと説明されているように、一般に手当が必要だと考えられる人々を年齢やカテゴリーで分類した層を対象とする。つまり、BIに近いとしても、その範囲を限界としたいわば部分的なBIにとどまる。しかも日本の社会手当の場合は、基本的に所得制限が設けられており、BIの普遍主義的性格とは明らかに相違する。

社会保障は、「生活保障を必要とする人に対して、一定の所得ないしサービス（医療および社会福祉サービス）を公的に提供することで、これらの生活上の困難・危険を回避し、軽減するために準備された制度」と定義される[43]。つまり、社会保障の給付は、一定の「要保障事由（事故）」の発生、上記でいえば必要原則を前提とするものであり、受給者が必要としているか否かに関係なく支給されるBIは、その点で社会保障の定義から外れることになる。

（2）社会保障とBIの関係性

BIが公的扶助、失業保険などの社会保障給付を置き換えるというコンセプトのものであり、社会保障が本来担う役割の一部を果たすことから、社会保障とBIの領域が交錯する。

この社会保障とBIの関係性については、「BIを公共政策の体系のなかで考えると、それは社会保障のための社会政策の一種、より正確には、所得保障のための社会政策の一種ということになる」と説明するものがある[44]。つまり、社会政策として重なる部分を持つものの、BIを社会保障とは別の属性のものと捉えていることが明確である。上述の通り必要性の有無を前提としないBIは、社会保障とはまた違う目的をもった社会政策といえる。BIが「所得保障」と表現されるゆえか、社会保障の一種として捉える議論も見かけることがあるが、その認識は適切ではない。

ところで、BIが代替しきれないとする個々のニーズにはどう対応すればいいだろう。BIが全市民に対する無条件給付であるという「原理的な理由」から、個別的なニーズに対してはBIの加算や手当の導入によらず、現物給付の拡充で対応すべきとする見解も示されている。そこでは個別的なニーズに対応する必要原則とBIは「相容れない」と強い表現がとられている[45]。

編著『シティズンシップとベーシック・インカムの可能性』（法律文化社、2008年）24-25頁参照。
43　西村健一郎『社会保障法』（有斐閣、追補、2006年）3頁参照。
44　武川・前掲注42）22頁参照。

確かに、BI（この場合、完全BIを指す）が既存の所得保障を「全て」代替するものであり、かつ、無条件・普遍的な給付として構想されることから、個別のニーズに対応しようとしてBIの金額を人によって変えたり別の現金給付を併給したりすることは自己矛盾となる。しかし、だからといって実際に現物給付に置き換えることには限界があろう。また、市民の自由の尊重を重視すると、なるべく現金給付が望ましい。しかし、BIの水準について、それらの個別のニーズをも包括的に保障できるだけのものと設定することはまず不可能である。それは同時に過分な額が支給される者を多く生じさせてしまうことも意味する。

結局のところ、ニーズと対応関係にない給付に対する違和感は、ニーズに裏付けされないBIの支給に果たしてどこまで皆の合意が得られるかという問題に行き着く。BIに対する批判の一つである「お金持ちにも支給するのか」の問題である。

2 求められる改革の姿

(1) BIに対する疑問

BIは「必要性」の要件を除去したものであるがゆえに、社会保障と異なり必要性のない給付が許される。BIに対する批判の的となる高所得層への支給に関しては、課税を通じて調整するという解決の手段が一般に示される。そのことも、BIの理論からいえば、税制を通じて回収すべき必然性があるというわけではなく、財政上の収支の均衡が取れていれば足りる。

もっとも社会保障給付においても、ひとまず広く支給した後に高所得層からその分を税金で取り戻す（claw back）という手法は従来からある[46]。ただし、税制を通じて取り戻すという手法は合理的な手段ではあるが、それは「配って、回収する」というサイクルがうまく機能することが前提にあってのことである。課税所得の捕捉率に格差が存在する場合には、「隠れ」高所得層から取り戻すことは難しく、配ったままとなってしまう。そのような問題を考えると、はじめから配

---

45 武川・前掲注42) 23-24頁参照。
46 例えば英国の児童手当には、2013年7月から高所得者児童手当課税金（High Income Child Benefit Tax Charge）が導入されており、夫婦（パートナー）のうち1人の純所得が5万ポンドを超える場合、100ポンドを超えるごとに児童手当の1％相当額の所得税（最高100％）が賦課される。事実上の所得制限ともいえるが、児童手当の本体に課税するものではなく、児童手当制度自体は普遍的な性格を維持している。

る対象を限定するほうが堅実だといえ、その点において完全BIという選択は支持し難い。

　もう一つ、BIに対する最大の批判として、「フリーライダー」の問題がある。BIが無条件であるがゆえに義務を求めず、「互酬性」（reciprocity）を破るものであり、「誰かが生産のために払った努力に、別の者がただ乗りするのを助長し、経済的な意味での社会の持続可能性に脅威を与える」と批判されるものである。フリーライダーを見分けるのが困難あるいはコストがかかるとして「不可避の代償」や「必要悪」とする考え方もあれば、フィッツパトリックは、「自由な社会の証し」だと前向きに捉える[47]。あるいは、たとえそういう人がいても、「その人数が少なければ財政的には問題がない」とする見方もある[48]。

　それらの意見は、フリーライダーの存在を織込み済みのものとしている。フリーライダーを許さず貢献を求めるのであれば、その時点でBIの理論に矛盾を来すからである。

　他方で社会保障は、様々なレベルの「社会」を視野に、人々の生活を確保する目的で、負担面での「合意」に基づいて他者に対する負担を担うという「社会連帯」を礎にして発展してきた[49]。

　高所得層への給付が社会保障の「必要性」に対立する問題だとすると、このフリーライダーへの給付は社会保障の「社会連帯」に対立する問題だといえよう。社会保障を支える「社会連帯」を、社会保障の一部を代替する社会政策であるBIが揺るがしてしまうことがないと言い切れるだろうか。その点においてもBIを支持し難い。

（2）「貢献」と「参加」

　「社会連帯」と同様、社会保障を支える理念として、この「社会連帯」を別の視点で捉え直したものがある。すなわち、自由、自律的個人という視点から「貢献」原則を主張する見解である。この見解は、「貢献」を現実的な費用負担能力にとどまらず「抽象的な負担可能性」まで広げて捉え、それらの者に「自立に向けた何らかの取組」（求職活動、職業訓練、職業紹介など）を求める。その考え方に

47　フィッツパトリック・前掲注1）69-78頁参照。
48　武川・前掲注42）34頁参照。もっとも、この見解は続けて、とはいえ仮に財政的な問題を解決したとしても、人々の「感情」の問題を克服できないとBIを道徳的に正当化できない、と述べる。
49　西村・前掲注43）17頁参照。

拠れば稼働能力があるにもかかわらず確信犯的なフリーライダーは認め得ないとして、「稼働能力ある成人も含めまったくの無条件で一律に金銭給付を行うという意味での BI 構想」は「支持できない」とする[50]。

この「貢献」原則は、稼働能力（潜在的稼働能力も含む）と密接に関連した概念である。当該原則と類似し、かつ、それより広い範囲を対象とするのが、先に述べたアトキンソンの「参加所得」(PI) である。

社会保障給付を受けることに関して「貢献」ないし「責任」が問われる理由は、社会保障給付が「社会的協働行為」であり、それを受けるには「社会のメンバーとして一定の生活上の個人責任を果たすことが前提条件」とされるから、と説明するものがある[51]。そして、そのような責任遂行に関わる条件を付けない BI と異なり、PI タイプの構想については、責任遂行を前提とするこれまでの社会権論の延長として論じる余地を認める[52]。

ところで、PI に関しては、その延長上に社会保険システムの改善としての「みなし拠出」について従来から言及がある。すなわち、「みなし拠出」を「社会的に価値のある活動を行った者すべて——ボランティア、介護者、そしておそらくは子育て中の親や学生も——に拡張しうる」として、社会保険への PI 概念の融合が示唆されている[53]。

（3）これからの所得保障

前章で BI の提案をいくつか確認したが、現実的な導入の提案として完全 BI を提示するものはない。最低生活水準を下回る給付水準、年齢で区別した給付額の設定など、概ね部分的な BI を提示する。それら部分的 BI の提案は従来の社会保障給付とどう違うのだろうか。

例えば、普遍主義的性格をもつ英国の児童手当 (Child Benefit) は、「BI と最も類似」し、「BI の萌芽」と見ることができると評価されている[54]。しかし、それ

---

50 菊池馨実『社会保障法制の将来構想』（有斐閣、2010年）20-21頁、33-35頁参照。その点で、BI よりもワークフェア、アクティベーションの考え方を支持すると述べる。また、立法論として、所得保障給付を求職活動・職業訓練など一定の就労プログラムと関連付けることを否定的、消極的に評価すべきでないとする。
51 秋元美世「ベーシック・インカム構想の法的検討」日本社会保障法学会編『新・講座社会保障法　第3巻　ナショナルミニマムの再構築』（法律文化社、2012年）132-133頁。
52 秋元美世「シティズンシップとベーシック・インカムを巡る権利の理論」武川編著・前掲注42) 72-73頁参照。
53 フィッツパトリック・前掲注1) 140頁参照。

に対して日本の児童手当は、児童の養育者に対する経済的支援として位置付けられ、ゆえに先にも述べたように所得制限を許容し選別的な給付となっている。高齢者への給付はどうかといえば、例えば、基礎年金はその財源の2分の1は税であるが、拠出等に基づく受給資格が条件となるあくまで社会保険の制度である。

現在の社会保障制度ではBIに類似する普遍的給付は存在せず、BIに至るプロセスとなり得るような普遍的要素を持つ給付制度（一時期の「子ども手当」のようなもの）も見当たらない。近年の制度改革をみると、むしろ、社会保険の補完（例えば、年金生活者支援給付金[55]）あるいはワークフェア（例えば、求職者支援制度、生活困窮者自立支援制度、就労自立給付金[56]）といった方向性がみられる。消費税の引上げに合わせて施行が予定されている低年金者を対象とする年金生活者支援給付金は、基礎年金の受給資格者に対象が限定される。さらに、そのうち老齢年金生活者支援給付金については、その額が保険料納付実績に比例するだけでなく、「年金額＋所得」が同給付金の対象範囲を超えても所得総額の逆転が生じないよう、逓減型の「補足的老齢年金生活者支援給付金」が設けられている。このような財源を税とする上乗せ的な傾斜型の所得関連給付は、どちらかというと英国のクレジット給付のタイプに近い（ただし、同給付金の場合は就労意欲の喚起ではなく保険料納付意識の喚起が目的である）。すなわち、改革全体の方向性は、BIに向かう方向性とはかなり異なっている。

先にも少し触れたが、基礎年金の全額国庫負担化、児童手当の所得制限撤廃、さらに参加所得の導入や給付付き税額控除の導入を経由してBIの実現に至るべきとする提案あるが[57]、BI導入のためでなく現行の社会保障給付改革の一環としてそれらを議論することでは不足だろうか。ただし、基礎年金に関しては、拠出との対価関係から高い権利性が導かれる社会保険から別のものに変えてしまうことには同意し難い。例えば、「参加」概念の延長にある上記の「みなし拠出」を積極的に採り入れるなどして、社会保険の枠組みの中で改革すべきだと考え

---

54 フィッツパトリック・前掲注1）10頁、50頁参照。
55 年金生活者支援給付金の支給に関する法律（平成24年法律102号）による。
56 それぞれ、職業訓練の実施等による特定求職者の就職の支援に関する法律（平成23年法律47号）、生活困窮者自立支援法（平成25年法律105号）、生活保護法の平成25年改正（55条の4、第55条の5の追加）による。
57 成瀬・前掲注28）（「日本の社会保障改革とベーシック・インカム構想」）28頁、小沢修司「日本におけるベーシック・インカムに至る道」武川編著・前掲注42）205-210頁、髙松・橘木・前掲注24）41頁など参照。

る[58]。「連帯意識」をあえて弱めるような改革は望ましくない。

　先のOECDのレポートにあるように、完成度の高い社会保障制度をもつ国では、BI（UBI）ではなくターゲットを絞った給付のほうがより実質的な保障につながる。日本は英国や北欧と異なり社会保険に重心を置いて社会保障制度がつくり上げられてきた。そこで、上述の通り社会保険の包括性を高めながら、場合によってはこれまで採り入れてこなかった所得関連の給付（給付付き税額控除など）も選択肢に加え、複雑であっても細やかで柔軟な給付制度のメニューを構築し、社会保障制度の枠の中で的を絞った効果的な所得保障を行っていくべきだと考える。

六　おわりに

　フィッツパトリックの描く「最低所得保障構想」の地図から出発し、フィンランドのBI社会実験とOECDによる評価を紹介した上で、日本におけるこれまでのBI導入に関する議論の状況を整理した。そして最後に、社会保障とBIがどのような関係性にあるのか、相違点はどこにあるのかを確認し、社会保障を支える社会連帯や「貢献」「参加」に価値を置かないBIの導入は支持し難いという結論を得た。

　もともとBIに対してはユートピア的なイメージを強く持ち、慎重な姿勢をとっていた。本稿を書き上げた今もそれは変わらない。個々のニーズまで包括的に満たし得る水準のBIの支給は不可能である。限られた財源から必要な人に的確に給付し得る完成度の高い社会保障制度を構築してきた国にとってはBIは貧困解決には効果的ではないとするOECDの評価は納得できる。

　BIを配って、使って経済を回して、税金で回収する、というサイクルは本当にうまく機能するだろうか。BIは個人の自律を最大限尊重するポジティブな精神をもっている。それは理想的ではあるのだが、BIの理論は人間の大半が想定通りに動いてくれる「優等生」であることを期待しているように感じられる。

　社会保障にしろBIにしろ、その制度や財源を維持していくには、それらを支えていこうという互いの意識（連帯）が不可欠だ。財源がどこからか湧き出して

---

[58]　すでに、一部に「みなし拠出」はあるが、それは「参加」概念に基づくものではなく次世代育成等の観点によるものである（産前産後休業中および育児休業中の厚生年金保険および健康保険の保険料免除等）。

くるわけではない。また、「困ったときはお互い様」というように、いざ自分が困ったときに（必要性）、支えてもらえるだけの関わりを社会と持ってきたか（貢献・参加）が問われるのは、人と人との関係において自然なことだ。

　本稿は、BI導入を巡る論点整理を社会保障法学の視点で行うところに重きを置いた入門的な論考にとどまる。各論点の考察を更に深めていくことを今後の研究課題としたい。

ワインと健康の社会史

君　塚　弘　恭

一　ワインは健康に悪い？
二　古代・中世ヨーロッパの医学とワイン
三　近世フランスにおけるワインと健康
四　近代フランス社会とワイン
五　結びにかえて

一　ワインは健康に悪い？

　ワインはフランスを代表する財であり、一面に広がる葡萄畑はフランスを代表する景色である[1]。フランスのワイン産業は観光業とも結びついて、ボルドーやブルゴーニュなどの主要なワイン生産地域において重要な産業となっている。フランスの重要な物産の1つであるワインだが、驚くべき事に、フランスのテレビ・コマーシャルで、私たちはほとんどワインの宣伝を目にすることはない。フランスのテレビでワインのコマーシャルを目にしないのは、公衆衛生の観点から制定され、エヴァン法の通称で知られるタバコ中毒とアルコール中毒に対する1991年1月10日法（Loi n°91-32 du 10 janvier 1991 relative à la lutte contre le tabagisme et l'alcoolisme）の規定により、アルコール飲料のコマーシャルが禁止されているからである。もっとも、フランス人たちはこの状況に慣れているようで、訪日して日本のテレビを見たフランス人観光客は、頻繁に出てくるビールや日本酒、ウィスキーのコマーシャルを見て驚くようである。
　ところで、エヴァン法は、特にアルコール飲料について制定以来、その厳格な施行をめぐって度々議論が行われた。たとえば、2017年、フランスの社会・健康大臣アニェス・ビュザンは、アルコールのコマーシャルは厳格に禁止すべきだと

---

[1] G. Durand, « La vigne et le vin », dans P. Nora (dir.), *Les lieux de mémoire. Tome III: Les France*, Paris, Gallimard, 1992, pp. 786-822.

主張して、エヴァン法を緩めることに反対した。彼女は、また、翌年、フランスのテレビ局に出演し、ワイン産業界は、ワインを他のアルコール飲料と違うものと考えているが、エヴァン法の前では、ワインもアルコール飲料の１つであり、特別差を設けるようなことはないと述べた。これに対し、フランス大統領エマニュエル・マクロンは、2018年２月、アルコール飲料の宣伝を制限する厚生省の決定に反対する声明の中で、ビュザンの発言を逆手にとりつつ、「私は昼と晩にワインを飲む。(中略) 若者が度数の強いアルコール飲料あるいはビールで急速に酔っぱらう時、それは公衆衛生 santé publique に有害である。しかし、ワインはそうではない[2]」と述べた。

では、なぜフランスでは、ワインに関わる国家の政策はそんなにも問題になるのか。経済的理由は、その１つの答えだろう。実際に、前述したエヴァン法は、ワイン生産者の保護を主張するワイン業界から大きな反対にあってきた。ワイン業界からの反対キャンペーンに応じるかたちで、2015年には、当時の社会・健康大臣マリゾル・トゥレーヌの反対にも関わらず、オランド政権は、宣伝と醸造学的情報の開示は違うものであるとして、ワイン生産地域とその文化的遺産である葡萄畑について宣伝することはエヴァン法に抵触しないという改正を行った。この改正がなされた背景には、ワイン産業と関連する観光産業を発展させようとするオランド政権の政策的意図があり、当時、オランド大統領のもとで経済大臣を務めていたのが現フランス大統領のマクロンであった[3]。このように見ていくと、先のマクロンの発言にはフランスのワイン産業とのつながりや社会党政権から続く経済政策との関連性が確認されるだろう。公衆衛生と経済政策とのバランスという問題が、エヴァン法をめぐる議論に隠れているのである。

フランスから遠く離れた日本では、「ワインは健康に良い」という言説をよく耳にする。赤ワインに含まれるポリフェノールが動脈硬化や心臓病、脳梗塞の予防に一役買うというのは間違いではないようである。しかし、ワインもまたアルコールの１つだから、飲み過ぎれば他のアルコール飲料同様に人体の害になることも事実のようだ[4]。もっとも、ワインは健康に良いかという問題は、賛否両論

---

  2 https://www.francetvinfo.fr/sante/drogue-addictions/en-defendant-le-vin-emmanuel-macron-s-oppose-a-la-ministre-de-la-sante_2625362.html（2018年３月29日参照）
  3 https://www.lesechos.fr/16/11/2015/LesEchos/22066-041-ECH_la-loi-evin-assouplie-a-la-demande-du-monde-du-vin.htm（2018年７月20日参照）
  4 辻直樹『なぜ水素で細胞から若返るのか：抗酸化作用とアンチエイジング』PHP新書、2016年。

あって、それは日本もフランスも変わらない。フランスでもワイン専門の雑誌が出版され、その効用が科学的根拠をもって書かれている。したがって、ワインが健康に良いか否か、実際のところ明確な結論が出ているわけではない。だからこそ、ワインの歴史を健康との関係から扱った研究は少ない。本稿では、ワインと健康との関係を歴史的に辿り、「ワインは健康に良い」という言説がどのように形成され、それはどのような科学的根拠をもって主張されたのか、それはどのように国家の政策や社会と関わったのか考えてみよう。

二　古代・中世ヨーロッパの医学とワイン

そもそも「ワインは健康に良い」という言説はいつから存在するのだろうか。近年の考古学的研究が示すように、ワインの起源は古く、紀元前6000年頃まで遡る[5]。コーカサス地方、現在のトルコやアルメニアで、ワインが醸造された形跡が発見されている。紀元前4000年頃には、地中海沿岸でもワインの生産が行われるようになり、古代エジプトでは、パレスチナやシリアからワインが供給されていたようである[6]。また、紀元前2000年頃には、エジプトでもワインの生産が行われていた。ワインは古代エジプトにおいてファラオの飲み物だっただけでなく、宗教的儀礼とも結びついていた。ツタンカーメン王の墳墓からは、ワインが入っていたと考えられる26のアンフォラが発見されている[7]。ワインの赤味がかった色は生命やオシリス神の血と結びつけられていたようである。

コーカサスから東地中海に伝わったワインは、パレスチナやエジプトを介してクレタにも伝わった。そして、ギリシア人やフェニキア人たちの商業活動や植民活動の結果、ワインはクレタからギリシアを経由して、イタリア半島、シチリア、南フランス、イベリア半島、北アフリカへ伝播していった[8]。考古学の調査

5　C. Cumo, *Foods that changed history*, ABC-CLIO, 2015, p. 424. また、本稿で詳しく述べることはできないが、ワインがなぜヨーロッパ起源の飲み物として認識されるようになったかについては、野澤丈二による次の研究が興味深い。野澤丈二「なぜワインはヨーロッパなのか？－グローバル・ヒストリーの可能性を考える」上智大学アメリカ・カナダ研究所、イベロアメリカ研究所、ヨーロッパ研究所編『グローバル・ヒストリーズ－「ナショナル」を超えて』上智大学出版、2018年。

6　J.-R. ピット（幸田礼雅訳）『ワインの世界史　海を渡ったワインの秘密』原書房、2016年、pp. 21-22.

7　C. Cumo, *op.cit.*, p. 424.

結果は、古代ギリシアの都市国家でワインが商品として取引され、市民たちに飲まれていたことを示している。たとえ中には質が低く低価格のものがあったとしても、古代ギリシア人たちにとって、ワインは富と豊かな生活を象徴するものの1つだった[9]。

　古代ギリシアの哲学者や医学者による著作の中に、私たちは多くのワインに関する記述を見つけることができる。まず、彼らは、ワインを血液と同等のものとみなし、人体に不可欠な液体と考えていた。もちろん、彼らはワインに良い面と悪い面とがあることを承知していた。たとえば、プラトンは、ワインは毒であり薬であると考えた。そして、彼はワインをそのまま飲むとアルコールが強すぎるので、水で割って飲むことを推奨している[10]。また、ピタゴラスは、ワインの効果を葡萄にたとえて、次のように述べた。「葡萄の木は3つの葡萄をもたらす。1つ目の葡萄は、私たちの喉の渇きをいやす。2つ目の葡萄は、私たちの体の機能を鈍らせる。3つ目の葡萄は、私たちの頭や体を完全に麻痺させる[11]。」彼らのワインに対する見解の根拠となっているのが、医学者ヒッポクラテスによるものであった。ヒッポクラテスは、ワインは力強さと熱を持つから、飲み過ぎるか、あるいは水と混ぜずに飲んだ場合、体に様々な問題を引き起こすと述べている[12]。そのうえで、彼は、次のようにも書いている。「ワインほど人が飲むにふさわしいものはない。健康な時、病んでいる時、その時々に、各人の体質に応じて、控えめに用いさえすればよい[13]。」つまり、ワインは「力強さと熱」を持つ飲み物であるからこそ、個々人の体調や体質にあわせて適量飲めば薬になり、飲み過ぎれば害になるというのが、ヒッポクラテスら医学者たちの見解だった。

　ヒッポクラテスとその継承者たちによって古代ギリシアで形成されたワインに関する医学的思想は、その後古代ローマの医学者たちによって受け継がれた。紀

8　M. Toussaint-Samat, *Histoire naturelle et morale de la nourriture*, Toulouse, Le Pérégrinateur, 2012, p. 264.
9　P. Villard, « Bonnes et mauvaises ivresses dans l'Antiquité », G. Garrier (dir.), *Le vin des historiens*, Suze-la-Rousse, Université du Vin, 1990, p. 15.
10　R. Brunet, « Vin et philosophie : la banquet de Platon esquisse d'une sympotique platonicienne », G. Garrier (dir.), *Le vin des historiens*, p. 22.
11　M. Lecoutre, *Ivresse et ivrognerie dans la France moderne*, Rennes/Tours, PUR/PUFR, 2011, p. 153.
12　J. Jouanna, « Le vin et la médicine dans la Grèce ancienne », *Revue des Études Grecques*, 109-2, 1996, p. 414.
13　G. ガリエ（八木尚子訳）『ワインの文化史』、筑摩書房、2004年、p. 91.

図 ガレノスによる分類図

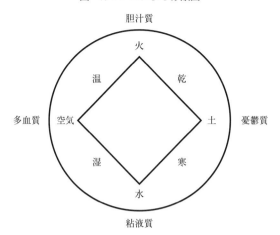

　元前1世紀のエフェソスのルフスは、「ワインは熱を上げ、体力を向上させ、全ての臓器における消化をたすける[14]」と述べ、彼の思想にはヒッポクラテスの影響を確認できる。

　古代ギリシア、ローマで発展させられた医学に基づき、より明確に食物と人体との関係を「科学的に」説明しようとしたのが、2世紀のギリシアの医学者ガレノスである。ガレノスは、古代ギリシアの哲学者アリストテレスの四元素説とヒッポクラテスの四体液説に基づいて万物を分類する概念図を作り上げた（図）。そして、ガレノスはワインを「温、乾」の性質を持つとして、「寒、湿」を持つ水と対置させ、なぜワインを水でうすめることが人体に良いかについて「科学的」根拠を与えた。また、高齢者は「寒」の性質を持つためワインが体に良いとしていた[15]。こうしてヒッポクラテス医学に基づきつつ出来上がったガレノス医学は、ワインと健康との関係に「科学的」根拠を与えたのである。

　ところで、古代ヨーロッパにおいて、全てのワインが健康に良いと考えられていたわけではなかったようである。『博物誌』を著した大プリニウスは、次のように述べている。「健康にとって最良のワインはそのムストに何も混ぜ物をしていないものである。発酵させる容器がべとついていなければなお良いだろう[16]。」

14　J. Jouanna, *op.cit.*, p. 410.
15　*Ibid.*, p. 425.

大プリニウスによれば、発酵段階で手を加えないでつくられたワインこそが最も健康的だということになる。この思想は、後に述べるように近世、近代において再び登場してくることになる。

　古代ギリシア・ローマ世界で発展させられた医学は、地中海世界における文化的交流の中でムスリムの医学者たちによって継承された。ムスリムの医学者たちは、古代ギリシア・ローマで書かれた医学に関する理論を取り入れ、独自に発展させていったのである。一度ヨーロッパの外部へ出た古代ギリシア・ローマ医学は、ルネサンス期になると再びヨーロッパへと戻ってくる。中世西ヨーロッパの医学書の多くはイスラーム世界で書かれたテクストの翻訳と解釈に基づいて書かれていた。翻訳されたテクストの中で最も大きな影響を与えたのが、ガレノスによる著作であり、彼による万物の性質モデルだった[17]。したがって、病気や不健康もこのモデルに当てはめて解釈され、病気とは人体の中で４つの性質のバランスが崩れた時だった。

　中世ヨーロッパの医学者たちは、ガレノス医学に基づいて、ワインを健康的に飲むための方法やその効能を示した。まず、彼らは、全ての飲食物をガレノスの概念図にある性質に分類した。さらに、ワインは「甘い、強い」性質と「苦いあるいは酸っぱい、弱い」性質のものに分けられた[18]。そして、前者は「温」の性質を持つワインとされ、後者は「寒」の性質を持つワインとされたのである。こうして、医学者たちは、夏場は、暑いので、「寒」の性質を持つ「酸っぱい、弱い」ワインに、時には水を加えて飲むことを推奨した。医学者たちは、夏は人体が「温」の性質に近くなっているので、「温」の性質を持つ「甘い、強い」ワインは避けるように勧めたのである。逆に冬場は、特に出かける前の寒い朝は、「温」の性質を持つ「甘い、強い」ワインを少量飲むことが推奨されたのだ。

　中世ヨーロッパにおいて、ワインは単なる健康的な飲み物というだけでなく、医薬品としても使用された。中世フランスの知識人によって書かれた医学書から得られる400の処方箋のうち120の処方箋にワインが出てくる[19]。ワインは、患者

16　A. Tchernia, « La vinification des Romains », G. Garrier (dir.), *Le vin des historiens*, p. 70.
17　D. Gentilcore, *Food and Health in Early Modern Europe. Diet, Medicine and Society, 1450-1800*, Bloomsbury, 2016, p. 13.
18　A. J. Grieco, « Le goût du vin entre doux et amer, essai sur la classification des vins au Moyen Âge », G. Garrier (dir.), *Le vin des historiens*, pp. 91-92.
19　M.-T. Lorcin, « Les usages du vin à la fin du Moyen Âge (XIIIe-XVe siècles)», G. Garrier

の気力回復や食欲不振の改善のために処方された他、扁桃炎の薬品の材料ともなった。その他にも、老化防止としてや体力回復などに用いられ、その用法は様々であった。しかし、いずれの場合もガレノス医学によって示された万物の性質と対応させて選択された。高齢者は「寒」と「乾」の性質に苦しむので、「温」の性質を持つワインが老化防止として処方されたのである。

　古代から中世のヨーロッパにおいて、ワインは薬品の1つとして用いられ、また適度な飲酒は健康に良いと考えられた。古代ギリシア・ローマの医学者たちの著述がこれに科学的根拠を与えた。特にガレノスによって四元素説と四体液説を用いてまとめられた万物の性質モデルは、飲食物の選択やワインを他のものと混ぜる時の基準となった。ガレノス医学は中世ヨーロッパの医学において一種のパラダイムだったのである。

三　近世フランスにおけるワインと健康

　17世紀末に出版されたフランス語の辞書によれば、健康とは「卓越して働いている美しく自然な体の状態[20]」をさす。ここで重要なところは、「自然な体の状態」がまさに前節で述べたところのヒッポクラテスとガレノスの四体液説に基づくバランスを示していることであり、このバランスがとれている状態こそ健康だと考えられている点である。つまり、17世紀末にあっても、ヒッポクラテス的、ガレノス的世界観はその力を失っていなかったのである。

　「ワインは健康に良い」という思想は、16世紀から18世紀のヨーロッパ社会でも共有されたが、その根拠となっていたのはこのガレノス医学だった。たとえば、18世紀イギリスの医学者マッケンジーは、ワインの効用を13世紀ギリシアの医師ヨハネス・アクトゥアリウスによる解説から説明する[21]。そして、熱が出たときに、レンズ豆を水あるいはワインに入れて飲むと効くと書いている。この時マッケンジーは栄養学的な説明を一切しておらず、その根拠を中世の医学書の記述に求めているのである。

　　(dir.), *Le vin des historiens*, p. 100.
20　P. Richelet, *Dictionnaire françois contenant les mots et les choses, plusieurs nouvelles remarques sur la langue françoise*, Genève, I.H. Widerhold, 1680, p. 344.
21　M. J. Mackenzie, *Histoire de la santé, et de l'art de la conserver*, traduite de l'anglais, La Haye, chez Daniel Aillaud, 1761, pp. 205-206.

また、18世紀フランスの農学者デュアメル・デュ・モンソーは、「ビネガーは、温の性質を持つワインと反対に、寒の性質であり、したがって酔いをさます[22]」と述べている。このように、農学者のような人々もヒッポクラテスやガレノスの伝統的な説明にしたがって食物の性質を考えていたのである。18世紀後半のフランスの医師であったムザンは、女性の飲むアルコール飲料としてワインを推奨したが、その理由は、女性は「寒」「湿」属性を持っているので、「乾」「温」属性を持つワインが好ましいと考えたからであった[23]。このように、18世紀フランスにおけるワインに関する医学者たちの様々な言説を見ていくと啓蒙時代までガレノス医学の影響が強く残っていたことがわかるのである。

　近世フランスにおけるワインと健康に関する議論を考察するうえで欠かすことのできない人物が、16世紀イタリアの医学者ルイジ・コルナロである[24]。コルナロが食物と健康について説く時に根拠としているのはガレノス医学であった。そして、コルナロが節度を持って飲めばワインは健康に良いと述べるとき、私たちは古代ギリシア以来言われ続けてきた言説と再会することになるのだ。コルナロの「節酒」思想は16世紀イタリアから17世紀にフランスへ広まっていった。たとえば、フランスの医師ロラン・ジュベールは、古代ギリシアの哲学者やコルナロの思想に基づいて、18歳未満の人間にワインを飲ませないようにすすめた[25]。コルナロの「節酒」思想は、18世紀にも引き継がれた。18世紀フランスの医師サミュエル＝オーギュスト・ティソは、ワインをたくさん飲むことは健康に悪いと認識していた。彼は、ワインの消費に多くを費やす農民たちの食生活改善を訴え、その中で、病気の改善のためにもっとお金を使うべきで、ワインを飲む代わりに清潔を保つことに注意すべきだと書いている[26]。その一方で、ティソによれば、体力の回復には、質の良いスープと少量のワインが必要だという[27]。また彼は、赤ワインと白ワインとを区別し、赤ワインは白ワインよりも血流を良くする

22　H. Duhamel Du Monceau, *Traité sur la nature et sur la culture de la vigne ; sur le vin, la façon de le faire, et la manière de le bien gouverner*, Paris, Chez Savoye, 1770, p. 3.

23　J. Mousin, *Discours de l'yvresse et yvrongnerie. Auquel les causes, nature, et effets de l'yvresse sont amplement deduictz, avec la guerison et preservation d'icelle. Ensemble la maniere de carousser, et les combats bacchiques des anciens yvrongnes*, Toul, 1612, p. 107.

24　M. Lecoutre, *op. cit.*, pp. 175-176.

25　*Ibid.*, p. 177.

26　S.-A. Tissau, *Avis au peuple sur sa santé*, Lyon, 1764, p. 22.

27　*Ibid.*, p. 37.

という理由からより健康への効果を期待していた。要するに、ティソは、体力回復のために少量のワインは効果的であると考えていたのである。

　18世紀後半までヒッポクラテス・ガレノス医学がその影響力を失っていなかったとしても、近世フランスにおける2つの変化は指摘しておくべきだろう。第1に、ガレノス医学と異なる、今日の栄養学的な説明が行われるようになった点である。その背景は、16世紀のいわゆる「大航海時代」以降、南北アメリカ大陸やカリブ海の島々、東南アジアから様々な食物がヨーロッパに流入したことである。これまで口にしたことがなかった、あるいは口にすることが稀であった食物を頻繁に口にするようになったことはヨーロッパ人の世界観に影響を与えた。新しく到来した食物が人体にどのように取り込まれるかを説明する新しい概念が必要となったのである。こうして伝統的ガレノス医学に疑問が呈されるのだが、この変化に先鞭をつけたのは16世紀スイスの錬金術師パラケルススであった[28]。彼は、医学者たちにガレノス説の放棄と人体の直接観察に基づく医学の必要性を説くとともに、四元素説に代わって、万物は「硫黄」「水銀」「塩」から構成されるという世界観を示した。彼は食物もまたこれらの化学元素でできていると考えたのである。パラケルススの思想は、霊性や神秘思想と結びついており同時代の医学者によって直ちに共有されるには至らなかったが、18世紀までには広く浸透していった。たとえば、18世紀フランスの医学者ジョゼフ・デュ・シェーヌは、パラケルスス説とガレノス説を融合させ、コショウの効能について栄養学的説明を試みている[29]。こうして、食物を化学元素から説明するというパラケルススの発想は近代の栄養学に結びついていったのである。

　ところで、16世紀以降本格化するインド洋や大西洋を渡るヨーロッパ人による遠隔地貿易の発達は、新たなワインの需要を生み出した。遠洋航海に伴う船員の病気にワインが良いとされたのである。たとえば、医師であり、18世紀フランスの王国海軍の監察官も務めたポワソニエ・デペリエルの著書によれば[30]、エルランというサン＝ドマングへ向かった船の医師は、病気になった船員に鶏肉とワインを与え、その結果船員は病気から回復したと記録しているという。デペリエル

28　D.Gentilcore, *op.cit.*, p. 30-31.
29　*Ibid.*, p. 32.
30　Poissonnier Desperrières, *Mémoire sur les avantages qu'il y auroit à changer absolument la nourriture des gens de mer*, Versailles, L'imprimerie de l'hôtel de la guerre, 1772, pp. 9-10.

の著書に、栄養学的説明は見られないので、パラケルススの影響を受けていたかどうかはわからない。しかし、デペリエルの記述には、またガレノスの影響も見られないことも事実である。むしろ彼は医師の直接の経験を重視している。

　第2の変化は、公権力が「公衆衛生」や「健康」を問題にするようになったことである。1536年、フランソワ1世は、酩酊者を投獄する王令を発した。酩酊を良いとしない思想は、すでに古代ギリシアのプラトンの著作にも見られるように、決して新しいものではない。しかし、中世における酩酊の問題は、主として教会やモラルの問題であり、公的秩序の問題として取り上げられるようになるのは、この王令以降のことである。また、1697年にパリ警視総代官ダルジャンソン公によって下された決定は、健康を害するような混ぜ物や薬物をワインに入れることを禁じた[31]。ワインの中に含まれる酸味成分である酒石酸や酢酸が鉛と反応すると、酒石酸鉛や酢酸鉛に変化し、ワインに甘みを与える。特に酢酸鉛（$Pb(CH_3COO)_2$）は「鉛糖」とも称されるくらいの甘みがある。古代ローマ時代にはすでに、酸っぱいワインを鉛製の鍋で加熱して甘くして飲む方法が行われていた。もちろん、これらの有機鉛は人体に有害な化合物である。これらのワインに鉛を混ぜる行為は、主に小売商人や居酒屋で行われたものであるが、ダルジャンソン公による決定は、健康を害するという理由からこれを公権力の名の下に禁じたのであった。

　公権力による「健康」への介入は、17世紀に本格化する都市化の現象と無関係ではない。特に、人口が増加したパリへのワインの供給は、王権や都市にとって大きな問題であった。ワインの不足は穀物不足同様に、都市の治安を悪化させたからである。ワインは、都市住民の健康にとって最も不可欠な食物と捉えられるようになった[32]。

　18世紀後半になると、啓蒙思想の影響のもとで、フランス臣民の健康の維持は、公権力の仕事であると認識されるようになっていった[33]。医師たちは、人々

31　R. Abad, « La fraude dans le commerce alimentaire de Paris », G. Béaur, H. Bonin et C. Lemercier (Éd), *Fraude, contrefaçon et contrebande de l'Antiquité à nos jours*, Genève, Droz, 2006, p. 550.

32　P. Julien, « Le vin, élément de la santé publique, au temps de Louis XIV », *Revue d'Histoire de la Pharmacie*, n° 192, 1967, p. 412.

33　フランスにおける公衆衛生の発展が都市を中心としていたのに対して、同じ時期のプロイセンでは国全体をカバーする公衆衛生システムがつくられ、イギリスでは労働者のための医療制度が発達した。G. Rosen, *A History of Public Health*, Boston, The John Hopkins University Press,

の教育と社会の発展に貢献することを望んだ。1773年に創刊され、その後1789年まで出版されていた雑誌『ガゼット・ド・サンテ』はその一例である。ところで、当然にもこの雑誌には、ワインと健康をめぐる記事も掲載されていた。例えば1781年に出版されたものには、リヨン・アカデミーに投稿されたワインに明礬を混ぜることについて健康の観点からの議論が掲載されている[34]。明礬が人体に有害であることを述べ、習慣的に行われていた明礬入りミックス・ワインを科学的に批判しているのが興味深い。医師ティソは、ワインが健康を害することはないとしつつ、ワインに鉛を混ぜて飲む不正行為については健康に悪いとして批判している[35]。

　16世紀から18世紀にかけて、少なくともフランスにおいては、公衆衛生や栄養学の萌芽が見られた。しかし、たとえ公権力が「健康」の観点からワインの消費に介入したとしても、それは必ずしも科学的研究と結びついていたわけではなかったことに注意しよう。実際に、パリの警視総代官であったニコラ・ドラマールが鉛入りのワインを批判して、健康のために葡萄畑でとれる純粋で混じりもののないワインだけを飲むように書く時、その根拠は、大プリニウスやプルタルコスによって述べられたことであった[36]。また、たしかに、18世紀には、南北アメリカ大陸との貿易やインド洋貿易の活発化に伴う新食物の導入の影響下で、栄養学に通じるような思想も広まった。しかし、ヒッポクラテス・ガレノス医学の伝統が未だに力を失っていなかったようにまだ中世と完全な断絶を迎えてはいない。ティソが熱のあるときに「温」の性質であるワインは毒でしかないと述べる時、そこには古代から受け継がれてきた物質に対する思想が反映されていたのである[37]。

四　近代フランス社会とワイン

　フランス史の時代区分において近世 moderne は、1789年で終わる。これは、言うまでもなくフランス革命の起きた年である。フランス革命は18世紀までに生

　　1993.
34　*Gazette de santé*, n° 34, année 1781, le 26 août 1781, p. 136.
35　S.-A. Tissau, *op.cit.*, pp. 52-53.
36　R. Abad, *op.cit.*, p. 550.
37　Tissau, *op.cit.*, p. 67.

まれつつあった公衆衛生の思想をさらに発展させることになった。1793年6月24日に出された「市民と人間の権利に関する宣言 Déclarations des droits de l'homme et du cytoyen」の精神にしたがえば、身体的障害を持った人々を扶助することは社会の義務であった[38]。また、1802年には、パリの衛生に関する会議 Conseil de salubrité de Paris が設立された[39]。たしかに、19世紀の前半において、フランスの公衆衛生に関する国家の制度的役割は、個人の自由という名目や自治体の行政的役割の保護といった理由で、小さなものにとどまらざるをえなかった[40]。しかしながら、1820年代からすでに学者レヴェルでは公衆衛生に対する関心は高まっていた。そして、1870年代以降、普仏戦争（1870年～1871年）での敗北の反省と特にパストゥールによる予防医学の発展の影響下で公衆衛生は制度的にも整備されていくようになった[41]。19世紀フランスにおいて、健康はもはや「個人」の問題のみでなく、国家や社会の問題となったのである。

　このような状況の下で、19世紀フランスにおける公衆衛生に対する国家政策は、国民の食生活にまで及ぶようになった。こうして、18世紀まではあくまでモラルの問題として取り上げられていたアルコールの問題が、19世紀になると社会問題として公衆衛生の観点から取り上げられるようになる。しかし、興味深いことに、ここで批判の対象となったのは、主に蒸留酒であった。これに対してワインに対する評価は好意的だった。たとえば、医師であり、1836年に、健康に関する指南書を書いたフェルディナントは、「ワインは、発酵してつくられる全てのアルコール飲料の中で最も健康的なものである[42]」と述べている。それどころか、ワインからつくられた蒸留酒は、小麦やサトウキビ、ジャガイモからつくられる蒸留酒よりも健康的であるという言説さえ見られたのである。1857年に出版された健康に関する著作では、「悪いワインで酔ってはならない。なぜなら健康に悪いからだ。これに対して、良いワインは良い影響しか及ぼさない[43]」と書かれている。同じワインでも、「悪いワイン」と「良いワイン」の違いがあって、

38　A. Rauch, *Histoire de la santé*, Paris, PUF, 1995, p. 61.
39　A. Morelle et D. Tabuteau, *La santé publique*, Paris, PUF, 2010, p. 19.
40　一九世紀フランスの公衆衛生制度の進展については次の文献を参照。大森弘喜『フランス公衆衛生史　一九世紀パリの疫病と住環境』学術出版会、2014年。
41　A. Morelle et D. Tabuteau, *op.cit.*, p. 20-23.
42　B. Ferdinand, *Nouveau manuel de santé ou recettes pour conserver la santé, la vigueur et la beauté*, Lyon, Imprimerie de Boursy fils, 1836, p. 4.
43　S.-F. Blocquel, *Éloge de l'ivresse, des buveurs et du jus de la treille*, Paris, Delarue, 1857, p. 44.

健康に良いのは後者だというのである。そして良いワインの条件は、味が良いこと、香りが良いこと、色が良いこと、ワインで名高い産地のものであった。興味深いのは、ワインの評価に「香り」が入っていることである。ワインの香りが重視されるのは、香り成分が発見されてからのことであり[44]、著者であるブロケルが19世紀の近代科学の影響を受けていることは明らかである。また、1856年に医師であるジロドー・ド・サン＝ジェルヴェは、その著書の中で、体が弱っている時には、体力回復のためにボルドーワインを飲むよう勧めている[45]。このように、19世紀になるとワインの中でも高級ワインが健康に良いものとして取り上げられるようになる。特にボルドーワインは、老人や体力の衰えた人への滋養や治療の効果が期待されていて、医学論文にも多く引用されていた[46]。要するに、19世紀前半のフランスでも、「ワインは健康に良い」という言説は受け入れられていたのである。

　ワインを特別扱いする傾向は19世紀後半になっても変わらなかった。当時の科学者たちがワインをどれほど健康的と考えていたかは、ルイ・パストゥールの次のような言葉を見れば明らかである。パストゥールは、ワインに関する著書において、「ワインは飲み物の中で最も健康的で衛生的な飲み物としてみなされるべきである」と書いている[47]。

　1871年に医師たちはアルコール問題に応えるべく反アルコリズムのアソシアシオンを結成した。注目すべきは、このアソシアシオンが「健康的で衛生的な飲み物」と「有害な飲み物」を分けているところであり、ワインは酒類であるにも関わらず前者に分類されていたことである[48]。リュニエが1877年に提示した、蒸留酒のせいでアルコール中毒患者が多い北部に比べてワインを飲む南部で患者が少ないという図式的区分は広く受け入れられた[49]。もちろん、この図式が誤りであ

---

[44] ワインの香り成分に関する科学的研究は19世紀前半に進められ、1844年に、フォーレによってその成果が発表された。H.W. Paul, *Science, Vine and Wine in Modern France*, Cambridge University Press, 1996, p. 307.
[45] Dr. Giraudeau de St-Gervais, *Manuel de Santé. Dictionnaire de médicine, d'hygiène et de pharmacie pratiques suivi de conseils sur l'emploi du rob laffecteur*, Paris, 1856, p. 78.
[46] G. ガリエ、前掲書、p. 179.
[47] L. Pasteur, *Études sur le vin, ses maladies, causes qui les provoquent*, Paris, 1875, p. 55.
[48] H. Bernard, « Alcoolisme et antialcoolisme en France au XIXe siècle : autour de Magnus Huss », *Histoire économie et société*, 1984, 3e année, n°4, p. 624.
[49] G. ガリエ、前掲書、p. 382.

ることは明らかであった。公衆衛生の制度化をすすめる国家もまたワインを優遇した。1873年1月法はアルコール中毒の拡大防止と公衆の酩酊取締りを目指す法律だが、これは全ての酒類に対して平等に摘要されたものではなかった。同じアルコール飲料であるにも関わらず、地元で生産された「自然ワイン」を工業的に生産された蒸留酒と対置させ、後者のみ有害な酒類としたのである[50]。

　ワインがアルコールであるという事実に医師たちが気づかなかったわけではなかった。19世紀フランスの医師ルジェは、1877年に出版した健康に関する著書において、節度を持って質の良いワインを飲むならば消化を助けるが、飲み過ぎれば消化に有害だと述べている[51]。この時、ルジェは、19世紀フランスにおける美食家の傾向を嘆き、ルイジ・コルナロによる節食の考察を参考にして、健康と長寿のために節食をすすめているのである。少なく食べることを美徳とする精神は、コルナロからルジェへと受け継がれていたのであり、ワインと健康をめぐる議論の中でコルナロは再び登場してくるのだった。しかしながら、ルジェのワインに対する評価はガレノスのモデルに基づいていたわけではなかった。ルジェはワインの成分を科学的に分析し、ワインが消化に及ぼす作用は結局のところワインに含まれるアルコールによってもたらされるものだとして、アルコール度数に応じたワインの分類をしている[52]。ルジェは、ワインが健康に与える影響を19世紀の近代科学による成果と18世紀までの言説とを利用して説明したのだった。つまり、ルジェにとってワインは健康に結びつく飲み物ではあるものの、他のアルコール飲料と変わらないものだったのである。それでも、ルジェは科学的根拠に基づきながら、適量のワインを飲むならばそれは健康に良いというヒッポクラテスからガレノス、コルナロにまで見られる伝統的な見方を繰り返した。

　ところで、1873年1月法にも見られる、ワインを示す形容詞として頻繁に現れる「自然の naturel」という文言に注目しよう。この「自然ワイン vin naturel」という文言が初めて出てくるのは18世紀である。これは、葡萄を発酵させてつくられたワインを他の強化ワインなどと区別する表現として用いられたが、19世紀になるとワインの格付けと密接に結びつくようになった。たとえば、フランスの

50　H. Bernard, *op.cit.*, p. 612.
51　F. Rouget, *Hygiène alimentaire ou art de vivre en bonne santé*, Nice, Chez Les principaux libraires, 1877, p. 22.
52　*Ibid.*, pp. 120-121.

ワイン生産地の1つであるジロンド県では、翌年パリで開催される万国博覧会にワインを出品する準備のため、1854年に、ボルドー商業会議所が定例会議で出品するワインの格付けについて検討した[53]。その際、ワインのエチケットにはコミューン名しか記載しないことが決定され、その理由は「自然のみ」が良質なワインの源であるというものだった。19世紀の「自然ワイン」が、地元ワインを国際市場に売り込もうとする生産地の実業界の思惑を反映していたことは明らかだった。

ここで興味深いのは、この「自然ワイン」が健康に関わる言説と結びついたという事実である。1894年6月16日の代議院 Chambre des députés の会議で、不正ワインに関する法律の制定をめぐる議論が闘わされた[54]。その中でオーブ県の議員カジミル・ミシューが行った発言に耳を傾けよう。

> とにかく、商業的な誠実さと公衆衛生こそがワインを健康に害あるものとしない手段であります。(中略) ワインは、自然のみによってつくられる化合物です。誰も自然をまねることなどできません。化学者たちによればブドウは4つもしくは5つの成分から構成されるそうです。自然は、発酵と呼ばれる神秘的な現象によって、30もの成分が入った液体をつくります。あなた方に、4つや5つの成分から30の成分をつくり、その化合物をつくることができるでしょうか。もし、あなた方がこのワインを変え、自然でないものにしてしまうならば、ワインを構成する成分の割合がもはや同じではなくなり、あなた方は不健康かつ人体に有害な液体を口にすることになるでしょう。

ワインは自然なものであるがゆえに健康に良いという言説は、古代ローマの博物学者大プリニウスの言葉を私たちに思い出させるだろう。この古代から続く思想は、19世紀フランスで、近代科学の成果に裏付けられて、代議院において繰り返されたのである。ここで言う「自然なもの」はもちろん原産地を指している。「ワインは健康に良い」という古代から受け継がれた思想は、19世紀末の「原産地主義」という新しいコンテクストの中で新しい時代を迎えていくことになる。そして、パストゥールら化学者たちによるワインの醸造技術の科学的な研究は、この「自然ワイン」が健康に良いという思想に根拠を与えたのである。

---

53 野村啓介「近代フランス・ボルドーの商人と地域権力——1855年パリ万国博覧会とワイン」、川分圭子・玉木俊明編著『商業と異文化の接触 中世後期から近代におけるヨーロッパ国際商業の生成と展開』吉田書店、2017年、p. 490.
54 *Journal officiel de la République française. Débats parlementaires. Chambre des députés: compte rendu in-extenso*, Paris, le 16 juin 1894, pp. 1031-1032.

五　結びにかえて

　ワインは健康に良いという言説も悪いという言説も、古代ギリシアから現代まで受け継がれてきたものである。古代から中世までの間、この言説を支えていたのは、ヒッポクラテスとガレノスの医学に基づく「科学」であった。大航海時代の影響下で起きた16世紀ヨーロッパ人たちの世界観の変化は、食物を化学元素で説明するきっかけをつくった。しかしながら、17世紀、18世紀の医学者たちが食と健康について論じるとき、ヒッポクラテスとガレノスは常に参照され続けたのであった。「17世紀科学革命」は、少なくともワインと健康に関する言説に革命的な影響を与えたりはしなかったのである[55]。

　近世フランスで形成されつつあった、公衆衛生に対する公権力による介入の強化と発展は、フランス革命を経て、19世紀フランス社会の中で発展させられた。ミシェル・フーコーの指摘する公権力による監視の強化と関連する傾向である。その中で医療や国民の健康は国家の問題として捉えられるようになった。そして、それまで個人の問題であった酩酊は公衆衛生に関わる社会問題として捉えられるようになった。エヴァン法におけるアルコール飲料の扱いは、1つには、この19世紀から行われてきた公衆衛生の制度化の試みという歴史的コンテクストにおいて考えられなくてはならないだろう。

　ヒッポクラテスやガレノスに基づく「科学」は、18世紀後半から19世紀にかけて、食物と人体の関係を化学元素から説明する「近代的な科学」に道を譲ることになった。だが、19世紀後半におけるアルコール中毒に関する医学的研究の発展と公衆衛生の観点から飲酒に対する法的規制をかけようとする政府の政策にも関わらず、ワインは他のアルコール飲料と異なって健康に良いという意見が医師たちの間にも根強く残っていた。ワインと健康、公衆衛生をめぐる医師たちの議論の中で、ワインは健康に良いという言説も悪いという言説も、新しい「科学的根拠」を得て、受け継がれた。それどころか、一部のワインは、原産地主義のようなワイン業界の経済的利害と密接に結びつき、「自然ワイン」という特権的な地

---

[55] もっとも、「17世紀科学革命」の立役者の1人であるニュートンも錬金術に深い関心をいだいていたのであり、近代科学とそれ以前の諸科学との関連性はより歴史的に考察されるべきだろう。小山慶太『〈どんでん返し〉の科学史　蘇る錬金術、天動説、自然発生説』中公新書、2018年。

位を得て、新しい「科学」のもとで健康に良いということを再認定されたのである。エヴァン法をめぐるマクロン大統領の発言は、おそらくこうしたワインと健康、公衆衛生をめぐる議論の延長線上に位置している。

　ワインと健康に関する「科学」やワイン生産の技術、ワインや飲食物をめぐる政策は、古代から現代にかけて大きく変化した。しかしながら、結局のところ、適度に飲む限りにおいてワインは健康に良いという見方は、おそらく、今日でも変わっていないだろう。ヒッポクラテスもパストゥールも、そして現代の科学者たちも、同じ考えを共有していて、それぞれのもっともらしい言葉でワインの効用を語っているだけなのかもしれない。

　付記　本稿は、平成三〇年度文部科学省科学研究費若手研究（B）による成果の一部である。

ワーク・ライフ・バランスと公共的相互性
―― 二元論的視座をとることの意味 ――

後 藤 玲 子

一 はじめに
二 なぜ、何をバランスするのか
三 仕事は多すぎず、少なすぎず、ほどほどに――どうして？
四 仕事と生活の「適度」な組み合わせ――どのように？
五 仕事とは何か

一 はじめに

　福祉国家の考え方を端的に表す概念の1つに、ワーク・ライフ・バランスという語がある。要約すれば、この語は、個人の「活動」（より厳密には諸活動の総体）、あるいは、個人が関与する関係性（より厳密には諸関係性の総体）を個人内・家族内でいかにバランスづけるか、という慎慮の問いを含む[1]。これは、また、誰のワークと誰のワークを、誰のワークと誰のライフを、そして、誰のライフと誰のライフをいかにバランスづけるか、すなわち、社会内での複数の個人と家族の間でワークとライフをどうバランスづけるか、という分配的正義の問いも含む。加えて、この語は、すでに職業として認知されたワーク、グローバルな市場で価格のついた財やサービスを越えて、社会には顕れにくい、ローカルで文脈依存的な価値を、家での「私」や家族との関係性の視座をもって評価せよ、という指令を含む。ワークとライフという二元論的視座がもたらす射程はまことに広くて深いといえるだろう。
　もっとも、合理的な選択メカニズムを懐刀とする経済学者であれば、ワーク・

---

[1] ハンナ、アーレントは、人間の労働を大きく、自然との関係を主とする「労働（labors）」、人との関係を主とする「就労（works）」、世界全般や超越したものとの関係を主とする「活動（activities）」に分けた（アーレント、1958＝1994/2009）。本章では「活動」を他の2つを含む概念として用いる。

ライフ・バランスは、数ある最適化問題の1つに過ぎないと一蹴するかもしれない。「バランス」とは、ワークとライフという2つの変数を a と $1-a$ で (ただし、a は0から1までの実数) ウエイトづけることであり、その値が実際にどうなるかは、家事の機会費用 (すなわち、1単位の家事の増加によって失われる賃金所得量) に依存して決まるだろう、例えば、家計の総利潤の最大化を所与とすれば、いくつかの条件のもとでは、夫であれ、妻であれ、家計を構成する構成員の中で、賃金率のより高い方がより長く労働市場にとどまり、賃金率のより低い方がより長く家事をすることが、合理的個人によって自発的に選択されるであろうと[2]。

　それに対して、親密圏における暴力の問題を扱ってきた社会学者であれば、ワーク・ライフ・バランスの図と地としての家族の両義性に注意を促すかもしれない。家族は、特別な愛情、配慮、共感などが発露する場であるとともに、ひとたび家のドアが閉められると、そこは外へと声ももれない、外からの視線も届かない密室的な空間となり、いっさいの合理的な法則、いっさいの理性的な推論、いっさいの公平な合意形成が実現しがたくなる恐れがある。そこでは、個人の権利や人間の尊厳、正義や寛容など、およそ人類がつくり上げてきた倫理や規範はおろか、同一の文法や意味をもった言語や慣習すら、機能しがたくなる、まさに、「人による支配 (rule of man)」が充満しうるのだと。

　前者の経済学の知見によれば、もし、ワーク・ライフ・バランスが、家庭内での夫と妻の家事時間の平等な負担を意味するのであれば、その解決策はいたってシンプルで、近代化を徹底すること、すなわち、教育と就労機会の実質的な平等化を推し進め、労働市場における賃金率の男女格差を是正し、同一業種同一賃金を実現し、労働時間の自由な選択を可能とすることと主張されるであろう。それに対して、後者の社会学の知見によれば、ワーク・ライフ・バランスに限らず、およそ家庭内で発生する問題は、その密室性に起因するものであり、そもそも家族という中間組織を、国家、社会、他者の干渉・介入の及ばない私的領域へ追いやってきた近代化のプロセスそれ自体を見直す必要があると主張されるであろう。

　はたして、ワーク・ライフ・バランスを取り巻く現在の問題状況を、近代化の不徹底と見るか、近代化の成れの果てと見るかの違いはあるにしろ、個人のライ

---

[2] 家計の総効用を仮定する功利主義的モデルを想定するのではなく、家族構成員間の協力的ゲームモデルを想定する場合もある。Chiappori, P.-A. 1988など参照のこと。大森、2010に詳しい。

フの視点から、家族のあり方が論じられ始めたこと自体が、大変興味深い。地域やコミュニティ、自発的組織の役割に注目する近年の福祉国家論においても、「家族」の問題はずっと取り残されてきたからである。もちろん、家族構造や世帯構成の変容等については多く語られてきた。「女性の社会進出」に伴う家事、育児、介護の社会化も少しずつではあるが、図られてきた。だが、そこでの議論の焦点は、家族を所与のパラメーターとしたうえで、その変化に対処しながら社会的厚生（福祉国家が生み出す総便益）を最大化するための制度政策の変更であって、個人の視点から家族のあり方を問い返す議論とは違った。家庭内暴力、DV、介護殺人など、個人に何か深刻な問題が発生したときに、その負のマグマが極力、他に波及しないように、家族は社会の盾とされてきたのである。社会の責任で個人の権利を守るはずの福祉国家において、家族を福祉国家の「残滓」（捨て駒）とする構図それ自体は残された。

注記すれば、個人のライフの視点から、家族のあり方を議論する素地は、「婚姻は、両性の合意のみに基いて成立し」をうたう日本国憲法24条にある。その目的は、それに先立つ多くの条項と同様に、社会的抑圧からの個人の解放にある。「婚姻は、両性の合意のみに基いて成立し」（さらに離婚も）はその必要条件の1つとされる。その一方で、憲法24条は、たとえ両性の合意で形成されたとしても、家族もまた、（「合意」をお墨付きにしつつ）「個人の尊厳と両性の本質的平等」を踏みにじる場となりかねないことを予見し、それを明示的に禁止している。この点は、大変、興味深い。例えば、個人の意志の届かない身体の内奥にまで深く介入する優生保護政策は、憲法24条によって、「個人の尊厳と両性の本質的平等」を踏みにじる違憲行為と断罪されうるからである[3]。

以上の問題関心のもと、本章は福祉国家におけるワーク・ライフ・バランスを主題とする。ただし、家庭や企業におけるワーク・ライフ・バランスの実態、家事負担の男女格差に関する実証研究や国際間比較に関しては、すでに優れた先行研究が数多く存在する[4]。また、1970年代にUSAやUK、オランダなどを中心に

---

3 政策レベルの議論では、その射程は標準的な家族類型にとどめられ、その目的はもっぱら効率性の追求（国家の成長戦略？）に縮減される恐れは常にあった。例えば、近年提出された「自民党改憲草案第24条」（2012年）では、家族は「社会の自然かつ基礎的な単位」であり、「互いに助け合わなければならない」などの文言によって、家族を国家戦略のパラメーターの1つに組み込もうとしている。

4 山本・松浦、2011など参照のこと。

広まったワークフェア政策、ワークシェア政策、さらには、障害者・ひとり親、公的扶助受給者への自立支援・就労支援政策などについても、十分な研究が蓄積されている[5]。そこで本章はそういった問題には立ち入らず、ワーク・ライフ・バランスという語の概念的意味の探究に関心を集中したい。とりわけ、ワークとライフという二元論的枠組みをとることの意味を、主として個人の視点から再考したうえで、個人と家族を支える公共的な相互性のしくみと倫理を陰画的に浮かび上がらせたい。

　実のところ、「バランス」の語は、筆者が専門とするジョン・ロールズの正義理論、とりわけ最も不遇な人々の期待の最大化を要請する「格差原理」の核である[6]。ロールズは正義理論を具体的制度として実現するにあたって、社会に現にある「常識的な正義の諸準則」、例えば、貢献に応ずる分配や努力に応ずる分配、必要に応ずる分配などをどのようにバランスづけるかを課題とした。そのバランスづけ方、つまり、ウエイトの決定の仕方をガイドする上位原理が、「格差原理」にほかならない。すなわち、ロールズはどの準則がもっとも善いかという探究をなすのではなく、それぞれの準則をそれぞれの理由のもとで善いとしたうえで、それぞれの準則に割り振るウエイトの調整を通じて、結果的に、最も不遇な人々の期待をできる限り最大化する方法を採ろうとしたのである。

　この定式化を応用すれば、ワーク・ライフ・バランスは、ワークとライフという2つの善きものを適切なウエイトでバランス付ける式として書き表すことができる。そのうえで正義理論が示唆するポイントは、適切なウエイトを付けるための上位原理の選択となろう。もし、この上位原理を各家庭の総利潤の最大化とするならば、上述した経済学の知見が示唆するように、最適なウエイトは賃金率に依存して決定されることになるだろう。そうではなく、ワークとライフで構成される家族構成員個々人の潜在能力の充実におくとしたら、それとは別の解法が、例えば、家族の中でより潜在能力が小さい個人のそれをより大きくする値が、最適なウエイトとして定められるかもしれない。このような枠組みを念頭におきながら、次節では、はじめに、ワーク・ライフ・バランスという言葉の意味とそれが発するメッセージを検討する。

5　倉田、2013など参照のこと。
6　ロールズ、1971、とりわけ第Ⅱ部「制度論」、後藤、2002参照のこと。

二 なぜ、何をバランスするのか

　日本では、2007年に内閣府が「仕事と生活の調和（ワーク・ライフ・バランス）憲章」を発表している。その要点は次の通りである。

〔いま何故仕事と生活の調和が必要なのか〕
　仕事は、暮らしを支え、生きがいや喜びをもたらす。同時に、家事・育児、近隣との付き合いなどの生活も暮らしには欠かすことはできないものであり、その充実があってこそ、人生の生きがい、喜びは倍増する」[7]。

　この一文のあとに、そうであるにもかかわらず、「仕事と生活が両立しにくい現実」がある、例えば、女性に家事・育児・介護が集中する傾向、男性の労働時間が長引く傾向がある、という指摘が続く。そして、家族も企業もこの現実を変えるべく努力せよ、家族は家庭内労働の負担の均等化を図り、企業は労働時間の短縮に努めよ、という力強いよびかけで締めくくられる。

　ワーク・ライフ・バランスの「バランス」という語には、2つのメッセージが込められていると考えられる。1つは、何事でも多すぎず、少なすぎず、ほどほどであることがよい、というメッセージである。よく知られているように、アリストテレスはそれを「中庸」という言葉で表した[8]。例えば、無鉄砲すぎず、臆病すぎず、ほどほどであること、それこそが「勇気」だという。それと同じように、働きすぎず、休みすぎず、ほどほどであるとよい、それでこそワークのよさ、ライフのよさが発揮されるというわけだ。

　もう1つは、複数のよいことがら、けれども、両立しがたいことがらがあったとしたら、それらを「適度」にウエイトづけて組み合わせるとよい、というメッセージである。例えば、肉も野菜も滋養豊かではあるけれど、人が食べられる量には限度があるから、両者をバランスよく採るとよいという。ワークもライフも価値があるけれど、人が使える時間にも体力・知力には限りがあるから、両者をバランスよく組み合わせるとよい、というわけだ。

　ここで疑問が湧く。バランスよく組み合わせることが、なぜ、何にとってよいのか、はたして、そうすることは人の心と身体の健康にとってよい、と本当にい

7　内閣府、「仕事と生活の調和（ワーク・ライフ・バランス）憲章」、2007年。
8　アリストテレス、1971/1999。

えるのか。あるいは、そうすることは人の幸福につながるといえるのか。次の疑問も湧く。いま、ワーク・ライフ・バランスが、人の健康や幸福にとってよいことだとして、どうして、政府がその実現をめざしてイニシアティブをとろうとするのか。それは、健康や幸福の主体である本人、あるいは、本人と関わりの深い家族や職場などが配慮すればよいことではないか。

　そもそも、何が本人の心や身体の健康につながるか、何が本人の幸福につながるかは、その人の特性あるいは生き方によって違ってくる可能性がある。例えば、時間割どおりに仕事をするのが苦手な人、逆に、自由時間が長いと落ち着かなくなる人、あるいは、納得のいく作品をつくるまで、衣食を忘れて専念したい人もいるだろう。はたして、国家はこのような個々人の特性や生き方の違いにまで配慮できるものなのか。

　通常、政府がワーク・ライフ・バランスの推進に乗り出してくることには、2つの理由があると推測される。1つは行動心理学的要因である。いつもよいことを選ぶほど人の意志は強くない、あるいは、よいと分かっていても人はなかなか実行に移せないものだ、だから、本人や家族、職場に政府が介入して意志の弱さを補うというわけだ[9]。もう1つは、経済的要因である。ワーク・ライフ・バランスに努めようとする人と、つねに人より少しでも長く働こうとする人がいたら、前者が競争に負けて出世できない、あるいは雇用した社員のワークバランスに努める企業と、つねにひたすら長く働く人だけを雇用している企業があったら、前者が競争に負けて倒産しかねない。だから、政府が介入して競争の過熱を抑制するというわけだ。

　意志の弱さを補うことと、競争の過熱を抑制すること、どちらももっともらしい理由である。政府がワーク・ライフ・バランス[10]を唱えるうえではそれで十分かもしれない。けれども、個人に視点を移した場合、ワークとライフのバランスを図ること（仕事をほどほどにすること、生活と適度に組み合わせること）を困難とする事情が他にもありそうだ。以下では、その事情に迫りつつ、そもそもワークとライフという二元論的アプローチをとることの意味を探っていこう。

　9　例えば、アリストテレスのいう「アクラシア（akrasia：自制心の欠如）」、すなわち、ある行為を悪いと知りつつ、欲望のゆえにそれを行ってしまう性向、アリストテレス、1971/1999。
　10　ジラール、作田、1981参照のこと。

三　仕事は多すぎず、少なすぎず、ほどほどに——どうして？

　1つ目のバランスの話から始めたい。仕事は多すぎず、少なすぎず、ほどほどであるといい、そんな当たり前のことを、なぜ政府から言われなくてはならないのだろうか。ろくに眠りもせず、ゆっくり食事もとらず、ほとんどだれともしゃべらず、休憩もはさまないで働き続けるとしたら、たいがいの人は身体あるいは精神に支障をきたしそうである。それは確かだとして、通常、人はそれほど長く集中し続けられないから、誰に言われなくとも自分で、疲れたと思ったら、休みをとろうとするだろう。お茶を飲んだり、散歩をしたり、早引きしたり。とはいえ、顧客がひっきりなしにくるとしたら、ついつい12時間通して立ち仕事をしてしまうかもしれない。「君に代わる人はだれもいないんだ」というささやき声にためらう背中をぐいと押されて、次の日も、また次の日も。このささやき声はやっかいで、ときに、取り返しのつかないところまで人を追い込むことがある。少し詳しく検討しよう。

　もともと人にとって辛いのは、自分はだれにも必要とされていない、あるいは歓迎されていないのではという疑念であろう。仕事がなかなか来ないと、人はそんな疑念にとりつかれかねない。その疑念は、自分はとるにたらない人間だという、卑小さの感覚と結びつきやすい一方で、自分は本来こんなところにいるはずのない人間だ、という尊大さの感覚と背中合わせになっていることが多い。この卑下と尊大の間をジェットコースターのように行き来すると、人は心底、疲れはててしまう（中島敦の『山月記』のように）。卑小でも、尊大でもなく、適度な「自尊」を保つことが、いかにむずかしいことか、それをうすうす感づいているからこそ、人は、ひとたび仕事を得ると、それを失うまいとするのだろう。

　目の前になすべき課題があり、しかもそれが他の人から依頼されたことだとすると、それらを1つ1つ片づけていくことには、充実感が伴う。「ご多忙中、誠に申し訳ありませんが」などと切り出されると、忙しい、忙しいとぼやきながら、内心ほっとして引き受けてしまう。まずこれをして、次はあれをしてと段取りをつけ始めるにつれて、責任感と自負心が高まっていく。名指しされたとたんに、自分でなくてはその仕事はできないような気持となり、何も、それをするのは自分でなくてもいいのだとはなかなか思えないのはなぜだろうか。大事なこと

は仕事の目的を実現することにあり、採られるべき最適な方法も手段も、具体的目標すらも変化しうる。自分の代わりに他の人が来たとしたら、自分がそこにいるときとは異なる時間が流れ、異なる空間が出現し、異なる方法が採られ、異なる結果がもたらされるだけのことなのだが、なかなかそうは思えないのはなぜだろうか。

例えば、私が医師で、毎日、訪ねてくる患者の診療に追われていたとしよう。もし、ある患者との信頼関係がようやく築けてきたところで、突然、勤務先が移動することになったら、おそらく呆然とするだろう。明日、どんな治療を工夫してみようか、は何とか考えられても、ある名前と顔をもった患者をだれか別の人に任せるという光景を思い浮かべられないだろうから。とはいえ、このような戸惑いは多分に独りよがりである可能性がある。もともと職業には、いつか別の人に任せることが、その意味として内包されているからだ。すなわち、職業は社会の中のハコであって、特定の顔と名前をもった個人に張り付くものではないからだ。たまたま、ある個人が起業したとして、もし、それが有用ならば、社会の中のハコとして一定の位置を得るだろう。それが職業となる限り、たとえその個人が辞めて、だれか別の人がそのハコに入ったとしても、その位置は保たれる。

もちろん、そのハコに入るためには、一定の条件が要求される。でも、逆に言えば、それを満たしさえすれば、ハコに入るのは「私」でなくてもよいのだ。通常、個人を構成する要素と考えられているもの、アイデンティティも、個体性も、人格も、職業には還元されない。職業もまた、個人を構成するそれらの要素には還元されない。もちろん、個人もこの社会で一定の場所を占める。だが、それは出入り自由なハコではなく、だれか違った人が替わるわけにはいかない席だ。個人をこのように他から区別される存在として扱うことは、近代個人主義が確認してきた「ロマネスクな真実」として認められてよいだろう[11]。個人の境界をどこまで緩やかに、オープンな形で定義できるかという課題は残るとしても。職業は、そんな個人の一部であって、全部ではないのだ。個人は、社会のハコに入って仕事もすれば、そこから抜けて周囲をぶらつくこともできてしまう。個人の眼は、仕事で輝くこともあれば、別の場で輝くこともある。個人の認識は仕事を通じてつくられることもあれば、仕事以外の場でつくられることもある。

11　ジラール、1961＝1971/1985。

そもそも、個人においてワークとワーク以外のライフはどう区別されるのか。行いや在りようは両者で多分に重なる。認識や態度も両者で多分に重なる。結論的には、両者を線引きする鍵は「関わる人」に求められる。仕事をしているときに「関わる人」と、仕事をしていないときに「関わる人」は異なるからだ。この「関わる人」の中には自分も入る。仕事をしているときに関わる自分と、家で問いかけ、応答している自分とは、異なる可能性がある（本章は、後者を「私」と表す）。ハンナ・アーレントはペルソナについて次のような面白い記述を残している。人は社会の中で自分にふり分けられた役割を、仮面のように身につけて、周囲から期待されたようにふるまう。ただし、仮面の下には自分の口をもち、ときにそこから生の声が発せられるのだと。職場で関わる自分はいうまでもなく、1つのペルソナだが、ときにその声は、多重性を帯びることがある。
　例えば、おもちゃ製作工場の社員であれば、ヒット商品の開発を依頼されるだろう。もっぱらコストを抑えたくさん売る方法が真剣に議論されるかもしれない。けれども、仕事を終えて、家に帰るとそこには自分の家族がいたり、旧友からの電話があったり、いまはここにいない人の写真が置いてあるかもしれない。家族や旧友たちと話し、セピア色の写真を眺めているうちに、ふと、おもちゃが人や環境に及ぼす害悪が気になってきて、多少コストはかかっても木のぬくもりを優先させようと決意するかもしれない。
　このように、話したり、関わったりする人や場面が変わると、ものの見方や考え方が大きくゆさぶられることがある。この経験は、仕事において大変、役立つばかりでなく、ライフでも役立つことがある。例えば、会社である女性社員の腕のあざを見つけたとしよう。彼女の暗いまなざしと合わせて、もしかしたら、これはDVのせいと心配になったとたんに、以前に家族と言い争いになり、思わず、暴言をはいた自分を悔いたりするかもしれない。
　以上をまとめると、仕事を多すぎず、少なすぎず、ほどほどにするという意味でのワーク・ライフ・バランスは、ワークとライフを切り離したうえで、両者を互いに反照させながら、自分を多角度から見つめ直す余裕を保つことと深く関連する。また、社会の中のハコを他の人と共有できる、責任ある仕事を他の人へと継承できることへの信頼とも深く関連する。
　ワーク・ライフ・バランスを提唱する政府には、すべての個人にこのような余裕や信頼を保障する公共政策のビジョンが、求められるだろう。はたして、具体

的にはそれはどのようなものでなければならないか、については、本章の最後で簡単にふれるとして、次節では、ワーク・ライフ・バランスのもう一つの意味に移ろう。

四　仕事と生活の「適度」な組み合わせ——どのように？

　ワーク・ライフ・バランスのもう一つの意味は、仕事と生活という、それぞれ価値あるものを「適度」に組み合わせよ、というメッセージであった。これは、さらに、家の中での人との関係と、家の外での人との関係を「適度」にウエイト付けて組み合わせよ、というメッセージを含む。なぜ、政府がわざわざ、そんなメッセージを推奨する必要があるのだろうか。結論的には、それは、このような意味でのワーク・ライフ・バランスを、個々人がばらばらに追求して、実現することはほぼ不可能だからだ。以下では、ディラック・パーフィットの「集合的合理性」と「規則功利主義」の議論を基に、このからくりを簡単に考察しよう[12]。

　働くということは、いっとき家から離れることを意味する。そして、家での「私」や家族との関係よりも、職場での人間関係を優先することを意味する。たとえ大きな災害に見舞われたとしても、おいそれと家に帰ることはできない。自営業で距離的には家族の近くにいるとしても、家族よりも、従業員や顧客の安全を優先的に配慮する必要が出てくる。たとえ家では自分の身の安全に細心の注意を払って過ごしているとしても、プロの消防士として人々の救出に当たる際には、自分の身を投げ打つことがある。

　そうだとしたら、人はなぜ、家を離れて職場に向かうことができるのだろうか。ふたたび家に戻って来るまでに、取り返しのつかない災厄に遭遇するかもしれないにもかかわらず、自分のライフをひとたび中断して、職場でのワークに向かうなどということが、人にはなぜできるのだろうか。実際、この問いが重くのしかかり、なかなか家を離れて仕事に出かけることのできない人がいるかもしれない。あるいは、毎朝、毎朝、自分や家族のライフをすっぱり切り捨て、二度と会えない覚悟をもって、職場に向かう人がいるかもしれない。パーフィットの個人的合理性と集団的合理性に関する議論は、この問題に次のように答える。

12　Parfit, 1984、「集団的帰結主義」（P. 43）など参照のこと。

例えば、ある人は北海道の学校で教師として働き、その親は関西の施設で暮らし、別の人は関西の施設で介護士として働き、その子どもは北海道の学校に通うとしよう。それぞれは、さまざまな制約の中で得た機会を最大限生かして、忙しくも、充実した時を過ごしていたとしよう。ところが、ある日の午後、日本全土を揺るがす大きな地震が起きたとする。人々の心にいっせいによぎるのは、自分や家族の安否だろう。個人的合理性の観点から、すぐさま、自分の身を守るか、あるいは、家族を援けに走ろうとする人々がいても何ら不思議はない。

そのような行為は、結果の善し悪しを超えて、行為と主体との関係——だれがその行為を行うのか、だれがその行為を行わないのか——に焦点を当てる「行為相対的倫理」の観点からも正当化されるであろう[13]。行為相対的倫理によれば、結果的には援けられなかったとしても、他でもなく自分が援けに行くという行為それ自体に、高い道徳的価値が付されることになる。逆に、結果的には助かったとしても、自分が援けに行くという行為をとれなかったことについて、たとえ本人以外のだれも本人をとがめない、あるいは、そもそもとがめる資格をもたないとしても、本人による自責の念を免れ得ないことになる。

とはいえ、われわれの常識に照らせば、北海道で働く人が関西にいる自分の親を援けに行くこと、関西で働く人が北海道にいる自分の子どもを援けに行くことは、まったくもって非効率的に映る。むしろ、それぞれの人が自分の職場の受け持ちで、近くの消防署や病院や警察などで働く人と連携しながら、他の人の親や子どもを援けた方が、結果的に、どちらの親や子どもを援けることにつながるであろう。そもそもこのような緊急時に、自分たちの職場の顧客や利用者を援けることは、それぞれのジョブの任務の中に組み込まれているとも解釈される。これが集団的合理性の論理である。所与の制度のもとで総効用を最大化する個々人の行為ではなく、制度に反応する個々人の行為を見越したうえで、総効用を最大化する制度そのものに判断の基礎を置く規則功利主義は、こちらの採用を勧めることになる[14]。

個人が自己のライフを離れ、社会の中のジョブを通じて、自分の手の届くとこ

---

13 行うべき行為の記述が行為者への言及を含む倫理を指す、通常、帰結主義とは対立的な倫理とされる。ただし、行為相対的倫理をも帰結の一つとする「広義帰結主義」の倫理も考えられている（Sen, 2000）。
14 Sen and Williams, eds., 1982などを参照のこと。

ろにいる他の人たち、他の家族のライフを援ける。同様に、他の人たちは彼らの手の届くところにいる自分や自分の家族を援けてくれる。実のところ、これは、それ自体が倫理性をもつ相互性（互恵性）の実践にほかならない。古来、人は、この相互性倫理の実践を通して、互いのライフを援け合うしくみをつくりあげてきた。個人が、仕事の遂行を通じて、この相互性倫理を実践できるのだとしたら、同じく仕事の遂行ゆえに、行為相対的倫理を実践できないことのもたらす自責の念を、いくばくなりとも和らげてくれるに違いない。

　まとめよう。人がライフを離れ、仕事に向かう理由は、代わりにだれかがライフを離れ、来てくれることを知っているからである。自分が仕事に専念する間、代わりにだれかが、その人たちの仕事を通じて、自分や自分の家族に配慮していることを、その人たちが仕事に専念している間、代わりに自分が、自分の仕事を通じて、その人たちの家族に配慮していることを、そして、自分が危険を顧みず、他の人の救助に当たるときは、「私」に対する同僚たちの後方支援があることを知っているからである。ワーク・ライフ・バランスは個人や家族の中で完結するものではなく、このような相互性のしくみの中で、はじめて実現可能となる。この相互性のしくみを十分、信頼することはできない場合は、集合的合理性の観点からも家を離れない方がよいという結論に至るかもしれない。その場合に、相互性倫理をひとりで実践し続けることは至難の業となるであろう。

　その一方で、留意すべきは、そもそも相互性のしくみを信頼しようとする意志は、家での「私」と家族への特別な気遣いに起因する点である。いくら相互性のしくみが信頼できたとしても、それを通じて守りたい「私」自身あるいは家族との関係（愛情、気遣い、配慮）が希薄であるとすると、相互性倫理はそもそも志向されないおそれがある。相互性倫理の実践は、一般に、相互性を通じて守りたいものをもっていることが前提とされるからである。最後に、この問題を考察して本節を閉じよう。

　先述したように、家の外での関係は、社会的な役割がまずあって、それをたまたまある人が引き受けるところから始まる。途中で、受け持つ人が交替したとしても、社会的な役割それ自体は変化しない。新たに受け持ちとなった人が、役割と一緒に、役割を通じた関係をも、継承することになる。それに対して、家の中での関係は、特定の名前と顔をもった人たち同士の関係で、別の名前をもった人との取り替えは効かない。もちろん、家族の中にも、「母」、「父」、「きょうだい」

といった役割はあり、そういった役割を別の人が継承することはできる。例えば、生みの母と離別し、新たな人が「母」の役割を継承するといった場合、家族の中の「母子」という関係が、新たな人を通じて継続される。ただ、その場合でも、離別した母と子の間に、名前と顔をもった人の関係は残る。新たに「母」の役割を継承する人と子の間にも、名前をもった人の関係が生まれる。

　この意味では、家族や自分自身（「私」）との関係は、社会の中で特別だ。そうだからこそ、家の中での関係と家の外での関係とのバランスがことさら問題として浮上する。どれだけ家族や「私」との関係に、直接、自分の時間や労力を注ぐか、どれだけ他の人々との関係に時間や労力を注ぐか。バランスには会計上の収支勘定という意味がある。ワークを通して、ライフを通して、たくさんの人たちの間で結ばれた、さまざまな関係を包み込むものが、社会であるとして、はたして、自分は、社会にどれだけ自分の時間や労力を預け、社会から、どれだけ他の人たちの時間や労力を預かるのか。他の人との相互性への信頼を基盤として、個々人の仕事と個々人の生活を、集合的合理性の観点から収支勘定すること、これが、ワーク・ライフ・バランスのもう１つの意味だと解される。

　以上、主に個人の視点から、ワーク・ライフ・バランスの語を検討してきた。そこで、得られた結論は、それを個人の個人的合理性で実現するのは困難だ、というものだった。次には、ワーク・ライフ・バランスを実現する公共政策のビジョンについて、そもそもワークとは何であり、その価値を誰がいかに評価するのかという、より根本的な問題に立ち返って考えたい。

五　仕事とは何か

　社会のハコとしての仕事は、ものやサービスの生産を通じて、家での「私」や家族との関係を越えて、たくさんの人たちとさまざまな関係をつくることを可能とする。さらに、それは、個々人の生産したものやサービスについて、あるいは、より広く個々人の行いや在りようについて、たくさんの人たちからさまざまな評価を得ることを可能とする。もちろん、家から外に出ることで、失われるものはある。家での「私」や家族によってなされる評価作業を中断せざるを得ないから、真摯に追求された大切な決定を先送りしてしまうことにもなりかねない。その一方で、それは「私」や家族の行き詰まりを打開する新たな局面を開いてく

れることもあるだろう。ワーク・ライフ・バランスのポイントは、複数の評価基準をいかにバランス付けるか、そして、それらを見渡す認識枠組みをいかに構成するかにある[15]。

留意すべきは、このように関係をつくり、評価基準をつくるものは、私たちがふつう「職業」と呼ぶ仕事に限られない。私たちは、四六時中、たくさんの人たちが提供してくれる、さまざまな種類の仕事の恩恵を受けている。例えば、地域住民たちの自治会活動、難病患者とその家族がつくる患者会活動、あるいは、外国人滞在者との交流を図る公民館活動など、人々がいろいろな目的で自発的に行なう活動のもとで、たくさんの人たちの間にさまざまな関係が生まれる。有償ボランティアやNPO活動など含まれる。

「職業」としての仕事には、通常、サービスを受ける利用者が支払う対価が発生するが、これらの自発的な集まりでなされる仕事には、かならずしもそのような対価が発生しない。例えば、未就業あるいは低所得者に対する支援の場合には、通常、支援を受ける利用者自身が対価を支払うことは困難である。しかし、利用者に発生した直接的な便益はもちろんのこと、周囲が間接的に受けた恩恵が人々に認められるならば、寄付や応援資金が寄せられる可能性がある。あるいは、障害者が生み出した財やサービスが、その意義に賛同する人たちによって、需要されるようになるかもしれない。さらに、広く社会的にそのような活動の意義が認められると、自治体等からの税にもとづく補助のかたちをとるようにもなる。

中には、「職業」としての仕事をしながら、ライフの一部として、ボランティアやNPO活動をする人もいるだろう。また、ボランティアやNPO活動にこそ意義を見出して、自分の生涯のワークとしてそれに取り組む人もいるだろう。この人たちにとってのワーク・ライフ・バランスは、より広く、ライフ・ライフ・バランスと言い換えられるかもしれない。

とはいえ、いったいどこからが、たとえ社会的に有益であっても、対価が発生しない仕事にとどまるのか、いったいどこからが、社会の中のハコとしての「仕事」となり、社会的な「職業」と認められるようになるのか、さらには、社会的

---

15 ワークとライフの葛藤を「時間」、「ストレス」、「態度」という3つの次元で捉えたStephens and Sommerの興味深い研究では、例えば、「職場で自分の用いている問題解決の方法が家での問題解決には少しも役立たない」という、自分のふるまいに関する葛藤が捉えられている（Stephens and Sommer, 1996). Carlson, Kacmar and Williams (2000) も参照のこと。桑島 (2018) も参照のこと。

な評価がどのように賃金率へと反映されるのかは、実のところ、さほど明確ではない。

例えば、雪の降り積もった朝、人々の転々とした足あとを辿っていくと学校や職場に着く。夜の明けきらない早朝に、降り積もった雪をかき分けて歩いた人たちの恩恵を、後につづく人は確かに受けている。でも、それらが「仕事」と呼ばれることはないだろう。だれかがつくった歌を、お金を払って聴こうとする人が増えると、シンガーソングライターが生まれるが、各人自分で歌をつくって口ずさむだけなら、シンガーソングライターは生まれない。だれも、お金を貸したり、預けたりしようとしなければ、銀行の仕事は生まれない。同様に、だれも人に迷惑をかけることがなければ、警察や警備員、あるいは、弁護士や裁判官の仕事は生まれない、もし、公園でみなが空きカンを持ち帰れば、カンを収集する仕事は生まれない。もし、みんながきちんと自転車を並べれば、自転車整理係の仕事は生まれない。人がそれぞれ自分ひとりで学ぶことができるのであれば、教師の仕事も生まれない。

最初は、家や近隣でなされていた仕事であっても、広く人々にとって有益だと認められて、「職業」となる可能性がある。介護福祉士や児童福祉司などが好例であろう。あるいは、だれかが起業して考案した財がたまたまヒットして、あっという間にグローバルな市場で売買される場合もある。社会の中のいろいろな人々が、これまであって欲しいと願い、これからもあって欲しいと願うことがらが、「仕事」や「職業」の源泉となっていることは確かだ。そして、その願いに応答して注ぎ込まれた、たくさんの人の労力と、さまざまなスキルやアイディアが、「仕事」と「職業」をいろいろな形にしてきたことも確かだ。だが、その価値は、人々に需要されてから跡づけ的に理解されるだけで、需要前にはわからない。残念ながら、中には人々の生活を本当に豊かにするのか、疑わしいものが紛れ込むこともある。とはいえ、それらもまた人々の欲求と完全に無縁ではないので、個々人の生活にとって真に有益なものだけが「仕事」となるように、市場を誘導することも、政府が一律に規制することもきわめて困難である（例えば、麻薬は痛み止めとしてある傷病には有効だが、一般には有害である）[16]。

そうだとしたら、肝要なことは、第一に、たとえ個々人の仕事を行う動機や

16　都留重人、1983。

きっかけはさまざまだとしても、その有用性を等しく認める平等規範を徹底すること、その一方で、たとえ提供された財やサービスの形や種類は似かよったものであろうとも、その社会的な意味の差異に応じて、個々人の為した仕事を個別に評価する「特殊定言命法」(Rawls, 1993) をつくることであろう。これらにより、グローバルな市場価格に対抗し、それらを補完する無数のローカルな文脈依存的な価値評価を賃金所得に反映させる道が開かれる。

　肝要なことは第二に、本章の主題であるワーク・ライフ・バランス、すなわち、ワークとライフという二元論的視座を保持することである。もし、人が、仕事をほどほどにバランスして、家での「私」自身や家族の視点と十分に照らし合わせる余裕をもつとしたら、生活を害するおそれのあるものの生産を、たとえ市場的評価は高く収益が見込めるとしても、控える機会をもつだろう。もし、個々人が、自分の仕事を通して他の人々の生活を援けていることを前提に、ワークとライフをバランスづけようとしたら、相互性倫理の視点から仕事の中身を評価し直すことができるだろう。これらが本章の結論となる。

　付記すれば、本章では十分に論ずることができなかったが、ある仕事が社会的に有益であるとしたら、それに従事する人たちは、暮らしていくに十分な収入を得てしかるべきであろう。それらがすでに職業であるとしたら、本人や家族が暮らしていくに不足のない賃金所得を、それが有償ボランティアやNPO法人などの活動だとしたら、寄付や補助金などを合わせて、本人や家族が暮らしていくに十分な稼得所得を保障されるべきであろう。そうであれば、人は、働けるときには働き、税や保険料を納めることも可能となる。ワーク・ライフ・バランスを実現する公共政策のビジョンの要点は「公共的相互性」のしくみ（「働き提供することができるなら、働き提供せよ、必要としているなら、受給せよ」、後藤, 2006）と重なる点を指摘して、本章の結びに代えたい。

　　付記　本稿は、法理論をもとに、社会保障・福祉に深く、広く接近された久塚純一先生に感謝して捧げたいと存じます。

参考文献（邦訳を参照した文献を含む）

Carlson, D. S., K. M. Kacmar, & L. J. Williams (2000) "Construction and Initial Validation of a Multidimensional Measure of Work-Family Conflict," *Journal of Vocational*

Behavior, 56: pp. 249-276.

Chiappori, P.-A. (1988) "Rational Household Labor Supply," *Econometrica*, 56, pp. 63-90.

Hochschild, A. R. (1997) *The Time Bind*, Henry Holt and Company, LLC: New York.

Parfit D. (1984) Reasons and Persons, Oxford University Press（森村進訳『理由と人格——非人格性の倫理へ』1998、勁草書房）.

Sen, A. K. (2000) "Consequential Evaluation and Practical Reason," *The Journal of Philosophy*, XCVII, 9, pp. 477-503.

Sen, A. K. and B. Williams, eds. (1982): *Utilitarianism and Beyond*, Cambridge: Cambridge University Press.

Stephens, G. K., & Sommer, S. M. (1996). "The measurement of work to family conflict," *Educational and Psychological Measurement*, 56, pp. 475-486.

アリストテレス、高田三郎訳『ニコマコス倫理学　上』1971/1999、岩波文庫。

アーレント・ハンナ（1958）志水速雄訳『人間の条件』1994/2009、ちくま学芸文庫。

アーレント・ハンナ（2003）ジェローム・コーン編、中山元訳『責任と判断』2016、ちくま学芸文庫。

大森義明（2010）「ワーク・ライフ・バランス研究——経済学的な概念と課題」、『日本労働研究雑誌』No. 599/June、pp. 10-19。

学習院大学経済経営研究所　編著　今野浩一郎、脇坂　明、木谷　宏、西岡由美、藤波美帆『経営戦略としてのワーク・ライフ・バランス——成果測定のための評価指標（WLB-JUKU INDEX）付き——』。

倉田賀世（2013）「日本のワーク・ライフ・バランス施策に関する一考察——ドイツ法との比較法的見地から——」本澤巳代子・ウタ・マイヤー＝グレーヴェ（編）『家族のための総合政策Ⅲ——家族と職業の両立——』信山社、pp. 61-75。

桑島薫（2018）「日本のワーク・ライフ・バランス政策が抱える問題点——先行研究レビューをもとにした整理と人類学的立場からの所感——」名城論叢、pp. 121-129。

後藤玲子「正義と公共的相互性：公的扶助の根拠」『思想』第983号、pp. 82-99、2006年。

作田啓一（1981）『個人主義の運命』岩波新書。

ジラール、ルネ（1961）古田幸男訳『欲望の現象学——ロマンティークの虚像とロマネスクの真実』1971/1985年、法政大学出版局。

ジョージェスク-レーゲン, N（1971）高橋正立・神里公・寺本英・小出厚之助・岡敏弘・新宮晋・中釜浩一訳『エントロピー法則と経済過程』1993、みすず。

都留重人（1983）『体制変革の政治経済学』新評論。

中島敦（1942/1997）『山月記』新潮社。

萩原久美（2009）「ジェンダー視覚からの『ワーク・ライフ・バランス』政策（2003〜2007年）の検討」」『女性労働研究』第53号、pp. 60-74。

久本憲夫（2015）「第12章　少子化対策とワーク・ライフ・バランス」『日本の社会政策』［改訂版］ナカニシヤ出版、pp. 333-353。

山本　勲・松浦　寿幸（2011）「ワーク・ライフ・バランス施策は企業の生産性を高めるか？　――企業パネルデータを用いた WLB 施策と TFP の検証――」、RIETI Discussion Paper Series 11-J-032。

山口一男（2009）『ワークライフバランス――実証と政策提言』日本経済新聞出版社。

保険料拠出の意義と被保険者の地位に関するメモランダム

小 西 啓 文

一　はじめに
二　荒木誠之教授の理解
三　社会保険の各分野について
四　被保険者の「地位」について
五　むすびにかえて

一　はじめに

　久塚純一教授は、その著書『「ありよう」で捉える社会保障法──社会保障の法現象』（成文堂、2016年）において、社会保険制度について以下のように記述している。

　　「日本の社会保障の中軸をなしているものが社会保険制度であることから、社会保障（を）巡る人々の意識は、〔『負担』と『給付』〕を接合させる傾向を有する。このように考えること自体が、正確なことにはなっていないのだが、そのような感覚は、ソレにとどまらずに、『負担』できないという状態にある人々についての『最低生活の保障』について、〔『負担』していないのに『受給』している〕という感覚を生み出しことになってしまう。」（192頁）

　　「保険料を『『払っただけもらえるのか？』』が登場するのは、保険料『負担』を、将来、自分が受給することとの関係で意味づけすることの結果である〔※〕。従って、〔『（保険料）負担』と『給付』〕は、属人的に強力に結びつくことになる。……しかし、実際には、『障害（基礎・厚生）年金』や『遺族（基礎・厚生）年金』が存在しているし、国民年金では、保険料全額免除期間の月数は、二分の一の月数としてカウントされ、給付額に反映されることになっている。そうすると、年金給付の支給要件にみられる『〇〇年』というものの中には、『自らの受給のため』ということばかりではなく、『社会的な義務』のような意味も込められていることになる。」（208頁）

　ちょうど※印の個所などは、筆者が研究対象国とするドイツの世代間契約論[1]を彷彿させるものだが[2]、筆者はいま（さらながら）、「社会保険料を支払うこと」

が何を意味するのか、に興味を抱いている。

　一般に、社会保険というと、被保険者が社会保険料を支払い、いざというときに被保険者が保険給付を受け取れる制度をイメージする[3]ものだろうが（先の久塚教授はこの点を「正確なことにはなっていない」と批判している）、筆者が興味をもって研究している分野の一つである労災保険においては、使用者のみが社会保険料を負担しており、そういう意味でいうと労災保険は、上記の公式から外れた仕組みということになる。

　ここで、試しに学校法人専修大学事件をとりあげてみたい。同事件は菅野和夫『労働法〔第11版補正版〕』（弘文堂、2017年）によると「頸肩腕症候群による長期欠勤者につき、労災認定がなされて、労災保険から療養補償給付および休業補償給付が行われて３年間が経過した事例において、使用者は当該事業体の災害補償規程に従い２年間の休職措置をとり、休職期間の満了の際になお休職事由が消滅していないとして、同規程に従い平均賃金1200日分相当の打切補償を支払ったうえ同療養者の解雇を行った。この解雇が労基法の業務災害による療養者の解雇制限（労基19条１項）に違反しないかが争われ（た）事件」（732頁）ということになる。このような事件において、「１審、２審ともに、同解雇制限の解除規定（同項但書前段）が引用する〔労基法81条の規定によって打切補償を支払う場合〕を文字通りに狭く解釈し、労災保険法による療養補償給付を受けて療養し３年間が経過しても治らないという場合には、打切補償を支払うことによる上記の解雇制限解除規定は適用を受けることはできないと判断した（学校法人専修大学事件――東京地判平24・９・28労判1062号５頁・東京高判平25・７・10労判1076号93頁）。」

　ここまでの描写では、なぜ筆者がこの事件を取り上げたか意味不明かもしれないが、これには続きがある。

1　ドイツの議論状況についてはさしあたり、田中秀一郎「ドイツ年金保険における世代間契約：世代間契約概念の歴史的変遷を中心として」九大法学86号309頁参照。
2　この点、筆者が紹介したことのあるドイツの介護保険料にかかる連邦憲法裁判所の判決も参考になろう（小西啓文「社会保険料拠出の意義と社会的調整の限界――西原道雄「社会保険における拠出」「社会保障法における親族の扶養」「日本社会保障法の問題点―総論」の検討」岩村正彦・菊池馨実責任編集『社会保障法研究　創刊第一号』（信山社、2011年）95頁参照）。
3　たとえば、筆者も執筆している社会保障法のテキストである『トピック社会保障法〔12版〕』（不磨書房、2018年）では、「社会保険における保険料拠出は、一方では自らの拠出で保険事故に備えるという意味で『自助』を、また他の被保険者や扶養家族の給付の財源形成に寄与しているという意味では『連帯』を制度化している」と説明している（260頁以下）。

「しかし、上記控訴審判決の上告審において、最高裁は、まず、業務災害に関する労災保険制度は、労働基準法により使用者が負う災害補償義務の存在を前提として、その補償負担の緩和を図りつつ被災した労働者の迅速かつ公正な保護を確保するため、使用者による災害補償に代わる保険給付を行う制度であるので、労災保険法による保険給付の実質は、使用者の労基法上の災害補償義務を政府が保険給付の形式で行うものである、と判示した。このような労基法の労災補償と労災保険給付との関係からすれば、業務災害による療養者の解雇制限解除規定（労基19条1項但書前段）の適用の有無につき、使用者が自らの負担により災害補償が行われている場合とこれに代わるものとして労災保険法に基づく保険給付が行われている場合とで、取扱いを異にすべきものとは言い難く、またそう解したとしても傷病が治るまでは労災保険から必要な給付が行われるので労働者の保護を欠くことにもならない、と判示した（最二小判平27・6・8民集69巻1047頁）。」（傍点、筆者）

このような事案に対して、菅野教授は、次のように結論付ける。

「労災保険法による労災保険制度は、使用者の労基法上の労災補償制度を担保する政府管掌の強制保険制度であって、労災補償よりも充実した保険給付を行うことによって、ほぼ完全に労災補償に代替する機能を果たしている制度である……。原審の解釈は、法文の細部にこだわるあまり、この労災保険制度の基本的性格と機能からあまりにも乖離するものであり、上告審はそれを正して制度の基本に沿った解釈に引き戻したといえる。」

たしかに、労災保険制度には、労基法上の使用者責任を保険化した側面があろう[4]。しかし、だからといって、仮にこのような考え方の前提に「なぜ被災者が労災保険から給付を受けていると解雇できないのか？」という使用者側の疑問があるならば、そしてさらに敷衍して、仮に「そもそも労災保険は労働者がいざというときに給付を受けられるための制度であり、（労基法の補償ではなく）保険給付を受けると解雇できないというのでは、使用者は保険料の払い損というものではないか？」という観念があるとすれば（おそらく、最高裁はそのように考えたのではないだろうか）、筆者には「労災保険料は使用者の社会的責任の一環として払っているのではなかったか？」というまた別の観念も湧いてくるのである[5]。

---

4 山口浩一郎「労災保険と労働基準法」同『労災保険の諸問題〔増補版〕』（信山社、2008年）によると労災保険法の沿革は責任保険法であるが、「労災保険のひとり歩き」現象を経て、それは今日、「使用者の個別責任から離れ責任保険としての地位を脱却した」ものの、「使用者の集団的責任」を根拠にするものであるという指摘がある（17頁以下）。なお、小西啓文「労災認定にかかる学説・判例の再検討のための覚書」古橋エツ子・床谷文雄・新田秀樹編『家族法と社会保障法の交錯 本澤巳代子先生還暦記念』（信山社、2014年）339頁参照。

二　荒木誠之教授の理解

　この点、久塚教授の指導教授であった荒木誠之教授が労災保険を以下のように説明するのは、大変興味深い。すなわち荒木教授は『労災補償法の研究——法理と制度の展開』（総合労働研究所、1981年）において、労災補償の生存権的特質を重視し、自身「生活保障説」にたつとし（251頁）、「ある給付制度を拠出性とするか否かは、政策的判断によりきめうるもの」（271頁）で「災害の労働関係的特質を前提とするかぎり、企業責任の法理に立って費用を調達するのはきわめて自然であり合理的である。そこに社会保障の特色を見出すとすれば、それは補償が個別企業の単独責任においてではなく、資本主義経済社会の総体としての企業の連帯において行われるところに見出される……われわれは企業の危険分散という責任保険的理解ではなく、資本主義社会の企業総体の労働者に対する生活保障責任として労災保険の特質をとらえ、その観点から給付内容のみならず保険料の全面的企業負担の社会保障法的意義を評価するものである。」と指摘する（272頁）。荒木教授が労働者を、保険料を支払っていないにもかかわらず「受給権者」[6]（271頁）

　5　この事件に対して近藤昭雄教授は「業務災害に基づく長期傷病休業者の解雇と労契法16条——専修大学事件差し戻し高裁判決（東京高判平28・9・12）批判」地域と労働運動204号（2017年）において、「現代において求められる企業の社会的責任（その権利行使につき求められる『準則』ともいうべきもの）」は「諸個人を（社会生活上の機能障害等）多くの個性・特性をもつ者として、社会関係の中でその人権の尊重に努めること、それ故、企業は、社会生活上の機能障害を持った人々を、企業社会に受け入れ、その特性に合わせた配慮（経営管理）を及ぼしつつ共に活動すべきであるとすること、換言すれば、様々な特性をもつ人々が、平等な関係の下、ともに活動し、生きていくこと（これを、「共生型社会」と表現しておきたい）こそが、これからの社会の有り様であ」る、と指摘しているが（15頁）、この指摘は先の菅野教授のそれとは好対照をなしていよう。

　6　ヴァルターマン教授は労災保険の財政についてそのテキスト Sozialrecht（12版）において以下のように述べている（129頁）。"純粋な"（"本物の"）労災保険の財源は原則として被保険者（労働者のこと。筆者注）を雇用する、または自分で任意加入している（社会法典第7編150条以下参照）事業主の保険料のみによる。"純粋でない"（"本物でない"）労災保険は税収入から財源化される。事業主の保険料義務の詳細を規定するのは社会法典第7編150、151条である。保険料の額は本質的に企業における労災の危険と被保険者の報酬に基づき決められる。保険料は社会法典第7編152条1項1文に従い暦年の終了後賦課の方法で決定される。労災の危険の程度に基づく保険料の段階（等級）に関して職業組合 Berufsgenossenschaft は社会法典第7編157条1項に基づき自律的な規約法 Satzungsrecht を通じて危険料金表 Gefahrentarif を危険金庫とともに形成する。それらはそのうえ社会法典第7編162条1項1文に従い割増料金を負わせ、または値引きを承認しなければならない。商工業の職業組合の間で負担調整が実施される。すなわち、鉱業組合（現在は原料及び化学工業職業組合）と建築業職業組合は減少する就業ゆえに現行の保険料収

と呼ぶのは、それこそ「生活保障説」の真骨頂というべきであろう。

ところで荒木教授といえば、社会保障法を「生存権の原理が無媒介的に支配する法」と定義づけた、「給付別体系論」の祖といわれるが[7]、「労働法学からの自立」のための議論でもあり、裏を返せばそれは労働法を強く意識してのものであった。そのことは、荒木教授が早くから労災保険法を研究のうえ、「給付別体系論」のような考えに至ったことと無関係ではないのではないか、と思われる。すなわち、保険料を被災者が払っていない労災保険においても、被災労働者は「受給権者」として給付を受けているのであり、重要なのは、被災者がどのように保障されるかであって、その費用負担は「技術的な問題」[8]にとどまる、という途筋で考えたのではないだろうか。荒木教授の労災保険の議論は、「社会保障化」論争の前提となったものであり[9]、今日ではその「理論」ほどには注目を浴びるものではないのかもしれないが、再度クローズアップされるべきものといえよう。

三　社会保険の各分野について

1　筆者の素朴な疑問について

ところで、ドイツで年金保険（老齢・廃疾年金）が登場した背景には、低所得で老齢になった者は大部分廃疾（＝障害）状態にあり、いずれにせよ貧困状態に陥り、コミューンの貧民救済の対象となっていたという史実があったという[10]。そのような歴史を考えると、年金制度というものの原型には働けなくなった高齢者の低所得問題の解消という課題があったようであり、それは「ある年齢に達すれば必ず給付がもらえる」というものではなく、本人の「収入の状況」や「労働能力の減退」の如何で老齢年金が受給できたり・できなかったりするということも

入とかつてのケースに対する給付の支給との間にますます不利益になった関係性に直面しているので、2008年の財政調整が新たに形成された（社会法典第7編176条以下、220条）。」
7　稲森公嘉「社会保障法理論研究史の一里塚――荒木構造論文再読」岩村・菊池編・前掲注2・13頁参照。
8　荒木誠之「社会保障の法的構造」同『社会保障の法的構造』（有斐閣、1983年）17頁参照。もっとも、荒木教授は「労災保険の社会保障化」のシンボルとも目すべき通勤災害について「通勤災害と認定するか否かは、通勤災害保護の立法趣旨と具体的な被災労働者の行動態様をあわせ考慮して判断すべきである」と冷静な（やや厳し目の）評価をしている（同『社会保障法読本〔新版〕』（有斐閣、1996年）147頁）。
9　小西・前掲注4・343頁参照。
10　ヴァルターマン・前掲注6・28頁参照。

制度設計としてありえたのではないか、と思われてくる。その限りでは、もしかすると「保険料を支払えば年金給付をもらえる」的な言説も後世の産物なのかもしれず[11]、ひょっとすると保険料の徴収を確実にしたい厚生労働省の説明の便宜にすぎなかったのではないか、という素朴な疑問が沸いてくる[12]。

この章では、アトランダム的に、筆者が社会保険の分野で興味を抱く（裁）判例を取り上げながら、この問題についてもう少し考えてみたい。

2　国民健康保険について

ここでは旭川国民健康保険条例事件（最大判平18・3・1民集60巻2号587頁）をとりあげる。

同事件は、旭川市の国保の被保険者であり世帯主である者が国保料の減免申請をしたところ非該当とされ賦課処分がなされたことから賦課処分の取消等を争ったものであるが、最高裁は、国保料は、被保険者において保険給付を受け得ることに対する反対給付として徴収されるものであり、国保料に「憲法84条の規定が直接に適用されることはないというべきである。」としたうえで、「市町村が行う国民健康保険は、保険料を徴収する方式のものであっても、強制加入とされ、保険料が強制徴収され、賦課徴収の強制の度合いにおいては租税に類似する性質を有するものであるから、これについても憲法84条の趣旨が及ぶと解すべき」である、と判示した。

この点、碓井光明教授が執筆した社会保障判例百選〔第4版〕では、「かつての憲法学説は、租税法学等よりも『租税』の意義を拡大して解釈していたのに対して……本判決は、限定説を確定させたものといえよう……。国保料への適用を否定する理由は、『保険給付を受け得ることに対する反対給付』性に求めている。／しかし、判決は、憲法84条の規律との関係が一切なくなると見ることをせず……国保料の強制加入制、強制徴収制に鑑み『強制の度合いにおいては租税に類似する性質を有する』ので、憲法84条の趣旨が及ぶとした（趣旨支配説）。」とい

11　この点、後述する太田匡彦教授の「緩やかな交換」の議論の蓄積が示唆深い。
12　例えば、厚生労働省のホームページ（「いっしょに検証！公的年金」）では、公的年金制度を損得勘定で語るのは問題であり、社会保障制度は「安心」を得るためのものと説明のうえ、「そうはいっても、私たちの〔若い〕世代は、支払う保険料より受け取る年金の方が少ないんでしょ？」という問いに対して「あえて比較しても、そんなことはないですよ。どの世代でも、平均すると自分が保険料として納めた以上の年金を受け取ることができます」と説明している。

う解説が付されている（15頁）。

　碓井教授はまた別稿（「財政法学の観点からみた社会保険料と税制との関係」季刊・社会保障研究42巻3号）で、「国が保険者となる社会保険料は、その強制性に着目するときには、限りなく租税に近い性質のものであり、憲法84条の租税法律主義の趣旨が及ぶと考えるべきものである。」、「地方公共団体が保険者となる社会保険制度の場合には、憲法83条が直接に適用されるものではないが、住民自治の原則により『住民財政主義』が支配するというべきであり、その際には憲法83条の趣旨が斟酌されるべきであろう。」（252頁）、「社会保障のうち、医療保険にあっては、たしかに、今日、明日にでも医療給付を必要とする事態の発生した場合に保険給付を受けられるという『被保険利益』に対する対価たる性質、具体的対価性を有している。介護保険にあっても、同様の被保険利益があるものの、若ければ若いほど要介護状態の発生のリスクが小さいため、たとえば、40歳代の被保険者は、1号被保険者に比べて被保険利益を実感することができない。」、他方「年金保険料の対価性は、『法改正の可能性』の故に抽象的対価性になってしまう可能性を秘めたものである。抽象的対価性の年金保険料には、租税に関する法理が強く妥当するというべきである。この観点からすれば、国民年金保険料や厚生年金保険料について法律主義が採用されているのは当然のことである。」、「筆者は、憲法84条は、確かに本来の意味の『租税』に関する法律主義を規定することに主眼があるが、それに限定すべきものではなく、広く財政目的の強制的な金銭負担について適用されると解すべきであると考えている。対価性の一事をもって租税法律主義の適用範囲からまったく除かれると解すべきではない。／この点については、最高裁判所大法廷が、2006（平成18）年3月1日の旭川市国民健康保険料事件の上告審判決（『民集』Vol. 60、No. 2、p. 587）において一応の決着を示した。」（253頁）と指摘もしている。

　ところで、碓井教授の百選での評釈に対しては、台豊教授が「旭川市国民健康保険条例事件覚書」（「税」2009年7月号）において、「社会保険料独自の規範的な構造や性格を探求することにより、外延なき租税法律主義の"帝国主義的膨張"にささやかなレジスタンスを試みたい」（15頁）という問題関心に立ち批判をしたこと、そしてその批判に対して碓井教授も「国民健康保険料と『租税』法律主義——台豊教授の批判に接して」（自治研究85巻9号30頁）において（再）批判していることは、センセーショナルな出来事だっただけに、読者の記憶になお新しいこ

とであろう[13]。これらは社会保険料を扱う本稿にとっても極めて示唆深いが、ここで台教授が「『対価性』ないし『けん連性』は、①国保料と『保険給付』の間で考えるのか、②国保料と『保険給付を受け得る地位』の間で考えるのか」と問題設定のうえ（6頁）、「上告審判決が、……『対価性』なる語を避け、条件性を意味する語として『保険給付を受け得る地位とのけん連性』という表現を用いたことは1つの見識というべきであろう。」（9頁。傍点、筆者）と指摘していたことが（論争の対象からは外れるだろうが）、筆者には興味をそそられることである。

3　厚生年金保険について

ここでは、いわゆる「消えた年金」関係の裁判例と、遺族厚生年金に関する社会保険事務所職員の教示の誤りについての裁判例をとりあげる。

前者の「消えた年金」問題は、2007年の参院選にあたり、旧社会保険庁が管理する年金記録を紙台帳からコンピュータのオンラインシステムへと切り替える際の入力ミスなどにより発生した5000万件ともいわれる「宙に浮いた」年金記録の名寄せをどのようにするか、社会的に注目を浴びた事象であった。安倍首相（当時は「第一次安倍政内閣」）が「最後の1人に至るまで徹底的にチェックをし、年金はすべてお支払いすることをお約束する」と公言して選挙戦に臨み敗れたことはこの問題の国民の関心の高さを物語っていたし、年金定期便が導入され、あるいは社会保険庁が日本年金機構に鞍替えしたのはこの問題を契機にしてであった。とりわけ厚生年金保険についていえば、保険料負担に苦しむ事業主と、社保事務所職員が話し合って保険料額の「操作」をすることは横行していたとされ、それは社会保険労務士からすれば「公然の秘密」のことだったという。社保事務所にとっても、滞納、未納を防ぎ徴収率を維持できる利点があるからである[14]。

この「消えた年金」関係の裁判例はいくつかあるが、当時筆者が注目し拙稿で紹介したのは「大真実業事件」（大阪地判 平18・1・26 労判912号51頁）である。この事件は在職中に厚生年金保険の被保険者資格を取得していたパートタイマーXがYに対してXの同資格取得の届出手続を執らなかったことが不法行為または債務不履行に当たるとして訴えたという事案である。このような事案で大阪地方

13　なお、両教授の一連の論争の経緯については、台豊『医療保険財政法の研究』（日本評論社、2017年）38頁を参照。
14　小西啓文「裁判例からみる『消えた年金』問題」地研通信89・90合併号（2008年）25頁参照。

裁判所は「使用者は、雇用契約の付随義務として、信義則上、本件資格……の取得を届け出て、労働者が老齢厚生年金等を受給できるよう配慮すべき義務を負うものと解するべきである。そして、使用者が、この義務に違反して、本件資格……の取得を届け出ないときは、その行為は、違法性を有し、債務不履行ないし不法行為を構成するものというべきである。」と判示しつつも、「結局、現在において、Xが老齢厚生年金を受給できるか否か、受給額がいかなる額になるか否かは明らかでなく、その損害額は、明らかでな」いとしてX側を敗訴させたのであった。

　このような裁判例に対して筆者は、「従業員に被保険者資格があるとする以上、強制加入たる社会保険に加入させなかった事業主に対する公法的な処罰は当然のことであるが、それを怠った事業主に対していくらの損害賠償額を支払わせるか、という私法的な視点」の必要性に理解を示しつつも、それは「損害賠償訴訟という形をとりつつ、保険事故が起きていない段階で、いくら保険料を払っていればいくら給付がもらえたはず、という損得論が見え隠れするのも否定できない。」と指摘のうえ、「この『消えた年金』問題は、『連帯』を基礎とする社会保険において『公』と『私』の関係性を問い直す重要な契機を与えているように思えてならない。」と結んだのであった[15]。なお、参院選の前年の2006年に久塚教授は「『社会保障』と『連帯』」を週刊社会保障誌に発表しているが（2401号）、同論文は水島郁子教授によって「何をめぐっての連帯かというテーマと、誰と誰の連帯かというテーマが現在では分離しているとしたうえで、連帯は費用徴収のための用語としてのみ使用されていると、連帯という語の用い方を批判する」ものと紹介されている[16]。

　つぎに後者の遺族厚生年金に関する社会保険事務所職員の教示の誤りについての裁判例であるが、「年金についての相談を受けた社会保険事務所の相談担当職員は、年金相談の回答に当たって、関係法令、関係通知、被保険者の記録のほか、相談者から聴取した情報に基づき、相談内容に応じた適切な説明をする必要があるというべきであり、少なくとも、相談者に対し、相談時点で聴取した情報に基づき、誤った説明や回答をしてはならないという職務上の法的義務を負うと

15　小西・前掲注14・29頁以下。
16　水島郁子「原理・規範的視点からみる社会保障法学の現在」岩村・菊池編・前掲注2・106頁注11参照。

解するのが相当である。」とした裁判例（東京地判平28・9・30判時2328号77頁）がある[17]。

筆者は拙稿で介護慰労金の不支給にかかる名古屋高裁金沢支部の判決（平17・7・13判タ1233号188頁）を取り上げたことがあるが[18]、従来、いわゆる永井訴訟の高裁判決（大阪高判平5・10・5判例自治124号50頁）が児童扶養手当制度にかかわり、制度に関する行政庁の広報や周知徹底の法的義務性を否定しているところ、名古屋高裁金沢支部判決は手続的権利を行使する機会を実質的に保障するために必要な措置を講ずる「条理上の教示義務」を認め、手続の教示義務違反につき慰謝料という形で国賠請求をも認めた点に特徴がある旨指摘した。そしてその判決を紹介するにあたって、ドイツ介護保険法に導入された「介護相談員制度」を紹介しつつ、社会法上の「回復請求権」の議論を紹介したのであった。

詳細は拙稿に譲るが、「回復請求権」とは、連邦社会裁判所の判例の中で認められてきたものであり、この請求権は、当事者に対し、給付提供者によって誤った、不完全な又はなされなかった助言を後から正し、当事者が、もし相談において行政の誤りによって（否定的に）影響を及ぼされなかったら立っていたであろうように立たせるという可能性を開くものであるという。筆者は、このような「回復請求」という考え方がわが国においても近時定着してきているのではないか、と、上記で紹介した一連の判決を一瞥しながら考えているが、「立っていたであろうように立たせる」前提として、その者の置かれた状況（「地位」）というものがやはり重要なのではないか、と考えているのである。

4　介護保険について

最後に、介護保険を取り上げたい。介護保険制度を発足させるに際して、保険料の拠出により介護給付を受ける「権利性」が高まるという社会保険のもつ保険的側面を重んじる議論が存在したことは、なお記憶に新しいことだろう。例えば、上村政彦「介護保険」西原道雄編『社会保障法〔第4版〕』（有斐閣、1998年）170頁は、わが国で「介護の社会化」のために「社会保険方式」が採用された理由につき、「保険料を負担する見返りとして介護給付の権利性がより明確になる

17　川久保寛「判批」社会保障研究3巻3号392頁参照。
18　小西啓文「ドイツ介護保険法における権利擁護システムの展開――介護相談員を例として」法学新報119巻5・6号（2012年）707頁参照。

こと」を挙げる。

　ここで取り上げたい事件は大阪の堺市で起きた事件であり、堺市に所在する社会福祉法人がその設置に係る通所介護事業所等について、常勤の管理者を置かないなど不正な行為により市から介護報酬を受けたとして、市が同法人に対して当該介護報酬相当額の損害賠償請求をすべきかどうか争われた住民訴訟である。

　大阪地裁（大阪地判平20・1・31判例自治311号69頁）は、同法人は管理者として申請した者が管理者要件を充足していないことを知りながら、あえてその経歴を秘匿して本件各指定を受け、その結果、堺市から介護報酬の支払を受けたものであるから、偽りその他不正の行為により介護報酬の支払を受けたものとして、法22条3項に基づき、合計1億158万7576円を堺市に支払うよう請求することを求める限度で理由があるとして堺市の住人であるXの請求をほぼ認容した。大阪高裁（大阪高判平21・7・23LEX文献番号25441716）も、同法人が本件各指定を受けたことを前提として受領した金員は、「偽りその他不正の行為により支払を受けた」（法22条3項）ものに当たると解されるから、YはAに対し、その全額（ただし返還済みのものを除く）を請求することができるとしたが、「法22条3項は、指定居宅サービス事業者等が偽り又は不正の手段によって介護報酬の支払を受けたときは、市町村は、当該業者に対し、その支払った額につき返還させることができるとしており、法が求める具体的な介護サービスが行われたか否かによって上記返還の可否を分けていない……（法22条3項は、その文言に照らし、偽りその他不正の行為によって市町村が介護報酬を支払ったこと自体を損害又は損失とみなしていると解される。）」し、「法22条3項の請求権（加算金を除く。）の行使をするか否かについては……加算金請求権とは異なり、現実に支払われた（したがって、市町村が現実に失った）介護報酬相当額の回復を内容とする債権について、市町村の長が行使するしないの裁量権を有するとは解されず、本件において、証拠上、Yがこれを行使しないことについて正当な理由があるとも認められない」としたのであった。

　筆者は高裁判決に対する評釈において、「具体的な介護サービスは……されていたのであり、問題とされるべきは、介護報酬の返還の場面で管理者が常勤でなかったことをどのように評価するかではなかろうか」と指摘の上、「提供された介護サービスを基準該当居宅サービス（介護保険法42条）とみる余地はないだろうか。もしそれが可能であれば、基準該当居宅サービスでは、管理者について常勤であることは求められておらず（指定基準41条参照）、実際に支払われた介護報酬

と、保険者によって例外的に認められる金銭給付たる基準該当居宅サービスの費用との差額を参照して損害額を算定することも可能なのではないだろうか。」と批判した（小西啓文「判批」季刊・社会保障研究45巻4号74頁以下）。

そして最高裁（最一小判平23・7・14判時2129号31頁）は、「介護報酬は所定の要件と基準を満たす場合に市町村から事業者に支払われるものであり（介護保険法41条、46条）、これを欠いた支払が事業者に対してされた場合には、市町村は事業者に不当利得の返還を求め得ると解される。そして、介護保険法22条3項は、事業者が上記支払を受けるに当たり偽りその他不正の行為をした場合における介護報酬の不当利得返還請求についての特則を設けたものと解される。そうすると、事業者が同項に基づき介護報酬の返還義務を負うものと認められるためには、その前提として、事業者が介護報酬の支払を受けたことに法律上の原因がないといえる場合であることを要するというべきである」が「参加人〔社会福祉法人のこと〕が不正の手段によって指定を受けたという指定当初からの瑕疵の存在を理由とする大阪府知事による本件各指定の取消しはされておらず」、「本件各指定を無効とするほどの瑕疵の存在をうかがわせるものとはいえない。そうすると、参加人が前記の既に返還済みの部分を除いた介護報酬の支払を受けたことにつき、不正の手段によって指定を受けたことの一事をもって、直ちに法律上の原因がないということはできず、他に法律上の原因がないことをうかがわせる事情もない。」とした。

結局のところ高裁判決が覆されたわけであるが、学説はこの最高裁判決を指定処分の公定力と行政処分の遮断効の問題から整理し批判を加えている[19]。もっとも筆者は、ひそかに、拙稿の評釈が部分的に（前半のみ）斟酌されてしまったのではないか、と反省している。筆者は先述の通り、実際に支払われた介護報酬と、保険者によって例外的に認められる金銭給付たる基準該当居宅サービスの費用との差額を参照して損害額を算定できないか、主張した（かった）のだが、先の拙稿の続きで以下のように「被保険者訴訟」の提言もしていた。

すなわち、「本件でＸらは『住民』ではあるものの、必ずしも『被保険者』とは限らない。介護保険の財源は『公金』と一口にいっても、保険料と公費負担部分からなる特別会計であり、地域の納税者たる住民による監視という住民訴訟の考え方で、介護報酬の不正受給問題を語りつくすことには困難を伴うのではない

---

19 清水泰幸「介護保険法22条3項による介護報酬の返還請求（最一小判平成23・7・14）」社会保障判例百選［第5版］（2016年）226頁参照。

か。判決文を読む限り、本件において介護事故などはおきていないようであるが、このような返還により、事業者によっては倒産し、利用者・従業員が途方に暮れることもありうるのであって、今後、住民訴訟が多発化するようになれば、いくら効用があるからといっても利用者不在との批判は避け難いものとも思われる。／このことは、介護保険制度を住民の自治という観点からとらえるか、被保険者の自治という観点からとらえるか、にかかわる問題である。今後は、立法論に及ぶことになるが……被保険者の『参加』を促進する観点から、「被保険者訴訟制度」の創設を模索するという方法もあろう。」と（76頁）。

筆者の目論見は、介護保険制度が現物給付ではなく償還払い方式を給付の原則としたのは、それまで不足していたマンパワーを「介護市場」の創設を通じて民間活力（事業者の参画）によって解消しようとしたから（のはず）であり[20]（その限りで保険者による統制は現物給付の仕組みほどには重視されない）、被保険者がその事業者を「選択」している限りは、外部の住民（被保険者かどうかも不明である）による住民訴訟という「横やり」によって事業者が（究極的には）「倒産」するような事態は避けるべきではないか、仮に「不正」を働いた事業者にある種の「制裁」をする必要があり、介護報酬を返還させるにしても、利用者が行き場を失うような「倒産」という事態を避けるべく「全額」の返還とならないような方策はないか、考えた次第である。ここで提案したのが「住民が被保険者として支払った保険料が適切に運用されているか監視する」被保険者訴訟であり、この点につき別稿で（政策理念の域を出ないものと自認しつつ）「保険料の拠出は社会保険制度への種々の参加権を強固なものにする作用を帯びるとはいえるかもしれない。」（小西啓文「介護保険における財源論」菊池馨実編『社会保険の法原理』（法律文化社、2012年）206頁参照）とも指摘したが、それは、「住民」とは異なる「被保険者」という「地位」を有する者による「連帯」とそれへの関与のあり方を模索したものだったともいえる。

---

20 介護保険法の研究に際して、久塚教授から受けた学恩は計り知れない。久塚教授の介護保険法にかかる論稿は多数あるが、ここでは、筆者が連載で共演した「『対立軸』から読み解く社会保障 第1回：対立軸を使用した練習的思考」クォータリー生活福祉研究69号（2009年）1頁を便宜的にあげておく。

四 被保険者の「地位」について

　上記のように筆者が「地位」にこだわりをもつようになったのは、西原道雄教授の議論との邂逅による。筆者は拙稿（「社会保険料拠出の意義と社会的調整の限界」）において、以下のように西原教授の議論を紹介したことがある。

　すなわち西原教授は、社会保険は各人の資力や社会的地位に着目して行われるものであって、扶助原理の進展によって拠出と給付の間の等価性はいちじるしく破れており、取引社会に生じた対価の概念や意識に固執することは、かえって扶助性のより以上の発展を阻害する結果にもなりかねない、と指摘しており[21]、それは「被保険者の拠出をことさらに重んじることはせず、対象とする被保険者の多くが低所得者であるという彼らの地位（立場）にかんがみ、保険団体内における社会的調整をも超えた受益者以外の費用の負担を正当視する」立場に立つものである、と（同91頁）。

　このような議論に触発され、筆者は当該拙稿を書いた頃から、「被保険者の地位」をキーワードにいくつか論文を書いてきた。

　例えば、Ⅲで紹介した拙稿（「介護保険における財源論」）では「介護保険法においては保険料の滞納がある場合に保険給付が制限されるというペナルティーがあり、保険料を支払わなければ保険給付が制限されるという意味で両者間には一定の牽連性がある……。ただし、介護保険料の拠出の意義については、低所得者の保険料を減免あるいは同額の助成をされたことにより受給権が発生しないという現象は生じず、その限りで、介護保険法においては保険料の拠出の有無よりも『被保険者資格』の有無の方が重要ではないか……。そのように考えれば、同じく低所得者である生活保護受給者が介護保険における第二号被保険者になれないということは、結果的に介護保険給付と同等の介護扶助があるからといって、認めがたい社会的排除との批判を免れえないだろう」と指摘した（206頁）。

　また、「地位」というフレーズが題名に含まれている拙稿（「非正規労働者の社

21　西原教授は、受給への権利や管理への発言権を主張するために拠出を援用することは、つなぎの一手段にすぎない、ともいう（小西・前掲注2・91頁参照）。ところで、石井保雄『わが国労働法学の史的展開』（信山社、2018年）によると、すでに菊池勇夫教授が社会保険の特質を社会政策的生活保障を目的としたものであり、被保険者の社会的地位に着目しつつ明らかにしようとしていたという（357頁以下）。

会・労働保険法上の地位」日本労働法学会誌121号（2013年））でも、先述した「社会法上の回復請求権」を紹介しつつ（69頁）、「被保険者としての地位」の重要性と、わが国においてパートタイマーの被保険者資格という「重要な『地位』をはく奪する根拠が『内かん』という規範性に乏しいものであったこと自体、強く批判されなければならないだろう。」（75頁）旨指摘した。

さらに、今後いわゆる「標準的労働関係」が転向ないし侵食され「新しいタイプの自営業者」の増加が予想されるなかで、いわゆるクラウドワーカーを念頭においた「社会保障法領域における非正規労働者と『新しい自営業者』の増加の課題」（連合総研報告書『非正規労働問題の今後の課題を探る』（2017年））において、筆者は被保険者資格という「構成員資格」を重視した議論を展開するなかで「新しい自営業者」が社会で疎外感を味わうことのないような社会保障制度を構築することの必要性を説き、具体的には、年金のように長期にわたる保険料納付を前提とした金銭給付の制度（「損得勘定」論にも陥りやすい）から医療保険や介護保険などの短期の保険料納付を前提としたサービス給付（但し、介護保険は法定代理受領方式による）の制度へ社会保障の重点をシフトさせることなどを主張した（152頁以下）。

このように論を進めてくると、つぎに、冒頭で紹介した久塚教授の「社会保険料」にかかる議論が筆者の（「地位」を意識した）議論とどのように関わりをもつものかを解明しなければならなくなってこよう。例えば、久塚教授は50年勧告について、「この時点での分岐点は、『社会保険』方式と『税』方式を巡るものであった。強調されたことは、あくまで、『社会保険』方式と『税』方式とを分離させるということであった。その結果、『負担』については『私的権利のための義務の社会化』という側面が強調され、『負担』における『社会連帯的義務』という側面は軽視されることになった。」（久塚純一「『社会保障』の法的『姿』——『交錯状態』を『議事録』から読み取る」週刊社会保障2897号（2016年）58頁）と指摘し、また、「『支給要件』や『給付内容』と『保険料』を接合させるように構成させることによって、『保険料』を『負担』し、『納付』する意識を高めることは有効であるかのように考えられる。しかし、納付率の低さという現実は、『支給要件』や『給付内容』と『保険料』を接合させる構成が、機能不全に陥っていることを示している。なされるべきことは、『保険料』を『私的権利に接合する義務』として構成するではなく、『社会連帯的義務』として再構成することであ」り、「今後の社会保険は、果たすべき社会連帯的義務と、社会的必要性をベースとした給付

とが、相互に独立性を有する方向へと向かうべきであろう」(久塚純一「社会保険における保険料──『私的権利に接合する義務』と『社会連帯的義務』」週刊社会保障2501号（2008年）63頁）とも指摘している。

　それでは筆者は社会保険料をどのように捉えているかと問われれば、筆者はそれを労働組合における「組合費」のようなものと捉えたらどうかと考えている。それを（多く）払ったからといって（比例的に多くの）給付がもらえるわけではない。また、それを払えなくとも連帯の一員とみられる存在であれば、減免だろうとしてもよい。仲間として認めあっている者が、保険料を払えなくなったとしても、減免などをしてお互いに助け合えばよいからである。筆者からすれば、その者が「仲間」として承認できる（構成員資格 Mitgliedschaft をもつ）者か否かが決定的に重要であり、それは、社会保険においては「被保険者」としての「地位」が決定的に重要ということである。

　だからこそ、「国籍条項」、「生活保護受給者の介護保険第二号被保険者非該当性」、「内簡」のように連帯から除外する仕組みは厳格に吟味されるべきものと考えるのである。

　久塚教授の議論は時に「認識論」と評価されるようだが、昨今の議論（あるいはそう「評価」する側の議論）は──丸山眞男教授の議論のパロディにすぎないかもしれない──保険料を支払うといった「すること」に力点を置くあまり──厚生労働省の社会保険観にみてとれるが、ひょっとすると、菊池馨実教授の「貢献」[22]という考え方もこれに含まれうるかもしれない──、「であること」を幾分軽視してきてしまったのではないだろうか。ドイツ語のメンシェンビュルディゲス"ダーザイン"ein menschenwürdiges "Dasein"（「人たるに値する生存」などと訳される）というのも「生存」という「存在」（「当為」ではない）を指した言葉ではなかったか。

　もっとも、集団への（「構成員」としての）「参加の意識」に強弱があろうことは想像に難くない。

　例えば、上記したような「社会保険」は、保険という集団を形作り、いざ構成員に事故が生じた場合には給付をしつつ、連帯を維持していこうとする仕組みと観念でき、そこへの帰属意識（あるいは参加意識）というものは強いものがあろう[23]。

22　菊池馨実「社会保障法制の将来構想」同『社会保障法制の将来構想』（有斐閣、2010年）20頁以下参照。もっとも、菊池教授も「参加」を重視した議論を展開している（同18頁）。

他方で、税財源をベースとする「生活保護」や各種の「社会福祉」制度――とりわけ生活保護においては「地位」は「権利創設的」に設定される――においては、そもそも税には対価性がないとも説明されるが、その制度に帰属しているという意識はあまりない（あるいは「弱い」）のではないだろうか。ところで筆者は昨今、障害者政策に興味をもって研究を続けているが、これまでこの問題は「障害者像」をめぐっての論考が盛んであったように思われる[24]。この点、久塚教授が「障害者とされる人」がどのような経緯で社会に存在するに至るのか、と指摘していること[25]は、今日の「社会モデル」の議論を先取りしているものといえそうだが、久塚教授の視点によれば、障害者（と呼ばれる人）は生活場面すべてにおいて「障害者」なのではなく、ある特定の生活場面において「障害者」としてあらわれるのであり（たとえば電車やバスにのるときは「パス」のようなものの提示によって）、それはあくまで社会との関係で設定される１つの「地位」なのだ、ともいえるのではないだろうか。そして、「生活保護」や「社会福祉」の給付を受けている者にとっては、これらの給付を受ける「瞬間」にかような「地位」にあるかどうかが問題であり、「継続」的にその集団に帰属する「意識」（あるいは「連帯感」）というものは（そもそも）希薄になるものではないだろうか。そういうくくりでいえば、社会保障制度において、（権利意識ではなく）参加（帰属）意識の強弱により、社会保険方式と税方式との間にはなお違いが残されるのではないか（そういう意味では、社会連帯義務というように社会保険料の「義務」的側面をことさらに強調しなくてもよいのではないだろうか）、と筆者は仮説的に考えている。

23　筆者は介護保険料の年金からの天引きによる特別徴収という方法について、国民健康保険の保険料の徴収方法（当時）との比較のうえ、かような手段を正当化できるほどの目的がない限り、憲法29条に違反するのではないか、と指摘したことがある（小西啓文「判批」季刊社会保障研究39巻1号（2003年）103頁）が、それも、保険料を自主的に納付することで連帯の担い手であるという意識をもつものであり、半ば強制的に「天引き」されてしまっては、そのような参加意識というものが希薄になるのではないかという危惧（後付けかもしれないが）があってのことであった。なお、島崎謙治『日本の医療――制度と政策』（東京大学出版会、2011年）217頁以下は医療保険制度において健康な者や高齢者の不満を極力顕在化させないようにするためには、保険集団の設定にあたり、何らかの帰属意識（連帯意識）を持てる集団を単位とすることが合理的と指摘する。

24　たとえば、河野正輝「『新たな社会法』としての障害法――その法的構造と障害者総合支援法の課題」日本障害法学会編『障害法〔創刊号〕』（2017年）15頁は「従属としての障害（者）」を論じている。

25　久塚純一『比較福祉の方法』（成文堂、2011年）100頁参照。

図 「人」における「地位」の諸層

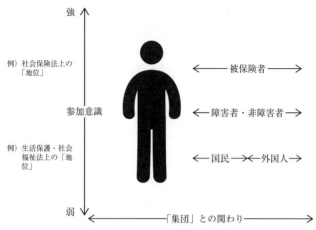

　以上のことをここで簡単に図示してみたいと思う。
　この図は、一人の「人」のなかに「地位」が複数設定されうることを示している。まず①「被保険者」という地位は「保険集団」に「保険料」(その性質は「組合費」に類似する)を納めることを通じて(それを納める限りで国籍の有無などはそもそも関係ない)「連帯」に寄与するものであり、そこに「地位」をもてるということ(「参加意識」をもてること)が重要であること、②「国民」という地位は「ある人」のなかで基底にある属性的な地位であるが、その「地位」を「維持」するために「税」を払っているという意識(「参加意識」)はわが国においては決して高くなく(「納税義務」)、また、当然のことながら「外国人」は国民に含まれないという意味で「排他性」が強い概念であること、③「障害者」は「国民」のような属性的な地位ではなく、本来、瞬間的・機能的地位である(あるいは「あるべきである」)が、社会保障関係法上は「認定」という作業を通じて「固定化」されてあらわれることを示している(つもりである)。また、「障害者」は現行制度においては「社会保険」と「生活保護・社会福祉法」の両領域にまたがる「地位」を有しうる[26]。

26　たとえば、「日本国籍」を有している「障害者」は、社会保険法上、「障害基礎年金」の受給権者にも、生活保護法・障害者総合支援法上の受給権者にもなりうるわけであるが、社会保険へは「保険料」の拠出(減免の可能性を踏まえると「潜在的拠出」)を通じて「参加意識」は強くなり

もっとも、筆者のように被保険者の「地位」を重視するか、久塚教授のように保険料の「社会連帯的義務」の側面を重視するかの違いは、ドイツ法を研究対象とする筆者とフランス法を研究対象とする久塚教授との間の比較対象国のセレクトの（結果的な）違いによることなのかもしれない。それでは、ドイツ法学者の議論と比較した場合、筆者の議論はどのように位置づけることができるだろうか。ここで、比較法という意味では中立的な立場になるだろうアメリカ法を研究する菊池教授によるドイツ法学者の議論の分析[27]を紹介したい。

「行政法学者である太田は、ドイツ社会保険をめぐる議論を参照しながら、社会保険システムが持つ『自治の要素』に着目した。そしてこの議論が、『社会保険団体の持つ、保険料を能力がありながら支払わない人々を排除する性格よりも、目的を社会保障に限定された自治団体という小さな政治システムを作り、社会保障の充実をそこで一般統治団体以上に行うことを期待していると言える。つまり、目的を限定された自治という政治システムの上に社会保障を充実できる現実的基盤を求めようとしている』とし、この点に社会保険の利点を語ることの可能性を見出した。さらに太田は別稿で、近藤文二の議論を参照しながら、『社会保険は保険でないとしても『共済』、『原始的保険』とは言って良いはずであり、そこには『相互扶助』の要素を見出せる。そして『相互扶助』であるためには、単なる扶助ではなく『相互性』、つまり最低でも『緩やかな交換』の要素が必要だろう。したがってこの『相互性』に注意することにより、『給付反対給付均等の原則』に収斂しない『緩やかな交換』の観念を『共済』に、ひいては社会保

うる一方で、生活保護・各種社会福祉制度へは「税」の支払を通じた参加ないし帰属意識は希薄（あるいは「弱い」）なのではないだろうか（ただし、本来は機能的な「障害」という概念をあえて「固定化」するという社会保障法の特性上、それはえてして「レッテル」を貼ることを意味し、かような形で作出される「障害者集団」への「参加」や「帰属」意識を論じることにはそもそも積極的意義は現状特に見出されないかもしれないが）。他方で、日本国籍を有しない障害者も、社会保険法上の「地位」を有することになるが、保険料の「拠出」（あるいは減免申請に基づくような「潜在的拠出」）による保険集団への参加意識の強さ（たとえば、減免の「申請」などの「態度表明」を通じて、拠出と同視できる程の参加意識の強さを示すこと）が求められることになるかもしれない。また、最高裁の判例を前提とすれば、最高裁は2014年7月18日の判決で特別永住者への生活保護の「準用」について受給権を付与したものとはいえないと判示しており（判自386号78頁）、外国人である障害者は生活保護の受給権は有しないことに帰結し、各種社会福祉制度上の地位について国籍要件は課されないとしても、国民年金法上の無拠出制年金たる「障害福祉年金」にかかる塩見訴訟最判（最1小判平成元年3月2日集民156号271頁）を援用すれば、その地位は広い「裁量」下におかれかねない、ということになろうか。

27　菊池馨実「社会保障法学における社会保険研究の歩みと現状」岩村・菊池編・前掲注2・125頁以下。

にも想定できる』とし、『共済』、『原始的保険』に想定される『緩やかな交換』の観念をも視野に入れることにより『社会保険給付の対価性』を語りうる可能性を示唆した。／倉田も、ドイツ疾病保険制度を題材として、経済的な意味での財貨の移転のみならず、被保険者の結社＝社団を意味するものとしての『社会連帯』の存在を指摘するとともに、『ドイツ疾病保険制度においては、保険事業者の財政責任の背景に、通常の政治過程とは別の被保険者による直接的な民主的な決定の場、より具体的にいえば、医療費支出の状況を被保険者全員に伝える決算報告やそれに基づいた保険料率の決定などがあり、このような決定の場が社会連帯に基づいているという点で、まさしく『自治』を構成していたといえる』とし、太田と同様、保険者『自治』の側面に焦点を当てた」(傍点、筆者)。

引用がやや長くなったが、筆者の議論も、社会保険という「自治」や「場」に注目をしたものであり、それは「住民訴訟」とも異なった「被保険者訴訟」を提案したところからも明らかになろう。もっとも、太田教授が「緩やかな交換」を語り[28]、倉田教授が別稿で「太田によれば、ドイツでは年金等の社会保険受給権について財産権保障が及ぶとはいうものの、実際に違憲判決が出されることは少ないという」が「このことは、社会保険における『拠出と給付の連関が弱いものに止ま』るという『社会保険』の一般的な受け止め方にも符合する」ところ、ウルリッヒ・ベッカー教授が「社会給付のありようとその運営組織のありようが何らかの関係性を有し、そのことが給付請求権にとって重要な意義を有しているという仮定」を示したことの重要性を熱く語る[29]点については、筆者の議論とはややスタンスが異なるのもまた否定できない。今後、多分に両教授の議論との対話も必要になるだろうし、なかんずくベッカー教授に議論を挑む必要を感じている。

---

28 なお、太田教授は、西原教授の議論に基づけば、「権利性の強さ」を示唆するとも解される「給付の始期」の違いを「対価性の有無」、「拠出制か否か」によって基礎づけようとする太田匡彦「権利・決定・対価（三）――社会保障給付の諸相と行政法ドグマティーク、基礎的考察」（法協116巻5号（1999年））の仮説（同100頁）は支持し難いだろうと指摘している（この点、小西・前掲注2・91頁注27参照）。

29 倉田聡「法概念としての『社会保険』同『社会保険の構造分析――社会保障における「連帯」のかたち』（北海道大学出版会、2009年）68頁、70頁参照。

五　むすびにかえて

　以上、保険料拠出の意義と被保険者の地位に関してアトランダムに記述してきたが、これは題名にあるように、いまだ「メモランダム」（備忘録）の域を出ない「仮説」である。今後、研究を続ける中でさらに考え思考を深めていければと考えている。

加齢と認知機能の変化
——高齢化社会における技術と労働——

駒 村 康 平

一　加齢と知能の関係
二　人口動態と高齢者雇用
三　AIと中高年労働者が協働する仕組み
四　まとめ——加齢に伴う認知機能の変化とAIの活用——

　21世紀に入り人工知能（以下、AI）の実用化が進んでいる。この背景には、「Deep Learning（深層学習）」の存在が大きい。Deep Learningは、人間の脳神経回路をモデルにした多層構造アルゴリズム「ディープ・ニューラルネットワーク」を用い、AIが自ら学んでいく仕組みである。この技術進歩の背景には、「第4の科学革命」とされる「ニューロ・イノベーション」、すなわち「脳科学」や「神経科学」の貢献が大きく、人間の脳の解析が日々進んでいる。[1]

　現在、そしてこうした脳・神経科学や認知科学の進歩は、老年学、経済学、倫理学、経営学にも影響を与えており、「神経経済学」、「ニューロ・マーケティング」あるいは「神経倫理学」などの研究分野も生まれている。

　本稿では、脳・神経科学、認知科学や老年学の知見を、経済の分野とりわけ高齢化社会における雇用システムにどのように生かすことができるか、AIと人間の共働、さらにはIA（知能拡張：Intelligence Amplifier）といった点からも考えてみたい。

一　加齢と知能の関係

　人間の認知機能[2]は加齢とともにどのように変化していくのだろうか。これは

---

[1] 深層学習については西垣（2016）参照。
[2] 認知機能とは、外部から情報を取り入れ、分析し意思決定を行い、行動に動かす機能のことである。

脳・神経科学、そして加齢と心身の変化を研究している老年学や心理学の重要な研究テーマである。合理的経済人を想定する現代経済学は、加齢に伴う認知機能の変化をほとんど考慮してこなかった。しかし、加齢とともに人間の認知機能が変化すれば意思決定の質も変化し、消費、貯蓄、そして労働、学習といった行動にも影響を与える。

仮に「加齢ととも知能や認知機能が「一方的に」低下していく」のならば、少子化で若年者が減少し、長寿化で中・高齢者が増える日本社会は「社会全体の知能や認知機能」というある種の「資源」が減少していくことを意味するので、社会・経済の見通しは暗いものになる。ただ、「加齢とともに知能や認知機能が必ずしも低下していくわけでは「ない」」としたら話は変わってくる。

発達心理学、老年学では、人間の知能は大きく「流動性知能」と「結晶性知能」の2つから構成されるとしている。流動性知能は、新しいものを理解する知能で、論理的な思考の基盤になる。他方で、結晶性知能は、他人の感情を読み取り、他人を説得し、組織をコントロールするといった「対人コミュニケーション」などのように経験に支えられた能力である。

多くの研究によると流動性知能は若い時が最も高く、年齢とともに低下する。例えば流動性知能を支えるワーキングメモリーは、加齢とともにその機能は低下する。他方、対人能力などある種の経験知である結晶性知能は年齢とともに上昇し、個人差があるものの60歳代後半から70歳代でも十分維持できるとされる。（図1参照）

この2つの知能は40歳代を境に逆転するが、両者を組み合わせた総合的な認知機能は50代半ばでピークになり、その後、個人差は広がるものの60歳後半から70歳代前半まで維持できるとされている（図1参照）。

二　人口動態と高齢者雇用

次に日本の長期の人口や労働力の動態を見てみよう。

1　人口構造の変化と労働人口の減少・高齢化

現在の日本が直面する最大の問題は、人口構成の急速かつ大がかりな変化である。日本は、図2でみるように年齢構成が変化し、急激に労働人口である15-64

図１　認知機能、知能と年齢の関係、フリン効果

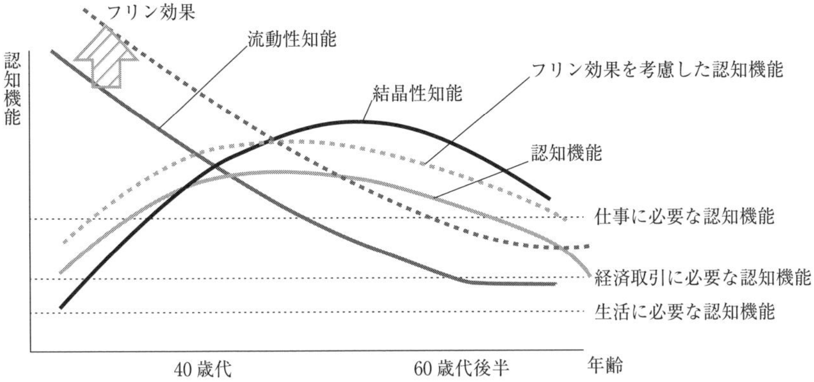

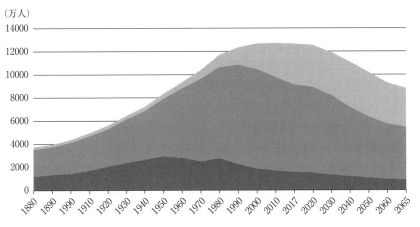

出典：著者作成

図２　19世紀後半から21世紀半ばまでの日本の人口推移

出典：国立社会保障・人口問題研究所（2019）『人口統計資料集』より筆者作成

歳人口は減少する。

　他方で高齢者の比重が増大するために、図３でみるように、日本人の全体の平均年齢は1960年、70年代の20歳代から継続的に上昇しており、現在45歳であるが、2025から30年の間に50歳代を超えて、2060年頃には50歳代半ばまで上昇して

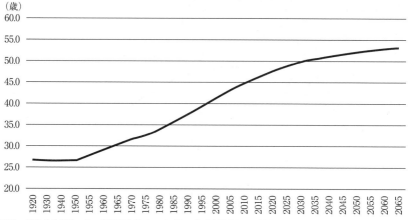

図3　日本人の平均年齢の動向

出典：国立社会保障・人口問題研究所（2019）『人口統計資料集』より筆者作成

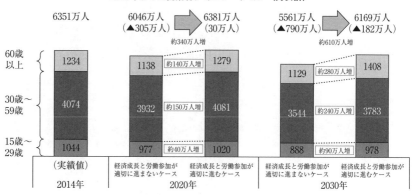

図4　2030年までの就業者数の見通し

出典：厚生労働省職業安定局「雇用政策研究会資料」2018年4月23日
https://www.mhlw.go.jp/file/05-Shingikai-11601000-Shokugyouanteikyoku-Soumuka/0000062121_1.pdf

いく。

　当面、2030年頃まで展望しても、労働人口の減少・労働人口の高齢化は明確であり、図4で示すように、中高年就業者に比較して、若年者が減少する。労働人口の高齢化は生産性を引き下げるという研究もあり、このように労働力の減少と

労働人口の高齢化が社会の見通しを暗くしている。

　政府は、図4のシミュレーションで示すように高齢者就業などの推進できれば、この労働人口の減少は当面一定幅で抑えることができるとしているが、長期的には図2で見たように、15-64歳人口が減少するために、大幅な労働人口の減少は避けがたい。

　図4のシミュレーションでは政府は就業者数に着目しているが、若年就業者と中高年就業者の認知機能の違い、すなわち、社会全体の認知機能の構造変化という点に着目する必要がある。

　一で述べたように人間の知能は2種類あり、若年期と中高齢期で優位な知能が異なることをふまえると、①労働力が減少局面に入る一方で、労働減少を補完するAIの実用化が進んでいること、②図1で見たように、加齢とともに、流動性知能が低下しても、結晶性知能は上昇、維持できることで、社会全体の認知機能の構造も変化し、高い結晶性知能を持つ中高齢労働者は増加すること、から日本社会の先行きは必ずしも暗くない。すなわち中高年労働者とAIをどのように活用するのかで日本経済の未来は大きく左右される。

2　寿命の伸長と学習期間・就業期間の長期化

　20世紀半ばまでの「平均寿命」の伸長は、子どもの死亡率の改善の結果であるが、20世紀後半からの平均寿命の伸長の原因は、子どもの死亡率の改善ではなく、中高年の生存率の改善の結果である。1981年の国立社会保障・人口問題研究所（旧人口問題研究所）の見通しは男性の平均寿命は75歳、女性は80歳で頭打ちとしていたが、20世紀後半から予想以上の中高年齢者の死亡率の低下が続き、高齢者の「平均余命」の伸長は継続し、生命表の「矩形化」という状況が進んでいる。

　図5は男女別の65歳、75歳、90歳各時点の高齢者の「平均余命」の変化であり、寿命90年台の人生は目前である。国立社会保障・人口問題研究所の「2017年将来日本の人口推計」によると2065年の男性の平均寿命は85歳、女性は91歳と推計している。

　さらに国立社会保障・人口問題研究所の寿命に関する将来推計には、今後の医療技術の進歩による寿命の伸長の可能性は十分に考慮されていない。今後、遺伝子レベルの治療が可能になる医療技術革新が進めば、「人生100年社会」の可能性もある。

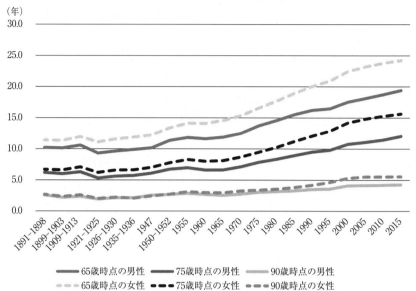

図5　特定年齢における平均余命の伸長

出典：国立社会保障・人口問題研究所（2019）『人口統計資料集』より筆者作成

　寿命の伸長にとともに、高齢者の身体能力や知能が高まっていることも確認されており、日本老年学会は高齢者の定義を65歳から75歳に変更しようと提案している。

　このように寿命の伸長、そして中高年の体力、知能はかなり改善されており、寿命の伸張に応じて、退職年齢も先延ばしもできる条件は整いつつある。新たな退職年齢の目安は70歳であり、国民の意識もこれに近づいている。

　たとえば、内閣府（2013）によると、「あなたは何歳から高齢者だと思いますか」という、国民が「主観的」に持っている高齢者年齢についての質問に対して、その回答平均年齢は70歳となっている[3]。興味深いことには、回答者の年齢が上昇するほど「主観的な高齢者年齢」が上昇する傾向があり、自分の年齢よりも上の年齢の人を高齢者と思いたいという気持ちも働いていると考えられる（図

---

[3] 内閣府（2013）「平成25年度　高齢期に向けた「備え」に関する意識調査結果」。35-64歳までの男女に「何歳から高齢者か？」という質問をした結果、全体の平均回答年齢は69.5歳（男性回答者の平均は68.9歳、女性回答者の平均は70歳））であった。

図6 主観的な高齢者年齢(「何歳から高齢者と考えるか(年齢別・性別平均値の動向)」)

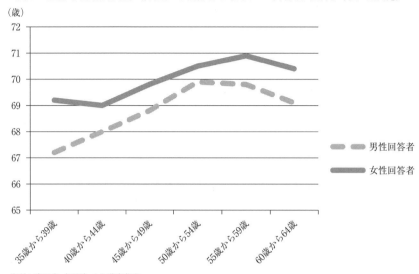

出所:内閣府(2013)より著者作成

6)。このように客観的な健康状態のみならず主観的な高齢者意識、すなわち心身とも元気な中高年が増加している。

3 障害になる企業の雇用慣行

むしろ高齢者雇用が拡大しない原因は、労働需要すなわち企業側にある。日本の大企業の多くは役職定年を50代後半におき、65歳以降の雇用にも消極的である。多くの労働者は60歳以降、担当、部署を変え、給料も大幅に引き下げられ、多くが1年更新の継続雇用に切り替えられている。しかし、こうした処遇低下は、中高年就業者のモチベーションを下げている。

先の加齢と認知機能の関係でも紹介したように、まさに50代半ばからが人間の総合的な認知機能が最高になる時期であるにも関わらず、その能力が生かされていないというのは人的資源の無駄遣いに他ならない。

もちろん大企業側にも言い分があろう。たとえば、①役職定年は組織の活力維持のためには不可欠、②定年延長には年功給の大幅な見直しが必要、③激しく変化する事業環境のなかで企業が中長期の従業員の最適人員数、年齢構成を見通しを持つことはできない、など様々あろう。

特に年功序列意識が強い日本の組織文化のなかで、①に関して、中高齢者側からは元後輩、元部下に仕えることに抵抗感がある、また若手側からは、元先輩、元上司を部下として扱うことに抵抗感がある、ということも障害かもしれない。
　しかし、ここで興味深いデータがある。図7は、「元部下の者の部下として働くことに抵抗感がある」という見方を持っている中高年就業者（60～64歳男性）の割合で26.9％に過ぎないが、「元上司を部下として使うことに抵抗感がある」については、若手（40代男性）の48.1％が抵抗感を持っている。意外に年功序列意識が強いのは、若手側であり、結晶性知能が高く人間関係への理解が深ことも期待される中高年側は気にしていない、あるいは現状を受け止めていることがわかる。
　仮に今後、それほど人材配置で年功序列意識に留意しなければ、企業の人事管理はかなり自由になり、たとえば流動性知能の高い若手を組織の主力にし、結晶性知能の高い中高年がそれを支えるような柔軟な組織作りが可能になるのではないか。
　また同時に人材の流動化も重要である。前述のように企業の寿命よりも労働者の寿命のほうが長くなる時代で、一つの企業で生涯働くのも難しくなる。特に中高年は大企業で、その持っている能力を十分発揮できなくなることを考えると中高年の転職も重要な政策になる。
　大企業で人材が生かされないのに対し、中小企業では、結晶性知能が高く、組織全体のマネジメントができる経験豊かな人材、経営後継者の不足が課題になっている。また若い人材が起業したベンチャー企業では、経験豊富で経営を補佐する人材が不足している。大企業のなかで囲い込まれている中高年人材を、そうした人材不足の分野にスムーズに移行させる必要がある。
　また高齢期においては一つの職場での就労にこだわる必要はなく、得意分野の仕事を複数箇所の職場で行うことも可能であろう。さらにこれを拡張して、高齢労働者の持っている能力を組み合わせて、仮想の労働者を作りあげる実験としては東京大学が試みている「高齢者クラウド」の実験も興味深い[4]。
　寿命の伸長を就労期間の長期化のみで対応する必要もない。社会経済の変化、技術の変化が著しい中で、知識の陳腐化が早く進むこと、狭い専門性では対応で

4　高齢者クラウドとは情報技術を用いて、社会に散在している高齢者の知識や能力を集約して、労働力として再構築する取り組みである。詳細は東京大学「高齢者クラウド」の研究開発ホームページ参照。http://sc.cyber.t.u-tokyo.ac.jp/　参照。

図7 年功処遇に関する理解と違和感

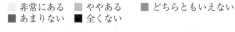
元部下の者の部下として働くことに抵抗はあるか

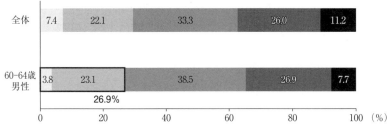

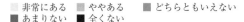
元上司であるシニアを部下とすることに抵抗はあるか

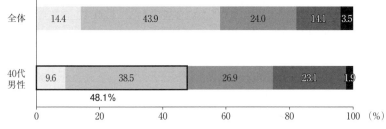

出典：内閣官房「第7回 人生100年時代構想会議資料」
http://www.mext.go.jp/b_menu/shingi/chukyo/chukyo4/042/siryo/__icsFiles/afieldfile/2018/05/18/1405128_5.pdf

きなくなることから、修士・博士の取得、複数学位の取得、学び直しなど学習期間の長期化も必要になる。

三 AIと中高年労働者が協働する仕組み

AIの進歩、実用化によって雇用の機会が失われるという不安が広がっているが、これから考えるべきは労働者とAIとの競争ではなく、AIを活用した人間の能力拡大であるIA（知能増幅）を推進すべきである。日本のように労働人口が減少し、高齢化する社会では、IAの可能性は大いにある。

1 AIのインパクトとその議論

オックスフォード大学オズボーンらによる「AIの普及は人間の雇用を奪う」という研究以降、AIが引き起こす失業への不安が広がっている。しかし、この研究は、1）あくまでも実験室レベルの技術的な可能性（例えば、自動運転技術が開発されると、直ちに全運転手がAIに代替されるという想定）で、実際の普及の可能性を考慮しているものではない。また大幅に雇用機会が減少するという議論も、2）AIの開発のための雇用増加、3）経済成長の加速によって新たに発生する雇用機会の増加などは全く考慮していない。その後の様々な研究により、それほど雇用機会が消滅するわけではないことが確認されている[5]。

それでも2045年にはいわゆる「シンギュラリティ」を迎え、AIが人間の役割を全面的に代替することになる、あるいはAIに仕事を奪われ、収入源としてBI（ベーシックインカム）が必要になるといった議論は根強くある。

AIが人間の労働を全面代替するということは、汎用タイプのAI（強いAI、AGI：Artificial General Intelligence）の登場を意味する。しかし、現時点で多くの専門家からは汎用タイプのAIの登場は考えられず、特定の業務、用途を処理する専門タイプのAI（弱いAI）にとどまるとされる[6]。

専門AIとして、すでに事務業務においては、「ロボットによる業務プロセスの自動化」（RPA（Robotic Process Automation））が普及しつつあるが、AIを搭載したロボットが、複雑な状況を自律的に判断し、行動できる汎用型「対人サービス」AIは開発されていない[7]。

2 フリン効果の可能性

より長期、動態的に考えるとAIが人間の知能を高める可能性もある。その切り口は2つある。1つは、これまで時代とともに、人間の認知機能が発展してきたという指摘である。2つめは高齢期における認知機能の維持の取り組みである。

1つ目については、時代とともに人間の「認知機能」、「知能」、特にIQ自体が上昇しているという点である（図1参照）。現在の子どもは、幼少期から科学技

---

[5] オズボーンの研究を巡る議論の詳細は岩本（2018）を参照のこと。
[6] 汎用タイプAIの開発が困難な理由は西垣（2016）を参照のこと。
[7] ロボット化やAIの普及には「モラベックのパラドックス」があり、AIは高度の計算能力を持っているものの、複雑な状況が伴う接客、掃除、介護などの対人サービスのロボット化は難しいとされている。

術の発展を身近に感じることになった結果、抽象的な思考能力は「若い世代」ほど高くなっているという現象、すなわち「フリン効果」が確認されている[8]。つまり人間の知能も進化しているのである。専門タイプ AI の普及が、このフリン効果を加速させることができればまさに IA が実現することになる。

2つ目の高齢者の関係では、専門タイプ AI が低下する高齢者の流動性知能を補う可能性である。すなわち加齢に伴い多くの情報処理を必要とする意志決定が困難になるが、高齢者の能力を維持、拡張するために AI を使うということになる。

四　まとめ——加齢に伴う認知機能の変化と AI の活用——

今後の日本社会は、少子・高齢化のなか、若年労働者が減少し、中高年労働者が増加していくという見通しが、社会を暗くしている。しかし、これまで述べてきたように、年齢によって知能、認知機能が異なることと、専門タイプ AI の実用化が広がっていることを考えると、異なる未来も見えてくる。

専門タイプ AI を使って、人間の知能を拡充する IA をどのように進めるか。専門タイプ AI が、減少する若年労働者の業務量を補い、そして、低下する高齢者の流動性知能を補完することができるのではないか

すなわち専門タイプ AI と流動性知能は一部に「代替関係」の可能性はあり、これまで若い労働者が行ってきたルーティンワークから若い労働者を解放し、真に独創性のある業務に集中させることができるのではないか。他方で、複雑な対人コミュニケーション能力でもある結晶性知能は専門タイプ AI と代替関係ではなく「補完関係」にある。[9]

今後、需要が拡大する助言、支援、サポート業務、あるいは介護、福祉、保健など人と寄り添う能力が求められる対人サービス分野の仕事は、結晶性知能が高い中高年労働者が AI と協働して対応することで、新しい可能性が広がる。

もちろん加齢に伴い認知機能の変化する労働者の能力を補うように AI を使っ

8　ニュージーランドのオタゴ大学の政治学者である J. フリンが継続的に IQ が上昇を見つけ出したため、名付けられた。
9　オズボーンらも「社会的知性」すなわち他者の反応の理解や交渉、説得、支援などといった類の人間行動、結晶性知能は AI では代替できないとしている。

ていくことには、企業の雇用システム、産業構造、社会保障制度、規制改革など見直すべきものは多い。

例えば AI との協働に対応できる人とできない人の間で拡大する賃金格差を抑制するために再分配政策を強化など、労働政策、社会保障制度の組み立て次第ということになるが、これら社会経済のシステムの見直しが進めば、少子高齢化の日本社会の未来図予想図は明るいものになるであろう。

参考文献
岩本晃一（2018）『AI と日本の雇用』日本経済新聞社
萩原一平（2013）『脳科学がビジネスを変える』日本経済新聞出版社
西垣　通（2016）『ビックデータと人口知能——可能性と罠を見極めろ』中公新書

アーレントにおけるシェアのポリティクスの可能性をめぐって——シェアと「善き生活」に関する一試論——

権　安　理

一　はじめに
二　問題状況と設定——シェアと政治をめぐって
三　前提条件——「現われ」をめぐって
四　シェアのポリティクスのロジック——生成・成立条件
五　シェアのポリティクスのイメージ——「善き生活」の現代的可能性
六　結びにかえて

一　はじめに

　近年、シェアに対する関心が高まっている。シェア型の消費や共同利用の進展、さらにはケアや福祉のシェアに至るまで様々な文脈で関連する現象が見られ、多様な観点から言及されている。私有から共有へというオーソドックスな観点のみならず、例えば「個福から公福」へといった印象深い言葉と共に（三浦 2011: 40-2）、シェアは多様に語られているのだ。このような状況をふまえ、本論文はアーレントの政治思想を通じてシェアの意味を考えることを目的としている。あるいは、その思想をふまえるならば、いかなる事態をシェアと見なし得るのかを明らかにすることを目的としている。
　したがって本論文は、シェアの思想的含意を検証するものであると同時に、シェアという観点からアーレントのテキスト（主として『人間の条件』）を再読することによって新たな解釈を試みるものとなっている。ただし、本論文が目指しているのは、その思想の"正しい"解釈ではない。「アーレントの可能性」という観点から、彼女の思想とシェアを結びつけ、シェアのポリティクスという論点を示すことにある[1]。
　ここで導入として、一見シェアとは無関係に思える著名な政治思想の古典を参

照しておこう。アーレントに「しばしばファーストネームだけ用いて引用される大著述家」と評されているルソーは（HC: 39）、『人間不平等起源論』の第二部冒頭の一節において、シェア＝共有について間接的に言及している。「ある土地に囲いをして、『これはおれのものだ』というのを最初に思いつき、それを信じてしまうほど単純な人々を見つけた人こそ、政治社会の真の創立者だった」（ルソー 1986: 62）。あまりにも有名な一節であるが、要するにルソーは土地の所有＝私有こそが社会の起源であり、私有財産が不平等を生じさせる大きな原因であると主張しているのだ。

これをふまえるならば、アーレントにおけるシェアのポリティクスは、私有財産を否定する政治的な志向を意味するのだろうか。囲われた土地の開放を目指すものだろうか。アーレントは、私的領域において私有財産（特に不動産）が確保されるべきと主張している（HC: 61-4）。この点では、私有を否定していない。その前提のもとで、公共空間においてシェアのポリティクスが展開されるべきと考えている。だがこのことは、公共的な性質が高い土地やモノといった対象の所有を、私有から他の形態に移転させるべきと主張することを意味しない。シェアのポリティクスは ownership の問題ではなく、むしろ生き方やその「質」——「善き生活（good life）」の実践——に関わるものである（cf. HC: 36-7）。

二　問題状況と設定——シェアと政治をめぐって

1　シェアをめぐって

まずは状況から確認しよう。先述の通りシェアに対する関心が高まっているが、シェアリングエコノミーやシェアビジネスという言葉が端的に示すように、シェアはしばしば経済現象の一種と考えられている。したがって、経済（学）的な観点から多くの分析がなされてきた。例えば某新聞で、「シェアエコ」の市場規模が6,000億円であることが報道されたが、それはインターネットを通じて個々人が「モノやサービスを売買すること」と説明されている。市場の割合として最大なのがモノの取引、次が民泊などスペース・空間の取引で、政府もシェアエコを「広めたい考え」を持っていると述べられている（森田 2018: 9）[2]。

1　本論文は、權（2017）、權（2018）で論じたことをふまえつつ、アーレントとシェアについて新たな考察をするものであり、両者の続編という性格を有している。

他方でシェアを社会現象としても考えられることから、社会学の分野における研究も多い。2011年の時点では「まだ新しい小さなトレンド」であると言われ、メインストリームは私有・所有であると想定されてはいるが、シェアはそれに対しても大きな影響力を持ちつつあることが指摘されている（三浦 2011: 23-4）。今やシェアの市場規模は大きく、社会的なブームともなっているのだ。その経済的・社会的な影響は大きい。

　ただしアーレントの思想をシェアという観点から考察する際に、まず述べておくべきことは、彼女は経済にも社会にも極めて否定的であったことである。アーレントが言う社会は、経済を基軸・原理とした領域のことであるが、彼女は、政治は経済 - 社会と関わるべきではないと考えた。政治は生産と消費、富の蓄積や分配といったことから切り離されなければならない。経済的な関心とは無関係の次元で考えられなければならない（HC: 2 chap.）。そして、アーレントが政治のモデルを、古代ギリシアのポリスに求めることとも相まって、次のような二つの観点から批判されることになる。第一には、経済と政治を峻別することは今日では非現実的である（Habermas (1971) 1981 = 1984: 339）。第二には、純粋な政治を志向するのはエリート主義的である（Wolin 2001 = 2004: 115）。

2　政治をめぐって

　だがここで注意すべき点がある。それはアーレントの言う政治が、今日イメージされる類の政治を必ずしも意味しない、彼女が考える政治と批判者のそれは完全には一致していないことである。アーレントが想定する政治は、国家権力、代議制、政治家、国会、行政と密接に関わる自由民主主義国家の政治を直截に意味するわけではない。むしろそれは、もう少しシンプルで概念的なものである。端的に言えばアーレントにおける政治は、個々人の「存在（being）」がそれぞれユニークなものとして他者に対して「現われ（appear）」ることに関わる。また、それを可能とするような言論、活動、コミュニケーションこそが政治的なものであり、政治は「善き生活」を実現する（HC: 36-7）。

　したがって例えば、政府主導の大々的な政策や行政による画一的な施策は、アーレントからすれば必ずしも政治的ではない。だがこれは、そこに重要性がな

2　ボッツマンとロジャースによる『シェア』と題された入門書には「〈共有〉からビジネスを生みだす新戦略」という副題がつけられている（ボッツマン；ロジャース 2016）。

いということを一義的に意味するわけではない。彼女の政治の定義からして、単にそれらは「政治的ではない」ということにすぎない。政治は画一性ではなく、唯一無二性に関わる。したがって誤解を恐れずに言えば、ここで問題となっているのは「政治」という名称である。その語が示す内容の是非ではない。

アーレントの政治と、批判者が考える政治の対立軸は、例えば代議制への評価が示すように、内容に対する見解の相違として顕在化する場合もある。だがその多くは、何を政治的なものと呼称すべきなのかという名前の問題に帰する。端的に言えば、アーレントは画一的で包括的なことや、経済に関わることを政治と名指さず、現代では必ずしもそうではないということである。以上をふまえて用語の混乱を防ぐために、アーレントが考える政治を、本論文では「ポリティクス」という片仮名で表記する[3]。

三　前提条件――「現われ」をめぐって

1　「存在」から「現われ」へ

シェアと言えばエコノミー、政治と言えば政府や行政が喚起されやすい状況で、アーレントにおけるシェアのポリティクスを考えるための第一歩となるのが、「存在 (being)」という概念である。繰り返すがアーレントは、ポリティクスは個々人の「存在」がそれぞれユニークなものとして他者に対して「現われ (appear)」ることに関わると考えていた。彼女に強い影響を与えたハイデガーの主著『存在と時間』の英訳は、*Being and Time* であるが、アーレントは「存在」と「現われ」の関係について次のように言っている。

> もしかりに、現われるものの受け手――気づき、認知し、反応することのできる生命体――が存在しなければ何も現われないだろうし、現われという言葉が意味を成さないだろう。…〔中略〕…この世界においては、存在と現われは一致する (LM: 19)。

私は確かに存在している。デカルトなら、その「確かさ」は私の思考によって保証されると言うだろう。単独の主体が偏見＝仮象を除去していくことによっ

---

[3] 政治学者で政策研究を専門としている蒔田純は「シェアリングポリティクス」という言葉を使用しており、それを「政治に反映されていない声」が「選挙というプラットフォームを通じてシェアされる」ことと定義している（蒔田 2016）。興味深い論点ではあるが、本論文の言うポリティクスはこの点をふまえてはいない。

て、自身の存在を確証するに至るのだ。だがアーレントは違う。私の存在の確実性＝リアリティは、現われ＝現象の内にこそある。この点は、「私」というよりも、「事物＝モノ」の存在のことを考えると分かりやすい。私は、ある事物が確かにそこに存在していると確信する。例えば、テーブルがそこに在ると確信する。だがその確信は、「他者もテーブルが在ると思っているであろう」という信憑に潜在的に依拠している。実際に多数の他者が、そこに在るのは椅子であると主張したり、テーブルなど存在しないかのように振る舞うならば、私の確信は揺らぐであろう。存在の確実性への信頼は、無意識的もしくは潜在的に他者による意味付与に根拠を持つ。

　そうであるとするならば、「私の存在」もまた他者による意味付与に依存することになる。だがもちろん、この点は私のみならず、全ての他者にも該当する。私の存在の確かさ＝リアリティは、他者の意味付与、すなわち他者への現われに依存するが、その逆もまた然りというわけである。私は他者に現われるが、他者も私に現われる。そして他者への現われは、私の制御下にはない。私が他者にいかに現われるのかは不確実であり、また他者もその意に沿って私に現われるとは限らない。「この惑星に住んでいるのは、Man（大文字の人間もしくはヒト一般）ではなく men（人々）である。複数性が地球の原理である」(LM: 19)〔括弧内補足は引用者〕。アーレントはこのように述べているが、逆に言えば「人間の複数性」という性質があるからこそ、相互に現われ合うことが可能になる。モノの同一性に対する確信は他者の意味付与に依存するが、相互に現われ合う人間においては、他者の意味付与はむしろ複数性を生じさせる。

　この現われの連鎖が作る場は「現われの空間」と呼ばれるが、それは現われによってリアリティを与えられる公共空間としての「共通世界（the common world）」でもある (HC: 50ff., 198-9)。共通世界は、異なるパースペクティヴを有する複数の人間が現われ合うことによって出現する (HC: 57-8)。人は自らの見解や視点を言論によって表明し、活動において表現するが、意図した通りにそれが受け取られるとは限らない。そうであるからこそ、また新たな言論や活動が必要となってくる。

2　「必要＝必然」と「普通の生活」

　アーレントは共通世界が、いついかなる時でも存在し得ることを示唆してい

る。だが他方で、それに対する人々の配慮がないと解体すると主張する（HC: 56-8）。つまり存在可能性は常にあるが、それを求める強い志向性がないと無化するということだ。それはなぜか。この点をどう考えればよいのか。少し迂回しながら考えてみよう。

現われの空間としての共通世界は、他者への現われの連鎖に依存するゆえに、不確実性に晒されている危険な場であると言える。私が望むように他者に現われるとは限らないし、その逆も然りである。そうであるとするならば、この不確実性を制御しようとする働きが生じても不思議ではないだろう。不確実性は日常性を揺るがす。逆に言うと、日常性は不確実性がある程度制御されることで成立する。

その不確実性が制御されている領域、もしくは制御が目指されている日常性の領域を、アーレントは「私的」であると見なし、ポリティクスはここには関わらないとしている。とくに古代ギリシアでは、この領域を奴隷と女性が担っていたことが強調されているため、この見解は極めて評判が悪い。ここではその内実に対する評価はしないが、注目すべきなのは、アーレントがその私的領域の原理を「必要＝必然（necessity）」と表現していることである（HC: 70-1）。

この点を先述の「存在と現われの一致テーゼ」から考えてみよう。人は存在するのみならず、権利上つねに他者へと現われる。それゆえに存在は自己完結せず、他者への現われという不確実性に晒されていることになる。自分が他者にどう現象するのかも、他者がいかに現象するのかも不確実である。だが、不確実性は日常生活を送る上では不都合である。生活が滞りなく営まれるためには、それは可能な限り避けられなければならない。レジで商品を差し出せば直ちに店員は値段を計算し、役所で手続きをすればいつでも同じ書類が準備されなければ、生活に支障をきたす。不確実性は必然性によって制御されなければならない。だが、制御された私的領域の生活においては、他者が現われることはなく、人間の複数性も求められない。

しばしば誤解されているが、アーレントの眼目は必ずしもこの点を批判することにはない。むしろこの私的領域、すなわち「普通の生活（ordinary life）」の領域の意義を認めている（HC: 36-7）。だがアーレントは次のように問うているのである。これ（だけ）でよいのか、と。これ（だけ）では、物理的法則に従う物体や、生理的欲求に従う動物と同じではないか、と。そしてアーレントが、この必要＝必然に基づく私的領域以外のオルタナティヴとして示すのが、不確実性に常

に晒されている現われの空間としての共通世界なのである。この領域は私的であることとの対比から公共的とされているが、そこでの生活は「普通の生活」との対比から「善き生活」と呼称される（HC: 36-7）。この領域と「善き生活」は所与のものではなく、それを志向する強い力——確実性・必然性に抗う力——があってこそ可能となる。古賀徹は現われの空間が「ある特定の政治によって努力して確保される」ことを強調しているが（古賀 2001: 323）、現われの空間としての共通世界における「善き生活」を希求し存続させる力・志向性こそがポリティクスなのである。

以上がシェアのポリティクスを考えるための前提条件である。この点をふまえて、シェアのポリティクスについて考察を進めよう。まずそれは、いかなるロジックにおいて生成・成立するのか。

四　シェアのポリティクスのロジック——生成・成立条件

1　共通世界の再考
（1）共通世界の二つの意味

まずは、私的と対比される「公共的（public）」という言葉の含意から確認しよう。アーレントはpublicには大きく二つの意味があると述べているが、その一つは「現われ」である（HC: 50）。これはpublicに公開という含意があることから分かりやすいだろう。そして興味深いのは、もう一つが「世界」であると言っている点である。公共的という言葉は世界そのものを意味している。それは、「私たちが私的に所有している場所とは相違」するゆえに、「共通の／共有された世界」となる（HC: 52-3）。ここで重要なのは共有、つまりはシェアされるのがモノではなく世界であるということ、だがその世界は土地や「地球や自然」といった「限定的な空間」を意味するわけではないことである（HC: 52）。それは、「人間の工作物や、人間の手による制作物」に依存してはいるが、さらに「このような人工的な世界に共生している人々の間で進行する出来事」にも関わる（HC: 52）。

アーレントは、この共通世界の含意をテーブルという比喩を用いて説明している。テーブルが在るからこそ、人々はその周りに集まって互いに関係することができる。だが他方で、比喩的に言えば我々が接近しすぎること、すなわち距離感

が無化することを防ぐことができる。人間は一定の距離を保ちつつ現われ合うからこそ、世界はシェアされる。ただし、テーブルという比喩は誤解を与えかねない。それはモノだからだ。アーレントの力点は、テーブルが複数性を有した人々を「分離しつつ関係させる」という点にこそある (HC: 52-3)。では、世界をシェアするとはどのような事態を意味するのか。

　アーレントにおける世界は両義的な概念である。テーブルという比喩が端的に示すように、第一にそれは物質＝モノを意味する。モノは「仕事／制作 (work)」によって作られ、それが集積して世界を形成する。だが、モノが集積した物質的世界の共有が直ちにポリティクスと連動するわけではない。言い換えれば、モノをシェアするだけでは他者は現われない。ポリティクスはこの物理的世界を前提に、そしてそれを舞台としながらも、そこで展開される「活動 (action)」にこそ関わる。

　　　活動は人々の間で直接的に進行する唯一の営為であり、そこに物事が仲介することはない。それは複数性という人間の条件、すなわち Man ではなく men が地球上で生き、世界に住んでいるという事実に対応している。…〔中略〕…複数性は、まさに全ての政治的生活の条件となっているが、その必要条件であるのみならず最大の条件でもある (HC: 7)。

　この直接的な関係が展開される場、もしくはその関係性それ自体が第二の意味での世界になる。アーレントが例示として挙げるテーブルは、一方で世界の物質性を示すための謂いである。だが他方で、人々が関係することそれ自体を示す例でもある。人間の複数性が活動を通じて他者へと現われることこそが、ポリティクスの生成を意味する。「ポリティクスは men の間で、それゆえに man の外部に発生する」が、それは「関係性として確立される」(PP: 95)〔傍点は原文イタリック〕。この「間や関係」という繋ぎの機能＝媒介項がシェアであると考えられるだろう。そして、人と人がシェアによって関係することがポリティクスの根拠であるとするならば、ここでシェアされるのはいったい何であるのかと問うことができる。あるいは別の言い方をすれば、事象を全く介さない直接的な関係性のみがポリティクスを意味するのだろうか。

（2）物語のシェア
　世界が共通世界とされる以上、そしてシェアの対象がモノではない以上、シェアされるのは世界それ自体であると言えるが、この表現はやや曖昧である。だ

が、アーレントが次のように述べているのは興味深い。

> 仕事とその成果である人間の工作物は、死すべき生命の虚しさと、人間的時間のはかない性格に、永続性と耐久性という一定の尺度を与える。活動はそれが政治体を創設し維持することに携わる限りで記憶のための、つまりは歴史のための条件を創造する（HC: 8）。

ここでアーレントは、個を超えた政治共同体に言及しているので、これを「個か全体か」という問題設定から考えると全体優位の思想を展開しているかのように見える。だがここで重要なのは、「記憶」と「歴史」である。活動が言論を介して人々に記憶されるからこそ、それが歴史となる。記憶と歴史がなければ、ポリティクスは完全に一過性のものとなり、政治体が顕在化することはない。現われや活動は記憶されることで残る。ポリティクスは、記憶と歴史を生むダイナミズムなのである。では、記憶と歴史を可能とするものは何か。あるいは比喩的に言えば、記憶装置・媒体となるものは何か。

結論から言うと、それは「物語（story）」である。活動は人と人の直接的な関係の「間」に生じるゆえに、一過性のものである。だが、活動が物語られ、あるいは一連の諸活動の意味が物語として再構成されて人々にシェアされることで、共通世界は政治共同体となって存続する。つまり「モノ＝物」ではなく、「物語」がシェアされることで政治体の歴史（[hi] story）が作られるのだ。まず、仕事によって生まれるモノの世界が公共空間を物質的な側面から支える。そして、それを舞台としながら物語がシェアされていくことを通じて、ポリティクスという力学が政治体という実質へと結実していくのだ。

このような意味で、ポリティクスは物語のシェア、記憶、歴史、政治共同体に関わる力学でありダイナミズムである。制作や仕事が有形のモノを生産するように、活動は物語を"生産"し得るのだ（HC: 184）。シェアのポリティクスは、私秘的な思考や外在するモノではなく、物語のシェアに関連する。ポリスが特定の場所に存在すると同時に、いつどこにでも出現し得る現われの空間と言われるのも（HC: 198-9）、この点の証左であろう。それは城壁で囲われた都市国家であるのみならず、現われが物語として記憶される理念上の空間でもある。

以上がアーレントにおけるシェアのポリティクスの意味であり、それが生成・成立するロジックである。だが、古代ギリシアに生きてはいない我々は、あるいはポリスや評議会から離れて、このシェアのポリティクスを具体的にどのように

イメージすればよいのだろうか。「善き生活」はポリスではなく、現代でもあり得るのだろうか。詳細は次章（五）に譲るが、ここではその準備作業として、政治と公共（性）について簡単に確認しておこう。

2 ポリティクスの"脱政治化"へ向けて

アーレントは、私的領域における「普通の生活」と、公共空間における「善き生活」の双方が存在することが重要であると強調している。そして古代ギリシアでは家父長による暴力が私的領域を制御していたとするならば、現代でも家計から解放された私的領域としての社会に対する管理・制御が大々的に行われていると言える。それが、官僚支配や画一行政と呼称されるものであろう。アーレントはこれを一義的に否定しているのではない。ただし、それとは別次元でポリティクスを考えているのだ。

アーレントがポリティクスの例としてポリスや評議会を挙げることから、直接民主制的なもの（のみ）を志向していると考えられる傾向にある。もちろんその志向性自体は否定し得ない。だが、「可能性としてのアーレント」という観点から、もう少しポリティクスをシンプル（かつ素朴）に考えることもできるのではなかろうか。そのためのヒントとなるのが、しばしばそれが発動する場が、political というよりも public と形容されていることである。したがって、一見「政治的」ではないが「公共的」な場を考えてみることで、その含意を示すことができるのではなかろうか。

先述のようにアーレント自身は、public の意味として、現われと世界の二つを挙げているが、この二点が直ちにいわゆる政治を想起させることはないだろう。物語、記憶、歴史といったものは政治のみと関係するわけではない。文学的なものとの関係も深いだろう。また例えば、カー（ら）は *Public Space* と題された大著で、公共空間を様々な角度から論じているが、その価値を述べる際にまず例に挙げているのは街頭、広場、公園である。国会議事堂や政府関係の建物・場所ではない。公共空間＝公共的領域は、「人的交流の干満に形を与える」と説明されているが、政治と直結するとは限らない（Carr (et al.) 1992: 3）。

ただし他方で、齋藤純一は「公共性」に関する重要な先行研究で、public の含意として、common、open、official を挙げている。common は共通することや共同性、open は開放性、そして official が国や自治体に関わる「公的」というこ

とを意味する（齋藤 2000: viii-ix）。これをふまえると、政治空間を開かれた共通の公的な場として考えることが可能であり、このような意味では、やはり public は政治と密接に関係すると考えることもできる。日本語の「公＝おおやけ」が「お上」を喚起するのもこの点を裏づけるだろう。

以上をふまえ、次章ではシェアのポリティクスの特質を際立たせるために、一見すると非政治的な場に思われる公共空間を一例に考察を進める。その例とは、我々の日常生活においても極めて身近な場所である「公園」である。あらかじめ断っておくが、詳細な事例分析・紹介をすることがここでの目的ではなく、あくまで"現代人"である我々がシェアのポリティクスを考えるイメージを提供することを意図している。シェアのポリティクスの現代的イメージであり、「善き生活」の脱古代ギリシア的可能性である。

五　シェアのポリティクスのイメージ
——「善き生活」の現代的可能性

1　公園の誕生とその様相

シンプルに park と言われる公園であるが、ときにそれは public という形容詞をつけて、public park とも呼ばれる。日本語では公園という言葉に「公」という文字が入っているために、それが何らかの意味で public なものであることが含意されているので、public park は不自然な響きを持つように感じられるかもしれない。イギリスでは王室の狩猟地を一般に公開したことが公園の起源の一つとされていることに鑑みれば、その呼称も頷けるだろう（飯沼・白幡 1993: 79-80）。また私的な企業が運営する theme park が、いわゆる公園とは相違することからも、public park という言葉の含意は理解できるだろう。そして、このような public park としての公園は、近代に誕生したものである。

もちろん単なる空き地や広場、古代ギリシアのアゴラ、日本なら寺院の境内といった「公園『のような』場所・空間」は昔から存在した（小野 2003: 11）。だがいわゆる公園は、日本においては明治六年に政府から出された布告に起源を持っている。それは、今後公園というものを造成していくので金竜山浅草寺や八坂社清水の境内のような場を選別して「お伺い」をせよという、近代国家における中央＝お上から下部組織への通達であった（小野 2003: 10-2）。もちろんこれは、所

有主体が曖昧だった境内地などを公園にすることを意図したものであったが、次のように機能したのは興味深い。「物的空間としては以前と変わらぬ社寺境内」が「官―民の所有の区別にともなって官有の『公』という空間」として再編成されることになったのである（小野 2003: 13）。公園は物質的世界における特定の場所を示すと同時に、公園制度という近代的なシステムの存在を前提とする。こうして、「行政が公園を制度的に設置しこれを管理するという仕組み」が出来ていく（小野 2003: 13）。都市公園法といった日常生活では馴染みのない法律から、入退場・開場時間の制限といった具体的な管理運営方法の事実性と正当性の起源はここにあるだろう。公園の「官園」的な側面である（cf. 飯沼・白幡 1993: 4）。

昨今ではボール遊び、ペット、BBQ、夜間進入禁止など、多くの規則を持つ公園は多い。皆が自由に使えるはずの公園を使用する際に、ある種の不自由があるのも事実である。あたかも「使用制限をかける」ことが行政の仕事のようになっているかのようにも見える。だが他方で、そこには「公平性を担保しなければならないというプレッシャー」もあることだろう（馬場 2013: 12）。厳しい規則を批判するのは容易であるが、その背後にあるエートスを問うことが重要である。規則は、管理主体が利用者に対して悪意を持つゆえに存在したり、その快適な利用を妨げるために在るのではなく、むしろ本質は「逆」でもある。あらゆる人（"みんな"）に対して open であること、つまりは普遍的な平等性と公平性を目指すゆえに、特殊で個別的な意向や行為ではなく、共通項に焦点が当てられた"スムーズ"な利用が目指されるのであろう。公園は、怪我も異臭も騒音もないように管理されることで、不特定多数が楽しむことができる空間となる。管理は「共通の尺度や分母」に照準を合わせることで（cf. HC: 57）、規則の体系を形成する。逆に言えば、この体系に沿うような形で浮かび上がるのが、抽象的集合体としての Man である。

我々は、このような公園を所与のものとして受け入れ、必要＝必然的なものとして規則を遵守することで、"普通"に公園を利用することができる。行政の管理は公園を不確実性に晒すことなく、予測可能な空間を提供することを可能とする。これが、ある意味で我々の私生活の日常、アーレントの言葉を使えば「普通の生活」における公園の機能である。行政は Man のために公園を整備し、我々はそれを Man として利用する。定時に開閉門されること、砂場では砂遊びをすることが想定され、実際にそうされることで"普通の公園"が成り立つ[4]。

アーレントの思想をふまえると、このようなタイプの公園をどう考えることができるのか。これは、まさに管理された必要＝必然的な空間である。だが繰り返すが、彼女はこの点を一方的に批判しているわけではない。ただし、ここには他者は現われず、ポリティクスもないと主張しているのだ。またこのような管理は、政治的ではないと言っているにすぎない。

2　公園のオルタナティヴとシェアのポリティクス
（1）例　示

だがとくに1990年代以降から現在において、上記のタイプとは相違する形態の公園が見られるようになってきた。あるいは、行政と利用者の関係や利用形態において、「新しい」と言える公園が出現している。「多様化する公園」や「住民の多様なニーズを捉える手法」を用いた公園など、様々な言葉で形容されているが（Okano 2018: 24；樋口・田嶋 2013: 22）、その大きな特徴は、住民の「参加」と利用の「（相対的）自由」度の高さである。

例えば東京都大田区のある公園は[5]、地域住民が計画段階から積極的に関わることで生まれた。住民団体が企画書を作成して公園課に提出したことを契機としているが、その企画の内容と形式には以下のような興味深い特徴がある。まず内容面の一部を紹介しよう。「基本的な考え方」の一つとして、次のような点が挙げられている。「建設時の状態を維持するのではなく、住民が参加し、試行錯誤し、変えていける公園にする」こと。そして、その実現のために「管理方法を行政と住民が模索」することの必要性が明記されている点である（ひろばの会 1991: 3）[6]。さらにそこには、形式面でも際立った特徴がある。住民の意見を一つにまとめた完成された企画書というよりも、ある程度の方向性は示しつつ、個々人の

4　空間が"普通"であることを超えて、"快適"なものとして管理されるような場で発動する権力──人々をある意味で「幸福」にする権力──を、稲葉は「テーマパーク型権力」と呼称している（稲葉 2008: 197）。国民国家の政治や管理行政が規律訓練や生政治として発動するならば、アーレントのポリティクスは、理念としてはテーマパーク型権力や規律訓練、生政治の外部で生成するものであると言える。「ポリティクスは men の間で、それゆえに man の外部に発生する」（PP: 95）。

5　大田区千鳥の「くさっぱら公園」である。この公園は「住民がつくる公共空間」という副題がつけられた公園の実践紹介書で最初に取り上げられている公園であるが（小野 1997）、開園は1992年であるため先進的な事例であったと言える。

6　企画書を作成・提出した住民団体の正式名称は「みんなでつくろうひろばの会」であるが、文献を示す際は「ひろばの会」と略記している。

異なる意見や要望が「ランダム」に載せられているのだ（ひろばの会 1991: 23-4）。

その結果、土の地面、固定遊具なし、手を加えられる場がある、というようなユニークな公園が出現した。利用者が「種をまく、花を植える、混みすぎた枝をすかす、土を入れる」といったことができ（小野 1997: 20）、彼らが公園の清掃を行ってもいる。「つくり続けていく公園」と表現されるその公園には（小野 1997: 17）、地域団体が作成したホームページもあり、それが「日常的なトラブル、楽しみや悩みを利用者と行政が共有しながら運営」されていることが明記されている。もちろん、その特徴ゆえの問題もあり、例えば関係住民の「ボルテージが下がっている時」には、「荒れた感じ」の場所になってしまうこともある（下中・赤阪 1997: 231）。

また、豊島区の商業地の只中に立地するある公園は、2016年にリニューアル開業したが[7]、「青々と茂る芝生がアイコン」となって賑わいを生む場所となっている（飯石 2018: 132）。元々この公園は、行政が管理しているが都市部にしばしば見られる「近隣住民ですら寄り付かない」場所＝公園となっていた（Okano 2018: 25）。だが、「公設民営」や「都市のリビング」というコンセプトのもとで（飯石 2018: 132 ; Okano 2018: 25）、子連れの家族や若者といった利用者が裸足になったり横になったりすることもできる公園に変容した。特徴的なのは、まず公的主体＝行政がハード面を整え、民間がテナントとして入っていることである。また地域住民や学識経験者等からなる任意団体が組織され、イベントや芝生の管理について継続的な協議がなされている点も際立っている。イベントに対して、地域住民の代表組織が「区へ上申できる仕組み」があるのも特徴的である（西田ほか編 2018: 139）。

もちろん野原のような相貌も見せている大田区の公園と、整備された芝生があり民間のテナントも入っている豊島区の公園には相違点も多々ある。だが、参加と相対的自由という特徴は共有されている。

（2）公園のポリティクス

本論文で行った公園の紹介はアカデミックな事例分析ではない。またアーレントは公園を想定してポリティクスを展開したわけでもない。だが、以上のようなタイプの公園は、シェアのポリティクスが展開される公共空間や現われの空間とし

---

7 南池袋公園である。

ての共通世界を、現代社会の中でイメージする際に参考になるのではなかろうか。

もちろん公園それ自体は物質的世界に依存するし、囲われた空間として特定の場所に立地する。仕事もしくは労働によってハード面が整えられるわけであるが、それをトータルに準備するのは行政であり、所有は公的主体である。だが、この物理的な共通世界としての公園はまた、他の要素によっても生成・成立している。それが参加と自由であるが、大田区の公園の特徴について次のように言われているのは興味深い。

> 来た人がだれでも自由に手を加えられるということは、さまざまな価値観がそこでぶつかることでもある。池がほしい人、ほしくない人。…〔中略〕…何か問題が生じたときには、当事者で解決しなければならない。当事者が顔をつきあわせて解決策をみいだしていくなかで、互いの顔が見え、関係ができていく（小野 1997: 12）。

例えば「土のままがいい」「お祭りができる」といった（政治的意見というよりも）素朴な思いが語られ（ひろばの会 1991: 23）、それがシェアされることによって「大人も子供も本気で遊べる広場」という物語へと展開していく（ひろばの会 1991: 2）。「池がほしい」という声がシェアされれば、今度はそれを実行に移すことになるが、そのためには協力者が必要になってくる。例えば当然であるが、一人で池は作れないからだ。材料の提供者や建築関係の人の力も求められるであろう。この点は、イベントの開催にも当てはまる。公園での活動には、仕事・労働も必要であり、地域住民、利用者のみならず、その土地の所有者としての公的主体や店舗の運営主体も関わってくる。アーレントの比喩を使えば、この一連の現象は、まずはテーブルという物理的なモノに関わることを意味するだろう。他方で、テーブルの上で展開される、あるいはテーブルをめぐって行われる活動や出来事がシェアされてコミュニティが構築されることをも意味するだろう。テーブルはモノであると同時に、声や物語のタブロー（表・目録）でもある[8]。

公園は境界線に囲まれ管理される物質的共通世界でもあるが、人間の複数性を前提としたシェアのポリティクスが展開される公共空間にもなり得るのではなかろうか。このような新しいタイプの公園は、参加と自由という特徴を持ち、利用者や住民の声が物語としてシェアされることで生成・成立している。公園は物理的な場所や制度のみならず、まさにそれ自体が物語として men にシェアされる

---

[8] 大田区の公園では「わたしの庭」、豊島区では「都市のリビング」という大きなコンセプト＝物語があるのは興味深い。

世界——共通世界——となり得る。公共施設の管理／利用から、物語のシェアによる公共空間／共通世界の創出へ——ここに、「善き生活」の現代的可能性があるのではなかろうか。ただし急いでつけ加えれば、公園はあくまで、我々のイメージを喚起するために示された一例である。シェアのポリティクスが展開される場は、他の可能性にも開かれているだろう。

六　結びにかえて

　共有を考える際には、しばしばその主体が問題となってきた。例えば私的主体による土地の占有が問題である、と。あるいは、昨今ではシェアを考える際に、シェアリングエコノミーという観点からその対象についての精緻な分析がなされる傾向にある。モノとヒト、時間と空間などに分類され、それぞれに興味深い例が示される。だが、本論文がアーレントに依拠しつつ明らかにしたのは、世界あるいは物語のシェアであり、それによって可能となるシェアのポリティクスである。
　また、アーレント解釈という観点から述べると、その政治観は理想主義的かつエリート主義的であるとして、現代的な意義や応用可能性については疑問も投げかけられてきた。だがこのような見解は、アーレントのポリティクスを現行の政治との関連性から考えるときに生じるものでもあった。この点で、彼女が次のように言っているのは興味深い。「共通世界の終わりは、それが一つの側面からのみ見られ、単一のパースペクティヴのなかで現われるときにやってくる」（HC: 58）。重要なのは政治観の複数化である。
　ここでアーレントが、私的領域における「普通の生活」と、ポリティクスに関わる「善き生活」という区分をしたうえで、両者に存在意義を認めていたことを思い起こそう。「普通の生活」は所与のものであり、ある意味で生活／生命それ自体に必要不可欠である。だが我々は必要から生じ、必然性を原理とする「普通の生活」とは別様のものを選択する可能性を持っている。あえてポリティクスに関わり、「善き生活」を目指すこともできる。両者に優劣はなく、質が異なるにすぎない。ただし言えることは、「善き生活」はそれを強く求めることによってのみ立ち現われるということだ。このような意味では、本論文は、「善き生活」に関わるシェアのポリティクスを政治の一形態として示すものであったと同時に、シェアのポリティクスを生の一形態として示すものでもあったと言えよう。

参考文献

[略号一覧]

以下のアーレントの著作については、略号を用いて略記した。引用文は全て拙訳である。

HC：(1958) 1998, *The Human Condition*, The University of Chicago Press.
LM：(1978) 1981, *The Life of the Mind*, Harcourt.
PP：2005, *The Promise of Politics*, Schocken Books.

[その他の文献]

馬場正尊＋Open A、『RePUBLIC 公共空間のリノベーション』学芸出版社。
ボッツマン、レイチェル；ロジャース、ルー、2016、小林弘人監・関美和訳『シェア』NHK出版。
Carr, Stephen (et al.), 1992, *Public Space*, Cambridge University Press.
権 安理、2017、「共通世界としての公共性」『経済社会学会年報』vol. 39: 14-23.
―――、2018、『公共的なるもの』作品社。
Habermas, Jürgen, (1971) 1981, *Philosophisch-politische Profile*, Suhrkamp.（＝1984; 1986、小牧治・村上隆夫訳『哲学的・政治的プロフィール』上・下巻、未来社。）
樋口由香・田嶋豊、2013、「みんなの公園を目指して」『LANDSCAPE DESIGN』No. 91: 22-3.
飯石 藍、2018、「南池袋公園」、公共R不動産編『公共R不動産のプロジェクトスタディ』学芸出版社：132-5。
飯沼二郎・白幡洋三郎、1993、『日本文化としての公園』八坂書房。
稲葉振一郎、2008、『「公共性」論』NTT出版。
古賀 徹、2001、『超越論的虚構』情況出版。
三浦 展、2011、『これからの日本のために「シェア」の話をしよう』NHK出版。
森田岳穂、2018、「ネット介しモノ・サービス売買」『朝日新聞』朝刊、2018年7月26日、9面。
西田司ほか編、2018、『PUBLIC PRODUCE』ユウブックス。
Okano Tami、2018、「多様化する公園」『BRUTAS 特集 LIFE is PARK』8月1日号。
小野良平、2003、『公園の誕生』吉川弘文館。
小野佐和子、1997、『こんな公園がほしい』築地書館。
ルソー、ジャン・ジャック、1986、原好男訳「人間不平等起源論」『ルソー選集6』白水社。
齋藤純一、2000、『公共性』岩波書店。
下中菜穂・赤阪英夫、1997、「住民参加の有効性と課題：事例2 大田区くさっぱら公園」『ランドスケープ研究』60巻3号：230-3。
豊島区都市整備部公園緑地課、2016、「豊島区立南池袋公園の再整備」『都市公園＝Public parks』214: 40-3。
Wolin, Richard, 2001, *Heidegger's Children*, Princeton University Press.（＝2004、村岡晋一ほか訳『ハイデガーの子どもたち』新書館。）

［インターネット］
くさっぱら公園ホームページ、http://kusappara.que.jp/index.html（2018.7.7アクセス）
蒔田 純、2016、「『シェアリングポリティクス』という新潮流」、言論プラットフォームアゴラホームページ、http://agora-web.jp/archives/2029444.html（2018.7.7アクセス）
南池袋公園 Park Guide、豊島区ホームページ、https://www.city.toshima.lg.jp/340/shisetsu/.../160715_minamiikebukuropark_1.pdf（2018.6.1アクセス）
みんなでつくろうひろばの会、1991、「千鳥1-1 公園 企画案」、くさっぱら公園ホームページ。http://kusappara.que.jp/archives/kikakusho/kikakusho_00.html（2018.7.7アクセス）

ドイツの介護保険制度改革と高齢者介護の新たな選択肢

斉 藤 弥 生

一　はじめに
二　ドイツの介護保険制度の概要
三　ドイツの介護保険制度改革の動向
四　東欧からの出稼ぎ家政婦による住込み介護
五　おわりに

一　はじめに

　日本において、2015年4月から段階的に始まった介護保険制度改革では、「要支援」者への介護予防サービス（介護予防訪問介護、介護予防通所介護）は個別給付の対象外に、特別養護老人ホームへの入所基準は「要介護3」以上となり、重度者への給付のターゲット化が明確となった。また「要介護1、2」レベルでも、生活援助サービスを保険給付から外すことが検討され始めている。介護保険給付の総費用額は、高齢者人口の増加に伴って増え続けているが、利用者側から見れば介護サービス利用率は下っており（図1）、介護保険給付は縮小の方向性がみられる。

　図2は誰が老親を介護するか（してきたのか）、誰がその費用を払うか（払ってきたのか）という視点からみた、介護の動向である。「再家族化」は福祉国家の機能を縮小し、かつてのように介護、育児等のケアを家族機能に期待する方向性を指す。「市場化」は営利団体や非営利団体による民間介護サービスの供給に期待し、民間事業者の介護サービス市場の形成と参入を促す方向性である。「私費購入化」は家事、育児、介護を私費で購入するよう仕向ける方向性である。いずれも福祉国家の機能縮小、経済と労働市場のグローバル化から発生している現象といえる。介護保障が制度化されている国々では、程度の差はあるものの、高齢者介護の（1）「再家族化」（re-familialisation）、（2）「市場化」（marketisation）、（3）

図1　日本における訪問介護と介護保険施設の利用率（80歳以上高齢者）

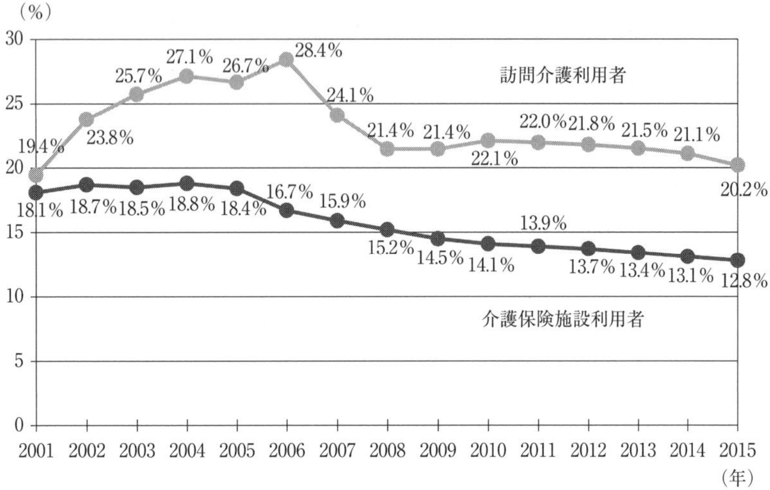

（％）

年	訪問介護利用者	介護保険施設利用者
2001	19.4%	18.1%
2002	23.8%	18.7%
2003	25.7%	18.5%
2004	27.1%	18.8%
2005	26.7%	18.4%
2006	28.4%	16.7%
2007	24.1%	15.9%
2008	21.4%	15.2%
2009	21.4%	14.5%
2010	22.1%	14.1%
2011	22.0%	13.9%
2012	21.8%	13.7%
2013	21.5%	13.4%
2014	21.1%	13.1%
2015	20.2%	12.8%

注：2006年以降の訪問介護のデータは予防給付も含む。
出所：厚生労働省、介護給付費実態調査および総務省統計局人口推計により作成

図2　介護はどこへ向かうのか

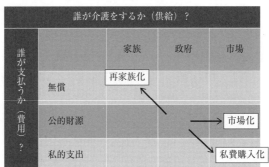

出所：斉藤 2016: 1

「私費購入化」（privatisation）の動向がみられる。たとえば、近年、日本では介護による離職者も全国で約10万人（2017）となり、「再家族化」の方向性が懸念される。

ドイツは世界で初めて、介護保険制度（1995）を導入した国であり、日本の介護保険制度の設計はドイツの制度から学んだ点が多い。ドイツでは介護保険制度

が導入されるまでは、在宅介護と施設介護の双方が資力調査に基づく公的給付（介護扶助）で、公的介護の受給者は65歳以上の高齢者のわずか2～3％だった（Theobald 他 2011）。介護保険制度の導入によって、給付がすべての高齢者を対象とするようになったこと、それ以前は無償の家族介護に頼っていたこと、また世界的に見て高齢化率が高いことはドイツは日本と共通している。

ドイツでは2010年代に数年をかけて介護保険制度の大改革が行われ、認知症介護、軽度者支援、家族介護者支援に力を入れる方向性と給付増が示された。同時に介護保険料の引き上げも行われたが、国民の約8割がその方向性を支持しているといわれる。保険料は上がるが、サービス給付は増えず、自己負担は増え、高齢者の不満がつのる日本とは真逆の状況である。

本稿の目的は日本とは真逆の方向性を示すドイツの介護保険制度の動向と、高齢者介護の多様化が進行する状況を示すことである。第2章でドイツの介護保険制度の概要を日本の制度との比較から整理し、第3章ではドイツにおける介護保険制度改革とその特徴を整理し、家族介護者支援、軽度者支援を重視する方向性を示す。第4章では、ドイツの介護保険制度が生み出した高齢者介護の選択肢の多様化の例として家族介護の支援と強化を目指す一方で、ドイツで近年増加している外国人住み込み家政婦の状況をまとめる。

表1　ドイツと日本の介護保険制度を比較する

	ドイツ	日本
人口	約8,270万人（2017）	約1億2,650万人（2018）
高齢化率	21.2%（2015）	27.9%（2018）
運営主体	介護金庫（疾病金庫）	市区町村
財源	保険料のみ	税金と保険料（40歳以上）がそれぞれ50％ずつ
対象	年齢制限はなく、障がい者も対象	65歳以上高齢者（加齢に伴う障がいの場合は40歳以上も対象）
利用者数	約341.4万人（障がい者を含む）	約554万人
給付の内訳	在宅給付者76.0% 施設利用者24.0%	在宅サービス利用者82.4% 施設利用者約17.6%
現金給付	51.7%（家族のみによる介護）	なし

出所：ドイツ：連邦統計局データ（2017年）http://www.destatistis.de
　　　日本：総務省統計局人口推計（2018）、平成29年版厚生労働白書（2017）

二　ドイツの介護保険制度の概要

1　ドイツの介護保険制度の概要とサービス利用率

表1は日本とドイツの介護保険制度の関連事項を比較している。ドイツの介護保険制度は、事業者よりも家族、施設よりも在宅を優先しており、このことは社会法典で定められている。

ドイツの人口は約8,270万人（2017年）で、高齢化率は21.5％（2017年）である。ドイツの要介護者数は341.4万人で、そのうち24.0％は施設入所、76.0％は自宅で生活している（2017年）。

介護保険の運営主体は介護金庫であり、公的医療保険の保険者である疾病金庫に併設されている。ドイツの公的医療保険の保険者は地域疾病金庫や同業者疾病金庫などの7つの疾病金庫であり、いずれも公法人であるが、これは日本の市町村国民健康保険や組合・企業などの健康保険組合などに相当する。ドイツの介護保険制度では、保険者は介護金庫で、疾病金庫の保険料徴収の仕組みを活用している。

ドイツの介護保険制度の財源は保険料のみでまかなわれている。ドイツでは高齢化率が増加し、賃金や物価上昇に対応して介護報酬額を引き上げてきたにもかかわらず、2008年まで介護保険料負担は所得の1.7％で固定されてきた。このことは要介護者に自己負担を強いることになり、2000年から2006年にかけて在宅サービス利用率の減少につながったといわれている。しかし2008年7月に保険料が1.95％（子どものいない被保険者は2.20％）に引き上げられ、給付が拡大されたため、2007年以降の在宅サービス利用率（介護手当を含む）は少し増加した。

また給付対象は日本のように原則65歳以上という年齢制限はなく、65歳未満の障がい者も給付対象に含まれている。ドイツの介護保険制度が日本の制度と最も大きく異なる点は、在宅給付の選択肢として介護手当（現金給付）があることで、在宅給付の総額は介護保険支出全体の76.4％を占めており、これには介護手当の受給者も含まれる。ドイツでは在宅給付受給者の約7割が介護手当を全額あるいは部分的に受け取っている。現金給付を選択する人は1995年には全体の83.0％で、ほとんどの人が現金給付を選択した。近年では現金給付だけを選択する人は約5割程度に減少したものの、サービス給付だけを選ぶ人は8.7％にすぎ

表2 ドイツと日本における在宅給付の比較

	ドイツ（2015）	日本（2014）
65歳以上の利用率		
ホームヘルプ	3.6%	6.2%
施設	4.1%	3.7%
現金給付	5.9%	なし
デイサービス	0.4%	7.8%
ホームヘルプ事業者の多元化		
公的直営	1.4%	0.3%
非営利事業者	33.5%	35.3%
営利事業者	65.1%	64.4%

出所：Theobald, H et. al（2017）から作成

ず、約5割の利用者が現金と現物給付を組み合わせて利用している。

さらに筆者らの調査に基づき、65歳以上高齢者を対象とした給付率をみると、ホームヘルプでは日本6.2%、ドイツ3.6%、施設利用者では日本3.7%、ドイツ4.1%となっている。またデイサービスでは日本で7.8%、ドイツで0.4%となっている（表2）。ドイツでは日本に比べて、介護サービス利用率が低いが、その分、現金給付の受給者が5.9%となっている。

高齢者介護サービスにみる市場化の特徴では、日本もドイツも事業者選択が可能であり、利用者と事業者間の契約によりサービス利用が成立するという点で共通する。ホームヘルプ事業者の法人別割合は、日本では公的直営が0.3%、非営利団体が35.3%、営利団体が64.4%、ドイツでは公的直営が1.4%、非営利事業者が33.5%、営利事業者が65.1%で、両国の法人別割合の構成は類似している（表2）。ドイツの非営利事業者のほとんどは、伝統的に福祉供給を担ってきた非営利の福祉6団体（キリスト教系、労働団体系など）を意味している。

施設利用率は4.0%前後で安定している。ドイツでは非営利団体の施設でも入所費用が高く、最重度Ⅲ（旧制度）の入居者の平均自己負担額（住居費や食費等）は月額1,334ユーロ（17万6,000円）程度で、低所得者に対する軽減措置もない（松本 2011: 87）。自己負担が困難な入居者には介護扶助が給付されるが、介護施設入居者の約3分の1が介護扶助受給者となっている（小梛 2014: 44）。

2 ドイツの介護保険制度の特徴

セオバルトら（2013）は、ドイツの介護保険制度はすべての人を対象とする介護制度を創設することと介護費用支出の抑制が目的であったため、ドイツの介護保険制度は自己責任と市場解決が特徴となっていることを指摘する。介護保険制度の導入以前は、特に施設入所者の介護扶助が自治体の財政を圧迫していた。介護保険制度の成果として、ドイツ国内の介護扶助受給者は1994年末から2006年末までの12年間で、45万人から27万人へと40％も減少し、その結果、州および地方自治体の介護扶助の支出総額も91億ユーロから31ユーロへと3分の1に減少した（松本 2011: 88-89）。

ドイツの介護保険制度は日本と同様で、詳細な規則で成り立ち、厳格な要介護認定が給付の前提となっている。現金給付の選択が多数であるが、サービス給付より現金給付の支給額をかなり低く抑えていることも低コスト路線を示していた（Theobald and Szebehely 2011: 6）。連邦政府が保険料率を決める手法も社会保険制度における介護支出の上限を設定していることを意味しており、公的支援の拡大を抑制してきた（ibid.）。

三 ドイツの介護保険制度改革の動向

1 2010年代にみるドイツの介護保険制度改革の概要

3年ごとに何らかの改正が行われ、保険料の改定が行われる日本の介護保険制度と異なり、前述のとおり、ドイツでは2000年代半ばまで保険料率も据え置かれ、制度上の大きな改正もほとんど見られなかった。表3は2010年代にみるドイツの介護保険制度改革の概要を示す。

（1）介護保険新展開法（2013年1月1日施行）

2013年1月1日に施行された介護保険新展開法では、在宅の認知症高齢者に対する給付引き上げにより、要介護1、2の認知症高齢者、代替介護に対する追加的給付が行われた。また短期の施設介護（ショートステイ）の給付を受けても、在宅要介護者への現金給付は半額支給されることになり、グループホーム（3人以上の要介護者が居住する共同住宅）への助成が新設された。これらの給付改善のために、2013年1月から保険料率を1.95％から2.05％に引き上げ、民間介護保険に加入し、月10ユーロの保険料を支払う人に対して、月5ユーロの助成金が支給さ

表3　2010年代にみるドイツの介護保険制度改革の概要

介護保険新展開法（2013年1月1日施行） 認知症ケアの強化。保険料率を1.95％から2.05％へ引き上げ。 民間介護保険への加入する人に助成金給付。
第一次介護強化法（2015年1月1日施行） 給付上限額の4％引き上げ。デイケア、ナイトケアは介護給付とは別枠で利用可能に。代替介護の上限も4週間から6週間に引き上げ。認知症高齢者介護以外でも、要介護者がすべて家事支援を受けることが可能に。 同時に2015年1月1日から保険料率を0.3％引き上げ、また2033年まで介護準備基金の積み立てが開始。
第二次介護強化法（2016年1月1日施行） 年間50億ユーロの財源を確保し、要介護認定のレベルを3段階から5段階と拡げ、対象者を拡大。さらに各段階の給付上限額の引き上げ。 家族介護者の保障（年金、休暇等）の充実、介護金庫による家族やボランティアを対象とした学習コースの実施義務などを規定。

れるようになった。

（2）第一次介護強化法（2015年1月1日施行）

　2015年1月1日に施行された第一次介護強化法では、過去3年間の物価上昇率を考慮して、給付上限額が4％引き上げられた。在宅介護の支援強化のために、デイケアとナイトケアは介護給付とは別枠で利用可能となり（第41条）、家族介護者が病気などで介護ができなくなった時の代替介護は上限が年間4週間から6週間に引き上げられた（第42条）。改革以前は認知症高齢者に限り在宅で家事支援を受けることができたが、改革により、家事支援は要介護者すべてが給付対象となった（第45条b）。住宅改修費は1回につき、2,557ユーロから4,000ユーロに引き上げられた。

　このように給付を大幅に増やすとともに、2015年1月1日から保険料が0.3％引き上げられ、保険料率は所得の2.35％となり（第55条）、介護保険収入は1年間で36億ユーロの増額となった。引き上げ分のうち、0.2％は給付に使われるが、0.1％は世代間の公平のために介護準備基金として2033年まで積み立てが行われる（第131条〜139条）。

（3）第二次介護強化法（2016年1月1日施行）

　第二次介護強化法が2015年8月12日に連邦議会で可決され、2016年1月1日に施行され、新しい要介護認定基準では従来の3段階から5段階として、給付対象者を拡大した。この改革のために年間50億ユーロの財源が確保され、給付対象者

表4　ドイツにおける介護保険給付の一覧（2017年以降）　　単位：ユーロ

給付の種類		要介護度				
		1	2	3	4	5
在宅介護	現金給付（月）	-	316	545	728	901
	現物給付（月）	-	689	1,298	1,612	1,995
	近親者による代替介護（年6週まで）	-	474	8,175	1,077	1,352
	近親者以外による代替介護（年6週まで）	-	1,612（注1）			
	介護用品（消耗品）（月）	40				
	介護補助具	優先的に貸与。調達の場合は、自己負担10％、ただし最高でも25％。				
	住環境改善措置	1措置につき4,000。複数の要介護者が共同で請求するときには最高で16,000。				
部分施設介護	デイケア・ナイトケア（月）	-	689	1,298	1,612	1,995
	ショートステイ（年4週まで）	-	1,612（注2）			
完全施設介護	完全施設介護（月）（注3）	125	770	1,262	1,775	2,005
追加給付	負担軽減手当（月）（注4）	125				
	介護グループホーム入居の場合の追加給付（月）	214				
創設助成	介護グループホーム創設助成	2,500。複数の要介護者が共同で請求するときには最高で10,000。				

（注1）ショートステイの未利用分のうち806ユーロまでを上乗せして、2,418ユーロまでとすることができる。
（注2）代替介護の未利用分のうち1,612ユーロまでを上乗せして、年間8週まで3,224ユーロを上限とすることができる。
（注3）現在、認知症でなく要介護等級1又は2を認定されている者は、新制度への移行後、完全施設介護の給付は減ることになる。
（注4）この給付は、デイケア・ナイトケア、ショートステイ、世話や家事支援等の在宅介護のための現物給付、家事支援サービス又は州法の規定により承認されたボランティアによる世話及び負担軽減サービスを利用するためのものである。

出所：渡辺（2016）

は約50万人増加することが見込まれている。表4は2017年1月以降の介護保険給付を示す。

　第一次介護強化法では住宅改修などの給付上限額が引き上げられたが、第二次介護強化法では各レベルの給付上限額が引き上げられた。また家族介護者の社会保障（年金、休暇など）の充実、介護金庫による家族やボランティアを対象とした学習コースの実施義務などの将来展開についても期待している。

2 在宅給付に関する改革のポイント

在宅介護に限定して、一連の改革の特徴をみると、最も重要な点は要介護度がこれまでの3段階から5段階に拡げられたこと、つまり軽度者への給付を行うことで在宅介護を強化しようとしている点である。政府はこの改革により、大幅な利用者増を見込んだが、実際には改革前の286万人（2015年）から341万人（2017年）に2年間で57万人の受給者増となった。さらに介護者の定義が「通常週に2日以上で合計10時間以上介護するもの」と条件が緩和された。従来から介護者には年金保険料、労災保険の保険料が介護金庫から支払われていたが、要介護2以上の要介護者のために離職して介護する場合、失業保険料も介護保険から支払われることとなった。つまり在宅介護を奨励し、軽度者と家族介護者をより支援する方向性が強く打ち出されたといえる。

また負担軽減手当（表4）が104ユーロから125ユーロに増額された。この給付は現物給付で、デイケア・ナイトケア、ショートステイ、世話や家事支援等の在宅介護のためのサービス給付、家事支援サービスまたは州法の規定により承認されたボランティアによる世話および負担軽減サービスを利用するためのものである。たとえば地域の福祉団体が実施するデイサービスの往復のためにボランティアに付き添いを依頼する場合、利用者の介護保険の「負担軽減手当」からボランティアに対して、1時間当たり7.5ユーロの手当を支給できる。このボランティアであるが、付添介助やデイサービスで利用者や家族介護者の支援等にあたるが、福祉団体による40時間から60時間の認知症介護コースなどの研修を受けることが必要となる。ボランティアの教育や提供されるサービスの質については州の責任とされている。介護給付としてボランティアに手当を支給できるしくみは、家族介護者が体調を崩した時などに利用でき、とても喜ばれている。

さらにリハビリが受けやすくなり、福祉用具支給のための手続きが簡素化され、利用促進が目指されている。2017年1月1日から補助具強化法が施行され、理学療法士、作業療法士の権限が強化された。ドイツにおいて、日本の福祉用具にあたる介護補助具は、介護保険により介護を必要とする人に給付されるもので、社会法典第11編第40条に規定されている。介護補助具は介護者の負担を軽減するもので、そのことにより要介護者の苦痛が和らぎ、自立生活が可能になると考えられている。介助用車いす、介護用ベッド、緊急アラームなどが給付対象となる。要介護と認定されれば受給可能となるが、今回の改革で要介護認定基準が

拡大され、これまで対象でなかった軽度者も給付対象となり、認定を受ける人が増えるため、介護補助具と住宅改修の利用者も増えることが予測される。

　ドイツにおける補助具全体の総支出額は少しずつ上昇し、2015年には188億6,000万ユーロの支出であった。ドイツでは公的予算と４つの社会保険（医療保険、介護保険、年金保険、傷害保険）、民間医療保険、また雇用主や家庭、非営利民間団体が独自に購入する場合など、補助具の財源は複数あるが医療保険43.4％による給付が最も多い。介護保険からの支出は4.1％と財源としては少ないが、支出の伸びが大きくなっている。

　日本の制度と異なる点は、ドイツの介護補助具の給付は介護給付とは別枠であり、疾病給付、労災給付、年金給付としての給付もある。またドイツでは、日本のように「介護保険による福祉用具」といった明確なすみわけはなく、「何を目的とする補助具か」という点で、医療保険対象か、介護保険対象か、あるいはそれ以外の対象かに分けられる。補助具によっては医療保険と介護保険の両方の給付となるケースもある。さらに補助一覧に掲載されていない補助具でも、疾病金庫や介護金庫が給付対象として認める場合もある。

　　四　東欧からの出稼ぎ家政婦による住込み介護

　ドイツの介護保険制度で、介護手当の給付目的は、要介護者の自己決定と家族等による介護への取り組みを促進することであった（松本 2011: 168）が、結果として、要介護者は一定の基準を満たす認可介護サービス事業に限定されることなく、要望に合わせて多様な形態のサービスを選択できることになった（ibid.: 175）。つまりドイツの介護手当は要介護者のサービス選択の自由を相当に広く認めたことになり、介護の担い手は家族でもよいし、家事使用人でもよいし、無認可介護サービスの利用でもよく、また介護以外の使途でも構わないことになる。ドイツでは、介護手当の給付額は介護サービス給付に比べ、かなり低く設定されているとはいえ、介護手当は介護サービスの市場化ツールとして捉えることができる。この点は介護手当のしくみがありながら、その利用がほとんどみられないスウェーデンや介護手当が存在しない日本の介護システムと大きく異なる点である。

　ドイツが制度化した介護手当は当初、家族の介護労働を社会的に評価するものとして考えられた。家族介護者には代替介護（レスパイト）や社会保障（失業保

険、休暇保障等）が提供されている。ところが女性の就業率の急速な上昇は、介護手当を利用した、介護の外部化を進行させた。その一つが出稼ぎ家政婦による住込み介護である。

1 合法的な家事援助人の雇用

ドイツでは、2005年に合法的介護従事者雇用スキームが制度化され、要介護者を抱える家族は東欧諸国（ポーランド、ハンガリー、チェコ、スロバキア、スロベニア、ルーマニア、ブルガリア）から、家事援助人（haushaltshilfe）を合法的に雇用できるようになった。受入側のドイツでは、要介護者がいる家庭で家事援助人を求める人が連邦雇用局に求人登録を行い、送り出し側の東欧諸国では、ドイツで家事援助人としての就労希望者を登録する。家事援助人にはドイツ連邦雇用局から最長3年の就労許可が出され、家事援助人と利用者のマッチングが行われる（松本 2011: 247）。

この制度では、家事援助人にはドイツの国内での労働条件が厳格に適用され、家事援助人の業務は家事援助に限定されており、身体介護は認められない（松本 2011: 247）。2007年には3,032人の家事援助人がこの合法的スキームで雇用されていたが、利用は伸びていない。このしくみはあまりに官僚的すぎて、利用者のニーズに応えきれず、また利用者は家庭使用人の労働時間に関する規則を守ることができず、監督官庁の管理もほとんど行き届かなかった（Theobald 2009: 23）。

要介護者の介護ニーズに対応して、国外からの家事援助人雇用を合法化しても、それが便利なサービスであっても、価格が高すぎると利用者は購入できない。税額控除や手当の給付など費用負担を軽減する対応がなければ制度としては機能しない。家事援助の場合、合法的な家事援助人に最も競合するライバルは家族による無償介護となる。また働き手にとっても、社会保険料の支払いなどが発生しない就労形態を選ぶことになり、結果として不法就労に流れることとなる。そこで次に紹介するグレー・マーケットが登場する。

2 グレー・マーケットの出現――出稼ぎ家政婦による住込み介護

ドイツの介護保険制度の設計において、出稼ぎ家政婦が当初から想定内であったかどうかは判断しかねるが、近年ではポーランドなどの東欧諸国からの出稼ぎ家政婦を低額で雇うケースが増えている。ドイツでは10万人〜14.5万人の出稼ぎ

家政婦が24時間対応の介護を担っており、重度の介護を必要とする、比較的、所得が高い高齢者が利用している（ibid.: 23）。近隣のポーランド、チェコ、ハンガリーなどからの出稼ぎ家政婦は1990年代終盤から存在していた。典型例は2人の出稼ぎ家政婦が2～3か月ずつ交代で、要介護者宅に住み込み、24時間対応で介護をするものである。この始まりは1989年に東西の壁がなくなり、拡大ヨーロッパが一つの市場をつくることを目指したことにまで遡ることができ、出稼ぎ家政婦のような、利用者個人による雇用をベースにした、一時的なサービス供給が合法的に普及することを可能とした（ibid.: 22-23）。

現地報告によれば、前述のようにドイツ国内の合法的な事業者に住込み介護人を頼むと月6,000～8,000ユーロ（約76～100万円）かかるが、インターネットでドイツ人の仲介人を通してポーランド人の出稼ぎ家政婦を雇用すると月1,750ユーロ（約22万円）程度であり（福田 2010: 130）、格段に安いわけではないが、施設入所よりは安く、24時間対応の介護が利用できる。セオバルド（2009）の試算では、ドイツ国内で出稼ぎ家政婦による住込み介護を利用する人は高齢者全体の3～4％程度である（ibid.: 19）。

出稼ぎ家政婦は仲介業者を介して、主に東欧諸国から月単位でドイツの高齢者宅に送り出される。表向きには彼らは自国で雇用され、介護就労のために派遣されているという形態をとっていることが多い（JILPT 2014: 8）。派遣元がドイツ国外の事業者である場合、その出稼ぎ家政婦にはドイツ国内の労働関係法は適用されない。ドイツ国外の事業者から派遣される出稼ぎ家政婦のドイツ国内での労働条件が低くても、必ずしも非合法状態にあるとはいえない。そのため、出稼ぎ家政婦のサービス市場はブラック・マーケットとは言いきれず、グレー・マーケットと呼ばれている。

家事サービスの市場育成と自由化はEUが推進する政策であり、EU内では、外国企業が他のEU加盟国にサービスを提供することが可能であり、ドイツの出稼ぎ家政婦派遣は、外国（主に東欧諸国）の事業者とその利用者の間のサービス契約という位置づけとなっている。この事業者が出稼ぎ家政婦の実際の使用者であり、指揮命令権を有するとともに賃金を支払う。また本国で社会保険を支払い、派遣は一時的（最長24か月）であることが条件となっている（JILPT 2014: 8）。

3　出稼ぎ家政婦とその利用者の特徴

ドイツ応用看護研究所は、2014年にケルンで働く出稼ぎ家政婦とその利用者を対象に実態調査を実施した。この調査は出稼ぎ家政婦の特徴と仕事を明らかにした数少ない調査であり、その一部を紹介する。

出稼ぎ家政婦は40〜50歳代に多く、意外と大卒者も多い。年齢層からみて子育てがひと段落した女性が多いものの、約3割が小中学生の子供を育てる現役の母親である。住み込みで働いている間、母国で小さい子供の世話をするのは子供の祖母で、子供の父親（つまり出稼ぎ家政婦の夫）が自分の仕事を辞めて子供の面倒を見ているケースもある（Malsburg and Isfort 2014）。

出稼ぎ家政婦がドイツで仕事をする主な動機は「自国より高い収入が得られる」（65％）、「ドイツ語ができ、ドイツの生活について知識がある」（49％）、「経済的な事情」（47％）、「高齢者介護の技術を高めたい」（44％）等である（複数回答有）(ibid.)。

仕事内容は家事が中心であるが、身体介護や薬の管理も行われている。「食事の準備」（73％）、「家事一般」（72％）、「家の外での雑用」（60％）、「投薬や薬の管理」（47％）、「衣服の着脱」（44％）となっている (ibid.)。

出稼ぎ家政婦の利用者の特徴は、一人暮らしの後期高齢者に多く、3分の2が女性、要介護認定を受け、介護保険給付を1〜3年程度利用しており、家族の介護も受けている。出稼ぎ家政婦を利用する理由は、「施設に移らないで済む唯一つの方法だから」（60％）、「高齢になり体力的に弱っているから」（53％）、「（制度内の）在宅介護サービスが十分でないから」（50％）等であった（複数回答有）(ibid.)。

ドイツは8カ国と国境を接しており、鉄道や自動車で往来は自由であるため、出稼ぎ家政婦がドイツ国内で仕事をする上でのハードルはそれほど高くない。また出稼ぎ家政婦を利用する理由が、在宅介護サービスの整備が不十分である点に集約されており、高額な自己負担を要する施設入所を避けるための選択肢となっている。

4　ドイツ国内の議論

第一の論点は、専門職による在宅介護サービスの不足と未整備である。ドイツでは介護手当が給付の大部分を占めており、ホームヘルプが量的に少なく、夜間

や週末の対応がほとんどない（Theobald 2009: 19）。前述のとおり、ドイツの介護保険制度は家族介護を前提にしているが、制度発足当初に比べても、介護者として期待された女性の就労率は61.1%（1995年）から72.9%（2014年）にまで上がっている。さらに要介護者の重度化、認知症高齢者の増加などにより、家族介護者の負担も大きく、外国からの介護労働力による積極的な介護の外部化の必要性がいわれるようになった。2007年と2009年に、主要な福祉団体であるディアコニーとカリタスは、日常的な介護において、国内の介護専門職と外国からの家事援助人の協力関係による在宅介護の充実を提案した（ibid.: 24）。議論の中心は、家族の介護負担のいかに軽減するかという点と、国家間の賃金格差によって発生する外国人介護労働力を効果的に利用するかという点である（ibid.）。

　第二の論点は、サービスの質の問題である。前述の調査において、出稼ぎ家政婦の言語力が不十分であるケースもみられた（Malsburg and Isfort 2014）。介護の専門職や労働組合は、出稼ぎ家政婦が拡大することによる労働市場の質の低下を恐れており、効率的な合法的介護サービスの拡大を求めている。ドイツ国内の営利企業による事業者団体は、合法的な介護サービス市場を育成するためにも税額控除を導入するべきだと主張している（ibid.）。

　第三の論点は、出稼ぎ家政婦の労働環境である。ドイツ国内の家事労働者のうち、正規雇用は10%にすぎず、90%が出稼ぎ家政婦に象徴されるようなグレー・マーケットによる（ibid.: 23）。出稼ぎ家政婦のほとんどが、私的なつながりやインターネット上の情報によって、ドイツ以外の国の事業者を通じて利用されている（Malsburg and Isfort 2014）。前述の調査において明らかとなったのは、出稼ぎ家政婦らは利用者との距離の持ち方、プライバシー、仕事と自由時間の区別に苦悩している（*ibid.*）。連邦レベルでは合法的で、コストの低い介護、例えばボランティアや、しかし低いレベルの労働協約で働く合法的なケアワーカーが切望されており（Theobald 2009: 24）、この点は日本と共通する。

　第四の論点は、介護給付の二層構造化である。セオバルト（2011）はドイツの介護給付は専門職による合法的なサービスの受給者と現金給付のみの受給者の二層構造になっているという。現金給付か、在宅介護サービスかの選択は受給者の生活状況や社会階層により特徴があり、エスニック系市民の受給者は現金給付を選び、社会階層の高い人たちはサービス給付を選ぶ傾向（Theobald 2011: 147）が指摘されている。社会階層によって、専門職による介護を受ける割合に格差が生

じている。

五　おわりに

　ドイツの社会法典は、介護保険制度について、事業者よりも家族、施設よりも在宅を優先としている。その理念に基づき、2010年代のドイツの介護保険制度改革は在宅介護への給付を手厚くし、軽度者への給付も拡大してきた。給付を削減して、家族や無償のボランティアにその代わりを担わせようとする「再家族化」とは異なり、ドイツでは給付を拡大して家族介護を奨励している。

　とはいえ他国と同様に、女性の就労率が上昇し、高齢単身世帯が増え、家族による介護という制度の前提となる社会構造が変化している。そのような状況下で、ドイツの介護保険制度の大きな特徴とされてきた介護手当（現金給付）は、国内で介護サービス市場の拡大というよりは、24時間対応の介護を必要とする人には東欧諸国からの出稼ぎ家政婦という選択肢を創り出している。

　ドイツと日本の介護保険制度の比較をもって、要介護高齢者の生活実態を比較できない点には注意が必要である。ドイツでは、従来から介護保険は部分保険であることが強調されてきた。利用者側から見ると、ドイツの要介護高齢者の在宅生活は介護保険制度だけで支えられているわけではない。医療保険をはじめ、その他の社会保険からの給付、さらに州政府や自治体による介護扶助、また地域の福祉団体が提供する認知症プログラム、サロン活動など、様々な支援の組み合わせの中で生活をしている。言い換えれば、ドイツの要介護高齢者は、介護の中心に家族が置かれているものの、介護保険制度を含む様々な社会保障によって、包括的に支援されている。ドイツの介護保険財政は自治体が負担する介護扶助との関係が重要で、介護保険による給付を削減すると自治体の介護扶助の負担が増加するため、そのバランスが配慮される。

　ドイツに比べ、日本の介護保険制度は、最初からあらゆるものを包括してきたため、気がつけば、要介護高齢者の支援は介護保険制度以外に頼るものがなくなっている。自治体も独自の介護施策を持つことはほとんどなくなってしまった。そのため介護保険制度における給付抑制は利用者を直撃することとなる。

　日本とドイツは共に介護保険制度を有する国として比較されるが、制度の比較だけでは両国の要介護高齢者の生活を把握することはできず、利用者目線からの

生活実態についての比較研究が今後ますます重要となるだろう。

付記 本稿四章は、斉藤弥生（2016）「制度外介護を生み出す背景とその動向：スウェーデン・ドイツ・日本の比較から」関西社会福祉学会編『関西社会福祉研究』第2号を引用し、加筆修正を加えたものである。

参考文献

独立行政法人 労働政策研究・研修機構（2014）『欧州諸国における介護分野に従事する外国人労働者——ドイツ、イタリア、スウェーデン、イギリス、フランス5カ国調査——』JILPT資料シリーズ. No. 139.

福田直子（2010）「ドイツの介護は今」『NHK社会福祉セミナー』2010年12月～2011年3月号. pp. 130-133. NHK出版.

小梛治宣（2014）「ドイツにおける介護改革の新局面」『週刊社会保障』No. 2792. 2014年9月15日号. pp. 44-49. 法研.

Malsburg, A., and Isfort, M.（2014）*Available around the clock-private nursing care in Germany.*

松本勝明（2011）『ヨーロッパの介護政策』ミネルヴァ書房.

斉藤弥生（2016）「制度外介護を生み出す背景とその動向：スウェーデン・ドイツ・日本の比較から」関西社会福祉学会編『関西社会福祉研究』第2号、pp. 1-13.

斉藤弥生（2017）「海外動向調査：ドイツ報告書」テクノエイド協会編『平成28年度 福祉用具の種目の検討等に関わるシステム構築に関する調査研究事業報告書』pp. 59-76.

Theobald, H.（2009）*Restructuring elder care system in Europe: Policy-field, policy transfer and negative integration.* at the ISARC 19 conference "Social Policies: Local Experiments, Travelling Ideas" 20-22 August 2009, Montreal, Canada.

Theobald, H., Hampel, S., and Mansfeld, T.（2011）Home Care in Germany. The Danish National Centre for Social Research（SFI）. *LIVINDHOME: Living independently at home. Reforms in home care in 9 European countries.*

Theobald, H., and Szebehely M.（2013）*Care workers and New Public Management: A comparison of long-term care reforms and their effects on care workers in Sweden and Germany.* At the 11th Annual ESPAnet conference Pozan University of Economic, Pozan, Poland, September, pp.5-7, 2013.

Theobald, H., Szebehely, M., Saito, Y. and Ishiguro, N.（2017）Marketisation policies in different contexts: Consequences for home-care workers in Germany, Japan and Sweden. *International Journal of Social Welfare.* DOI: 10.1111/ijsw. 12298.

渡辺富久子（2016）「ドイツにおける介護保険法の改正——認知症を考慮した要介護認定の基準の変更」国立国会図書館調査及び立法考査局『外国の立法』.

Budesministerium fur Gesundheit. 2016. *Zahlen und zur Pflegeversicherung.*（Stand: 20. 01.

2016）（http://www.bmg.bund.de）.
厚生労働省による介護保険関連統計.

なぜ、日本では加害者家族がバッシングされるのか
――世間学の立場から――

佐 藤 直 樹

- 一　はじめに――謝罪を強いられる日本の加害者家族――
- 二　「世間」を構成するルール――世間学の素描――
- 三　ヨーロッパ産の〈近代家族〉の原理――〈対幻想〉と〈共同幻想〉の分離――
- 四　日本における「家」制度の刻印――戦前の〈近代家族〉――
- 五　「世間」の出先機関としての「いえ」――家族を侵食する〈共同幻想〉――
- 六　定着しなかった〈近代家族〉――〈対幻想〉の脆弱さ――
- 七　おわりに――「権利主体としての家族」という視点――

一　はじめに――謝罪を強いられる日本の加害者家族――

　日本では犯罪をおかした加害者の家族が、「世間」に謝罪しなければならないのは当然のことだと考えられている。その犯罪が重大なものであればあるほど、当事者が芸能人のような著名人であればあるほど、「世間」の責任非難の度合いは大きくなり、記者会見を開いて謝罪しなければ、家族は「世間」から徹底的に排除されることになる。
　たとえば近年のケースでは、2016年8月に強姦致傷容疑で逮捕された俳優Yさんの母親で女優のTさんが、謝罪会見をおこなった。憔悴した様子で会見場にあらわれたTさんにたいして、あるリポーターは、「(息子の)性癖に関して何か気づくところはありましたでしょうか？」といった容赦のない質問を浴びせた。あまりの酷さに、ネット上では「母親に聞くことか」との批判があった程である[1]。
　また場合によっては、加害者家族は「世間」からのバッシングによって追い詰

1　佐藤直樹『目くじら社会の人間関係』講談社＋α新書、2017年、42頁以下。参照、高橋聡美「犯罪加害者家族のサポート――加害者家族の抱える問題とアプローチ――」『刑政』121巻11号、2010年、24-36頁。

められ、自殺にまで追い込まれることも稀ではない。たとえば、2008年6月におきた「秋葉原無差別殺傷事件」の死刑囚Kさんの弟は、事件後失職し、ネットで個人情報が晒されたことで、自分の身分を隠すために職を転々とせざるを得なかった。彼には恋人がいたのだが、彼女の家族から結婚に反対され、2014年2月に自殺した[2]。

　もちろん一般的にいって、加害者家族をめぐる社会的排除や貧困など様々な困難は海外にも存在する。そうした家族を支援するために、英国をはじめとして海外では多くの民間組織が活発に活動している[3]。しかしここで重要なことは、加害者家族へのメディアスクラムやネットリンチの頻発など、家族が「世間」からあからさまに非難され、徹底的なバッシングを受けることは、海外とくに先進諸国ではまずありえないことである[4]。

　たとえば、NHK『クローズアップ現代』「犯罪"加害者"家族たちの告白」のディレクターであった鈴木伸元がその著書で述べているが、1998年米アーカンソー州の中学校で銃乱射事件がおきたさいに、加害少年の実名が公表されたために、その母親の元に全米からダンボール2箱分の手紙が殺到した。日本のメディアの取材に母親が実名・顔出しで応じ、手紙の内容について聞かれて「全部励ましです」と答えたという[5]。未成年者による凶悪な犯罪である。日本だったら、加害者家族のメディアへの実名・顔出しでの露出など絶対にありえないし、罵倒や脅迫ならいくらでもありうるが、家族への激励の手紙などまず考えられない。

　つまり、メディアスクラムやネットリンチなどの加害者家族への過剰なバッシングは、日本に特有の現象であると考えざるをえないのである[6]。いったいなぜ

　2　「週刊現代」2014年4月26日号、56-61頁。参照、畑仲哲雄「ジャーナリズムの道徳的ジレンマ〈CASE 14〉世間に制裁される加害者家族をどう報じる」http://keisobiblio.com/2017/03/14/hatanaka14/2/（2018年2月6日アクセス）、同『ジャーナリズムの道徳的ジレンマ』勁草書房、2018年、72-85頁。
　3　阿部恭子『息子が人を殺しました――加害者家族の真実――』幻冬舎新書、2017年、169-172頁。参照、阿部恭子編著／草場裕之監修『加害者家族支援の理論と実践――家族の修復と加害者の更生に向けて――』現代人文社、2015年。
　4　深谷裕「日本における犯罪加害者家族支援の必要性と可能性――オーストラリアにおける加害者家族支援を手掛かりに――」『北九州市立大学基盤教育センター紀要』第15号、2013年、154頁。
　5　鈴木伸元『加害者家族』幻冬舎新書、2010年、181-182頁。なお歴史的には、2010年4月に放送されたこのNHKの番組が一つのきっかけとなって、日本でもようやく加害者家族支援の必要性が、一般に認識され始めたといってよい。
　6　私の知る限り、欧米ではありえないし、韓国や中国でもこうしたバッシングはない。参照、前掲『目くじら社会の人間関係』46頁以下。

こうなるのか？　端的にいってこうした現象は、他の国にはない、日本固有の「世間」の存在を考えなければ説明がつかない。本稿の課題は、この日本の加害者家族が置かれたきわめて困難で特異な状況を、世間学の立場から解明することにある。

　こうした不可解なバッシングが生じる理由はなにか。解明しなければならない課題は多岐にわたるが[7]、本稿では紙幅の制約もあり、「世間」という独特の人的関係が日本の家族をどのように規定してきたか、というテーマに絞って検討したい。ここでは、日本では「世間」が連綿と続いてきたことで、西欧から輸入された〈近代家族〉がうまく定着せずに現在に至っていることが、その主な理由であることを明らかにする。そして、こうしたバッシングに対抗しうるためには、どのような視点が必要なのかを、最後に提示したい[8]。

二　「世間」を構成するルール——世間学の素描——

　まず、加害者家族問題に関わる限りにおいて、世間学のもつ意味についてごく簡単に触れておきたい。日本で1980年代末に、本格的に「世間」に着目し、この学問的解明の必要性を主張したのは歴史学者の阿部謹也である[9]。この阿部の提起を受け、日本に特有の「世間」を解明する学問として、1999年に「日本世間学会」というプロジェクトが立ち上げられた。世間学と名付けられた、まったく新しい学的領域が誕生したのである[10]。

　世間学を理解する上で最も重要なことは、社会と「世間」とが決定的に異なることの確認である。ともに人的関係のあり方を表す言葉だが、「世間」という言葉はすでに『万葉集』に登場し、日本では1000年以上の歴史がある。ところが社

7　参照、東北弁護士会連合会・山形県弁護士会編『平成28年度東北弁護士会連合会定期弁護士大会シンポジウムの記録　テーマ「犯罪加害者家族の支援について考える」』2016年、16-42頁。
8　参照、佐藤直樹「家族と「世間」——隣人訴訟をめぐって——」生野正剛ほか編『有地亨先生追悼論文集・変貌する家族と現代家族法』法律文化社、2009年、20-35頁、佐藤直樹『なぜ日本人は世間と寝たがるのか——空気を読む家族——』春秋社、2013年、35頁以下。
9　阿部謹也『「世間」とは何か』講談社現代新書、1995年、同『「世間」論序説——西洋中世の愛と人格——』朝日選書、1999年。なお阿部以前の「世間」に関する業績としては、井上忠司『世間体の構造——社会心理史への試み——』NHKブックス、1977年、があるだけである。
10　阿部謹也編著『世間学への招待』青弓社、2000年。日本世間学会については、参照、日本世間学会編「世間の学」VOL. 1～4、2009、2012、2014、2016年。

会は、明治時代の近代化＝西欧化の一環として、西欧から輸入された society が1877年頃に翻訳されて、初めて成立した言葉である。

　明治時代の人間が、これに「世間」という言葉をあてなかったのは、society という独特の人的関係が、あくまでも人間の尊厳と一体の individual の集合体であり、江戸時代までの日本には存在しないことが分かったからである。慧眼というべきであろう。また、individual という西欧特有の概念も当時存在しなかったために、1884年頃に「個人」という訳語を造語したのである。

　日本では急速な近代化＝西欧化の過程で、科学技術や政治制度や法制度の輸入・定着には成功した。ところが社会という言葉は輸入したものの、その実体としての society の定着には失敗した。つまり、古い人的関係である「世間」を近代化＝西欧化することが出来ずに、その結果、社会は言葉としてはあるもののタテマエにすぎず、ホンネとしての「世間」が連綿と続いてゆくことになったのである。このようにして明治時代以降日本は、タテマエとしての社会と、ホンネとしての「世間」という二重構造に支配されることになった。

　さらに阿部の大きな功績は、彼がドイツ中世史の専門家であったが故に、日本の「世間」にあたる人的関係が、11・2世紀以前のヨーロッパにも存在したことを明らかにしたことである。ヨーロッパではその後、都市化とキリスト教の「告解」の普及によって individual たる個人が生まれ、「世間」が否定され、個人の集合体としての社会に変わった[11]。

　ところが日本では、都市化はともかく、キリスト教が支配する歴史をもたなかったため、この古い人的関係である「世間」が、社会に変わることなく連綿と続いてきた。そのために、individual たる個人も定着することがなかった。「世間」から社会への歴史的移行は、ヨーロッパに限らず世界的にみて普遍的な現象であるともいえるが、とりわけ先進諸国のなかで、これほど古い文物を残しているのは、唯一「世間」が残る日本だけである。

　この日本独特の「世間」には、社会のルールとは明らかに異なる、以下の四つのルールがある。これを社会のルールと対比しつつ、ごく簡単に説明しておこう[12]。

　11　ヨーロッパでは、個人がキリスト教の「告解」との関係で生まれたことについては、参照、Ｃ・モリス『個人の誕生——1050-1200年——』吉田暁訳、日本基督教団出版局、1983年、136頁以下。

　12　参照、佐藤直樹『「世間」の現象学』青弓社、1999年、同「やさしい世間はどこにある——〈空気読め〉の構造からの脱却——」『談』112号、2018年、55-81頁。

第一に、「贈与・互酬の関係」のルールである。お中元・お歳暮の習慣が典型であるが、モノ（に限らないが）の「贈与」と「お返し」によって人間関係を円滑にしていることを意味する。これはメールのやり取りの場合も同じで、LINEの「既読表示」でしばしばトラブルがおきるのは、メールの「お返し」ができないような人間は、「世間」のルールを守れない人間と評価され、「世間」から排除されるからである。
　これにたいして社会にはこのルールは存在せず、社会を支配するルールは契約関係などに代表される法的関係である。とくに西欧の場合、この「贈与・互酬の関係」は、現在でも、誕生日やクリスマスプレゼントに部分的にはのこっているが、基本的には11・2世紀以降に消滅した。
　第二に、「身分制」のルールである。年上・年下、目上・目下、先輩・後輩、格上・格下などの上下関係がこれにあたる。英語では一人称・二人称のIもYouもたった一つしかないが、日本語ではきわめて多くの言葉がある。それは相手との「身分」の上下によって、常に言葉が変わるからである。「身分制」の問題は差別の問題でもある。部落差別など日本特有の差別の根源はこの「身分」にある。
　これにたいして社会のルールは法的関係（法の支配）であるために、そこを支配する原理は「法の下の平等」である。もちろん西欧にも様々な差別があるが、基本的にはこのルールによって正面から闘うことが可能である。しかし「世間」においては、このルールがタテマエにすぎないため、正面から差別と闘うことがきわめて困難な状況に置かれることが多い。
　第三に、「共通の時間意識」のルールである。これは端的にいえば「出る杭は打たれる」ということであるが、「みんな同じ時間を生きている」という意識を共有しているということである。「空気読め」はここから来る。「共感過剰シンドローム」もここから生まれるし、ウチとソトを厳格に分けたり、「他と違う」ことにたいするバッシングもここから生じる。加害者家族がバッシングされるのは「他と違う」、すなわち異質なものとみなされるからである。
　これにたいする社会のルールは「個人の時間意識」である。「世間」にはindividualが存在しないが、社会は個人から構成されるために、そこには個々バラバラの人間がいて、「みんな同じ」だとは思っていない。西欧社会が概して人種・民族・宗教など多様性に富んでいるのは、こうした個人から構成されている

第四に、「呪術性」のルールである。大安の日に結婚式が集中したり、友引の日に葬式をしないのは、目には見えないし、守らなくとも処罰されるわけでもないのに、この「呪術性」のルールに強く縛られているからである。これは「世間」がきわめて古い歴史をもつために、もともとあったアニミズム的・多神教的な意識が、強固にのこり続けてきたからである。
　一方ヨーロッパにおいては、こうした多神教的な意識は「邪教」であるとして、11・2世紀からのキリスト教の支配によってほぼ一掃され、一神教的なキリスト教的世界観に統一された。日本の「世間」の「呪術性」のルールは、呪術的であるがゆえに、合理的には説明がつかない。これにたいして、西欧のキリスト教的世界観を基礎とする社会のルールは、一応合理的なものといえる。
　とくに、日本に特有の犯罪／犯罪者を忌む「ケガレ」の意識はここから来る。加害者家族へのバッシングの根底には、こうした「呪術性」の問題があると考えられる。日本では、犯罪／犯罪者に関わった土地や住居などが「抹消」されることが珍しくない。たとえば、1998年7月におきた「和歌山毒物カレー事件」の死刑囚Hさんの自宅は、まず塀に「人殺し」などと大量に落書きされた。その後、2000年2月には放火とみられる不審火で全焼し、解体された。現在では、跡地が公園となっているという。
　きわめて興味深いことに、「世間」が存在した中世以前のヨーロッパでも、追放の刑を受けた犯罪者の土地や住居が同様に扱われたという。K・B・レーダーによれば、それは「焼却および破壊による迫害」で構成され、「被追放者の家は大地と同じにされたのだが、焼いてしまうか、または、焼けば隣人に危険を及ぼすようなときは取り壊してしまい、なに一つとして残してはならなかった」という[13]。
　これは当時のヨーロッパにも、現在日本にあるような「呪術性」の意識、すなわち多神教的なケガレの意識があったことを意味する。その後ヨーロッパでは、キリスト教という一神教の台頭によって、「世間」に代わって社会が成立し、こうした意識は徐々に消滅していった。現在の西欧社会で、日本のような加害者家族へのバッシングがおこりにくいのは、ケガレという「呪術性」の意識が希薄で

13　K・B・レーダー『図説・死刑物語――起源と歴史と犠牲者――』西村克彦／保倉和彦訳、原書房、1989年、83-84頁。参照、佐藤直樹『犯罪の世間学――なぜ日本では略奪も暴動もおきないのか――』青弓社、2015年、72頁以下。

あるのが理由の一つとなっている。

三　ヨーロッパ産の〈近代家族〉の原理
——〈対幻想〉と〈共同幻想〉の分離——

では、〈近代家族〉とはいったい何か。そもそも〈近代家族〉は、19世紀にヨーロッパにおいて成立した家族の形態である。19世紀初めに活躍した哲学者G・ヘーゲルは、この〈近代家族〉の本質をつぎのように表現している。

　家族は精神の直接的実体性として、精神の感ぜられる一体性、すなわち愛をおのれの規定としている。したがって家族的心術とは、精神の個体性の自己意識を、即自かつ対自的に存在する本質性としてのこの一体性においてもつことによって、そのなかで一個独立の人格としてではなく成員として存在することである。
　追加〔愛の概念〕愛とは総じて私と他者とが一体であるという意識のことである。だから愛においては、私は私だけで孤立しているのではなく、私は私の自己意識を、私だけの孤立存在を放棄するはたらきとしてのみ獲得するのであり、しかも私の他者との一体性、他者の私との一体性を知るという意味で私を知ることによって、獲得するのである[14]。

ここでは、三つのことが述べられている。第一に、家族の本質は「愛」にある。第二に、家族は、「精神の個体性の自己意識」「一個独立の人格」「私」「他者」「私の自己意識」「私だけの孤立存在」、すなわちindividualたる個人から構成される。第三に、それにもかかわらず家族は、「愛」による「精神の感ぜられる一体性」「一体であるという意識」「孤立存在を放棄するはたらき」によって、「成員」として存在することである。

ヘーゲルのいう〈近代家族〉の原理とは、吉本隆明の言葉を借りれば[15]、原理的に三人以上の人間の観念が生みだす〈共同幻想〉とも、一人の人間の観念が生みだす〈自己幻想〉とも区別される、二人の人間の観念が生みだす〈対幻想〉である。ここで「原理的に」といったのは、三人以上の家族も現実に存在するが、そのなかを支配する原理はあくまでも、二人の人間の観念が生みだす〈対幻想〉であるという意味である。

14　G・ヘーゲル『法の哲学』藤野渉ほか訳、中央公論社、1971年、386頁。
15　吉本隆明『共同幻想論』河出書房新社、1968年。

このような〈近代家族〉が日本に輸入されたのは明治時代である。しかしそれが定着したといわれるのは、第二次世界大戦以降である。〈近代家族〉として一般的にいわれている特徴は、(1) 公的領域と私的領域の分離、(2) 家族構成員相互の強い情緒的関係の確立、(3) 性別役割分業＝家父長制、の三点である[16]。これらについて簡単に説明しておこう。

　(1) については、近代以前の家族は、まわりのsocietyたる社会（共同体）に埋め込まれていて、家族と社会との境界があいまいであった。当時の家族は、親族や召使や友人がごっちゃに出入りし、いわば街路の生活がそのまま入ってくるような生活で、家族という私的領域と社会という公的領域がはっきり分離していなかった。つまり、プライベートな領域とパブリックな領域との分離がなされていなかった。

　ところが19世紀に成立した〈近代家族〉は、資本主義の本格的展開を背景として、〈対幻想〉つまり「愛情原理」を本質とすることによって、「市場原理＝競争原理」を本質とする、〈共同幻想〉たる社会に対立するものとして成立した。なぜなら、愛はおカネでは買えないはずであり、「愛情原理」は、おカネの支配する「市場原理＝競争原理」と矛盾し対立するからである。言いかえれば、家族という私的領域とsocietyたる公的領域がはっきり分離し対立してゆく。

　(2) については、まず夫婦関係においては、〈近代家族〉以前には、恋愛のような情緒的関係が希薄だった。恋愛は12世紀に生まれたが、当初不倫の関係としての「宮廷風恋愛」としてあり、夫婦の間には愛など存在しなかった。だが、individualたる個人が生まれ、それを前提として、ヘーゲルのいう夫婦間の「精神の感ぜられる一体性」、つまり「愛情原理」を本質とする〈近代家族〉の成立によって、愛というものが家族の価値としてその中心に置かれるようになった。さらに、恋愛が人生において価値があるものとみなされ、恋愛の結果としての結婚が考えられるようになった。つまり、恋愛結婚の誕生である。

　つぎに親子関係においても、子どもにたいして関心と愛情のまなざしが注がれるようになった。近代以前の家族においては、P・アリエスのいうように[17]、現

16　参照、梶井祥子「家族の『多様化』と規範意識の変容」『札幌大谷大学社会学部論集』1号、2013年、262頁。

17　P・アリエス『〈子供〉の誕生——アンシャン・レジーム期の子供と家族生活——』杉山光信ほか訳、みすず書房、1980年。

在いう子どもは7歳ぐらいで「小さな大人」とみなされ、早いうちから徒弟修業に出されたため、両親の愛情を注がれるような存在ではなかった。しかもそれ以前の子どもは、いわば動物と同じように扱われた。しかし、公教育が登場する「学校化」によって、徒弟修業に出ていた子どもは家庭に引き戻されることになり、子どもにたいする関心が生まれ、愛情のまなざしが注がれることになった。

（3）は、男は公的領域、女は私的（家内）領域という性別役割分業＝家父長制である。19世紀には母性愛が強調され、男性は仕事、女性のみが子育てをすべきことが喧伝されてゆく。家父長制という点では、妻が夫の後見の元に置かれ、固有財産の処分権もなかったという、旧慣習に配慮した1804年仏ナポレオン民法典の家族像がその典型である。

じつはこのような家族像は、21世紀にはいった現在においてなお、きわめて大きな影響力をもっている。とくに日本では、あとで述べるように、戦後に「家」制度が廃止されたにもかかわらず、「世間」のいわば出先機関といえる「いえ」がのこり、「世間」に「身分制」ルールがあるために、男と女の性別役割分業という考え方がいまでも根強い。

とりわけここでは、（1）の公的領域と私的領域の分離、（2）の家族構成員相互の強い情緒的関係の確立、が重要である。たとえば前述の中学校の銃乱射事件では、全米から母親の元に手紙が届いた。だが驚くべきことにその内容は、「いまあなたの息子さんは一番大切なときなのだから、頻繁に面会に行ってあげてね」「その子のケアに気を取られすぎて、つらい思いをしている兄弟への目配りが手薄にならないように」「日曜の教会に集まって、村中であなたたち家族の為に祈っています」などというものであった[18]。

これはアメリカにおいては、公的領域たる社会（〈共同幻想〉）と私的領域たる家族（〈対幻想〉）は明確に分離され、場合によっては対立するという、〈近代家族〉の理念が歴史的に形成されてきたためである。言いかえれば、家族は「愛情原理」から構成されており、それが社会の「市場原理＝競争原理」とは対立する、ということが強く意識されているためである。

つまり、家族は構成員相互の情緒的関係である「愛情原理」によって、社会の非難から子どもを守らなければならないという考えが、人々の意識として明確に

18　前掲『加害者家族』182頁。

共有されているからである。それが、加害者家族への激励のメッセージとしてあらわれている。そのために加害者家族であっても、実名・顔出しでメディアに登場することが可能となるのだ。

四　日本における「家」制度の刻印――戦前の〈近代家族〉――

しかし日本においては、有地亨が指摘するように[19]、〈近代家族〉がいつ出現したかについてはかならずしも明確ではない。それどころか、ここでの問題は、明治時代に西欧から〈近代家族〉を輸入したものの、戦前の「家」制度、そして戦後の「いえ」よって、現在でも定着しないままになっていることである。

周知のように明治政府は、近代化＝西欧化の一環として、富国強兵政策をとり資本主義の発展を促進し、対外的に不平等条約の改正をするために、近代国家としての法制度の整備を急いだ。とくに不平等条約の改正は、日本が国家として主権を回復し、諸外国との対等の立場にたって国際的に外交・取引をするために、火急の課題であった。

そのために、各藩の固有の慣習が廃棄された状況のなかで、国内的にさまざまな統一法典をつくる必要があった。そのうち民法については、フランス人の法学者ボアソナードなどによって起草され、1890年に公布されて、1893年から施行されることになっていた。

ところが、この民法にたいして、忠孝の倫常の本体である祖先尊崇の「家」制度を規定せず、平等主義のキリスト教にもとづくフランス法の影響がつよすぎるとして、「民法出テ、忠孝亡ブ」といった批判がまきおこった。この「法典論争」の結果、民法の施行は延期され、新たに民法が起草されて、1898年に公布・施行された。

「法典論争」をへて新たに制定された明治民法のなかで、家族法の基本線は、人間の対等な権利・義務の平等関係を規定する、個人主義的・自由主義的な近代財産法とは異なるものとなった。つまり、江戸時代から連綿とつづいてきた「家」制度が、色濃く刻印されたものとなった。有地によれば、明治民法の性格は以下のようなものである。

19　有地亨『家族は変わったか』有斐閣選書、1993年、182頁。参照、有地亨／植木とみ子『日本の家族』海鳴社、2008年、297頁以下。

この家族法で定められたものは、「家」制度であり、「家」制度は、戸主権と長男子の単独相続である家督相続を中心とする。戸主は「家」構成員の婚姻や縁組には同意権をもち、それらの者の居所を指定する権利をもって干渉することができ、婚外子が入家するについても同意する権利をもった。夫権を認め、妻の無能力制度を定め、夫と妻とを不平等に置き、また、親と子の関係も親の子に対する権利を基調とする親権を定める。つまり、「家」内部の人間関係は戸主を中心に置き、対等な関係ではなく、上下に配置され、支配と服従の関係とされ、未成年の子だけではなく、独立で生計を営まない成年の子をも父の親権に服するとされた[20]。

　「家」制度を基本とする明治民法は、夫婦関係においては、夫に夫権があり、妻を無能力とする不平等な関係を規定する。いうまでもないが、ここに個人の存在を前提とする平等な関係はない。親子関係においても、家長である戸主の絶対的な支配／服従の権利を認め、親権が未成年の子どもだけではなく、「家」構成員の成年の子どもにまでおよぶ。ここでも、子どもは大人と平等の個人とはみなされず、支配／服従の対象となっている。

　このことが意味しているのは、「世間」における「身分制」のルールが、家族内部にまで貫徹しているということである。つまり夫婦においては、夫のほうが妻より上であるという男尊女卑的な「身分制」が貫徹している。さらに親子関係においても、戸主の親権は絶対であって、子どもは服従しなければならないという「身分制」が貫徹している。

　構成員にたいする絶対的な親権をみとめる「家」制度のもとでは、結婚は「家」と「家」との関係であり、相手方が自分の「家」と釣り合った「家」の子女であることが望ましく、親同士が子どもを「いいなづけ」として将来結婚させる約束をすることが多かった。子どもにとって自由な恋愛も、自由な結婚も、もちろん恋愛結婚も存在しなかった。

　ではこの「家」制度にもとづく明治民法上の家族は、ヨーロッパから輸入された〈近代家族〉どのような関係にあったのか。さきに整理したように〈近代家族〉の特徴は、(1) 私的領域と公的領域の分離、(2) 家族構成員相互の強い情緒的関係の確立、(3) 性別役割分業＝家父長制、であった。

　(1)については、家族のなかに「世間」という公的領域の原理である「身分制」が貫徹しているわけだから、私的領域と公的領域が完全に分離されていると

20　有地亨『日本の親子二百年』新潮選書、1986年、50頁。

はいいがたい。あとで述べるように、それは「いえ」が、「世間」のいわば出先機関のようになっていて、「世間」と家族とを架橋するものとして、この二つの領域の明確な分離をあいまいにしているからである。

　すなわち、西欧では家族と分離された公的領域として社会が成立し、家族と社会は原理的に対立する。しかし日本においては、society を社会と翻訳したものの、社会という人的関係の輸入には失敗した。「世間」には私的領域と公的領域の明確な区別がないために、〈近代家族〉が前提とする私的領域と公的領域の分離が存在しないのである。

　（2）については、〈近代家族〉においては、夫婦の関係においても、親子の関係においても、individual たる個人の存在が前提となる。しかし日本の「世間」や「家」制度においては、そもそも個人の存在などありえないから、一般的な情緒的感情はともかくとしても、それを前提とする強い情緒的関係があるかどうか疑問がある。「家」制度において、ヘーゲル流の「愛情原理」がつらぬかれたとは考えにくいからだ。

　（3）については、「家」制度においては、家族構成員にたいする戸主の絶対的な権利が認められるという家父長制をベースとしている。性別役割分業と家父長制は必ずしも全面的に重なるものではないが、性別役割分業については、〈近代家族〉の最盛期であったと一応いえる、1960～70年代の高度成長期における「核家族の安定期」に、母性愛神話とともにむしろ強化された。この点で、「家」制度は〈近代家族〉の性別役割分業＝家父長制と親和性があったといえる。

　ところで周知のように、日本の「家」制度が〈近代家族〉とどのような関係にあるかについては、さまざまな議論がある。たとえば落合恵美子はいう。近年の実証研究で、儒教にもとづく前近代的観念であると考えられてきた「良妻賢母」思想が、じつはヨーロッパの教育観の影響を受けて明治以降に生じた近代的観念であることが示されたり、家イデオロギーのプロパガンダとされてきた明治・大正期の修身教科書が、情緒性や親密さなどの近代家族的特性を、密かに表現していることが明らかにされてきた、と。

　落合はこれらの業績が、「前近代的な日本文化の象徴とみなされてきた『家』が、明治以降には欧米とも共通する近代家族的な性格を備えたものとして再構築されてきたこと」を示しているという[21]。つまり封建制度の名残と考えられてきた「家」制度にも、西欧の〈近代家族〉との共通の性格をもつ部分があったという。

しかし、はたして「家」が「近代家族的な性格」をもっていたかどうかは疑問である。はっきりしていることは、「家」はかなりの部分で、とくに私的領域たる〈対幻想〉と公的領域たる〈共同幻想〉の明確な分離という点で、〈近代家族〉の特徴とは異なる本質をもっていることである。それは、つぎに述べるように、日本の「家」が「世間」のいわば出先機関として、家族に介入するというかたちをとり、しかもその構造が「いえ」として戦後ものこってきたと考えられるからだ。

五　「世間」の出先機関としての「いえ」
――家族を侵食する〈共同幻想〉――

日本の家族はそれゆえ、私的領域と公的領域の分離が明確になされていない。これが典型的にあらわれるのが、「子どもの不祥事」がおきた場合である。有地は、つぎのようにいう。

> 子が成年になった後でも、不祥事を引き起したような場合に、親がいれば、その親が常に社会的に責任を問われる、というのが今日でも日本の実情である。しかも、親が名望家の場合、社会的非難は不祥事を起した当の子ども個人よりも親に対して向けられ、親の社会的地位が高ければ高いほど、批判は厳しいという奇妙な現象がある[22]。

こう述べた後で、有地は、大正末期におきた興味深い心中未遂事件を紹介している。すなわち、1925年6月に、K男爵の長男（31歳）が、赤坂の芸者（22歳）と中禅寺湖で投身自殺を試み、相手は死亡したが、自分だけ死に切れず、かみそりでのどをかっ切って苦悶中に船頭に救出された、という心中未遂事件である。長男は東大を卒業し、某商社に就職したのち実業家の娘（24歳）と結婚し、二人の間には男の子（1歳）がいた。

父親のK男爵は爵位を返上し、貴族院議員、慶大医科学長、日本医師会会長などの一切の公職を辞し、今後一介の医師として過ごす決意をしたという。そのさいに、息子の行為について「不肖な息子Aの行跡に関しては、世間に対してなんとも申し訳ない。いまはなんと罵られても嘲られても一言の返す言葉もない」と語ったという。最終的にこのケースでは「世間」から同情が集まり、学生の留任嘆願などもあって、大学への辞表は撤回されたという。

21　落合恵美子『近代家族の曲がり角』角川書店、2000年、53頁。
22　前掲『日本の親子二百年』90頁。

有地は、親が「世間」にたいしてこうした責任のとり方をしなければならないのは、「家」制度にその理由があるという。

　　このような親に加えられる非難は、「家」制度では、「家」の個々の構成員の行為についての責任は「家」全体の責任であり、とりわけ、「家」の代表者である家長＝戸主によって問われるという考えからすれば当然ということになるのかもしれない。したがって、このような連座の考え方は、近代法で、親と成人になった子とは責任の主体は別個であると立法された後でも、社会では公然とまかり通ることになる[23]。

　こうした構造は、法制度としての「家」が廃止された戦後も「いえ」がのこったため、今でも変わらない。「世間」は家族の外部にあって、家族をとり囲んでおり、家族に介入する。「いえ」は、家族にとって、いわば「世間」という中央官庁の指示を忠実につたえる出先機関のような役割をはたしている。その指示の内容とは、家族の行動について「世間体が悪い」だの、「世間が許さない」だの、「世間では通用しないぞ」といった注文をつけるものとなる。

　そして「世間」は、不祥事や犯罪をおこした個人の責任のみならず、「いえ」全体の責任を追及しようとする。有地のいうように、この構造は、個人責任・自己責任を基本とする近代法ができた後も、変わらないでのこったのだ。

　家族はつねに「世間」から批判されないように、不祥事がおきたようなときは、ただちに「世間」にたいする謝罪を迫られる。大正時代においてこうした責任のとり方がふつうのことになっていたことは、きわめて興味深い。このような家族の縁座・連座的な責任のとり方は、現在でもなお消滅していないからである。

　いずれにせよここで大事なことは、戦前、戦後をつうじて、「家」制度や「いえ」のもとにあった日本の家族が、「世間」という〈共同幻想〉にとり囲まれ、つねに侵食を受けてきたという事実である。日本の家族は「世間」の侵食にたいして、個人が存在しないために「愛情原理」で対抗することができない。これは、私的領域と公的領域を明確に分離し、「愛情原理」をもって社会に対抗・対立できる西欧の〈近代家族〉とは、まったくちがう。

　日本の家族は「世間」という〈共同幻想〉に浸食されているために、「愛情原理」としての〈対幻想〉がきわめて脆弱である。これは、家族の構成員が個人から構成されていないということでもある。言いかえれば、「世間」に侵食されて

23　前掲『日本の親子二百年』90頁。

いるために、家族においても「世間」の「共通の時間意識」のルールが貫徹しているということである。

　阿部は、欧米の家族においては、「一人ひとりは個人の時間を生きています」「親子のあいだですら、共通の時間を生きていません」という。そして、「日本の場合は親子の絆は永久に続きます」として、「お母さんが九十歳で息子が七十歳でも、相変わらず息子なのです。七十歳になろうが八十歳になろうが、息子は息子なのです。この関係は、共通の時間意識のなかに世間があるということです」と指摘する[24]。

　つまり日本の親子は、「世間」の「共通の時間意識」に支配されているために、個人と個人との関係にはならず、親子の関係が永遠に続く。それゆえ、たとえ子どもが成人に達していても、子どもの不祥事に親が責任を取らなければならない。これにたいして、「個人の時間意識」が支配する西欧社会の家族においては、親子は個人と個人の関係であり「親は親、子は子」と考えるから、子どもの不祥事に責任を取らなければならないとは考えない。

　望月崇も、日本の家族においては「家観念」があることによって、個人としての行動が存在しないとして、つぎのようにいう。

　　家族成員は、独立した個人としての存在とは認められず、常に「〇〇家」の一員として行動しなければならなかった。言いかえれば、個人としての行動は存在せず、彼の行動は家の成員の行動として意味づけられていたのである。家族成員の誰かが、犯罪や非行を犯したとき、それはその個人の行動としてはとらえられず、彼が属する家の問題としてとらえられ、犯罪を犯さなかった他の家族員も一緒に責任を問われるような状況は、こうした家観念が生み出したものと言えるのではなかろうか。〔中略〕社会的役割としての親役割は、子どもが成人となって独立すれば、終了すべきものであるが、血縁という紐帯を重視した親子関係は、永遠に終了しない関係となるのである。そこには、まさに一心同体的な関係があり、子の罪は親の罪であり、親の恥は子の恥であるという状況が生まれてくるのである[25]。

　前述のように「世間」においては個人が存在しない。そのために望月のいうように、とくに家族のなかでは、家族の構成員は個人ではなく、「家の成員」としてしかみなされない。子の罪が、たとえ子どもが20歳を越えた成人であっても、親の罪とみなされるのは、「世間」にも家族のなかにも個人が存在せず、親子の

24　前掲『世間学への招待』39頁。
25　望月崇「犯罪・非行と家族の紐帯」『犯罪社会学研究』第10号、1985年、8頁。

「一心同体的な関係」が永久に続くからである。これは、個人の存在を前提とし「愛情原理」(〈対幻想〉)から構成される〈近代家族〉とは、まったく異なるものである。

六　定着しなかった〈近代家族〉——〈対幻想〉の脆弱さ——

「家」制度にもとづく明治民法は、第二次世界大戦をへて1947年に廃止された。それにかわって、男女不平等の制度を廃棄し、個人の尊厳と両性の本質的平等をかかげる現在の民法がつくられた。この家族法では、夫婦関係と親子関係を中心とする〈近代家族〉が理想型として想定された。

落合は、「日本では大正時代、とくに戦間期に都市部の中産階級に近代家族が成立したが、それが大衆のものとなるのは第二次世界大戦後のことであった」という[26]。日本における戦後とは、〈近代家族〉の時代のはじまりであると一応いってよい。

興味深い調査報告がある。じつは日本では、1980年代の高度資本主義＝高度消費社会への本格的突入によって、「家族の解体」ということが喧伝されてゆくのだが、〈近代家族〉の最盛期であったと考えられる1971年に、東京・文京区で「家庭のイメージ」についての調査がおこなわれた。

その結果によると、夫側は「生活に欠くことのできない便利な場所」、妻側は「夫や子供を憩わせる所」を過半数が選び、「夫婦の愛情を育てる所」(7％以下)や「人間として磨きあえる所」(14％以下)は、少数であったという。これを分析した桜井陽子／桜井敦は、つぎのようにいう。

> この調査結果は、戦後の価値観の変化によって、家庭が夫婦という対関係をもとにした家族成員相互の接触頻度の高い、プライヴェートな領域として成立することが目指されていたにもかかわらず、夫婦ともにプライヴェートな関係を表現する愛情や人間性を家庭に求めているのではないことを物語っている。家庭は「便利な所」や「憩わせる所」という生活の手段であって、生活の目的とは見なされていないのである。西欧近代が育んだロマンティックラブ・イデオロギーは、核家族という家族形態を同じくしても、家族集団で見るかぎり浸透していないのである[27]。

26　前掲『近代家族の曲がり角』53頁。
27　桜井陽子／桜井敦『幻想する家族』弘文堂、1987年、98頁。

これは、〈近代家族〉とは似て非なるものである。この調査は、40年以上前のものであり、現在同じ調査をやったらべつの答えになるとの反論があるかもしれない。しかし、本稿では触れることができないが、その後1980年代以降の高度資本主義＝高度消費社会の成立によって、「市場原理＝競争原理」が家族の「愛情原理」を侵食する「家族の解体」がおきたことを考えれば[28]、この調査が〈近代家族〉の最盛期に行われたことの意味は重要である。〈近代家族〉が定着したはずの時代の家族像において、夫婦間の〈対幻想〉がきわめて脆弱なために、家族はたんなる「居心地のいい場所」にすぎない。
　桜井／桜井はさらに、「妻のいう『いい夫』とは、妻子のために一所懸命働く、頼めば家事をやる、給料をちゃんと運ぶ、子供にやさしい等々というところに落ち着くようである。ここには妻と夫、つまり女と男という直接的な対関係を云々する発想はなく、家族という共同幻想を支える構成員としてのイメージが支配的である」という[29]。
　これは現在でも、たとえば過労死した夫の労災認定を訴えて、記者会見で妻が語るような場合、「家族思いのいい夫だった」とか「子ども思いのいい父親だった」という言い方がしばしばなされるが、「自分を愛してくれたいい夫だった」という言い方をすることは稀である。これは現在でも家族の基本が、家族集団といういわば〈共同幻想〉にあることを物語っている。これは、〈対幻想〉を本質とする〈近代家族〉とは似て非なるものである。
　いったいなぜ日本で西欧流の〈近代家族〉が定着しなかったのか。前に述べたように、「いえ」とは家族にとって、「世間」の出先機関のようなものであり、これが「世間」の家族への介入を可能とした。戦後、法制度としての「家」は消滅したが、じつは「世間」の出先機関としての「いえ」は家族のなかに内面化されてのこってきたといえる。
　西欧においては、プライベートとしての家族とパブリックとしての社会が分離された。これが〈近代家族〉の特徴としての、私的領域と公的領域の分離である。ところが日本の場合、公に属する国や企業が、私に属するはずの家族の原理

28　日本における1980年代以降の「家族の解体」の歴史的経緯については、参照、佐藤直樹『増補版　大人の〈責任〉、子どもの〈責任〉――刑事責任の現象学――』青弓社、1998年、177頁以下、前掲『なぜ日本人は世間と寝たがるのか』71頁以下。
29　前掲『幻想する家族』123頁。

で運用されてきたために、「公＝国・企業」と「私＝家族」の分離があいまいなままとなった。国民が天皇の赤子であった天皇制ファシズムや、社長が従業員の親となる経営家族主義とよばれるものがそうである。

とくに経営家族主義は、年功序列制と終身雇用制にもとづく日本型の雇用制度から生み出されたものであり、持ち家制度や社員旅行などの社内福利厚生の充実によって、会社が社員の生活全般を丸抱えするものである。ここでは、社長が、結婚記念日に社員の妻に花束を贈ったりというように、社員のプライベートな領域に会社が介入するというかたちで、公私の分離があいまいなものとなっている。

桜井／桜井は、日本における「公」と「私」の構造について、つぎのようにいう。

> 共同体に代わって近代が用意した企業社会は、家族のなかの夫という企業戦士をその構成員として依拠させるだけでなく、夫を通してその家族をも取り込む構造をもつ。それが日本における「公」と「私」との関係であった。夫は企業の「公」に対して、妻はより下位の家族の「公」に対して、それぞれ「私」の立場で貢献するのである。これが日本の産業化における企業と家族の相互的な関係の原点であった[30]。

戦前の天皇制ファシズム体制のなかでは、国という「公」にたいして、「私」としての国民が滅私奉公を強いられた。戦後、国にとってかわったのは企業や会社であり、「公」としての企業や会社に、「私」としての家族が滅私奉公する構造が生まれる。さらには、この「公」である家族にたいして、「私」であるその構成員が滅私奉公する。

桜井／桜井によれば、夫は家族の代表者として、企業や会社にたいして私を捨てて奉公する。妻は、家族の代表者として家族に私を捨てて奉公することになる。ここでいう企業や会社はひとつの「世間」といってよいから、国、「世間」、家族、その構成員の間の滅私奉公の構造は、つぎのようになる。

国（公）——（私）「世間」（公）——（私）家族（公）——（私）構成員

戦前とは異なり、戦後は相対的に国の強制力は弱まっているから、ここで問題になるのは、「世間」と家族とその構成員である。「世間」は、「世間」のソトにたいしては、ウチとしての「私」となるが、ウチの構成員にたいしては「公」と

30　前掲『幻想する家族』16-17頁。

なる。日本の家族はこれと同じ構造をもっていて、ソトにある「世間」にたいしては「私」となるが、ウチにある家族の構成員にとっては「公」となる。

つまりここには、「世間」が生み出す滅私奉公の構造が、そのまま家族内部にもちこまれている。さきほど例としてあげた「家族思いのいい夫だった」という言葉は、「公としての家族に滅私奉公してくれたいい夫だった」と考えなければならない。

以上のように、「家」制度が廃止された戦後においても、「公」としての「世間」は、「いえ」という出先機関をつうじて、「私」としての家族を支配している。この支配を容易にしているのが、日本の家族における「公」と「私」の独特の関係である。これは、私的領域たる家族と、公的領域たる社会の徹底した分離を前提とする〈近代家族〉とは、まったく別物である。日本の家族は、「公」(〈共同幻想〉)の支配を受けやすいという点で、「愛情原理」としての〈対幻想〉がきわめて脆弱であるといえる。この点は、何度も強調しておかなければならない。

七　おわりに──「権利主体としての家族」という視点──

以上のように日本では、社会がタテマエにすぎず、様々な「世間」のルールが大きな力をもち、戦後も「世間」の出先機関としての「いえ」がのこり続けてきたために、西欧流の〈近代家族〉が定着しているとはいいがたい。〈対幻想〉と〈共同幻想〉とが明確に分離されず、〈対幻想〉が脆弱なために、〈共同幻想〉たる「世間」の介入を家族が受けやすく、家族の不祥事に「世間」と対決して家族を守ることができない。それ故、加害者家族にたいするバッシングがおこりやすい。

では、日本の家族が「世間」と対抗しうるようになるためには、どのような視点が必要なのか。望月によれば、犯罪と家族問題を考える上で、それまで考えられてきたような「犯罪の原因としての家族」「更生の場としての家族」という視点のほかに、「犯罪者が出たことによって、その家族全体もまた犯罪者であるかのように非難・攻撃される」という「被害者としての家族」の視点が必要だという[31]。

深谷裕は、以上の望月の議論を前提としつつ、「これら３つの家族観を止揚し、家族一人一人を中心に据えた、『権利主体としての家族』について議論を深

31　望月嵩「犯罪者とその家族へのアプローチ」「犯罪社会学研究」第14号、1989年、57-69頁。

めてゆく姿勢」が必要だと指摘する³²。きわめて興味深い指摘であるが、ここで重要なのは「権利」という言葉である。

なぜなら、権利という概念は江戸時代にはなく、社会や個人と同様に、1886年頃に right という言葉を翻訳した造語であり³³、それが現在でも本来の意味で日本に定着したとはいいがたいからである。すなわち、right の本来の意味は「権利＝正しい」ということであるが、日本では権利をもっているとしても、そのまま「正しい」とは考えられていない。「あいつは権利ばかり主張する自分勝手なやつだ」という言い方がなされるのはそのためである³⁴。

そうなるのは、深谷のいう「権利主体」とは individual たる個人の存在を前提としているが、「世間」のなかで個人という言葉はあるものの、本来の individual の意味での個人が存在しないからである。〈近代家族〉は個人から構成されているが、日本の家族には個人が存在しない。しかし、「世間」という〈共同幻想〉に対立しうる〈対幻想〉としての〈近代家族〉においては、個人の存在が不可欠である。

この意味で、平成28年度東北弁護士会連合会定期弁護士大会で採択された「犯罪加害者家族に対する支援を求める決議」（2016年7月1日）は画期的であった。そこには、「ここでいう犯罪加害者家族は、家族の構成員である『個人』であり、個人の尊厳が脅かされている存在として、憲法第13条、第25条に基づき、国に対して主体的に支援を受ける権利を有していることは犯罪被害者と同様である」とある³⁵。日本の加害者家族問題を考える上で、これはおそらく、歴史上初めてなされた公的機関による決議である点できわめて重要である。同時に、individual としての「個人」の重要性を指摘している点できわめて画期的であった。いま喫緊の課題として必要なのは、この個人という概念を前提とした「権利主体としての家族」という視点を確立することであろう。

32　前掲「日本における犯罪加害者家族支援の必要性と可能性」161頁。参照、深谷裕『加害者家族のライフストーリー――日常性の喪失と再構築――』法律文化社、2016年。
33　柳父章『翻訳語成立事情』岩波新書、1982年、151頁以下。
34　前掲『犯罪の世間学』58-60頁。
35　https://www.t-benren.org/statement/84（2018年4月24日アクセス）。筆者もパネリストとして参加した、本大会のシンポジウムの報告書が注7である。なお、この決議にもとづき山形県弁護士会は、2018年11月より全国の弁護士会で初めて、相談窓口の設置などの加害者家族支援を開始している。

「ヴァナキュラー写真」と「ヴァナキュラーの写真」
―― 終戦直後に米国人が日本で撮影した写真をめぐって ――

佐　藤　洋　一

一　はじめに
二　写真探しとその意義
三　ヴァナキュラーと写真
四　ヴァナキュラー写真をどう扱うか
五　写真をどう読むのか
六　ヴァナキュラー写真にどのような言葉を添えるのか
七　おわりに

一　はじめに

　敗戦後の我が国の都市の記憶には、少なからぬ空白がある。
　こうした漠然とした状況認識の下で、筆者はここ数年、敗戦後の東京を中心とした都市記録としての写真を調査収集している。その作業を通してわかったのは、写真などの記録は利用可能な状態で米国に大量に存在していて、その気になれば集められるということである。問題はその気にならなかった、という点にある。事実、テレビや雑誌等で東京大空襲について語る際に添えられる写真は、限られたものばかりであり、我々が新たなイメージを探そうとしてこなかったことを物語っている。おそらく、我々はいくつかの写真でその時代を見た気になっている。見たことのないものを紹介するという作業が山積みである[1]。
　都市の記憶が空白なのだとしたら、その理由は、終戦直後の物質的な窮乏で自

1　記録を収集している施設はもちろん国内にもある。沖縄県公文書館は長年にわたり、米国に所在する写真・映像・文書資料を収集し、その大部分を web 上で公開している。また東京・九段下の昭和館は、戦時期、占領期の写真や映像を収集する拠点であり、記録も徐々に集められているが、基本的には館内での利用に限られる。そのほか、東京・江東区の東京大空襲戦災資料センターはじめ、各地に戦争資料や戦後の資料を公開する施設はあるが、研究者向けの情報公開のインフラとしては十分なものとは言い難い。

らが記録を作れなかったばかりではない。当時の日本政府が連合国の進駐より前に大量の書類等を焼却処分したように、戦争の終結とともに記録への意志が断絶し、詳細な記録を作ることを避けるようなメンタリティに自らを置いていたことにもよるのではないか。その後、時を経ても、メンテリティが変化しているとも思えない。すでに語られる物語が確定しており、語られうる可能性のある他の選択肢を自ら断っているともいえる。そのようにこの時代を見返すことを我々自身が忌避してきたという側面もあるだろう[2]。

　無論、写真による都市の記録とはいっても、そもそも写真が記録し得ることには限界がある。しかもそれは他国の組織や人々によるものである。よく知られているものの多くはパブリックドメインであり、大変に使いやすいが、記録があるからといって手放しでそれを使ってよし、ということではない。その記録自体も、またそれを公開していることにも、ある種のバイアスが存在することには注意を払わねばならない。つまりそこにあるのは彼らが見せたいもので、見せたくないものはおそらくそこにはない。その資料の検証、研究上の用語でいうならば、史料批判が欠かせないだろう。本稿で示すのはこうした史料批判の一環であり、これまであまり注意が払われてこなかったトピックである。そのため基礎的な論点の整理にとどまることをお許しいただきたい。

二　写真探しとその意義

　終戦直後の日本で撮影された写真の実物を探して、現在、全米各地を行脚している。見ようとしているのは主にGHQスタッフや軍人などの米国人が個人的に撮影した写真で、モノクロのプリントやカラースライド、そしてプリントが貼ら

---

[2] 筆者の作業と並行するようにして、この時期に対して、新たな資料を発掘し、その素材を生かすような形でまとめるという作業もこの数年に出されるようになっている。以下は写真や映像を活用した出版物やテレビ番組である。早乙女勝元編『決定版　東京空襲写真集　アメリカ軍の無差別爆撃による被害記録』勉誠出版2015、山辺昌彦・井上祐子編『東京復興写真集1945〜46文化社がみた焼跡からの再起』勉誠出版2016。この2冊は戦時下の東方社、その流れをくんだ戦後の文化社のカメラマンによる写真を丹念に紹介したものである。工藤による以下の仕事も史料の丹念な収集と的確な活用がなされている。工藤洋三『米軍の写真偵察と日本空襲』2011。またNHKによるテレビ番組『東京ブラックホール』（NHKスペシャル）2017は、当時の東京の映像を米国に限らず、オーストラリア、ドイツ、フランス等からも探し出し、さらにその映像に現代人が入り込んで行くというこれまでに試みられていない演出がなされている。

れたアルバムなど、主に米国の大学図書館が所蔵する一次資料である[3]。

個人的に撮影していた写真には、米軍が公式に撮影した写真[4]や報道写真よりも、日本社会や都市空間のより内側を切り取っているものが含まれる。日光や鎌倉などの観光地の絵葉書のような紋切り形の写真もあるが、GHQスタッフによる視察や調査の写真、彼ら／彼女らの関係した場所（住まいや勤務先など）や組織、そしてそこでの人々に関する写真、公私を問わず、日本人との接触がうかがえる写真も数多く残されている。無論、一見しただけでは何を撮影しているのか、わからないものも多いし、フィルムフォーマットも多様で、撮影の質にも幅があり、極めてクリアな写真もあれば、ボケたりブレたりしている写真も少なくないし、保存状態によっては変色が著しいものもある。

多くの写真をみて、見たことのないイメージを見つけ出そうとしてはいるが、そもそも筆者が目にすることができる写真とて、極めて限られたものである。日本で撮影された写真はほとんどの場合、任務終了後に本国へと持ち帰られた。それらがそのまま保管され、撮影者本人の死去などを機に大学等の学術的機関に寄贈された。筆者が見られるのはこの条件に当てはまるものである。同様の写真であっても、売られたものや、捨てられたものもあるだろう。事実、売られていた写真アルバムを大学図書館が買い取って公開している例にも少なからず遭遇する。個人的な写真自体が持つ潜在的な消滅の危機を乗り越えて公開に至ったものが、筆者が見ることのできるコレクションである。デジタル化され、web上で公開されているものは日本でも見ることができるが[5]、全体としてはごく稀である。

---

3 これまでに調査した図書館・史料館等は以下の通り。University of Maryland（Hornbake Library）, Lafayette College Library, MacArthur memorial Archives and Library, Hoover Institution Archives（Stanford University）, Stanford University（Green library）, UC Berkeley（Bancroft Library）, UC Santa Barbara（Davidson Library）, U C Irvine（Langson Library）, UCLA（Charles E Young Research Library）, University of Southern California（East Asian Library）, UC San Diego（Geisel Library）, Florida State University（The Institute on World War II and the Human Experience）. 2018年12月末現在、80以上のコレクションを調査している。
4 筆者による以下の2冊は米軍の公式写真のみを使ったもの。佐藤洋一『米軍が見た東京1945秋』洋泉社2016、同『図説　占領下の東京』河出書房新社2006
5 例えば、鳥類学者オリバー・オースティンJrによる写真を紹介したFlorida State University（The Institute on World War II and the Human Experience）のサイト http://digital-collections.ww2.fsu.edu/omeka/ 外交官ジェラルド・ワーナーの写真を紹介したLafayette College Libraryのサイト http://digital.lafayette.edu/collections/eastasia/warner-slides-japan/browse などがある。

筆者がやることは、日本で撮影されたものだとわかれば、えり好みせず、全ての写真に目を通すこと、そしてその場でデジタルカメラを使って写真そのものを再撮影するか、スキャニングをして複製を作ることである。その理由は日本に持ち帰り、紹介すべきだと思うからである。日本には、残されている写真の量が絶対的に不足している。様々な場所で撮影された様々な種類の写真を共有するためである。

　米国での調査行脚を行う理由は大きく３つである。
　一つめは、これまで日本で紹介されて来たものも含め、できる限り多くのコレクションをカタログ化することで、各コレクションのもつ特徴や意義を明確にすべきだという考えからである。米軍を代表とする連合国側の軍隊やそれに関わった人々が撮った終戦直後の写真は、いろいろな触れ込みとともに連続的に紹介され続けている[6]。その背後には、日本人が、当時それほど写真を撮れなかったという自覚が潜在している。つまりどのような写真でも、当時の写真だとわかれば、ある一定の意義を得られやすい歴史的な状況がある。各コレクションは、メディア等で紹介された当初は話題を呼ぶが、単発的に紹介されるにすぎず、各地に散在している。写真があるということの希少性が注目され、どのような意味や価値を持つのかという検証が十分にされてきていたとは思えない。そこで、一つのカテゴリーを設定して、散在する史料をまとめてみると、相対的に資料的意義や限界も明確になり、様々な意味や価値を見出しやすくなるのではないか、という考えである。
　二つ目の理由は、こうした写真をどのようなものとして見ればいいのかを考えるためである。本稿で焦点を合わせたいのはこの議論である。収集しているものの多くはアマチュアの撮影したものである。つまり不特定多数を含む他者に見せるために撮影された写真ではない。しかしながら終戦直後の資料が限られている

　6　こうした写真は1980年代より出版物の形で紹介されている。初期の例としては、例えば、ジェターノ・フェーレイス『マッカーサーの見た焼跡――フェーレイス・カラー写真集』文藝春秋1983が挙げられる。その後も、ジョー・オダネル『トランクの中の日本』小学館1995、『マッカーサーの日本　1945-1951カール・マイダンス写真集』講談社1995、『「にっぽん60年前」カラーでよみがえる愛蔵版スティールコレクション』毎日新聞社2005。この一年以内に出版されたものとしては、2018年に出版されたものとして、杉田米行・ディミトリー・ボリア（写真）『戦後日本の復興の記録』（上・下）大学教育出版2018、J・ウォーリー・ヒギンズ『秘蔵カラー写真で味わう60年前の東京・日本』光文社2018などもある。

ならば、彼らの写真も相対的には貴重なものと言わざるをえない。これは、資料がないために使わざるを得ない、という消極的なことばかりではない。むしろアマチュアであるがゆえに記録し得たこと、自発的な撮影だったからこそ伝わることをも考えるべきである。残されている公式写真は「残そう」という意志によるフィルターにかけられたもので、限界があるからである。個人写真からは、彼ら／彼女らが、実際に日本にどのような眼差しを向けていたのかをよりダイレクトに読み取れるだろう。戦勝国人という立場を持ちながら、しかし個人的な行為として写真を撮るとはどういう行為だったのか。その行為を媒介にして、写真には日本の何が記録され得たのか。そしてそれを我々はどのようなものとして見ればいいのか。本稿で考えたいのは、このような疑問である。

　さらに三つ目は、こうした写真を我々はどう扱っていくのかを考えるためである。物的な写真そのものは、米国の大学などの所有だが、デジタル化すれば共有活用が容易ではある[7]。これらの写真は、撮影された場所や地域、あるいは組織にとっては、空白期の資料として有用である。海を越え、撮影された場所や地域へと写真を戻したときに、どのような価値を持ちうるのだろうか。どのように扱うことで、文化資源としての共有が可能になるのだろうか。これらの写真に接し、理解するための方法はあるのか。つまり、写真を見つけることを起点にして、写真にまつわる場所、具体的には撮られた場所、被写体となった人々に関わる場所へ写真を里帰りさせて、文化資源として定着させたいと筆者は考えている[8]。こうした課題に対しては、社会デザイン的な手法を考案し、実践することが望まれる。

　本稿では上で示した二つ目の意義を中心に考えたい。つまり、米軍を代表とする連合国側の軍隊やそれに関わった人々が個人的に撮った終戦後の日本の写真には一体どういう意義があるのか、その要点を整理し、仮説として示すことであ

7　事実、例を挙げれば、注5で示した鳥類学者オリバー・オースティンJrの画像データを巡っては、撮影された場所を検証するなど日本国内を中心にインターネット上で様々な議論が起きた。佐藤洋一「地域資源としての写真」（所収：土方正夫編『地域計画情報論』成文堂、2018）を参照。また筆者はこれまでに収集した写真データを地域史的な写真集の中で実際に編集に関わりながら、活用を試みている（佐藤洋一編『台東原風景』台東区教育委員会、2017）。

8　佐藤洋一「〈Photo Returning〉プロジェクトから考えること」『社会デザインと計画論の未来　早稲田まちづくりシンポジウム2018資料集』早稲田まちづくりシンポジウム2018実行委員会2018、40-42頁。また東京・赤坂のTokyo Little Houseにて筆者のキュレーションによる写真展示が継続している。

る。これらの写真を紹介する際に、どのようなコンテクストで、写真を提示していけるのかという問題に関わるからである。言い換えれば、どのような言葉を添えて写真を差し出すべきなのか、ということである。占領期に米国人によって撮影された日本の写真を捉える我々の見方には、多かれ少なかれ屈折が含まれており、その点を十分に考慮せねばならない。写真に添えられる言葉は、「秘蔵写真」「貴重写真」「戦後の証言」といった陳腐な形容詞で事足りるわけではない。だが何が正解かを筆者が掴んでいるわけでもない。ここでは、一つの試みとしてヴァナキュラーという概念を切り口にして、これらの写真の見方と意味について考える。

三　ヴァナキュラーと写真

　ヴァナキュラー（vernacular）という言葉は、建築や写真の分野で、ヴァナキュラー建築、ヴァナキュラー写真というような形で使われている。特に80年代以降のポストモダン期に入って広く用いられるようになった。この言葉を用いることの背後には、画一的かつ管理的な近代的価値観に対する批判意識がある。市場原理に回収されない、その場所に根ざした産物や文化を指す際に使われてきたが、現在では言葉の解釈が拡張し、普通の人々や日常の場所が隠し持つ文化を指すようにもなってきている。

　そもそも英語のヴァナキュラーという語は、古来より一般用語として使われている。その語源は、インド‐ゲルマン語系の「根づいていること」と「居住」である。ヴァナキュラーという語が意味付けられた前提には、ヨーロッパの言語世界におけるラテン語と現地語の関係があったという。すなわち、当時の国際語であるラテン語に対する現地語として、フランス語、ドイツ語、英語などがあり、それらの言語をヴァナキュラーと呼んだのである。つまりヴァナキュラーとは、外来の支配的なものと土着のものを分けるための区分概念であり、どの立場から見るかによって、その意味が変わり得るという相対的な性格を持つ言葉だといえる[9]。こうした概念上の特性から、ポストモダン以降に、全体的なことや支配的なこと、すなわち近代的な価値観、世界観に基づく事物や思考へのアンチテーゼとして、使用例が広まっていったのである。

9　小長谷英代『〈フォーク〉からの転回　文化批判と領域史』春風社 2017、34-40頁。

写真の世界でも「ヴァナキュラー写真」という言葉は定着している。ヴァナキュラーという言葉へ込められた批判意識とは、写真の「正史」の限界に向けられたものである。それまでに語られてきた写真史は作家による写真作品や写真技術が軸になっており、素人の写真は美的価値が低いとされ、写真史記述の対象にならなかった。2000年ごろより写真史家ジェフリー・バッチェンを中心に、メディアとしての写真の意義を広く考える動きが活発化し、ヴァナキュラーという概念が有用となっていった。それまで語られてこなかった写真を写真史の俎上にあげるためである。その後、ヴァナキュラー写真という用語は各国で支持を広げ、様々な論考や、展覧会も開かれている[10]。さまざまな人間にとって、写真が持つ意義を広く考える機会を提供するきっかけとなったからであろう。今回筆者が収集し、調査を行っている意図は、写真を環境に適応しようとする文化的行為、環境に働きかける行為として捉えることであり、扱う写真も写真作家のものではない。まさにヴァナキュラー写真なのである。

先に述べたヴァナキュラー建築とヴァナキュラー写真とは共通点もあるが、少し捉え方が違うことを付け加えておいた方がよいだろう。ヴァナキュラー建築が指すのは、モノとして現れている建物そのものであり、具体的にはその土地で得ることのできる素材や伝統的技術や工法に基づいて、その場で作られる建築である。建築分野においてヴァナキュラーという概念が、近代建築批判、すなわちどこの地域においても普遍的で同質的な空間を実現しようとする思想への批判と表裏一体であるからである。

モノとしての写真は近代工業的産品そのものであり、特に風土と関わりが強いわけではない（写真に付随して作られるアルバムやフレームなどは土産物的なデザインも散見され、その限りではない）。ヴァナキュラー写真という語には、表現としての写真や、公的な写真、あるいは報道写真などのある種の制度に守られた写真に対する批判的指向が含まれる。それはモノとしての写真ではなく、写真を撮る主体や行為そのもののあり方、さらにはその後の保管や公開のされ方をも指している。写真を生業としていない素人の写真、どこから依頼されているわけでもなく、撮

---

10 バッチェンの企画した「Forget Me Not: Photography and Remembrance」展（2004）は世界各地を巡回した。日本では、ダムで沈む岐阜県揖斐郡徳山村を記録し続けた増山たづ子の写真などがよく知られているものである。参考：「特集＝写真史を書き換える　写真史家ジェフリー・バッチェン」『photographers' gallery press』no. 7, photographers' gallery, 2008

写真1　ヤマガラのみくじ（浅草・仲見世）

Permission for use of the images in the Oliver L. Austin Photographic Collection has been granted by the Institute on World War II and the Human Experience at Florida State University (FSU), and Dr. Annika A. Culver, Collection Curator.

写真2　紙芝居（場所不明）

Permission for use of the images in the Oliver L. Austin Photographic Collection has been granted by the Institute on World War II and the Human Experience at Florida State University (FSU), and Dr. Annika A. Culver, Collection Curator.

り続けられるような写真、そういった行為や撮影主体のあり方を指している。その結果得られるものがヴァナキュラー写真と呼ばれると筆者は理解している。

　その一方で、写真とヴァナキュラーについて語る場合に付け加えねばならない議論がもう一つある。それは被写体としての土着的な事物や風景である。現在調査中のものに関して具体的にいえば、街頭での紙芝居、子供をおんぶする姿、神社の祭礼の神輿渡御や縁日の様子、肥桶を運ぶ姿、木炭自動車、ヤマガラのみくじなどの日本の土着的文化、風俗を捉えた写真のことである（写真1～4）。ここではこうした写真については、「ヴァナキュラー写真」との混同を避けるために「ヴァナキュラーの写真」と呼ぶことにしたい（十分混同しやすいかもしれないが）。上で挙げたような風俗・風景は当時の日本の街頭を歩けば比較的よく目にしたものであり、こうしたイメージは撮影者を問わず、例えば米軍の公的な写真の中にも現れることがある。撮影者自身はほとんどの場合、土着的な行為に直接参加することはないため、観察者である。つまり、公的なものも私的なものも、「ヴァナキュラーの写真」は被写体との距離が大変似通っていて、ステレオタイプ化していると言っ

て良さそうである。また彼らの写真の中には日本以外の戦地や任務地で撮られたものが混ざっていることもあるが、そうした写真においても滞在地における土着的な風俗や風景は繰り返し現れる。このことも含めて考えると、それはつまり、主体のあり方によって特徴付けられている写真なのではなく、被写体ありきで生み出されたイメージだと説明する方が合理的である。つまり「ヴァナキュラーの写真」のヴァナキュラーは、撮る対象のことを指しており、先の「ヴァナキュラー写真」とは焦点が異なるのである。

民俗学者の小長谷英代は、ヴァナキュラーは相対的な概念であるとした上で、ヴァナキュラー文化を見る際に重要な点として、視点（誰の視点から見ているのか）、関係（誰との関係においてそう思われているのか）をあげている[11]。この観点から再度整理すれば、上で述べたヴァナキュラー写真は、米国の公式記録との関係の中でのヴァナキュラーであり、それは撮影主体のあり方の差異である。一方、ヴァナキュラーの写真は、米国人にとって支配的な自国の文化との関係の中で相対的に被

写真3　神輿巡行（渋谷区大山町）

Permission for use of the images in the Oliver L. Austin Photographic Collection has been granted by the Institute on World War II and the Human Experience at Florida State University (FSU), and Dr. Annika A. Culver, Collection Curator.

写真4　おんぶ

Mead Smith Karras Paper より（所蔵：The Gordon W. Prange Collection, University of Maryland）

11　小長谷・前掲書40頁。

写体に見出されるヴァナキュラーであり、その視点はいわゆる観光写真（これは別に検討を要するカテゴリーである）と通ずるものがあるといっても良いだろう。

　これらの写真の扱い方を考える上で、視点と関係という観点からの特徴を整理することは、さしあたり有効な方法だと思われる。以下これに従って、記述をしていく。

四　ヴァナキュラー写真をどう扱うか

　今回取り上げる写真の背後には、共通の前提として、以下の2点がある。

　①戦勝国の人間として、敗戦国という他国にやってきた人間によるものである。
　②任務として撮影されたものではなく、自発的なものである。

　米軍の中には、任務としての撮影に携わる部隊が様々な形で存在している。それらは自分たちの活動内容を記録し、発信することを目的としていた。これをここでは公式写真と呼ぶ。今日広く出回っている写真はこのカテゴリーに属するものが多い。しかし今回取り上げるのは、②で示すように自発的に撮影されたものであり、これは公式写真と対置される。

　撮影した彼らは、人により長短はあるが基本的には一時的滞在者であり、基地内や接収建物内を拠点として、活動や居住をしていた。時期や場所、任務の内容によって多少の差はあるにせよ、一般の市街地にそれほど足を踏み入れることはなく、過ごすこともできたのである。従って日本人との距離感も人によってまちまちではあるが、共通した意義を指摘しておかねばならない。先の小長谷の指摘をもとに、関係と視点という2つの角度から、整理しておこう。具体的には以下の4点から検討をして行く。

　〈関係〉何との関係においてヴァナキュラーとなるのか
　　①米国の公式写真・報道写真との関係（officialとの関係）
　　②日本人が撮影しているヴァナキュラー写真との関係

〈視点〉誰の視点から見て何がヴァナキュラーとなるのか
   ③日本人から見た場合
   ④米国人から見た場合

〈関係〉何との関係においてヴァナキュラーとなるのか
① 米国の公式写真・報道写真との関係（official との関係）

　結論から言えば、終戦直後の歴史を知る上で、米国人によるヴァナキュラー写真に着目する理由とは、具体的で生き生きした視線の記録を拾い上げる点にある。積極的に公開されている公式写真は多少の例外はあるかもしれないが、全体としては、「米軍が見せたいもの」だが、ヴァナキュラー写真の視線はより自由であり、公式写真の枠組みからこぼれ落ちるものも含まれる[12]。

　公式写真はタイトルと説明付きで紹介されることが多く、受け手にとっても、撮影の目的も明確に伝わりやすい。撮り手と受け手との関係がいわば一つの制度を作っており、撮影の文脈が共有され受容される写真であった。また報道写真も、多くの場合はニュースとセットで扱われるものであり、どのような問題意識で眼差しが注がれているのかを明瞭に理解し得た。

　これに対し、ヴァナキュラー写真は自由で多様である。これを受容するには、読み手の中で、写真を読むための文脈が必要になる。読み手の側があらかじめ固有の視点を持っていれば、受容可能ではあるが、全ての写真をその文脈で読み切れるというわけではないのが通例である。そこで、多様な写真をそのままに理解しようとするならば、まずは写真そのものの内容に即して、なんらかの分類を行う必要がある。ヴァナキュラー写真は、保存形態もまちまちであり、アルバムに一枚一枚キャプション付きでまとめられたものもあれば、カラースライドが綺麗に配列された状態で保存されているものもあるが、その一方で、大量の写真が未整理のまま封筒に入れられた類などもよく見る形態である。アルバムやスライドプログラムのようにまとめられたものはすでにある種の編集行為が加えられており、そこで大きな文脈を読み取れるわけだが、一方で未整理のものに関しては、写真そのものに即して文脈を見いだす必要があるので、すぐには説明のつかない

12　このことを最も端的に象徴するものは、Off Limit（立入禁止区域）とされていた闇市や赤線地帯などでの写真である。なお、一般的に公式写真がどのようなガイドラインのもとに撮影されていたのかについては、今後の調査課題である。

ような多くの写真も分け隔てなく目を通さねばならない。
　そうした中には、公式写真では見ることができない例えば住居の内部などの個人的な領域での写真（対人関係も含む）や自分の業務に関わる活動領域（オフィスや視察調査先）、観光旅行、人によっては慈善事業などの社会活動の写真も含まれる。このように撮影者の持つ視線の個別性や多様性を見出せるところが、ヴァナキュラー写真の醍醐味である。と同時に、旅行写真や観光地の写真などは撮影者を問わず、似通ったイメージや共通する構成を見いだすこともでき、視線の共通性を指摘できることにも意義があるだろう。
　また彼らの写真コレクションの中には、明らかに自分が撮ったものではないものも含まれ、その仕分けも必要になる。第一には知人・友人から贈られた（交換した）もの、第二には米軍の公式写真や報道機関による写真（業務上の活動記録として共有されていた）、さらに第三には日本人の業者から購入したと思われる絵葉書など、土産物としての写真である。
　前置きが長くなってしまったが、こうした基礎的な整理により、各コレクションが含むカテゴリーが持つ意義、日本社会・日本人との距離感などが定位される。さらに、そこにそれぞれが読み解くための文脈を持ち込むことで、ヴァナキュラー写真としての意義が明確化していく。

②　日本人が撮影しているヴァナキュラー写真との関係

　当時の一般的な日本人が撮影し得たヴァナキュラー写真と比較すると、ある一定期間において、一人当たりが撮影した量（枚数）に相当の開きがあることは指摘できる。これは物質的・経済的な格差に起因していると理解できる。例えば自動車に乗りながら、車窓に見える風景に対して次々とシャッターを切っていくようなことは当時の日本人にはできなかったことの一つである。日本人の場合、催し等において撮られた写真であっても、その多くが自分の身の回りにいる人々を捉えた写真であり、一枚ごとに重みがあるゆえに、たとえ撮影者が様々なものを目にしたとしても、シャッターを切るには至らなかったものも多かったに違いない。つまり、風物や風景を純粋にフレームに収めたものの絶対量が米国人の場合には多い傾向はあるだろう。そのことは、結果的に日本人が撮影できないような細かなことがらへと記録の視線が届いている可能性を示唆している。
　米国人は敗戦後、勝者＝支配者として存在しており、当時の日本人による写真とは前提条件を異にしている。彼らの視線は支配者の視線であり、一般的にいえ

ば撮影というミクロな場におい
ても、権力が介在しうる。その
ような前提の写真への表れとし
ては、二つの可能性を指摘でき
る。一つは、文字通り権力を持
つことによって、通常は踏み込
めない領域にまで足を踏み入れ
ていることであり、二つめは、
そうした視線の権力に対する態
度が日本人の姿勢や表情に現れ
ることである。

写真5　写真アルバムの表紙

Japan - Okinawa Photograph Album, 1952-1953より（所蔵：Department of Special Collections Davidson Library, UC Santa Barbara）

　また①で示したように、その後の保存形態もまちまちである。撮影された枚数が多いケースでは往々にして、撮りっぱなしで置いておかれたまま、コレクションに収蔵されているものも少なくない。その一方で、土産物として購入されたであろう工芸品的な土産物アルバムに丁寧に貼り込まれた写真も数多く存在している（工芸というもう一つのヴァナキュラーが現れている点でも注目に値する）（写真5）。あるいは、中身も貼られた状態のアルバムごと日本人から寄贈されたものもある。

　さらに付け加えると、少なからぬ米国人が来日後に日本で購入したカメラで撮影している点や、彼らのフィルム入手経路（その中には日本製のものも含まれる）、現像やプリントの方法に関しても、日本人のヴァナキュラー写真と重なる部分もあるし、異なる部分もある。一例をあげれば、カラースライドによるヴァナキュラー写真も少なからず存在しているが、その当時KODAKのカラースライドであるKodachromeの現像は国内ではできなかったため、彼らは撮影後に米本国に送って現像していた。撮影後の写真の扱い、つまり写真を「モノ化」したプロセスや、アルバム等などにより保存のため「形式化」したプロセスについて検討することも、写真のヴァナキュラリティを考える上では欠かせない事項だと言えよう。

〈視点〉 誰の視点から見て何がヴァナキュラーとなるのか
③ 日本人から見た場合

今日的に見れば、まずは、70年を経て、すでに失われてしまった自国の風俗、文化、風景を目の当たりするという感覚を持つだろう。自分たちの前時代的な姿を突きつけられることになる。その時間的隔たりから生じる距離感、例えば写真が表している風物の意味のわからなさの度合いは、撮影された当時に米国人が感じた文化的な距離感と重なる部分があるようにも思える。写真における彼らの視線のあり方に我々が共感できる部分があるとすれば、この距離感に起因しているのではないだろうか。

しかしこれは懐かしいというだけでは無論なく、彼らは勝者（支配者）であり、自分たちは敗者（被支配者）であるという厳然とした事実が前提にある。従って、敗戦から時を経るにしたがって支配的になって行くアメリカ文化に対するヴァナキュラーとして、自分たちの姿が捉えられていることを見出すだろう。先にあげたような、日本の土着的な光景であるが、そこに含まれる視線は物珍しさを捉えようとするものだけではない。改善すべきものを指摘したり、新たな兆候を促進すべきものとして紹介・記録しようとした視線もそこには含まれる。衛生上問題があるもの、倫理上問題があるもの、民主化を促進する上で問題があるものなどがあげられる。こうした視線のありようは、公式写真の中にも共通に見出すことができるものであり、占領軍のミッションとして共有された一つの見方であった。

写真6　鴨の捕獲

Mead Smith Karras Paper より（所蔵：The Gordon W. Prange Collection, University of Maryland）

また、例えば複数の高官達の写真の中から天皇陛下や皇族の写真を見いだすことができ、兵士による写真とは明確に撮影された領域が異なっている。宮内庁が所有する鴨場での鴨の捕獲に興じる写真も散見されるものの一つである（写真6）。写真を通して占領の空間においても階級性が存在していたことも見えてくる。

その一方で、戦勝国である彼らが都市空間や建築物を接収し、形成した独自の領域（米軍基地など）での住まい方や生活の風景の詳細は、断片的にしか知られることのなかったもので、日本人は、基地内部の暮らしを目の当たりにするだろう。米軍基地やその周辺の町やその風景は、戦後、日本の写真家たちがその違和感を様々な形で表現してきた場である。同じ場でありながら全く違うイメージが生み出されていることは、写真による場所の表現という観点からも考察をする余地が十分にあるだろう。

④ 米国人から見た場合

日本文化の中に入って発見した不思議な風景（先にあげた通り、街頭での紙芝居、子供をおんぶする姿など）がまず目を引くであろう。さらには、アメリカ文化を受け入れつつある他国の風景、つまり支配的な自国の文化に対比する形でのヴァナキュラリティがそこにはある。例えば、米国は日本の各地に軍事基地とともに軍人・軍属の家族たちの生活の場を設定した。その場所では自国の生活文化が持ち込まれたわけだが、そこでの風景は我々日本人からは米国そのもののように見えたが、彼らの目には同じようでいてやや違うというズレが見えてくるであろう。自分たちの持ち込んだ文化的風景が異なる国の環境にどう適応し、変化しているかを伝えている。

また、一般の市街地においても、自分たちがこの国に文化を植え付けることに伴って生ずる奇妙な現象も目を引くことになる。こうした例としては、英語に慣れない日本人による不思議な英文看板を撮った写真がある。不思議な英文看板の写真を撮るという行為は、両者の関係を象徴的に映し出しているものである。

さらに自分たちが外国人として日本社会に入っていくことによって引き起こされている反応を画面から感じ取る場合もあるだろう。日本人たちの表情やしぐさであり、また彼らとの距離感である。撮り手が日本社会に適応していく場合は、距離が近づき、日本人と場をともにし、ステレオタイプなものから離れていく。

ここで指摘した議論はいわば仮説であり、残念ながら本稿には結論として示せることはまだない。今後さらに行脚を進める中で、具体的な実例を数多く見て行き、また広く紹介することで、議論の確度を高めていく必要がある。

五　写真をどう読むのか

　このプロジェクトの前提として、もう一つ触れておかねばならないことがある。それは、写真は読むこと、すなわち写真からどのような情報を引き出すことができるのかについての議論である。筆者は、美学的な探求という観点ではなく、日常的実践として写真行為を捉えようとしている。写真画像の背後には撮影行為があり、カメラと人々、カメラと空間、カメラと世界との関係が映し出されるが、それはどのようにして読み取ることが可能なのか。さらに写真を撮る行為に至る動機など、やや内面的なことへ、どこまで踏み込むことができ、読み取りが可能なのか。こういった事柄である。今後の研究の中で具体的に明らかにしていくことだが、ここでは写真の見方に関する議論を提示しておきたい。筆者の経験をベースにしたものにすぎないことをお断りしておく。

　見取り図的にいえば、一枚の写真は3つの層に分けて考えると良いのではないか、というのが筆者の主張である。第一には図像としての層、第二にはカメラ（アイ）に関わる層、そして第三にカメラを駆動する人間に関わる層である。写真からどのような意味を読み取りたいのかによって、焦点を当てるべき層が異なってくるからである。

　第一の層は、あくまで写真を図像として切り取り、その中で何がどう表出しているのか、に焦点を当てるものである。「かつてそこには何があったのか」ということを知りたい場合には、この見方がまずは有効である。画像のなかの情報を読み取ることが重要なので、その前提となった写真行為として何を中心においたのか、あるいは誰がどのような意図を持って撮影したのか、ということは問う必要はない。したがってこの見方においては、公式写真なのかヴァナキュラー写真なのかという区別はつける必要がない。焦点を当てるのは、被写体として記録された建物や看板、あるいは交通手段などの空間的な情報、人物の服装や売られている商品などのモノに関わる情報であり、画像内の細部を見ていくことで、様々な情報をそこから読み取ることができる。それが主たる被写体の背後に写り込んでいる情報であっても、その量が多ければ多いほど価値を持ち、さらに写真の数も多ければ多いほど、詳細で微細な変化を読み取ることが可能になる。

　第二の層は、写真という図像を生み出したカメラ（アイ）に関わることで、

「カメラがどう動き、どこでどのような撮影をしたのか」ということに焦点を当てるものである。具体的には、どのようなカメラやレンズによる撮影なのか、撮影されたときにカメラはどこにあったのかを探ることである。その写真と全く同じ場所から、比較のために同じように撮影しようとする際には、この情報を詳細に読み取っていればいるほど、再撮影の正確さが増していく。つまり、この層では、カメラの動きと働きを追体験し再現しようとしている。第一の層での疑問「かつてそこには何があったのか」ということを知りたい場合には、こうしたカメラの動きや働きがわかることで、前提となる情報が得られることも多い。今回調査しているもので考えると、公式写真のカメラよりも、個人所有のカメラは小型で携帯性もあり、比較すれば、そのフットワークは軽く、連続的な撮影もなされている。

　「カメラがどう動き、どこでどのような撮影をしたのか」という第二層での情報による動きの再現は、そのカメラを操っていた主体、つまり撮影者である人間に焦点を当てることでより正確に理解が可能になる。こうして人間へと焦点を当てるのが第三の層であり、「なぜその時そこで写真を撮ったのか」という撮影行為を理解しようとするものである。とはいえ、撮影行為の背後にある動機やきっかけは、その写真だけからでは判断することはできない。その人物のプロフィールや活動そのもの、あるいはその前後で撮影された写真も含め、当該の撮影行為の背景や文脈を把握しながら、推測していくことになる。それはいつからカメラを持っていたのか、撮影した写真をどのように扱っていたのか、といった情報までも含めて見ていくことで読み取りも的確なものになっていく。

　さらにまた今回の調査で実感していることは、画像としては失敗の写真、つまり露出不足や手ブレ、ピンボケといった写真の重要性である。70年前の写真撮影は、撮影する際に露出の設定を必要としたが、失敗の写真とは、十分に設定せずにとっさに撮影した写真、暗くて露出不足でも撮影した写真、ピントを合わせずに（おそらくファインダーを見ずに）撮影した写真、などである。こうした写真は、撮影行為そのものを雄弁に語ってくれる。その結果もたらされた失敗の写真は、第一の層（画像としての層）での解読対象からは除外されてしまう。したがって編集という操作が入る写真アルバム等には含まれないことが多いが、未整理の写真の束の中からはこうした写真も発見される。失敗写真は第三の層における解読、すなわち撮影するとはどういうことであったのかという行為のあり方を推察

するには、格好の素材なのである。

六　ヴァナキュラー写真にどのような言葉を添えるのか

　通常、写真は、写真それ自体を専門とする研究者を除けば、テキストの添え物として文章内容に従属するものとして扱われることがほとんどだろう。明確な目的と文脈が共有された写真はともかく、それ以外の写真、ことにヴァナキュラー写真は、気まぐれなもので、例えていうならつまみ食いをしたように思えるからである。撮られていない世界の現象（それはどんなに瑣末なものであれ）は見ることができないし、あるいは撮られたとしても、残されているものはほんの一部である。統計的に言えば世界のごくごく一部をたまたま切り出したに過ぎない写真で何が言えるのか。

　しかしこのことを逆の方向から見ると、むしろ写真を撮るという行為の特別さが浮き彫りになる。今回筆者が見つけているようなヴァナキュラー写真が撮られたのは、一体どういうことなのか。日本に来た証としても物珍しい「ヴァナキュラーの写真」を撮るだけでは飽き足らず、異国の、それも少し前まで敵国であった町へ足を踏み出し、次々とシャッターを切って「ヴァナキュラー写真群」を残した人物もいる。それらの視線は都市空間の細部へと及んでおり、その写真群は都市空間の記録として貴重である。写真を任務にしているわけでもない彼らの写真は、しかしながら、撮影されたあと顧みられず、陽の目を見ることもなく、放って置かれたのである。珍しいもの好きの米国人による気まぐれに過ぎなかったのかもしれない。そして撮影後もぞんざいに扱われたのなら、彼らには見せるための作為が取り立ててなかったと考えられるのである。

　先に示した通り、「なぜ撮ったのか」という疑問に対する答えは推測の域をでないが、写真を見ながらそれを考えることは、空白期間のように見える終戦直後の日本のことを考える上で、大変有効な切り口のように思える。例えば、彼らはどのような意図を持って眼差しを注いだのか、という疑問を考えてみる。少し前まで、攻撃の目標地点として捉えていた日本本土に対する見方とはどう異なるのか。攻撃の延長線として、敵を射抜くような眼差しで撮影していたのか。すでに敵国という執着から180度方向転換し、敗戦にあえぐ巷の人々へ慈悲深い眼差しを注いでいたのか。あるいは単なるつまみ食いにすぎないものなのか。はたま

た、そうしたバイアスとは無縁の地平に日本の町と風景を置き、観察者としての標本を集めるような眼差しを向けたのか。

　こうしたいくつもの意味が混ざり合って、戦後の日本を捉えた彼らのヴァナキュラー写真は成立している。ヴァナキュラー写真は、紛れもなく彼ら自身の眼前のみに現れてきた日本という存在を形に止めようとした結果もたらされたものである。彼ら一人一人に現れた日本の姿を写真を通して、我々は目の当たりにする。制度的な眼差し、紋切り方の文言で回収され得ない世界がそこに現れ、彼らの写真の内側に入ることで、少なからず空白になっている我が国の都市の記憶に迫ることができるはずである。

　その一方で、日本にいて写真を撮影していたにもかかわらず、写真の中に日本人らしき人物がほとんど現れないコレクションも少なからずある。関心の存在は写真から読み取れても、関心の不在を証明することは難しい。したがって、そこから引き出されうる事実は少ないが、米国人が戦後駐留した他国等と比べて、日本そのものに関心がなかった、ということも指摘し得るかもしれない。

七　おわりに

　冒頭で示した通り、戦後すぐの写真は、マスメディア等で紹介されるとき、「秘蔵写真」「貴重写真」という紋切り型の言葉とともに示されることが多い。日本人全体の問題として考えるならば、この謳い文句は、むろん写真集の売り口上であるとはいえ、根本的な矛盾を孕んでいる。そもそもは写真記録を禁じ、また敗戦後の欠乏状況によって、結果的に写真記録の希少性を高めている事態をまねき、そうした構造的問題に向き合わない一方で、「秘蔵写真」「貴重写真」と煽っているからである。所蔵している米国側にしてみれば、規則通りに所蔵し、公開しているから、むやみに秘蔵と言われることは本意ではないだろう。現在もこうした写真を単発的に紹介するばかりで、文化資源として本気になってストックしていく策を講じていないとすれば、大きな矛盾を抱えていると言わざるを得ない。結局、この矛盾を埋めようとする方向へと意識が向かわない限りは、歴史は空白であるという漠然とした認識が改まることはないように思われるのである。占領下における我が国のあり方は今後も繰り返し議論されて行くだろうが、様々な議論に耐えられるだけの素材として写真も本気になって集めるべきなのではな

いだろうか。私自身は、まさにこの問題の解消に向けてささやかな作業を続けている。

　写真は秘蔵されているのではなく、新たに読み取られることを常に待っている。秘蔵しているのは写真そのものではなく、読み取られるべき意味なのである。そしてそれは、ヴァナキュラー写真に添える新たな言葉を模索することでもある。

　付記　本稿の執筆にあたっては、Oliver L. Austin Photo Collection Working Group のみなさま、東京大学東洋文化研究所菅豊氏には情報提供のご協力をいただきました。記して感謝申し上げます。

平成の大合併と住民主体のまちづくり
―― 熊本県の合併を事例として ――

澤　田　道　夫

一　はじめに
二　平成の大合併と自治体の変化
三　平成の大合併後の住民意識
四　住民主体のまちづくり

一　はじめに

　「平成の大合併」からすでに十数年の歳月が流れた。十数年という歳月は、合併した市町村の行政組織の内部を一体化させ、職員一人ひとりに自らを新しく誕生した自治体の構成員の一人であると認識させるに十分な年月であろう。またその歳月は、全国各地で生じた合併時の約束をめぐる混乱、庁舎の所在地の問題や老朽化した施設の建替に関する住民同士の対立の多くを収束させる長さでもあった。今や、多くの合併自治体が、行政組織としては曲がりなりにも単一の存在として歩みをはじめている。
　一方で、この十数年という歳月をもってしても、かつての市町村に対する住民の記憶を消し去ることはできていない。合併当時物心がついていなかった若い世代を除けば、住民の中には今も合併以前の旧自治体の記憶はとどめられているであろう。果たして住民の目には、十数年前に下した合併という決断とその後の自治体の変化、そして現在の自治体の姿はどのように映っているのであろうか。
　この十数年はまた、地域におけるまちづくりの構造が変化した時代でもあった。これまで自治体が中心になって行ってきた公共事業型のまちづくりは、地方分権の推進がもたらした業務量の増大、財政悪化に伴う人員やコストの削減などの行財政改革により、最早継続していくことが不可能となっている。これからのまちづくりは必然的に住民主体とならざるを得ない。しかしながら、地域においてはそのまちづくりの担い手不足が深刻な問題となっている。

特に自治体の周辺部において、少子高齢化の急速な進展と人口減少が地域社会の担い手不足をもたらし、それに合併による旧庁舎の支所化と職員数の減少が拍車をかけた。合併前は地域の中核として住民と密な関係を保ち、また地域の公共の担い手として活躍していた自治体職員は、合併後の人員配置の合理化の流れの中で、地域から姿を消すこととなった。その結果、多くの自治体で既存の行政区長や自治会・町内会などの運営はより困難の度合いを増すこととなっている。このような事態に対して、ある自治体は行政区の合併という形で、またある自治体は地域協議会などの住民同士の広域連携という方法で対処しようとしている。果たしてこれらの取組にはどのような特徴と課題があるのだろうか。

本稿は、平成の大合併における合併市町村と、合併しなかった市町村のそれぞれに居住する住民について、合併時点と現在でのまちづくりに関する意識の変化と、住民主体のまちづくりを取り巻く状況の変化について概観するものである。このような考察をするうえで重要となるのは、「事実を踏まえて議論する[1]」ことである。そこで、考察に当たっては、熊本県が平成26年度に実施し、筆者自身もその調査に関わった「熊本県における平成の市町村合併検証報告書——合併後10年の効果と課題——」（以下「熊本県調査」と言う。）に示されたデータに基づき、客観性を持って論じることとしたい。

二　平成の大合併と自治体の変化

1　平成の大合併とは

我が国においてはこれまで、明治の大合併、大正期の合併、昭和の大合併と、数度にわたり大規模な市町村合併のうねりが現れた。その流れのうち、最も新しい合併の動きが「平成の大合併」である。平成の大合併は、1999年の合併特例法、正式には「市町村の合併の特例に関する法律」（以下、「合併旧法」という。）の改正に始まり、2005年の「市町村の合併の特例等に関する法律」（以下、「合併新法」という。）の施行を経て、2010年まで続いた。この10年余の間に全国の多くの

---

[1] 久塚ほか（2009：5）より。久塚は同書において、「事実を確定させて議論すること」の重要性について、それを欠いた場合、メディアや議会等の議論が予期せぬ方向に進んだり、不十分な理解を利用する形での制度改革が進められたりすることの危険性を指摘している。このような不十分な理解の危険性は、合併問題にも通じる部分がある。

市町村が合併の道を選ぶこととなり、1999年に3200以上を数えた日本の市町村数は、2010年には1700余りと、およそ半減している。この10年の間、ほぼ全ての市町村が否応なく合併と向き合い、合併・非合併の意思決定を迫られたこととなる。

合併旧法には、合併特例債・地方交付税の合併算定替・議員定数や議員の在任に関する特例・市制や政令市移行要件の緩和など、市町村に対する合併への誘因としての様々な「アメ」が散りばめられた。他方、2003年からの「三位一体の改革[2]」の中で行われた地方交付税の大幅削減（いわゆる「地財ショック」）によって、財政基盤の脆弱な市町村を合併に突き進ませるという「ムチ」の政策も並行して行われたことから、多くの市町村が合併の道を歩むこととなったのである。

平成の大合併以降の各年度末現在の市町村数の推移を示した図１を見てみよ

図１　平成の大合併以降の市町村数推移（年度末現在）

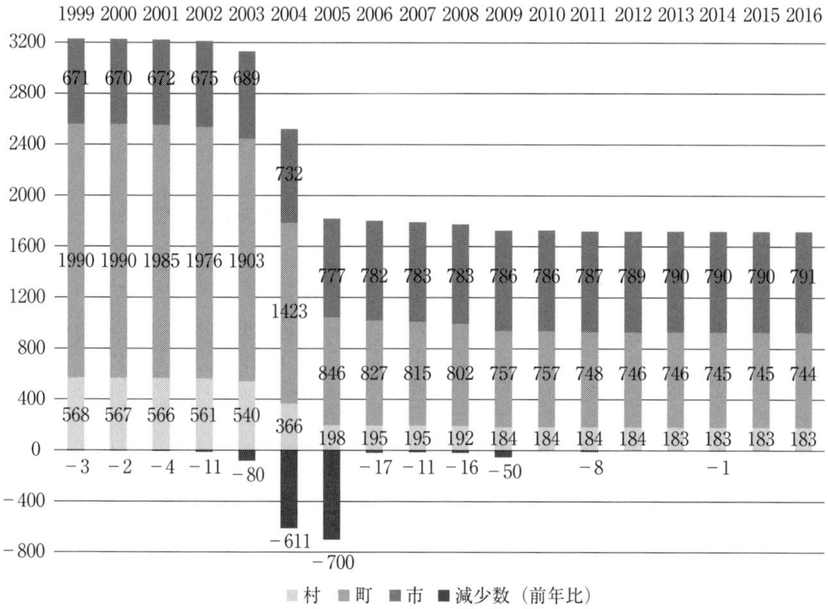
1999 2000 2001 2002 2003 2004 2005 2006 2007 2008 2009 2010 2011 2012 2013 2014 2015 2016
3200
2800
2400
2000
1600
1200
800
400
0
－400
－800
671 670 672 675 689
732
1990 1990 1985 1976 1903
1423
777 782 783 783 786 786 787 789 790 790 790 791
846 827 815 802 757 757 748 746 746 745 745 744
568 567 566 561 540
366
198 195 195 192 184 184 184 184 183 183 183 183
－3 －2 －4 －11 －80 －611 －700 －17 －11 －16 －50 －8 －1
村　町　市　減少数（前年比）

出典：総務省資料をもとに作成

2　自民党小泉政権下で2003年から2006年にかけて行われた構造改革の一つ。「国庫補助金の廃止縮減」、「地方交付制の見直し」、「税財源の地方への移譲」の三つを同時に行うことから三位一体の改革と呼ばれた。内容的には明らかに地方分権改革を企図したものでありながら、実際には地方に対する歳出の削減という国の行財政改革の要素も含んでいたため、地方財政に大きな打撃を与えることとなり、それが結果的に平成の大合併を促進する要因の一つとなった。

う。これを見ると、2004年と2005年の年度末に対前年度比で大きく市町村数が減少していることが分かる。すなわち、大半の合併が2004年度から2005年度にかけて行われたということとなり、この事実からも、三位一体の改革による地財ショックが基礎自治体に与えた影響の大きさを推し量ることができる。

　合併市町村が最も多く誕生した2005年から既に10年以上が経過した。この間、合併した市町村は地方交付税における優遇措置（合併算定替）、起債における優遇措置（合併特例債）、合併推進体制整備費補助金など様々な財政上の優遇措置を受けてきた。合併市町村はこの十数年の間、これらの財政上の優遇措置を活用して住民サービスの向上に努めてきたところであろう。他方、当時合併を選択しなかった市町村も、この十数年の間に改革を進め、自ら身を削る努力を行ってきている。それら非合併市町村の中には、合併したくてもできなかった自治体もある一方で、国から示されたアメやムチを理解しつつ、あえて合併をしないという判断をしたところも多い。いわば、厳しい財政状況を覚悟のうえで非合併という途を選択し、この十数年間を過ごしてきたわけである。これらの合併・非合併の自治体が下した判断は、どのような結果となって現れているのであろうか。

　平成の大合併から今日まで、合併に関する研究が様々な角度から行われてきた。その研究は、政治学的視点［今井2008］、財政的視点［町田2006、日本政策投資銀行2013］、農村社会学的視点［庄司2014］、比較文化論［片木2012］、選挙研究［堀内2009、河村2010等］、防災の視点［室崎他2013］等、多岐にわたっている。しかしながら、合併自治体が享受していた優遇措置の外装が徐々に剥がれ落ち始めるのはこれからである。合併自治体の飾りが全て取り去られ普通の自治体になったとき、そこにどのような姿が現れるのか、どちらの方向に向かって歩き出すのか、今から個々の自治体における自治の真価が問われることとなる。その意味で、平成の大合併の検証は5年10年で終了すべきものではなく、今後とも中長期的な視野を持って見ていかなければならないものであると言えよう。

2　熊本県における平成の大合併

　熊本県においては、平成の大合併以前に94あった熊本県内の市町村数が、合併旧法の適用期間である2006年3月までに16の自治体が新たに誕生したことで48へと急減した。その後の合併新法の期間については、ほぼ県都熊本市及びその周辺自治体の合併のみが焦点となり、紆余曲折を経て2010年3月までに熊本市と周辺

表1　全国及び熊本県の市町村数の変化

	当初 (1999.4)	旧法期間 (～2006.3)	新法期間 (～2010.3)	変化率
全国 市町村数	3,232	1,821 (△1,411)	1,727 (△94)	△46.6%
熊本県内 市町村数	94	48 (△46)	45 (△3)	△52.1%
うち市	11	14	14	＋27.3%
町	63	26	23	△63.5%
村	20	8	8	△60.0%

出典：総務省及び熊本県

3町が合併を行った。これによって、最終的な熊本県内の市町村数は45と、平成の大合併以前に比べて半分以下となっている（表1参照）。

　熊本県では、国の指針を受けて2000年3月に「熊本県市町村合併推進要綱」を策定し、市町村合併の後押しを行った。また、合併新法施行後の2006年5月には「熊本県市町村合併推進構想」を打ち出し、残る市町村に合併の働きかけを行ってきたところである。熊本県の市町村数の減少率52.1％は、全国平均の46.6％と比べれば大きいものの、長崎や新潟など減少率が70％以上となる都道府県もあり、突出して合併を推し進めた県という訳ではない（図2参照）。熊本県は、都市部ではなく周辺の地方にあり、ごく平均的に合併が進んだ都道府県であるとみてよい。このような地域に居住する住民が平成の大合併をどのように判断しているか、一つの参考指標となるのではないだろうか。

三　平成の大合併後の住民意識

1　住民意識調査の概要

　平成の大合併を経て、合併した市町村の住民、または非合併市町村の住民は現状をどのように見ているのであろうか。それを探るため、熊本県調査では以下により住民に対するアンケートが行われた[3]。

---

[3] 以降、本稿のデータ、グラフ等は出典の標記あるいは断り書きがあるものを除き全て熊本県調査の数値を利用している。同調査については全て熊本県ホームページにて閲覧することが可能である。https://www.pref.kumamoto.jp/kiji_5490.html 参照のこと。

図2 「平成の合併」による市町村数の変化（都道府県別）

	都道府県名	H11.3.31市町村数			H22.3.31市町村数			減少率
		市	町	村	市	町	村	
1	北海道	34	154	24	179	129	15	15.6%
2	青森県	8	34	25	10	22	8	40.3%
3	岩手県	13	30	16	13	16	5	42.4%
4	宮城県	10	59	2	13	21	1	50.7%
5	秋田県	9	50	10	13	9	3	63.8%
6	山形県	13	27	4	13	19	3	20.5%
7	福島県	10	52	28	13	31	15	34.4%
8	茨城県	20	48	17	32	10	2	48.2%
9	栃木県	12	35	2	14	13	0	44.9%
10	群馬県	11	33	26	12	15	8	50.0%
11	埼玉県	43	38	11	40	23	1	30.4%
12	千葉県	31	44	5	36	17	1	32.5%
13	東京都	27	5	8	26	5	8	2.5%
14	神奈川県	19	17	1	19	13	1	10.8%
15	新潟県	20	57	35	20	6	4	73.2%
16	富山県	9	18	8	10	4	1	57.1%
17	石川県	8	27	6	10	9	0	53.7%
18	福井県	7	22	6	9	8	0	51.4%
19	山梨県	7	37	20	13	8	6	57.8%
20	長野県	17	36	67	19	23	35	35.8%
21	岐阜県	14	55	30	21	19	2	57.6%
22	静岡県	21	49	4	23	12	0	52.7%
23	愛知県	31	47	10	37	18	2	35.2%
24	三重県	13	47	9	14	15	0	58.0%
25	滋賀県	7	42	1	13	6	0	62.0%

	都道府県名	H11.3.31 1万人未満		H22.3.31 1万人未満		減少率
		団体数	（構成比）	団体数	（構成比）	
1	北海道	144	(67.9%)	112	(62.6%)	22.2%
2	青森県	36	(53.7%)	12	(30.0%)	66.7%
3	岩手県	24	(40.7%)	9	(26.5%)	62.5%
4	宮城県	27	(38.0%)	4	(11.4%)	85.2%
5	秋田県	41	(59.4%)	8	(32.0%)	80.5%
6	山形県	17	(38.6%)	12	(34.3%)	29.4%
7	福島県	51	(56.7%)	28	(47.5%)	45.1%
8	茨城県	15	(17.6%)	1	(2.3%)	93.3%
9	栃木県	7	(14.3%)	1	(3.7%)	85.7%
10	群馬県	24	(34.3%)	9	(25.7%)	62.5%
11	埼玉県	13	(14.1%)	3	(4.7%)	76.9%
12	千葉県	18	(22.5%)	7	(13.0%)	61.1%
13	東京都	11	(27.5%)	11	(28.2%)	0.0%
14	神奈川県	2	(5.4%)	2	(6.1%)	0.0%
15	新潟県	57	(50.9%)	6	(20.0%)	89.5%
16	富山県	11	(31.4%)	1	(6.7%)	90.9%
17	石川県	17	(41.5%)	1	(5.3%)	94.1%
18	福井県	18	(51.4%)	2	(11.8%)	88.9%
19	山梨県	41	(64.1%)	8	(29.6%)	80.5%
20	長野県	77	(64.2%)	40	(51.9%)	48.1%
21	岐阜県	56	(56.6%)	7	(16.7%)	87.5%
22	静岡県	15	(20.3%)	3	(8.6%)	80.0%
23	愛知県	18	(20.5%)	4	(7.0%)	77.8%
24	三重県	31	(44.9%)	4	(13.8%)	87.1%
25	滋賀県	20	(40.0%)	3	(15.8%)	85.0%

都道府県名	H11.3.31市町村数				H22.3.31市町村数				減少率
		市	町	村		市	町	村	
26 京都府	44	12	31	1	26	15	10	1	40.9%
27 大阪府	44	33	10	1	43	33	9	1	2.3%
28 兵庫県	91	21	70	0	41	29	12	0	54.9%
29 奈良県	47	10	20	17	39	12	15	12	17.0%
30 和歌山県	50	7	36	7	30	9	20	1	40.0%
31 鳥取県	39	4	31	4	19	4	14	1	51.3%
32 島根県	59	8	41	10	21	8	12	1	64.4%
33 岡山県	78	10	56	12	27	15	10	2	65.4%
34 広島県	86	13	67	6	23	14	9	0	73.3%
35 山口県	56	14	37	5	19	13	6	0	66.1%
36 徳島県	50	4	38	8	24	8	15	1	52.0%
37 香川県	43	5	38	0	17	8	9	0	60.5%
38 愛媛県	70	12	44	14	20	11	9	0	71.4%
39 高知県	53	9	25	19	34	11	17	6	35.8%
40 福岡県	97	24	65	8	60	28	30	2	38.1%
41 佐賀県	49	7	37	5	20	10	10	0	59.2%
42 長崎県	79	8	70	1	21	13	8	0	73.4%
43 熊本県	94	11	62	21	45	14	23	8	52.1%
44 大分県	58	11	36	11	18	14	3	1	69.0%
45 宮崎県	44	9	28	7	26	9	14	3	40.9%
46 鹿児島県	96	14	73	9	43	19	20	4	55.2%
47 沖縄県	53	10	16	27	41	11	11	19	22.6%
計	3,232	670	1,994	568	1,727	786	757	184	46.6%

都道府県名	H11.3.31 1万人未満		H22.3.31 1万人未満		減少率
	団体数	(構成比)	団体数	(構成比)	
26 京都府	21	(47.7%)	5	(19.2%)	76.2%
27 大阪府	2	(4.5%)	2	(4.7%)	0.0%
28 兵庫県	35	(38.5%)	0	(0.0%)	100.0%
29 奈良県	24	(51.1%)	18	(46.2%)	25.0%
30 和歌山県	28	(56.0%)	11	(36.7%)	60.7%
31 鳥取県	30	(76.9%)	7	(36.8%)	76.7%
32 島根県	45	(76.3%)	8	(38.1%)	82.2%
33 岡山県	50	(64.1%)	4	(14.8%)	92.0%
34 広島県	52	(60.5%)	2	(8.7%)	96.2%
35 山口県	33	(58.9%)	3	(15.8%)	90.9%
36 徳島県	32	(64.0%)	6	(25.0%)	81.3%
37 香川県	17	(39.5%)	1	(5.9%)	94.1%
38 愛媛県	42	(60.0%)	2	(10.0%)	95.2%
39 高知県	37	(69.8%)	19	(55.9%)	48.6%
40 福岡県	22	(22.7%)	7	(11.7%)	68.2%
41 佐賀県	25	(51.0%)	4	(20.0%)	84.0%
42 長崎県	55	(69.6%)	2	(9.5%)	96.4%
43 熊本県	58	(61.7%)	15	(33.3%)	74.1%
44 大分県	38	(65.5%)	1	(5.6%)	97.4%
45 宮崎県	19	(43.2%)	8	(30.8%)	57.9%
46 鹿児島県	54	(56.3%)	15	(34.9%)	72.2%
47 沖縄県	27	(50.9%)	19	(46.3%)	29.6%
計	1,537	(47.6%)	457	(26.5%)	70.3%

※H11.3.31の1万人未満の市町村数は、H7国勢調査人口による。
※H22.3.31の1万人未満の市町村数は、H17国勢調査人口による。
※みなし市等の単独市制施行を含む。
出典：総務省

(1) 調査期間
・2014年6月～7月
(2) 調査対象者等
・熊本県内45市町村　3,000名
・回答数　1,660件（回収率55.3％）
（内訳）合併17市町村　2,200、回答数1,242（回収率56.5％）
非合併28市町村　800、回答数418（回収率52.3％）
(3) 調査対象者の選定[4]
・調査対象者の選定に当たり、合併市町村のアンケート対象者2,200名については、熊本市を除く市町村に2,000名を人口比で按分し、残る200名を熊本市から選定した。また、非合併市町村については全て人口比で割り振った。
(4) アンケート項目
・表2のとおり

表2　熊本県調査におけるアンケート項目

項　目	アンケート内容	回答方法
基本情報	性別	選択式
	年代	選択式
居住地域	現住所（旧市町村別）	選択式
	居住開始時期	選択式
個別サービス満足度 ※平成の大合併以前と最近10年間を比較した個別サービスの変化に対する評価（全21項目）	①窓口サービス	以下の選択肢から選択 ・とても良くなった ・少し良くなった ・変わらない ・少し悪くなった ・とても悪くなった ・分からない
	②専門職によるサービス	
	③行政からの情報提供	
	④子育て支援、高齢者福祉等の福祉サービス	
	⑤小中学校等の教育環境	
	⑥巡回バス等の公共交通の便	
	⑦産業振興・雇用対策	
	⑧観光振興	
	⑨イメージ、知名度	
	⑩公共施設の利便性	

4　熊本市については、他の自治体と合併のタイミングが異なること、他と比較して人口が突出して大きいこと、さらには合併よりもむしろその後の政令市移行の影響が大きく、合併による変化の影響が独立して判断できないこと等の問題点が存在していた。これらの点を踏まえ、熊本市についてはあくまで参考値として取り扱うという前提で200名を割り振ることとした。そのため、今回の調査の数値は厳密には熊本県全体の住民意識を現しているとは言うことはできない。あくまでも全体的な傾向として理解する必要があることに留意されたい。

	⑪道路、上下水道等のインフラ整備	
	⑫行財政改革	
	⑬防災	
	⑭地域の活気・にぎわい	
	⑮集落のつながり・絆	
	⑯住民主体の取組	
	⑰地域の意見の行政への反映	
	⑱まちづくり活動への支援	
	⑲公共料金の負担	
	⑳行政からの補助金・助成金	
	㉑伝統文化の保存・継承	
政策の方向	今後力を入れるべき政策	記述選択式
全体的評価	合併、非合併の選択に対する全体的評価	以下の選択肢から選択 ・評価している ・ある程度評価している ・あまり評価しない ・評価しない ・まだ評価できる時期ではない
	上記評価の理由	自由記述
今後の課題と対応策	国や自治体への要望	自由記述
	住民や地域団体が自ら取り組むべきと考えること	自由記述

出典：熊本県

2 合併市町村における住民意識の分析

合併市町村の住民アンケート2,200のうち、有効回答数は1,242、回収率は56.5％となった。男女比については男性41.1％、女性57.8％、無回答1.0％であった。回答者の年代については20代が7.8％、30代11.4％、40代11.4％、50代16.9％、60代22.8％、70代以上が28.7％、無回答が1.1％となっている。年代別の住民アンケートの回答割合を見ると、回答者の7割近くが50代以上となっている。そのため、比較的高齢の者の意向がアンケートの回答全体に与える影響が強くなっていることに留意する必要がある。

なお、これ以降の表及びグラフで用いた数値は、熊本県調査の報告書に基づき、基本的に「無回答」の数値を除いたデータとなっている。

合併市町村に居住する住民が自らの市町村の合併をどのように評価している

表3　合併に対する評価

評　価	割　合
評価している	5.10%
ある程度評価している	33.20%
余り評価しない	34.20%
全く評価しない	13.40%
まだ評価できる時期ではない	14.10%

表4　個別サービスに対する住民満足度

項　目	とても良くなった	少し良くなった	少し悪くなった	とても悪くなった	変わらない	分からない
窓口サービス	5.8%	17.7%	2.8%	15.8%	46.2%	11.6%
専門職によるサービス	2.9%	15.3%	1.1%	33.8%	40.7%	6.3%
行政からの情報提供	3.7%	19.6%	1.7%	17.2%	51.7%	6.1%
福祉サービス	4.4%	20.2%	2.5%	28.3%	37.1%	7.5%
教育	2.9%	12.6%	2.9%	37.7%	34.6%	9.3%
公共交通	4.0%	18.3%	7.8%	25.7%	33.4%	10.8%
産業振興	0.3%	4.3%	5.9%	30.3%	43.7%	15.4%
観光	1.6%	16.0%	3.4%	23.8%	44.2%	10.9%
知名度	3.6%	22.1%	3.2%	14.4%	47.5%	9.2%
公共施設の利便性	2.4%	15.5%	2.7%	17.0%	53.8%	8.5%
インフラ整備	3.7%	25.0%	3.2%	13.7%	45.6%	8.7%
行財政改革	1.2%	13.2%	5.2%	33.0%	35.1%	12.4%
防災	2.6%	19.6%	1.3%	22.0%	48.1%	6.4%
地域の活気	2.0%	11.7%	10.1%	10.6%	45.7%	19.9%
集落のつながり	1.6%	9.8%	2.4%	13.1%	60.5%	12.6%
住民主体の取組	1.6%	11.7%	1.9%	29.4%	47.6%	7.9%
意見反映	1.2%	8.7%	4.1%	31.6%	42.8%	11.6%
まちづくり支援	1.5%	12.9%	3.1%	30.0%	42.4%	10.1%
公共料金の負担	0.6%	2.4%	8.0%	19.8%	45.4%	23.7%
補助金	1.0%	8.7%	7.7%	35.9%	32.0%	14.8%
伝統文化支援	0.9%	9.0%	3.2%	36.0%	42.7%	8.1%

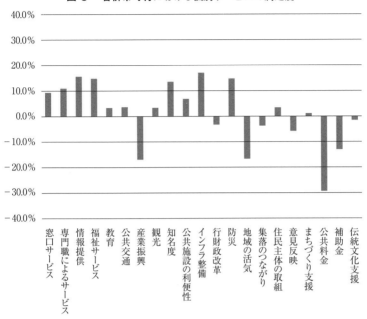

図3 合併市町村における個別サービスの満足度

か、その全体的な評価を示したものが表3である。合併について評価している住民の割合（「評価している」と「ある程度評価している」の合計）は38.3％である。一方、評価が低い住民の割合（あまり評価しない」、「評価しない」の合計）は47.6％と、合併に対する否定的な回答の割合の方が10ポイント近く多くなっている。

合併前と比較した合併後10年間の個別サービス21項目に関する住民の満足度を調べたのが表4である。21項目のサービスのいずれについても、「変わらない」及び「分からない」が圧倒的多くを占めており、多くの住民が合併に伴う行政サービスの変化を身近に感じていないことが分かる。

個別サービスの満足度についてもう少し分かりやすくするために、正の評価（「とても良くなった」と「少し良くなった」）と負の評価（「少し悪くなった」と「とても悪くなった」）のポイントの差を求め、それをグラフ化したものが図3である。ここでは、グラフの中央で評価のプラスとマイナスが同数となっており、そこから上に行くほど正の評価が多く、下に行くほど負の評価が多くなる[5]。

これによると、「窓口サービス」、「専門職によるサービス」、「行政からの情報

提供」、「福祉サービス」、「知名度」、「インフラ整備」、「防災」等については正の評価が負の評価を大きく上回っている。一方で、「産業振興」、「地域の活気」、「公共料金の負担」、「行政からの補助金」等については悪くなったという評価の方が多い。

　プラスの評価を受けた項目のうち、特に「専門職によるサービス」、「知名度」、「インフラ整備」等は、当初から市町村合併による効果として想定されていたものである。これらの事前想定について、現実にも住民からプラスの評価を受けているということが明らかになったと言えよう。

　一方で、「産業振興」、「地域の活気」、「公共料金の負担」、「行政からの補助金」の各項目については、悪い評価が上回ることとなった。この悪い評価については、二通りの見方が可能である。一つ目の見方は、合併後の10年間がちょうどリーマンショック等の影響による景気低迷の時期と重なったことや、少子高齢化・過疎化が急激に進展したことなど、日本社会全体の抱えていた課題が原因となって、合併の事実とは無関係に行政の個別サービスに対する評価が低くなったというものである。また、公共料金の負担に対する不満についても、熊本県内の多くの合併において負担の「より低い」自治体に合わせる方法で調整が図られており、合併が原因とは考え難い[6]。従って、これらの項目の評価の低さは、「市町村合併に起因するものではない」とする見方もできる。

　二つ目の見方は、これらの項目について評価が低くなった原因として、合併が原因となって周辺部が寂れ、活気が失われたと住民が感じたことが負の評価をもたらしたのではないか、というものである。この見方を採るならば、市町村合併自体が理由となって周辺地域が衰退し、それが住民満足度を低下させたという結論となる。旧市町村時代、曲がりなりにも「まちの中心」だった市町村庁舎所在地周辺が、合併によって半ば強制的に「周辺化」されてしまったことは、当該地域に居住する住民の感情に影響を与えずにはおかない。熊本県調査においては合

5　この設問については、アンケートの設計上、合併に対する全体評価にキャリーオーバーを与えないよう単純に「この10年間の変化」を尋ねるものとしており、「合併に起因する変化」の回答を求めているわけではないことに留意されたい。

6　住民の満足度が低い「公共料金の負担」について、実際の負担増大要因としては介護保険料の引き上げがある。ただし、これについても高齢化に伴う介護サービス利用の増加等によるものとして合併・非合併に関わらず適用されているものであり、合併に起因する満足度の低下とはやや異なる。

併と地域格差の拡大との明確な因果関係は見いだされなかったものの、周辺部に居住する住民に対するヒアリング結果では、異口同音に周辺部の衰退が指摘されたところである。

　この二つの見方は、いずれかが正解と言うことで理解すべきではない。地域における産業の衰退や少子高齢化は合併・非合併を問わずのしかかってくる課題であり、周辺部の衰退が住民に認識されていることもまた事実であろう。市町村の現場においては、国全体が抱える社会的な課題と、「寂しくなった」という住民の肌感覚とがともに混在しているのが実態である。

3　合併市町村と非合併市町村

　今回の熊本県調査では、合併市町村と並んで非合併市町村の住民に対しても同様のアンケートを実施している。ここでは、非合併市町村の住民の意識について、合併市町村のそれとの比較を行う。平成の大合併当時に「合併をしない」という選択をした自治体については、合併市町村が享受してきた様々な財政的な優遇策について、受けることがないまま十数年を過ごしてきたこととなる。これらの自治体の住民は、過去の選択及び現在の個別行政サービスについてどのように判断しているのだろうか。

　非合併市町村の住民アンケートについては、有効回答数418（回収率52.3％）、男女比は男性38.0％、女性57.2％、無回答4.8％であった。また、回答者の年齢については、20代〜40代までの若い世代が29.8％、50代〜70代以上の高齢世代が65.7％、無回答4.5％となっている。ここでも、合併市町村同様、回答者の多くが50代以上となっている。

　非合併市町村の住民の全体的な評価について示したのが表5である。比較しやすいように、合併市町村のものと並べて表示している。

表5　非合併・合併に対する評価

評　価	非合併	合併（再掲）
評価している	15.2％	5.1％
ある程度評価している	36.9％	33.2％
余り評価しない	25.1％	34.2％
全く評価しない	7.3％	13.4％
まだ評価できる時期ではない	15.5％	14.1％

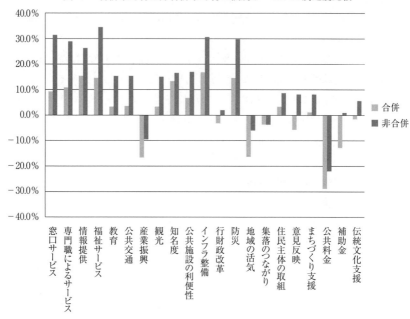

図4　合併市町村と非合併市町村の個別サービスの満足度比較

　非合併市町村においては、合併市町村とは打って変わって52.1％と半数以上の住民が10年前の「合併しない」という選択に関して肯定的な評価を下している。否定的な回答の合計は32.4％であり、肯定的な回答の割合の方が20ポイント余りも多い。このことは、合併市町村の住民と比べ、むしろ非合併市町村の住民の方が自治体の選択を高く評価したということを示している。

　非合併市町村における住民からの高い評価は、図4に示す個別サービスに対する満足度にも現れている。個別サービスの10年間の比較について、そのプラスの回答とマイナスの回答の差を見てみると、21項目のサービス全てについて、非合併市町村の評価が合併市町村のそれを上回っていることが分かる。合併市町村同様、非合併市町村においても「産業」、「地域の活気」、「集落のつながり」、「公共料金」の項目についてはマイナスとなってはいるものの、その下がり幅も合併市町村より少なくなっている。

　以上のデータから、非合併市町村の住民は、当該自治体の過去の選択、そして現在提供されているサービスについて極めて満足しているということが見て取れ

よう。本来は合併効果をあらわす指標であるはずの「専門職によるサービス」、「知名度」、「インフラ整備」等の項目ですら、非合併市町村の満足度の方が上回っていることとなる。非合併市町村においては、合併市町村のような財政上の優遇措置は受けていないため、これら個別の行政サービスが平成の大合併期以前と比べて著しく向上しているとは到底考えられない。にも関わらず、これだけ多くの住民が現状を高く評価していることは興味深い。

4　個別サービス満足度と全体評価の相関

住民は、合併あるいは非合併の選択に対する評価を下す際、現状のどのような項目を念頭に置いているのだろうか。今回の熊本県調査においては、個別サービスの満足度を独立変数とし、合併・非合併に関する全体評価を従属変数とする回帰分析も行われている。その結果を表6に示す[7]。

合併市町村の住民について、合併に対する全体的評価に強く影響を与えている個別サービスを抽出したところ、「地域の活気」、「行財政改革」、「知名度」、「教

表6　全体評価を従属変数とする回帰分析

合併市町村住民（n＝354）

変数名	評　価
女性ダミー	−.029
六十代	−.046
五十代	−.095
四十代	−.005
三十代	−.035
二十代	.000
地域の活気	.106＋
行財政改革	.322**
知名度	.229**
教育	.167*
まちづくり支援	.177*
R2	.543**

非合併市町村住民（n＝98）

変数名	評　価
女性ダミー	0.14
六十代	0.022
五十代	0.102
四十代	−0.046
三十代	0.156
二十代	0.107
意見反映	0.399**
R2	0.195*

** $p<.01$、* $p<.05$、＋ $p<.10$

7　ステップワイズ法を用いたロジスティック回帰分析。清水ほか（2006：1-6）参照。

育」、「まちづくり支援」の5つの項目について相関関係が認められた。これは、これら5つの項目に対する満足度が高い住民ほど、合併自体を高く評価していることを意味する。

「地域の活気」や「知名度」については個別サービスの満足度の単純集計においても比較的注目されていた項目だが、「行財政改革」、「教育」、「まちづくり支援」については単純集計の際には余り目立たない項目だったと言える。しかしながら、回帰分析の結果からは、これらの項目もまた合併に対する評価に大きな影響を与えていることが分かった。これらの指標はやや「行政寄り」の項目であると言ってよく、このことから、自治体の活動について詳細な知識を持つ住民ほど合併を高く評価する傾向にあるのではないか、という可能性が示唆される。行政について詳しい住民は、合併による行財政改革や教育環境の整備の効果等も認識しており、それを踏まえて合併を高く評価する。一方で、行政のことについて詳しい知識を持たない住民は、合併しても少しもよくならないと不満を持つのではないだろうか。

他方、非合併市町村の住民については、回帰分析の結果からは、全体的評価と明確に相関関係があると言える個別サービスの項目は唯一「地域の意見の行政への反映」のみであった。この結果は、合併市町村において希薄化が再三指摘されている地域における「政治的ネットワーク[8]」が、非合併市町村には未だにしっかりとした形で存続しているということを示している可能性を示唆する。逆に、「地域の意見の行政への反映」以外の個別サービスについては全体評価との相関関係が確認されなかった。非合併市町村においては、過去の選択に対する住民からの評価は極めて高く、かつ個別の各サービスに対する満足度も非常に高いものの、両者にはほとんど相関関係が見られない。非合併市町村の住民は、個別サービスの評価とはほぼ無関係に、純粋に「非合併」という選択自体を高く評価しているのかもしれない。

5 住民意識に関する考察
（1）合併市町村における低い評価

熊本県内の合併市町村の住民の平成の大合併に対する評価は、おそらくは国や

---

[8] 合併市町村における政治的なネットワークの変遷についても多数の研究がなされている。堀内（2009）、河村（2010）、今井（2011）ほか参照。

県の期待に反して、非常に低いものに留まった。これはどのような理由によるものであろうか。

　行政が提供するサービスに対する住民の満足度の決定要因は、住民側の初期の期待に依存することとなる［野田2007］。もともと50点のサービスしか期待していなかったところに75点分のサービスが行われれば評価は高まるが、100点を期待しているのに75点分しかできないならば不満は高まる。同じ75点分のサービスであっても、評価者の持っている期待の初期値によって見方が全く異なることになる。

　翻って、合併市町村の住民の合併に対する期待はどうだったであろうか。期待が低ければそもそも合併自体が行われなかったであろうことを考えれば、合併した市町村においてはいずれも、住民が合併による明るい未来を思い描いていたことは想像に難くない。しかしながら、期待に胸を膨らませた住民たちに提供されたものは、「変わらない」、あるいは変化が「分からない」としか回答のできないサービスだった。そもそも当初期待された合併の効果の一つとして「行財政の効率化」があげられたように、多くの自治体において合併は効率化を進め悪化する財政を立て直すための手段でもあった。そのような状況下では、合併したからと言って住民を驚かせるほどの大盤振る舞いなどできるはずもない。さらにまた、合併後の10年間がそのまま景気の低迷や少子高齢化の進展の時期と重なり、結果として地域の活気が失われていったこともマイナス要因であった。その結果、大部分の住民にとって、初期の期待が大きかった分だけなおさら合併に対する評価が厳しいものとなってしまったと考えられよう。

　合併自治体の首長の側からはしばしば「合併することによって行財政の効率化を進めることが可能となり、厳しい財政状況下でもサービスを維持することができた。変わらないサービスを提供することができたことこそが合併の成果である」といった主張も聞かれる。しかしながら、「行財政の効率化」はあくまで行政内部の問題であり、「見える化」が行われない限り住民にとっては無関心なものでしかない。行政が自らの内情を住民に明かそうとしない限り、行財政の効率化は合併の効果をアピールするポイントにはなり得ない。

　前述の回帰分析の結果では、「行財政改革」に対する満足度が高い住民は合併を高く評価するという相関関係が存在していた。このことを別言すれば、行政の活動と財政状況について深い理解を持ち、行財政改革の必要性を認めている住民

は、その手段の一つとしての合併の価値を認めるということである。逆に、自治体にはカネがあって何でもしてくれると思っているような行政依存型住民は行財政改革に無関心であり、「わざわざ合併したのに、行政は何もしてくれない」と不満を持つようになってしまう。このことに鑑みれば、合併した自治体がもし合併の意義を住民にきちんと伝えたいと考えるのであれば、自らの置かれた厳しい財政状況について住民に分かりやすい言葉で伝え、なぜ行財政の効率化が必要であるのかを知らせる努力をしなければならないという結論が導かれる。行財政改革の努力が、単純な「合理化」という言葉の枠を超え、自治体が生き延びていくための懸命な努力であると住民が理解するならば、そこに初めて行政と住民との対等性が生まれる。住民が行政に対して対等な立場で判断することができるようになれば、合併という意思決定に対しても認識を改め、高く評価するようになる可能性も生まれるだろう。反対に、自治体があくまでも住民に弱みを見せまいとパターナリズムを演じ続けるのであれば、住民はいつまでも行財政改革の必要性に気づかず、合併に対する不満を持ち続けるのではないだろうか。

（2）非合併市町村における高い評価

　非合併市町村についても、合併市町村同様、住民の初期の期待について考えてみたい。非合併の途が選択された際、住民はこの選択によって財政的に厳しくなり、サービスが低下する可能性もあることを念頭に置いていたことは想像に難くない。そのため、住民の行政サービスに対する初期の期待値は非常に低いものとなっていたと考えられる。しかし、大方の住民の予想に反して行政サービスの多くは「変わらない」ものであった。初期の期待が非常に低かったにもかかわらず「変わらない」サービスが維持されている現状を見ることによって、「思っていたよりも悪くない」、「頑張っている」と住民が自治体の行政運営をポジティブに評価したのではないだろうか。この場合、合併市町村とは異なり、同レベルのサービスを維持していくだけで住民の満足度は大きく高まることとなる。それが、個別サービスに対する盲目的と言って良いほどの高い評価につながっている可能性がある。

　自治体と住民との対等性についても指摘しておきたい。非合併市町村においては、自治体職員の間にも非合併の途を選んだことによる覚悟がそれなりに要求されたであろう。来たるべき財政難に備え、生き延びていくための知恵を絞ることを要求されることで、必然的に職員の意識も高まることとなったことは想像に難

くない。さらに、非合併を選んだことによって住民にも意識の転換を促しやすかったと考えられる。住民の側も、非合併を選択する過程において自治体に厳しい未来が待っていることを理解することで、安易な行政依存からの脱却が可能となる。このように行政と住民とが対等な立場に立つことができたことが、非合併市町村の行政運営に対する住民からの高い評価につながっているのではないだろうか[9]。

　もう一点、「来たるべき財政難」が実際には来なかったことについても指摘しておきたい。2003年から2006年にかけての三位一体の改革に伴う所謂「地財ショック」によって、自治体の歳入総額は大きく押し下げられることとなった。この地財ショックが平成の大合併の推進要因の一つとなって多くの自治体を市町村合併へと押しやったことは言うまでもない。その後もこの傾向が継続していれば、あるいは非合併市町村にとって厳しい状況が訪れたであろう。しかし、この状況は2008年のリーマンショックによって急転する。景気の悪化に対応するために国が行った緊急経済対策により市町村の歳入は三位一体の改革前の水準を取り戻し、それを上回る額で推移するようになった。そのため、苦しい財政状況を覚悟して非合併を選択した自治体にとっては、思いの外苦しまずに十数年間を過ごすことができたというのが本音ではないだろうか。

　無論、この状況が今後も続くという保証はどこにもない。国からの支援はあくまでも政策的なものであり、そうである以上、いつまた三位一体改革のように政策的な締め付けがくるやもしれない。そのような苦しい状況になったときにも耐えていけるような気持ちを、現在の非合併市町村は果たして持っているだろうか。あるいは十数年前の選択の時の覚悟を忘れてしまっている向きもあるのではないだろうか。もしそうであるならば、苦しい状況になったとき慌てふためいて再度周辺との合併を模索しなければならなくなるかもしれない。そのことに鑑み、非合併の途を選んだ自治体は、住民からの高い支持を所与のものと考えることなく、不断に努力を重ねていかなければならないことを今一度認識する必要があるだろう。

　9　この対等性の形成モデルについては、もちろん「理念型」である。実際の市町村の現場においては、このような「自主的な非合併の選択」ではなく、周辺と不仲だった、財政状況が悪すぎて合併できなかった、逆に潤沢な財源を周辺市町村に分割したくなかった等々の理由で合併を選ばなかった自治体も多い。

四　住民主体のまちづくり

　従来、地域のまちづくり活動において、市町村が中心的役割を担ってきた部分が大きい。しかしながら、近年、行政頼みではなく住民達自身が自主的なまちづくりに乗り出す地域が徐々に増えている。自治会や町内会などの住民自治組織を中心に、地域づくり団体、ボランティアやNPO法人などの様々な主体が、協働・新たな公・絆や結（ゆい）などをキーワードとして、地域の活性化に積極的に関わるようになっているのである。それを踏まえて、合併市町村、非合併市町村それぞれについてまちづくりがどのように評価されているのかについて検証を行い、近年の住民主体のまちづくりの傾向を概観する。

1　まちづくりに関する評価

　表2に示した住民アンケート項目のうち、まちづくりに関わる項目について聞いているのが以下の項目である。

　　⑮コミュニティ（集落）の絆・つながり
　　⑯住民主体の取組み（住民主体のイベント、自治会・NPOの活動等）
　　⑰地域の意見の行政への反映（地域懇談会、住民相談窓口、市町村議会等）
　　⑱地域のまちづくり活動への支援
　　㉑地域の伝統文化の保存・継承への支援

　これらの各項目について、熊本市を除く合併市町村全体の良い評価（とても良くなった・少し良くなった）から、悪い評価（少し悪くなった・とても悪くなった）を差し引いたのが図5である。

　図5では、⑮集落の絆・つながり、⑰地域意見の反映、㉑伝統文化の保存継承については「悪化した」と考えている人が多い。これは、役場が支所になったり人口が中心部に移動したことによる地域構造の変化が原因であろう。加えて、合併以前に比べ相対的に議員数が減少したことも、地域意見の反映という面からはマイナスと捉えられる。また、少子高齢化の影響により集落の人口自体が減少していることもあげられる。

　他方、⑯住民主体の取組や⑱まちづくり支援については、逆に「良くなった」と答える住民の数の方が多いことが注目される。合併した市町村全体でこの十数

図5　合併市町村(熊本市除く)におけるまちづくり項目の評価

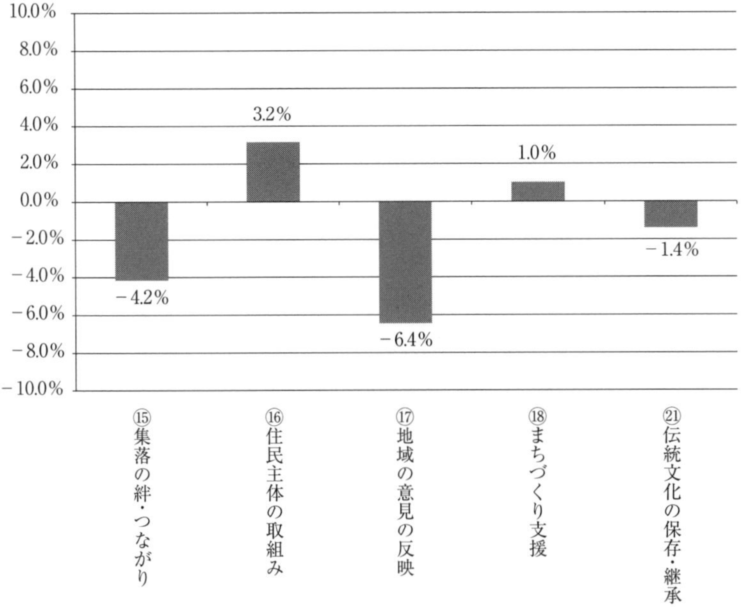

項目	評価
⑮集落の絆・つながり	-4.2%
⑯住民主体の取組み	3.2%
⑰地域の意見の反映	-6.4%
⑱まちづくり支援	1.0%
㉑伝統文化の保存・継承	-1.4%

表7　熊本県における地縁団体数の推移

	自治会	町内会	町会	部落会	区会	区	その他	計
2002	1548	580	22	354	75	2679	508	5766
2013	1780	291	1	174	42	2452	492	5232
増減	232	-289	-21	-180	-33	-227	-16	-534
変化率	15%	-50%	-95%	-51%	-44%	-8%	-3%	-9%

出典：総務省「地縁による団体の認可事務の状況等に関する調査」(2013)

年の間にまちづくりに取り組んでいる主体が増加していると考えられよう。

2　合併市町村における住民自治組織の変容

　平成の大合併の前後では、熊本県内の住民自治組織の数も大きく変化している。以下のデータ（表7）は、総務省の「地縁による団体の認可事務の状況等に関する調査（H25）」に基づき、平成14年度と平成25年度の熊本県の全ての市町村の住民自治組織の数を表にしたものである。

平成の大合併前後では、熊本県内の市町村全体の住民自治組織は、5766から5232へと1割近く減少している。中でも、減少数・減少率ともに大きいのは町内会であり、部落会がそれに続く。また、区については、減少率自体は小さいものの絶対数としての減りが大きい。一方、区分の中で唯一増加しているのが自治会となっている。

　これらの自治会や町内会などの地縁による組織は、①全世帯加入性、②サービスの全体性、③地域代表性などの特長を持つとされ、まちづくりに重要な役割を担っている[10]。

　そのような中で、特に合併市町村において、合併前後で「住民自治組織の再編」とも言うべき動きが顕著に見られ、それが地域におけるまちづくりにも影響を与えている。これらの住民自治組織の再編は、大きく分けると「(1) 行政区の合併」と「(2) 協議会型組織（地域運営組織）の設置」という二つのパターンが見られる。では、それぞれのパターンは住民主体のまちづくりに対してどのような含意を持つのであろうか。

(1) 行政区の合併[11]

　平成の大合併の前後において、合併市町村と非合併市町村それぞれの行政区の変化を比較したのが図6である。(本データについては熊本県が県内市町村に照会を行って得た回答をもとにしており、団体算定の基準の相違等により総務省の数値とは若干異なっていることに留意する必要がある。)

　合併市町村においては、行政区が1割以上減少（熊本市を除いても7％減少）している。非合併市町村の変化がマイナス2％に留まっていることを勘案すれば、合併市町村の方で行政区の削減がより大規模に進められたことが分かる。ただし、個別の自治体ごとに見ていくと、この「行政区の削減」にもやはり二つの異なる方向性がある。一つ目は、行政区制を廃止して自治会制度に切り替えるというものであり、熊本市の取組がこれに該当する。自治会制度への切り替えに伴って、

10　このような地縁による住民自治組織の持つ3つの特徴は、規模を拡大していけば、そのまま自治体が持つ特徴にもつながる。その点を踏まえ、住民自治組織を M. コトラーの述べる「近隣政府（Neighborhood Government）」の母体となり得る存在であると見ることも可能であろう。澤田（2017）、同（2018）、荒木ほか（2018）参照。

11　行政区およびその類似組織については、その取りまとめを行う世話役としての行政区長（地域によって区長・嘱託員等、様々な呼び方がある）が、本文中にも記載したとおり、特別職の地方公務員として任用されている場合が多い。従って、住民自治組織の単位ではありつつも、行政末端組織としての色合いの方がより強くなっている。

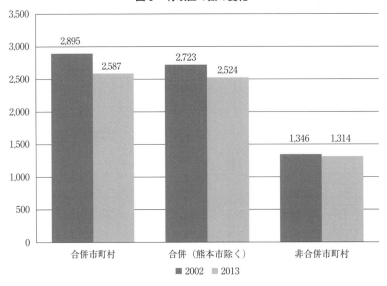

図6 行政区の数の変化

非常勤の特別職地方公務員であった行政区長も任用行為等を伴わない自治会長等に移行している。旧熊本市が従来から自治会制度を取っていたこともあり、熊本市に編入合併された旧町も行政区制度から自治会制度に移行することとなった。

　二つ目の方向性は、隣接する行政区同士を合併させて新たな行政区を設置するというものであり、熊本市以外で行政区を削減している自治体全てがこれに該当する。この行政区の合併を実施した理由として多くの市町村があげたのが、役員の確保の問題である。少子高齢化・過疎化に伴う人口減少を背景として、多くの市町村で行政区の合併が進められ、それによって行政区業務の担い手を確保することが可能となった。それを行わなければ行政区自体が維持できなかった可能性があることを考えれば、この行政区の合併には一定の効果があったということができるだろう。しかしながら、行政主導により本来地縁によって構成されていた団体の合併を進めた結果、コミュニティのつながりがかえって希薄化してしまい、行政区以外の任意団体（老人会・婦人会等）の活動が停滞・解散することとなったという事例も散見された。

　行政区の合併がコミュニティに与える影響について、熊本市を除いた住民アンケートの⑮コミュニティ（集落）の絆・つながりの項目の部分のみを行政区の合

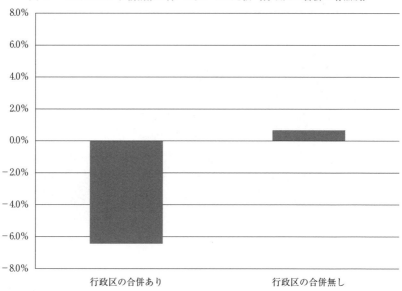

図7 コミュニティ(集落)の絆・つながりの比較（行政区の合併の有無別）

併を行っていない市町村と行った市町村に分けて比較すると、図7のようになる。

このデータでは、コミュニティのつながりについて、行政区の合併が行われていない市町村に比べ行われた市町村の方が、合併前と比べて低下したと考えている住民の割合がより多いということが分かる。住民主体のまちづくりを充実させていくためには、単なる担い手の確保を目的とした行政区の合併だけでは不足する部分があるということが読み取れよう。

(2) 協議会型組織の設置

住民自治組織の再編のもう一つの流れが「協議会型組織の設置」である。ここでいう協議会型組織とは、小学校区程度の区域など、既存の住民自治組織の範囲を超えるエリアを対象区域とし、当該エリア内のまちづくりに関わる様々な団体を構成メンバーとして設置される組織を指す。多くの場合、エリア内の自治会や老人会、公民館、コミュニティセンター、PTA、消防団、地域づくり団体などが加盟しており、協議会型組織はそれらの組織を包括する上位組織として位置づけられている。近年ではこのような組織は「地域運営組織」と呼ばれることが多くなっている[12]。

図8 熊本県内の協議会型組織の設置数の推移

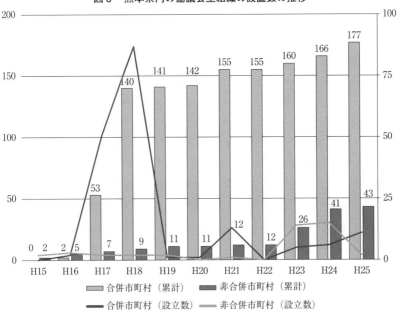

　農業・地域づくり関連の研究を行うJC総研が全国の市町村に行ったアンケートを基に作成したレポート「全市区町村アンケートによる地域運営組織の設置・運営状況に関する全国的傾向の把握」(平成25年)では、地域運営組織の設置は平成の大合併と密接に関連していると述べられている。平成の大合併の時期に、合併市町村において地域運営組織の設置が全国的に進んでおり、市町村減少率が高い(合併が進んだ)都道府県ほど設置率が高くなっている。また、非合併市町村においても、合併市町村ほど設置は進んでいないものの、近年徐々に設置が進んでいるとされる。
　このJC総研のレポートに述べられた傾向は、熊本県内の市町村においても同様である。図8は、熊本県内市町村における協議会型組織の年度別設置件数と団体数の累計を示したものである。
　このグラフからは、2005年度から2006年度にかけて合併市町村において一気に

12　JC総研 (2013)、総務省 (2016)、内閣府 (2016) ほか。

協議会型組織の設置が進んだことが見て取れる。この時期は、県内においても平成の大合併で新たな市町村が誕生した時期であり、合併を契機として協議会型組織が次々に設立されたことが分かる。また、非合併市町村においても、合併市町村から数年遅れて増加している。

　この協議会型組織の利点は果たしてどのようなものなのだろうか。前出のJC総研レポートでは、合併によって空洞化の恐れがあった行政機能の補完と、人口減・高齢化による地域の疲弊への対応の2つを組織急増の理由としてあげている。これらの理由は、先に述べた行政区の合併が目指したものと本質的に等しい。しかしながら、協議会型組織の設置は、行政区の合併のような対処療法的な設置理由を超えて、「住民自治における協働の場」となり得るものである。協議会の設置によって、まちづくりに取り組んでいる個々の住民自治組織に、情報交換と交流・連携の場が提供されることになる。また、従来は区長のみに伝えられていた行政からの情報が、協議会経由でメンバーに広く共有が図られることにもなる。住民自治組織の再編の方向性の一つとしての「協議会型組織の設置」は、単なるお飾り組織ではなく、まちづくりに関わる様々な住民自治組織に対して交流・連携の機会を提供し、様々な主体の協働を促進するという極めて重要な役割を果たしているのである。

　現在、国ではこのような協議会型組織としての地域運営組織のあり方の検討、さらには法人格を持つ住民主体の団体である「地域自治組織」の導入の検討もなされている[13]。合併を契機に設置が進んだ協議会型組織が、国が想定するような主体的な地域経営の担い手としての地域運営組織や地域自治組織と同一視できるような存在であるかと問われれば、現時点では未だしというところであろう。しかしながら、このような協議会型組織が地域における様々な主体の「協働のプラットフォーム[14]」となりうる存在であることは明らかである。それを構成するメンバー間の交流を促進し、その多様性の中から地域に新しい価値を提供していくことこそが、協議会型組織が真の地域経営の担い手へと成長していく第一歩であろう。

　平成の大合併から十数年が過ぎた現在、地域においてはますます少子高齢化が進展し、抱える課題は大きさを増す一方である。このような状況は、合併を経て

13　総務省「地域自治組織のあり方に関する研究会報告書」、2017参照。
14　澤田（2017）ほか。

市町村組織のあり方を変えたこと（あるいは変えなかったこと）による行政力の増減によって解決できるものでは到底ない。その意味で、地域住民自身が主体的にまちづくりに関わっていくことの重要性は、今後ますます高まるであろう。合併・非合併の自治体双方ともに、どのように住民主体のまちづくりを行っていくかが、今問われているのである。

参考文献

荒木昭次郎・澤田道夫『真・自治行政構想の奇跡——自治の華ひらく協治の世界』、敬文堂、2018。

今井照「市町村合併に伴う自治体政治動向について」、『自治総研』通巻387号、2011。

片木淳『日独比較研究　市町村合併』、早稲田大学出版部、2012。

河村和徳『市町村合併をめぐる政治意識と地方選挙』、木鐸社、2010。

熊本県・熊本県立大学「熊本県における平成の市町村合併検証報告書——合併後10年の効果と課題——」、熊本県、2015。

倉沢進・秋元律郎編著『町内会と地域集団』、ミネルヴァ書房、1990。

小原隆治・長野県地方自治研究センター編『平成大合併と広域連合：長野県広域行政の実証分析』、公人社、2007。

澤田道夫「地縁組織の活動の歴史的背景とその現代的意義——町内会・自治会制度をめぐる基礎理論的研究（１）——」、『アドミニストレーション』第24巻第1号、熊本県立大学総合管理学会、2017。

澤田道夫「地縁組織の加入率と活性化に関する一考察——町内会・自治会制度をめぐる基礎理論的研究（２）——」、『アドミニストレーション』第24巻第2号、熊本県立大学総合管理学会、2018。

清水裕士・村山綾・大坊郁夫「集団コミュニケーションにおける相互依存性の分析（１）コミュニケーションデータへの階層的データ分析の適用」、電子情報通信学会技術研究報告、106（146）、2006。

庄司俊作編著『市町村合併と村の再編』、農山漁村文化協会、2014。

総務省「地域自治組織のあり方に関する研究会報告書」、2017。

総務省「暮らしを支える地域運営組織に関する調査研究事業報告書」、2016。

辻中豊・ロバート・ペッカネン・山本英弘『現代日本の自治会・町内会——第1回全国調査に見る自治力・ネットワーク・ガバナンス——』、木鐸社、2009。

内閣府「地域の課題解決を目指す地域運営組織——その量的拡大と質的向上に向けて——最終報告」、2016。

日本政策投資銀行「合併市町村が直面する財政上の課題」、ミネルヴァ書房、2013。

野田遊「行政経営と満足度」、『季刊行政管理研究』2007. 12 No. 120、行政管理研究センター、2007。

久塚純一・石塚優・原清一編『高齢者福祉を問う――現場・行政・研究の立場から』、早稲田大学出版部、2009。
日高昭夫『市町村と地域自治会――「第三層の政府のガバナンス」――』、山梨ふるさと文庫、2003。
堀内匠「「平成の大合併」効果としての投票率の低下」、『自治総研』通巻368号、2009。
堀内匠「長野県における市町村広域連合のその後――「平成の合併」による変化を中心に――」、『自治総研』400号、2012.2、地方自治総合研究所、2012。
町田俊彦編『「平成の大合併」の財政学』、公人社、2006。
室崎益暉ほか『市町村合併による防災力空洞化』、ミネルヴァ書房、2013。
日高昭夫『市町村と地域自治会――「第三層の政府のガバナンス」――』、山梨ふるさと文庫、2003。
吉村弘『最適都市規模と市町村合併』、東洋経済新報社、1999。

なぜ在華紡は大事か

篠　田　　　徹

　一　環太平洋労働史とは何か。
　二　在華紡とは何か。
　三　在華紡労働への関心

　この短いエッセーは、筆者のライフワークであるトランス・パシフィック・レーバー・ヒストリー（Trans-Pacific Labor History）、すなわち環太平洋労働史執筆の作業の一環である。この文章はまた、この生涯に亘る学究愛の対象を見出すに当って、恩人の一人である久塚純一先生に捧げる。
　久塚先生とは32年前、北九州大学法学部にて同僚の誉れを得て以来、他者との交わりの中で人は成長しうる可能性を信じる大切さを、手を変え品を変え説いて頂いた。
　この学恩は生涯忘れ得ぬものであり、それに十分報いることは元より到底なし得ぬことだが、幸いにも貴重な時間を長く共有することができた早稲田大学社会科学部を先生が定年退官されるこの機に、その重さを改めて覚えたい。
　このエッセーは、以下の点についての、文字通り書き付けの域を出ない少量のノートで構成される。とはいえそれらは、今後の環太平洋労働史の執筆に不可欠な要点を含むため、このエッセーは、筆者の今後の研究において常に立ち返る場所となる。そしてこの振り返りの度に、久塚先生へのご恩を思い出すこととなろう。

一　環太平洋労働史とは何か。

　環太平洋労働史とは、まず労働史における対象地域とその関係を意味する。それは太平洋を囲みまた覆う大陸並びに諸島や列島、そして太平洋上の労働の歴史を一体的なものとして扱う。

この場合の労働史には、人々が営む労働を巡る政治史、経済史、社会史、文化史、そして運動史を含む複合的な史的研究を指す。
　さらに環太平洋労働史は、これまで労働史研究の主要部分を構成した、アメリカ大陸とヨーロッパ、アフリカを対象とし、それを一体的に扱ってきた環大西洋労働史との比較において考察される。
　その比較の関心は、地域の相違のみならず、方法論を含めた従来の労働史の有り様についての批判的検討にも向けられる。
　その意味で、環大西洋労働史がそうであるように、環太平洋労働史は地域研究であると同時に、そこにおける人びとの生き方暮し方、物の見方や世界観を含む点において一つの文明史でもある。

二　在華紡とは何か。

　なぜ在華紡は環太平洋労働史にとって重要なのか。
　在華紡とは読んで字のごとく、中華民国時代の中国にあった日本資本の紡績会社のことである。従来在華紡の研究は、邦語文献においては経済史、特に産業史が中心であった。だが近年森時彦編著『在華紡と中国社会』（2005年、京都大学出版会）に代表されるように、その領域は他の経済史や政治史、社会史にも及んでいる。このこと自体、当時の在華紡の多面的な性格を示唆している。
　一方労働史の分野では、1970年代以降欧米で盛んとなる社会史的な手法を導入した新労働史のアプローチで在華紡を含めた中華民国時代の紡績産業労働史を描いた画期的な英語文献として、Emily Honig, *Sisters and Strangers: Women in Shanghai Cotton Mills 1919 to 1949*,（1992, Stanford University Press）がある。この研究は、階級、ジェンダー、エスニシティとそれに伴う差別の問題を、経営史と交叉させながら、そこに生活史や社会運動史を織り交ぜた画期的業績であると共に、従来環大西洋労働史に限られていた新労働史を環太平洋労働史研究に導入した嚆矢的的作品として高く評価される。
　他方環太平洋労働史、特に紡績産業に注目した場合のその地球史的意義を構造的に分析したのが、Beverly J. Silver, *Forces of Labor: Workers' Movements and Globalization Since 1870*（2012, Cambridge University Press）である。
　世界システム論に依拠した本書は、十九世紀の第四四半世紀から現代までの産

業毎の労働争議の地理的分布を地球大で検討し、幾つかの貴重な知見を提示した。

その中で、技術的、地理的競争優位性を有した自動車産業等の拠点工場が他所への移設乃至他箇所による機能代替が困難なためにそこでの攻勢と労使関係における主導権の獲得は労働者側に有効であるのに対して、競争優位性の条件において対照的な紡績業の工場は他所への移設や他箇所による機能代替が容易なため、ここでの労働争議で労働者が有利な条件を獲得するためには、そこでの問題解決を資本の側に余儀なくさせる政治的、社会的環境変動やそれをもたらす可能性のある政治運動、社会運動との結合が必要であることを指摘した。

この指摘は、在華紡、特にそこでの労働争議について極めて重要である。というのも1936年11月発生した上海在華紡のゼネストは当時の上海を中心にした抗日運動とそれに伴う統一戦線結成の動きと深く結びついていたからである。

1930年前後は、中国のみならず日本、そして米国でも紡績業は激しい争議に見舞われた。在華紡を含むこれらの争議の比較、そして争議間の連関を検討することは、在華紡をグローバルな労働史、とりわけ環太平洋労働史の構造的な分析にとって又とない事例研究とするであろう。因みに上記の二つの著作もこの研究に重要な視角を提供する。

三　在華紡労働への関心

ではこれまで在華紡労働史研究はなかったのか。実は戦前在華紡労働の研究は少なからず行われていた。以下はその一端を示したものである。

あ）岡部利良『旧中国の紡績労働研究』(1992) 福岡、九州大学出版会
い）宇高寧『支那労働問題』(1925) 上海、大阪、国際文化研究会
う）西川喜一『中部支那労働者の現状と全国労働争議』(1924) 上海、日本道書房
え）長野朗『世界の脅威　支那労働者及労働運動』(1925) 北京、燕塵社
お）アデレイド・M・アンダーソン（高山洋吉訳）『支那労働視察記――支那における人間性と労働』(1939) 生活社（Adelaide Mary Anderson, Humanity and Labour in China; An Industrial Visit and its Sequel, 1923 to 1926, London, Student Christian Movement, 1928）

か）根岸佶『支那ギルドの研究』（1937）東京、斯文書院
　き）根岸佶『上海のギルド』（1951）東京、日本評論社

　（あ）は出版年は1992年であるが、著者の長年の研究を死後まとめられたものであり、その意味では最近の研究というよりも戦前戦後の在華紡研究群に属するものと考えていい。また（き）は著者の戦前の研究を戦後まとめたものと考えてよい。

　こうしてみるならば戦前、特に1920年代、30年代に日本では在華紡労働は大きな関心を持たれていたことがわかる。

　ただその関心の持たれ方は、学究というよりはジャーナリスティックないし実態調査に傾いており、これらの作品に関して、エンゲルスの『イギリスにおける労働者階級の状態』が言及されている所以である。

　また労働問題であると同時に時事問題として、あるいは国際ないし内政問題としての関心が持たれているのも、当時の日本にとって中国の政治経済的意味を考慮すれば容易に理解できる。

　この中で特に注目すべきは、（か）（き）の根岸教授の研究である。ここでの「ギルド」とは、あくまで西欧のギルドに類似した中国の伝統的な職能地域団体のことであるが、これらの組織が在華紡を含む当時の中国の労働問題に重要な役割を果たしていることの指摘は極めて示唆に富む。この点は環太平洋労働史の理解においても重要と思われる。

　いずれにしても、このいわば「忘れられた戦前日本の中国労働史研究」は再検討の要があり、それは環太平洋労働史研究に豊かな知見を提供しよう。

元子ども兵にみる平和への道のり
——カンボジアを事例に——

島　﨑　裕　子

一　はじめに
二　「子ども兵」とは一体誰なのか
三　元子ども兵を考える視点——「人間の安全保障」と「構造的暴力」——
四　歴史的背景と子ども兵士
五　カンボジア内戦期における「元子ども兵」の実態調査
六　まとめにかえて——元子ども兵にみる「平和」の意味——

一　はじめに

　カンボジアの現代史は、政治情勢が不安定で紛争がたえず繰り広げられてきた。この混沌とした内戦期には、多くの子どもが兵士として徴募された。カンボジアの内戦期に関する当時の資料や証言は、主に国外の研究機関によって集められており当事者の視点で語られているものは限られる。その背景には、過去を語ることを困難とする社会背景や政治的背景がある。内戦終結から27年経った現在でも、当時の子ども兵の実態は見えにくいままとなっている。
　本稿では、カンボジア内戦の歴史をふりかえり、複雑化した政治・社会構造を踏まえ、「誰が子ども兵になったのか」「子ども兵の経験は除隊後の生活にどのような影響をもたらしたのか」という問題提起を掲げる。そして筆者がおこなった元子ども兵の実態調査結果を用いて、入隊前の彼らがおかれていた社会状況と、子ども兵としての生活実態、さらに除隊後の生活状況を分析する。これらを踏まえカンボジアにおける平和への道のりを検討したい。

二　「子ども兵」とは一体誰なのか

　「子ども兵は目に見えない存在である」と表現される。人びとは往々にして子

ども兵の実態を把握出来ずにいる。なぜなら子ども兵は長期にわたって戦闘という非日常的な時間を過ごし、さらにその後は成年兵として姿を変えていることが多いため、見えない／見えにくいのである。

「子ども兵」とは、規模がどうであれ政府軍、非政府軍、反対武装勢力やそれらに関連したグループの構成員であった経験を持つ者を指す。具体的には、前線で戦闘要員になる者もいれば、それに限らず、料理人、運び屋（武器や多様な用品を運ぶ）、伝達係、情報収集やスパイ要員なども含む。いずれの形態であっても戦闘要員や戦闘関連業務の日常に従事する者である。また、子ども兵は、男児のみと考えられている傾向にあるが、性別にかかわらず、女児も多くみられる。特に女児の子ども兵は軍隊内での性的搾取の被害が目立つと報告されている[1]。

また子ども兵は子ども時代が喪失しているといえる。その理由として「子ども時代」とは、単に生まれてからおとなになるまでの期間を意味するものではなく、子どもの生活の状態や条件、どのように過ごしていたかなど、その年月の「質」を指し示す[2]。そのため子ども兵は「生存・発達・保護・参加の十分な機会を保障された子ども時代をおくれていない子どもたち」と言い換えられる。したがって幼少期および思春期に戦闘またはそれに関わる業務に従事していた子ども兵たちは、暴力的な日常に身をおき強いストレスにさらされ「子ども時代」は喪失し、教育機会も欠如している。そのため除隊後の支援には特別な配慮が必要である。

しかし、カンボジアの内戦期において子ども兵に言及し、特別な配慮のもと支援がなされたと示されている資料は管見の限り見当たらない。カンボジアの和平合意（パリ和平協定）後の、国際機関らによる除隊兵士への支援や調査のなかでも指摘されることなく、たとえ子ども兵がいたとしても大人も子どもも同様に扱うことが暗黙の了解として除隊政策や支援が展開されてきた。国際NGOによると、分かっているだけでも内戦期には8000人の子どもが「子ども兵」として従事しており、反政府軍にいたっては、兵士の25％が子ども兵であったという報告もある[3]。この現状をとらえると、子ども兵士としての経験は、その後の生活にどのような影響をもたらしてきたのか把握し、カンボジアの平和のありかたを考え

---

1 Brett, McCallin（2009）
2 UNICEF（2005）
3 Brett, McCallin（2009）

（写真資料：トゥールスレン博物館）

る要素として検討すべきである。
　「子ども兵」に焦点を当てる際、どの年齢までを子ども兵というのか、しばしば議論となる。子どもの権利条約（1989年）の第38条では、武力衝突に徴募され参加するための最低年齢を15歳としている。しかし、ILOの最悪の形態の児童労働の禁止及び撤廃のための即時の行動に関する条約（通称：最悪の形態の児童労働条約／第182号条約）では、18歳未満の武力紛争への強制的徴集を禁止している。また近年の国連などの国際機関による子ども兵に関する報告書では、子ども兵の年齢は18歳未満に設定されている。国内外の法律や条約にも差異があるため、国によって異なりはあるが、子どもの権利条約の第１条で定義されている子どもの年齢に準じ、本稿では18歳未満を子どもとし、18歳未満において軍に従事していた経験を持つ子どもを「子ども兵」とする。また、本稿では既に成人となり、子ども兵の経験を持つ者に焦点を当てるため、彼らを「元子ども兵」と呼称する。

三　元子ども兵を考える視点
―「人間の安全保障」と「構造的暴力」―

　元子ども兵士の過去と現在を考えるとき、個人の人権状況はもちろんのこと、その人がおかれている環境やその背景、さらには社会の構造に注視しなくてはならない。それは人びとの安全と平和を考えること、つまりは「人間の安全保障」と「構造的暴力」に視点を向けることにある。
　まず「人間の安全保障」とは何かを考えてみたい。従来の「伝統的な安全保障」の概念のもとでは、国家が人びとを守り、また人びとも国家に対して自由や安全、繁栄（厚生）などを求める[4]。これは伝統的なナショナル・セキュリティ（伝統的な安全保障）として認識される。その場合、脅威とは、国外からの軍事的

---

[4]　赤根谷・落合編（2007）

脅威であり、手段としては軍事力や外交といったものとしてあらわれる。また安全保障の目的は、主権国家システムの維持や生存といったものである。

一方で、非伝統的安全保障、つまり「人間の安全保障」では、守られる存在は人びとであるのは変わりないが、人びとの安全を守る側は国家のみならず、国際機構、地域機構、NGO、ローカル・コミュニティと多様なアクターの存在が示される。また脅威となるものは、国外の軍事に限らず、戦争／内戦、難民や避難民、強制移住、飢餓や貧困、人権抑圧、環境破壊、生活の質（well-being）の状態、政治的・文化的・宗教的権利の侵害など幅広く存在する。これらから人びとを守る手段は、人びとの保護と能力強化といった点を中心に、人道的介入、人道的支援、さらに人間開発にまでおよぶ。これらの目的は、「人びとの生存と尊厳の保障」といった「人」「個人」の保護にある。他の言い方をすると、「人間の安全保障」とは経済的貧困と社会的貧困、そして人権の剥奪状態までをカバーした個人の状態をとらえる見方でもある。

そして次に、平和をどのようにとらえるのか考えてみたい。通常、平和を考える時、人びとは「戦争のない状態」を平和と考える。そして人びとは、戦争が終結した時「平和がおとずれた」という。しかし、平和学者であるヨハン・ガルトゥングの暴力概念で平和を考えた場合、それは戦争のない状態＝「直接的暴力」がなくなったにすぎない。平和を広義の意味としてとらえた場合、「人びとの人権が守られているか」「人びとの生活は守られているか」といった人権や抑圧に即した視点で考える必要がある。この広義の平和の概念こそが、長期的な平和のあり方を考える際に重要な視点となる。広義の平和を考える際には、平和を阻害する要因や、暴力を維持するような存在に着眼することで、平和の実態が見えてくる。この平和を阻害するもの、それが「構造的暴力」である。

構造的暴力は、生活機会や力関係などの不平等として社会構造内にあらわれる。人として持っている生存権、社会権、文化権、自己実現を果たすための潜在的能力を考えた時、本来ならそれらの権利を守り実現可能であるにも関わらず、社会や文化によってその権利や機会が限定ないしは剥奪されている場合には、そこに「構造的暴力が存在する」と捉える。

構造的暴力は、集団間や地域間での教育や医療サービスなどの格差などにもみられる。社会の不平等や格差、差別や偏見、貧困などを助長する社会関係が日常的に固定化される場合、構造的暴力が恒常化し、人権蹂躙を生み出してしまう。

もし、構造的な暴力、つまりは人権抑圧や、基本的生活への抑圧や機会の剥奪状況、社会のシステムに関連する理不尽さや抑圧が続くのであれば、これらは未だ社会構造内に暴力が存在し、そこには平和は訪れていないのである。これらの概念を踏まえて、カンボジアにおける元子ども兵にみる平和のあり方を考える。

四　歴史的背景と子ども兵士

1　カンボジア内戦

　ここではカンボジアの歴史のなかで、なぜ子ども兵が存在したのかという長きにわたり繰り返されてきたカンボジア内戦についての概略をみていきたい。1953年、カンボジア王国はフランスから完全独立を果たし、シハヌーク王が国家元首となり政権を樹立させた。しかし東西冷戦構造を背景に中立外交を行っていたシハヌークは政治的かつ外交的にも立ち行かなくなり、その結果、国内政治に分断を生じさせた。そして1970年3月18日、シハヌークが外遊中、ロン・ノル派がクーデターをおこし、アメリカ支援のもと新政権「カンプチア共和国」（1970年〜1975年）が立ち上げられた。

　アメリカの影響力が強いカンプチア共和国が樹立したのも束の間、政治的な安定は訪れず国内権力闘争が絶え間なく続くこととなる。それは、水と油であったシハヌークとクメール・ルージュが手を組み「カンプチア共和国（ロン・ノル政権）」に対する反発から始まった。この国内闘争の結果、極端な共産主義を掲げた「民主カンプチア政権（ポル・ポト政権）」が実権を握り、国民に対する強制労働や拷問、殺戮によって国家そのものを崩壊へと導いた。暗黒の時代といわれるポル・ポト政権下では、ベトナムとの戦闘も同時に繰り広げられ、国内の混乱は根の深いものとなった。

　その後、ベトナムの支援をうけたヘン・サムリン派は、ポル・ポト政権をタイ・カンボジア国境地域や北部へと追いやり「カンプチア人民共和国（ヘン・サムリン政権）」を樹立させ、政権を握ることとなる。ヘン・サムリン政権は、ベトナムの傀儡政権といわれごく一部の社会主義国以外の国際社会からは認められなかった。

　実権を握ったヘン・サムリン政権に対して、対抗する派閥により戦火が巻き起こることとなった。それは、反ヘン・サムリン勢力で構成される三派連合（ポ

ル・ポト派、シハヌーク派、ソン・サン派)、「民主カンプチア連合政府 (CGDK)」の存在である。この三派連合の「民主カンプチア連合政府」に対して、国際社会は国連加盟を認め、国際社会が承認するという形になった。したがって国内においては「ヘン・サムリン政権」と同時期に三派連合の「民主カンプチア連合政府」が発足し、一つの国のなかに二つの政権が存在するという極めて不可解な状態が生じた。この三派は「反ベトナム」ということのみ共通しているが、それ以外は三者三様に政治的、軍事的方針を決めるなど、統治機能も持たず「政権」とは到底いうことの出来ないものであった。この両政権による内戦は激化の一途をたどった。多くの国民は戦火をくぐり抜けながら、国境難民・避難民キャンプに身を寄せた。

このような絶えず繰り広げられた長きにわたる内戦の歴史的背景のなかで、多くの子ども兵が徴募されてきたのである。

2 平和構築と困難な平和への道のり

東西冷戦終結と共に国際社会の流れも大きくかわり始め、和解の色を見せることのないカンボジア内戦に対して、国際社会が介入をし始める。その結果、1991年に「カンボジア紛争の包括的政治解決に関する協定（パリ和平協定）」が結ばれ、カンボジアの内戦に終止符が打たれた。

パリ和平協定が結ばれた結果、国連カンボジア暫定統治機構 (United Nations Transitional Authority in Cambodia: UNTAC) の指揮のもと、カンボジアにおいて武装解除、動員解除、除隊兵士の社会復帰への取り組みなどがなされることとなった (Disarmament, Demobilization and Reintegration: 以下DDR)。

当時のUNTACに課された業務は、平和構築を目的とし幅広くあり、停戦の監視、武装解除、ポル・ポト派（クメール・ルージュ）に対する軍事行動の停止および解隊、難民の帰還と再定住の促進、国家建設に際する総選挙の実施活動、国家の再建と復興などであった。当時の国連発表によると、UNTACの業務には、おおよそ17億円が投じられ、UNTAC要員の内、国連平和維持軍 (PKF) は1万5,900人、治安部隊は3,600人、総選挙と行政監視にあたる文民は7,000人、よって総数2万6,000人という規模で展開された[5]。これは国連史上最大の平和維

---

5 Berdal, M./Leifer, M. (1996) p25, Chandler, D. (2000) p240

持活動（PKO）であった。

　カンボジアにおいて実施された平和構築の概念は、1992年にブトロス＝ガリ国連事務総長による報告書「平和への課題」で提示された国連の四つの平和機能のうちの一つに由来する。四つの機能とは、①予防外交、②平和創造、③平和維持、④平和構築を指す。そのなかの平和構築は、元兵士の武装解除・動員解除・社会復帰（DDR）、軍・警察など治安部門の改革（SSR）、法の支配や民主的な統治機構の設立・整備、人権規範の促進、復興・開発支援など、再び紛争へ逆戻りすることのないよう紛争後に国家や社会の立て直しを支援する活動を指す。

　UNTACの時期には武装解除が宣言され、民間人を含めた村内での武器の押収がなされ、統計資料上は5万個回収されたと報告されている。しかし現実には、政治的内紛は根深く残り、カンボジア国内のDDRは順調に進んだとは言い難かった。内戦終結から10年がたった2001年になっても、引き続き世界銀行や日本政府などの外国援助機関から支援を受けて、カンボジア政府やNGOによる動員解除や社会復帰支援は行われていた。

　2000年に実施された「カンボジア動員解除社会復帰プログラム（Cambodia Demobilization and Reintegration Project: CDRP）」では、3年間で3万1,500人の兵士の動員解除が目的とされた[6]。それらの除隊兵士の動員解除は一次動員解除、二次動員解除の2つのフレーズに分かれて実施され、動員解除された兵士には生活再建支援が行われた。

　除隊兵士プログラム（生活再建支援）の内容はパッケージ化されており、社会復帰パッケージ、医療パッケージ、食糧配布の調達・配布等に支給物品や支援サービス、社会復帰への研修パッケージなどの種類に分類されていた[7]。上記のパッケージの中身は、現金240ドル（米ドル）、150キロの米、2.5キロの魚の缶詰、3キロの油、塩、蚊帳、毛布、クロマー（カンボジアスカーフ）、家屋の修理道具、モーターバイク、自転車、自転車水ポンプ、発電機、家畜、ミシンなどであり、各プログラムによって組み合わせが決められていた。

　しかしこれらの支援を受けられた人数は、氷山の一角に過ぎないと指摘される。政府による支援に平行してNGOによる支援も展開されてきたが、これらの支援のなかでも子ども兵士、および元子ども兵士という存在に対して、特別な支

6　国際協力事業団（2002）
7　一柳（1997）、除隊兵士支援プロジェクト担当者への聞きとり調査（2016年8月）

援がなされた訳ではなかった。

五　カンボジア内戦期における「元子ども兵」の実態調査

1　調査方法

　カンボジアの歴史的背景を踏まえつつ、内戦期における子ども兵の実態を捉え、子ども兵の経験がその後の生活にどのような影響をもたらしたか、ということを考察する。調査は2016年から2017年に元兵士らの居住地において実施した。調査では政府軍か反政府軍、反対勢力組織等の所属先は一切問わず遂行した。その背景には内戦が終結した現在においても元ポル・ポト派（元クメール・ルージュ）か否かという点は政治的、かつ社会文化的に敏感なものとなっている。また本調査の目的は、どの軍／組織が子ども兵に対してどのような扱いをしていたかなどを明らかにする目的のものではない。

　調査の方法は、質的調査で半構造化インタビューを用いて43名の元兵士への聞き取り調査を実施した。調査の結果、43名の元兵士のうち31名が「元子ども兵士」であった。これらの43名の元兵士の聞き取り調査に加え、彼らの生活実態や生活環境を詳細に把握するため、家族やキーパーソンとなる村長や当時の状況を知る関係者、NGO関係者らにも聞き取り調査を遂行した。調査実施対象村や元子ども兵の名は匿名とする。また本稿では政府軍か反政府軍、反対勢力組織等の如何にかかわらず、それらの組織を「軍」と呼称する。

2　徴募の動機と経済的貧困

　元子ども兵らがおかれていた入隊前の経済状況をみると、31名の元子ども兵のうち21名は経済的に貧困状況にあったと回答している。「非常に貧しい」状態にあったと回答した者は5名おり、「貧しい」と回答した者は16名いた。元子ども兵の徴募への動機理由は「軍に入れば食べるものには困らないといわれた」「家族にかわって全て面倒をみてもらえるといわれた」「除隊後にも生活を支えてもらえるといわれた」「軍に入れば給料がもらえるといわれた」など、当時の経済的な状況に起因しており、厳しい生活状況から抜け出す手段として軍／組織への所属を決めていた。

　また「自分の意思」で軍への参加を決めたと回答した者は、31名中23名と大半

を占めた。軍への入隊情報は、村長や、軍／組織に関係する人物、学校の先生などから得ており、それらの情報などを通じて軍に関わること（入隊／所属等）を決めたという。しかし「自分の意志で入隊を決めた」としつつも、「それしか選択肢はなかった」と回答している。

軍に参加する前の元子ども兵たちの教育状況をみると、17名は通学経験があり、他の12名は一度も通学経験がないと回答した（無回答は除く）。学校に通ったことのない元子ども兵らは、「貧困を理由に通学が出来なかった」と回答しており、その後も現在に至るまで教育機会を得ることはなかった。軍に参加していた間に教育機会（軍のなかで読み書きなどを教えられる機会）を得たものは皆無であった。

3　子ども兵としての生活

ここでは、子ども兵としての「業務」についてみていきたい。本調査における元子ども兵らは、調理、食材の調達、成人兵士らの世話／使用人、武器の調達、荷物運び（武器の輸送を含む）、スパイ、敵の偵察、地雷等を埋める、伝達係、病人を運ぶなどの非戦闘業務についていた者と、紛争の前線で武器を持って戦闘に参加していた者がいた。地雷を埋めることや敵の偵察などは非戦闘業務か否かは難しいところではあるが、現地で実際にそれらに関わっていた元子ども兵らは、戦闘には参加していないという点から、それらの業務を非戦闘要員と認識している傾向にある。

本調査の結果によると、元子ども兵は「非戦闘業務」と「戦闘への参加（戦闘要員）」の双方をおこなっていた者もいれば、双方のいずれかをおこなっていた者に分けられる。また非戦闘業務では、一人がいくつもの業務をおこなっていた者もいれば、一つの業務のみをおこなっていた者もいた。21名の子ども兵のうち13名は戦闘要員として参加していた。戦闘要員として戦闘に参加する前には、武器の扱い方や射撃の方法を2、3度ほど教えられただけで、すぐに実地で戦闘に参加したという。

子ども兵の「居住形態」では、全ての元子ども兵士に共通した回答として、軍に所属している間は常に戦闘部隊と共に、キャンプ地で寝起きをしていたという。キャンプ地では常に移動を余儀なくされ、その生活は除隊まで続いていた。また全ての元子ども兵士らは、除隊するまで一度も家族に会う機会はなかった。したがって2、3年という数年の期間ではなく、10年以上、それ以上も家族に

会っていなかったという元兵士もいた。

　さらに、元子ども兵らは、不衛生な生活環境が長きにわたり続き、医薬品などもない環境に身をおいていたと回答した。負傷した傷口から感染症にかかり亡くなる者や、密林での生活でマラリアに感染する者なども多数いたという。

　「婚姻」に関しては、軍にいた間に婚姻関係を結んだ者が大半を占め、妻も兵士であった。婚姻の年齢は個人によって異なるが、妻も子ども兵から成人兵になった場合が多い。妻となった兵士たちは非戦闘要員として軍にかかわっていた。

　最後に「除隊のきっかけ（理由）」についてみていきたい。除隊のきっかけ（除隊理由）は、DDR の時期である者は 6 名のみで、その他の者（25名）は身体の負傷を理由に除隊を命令されたという（強制除隊）。彼らの主な負傷の原因は、地雷や銃撃戦での負傷などである。具体的には、地雷による手足の切断や、体内に地雷の破片が刺さる、爆撃や銃撃戦による火傷や負傷などの被害である。その結果、戦闘要員として、軍にいることは難しいと判断されての除隊となっている。

　直接的な除隊の理由ではないが、その他の身体症状として、耳鳴りや、幻聴や幻覚などを発症する者もおり、それらの症状は日常的に繰り返されていたという。除隊の時期が DDR に重なる 6 名のうち 5 名は負傷していたが、軽度であった為、強制除隊までには至らなかったという。これらの結果から、子ども兵であっても命にかかわるリスクの高い業務、地雷に関連する業務や戦闘に参加していたことがわかった。また、戦闘要員でなくとも、地雷原に行き負傷者がいないか、敵の見張りなどをさせられるなどの経験をしているものもおり、偵察中に地雷を踏むなどの被害を受けている元子ども兵もいた。

4　除隊後の生活と現在

　元兵士らへの動員解除後（除隊後）の生活再建支援は、必ずしも全ての者が受けられていた訳ではなかった。それらの支援を受けられていない者の大半は元子ども兵であることが分かった。また除隊後の生活再建では、彼らがおかれた状況は困難かつ複雑であった。地雷で手足を失っているため農業を行うことが難しかった理由の他に「戻る場所がなかった」「当時は何もする気がおきなかった」「体調がすぐれなかった」などと回答をしている。

　長い期間、軍に参加していた者にとって通常の生活に戻ることはたやすいことではない。NGO の支援などにより、養鶏や養豚、小売業など農業以外の仕事を

みつける者もいる。その一方で、幼少期から軍に参加し闘うことしか知らない元兵士らの生活再建は、心身の問題に加え、日常の過ごし方、家族との関係、近隣住民との関係など様々な障壁が立ちふさがり予想よりはるかに難しい。

除隊直後の様子について、31名中17名は悪夢にうなされるなどの不眠傾向にあり、21名は日常的な鬱状態、自身に対する後悔の念や自責の念などにさいなまれ、なかには心を閉ざし家族との交流を避けていた者もいた。家族のもとに20年振りに戻った者などもおり、家族内に居場所が見つけられず孤立を感じる者もいた。そして今現在も、就寝中にうなされ、何らかのきっかけに当時の戦闘時のフラッシュバックを起こす者も少なくなかった。

カンボジアに限らず武力紛争に長期にわたり参加していた者を対象とする支援には特段の配慮が検討されるべきと国際機関や支援機関から指摘されている。それは彼らが地域に戻った際に、孤立させないための配慮、特に心身に負傷のある子ども兵（元子ども兵）は、彼らの状況に応じて柔軟に対応、判断されるべきとされている。そのためには、子どもの家族や地域社会を含めた支援対策が不可欠である。

それらの特段の支援が行われてこなかった結果が、依然として日常に影を落としていた。現在抱える問題では、元子ども兵の世帯ではドメスティック・バイオレンスが発生している世帯が多く、配偶者や子どもへの暴力が見受けられた。その他には、過度のアルコール摂取や、地雷の負傷による後遺症の深刻さが日常の生活に大きな影響をもたらしていた。貧困からの脱却を目的として軍に参加した結果、除隊後も地雷による負傷による後遺症や併発する病、長期にわたる紛争への参加による多大な影響がみられ、貧困が再生産していた。

また現在の彼らの子どもの教育状況をみると、初等教育の未就学状況や退学率がかなり高いことがわかった。その理由として、彼らの子どもらは経済的困窮を理由に出稼ぎなどに出ていた。これは、現在カンボジアにおいて社会問題となっている貧困世帯の児童労働や人身売買、貧困を理由とした就学児童の中退や退学といった問題に重なる。なかには土地を売却して、現金に代えている世帯もいた。つまり現代におけるカンボジアの貧困世帯には、元子ども兵の世帯が往々にして含まれていることに留意しなくてはいけない。

六　まとめにかえて——元子ども兵にみる「平和」の意味——

　本調査結果からわかったことは、当時子ども兵だった多くの者は農村出身の貧困層であった。また除隊から数十年たった現在においても、引き続き心身共に表れる後遺症に悩まされ、生活再建に困難が強いられていた。除隊兵士に対するNGOによる支援も盛んに行われてきたが、前向きに変化をしてきた世帯がある一方で、全ての世帯はその恩恵を受けられるとは限らず現在も厳しい状況にあった。元子ども兵は「過去」において貧困世帯であり、そして「現在」も貧困世帯という貧困の連鎖が絶ち切れずにいた。それは今も彼らの「人間の安全保障」が守られているとは言い難く、元子ども兵に平和がおとずれていないことを意味する。元子ども兵士らの生活の再構築の過程では、人間の安全保障の概念を基礎とし平和構築、復興、経済的貧困、社会的貧困、コミュニティ支援などの多面的なアプローチが必要であり、さらには、個人・家族・地域レベルといった視野で取り組むことがのぞまれる。また多様なセクターのパートナーシップを基に、持続的な地域コミュニティの再構築が求められ、そのなかで平和のあり方が模索される。

　元子ども兵の過去と現在は、以下の図のように示される。元子ども兵の過去と現在を考えると、内戦期における元子ども兵の問題は過去の問題ではなく、現在のカンボジアの社会問題に関連するものとして再認識する必要がある。元子ども兵への支援は彼らが受けた社会的文脈でのストレスや経験からおこる問題や後遺症／併発する病など、過去の紛争被害への対応や支援という認識では不十分である。元子ども兵という内戦期によって生み出された経験の二次被害として再生産される世帯内の問題（貧困、失業、子どもの未就学、社会資源の不足）といった複雑な関係性にも目を向けなくてはいけない。

　そのような視点を持つことによって、カンボジアにおける歴史的背景（過去）と現在の社会問題の相関関係がみえてくるであろう。社会のなかに取り残される人びとを置きざりにしてはいけない。個人、地域、社会といったミクロとマクロの両視点からの長期的な取り組みによって、カンボジアに平和の礎が築かれ、貧困の再生産に終止符が打たれる。そしてその状態が維持されるとき、人びとの人権が尊重される社会へと変わり、平和の道すじが見えてくる。

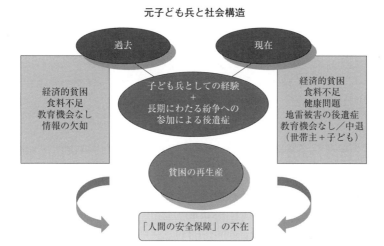

追記　本稿は、日本学術振興会・科学研究費基盤研究（B）／課題番号15KT0049（研究代表者：山田満）、および早稲田大学特定課題（基礎助成2016K-367）の研究成果の一部を含む。

参考文献

Berdal, M. and Leifer, M. (1996), *'Cambodia' In Mayall, J. (ed.), The new interventionism 1991-1994: United Nations Experience in Cambodia, former Yugoslavia and Somalia*, Cambridge: Cambridge University Press, pp. 25-58.

Chandler, David P. (2000), *A History of Cambodia,* Boulder, Colo: Westview Press.

Galtung, Johan (1975), *Peace: Research・Education・Action-Essays in Peace Research Volume one-*, Copenhagen: Christion Ejlers.

Galtung, Johan (1969), *Violence, Peace and Peace Research*, (1971), *A Structural Theory of Imperialism*, (1984), *Cold War, Pease and Development*, (1989), *Fall in East Europe*, (1990), *What Happened and Why?*.（高柳先男、塩谷保、酒井由美子訳『構造的暴力と平和』中央大学出版、1991年）

Geiger, Vance (1994), *The Return of the Border Khmer: Repatriation and Reintegration of Refugees from the Thai-Cambodian Border*, Peter Utting (ed.), Between Hope and Insecurity: The Social Consequence of the Cambodian Peace Process, Geneva: UNRISD.

Gottesman, E. (2003), *Cambodia After the Khmer Rouge: Inside the Politics of Nation*

Building, Yale: Yale University Press, London: New Haven & London.

Roberts, David W.（2001）, *Political transition in Cambodia, 1991-99: power, elitism, and democracy,* UK: CURZON.

United Nations Development Programme（UNDP）(2001), *Peace-building from the ground-up: A case study of UNDP's CARERE programme in Cambodia 1991-2000,* Geneva: UNDP.

United Nations Children's Fund（UNICEF）,*The State of the World's Children 2005,* NY: UNICEF

―― （UNICEF）, *The State of the world's Children 2008,* NY: UNICEF

Whitworth, S.（2004）, *When the UN "Succeeds": The Case of Cambodia In Men, Militarism, and UN Peacekeeping,* London: Lynne Rienner Publishers, pp. 53-83.

赤根谷達雄「第2章「新しい安全保障」の総体的分析」赤根谷達雄、落合浩太郎編『「新しい安全保障」論の視座』亜紀書房、2001年。

一柳直子「国連カンボジア暫定統治機構（UNTAC）活動の評価とその教訓（一）カンボジア紛争を巡る国連の対応（1991-1993）」『立命館法学』1997年2号。

オリバー・ラムズボサム、トム・ウゥドハウス、ヒュー・マイアル、「現代世界の紛争解決学」訳宮本貴世、明石書店、2010年。

国際協力事業団、アジア第一部「カンボジア王国　除隊兵士自立支援計画　プロジェクト形成調査報告書」、国際協力事業団、2002年。

篠田英朗・上杉勇司編「紛争と人間の安全保障」国際書院、2005年。

大門毅「平和構築：開発援助の新戦略」勁草書房、2007年。

レイチェル・ブレット／マーガレット・マカリン、「世界の子ども兵」訳渡井理佳子、新評輪、2009年。

渡邊昭夫「カンボディアにおける紛争後の平和建設――国際管理下の民主化の実験」『カンボジアにおける平和建設の諸問題』財団法人国際研究所、1996年。

編者・執筆者一覧（50音順）

安部　直子	（あべ　なおこ）	シドニー大学 Centre for Robotics and Intelligent Systems 研究員
池谷　知明	（いけや　ともあき）	早稲田大学社会科学総合学術院教授
石塚　　優	（いしづか　まさる）	北九州市立大学文学部ほか非常勤講師
出水　　薫	（いずみ　かおる）	九州大学大学院法学研究院教授
伊奈川秀和	（いながわ　ひでかず）	東洋大学社会学部教授
稲生　信男	（いのう　のぶお）	早稲田大学社会科学総合学術院教授
遠藤　晶久	（えんどう　まさひさ）	早稲田大学社会科学総合学術院准教授
呉　　獨立	（お　どんりっぷ）	早稲田大学社会科学部助手
大曽根　寛	（おおそね　ひろし）	放送大学教授
大森　真紀	（おおもり　まき）	早稲田大学社会科学総合学術院元教授
岡本奈穂子	（おかもと　なおこ）	日本大学経済学部准教授
奥迫　　元	（おくさこ　はじめ）	早稲田大学社会科学総合学術院准教授
オトウェル菜美野	（おとうぇる　なみの）	早稲田大学社会科学総合学術院助教
甲斐　克則	（かい　かつのり）	早稲田大学大学院法務研究科教授・早稲田大学理事
片岡　貞治	（かたおか　さだはる）	早稲田大学国際学術院教授
片瀬　葉香	（かたせ　ようか）	九州産業大学地域共創学部准教授
加藤　基樹	（かとう　もとき）	早稲田大学大学総合研究センター准教授
金川めぐみ	（かながわ　めぐみ）	和歌山大学経済学部准教授
金澤　由佳	（かなざわ　ゆか）	長崎国際大学人間社会学部講師
鴨川　明子	（かもがわ　あきこ）	山梨大学大学院総合研究部教育学域（教育学系）准教授
河合　　塁	（かわい　るい）	岩手大学人文社会科学部准教授
川島いづみ	（かわしま　いづみ）	早稲田大学社会科学総合学術院教授
衣笠　葉子	（きぬがさ　ようこ）	近畿大学法学部教授
君塚　弘恭	（きみづか　ひろやす）	早稲田大学社会科学総合学術院准教授
後藤　玲子	（ごとう　れいこ）	一橋大学経済研究所教授
小西　啓文	（こにし　ひろふみ）	明治大学法学部教授
駒村　康平	（こまむら　こうへい）	慶應義塾大学経済学部教授
権　　安理	（ごん　あんり）	立教大学コミュニティ福祉学部准教授
斉藤　弥生	（さいとう　やよい）	大阪大学大学院人間科学研究科教授
佐藤　直樹	（さとう　なおき）	九州工業大学名誉教授
佐藤　洋一	（さとう　よういち）	早稲田大学社会科学総合学術院教授
澤田　道夫	（さわだ　みちお）	熊本県立大学総合管理学部教授
篠田　　徹	（しのだ　とおる）	早稲田大学社会科学総合学術院教授
島﨑　裕子	（しまざき　ゆうこ）	早稲田大学社会科学総合学術院准教授
森田慎二郎	（もりた　しんじろう）	東北文化学園大学医療福祉学部教授

福祉社会へのアプローチ
久塚純一先生古稀祝賀　[上巻]

2019年5月20日　初版第1刷発行

編集委員	大曽根　寛
	森田慎二郎
	金川めぐみ
	小西啓文

発行者　阿部成一

〒162-0041　東京都新宿区早稲田鶴巻町514
発行所　株式会社　成文堂
電話03（3203）9201代　FAX03（3203）9206
http://www.seibundoh.co.jp

製版・印刷　藤原印刷　　　　　　　製本　弘伸製本
©2019　大曽根、森田、金川、小西　　Printed in Japan
☆乱丁・落丁本はおとりかえいたします☆
ISBN978-4-7923-3386-7 C3032　　　検印省略

定価（本体17,000円＋税）